China Publishing Group Corporation

YEARBOOK

中国出版集团公司

年 鉴（2015）

中国大百科全书出版社

图书在版编目（CIP）数据

中国出版集团公司年鉴．2015/中国出版集团公司年鉴编委会编．—北京：中国大百科全书出版社，2017.4

ISBN 978－7－5202－0045－5

Ⅰ．①中… Ⅱ．①中… Ⅲ．①出版工作—中国—2015—年鉴 Ⅳ．①G239.2-54

中国版本图书馆 CIP 数据核字（2017）第 066351 号

责任编辑： 盛 力
编　　辑： 葛漫丁 韩 帅 刘 洁
美术编辑： 张辰五
封面设计： 润一文化传媒有限公司
责任印制： 徐继康 乌 灵 邹景峰

中国大百科全书出版社 出版

（北京阜成门北大街 17 号　邮政编码：100037　电话：010－68315606）

网址：http：//www．ecph．com．cn

北京杰瑞腾达科技发展有限公司排版

北京市十月印刷有限公司印刷

开本：880 毫米×1230 毫米　1/16　印张：34.75　字数：934 千字　彩插：32 页

2017 年 4 月第 1 版　2017 年 4 月第 1 次印刷

ISBN 978－7－5202－0045－5

定价：148.00 元

2014年1月14日，中国出版集团公司总裁、党组副书记谭跃在集团公司传达全国宣传部长与新闻出版局长会议精神大会上讲话。

2014年8月26日，中国出版集团公司总裁、党组副书记谭跃在北京国际出版论坛上演讲。

2014年2月20日，中国出版集团公司副总裁、党组书记王涛出席集团公司2014年度工作会议并讲话。

2014年11月28日，中国出版集团公司副总裁、党组书记王涛出席集团公司品牌战略推进会并讲话。

2014年8月8日，中国出版集团公司副总裁、党组成员王俊国出席集团公司半年经营工作会议并讲话。

2014年11月28日，中国出版集团公司副总裁、党组成员刘伯根出席集团公司品牌战略推进会并讲话。

2014年2月20日，中国出版集团公司副总裁、党组成员李岩出席集团公司2014年度工作会议并讲话。

2014年8月24日，中国出版集团公司副总裁、党组成员潘凯雄出席首届中国文化国际传播座谈会。

2014年11月28日，中国出版集团公司党组成员、中国出版传媒股份有限公司副总经理樊希安出席中国民主法制出版社2015年度选题论证会并讲话。

2014年11月17日，中国出版集团公司党组成员、中国出版传媒股份有限公司副总经理孙月沐出席全国大中专教材公共论坛。

2014年1月9日，《妈阁是座城》发布会举行。

2014年10月27日，“中国历史的文学记忆——贾平凹长篇新作《老生》读者见面会暨名家论坛”举行。

2014年12月12日，21世纪年度最佳外国小说·2014暨邹韬奋年度外国小说奖颁奖典礼举行。

2014年8月27日，商务印书馆《牛津高阶英汉双解词典》(第8版) 新书发布会举行。中国出版集团公司副总裁、党组书记王涛（右五）出席。

2014年8月29日，由商务印书馆、法国驻中国大使馆、法国利氏辞典推展协会联合主办的《利氏汉法辞典》首发式举行。

2014年11月4日，商务印书馆与亚马逊纸电同步战略合作暨汉译世界学术名著Kindle版上线仪式举行。中国出版集团公司副总裁、党组成员潘凯雄（左二）出席。

2014年6月10日，“中华经典古籍库”捐赠开通仪式暨研讨会举行。国家新闻出版广电总局副局长邬书林（第一排左五），中国出版集团公司总裁、党组副书记谭跃（第一排右五），中国出版集团公司副总裁、党组成员李岩（第一排右三）出席。

2014年4月20日，首届“伯鸿书香奖”颁奖典礼暨伯鸿书香论坛举行。

2014年12月7日，中华书局2014年度“古籍整理类十大好书”和“人文社科类十大好书”评选揭晓。

2014年6月30日，《中印文化交流百科全书》中英文版发布会举行。国家新闻出版广电总局局长蔡赴朝（左三）、副局长邬书林（右三），中国出版集团公司总裁、党组副书记谭跃（右二），中国出版集团公司副总裁、党组成员李岩（左一）出席。

2014年7月2日，在中国大百科全书出版社办公大楼施工期间，国家新闻出版广电总局党组书记、副局长蒋建国（左二），中央文化企业国有资产监督管理领导小组办公室主任王家新（左一）到社调研。

2014年9月20日，《新闻传播学大辞典》出版座谈会举行。

2014年5月28日，法兰克福书展公司代表团到中国美术出版总社进行工作访问。

2014年6月10日，中国出版集团公司副总裁、党组书记王涛（第一排中），中国出版集团公司副总裁、党组成员刘伯根（第一排右）一行到中国美术出版总社调研。

2014年9月12日，《中国工艺美术全集》编委会与人民美术出版社首次联席会议举行。

2014年10月11日，人民音乐出版社成立60周年暨繁荣中华音乐座谈会在人民大会堂举行。中宣部副部长黄坤明（主席台左七），国家新闻出版广电总局副局长吴尚之(主席台左六)出席。

2014年1月26日，人民音乐出版社党的群众路线教育实践活动总结大会召开。中国出版集团公司副总裁、党组成员李岩（主席台左四）出席会议并讲话。

2014年8月27日，人民音乐出版社“《琴颂诗经》主题访谈与古琴艺术音乐会”举行。中国出版集团公司副总裁、党组成员李岩（左二）出席。

2014年4月23日，北京三联韬奋书店24小时书店开业仪式举行。

2014年7月11日，生活•读书•新知三联书店新老领导班子合影。

2014年10月20日，三联·哈佛燕京学术及出版论坛举行。中国出版集团公司副总裁、党组成员李岩（右五）出席。

2014年1月10日，在北京图书订货会上，中国出版集团公司总裁、党组副书记谭跃（右一），中国出版集团公司副总裁、党组成员李岩（左二）视察中国对外翻译出版公司图书展位。

2014年6月5～6日，中国对外翻译出版公司为世界语言大会提供多语种同传服务。

2014年6月7～8日，中译杯第三届全国口译大赛（英语）总决赛举行。

2014年2月10日，东方出版中心党的群众路线教育实践活动总结大会召开。

2014年6月9日，东方出版中心改革品牌竞争力主题论坛召开。

2014年7月9日，东方出版中心召开干部大会，会上中国出版集团公司副总裁、党组书记王涛（主席台左三）宣布领导班子调整决定。

2014年3月21日，新华书店总店召开了2014年度工作会议。

2014年5月27日，新华书店总店参加中国出版集团公司第三届职工乒乓球比赛。

2014年11月26日，新华书店总店中层人员竞聘（笔试）举行。

2014年4月22日，中图外文书店重装开业。国家新闻出版广电总局出版管理司司长吴尚之（左四），中国出版集团公司总裁、党组副书记谭跃（右一）为书店开业揭幕。

2014年8月27日，中国图书全球按需印刷启动。国家新闻出版广电总局副局长阎晓宏（右六），中宣部出版局副局长刘建生（右四），中央文化企业国有资产监督管理领导小组办公室主任王家新（右五），国务院新闻办公室三局局长张雁彬（左二），国家新闻出版广电总局印刷发行司司长王岩镔（右二），中国出版集团公司总裁、党组副书记谭跃（左三），中国出版集团公司副总裁、党组书记王涛（右三），中国出版集团公司副总裁、党组成员刘伯根（右一）出席。

2014年8月27日，第21届北京国际图书博览会开幕。土耳其为本届书展主宾国。

2014年1月10日，在北京图书订货会上，中国出版集团公司总裁、党组副书记谭跃（中），中国出版集团公司副总裁、党组成员李岩（左）视察现代教育出版社展区。

2014年1月9日，现代教育出版社参加北京图书订货会。

2014年5月27日，现代教育出版社员工参加中国出版集团公司第三届职工乒乓球比赛。

2014年10月16日，荣宝斋洛阳分店开业。

2014年11月15日，荣宝斋济南首届艺术品拍卖会举行。

2014年12月29日，荣宝斋青岛分店开业。

2014年3月14日，中国出版传媒商报社党委组织全体党员赴西柏坡重温党的历史，接受革命洗礼。

2014年7月8日，中国出版集团公司调整中国出版传媒商报社领导班子，中国出版集团公司副总裁、党组书记王涛（左四）与新老领导班子成员合影。

2014年7月17日，中国出版传媒商报社组织全体员工赴狼牙山革命圣地，进行传统教育活动。

2014年1月10日，《国企备忘录》新书首发式举行。

2014年5月17日，《蕙说慧道——洁蕙与您知性聊法》新书发布会暨读者见面会举行。

2014年9月3日，中国民主法制出版社参加第27届莫斯科国际书展。

2014年1月9日，“陶醉中国——紫砂文化系列丛书”出版启动仪式举行。中国出版集团公司副总裁、党组成员李岩（左一）出席。

2014年8月16日，《甲午战争十二讲》首发式举行。

2014年8月27日，“迈上新丝绸之路——华文出版社《安魂》《为变革而生》等作品输出阿拉伯世界”主题活动举行。国家新闻出版广电总局副局长邬书林（右四），中国出版集团公司副总裁、党组成员刘伯根（右三）出席。

2014年1月8日，世界图书出版公司北京公司总编辑郭荔（左）与作者姜汉忠（中）携《版权洽谈完全手册》一书，做客“大佳面对面”。

2014年11月25日，世界图书出版广东有限公司2015年年度选题论证会召开。

2014年10月，世界图书出版上海有限公司在青岛二中向中国出版集团公司领导汇报“CloudBag云教育平台项目”。

2014年6月6日，世界图书出版西安有限公司举办教育部“十二五”规划教材暨首届“大学书法教材”研讨会。

2014年1月10日，《拯救威利——一个父亲为自闭症儿子创造的多彩人生》新书发布会举行。

2014年8月14日，《赵丽宏文学作品》(18卷)首发式举行。中国出版集团公司副总裁、党组成员李岩（右六）出席。

2014年12月19日，台湾地区著名词作家、唱片制作人林秋离首部音乐随笔《偷你的心情，写情歌》读者见面会举行。

北京中新联科技股份有限公司

2014年2月11日，北京中新联科技股份有限公司党总支讨论会现场。

2014年7月7日，北京中新联科技股份有限公司党总支组织党员到李大钊纪念馆进行革命传统教育活动。

北京中版联印刷物资有限公司

2014年8月1日，北京中版联印刷物资有限公司与瑞典豪门纸业洽淡合作事宜。

2014年8月8日，北京中版联印刷物资有限公司讨论“双项”改革实施方案会议现场。

中版集团数字传媒有限公司

2014年8月28日，中版集团数字传媒有限公司举办《开心球》交互式电子书发布会暨与俄罗斯聪明玛莎出版社、瑞奇中国三方合作签约仪式。

2014年8月28日，中版集团数字传媒有限公司举行新媒体故事书软件“思耐普”产品发布会暨与美国奥林公司合作签约仪式。中国出版集团公司副总裁、党组成员潘凯雄（右二）出席。

中版教材有限公司

2014年8月，中版教材有限公司举办新疆维吾尔自治区中小学书法教研员培训班。

2014年7月27日，中版教材有限公司2014年全国历史教学研讨会举行。

2014年10月8日，中版国际传媒有限公司组织中国出版集团公司所属单位参加第66届法兰克福书展。图为中国出版集团公司代表与阿根廷代表团成员合影。

2014年4月8日，中版国际传媒有限公司组织中国出版集团公司所属单位参加第43届伦敦书展。

中国出版集团公司年鉴（2015）编辑委员会

主　任： 谭　跃

副主任： 王　涛　王俊国　刘伯根　李　岩　潘凯雄　樊希安　孙月沐

成　员： 管士光　于殿利　徐　俊　龚　莉　汪家明　莫蕴慧　林国夫　宋焕起　茅院生　张纪臣　宋一夫　马五一　伍旭升　肖启明　罗争玉　梁建瑞　臧永清　路英勇　胡庆艳　徐凤君　周锡培　王朝东　周　伟　王云武　赵　东　张贤明　刘祚臣　刘　禹　周清华　赖雪梅　刘　忠　聂　静　李红文　王九丁　兰本立　沈致金　包　岩

编委会办公室

主　任： 路英勇　胡庆艳

副主任： 何　奎　滕振微

成　员： 盛　力　王　宇　郑　甜　权　舆　郎洪军　张若楷　许维华　孙　舸　张　莉　张　婧　罗娴静　孙　俊

供稿人： 何　奎　郑　甜　凌　燕　张　栋　董　易　陈　旸　史　政　温　存　湖泊潇　姜锐刚　仝冠军　宛晶晶　张　旻　林成琳　宋　强　顾　乡　冯　雪　梁　彦　任其忻　尹添铭　郝　赫　胡　健　潘小磊　刘　畅　王祺昊　徐　可　茹　慧　金洁蓉　张　倩　王玉梅　丁　燕　杨　静　刘　芳　郭是海　邵　力　李　化　陈　蕾　茅昆仑　黄　靖　高　洁　安君扬　李培芝　李　玲　武一格　吴　挺　魏　宁　李　鹰

出版说明

《中国出版集团公司年鉴》是真实记录中国出版集团公司改革发展历程，系统反映集团公司战略举措、出版主业、基本建设等方面情况的资料性工具书。编写年鉴，对于全面真实保存集团公司历史资料、深入研究把握集团公司各项工作规律、全面宣传集团公司整体形象，具有重要基础意义。

《中国出版集团公司年鉴（2015）》采用记述文体，客观记载集团公司自2014年1月1日至12月31日期间发生的事情。全书采用篇目、栏目、条目三级结构体例编纂，设置了“特载”、“工作综述”、“重大活动”、“重大项目”等11个篇目，篇目下设栏目，栏目下设条目；各栏目之中，根据不同内容和情况，分别按照时间、单位次序或人物姓氏笔画等不同标准，对条目进行排序。正文后编制了条目汉语音序索引。

《中国出版集团公司年鉴（2015）》的编辑出版工作得到了集团公司各部门和各有关单位的大力支持。各级领导高度重视，联络人、供稿人高度负责，确保了收录内容的权威性、系统性和丰富性。中国大百科全书出版社承担了本次年鉴的编辑出版任务，编辑人员在稿件收集和编辑加工方面付出了大量心血。在此，编委会办公室谨向参与本书编写的全体工作人员表达诚挚的谢意！

由于编辑经验不足，本书疏漏错误之处在所难免，恳请广大读者批评指正。

《中国出版集团公司年鉴》编委会办公室

目　录

特　载

领导关怀

重要庆典

集团公司领导讲话

工作综述

重大活动

战略发展

出版工作

营销活动

“走出去”工作

会展工作

人力资源工作

经营管理

文体活动

公益活动

党群工作

重大项目

国家级重大项目

集团公司重大项目

集团公司所属单位重大项目

人事任免

规章制度

集团公司部分重要规章制度

集团公司所属单位部分重要规章制度

媒体关注

部分重要媒体对集团公司的报道

部分重要媒体对集团公司所属单位的报道

公司荣誉

获奖（荣誉）名单

部分获奖（荣誉）人物简介

出版人

2014 年获得高级职称人员名单

2014 年去世编审简介

资料统计

编辑、出版、发行

特载

TEZAI

领导关怀

李克强致信北京三联韬奋书店全体员工

2014年4月22日，国务院总理李克强致信北京三联韬奋书店全体员工，贺信全文如下：

北京三联韬奋书店全体员工：

来信收悉。获知你们于近日创建24小时不打烊书店，为读者提供“深夜书房”，这很有创意，是对“全民阅读”的生动践行，喻示在快速变革的时代仍需一种内在的定力和沉静的品格。阅读能使人常思常新。好读书，读好书，既可提升个人能力、眼界及综合素质，也会潜移默化影响一个人的文明素养，使人保持宁静致远的心境，砥砺奋发有为的情怀。

读书不仅事关个人修为，国民的整体阅读水准，也会持久影响到整个社会的道德水平。希望你们把24小时不打烊书店打造成为城市的精神地标，让不眠灯光陪护守夜读者潜心前行，引领手不释卷蔚然成风，让更多的人从知识中汲取力量。（刘　畅）

李岚清题词并治印祝贺人民音乐出版社建社60周年

2014年6月，原中共中央政治局常委、国务院副总理李岚清题词并治印祝贺人民音乐出版社建社60周年。题词内容如下：“用出版传播优秀音乐，用音乐记录先进文化。为人民音乐出版社建社六十周年题书。”印文内容如下：“爱乐。篆赠人民音乐出版社。”（胡　健）

马凯对“诗词中国”传统诗词创作大赛做出重要批示

2014年3月8日，中央政治局委员、国务院副总理马凯对“诗词中国”传统诗词创作大赛做出重要批示，称其为“一项利国利民利长远的事业”。

马凯对第二届“诗词中国”活动准备推出的手机客户端平台给予了特别关注，对其中涉及的内容创新和科技创新亮点给予高度评价，称“让中华诗词插上现代科技的翅膀，这是一大发明”。

马凯指出，第二届“诗词中国”活动应进一步深化与中国移动等电信运营商的合作，继续发挥现代科技在弘扬中华优良传统文化、促进信息消费等方面的重要作用。（刘 潋）

马凯对“诗词中国”系列活动做出重要批示

2014年5月16日，中华书局以“诗词中国”组委会的名义向中央政治局委员、国务院副总理马凯提交了《关于第二届“诗词中国”系列活动策划方案的专题汇报》。5月19日，马凯做出重要批示，内容如下：“主办方各单位领导同志高度重视，亲自动手、鼎力支持‘诗词中国’活动，十分欣慰和高兴。对同志们推动中华优秀传统文化发展的历史责任感和担当精神，表示高度赞赏。各项工作安排很细、很实，且不断有创新，我个人表示赞成。只是主题是否出现‘尚武’，似可再斟酌，毕竟容易‘误读’。还可再听听行霈馆长等同志的意见。需要解决的三个问题，请分别给我一个报告，尽力予以推动。”

（刘 潋）

吉炳轩题词祝贺人民音乐出版社成立60周年

2014年6月，全国人大常委会副委员长吉炳轩题词祝贺人民音乐出版社成立60周年，题词内容如下：“歌以咏志，乐为心声。法则自然，风正律空。天下太平，乐乃可成。和于天地，合乎人情。乐之平和，乐在适中。音由平出，协和公正。”（胡 健）

柳斌杰题词祝贺人民音乐出版社成立60周年

2014年7月，全国人民代表大会教育科学文化卫生委员会主任委员、中国出版协会理事长柳斌杰题词祝贺人民音乐出版社成立60周年，题词内容如下：“六十年铸就音乐出版新辉煌，几代人同心再谱中国好歌声。”（胡 健）

蒋建国对《新华书店总店工作报告》做出重要批示

2014年4月2日，国家新闻出版广电总局党组书记蒋建国对《新华书店总店2014年年度工作报告》做出重要批示：“我看了报告，认为很好。总店资源金贵，使命光荣，要搞活，要做大，要在全国发行行业起引领作用。要做到这些，关键是要进一步深化改革，要充分运用市场机制和新科技成果，实行转型升级。”

（张 倩）

阎晓宏、郭义强出席中国出版集团公司 2014 年度工作会议并讲话

2014 年 2 月 20～21 日，中国出版集团公司召开 2014 年度工作会议，国家新闻出版广电总局副局长阎晓宏、中宣部出版局局长郭义强出席会议并讲话。中国出版集团公司总裁谭跃做 2014 年度集团工作报告，党组书记王涛主持会议并做会议总结。国家新闻出版广电总局出版管理司司长吴尚之、中宣部改革办公室副主任朱涛、中央文化企业国有资产监督管理领导小组办公室副主任胡帆，中宣部出版局图书处处长何瑞、中央文化企业国有资产监督管理领导小组办公室综合处处长湛志伟、中宣部干部局干部处副处长柳杰等出席会议。集团公司、股份公司领导班子成员，所属各单位领导班子成员，集团公司总部、股份公司本部各部门负责人参加会议，总部和本部处级干部列席会议。参会人数约为 150 人。

阎晓宏对集团公司 2013 年度的工作给予了充分肯定：一是出版主业成果丰硕，在主题出版和精品出版方面发挥了“国家队”的文化引领作用，在第三届中国出版政府奖、第四届中华优秀出版物奖等重要的出版奖项及国家级项目评选中获多项全国第一；二是经营业绩显著提高，在深化改革进程中继续迈出坚实步伐；三是大力实施走出去战略，拓展国际市场成效明显。他认为，集团公司新一年的工作计划充分贯彻了十八届三中全会的精神，特别就创新、品牌、经营和国际传播力等问题进行了重点部署，既提纲挈领，又切合实际。他对集团公司的未来充满信心。

阎晓宏对做好集团公司 2014 年的工作提出了三点希望：一是要始终坚持正确的出版导向。要努力做好主题出版，进一步把思想认识统一到中央精神和要求上来。二是要提高出版质量，多出精品力作。集团公司应以产品质量为核心，坚持质量第一、质量优先的原则，在严把出版质量方面起到示范带头作用。三是深化改革，推动发展。集团公司要根据中央关于深化文化体制改革的新要求，结合集团公司实际，制定改革方案，通过深化改革产生更大的动力、更新的动力，提高集团的规模化、集约化、专业化的水平。

郭义强在讲话中肯定了集团公司 2013 年度的总体工作：2013 年，集团公司认真贯彻中央精神，是开拓奋进的一年，是扎实工作的一年，亮点多、成绩大，发展势头良好，各项工作再上一个新台阶。一是经营业绩增长；二是实力活力增强；三是品牌影响提升；四是内部建设加强；五是作风建设取得成绩。同时，他对集团公司 2014 年的工作提出了几点要求：一是要顾大局、讲政治。作为出版“国家队”，集团公司应起到“弘扬主旋律、发挥正能量”的表率作用，要成为传播先进思想和文化的主力军。二是要跟得上，谋发展。作为文化企业，集团公司应该深入贯彻十八届三中全会的精神，继续深化改革。只有成为成熟的市场主体，才能真正在市场竞争中谋求发展。三是要守得住，保质量。集团公司要增强质量意识，有效控制图书数量，以质量和品牌赢得市场。

（何　奎）

重要庆典

首届“伯鸿书香奖”颁奖典礼举行

2014年4月20日，由中华书局和桐乡市人民政府发起，光明日报社、中国阅读学研究会共同主办的首届“伯鸿书香奖”颁奖典礼在浙江桐乡举行。光明日报社总编辑何东平，中国出版集团公司原总裁、“伯鸿书香奖”评审委员会主任杨牧之，浙江省委宣传部副部长鲍洪俊，浙江省桐乡市市长盛勇军，国家新闻出版广电总局出版管理司副巡视员袁越伦，中国出版集团公司副总裁李岩及著名作家苏叔阳等出席。

《史航说书》主办人史航荣获“伯鸿书香人物奖”，豆瓣网荣获“伯鸿书香组织奖”，冯强文、吕梅、王继军、贺超四人和阅读邻居、后院读书会、东莞图书馆、梧桐阅社四个民间组织分别获得上述两个奖项的提名奖。徐玲芬的《民国廿三年》等16篇文章获得“伯鸿书香阅读奖”。这些获奖的组织和个人大多来自民间，从事不同的行业，在本职工作之外利用闲暇时光，推广阅读。

颁奖典礼上，中华书局总经理徐俊和浙江省桐乡市市长盛勇军代表主办方致辞，杨牧之介绍了“伯鸿书香奖”的评审情况，李岩宣读了著名作家莫言的贺信，何东平和袁越伦对首届“伯鸿书香奖”活动进行了总结。

颁奖典礼结束后，举办了主题为“阅读与人生”的“伯鸿书香论坛”，苏叔阳为与会者奉上了演讲。（刘　溆）

中图外文书店重装开业暨中国出版集团公司2014年品牌书店系列推广活动启动

2014年4月22日，中图外文书店重装开业暨中国出版集团公司2014年品牌书店系列推广活动启动。国家新闻出版广电总局出版管理司司长吴尚之、中共中央宣传部出版局副局长刘建生、财政部中央文化企业国有资产监督管理领导小组办公室副主任张希慧、北京新闻出版广电局副局长梁成林，中国出版集团公司总裁谭跃出席启动活动。中国出版集团公司副总裁、中国图书进出口（集团）总公司总经理刘伯根主持活动。活动邀请了著名主持人董倩、诗人西川、电影动画制作人字文莉、漫画家白松，外国驻华使馆官员，企鹅兰登书屋、汤森路透、牛津大学出版社、世哲出版公司、英国医学会、英国翡翠出版集团等海外著名出版社负责人，国家图书馆、首都图书馆等图书馆界负责人及部分读者也应邀参加了活动。

来宾对中图外文书店赞不绝口。吴尚之肯定

了外文书店将书香、茶香、咖啡香融为一体的特色，称赞其作为一个文化空间与众不同。刘建生和张希慧都表示，书店别具一格，古朴、原生态、有创意，希望中图外文书店通过提倡“国际同步阅读”，培育大众读书习惯。谭跃在活动开始前，仔细视察了书店的每一层，充分肯定了书店的特色，并指示要研究读者的需求，保持自己的风格，把书店办好。

刘伯根代表谭跃在开业致辞中讲到，重新设计布局一新的中图外文书店是一个全新的文化空间，有五个特点：一是外版书原版直供，实现国际同步阅读；二是全品种销售，包括期刊、图书、音像制品，也包括动漫和衍生品；三是零售和订购直供相结合，零售近万个品种，快递提供30多万个品种的外版读物；四是体现数字化的时代特点，把青少年外文阅读、外语培训、动漫娱乐、创意体验、咖啡休闲结合在一起，构成惬意、舒适的文化空间；五是体现国际化的时代特点，为中外朋友提供双向交流平台，搜集海外需求，促成更多更合适的中国出版物走向世界。

以“挑选一本心仪的外版书”为题，董倩、字文莉、西川、白松与现场读者进行了互动交流。

（丁　燕）

北京三联韬奋书店24小时书店开业仪式举行

2014年4月23日，世界读书日当天下午，北京三联韬奋书店24小时书店举行开业仪式。李克强总理在北京三联韬奋书店24小时书店正式挂牌营业前夕，致信全体员工，赞赏创建24小时不打烊书店这一创意。中共中央宣传部副部长吴恒权，国家新闻出版广电总局党组书记蒋建国，北京市委常委、宣传部长李伟，中国出版集团公司总裁谭跃，中宣部出版局局长郭义强，财政部中央文化企业国有资产监督管理领导小组办公室主任王家新，国家新闻出版广电总局出版管理司司长吴尚之，北京市新闻出版广电局局长李春良，中国出版工作者协会常务副理事长刘建国，著名作家王蒙等出席了开业仪式，并为24小时书店揭牌。

开业仪式上首先宣读了李克强总理致北京三联韬奋书店全体员工的信函。国家新闻出版广电总局党组书记蒋建国，北京市委常委、宣传部长李伟，中国出版集团公司总裁谭跃等领导致辞，充分肯定北京三联韬奋书店创办24小时书店的社会意义及其对助推全民阅读的贡献。三联书店总经理、北京三联韬奋书店董事长樊希安介绍了书店筹办和运营情况。著名作家王蒙则代表读书界对24小时书店的开办表示了肯定与赞赏。中国出版集团公司副总裁李岩主持开业仪式。

中央电视台《新闻联播》、新华社、中央人民广播电台、《人民日报》《光明日报》《中国日报》《经济日报》《北京日报》《南方日报》、东方卫视、《中国新闻出版报》《中华读书报》、新华网、人民网、新浪网、网易等数百家媒体进行了报道。

（刘　畅）

第二届“诗词中国”传统诗词创作大赛正式启动

2014年9月28日，由中国出版集团公司、光明日报社、中央电视台、中华诗词研究院、中华诗词学会和中华书局主办，中国移动通信集团公司协办的第二届“诗词中国”传统诗词创作大赛于陕西省西安市世博园正式启动，主题为“龙腾梦圆”，取义中国腾飞，中华梦圆。中国出版集团公司总裁谭跃、中国移动通信集团公司董事长奚国华、中央电视台副总编辑程宏、中国出版集团公司副总裁潘凯雄和中华书局总经理徐俊等主办、协办方领导，以及刘扬忠、郑福田、杨雨、步非烟、张铁林等著名学者和文化名人出席了活动。中央电视台《新闻联播》、新华网、《光明日报》、《中国出版传媒商报》等多家媒体对此次活动进行了跟踪报道。

“诗词中国”同名手机客户端也于启动仪式当日在国内各大主流渠道正式上线。第二届“诗词中国”传统诗词大赛于2014年10月1日起正式接受投稿，用户可通过客户端、短信、邮箱等方式参赛，并通过“诗词中国”官网、移动客户端、官方微信等随时关注大赛信息。“诗词中国”陆续在多地开展研讨会、公益讲座、“部队行”等各种形式的文化活动，力求在全国范围内普及推广以传统诗词为代表的中华优秀传统文化。

（刘　潋）

“人民音乐出版社成立60周年暨繁荣中华音乐”座谈会举行

2014年10月11日，“人民音乐出版社成立60周年暨繁荣中华音乐”座谈会在人民大会堂举行。中央政治局常委、中央书记处书记刘云山在人民音乐出版社首任总编辑孙慎的来信上批示，对人民音乐出版社成立60周年表示祝贺，对出版社的老同志，特别是为出版社的发展和共和国音乐事业做出重大贡献的孙慎致以崇高敬意。中央政治局委员、中央书记处书记、中央宣传部部长刘奇葆也专门指示中宣部领导到会给予支持。

座谈会由中国出版集团公司主办、人民音乐出版社承办。中央宣传部副部长黄坤明，国家新闻出版广电总局副局长吴尚之出席座谈会并做重要讲话。全国人民代表大会教育科学文化卫生委员会主任委员、中国出版协会理事长柳斌杰，原新闻出版署署长、党组书记宋木文，中国音乐家协会主席赵季平出席会议。中国印刷技术协会理事长于永湛，中国编辑学会会长桂晓风，中国书刊发行业协会会长、《中国大百科全书》执行总主编杨牧之，中国音乐家协会原副主席、首届中国音乐金钟奖“终身荣誉勋章”获得者、人民音乐出版社首任总编辑孙慎等有关领导与专家也出席了活动。中国艺术研究院、国家大剧院、总政歌舞团、中央音乐学院、中国音乐学院、上海音乐学院等机构负责人和音乐界专家，人民出版社、中国科学出版集团、中国教育出版集团、人民教育出版社、高等教育出版社、中国新闻出版报社等出版界同仁，中国出版集团公司、中国出版传媒股份有限公司领导班子及其成员单位主要负责人，德国朔特音乐出版公司总裁，人民音乐出版社离退休老同志与在职员工代表、曾经在出版社工作过的同志代表，以及新闻媒体等各方代表150余人一同出席。座谈会上，人民音乐出版社社长莫蕴慧，人民音乐出版社原总编辑戴于吾，中国音乐家协会主席赵季平，中国出版集团公司总裁谭跃先后发言。会议由中国出版集团公司党组书记王涛主持。

黄坤明在讲话中充分肯定了人民音乐出版社成立60年来取得的显著成绩和做出的重要贡献，出版的一大批高质量的音乐专业教材、学术专著、普及读物，为繁荣我国音乐文化、发展音乐教育、培养音乐人才、丰富群众生活、扩大对外交流发挥了重要作用。希望人民音乐出版社成为团结凝聚音乐创作人才、荟萃传播音乐作品成果、服务满足群众音乐需求的重要力量，更加自觉主动地服务大局，更加自觉主动地坚持“三贴近”，更加自觉主动地多出精品力作，用音乐为时代放歌、为人民服务。

座谈会上，总结回顾了人民音乐出版社成立60年来，尤其是中国出版集团公司成立12年来，在促进民族音乐文化传承、繁荣本土音乐创作、推动中国音乐传播普及、提升国家文化软实力等方面的突出贡献与主要经验；研讨了如何深入贯彻十八届三中全会和习总书记系列重要讲话精神，以坚定的信仰、历史的担当、为民的情怀、务实的作风、科学的方法，为进一步促进中国音乐的继承与创新、加强民族音乐的创作与传播做出更大的贡献。

与会专家一致认为，随着我国经济社会发展，人们对音乐文化的需求和消费将进一步井喷，而且，这种需求的增长将会呈现出形式更加多元、层次更加多样的特点。这为音乐产业大发展、音乐事业大繁荣提供了原动力，也为音乐出版提出了更高要求。一方面，音乐出版要紧扣时代发展脉搏，鼓励创作讴歌时代、催人奋进的作品，用艺术的力量团结人、感染人，为社会发展营造更加和谐、向上的氛围；另一方面，要进一步发挥音乐为“广大群众喜闻乐见”的艺术特点，努力挖掘最广大人民群众的创造积极性，源源不断地为广大音乐爱好者奉献“贴近实际、贴近生活、贴近群众”的音乐文化精品。与此同时，音乐出版也要在专业和创新上做好文章，以精益求精的作风、丰富多彩的样式，吸引更多人感受音乐艺术的美，进而走进音乐艺术的殿堂，创造出具有更大影响的音乐作品。

大家强调，当今世界，不同民族的音乐创作及其音乐文化生态正在全球多元文化语境中寻求自身定位，追求自己的音乐文化地位。众所周知，一个国家、一个民族的音乐从来都有着鲜明的文化特色，并在某种程度上已经成为一个国家、一个民族的文化标签，推广中国音乐与推广中国文化密切相关。因此，当代音乐出版人必须行动起来，承担起传播中国音乐文化的重任，进一步拓宽对外合作渠道、创新合作模式，把更多具有中国民族特色、能够体现中国民族精神内涵以及中国音乐审美意蕴和境界的高水准音乐作品传播到世界各地，用音乐拉近中国与世界的距离，不断增强中国文化的国际影响力。

为充分展示人民音乐出版社 60 年来对于促进民族音乐文化传承、繁荣本土音乐创作的贡献，会议现场还举办了“用音乐记录历史，用出版记录音乐”小型展览。（胡　健）

集团公司领导讲话

切实贯彻党的十八届三中全会精神 努力将群众路线教育实践活动成果转化为 集团实现"三化目标"的新举措

——在中国出版集团公司2014年度工作会议上的报告

中国出版集团公司总裁　谭　跃

（2014年2月20日）

同志们：

2013年，中国出版集团公司认真学习贯彻十八大、十八届三中全会精神和习近平总书记8·19重要讲话精神，认真贯彻刘云山同志"建设国际著名出版集团"的重要指示和刘奇葆同志视察集团的3·20讲话精神，认真落实中央第七巡视组反馈的整改要求和中央第21督导组的督导要求，扎实开展党的群众路线教育活动，全面深化改革，加快机制创新，出版主业取得新进步，经济增长迈上新台阶。由美国《出版商周刊》等4家国际著名出版杂志联合发布的"2013全球出版业收入50强"集团名列第22位，位居国内出版企业之首。2013年集团营业收入突破90亿元大关，利润突破10亿元大关，再创历史新高。

下面，我代表集团领导班子向大家做工作报告。

一、2013年的工作

2013年，在中宣部、国家新闻出版广电总局和中央文化企业国有资产监督管理领导小组办公室的领导和支持下，集团围绕"三六构想"，推进"六个创新"，突出"问题意识"，加强作风建设，推动科学发展，在以下六个方面取得了新成果。

（一）以群众路线为根本全面改进作风　为民务实清廉的观念进一步增强

2013年7月份以来，按照中央统一部署，我们在中央第21督导组的正确指导下，开展了以"为民务实清廉"为主要内容的党的群众路线教育实践活动，紧紧抓住"学习教育、听取意见"、"查摆问题、开展批评"、"整改落实、建章立制"三个主要环节，在学习培训、调查研究、征求群众意见、查摆"四风"问题、撰写对照检查材料、开展谈心活动、召开专题民主生活会、制定整改落实方案、开展专项整治、抓好建章立制等十个关键节点上狠抓落实，坚持教育实践活动与推进改革发展"两手抓、两不误、两促进"，取得了五个方面的重要阶段性成果：一是进一步提高了对党的群众路线教育实践活动的认识；二是进一步提高了对"四风"危害性的认识，"文山会海"的不良现象明显遏制，集团总部"三公经费”开支同比减少28万元，各类文件减少14.2%，集团和各所属单位全年节省会议经费100余万元；三是进一步提高了开展批评与自我批评的自觉性；四是进一步加强了领导干部联系群众、服务群众的作风建设，集团领导班子24次前往15家所属企业深入调研并现场办公，15次召开座谈会，将广大员工的意见建议归集为165条，边整边改、立改立行，集中精力办了一些群众看得见、摸得着的好事实事；五是进一步加强了制度体系建设，96项规章制度的“废、改、立”工作全面完成。

中央第21督导组组长杨多良同志对集团公司半年多来开展党的群众路线教育实践活动取得的成绩给予了充分肯定，他指出：通过教育实践活动，集团的党员干部思想水平进一步提高，作风进一步转变，党群干群关系进一步密切，为民务实清廉形象进一步树立，“四风”突出问题得到较好解决，作风建设的常态化和长效机制初步形成。

（二）以内容创新为驱动加快出版主业发展 “国家队”的文化引领作用更加突出

我们坚持政治导向为核心，社会效益第一、社会效益与经济效益相统一的出版理念，坚持文以载道、商以传道、创新弘道，强化内容创新意识，不断凸显“国家队”的文化引领作用。

我们召开了内容创新大会，提出了“内容创新十策”，推出了“中版好书榜”，创办了全国经销商大会，举办了全集团骨干编辑和优秀营销人员培训班，用商业化手段运营了读者大会，设立并颁发了出版特别贡献奖，表彰了18种荣获国家级奖项的图书和畅销书。我们狠抓导向管理，严格执行三审制和重大选题备案制，开展编校质量大检查，加强与民营合作的引导与管控。

在内容创新战略的驱动下，集团上下“国家队”的文化引领意识更加自觉，内容创新的动力势能更加强劲。《深入学习习近平同志关于宣传思想工作重要论述》、“中国梦宣传解读系列丛书”、《毛泽东正值神州有事时》等一批主题图书相继出版，《邓小平时代》《重启改革议程——中国经济改革二十讲》等一批重点图书持续热销。集团在10个衡量出版业绩的重要指标上位居第一：一是37个项目获第三届中国出版政府奖，二是15个项目获第四届中华优秀出版物奖，三是以7.04%的图书零售市场占有率持续领跑全国，四是7种图书入选“2013年大众喜爱的50种图书”，五是3种期刊入选“2013年最受读者欢迎50种期刊”，六是8种图书入选向全国青少年推荐百种优秀读物，七是15个项目入选2014年国家出版基金资助项目，八是22个项目入选国家古籍出版资助项目，九是9个项目入选新闻出版改革发展项目库，十是40个项目入选国家辞书编纂出版规划。同时，《新华字典》首次作为国家重点文化惠民工程，当年发行逾亿册，销售收入达8.9亿元，超过过去10年总和；年销量在10万册以上的图书达到65种，同比增长27.4%，其中当年版新书为9种。

（三）以深化改革为动力强化经营管理 营业收入利润总额增长势头良好

我们立足实际，确立了“双十”增长的发展目标，持续保持稳中求进的发展态势；适时调整完善“双效”业绩考核，设立并兑现年度经营特别贡献奖，强化了企业发展的动力机制。我们在长期准备、周密谋划的基础上全面启动集团的资金集中管理工作，与五大银行签署了合作协议；有序推进内控体系建设。在有关部门对中国出版传媒股份有限公司上市方案进行论证的同时，我们又启动了荣宝斋、中译语通科技（北京）有限公司的上市筹备工作。重组北京新华印刷有限公司的工作进展顺利，“集团印务中心”等7个项目获得国资预算支持，“译云”等两个项目获得文化产业专项资金支持，资助额度均创历史新高。《中国大百科全书》（第三版）的年度经费得到落实，中国美术出版大厦、顺义新华联合物流中心先后破土动工，中国出版创意中心取得立项批复，上海蓝桥创意产业园入住率提高，东方虹桥数字产业园稳步推进。

据快报统计，集团全年实现营业收入90亿元，同比增长30.87%；实现利润11.98亿元，同比增长92%；资产总额126亿元，同比增长19.88%；资产负债率55.98%，较去年减少6.02个百分点；所有者权益55.83亿元，同比增长27.28%。其中，重点板块对全局的贡献十分明显：中国图书进出口（集团）总公司营业收入达39.21亿元，同比增长41.10%，利润8 472万元，同比增长35.52%；商务印书馆营业收入14.43亿元，同比增长近两倍，利润5.09亿元，同比增长4.6倍（剔除《新华字典》因素，营业收入也达到5.53亿元，同比增长14.16%；利润1.19亿元，同比增长32%）；荣宝斋营业收入10.55亿元，同比增长25.46%，利润2.51亿元，同比增长53.31%；中版教材有限公司营业收入3.66亿元，同比增长37.77%，利润1.14亿元，同比增长90.98%。此外，中国大百科全书出版社、人民音乐出版社、生活·读书·新知三联书店、中国对外翻译出版公司、现代教育出版社、中国出版传媒商报社、中国民主法制出版社、华文出版社、世界图书出版公司、现代出版社等10家单位均实现增长“双十”的发展目标。

（四）以求真务实为方针推进数字化转型　重点平台实现突破　重点项目效益初显

我们全面落实集团8·23数字化战略推进会精神，以“（1+6）×4”为基本构架，以体制机制和业态创新为基本动力，以内容资源建设为基础，以平台建设为重点，大力推动传统出版的内容集聚数字化、流程管理数字化和传播方式数字化。

我们编制了13项数字化标准并全部颁布，集团数字化标准渐成体系；初步建立了数字资源集聚的领导、采选和分配机制，加快推进了重点平台建设；选派了35名分管数字出版的领导和骨干人才，分两批赴美国佩斯大学参加培训，为集团构建数字化新业态夯实了人才基础，积累了实操经验。

在数字化战略的驱动下，中版集团数字传媒有限公司集聚了6万多条有效书目数据、2万种入库电子书、8 000种可运营产品，集团数字资源的集约化运营迈出了第一步。中国图书进出口（集团）总公司“易阅通”上线运营，集聚了160多万种数字资源，为集团打造全球数字资源交易与服务平台奠定了基石。“译云”上线运营，推动了中译语言服务的数字化转型，探索了对新实体、新业态进行股份制改造和资本运营的路径。此外，商务印书馆、中国大百科全书出版社、人民音乐出版社、东方出版中心、大佳网等单位的数字平台完成阶段性建设目标。2013年，全集团数字出版的销售收入突破4.6亿元。

（五）以“六个要点”为抓手构建国际传播能力　集团国际化工作的动力势能进一步形成

我们认真贯彻中央领导同志的重要指示，经过一年多的深入调研和集思广益，召开了国际化战略推进会，提出了近期“做响”、中期“做开”、长期“做强”、总体“做实”的发展战略，确定了“开拓三个市场”的基本布局，明确了以版权、项目、翻译、数字化、人才和机制等“六个要点”为核心的国际化工作思路。

我们积极参加五个大型国际书展，圆满承办土耳其书展主宾国活动，多渠道推动版权输出。启动了总量逾300种的《中国近现代文化经典文库》（英文版）出版工程，并以此探索重大项目的公司化运作、本土化实施和全媒体运营策略；邀约海外华裔学者、汉学家共同参与《中华百科全书》（英文版）、《中印文化交流百科全书》等项目。选派19名版权骨干参加法兰克福版权经理人培训班，选派5人到英国诺丁汉特伦特大学攻读出版管理硕士学位。进一步拓展国际文化贸易，扩大产品范围，延伸产业链条。

在国际化战略的驱动下，我们在“中国图书对外推广计划”2012年度综合考核、经典中国国际出版工程入选数和第66届法兰克福书展版权输出数等三项指标上均获全国第一。截至12月底，中国图书进出口（集团）总公司的出版物出口收入达8 062万元，同比增长32%；大文化贸易收入达19.09亿元，同比增长96%。

（六）以创新精神为引领加强人才队伍和企业文化建设　企业持续发展的内生动力和人文氛围进一步增强

我们加快推进人才强企战略，以制度建设为基础，以体制机制创新为突破口，以优化结构为主线，以人才培养和企业文化为着力点，不断增强企业发展的内生动力。

在队伍建设上，切实加强领导班子建设，任免领导干部19名。启动了“三个一百人才”的选拔工作，经过严格考评程序，247位同志入选。在机制创新上，制定了《集团公司中层领导干部选拔任用办法》《党组管理干部职务名称表》，对企业领导人员实行分层分类管理，明确干部管理权限，突出文化企业的选人用人特点。优化了领导班子薪酬结构，加大了当期激励力度。推动有关单位中层管理人员竞争上岗，对紧缺人才试点协议工资制，完成集团首批博士后招生工作。成立了中国出版集团公司青年委员会，积极发挥青年人才的先锋作用。在人才培养上，先后举办了涵盖不同人员、不同专业方向的各类培训班11次，累计培训829人次，培训力度空前，效果比较明显。在企业文化建设上，围绕集团创新发展主题，举办了“创新论坛”、“十佳创新人物”评选等活动。围绕履行中央文化企业的社会责任，集团总部和所属单位向西藏、新疆、贵州、河南等省、市、自治区及部队等基层单位捐款捐书累计约3 200万元。

在人才强企战略的驱动下，所属单位班子结构开始趋向合理，半数以上企业实行了中层干部竞聘制，能上能下、能进能出的用人机制正在形成，以文化人、树人弘道的企业氛围日趋明显。中国大百科全书出版社、中国图书进出口（集团）总公司和荣宝斋荣获第三届中国出版政府奖先进出版单位奖，荣宝斋装裱修复中心被评为“全国工人先锋号”，中国出版传媒商报社被评为全国“三八”红旗集体。于殿利、莫蕴慧、樊希安3名同志荣获第三届中国出版政府奖优秀出版人物奖，人民文学出版社脚印荣获优秀编辑奖；集团总部温存被评为全国优秀团干部，生活·读书·新知三联书店徐国强被评为全国青年岗位能手。

2013年的工作实践使我们深切感受到：在宏观经济形势下行、市场竞争激烈的情况下，集团上下心往一处想，劲往一处使，始终保持稳中求进、稳中向好的发展势头，社会效益和经济效益都取得了良好业绩。成绩的取得饱含艰辛，来之不易，这得益于上级领导部门的审时度势、科学领导，得益于各级领导班子的善谋善断、务实求实，得益于集团全体干部职工同心同德、顽强拼搏。在此，我们衷心感谢中宣部、国家新闻出版广电总局、北京市国有文化资产监督管理办公室对集团的正确领导和倾心支持，衷心感谢各单位领导班子和集团全体干部职工在过去一年付出的艰苦努力和敬业奉献！

过去一年的工作实践更使我们深切感受到：与成绩并存的问题尤其应该引起我们的高度重视。一是主题书、畅销书数量不多，内容创新持续能力有待加强；二是出版结构不够合理，优势板块的市场主导地位不够稳固，短板缺陷依然突出；三是现代企业制度的建立和企业机制的健全还有大量的工作要做；四是导向把关的制度化、有效化还需不断加强；五是数字化、国际化在资源、机制、市场等关键问题上还需加大力度、抓出实效。这五个问题，是在一定时期内影响集团改革发展的具有全局性、基础性和长期性的重大问题。我们必须增强“问题意识”，以“咬定青山不放松”的坚定信念，以踏石留印、抓铁有痕的工作作风，坚持不懈地下大力气予以解决。

二、切实贯彻党的十八届三中全会精神

党的十八届三中全会发出了全面深化改革的动员令。我们要以十八届三中全会精神为指导，全面深化集团重点部位的改革，加快集团发展步伐，走集团特色发展道路，为实现“国际著名出版集团”的战略定位创造新的发展优势。

（一）增强改革意识

改革是文化繁荣发展的必由之路。党的十六大以来，文化体制改革取得了一系列重大进展和重大突破，开创了文化改革发展的新局面，走出了一条中国特色社会主义文化发展道路。但同时也要清醒地看到，文化体制改革仍然在路上，一些深层次矛盾和问题尚未解决，一些体制机制障碍尚未根本消除。改革没有完成时，只有进行时。

改革也是集团繁荣发展的必由之路。集团在文化体制改革的时代背景下应运而生，经过十多

年的发展，我们初步完成了转企改制的历史任务，初步建立了集团化的管控模式，出版主业挺拔壮大，经济总量大幅增长，人才队伍建设进展顺利，“走出去”工作成效显著，国际传播能力不断增强，企业文化建设蓬勃开展。同时也要清醒地看到，我们离一个成熟的现代文化企业集团还有较大距离，产业规模还比较小，经济结构不够合理，重点改革比较滞后。这些都需要我们以强烈的使命感和责任感，通过深化改革破解难题、推动发展。

改革是企业的常态。企业改革的本质是应对市场变化、适应市场竞争，以新的体制与机制、新的产品与服务、新的业态与创新，巩固老的市场，满足新的需求，从而创造企业新的竞争能力。企业管理者的重大责任就是倡导创新、鼓励创新、主导创新、成就创新，从而创造企业新的发展优势。这是我们对市场的姿态，对企业的使命，对员工的责任。

（二）明确改革目标

正确导向是我们的根本追求。习近平总书记指出，无论改什么、怎么改，导向不能改，阵地不能丢。这就要求我们要始终坚持以人民为中心的出版导向，弘扬主旋律，传播正能量，确保正确导向第一、社会责任第一、国家使命第一；持续推出更多具有思想性、时代性、经典性、大众性的精品力作，表现当代中国人的一股精气神，增强做中国人的骨气和底气，积极发挥引领风尚、教育人民、服务社会、推动发展的作用，始终坚持社会效益第一，努力将社会效益与经济效益统一起来。

激发活力是我们的基本取向。党的十八大报告提出，“建设社会主义文化强国，关键是增强全民族文化创造活力”。十八届三中全会决定指出，“让一切劳动、知识、技术、管理、资本的活力竞相迸发，让一切创造社会财富的源泉充分涌流”。企业发展的根本是人的发展，企业活力的关键是人的活力。出版作为文化创意产业，最需要创新精神和创造活力。这就要求我们必须遵循市场规律，打破条条框框，创新体制机制，营造“人尽其才、物尽其用、地尽其利”的企业氛围，努力激发企业的思想活力、精神活力、创造活力。

促进增长是我们的重要目标。落后就要挨打，发展才是硬道理。企业的发展如逆水行舟，不进则退，不增长肯定落后，增长慢了一样落后。对中国出版集团而言，“增长，增长，再增长”是我们未来一段时期经济工作的主旋律。这个主旋律需要有动力机制、人才支撑、资源保障。这就要求我们把善于破解增长难题的中坚力量选拔出来，努力发挥先锋表率作用；需要我们把拉动内生增长的激励机制推广开来，更好地推动企业持续发展。

组织创新是我们的必然选择。十八届三中全会决定指出，市场在资源配置中发挥决定性作用。这就要求我们要积极适应市场化的新要求，深化转企改制，加快公司制、股份制改造，开展跨地区、跨行业、跨所有制兼并重组，探索混合所有制经济和特殊管理股制度，努力提高规模化、集约化、专业化水平。同时，要进一步健全法人治理结构，规范经营决策，提高企业效率，确保资产保值增值，建立管理人员能上能下、员工能进能出、收入能增能减的现代企业制度。

以人为本是我们的发展核心。群众的心声最鲜活，群众的力量最强大，群众的发展最重要。这就要求我们始终坚持以人为本，坚持尊重群众、依靠群众、为了群众的群众路线，并善于将党的群众路线结合产业发展，更好地体现为作者路线、读者路线和员工路线。出版集团的成功不仅在于出版一批好书，还在于造就一批又一批的知名作家、知名学者、知名编辑、知名企业家，形成强大的、持续不断的出版能力。

（三）加强改革统筹

改革既要加强顶层设计，又要注重具体实践；既要把握好方向，又要掌握好节奏；既要积极坚定，又要慎重稳妥；既要重点突破，又要兼顾各方。在深化改革的具体过程中，我们要统筹把握好以下六种关系。

一是文化导向与市场导向的关系。一方面，我们要始终坚持正确出版导向，秉持文化理想和文化品位，传播先进文化，弘扬优秀传统，壮大文化品牌；另一方面，我们也要树立市场导向和需求导向，善于将文化的理想植根于市场的大地，将文化的品位灌注于大众的心灵，引领时代而不趋时跟风，服务大众而不从众媚俗，让社会效益和经济效益、文以载道和商以传道有机统一。

二是弘扬传统与改革创新的关系。一方面，我们要百倍珍惜自身的品牌资源，发扬光大自身的优良传统，这是我们的独有优势和宝贵财富；另一方面，我们也要敢于突破陈规、超越前人、对强者亮剑、与一流争锋，创造新的经营模式、商业模式和盈利模式，开辟新的增长点，实现产业优化升级，在坚守与创新中实现超越，赢得发展。

三是产业规模与质量效益的关系。一方面，我们需要有效整合资源，推动内容与科技、与资本、与其他关联行业的融合，提高内容资源的附加值，推动适度多元发展，做大产业规模；另一方面，我们要高度重视产品质量，重视投入产出的效益，要优化产品结构、投资结构、经济结构、资源配置结构，要提升单品种盈利能力、规模经济水平和文化影响力，既做大经济规模和市场份额，又做强盈利能力和文化影响。

四是效率与公平的关系。一方面，我们要全面推动企业内部竞聘上岗，为优秀人才搭梯子、建舞台，鼓励按劳分配和多劳多得，合理拉开收入差距，开启经济持续增长的发动机；另一方面，又要适当兼顾平衡，体现公平正义和共同富裕，踩好企业稳定的减震器，构建不同年龄、不同岗位、不同身份人员之间的和谐劳动关系，做到老有所安、中有所展、青有所望，在岗有竞争、待岗有依据、退休有保障。

五是顶层设计与尊重实践的关系。一方面，我们要加强顶层设计和整体谋划，注重改革的系统性、整体性、协同性，出台集团总体改革指导意见，明确目标任务举措，制定考核激励办法，发挥集团在改革全局中的宏观调控作用；另一方面，又要尊重各单位的历史差异、资源禀赋和现实条件，鼓励各单位因地制宜、因时制宜地探索具体改革路径，走好各具特色的专业化道路，更好地激发各单位的内生动力。

六是把握方向与掌握节奏的关系。一方面，要坚决按照中央和上级领导部门的部署，增强战略定力，坚持底线思维，牢牢把握改革的正确方向，始终把握改革的领导权和主动权；另一方面，我们也要加强各项改革的关联性、系统性、可行性研究，统筹考虑、全面论证、科学决策，由易到难、由浅入深，做到胆子要大、步子要稳，把改革的力度、发展的速度、企业可承受的程度统一起来，努力在关键环节的改革上取得促进企业发展、满足社会需求、增进员工福祉的实际成果。

三、2014 年工作重点

2014 年工作的总要求是：以学习贯彻十八大和十八届三中全会精神为主题，以体制机制改革为主动力，以重大项目突破为抓手，以进一步做响做强重要品牌为重点，紧紧围绕“三六构想”，着力增强“六个竞争力”，努力将党的群众路线教育活动成果，转化为集团实现“三化目标”的新举措。

根据中央经济工作会议 2014 年“稳中求进、改革创新”的工作总方针，结合集团实际发展状况，2014 年集团的主要经济指标是：继续实现营业收入增长 10%，利润总额增长 10%，为营业收入早日突破百亿元奠定更加坚实的基础。

（一）以落实“创新十策”为重点　进一步增强内容生产的竞争力

我们要坚定不移地坚持正确出版导向，全面落实“内容创新十策”，一手抓繁荣，一手抓管理，把打造精品力作和确保导向正确、提升文化影响力和提高市场竞争力更好地统一起来，不断优化出版结构，进一步做强出版主业，做大出版产业。

一是做响主题出版。围绕中国梦、社会主义核心价值观、中华人民共和国成立 65 周年等重大主题，组织策划一批有影响的图书选题。抓好“中国发展道路丛书”等四大书系首批成果的出版工作，组织策划好“丝绸之路经济带”、“海上丝绸之路”出版项目。相关单位可尝试成立主题出版项目部或明确项目责任人，邀约国内一流作者，提高主题图书的“双效”，积极发挥“国家队”的示范作用。

二是做强优势板块。要进一步扩大优势板块的相对优势，变暂时优势为长期优势。文学、传记、动漫、学术文化等产品线，要瞄准目标市场，挖掘新兴作者，培育更多10万册以上的畅销书，努力成为引领时代风尚的“明星产品”；工具书、古籍、音乐、美术等产品线，要进行系列化、规模化开发，努力成为市场长盛不衰的“常青树”。政治、财经、管理、法律、科技等新兴产品线，要努力提高市场竞争力。集团专项出版资金今后将主要投放于畅销潜质好、再版能力强的优势板块和重点图书；重点单位要力保每年有1～2种10万册以上的畅销新书和1/4左右的常销书。

三是做大少儿出版。集团要制定少儿板块三年发展规划，加大政策和资金扶持力度。相关单位要在切实掌控资源的前提下，以适合自身实际、不拘一格的多种形式，集聚一批少儿名家名作和潜力作家。要培养引进一批少儿编辑人才，提升选题开发水平和市场营销能力，以美育为中心，逐步形成特色鲜明的少儿文学、少儿国学、少儿科普等领域的产品线。

四是做开教育板块。要瞄准宏观政策和市场变化，进一步提高音乐、美术、书法等现有重点教材的市场占有率，完善产品结构，扩大市场份额。要积极开发具有自主知识产权的地方教材、高校教材、中小学教材教辅和职业继续教育教材，扩大教育板块的有效规模。要探索教育产品与专业培训、演艺会展、文化用品和软件服务等多元拓展路径。要探索新的运行机制，实现教育出版资源的有效整合。

五是做实出版管理。要正确处理社会效益与经济效益、品质格调与规模增长的关系，增强大局意识、底线意识、阵地意识、担当意识、问题意识、表率意识，坚决守住出版物的政治导向、文化追求和质量品质。严格执行各项出版管理制度，严格遵守政治纪律、出版纪律；建立健全集团和各单位出版审读小组，加大敏感选题把关，加强质量事故追究问责。加强政治思想学习和导向管理培训，进一步规范合作出版。

（二）以经营管理和重大工程为重点　进一步增强产业发展的竞争力

要坚持抓好经营管理工作，积极探索产品经营、资产经营和资本运作，加强经营性增长，谋求投入性增长，扩大资产性增长。

一是探索资本运作。健全资金集中管理制度，制订年度资金运作计划、绩效考核奖励办法，确保资本运作收益逐步增长，明显提升资金整合效益；要以集中后的资金池为依托，创新融资渠道，拓宽理财渠道，谋求资金效益最大化。

二是抓好股份公司上市工作。继续扎实推进中国出版传媒股份有限公司上市工作；积极推进荣宝斋、中译语通科技（北京）有限公司的股份公司上市工作；增强集团产业发展的资本竞争力。

三是抓好重大工程。加快推进中国出版创意中心建设，确保年内早日开工。顺义新华联合物流中心要在年底前完成主体结构工程，做好2014年投入运营的各种准备工作。要以兼并重组北京新华印刷有限公司为契机，科学实施集团印务资源整合。新华书店总店要开发盘活房地产资源，抓好数字化契机，研究好新型业态的构建，实现资产形态和业务形态的更新升级。人民文学出版社编辑楼翻建工程要加快推进，中国美术出版大厦要年底竣工，中国图书进出口（集团）总公司通州国际出版交流基地力争下半年破土动工，西安西郊文化产业基地确保上半年破土动工，荣宝斋蓟县文化创意产业园、顺义文化创意园争取下半年开工。

四是抓好财务管理和资产经营管理。加强财务工作的调研巡查和财务状况动态分析，逐步做到事前风险预警、过程跟踪控制和事后评价分析；加强预算执行检查分析，更好地发挥经营管理职能；完善内部控制体系，探索适合出版企业的财务管理指标体系；建立项目责任制，筹建重大项目库，开展项目绩效评价；建立预警机制，防范经营风险；对长期经营不善的各级各类公司，要逐一研究对策，稳步实行关停并转。

（三）以企业、产品和服务为重点 进一步增强品牌经营的竞争力

拥有一批驰名品牌是集团在全国同行中的独特优势，我们必须倍加珍惜。要进一步做强品牌企业，做响品牌产品，做优品牌服务；进一步强化品牌辨识度，延伸品牌价值，扩大品牌知名度，增强集团整体核心竞争力。

一是做强品牌企业。要进一步做强人民文学出版社、商务印书馆、中华书局、中国美术出版总社、人民音乐出版社、中国大百科全书出版社、生活·读书·新知三联书店、中国图书进出口（集团）总公司、中国对外翻译出版公司、荣宝斋10家品牌企业，通过内涵式发展或外延式扩张，以专业化拉动规模化，增强品牌经营和品牌扩张的能力；要推动中版教材有限公司、中国出版传媒商报社、中国民主法制出版社、现代出版社、世界图书出版公司、华文出版社、东方出版中心、现代教育出版社等潜力企业努力形成品牌效应。加大内部机制改革，形成一批知名作家、知名编辑、知名产品，提升品牌企业的社会辨识度、读者认同度和市场占有率。

二是做响品牌产品。通过建立标准、网络评选等多种方式，发布品牌产品名录；开展整体宣传营销，让品牌产品更具市场影响力；完善品牌产品的更新机制，实现产品系列化、规模化、可持续运营，构建品牌产品集群。加大品牌产品的多业态开发，积极探索全媒体运营的新路径。

三是做优品牌服务。以中国图书进出口（集团）总公司的会展业务为核心，打造一流的会展服务品牌；以“易阅通”为核心，打造一流的数字交易与服务品牌；以“译云”为核心，打造一流的语言服务品牌；以荣宝斋为核心，打造一流的艺术品经营品牌。

要在充分调研的基础上，年内适时召开品牌经营战略推进会，制定集团品牌建设规划和实施意见，研究探索不同类型品牌经营的具体路径，出台政策、资金等方面的扶持、考核和激励办法。

（四）以重要平台商业化运营为重点进一步增强数字出版的竞争力

继续围绕“8·23”数字化战略推进会精神，始终抓住资源集聚、重点平台、机制创新、营收能力这四个关键，全面推进，重点发力，努力构建集团数字出版新业态。

一是加大数字资源整合力度。继续推进集团数字资源整合，加大各单位重点产品、动销品种、畅销品种的数字化整合，确保年底实现集团数字资源总库“1251”目标，为集团数字产品的商业化运营奠定更加坚实的基础。

二是加强重点平台商业化运作。《中国大百科全书》（第三版）要做好顶层设计，完成编纂平台、标准制定、队伍建设和编辑能力建设；“易阅通”要积聚国内外更多优质数字资源，提高数字化收益在进出口业务中占比；“译云”要提高销售收入和规模效益，为实现创业板上市打牢根基；中版集团数字传媒有限公司要明确服务各单位数字转型的战略定位，提升运营能力，实现营收突破；“中华基本史籍知识库”要完成平台总体规划和初步建设，探索公司化运营；商务印书馆“工具书在线”和《东方杂志》数据库要提升运营收益；人民音乐出版社的音乐平台、荣宝斋的艺术品交易平台要完成上线运营；东方虹桥数字产业园区要形成雏形。

三是健全重点项目保障机制。完善联席会议、定期通报等制度，推动重点项目有序落实。充分发挥集团数字化工作领导小组和中版集团数字传媒有限公司改革领导小组作用，深入研究出版、进出口、艺术品、语言服务的数字运营规律，着力解决关键节点问题。开展一线人员培训，加快培养数字化编辑。

四是建立科学管理指标体系。加强集团数字化运营的信息统计工作，定期发布数字化收益资讯。研究制定数字化工作管理指标体系，完善数字化考核办法，更好地激发各单位构建数字出版新业态的积极性和自主性。

（五）以落实“六个要点”为重点进一步增强国际传播的竞争力

要围绕9·26国际化战略推进会精神，按照公司化运作、本土化实施、全媒体运营的原则，牢牢抓住版权、项目、翻译、数字化、人才和机制“六个要点”，以重点项目为抓手，以国际主

流渠道为依托，逐渐做开海外市场格局，努力实现近期“做响”的目标。

一是加强版权资源积聚与开发。研究制定集团涉外版权工作条例和重大版权备案制度，提升版权开发、经营和管理水平。建立外向型知名作者、潜力作者名录，做好重要作者涉外版权的签约续签工作，进一步扩大版权贸易。

二是扎实推进重大“走出去”项目。组建中国出版集团美国出版公司，实现《中国近现代文化经典文库》（英文版）的本土化实施。以“中国历史文化与当代生活系列”为基础，逐步进入欧美主流市场；以《白求恩在中国》多语种项目为基础，逐步进入拉美市场；以《中印文化交流百科全书》、“中印经典和当代作品互译出版项目”“中沙互译出版项目”等为基础，逐步进入周边国家和新兴国家市场。

三是整合翻译资源。建好母语译者、汉学家、海外华裔学者名录，遴选1～3种重点图书实施翻译资助。举办首届作家、翻译家和汉学家论坛，用好中国对外翻译出版公司的翻译资源，促进翻译业务与出版业务融合共赢。

四是探索建立数字化国际营销渠道。进一步发挥中国图书进出口（集团）总公司主力军作用，探索集团“走出去”产品与“易阅通”平台的融合路径，与亚马逊、苹果、NOOK等国际六大数字营销平台的合作路径，以及与海外第三方营销服务公司的合作路径。

五是完善“走出去”工作机制。组建集团涉外选题策划委员会，用好集团“走出去”专项资金。编制国际化项目申报指南，力争集团入选各类政府“走出去”资助项目在全国名列前茅。

（六）以机制创新和企业文化建设为重点进一步增强人才队伍的竞争力

以用人和收入分配制度改革为重点，以企业文化建设为支撑，加快机制创新，不断提升人才队伍的专业素质和整体竞争力。

一是深入推进用人制度改革。加强各单位领导班子建设，进一步优化班子结构；加强后备干部培养选拔，加大集团内干部交流力度；加强中青年人才使用，加大“三个一百人才”培养力度。完善干部考核机制，加强干部监督工作，健全各级领导干部管理办法，对集团党组管理的干部实行重大事项报告制度。实施劳动用工改革指导意见，建立企业化的用工机制。按照责、权、利相统一的原则，全面推动各单位中层管理人员竞争上岗。启动人力资源信息系统建设，探索适合出版企业的人才队伍评价指标体系。

二是深入推进收入分配制度改革。积极探索符合文化企业特点的岗位设置序列，全面实施岗位绩效工资制，加大效益工资比例。对新领域、新实体探索试行股权激励，对急需引进的紧缺人才实行协议工资制，对专注长线产品、扛鼎之作的“三冷”人才试行文化津贴制度。推行工资总额预算管理，加强人工成本过程管控。

三是加强企业文化建设，充分发挥各级党群组织作用。以学习贯彻习近平总书记系列重要讲话和十八届三中全会精神为重点，抓好集团公司党组和各单位党委中心组的专题学习，提高科学决策和领导水平。严格执行中央八项规定，巩固党的群众路线教育实践活动成果，坚决遏制“四风”反弹，健全各级纪检机构，规范领导干部廉洁从业行为，营造风清气正、干事创业的良好环境。建立领导干部下基层调研制度，在创建“学习型、服务型、创新型”党组织的基础上创建“廉洁型”党组织。发挥工会组织在服务群众中的作用，发挥各级职代会在企业民主管理中的作用。继续办好“香山论坛”系列活动，大力支持共青团、青联推进青年创新项目建设。开展各种文化体育活动，营造团结和谐、昂扬向上的文化环境。

同志们，2014年是贯彻落实党的十八届三中全会精神、全面深化改革的开局之年，是实现“十二五”规划目标的关键一年。我们要倍加珍惜集团今天面临的历史机遇和发展态势，不断增强出版“国家队”的使命感和责任感，以闻鸡起舞、争时乘势的进取精神，以务实求实、抓铁有痕的工作作风，胸怀中国梦，传递正能量，切实贯彻党的十八届三中全会精神，努力将党的群众路线教育实践活动成果，转化为实现集团“三化目标”的新举措，为实现“国际著名出版集团”的战略定位而不懈努力！

扎实推进企业内部改革
为集团的现代化、大型化、国际化配强动力机制

——在中国出版集团公司深化人事和分配制度改革工作会上的讲话

中国出版集团公司总裁　谭　跃

（2014 年 3 月 28 日）

同志们：

党的十八届三中全会发出了全面深化改革的动员令，对深化文化体制改革做出了总体部署。2014 年以来，新闻出版广电总局召开了出版集团主要负责人改革座谈会，国务院出台了《关于推进文化创意和设计服务与相关产业融合发展的若干意见》，颁布了《关于加快发展对外文化贸易的意见》。最近，中宣部组织召开了全国文化体制改革工作会议，对进一步深化文化体制改革做出全面部署，提出明确要求。

2014 年的集团年度工作会议，在前两年明确集团战略目标、发展道路的基础上，提出了“突出一主两重、增强六个竞争力”的年度工作总要求，明确了深化改革、解决集团发展动力的年度工作思路。今天召开的这个会议，就是要回答集团如何贯彻十八届三中全会和全国文化体制改革工作会精神，如何全面深化集团改革，特别是如何推进两大关键动力机制，即人事和分配两项制度的改革。为了做好两项制度改革的顶层设计，自 2012 年起集团总部和股份公司本部前往国务院国有资产监督管理委员会，部分中央企业、民营企业，部分文化产业集团，调研了解它们的典型经验和成功做法。同时借助专业机构，经过近一年的准备，形成了《中国出版集团公司推动所属企业人事、分配制度改革 30 条》，今天发给大家征求意见，待进一步充实完善后公布执行。下面我结合中央精神和全国文化体制改革工作会议的精神，结合 2013～2014 的调研和“《中国出版集团公司推动所属企业人事、分配制度改革 30 条》”，讲三点意见。

一、树立改革的担当精神

改革只有进行时，没有完成时。全面深化集团公司各项改革，是贯彻党的十八届三中全会精神和习近平总书记系列重要讲话精神的必然要求，是贯彻中央文化体制改革精神的必然要求。党的十八届三中全会《决定》明确提出，要进一步深化国有企业内部管理人员能上能下、员工能进能出、收入能增能减的制度改革。习近平总书记在 8 • 19 讲话中指出，宣传思想工作创新，重点要抓好理念创新、手段创新、基层工作创新；要把握好意识形态属性和产业属性、社会效益和经济效益的关系；无论改什么、怎么改，导向不能改，阵地不能丢。刘云山同志在 2014 年 1 月 3 日的全国宣传部长会议上指出，文化繁荣发展，动力在改革、出路在改革；培育合格的文化市场主体，是文化体制改革的一项重点任务，也是深化改革的重点所在；文化企业只有成为合格的市场主体，才能真正在市场竞争中做大做强。刘奇葆同志在 3 月 24 日的全国文化体制改革工作会议上指出，虽然文化体制改革取得了重大进展和显著成效，但从实际情况看，也存在有的转制为企业后，内部经营管理机制“不事不企”，只是翻了牌子，里面的东西没有变化；有的体制和机制改了，但“两个效益相统一”的问题还没有从根本上解决好。因此，他要求“要继续推进转企改制，加快公司制、股份制改造，尽快形成符合现代企业制度要求、体现文化特点的资产组织形式和经营管理模式”。由此可见，国家的前进动力来源于改革，文化产业的前进动力来源于改革，集团的前进动力也主要来源于改革。

对于企业而言，改革是企业发展过程中自我调节、自我进化的一种常态机制，是企业因时而变、吐故纳新的基本动力，是企业周而复始、生生不息的生命源泉。集团所属的品牌企业和一些新兴成长企业，在过去各个不同历史时期，逐新知以应时变，养新象以顺世移，既弘扬传统而又与时俱进，既守正务本而又革故鼎新，通过不同形式的内容创新、机制创新、科技创新等，铸就了响亮的品牌，推动了文化的繁荣。集团自成立以来，作为中央第一批文化体制改革试点单位，在历届、各级领导班子和全体干部职工的共同努力下，高举改革创新的旗帜，顺利完成了转企改制的历史任务，初步建立了两级法人治理结构和集团化管控模式，特别是在人事和收入分配领域基本完成了“事业身份”向“企业身份”的转换，初步确立企业用人制度、经营者薪酬制度、员工分配制度、人工成本管控体系和福利体系，极大地激发了广大干部职工创业兴业的积极性和创造性，进一步增强了集团作为出版“国家队”的文化影响力和综合实力。与此同时，我们也要清醒地看到，完成转企改制的阶段性任务，对于我们只是迈出了改革的第一步，集团的市场意识、竞争意识、创新意识还不够强；主题书、畅销书、精品书还不够多；企业化、公司化、股份化程度还不够高；产品结构、人才结构、产业结构还不够合理；骨干人才的引进、关键人才的激励、收入分配的调节还不够有效；国际化、数字化、集团化工作还比较薄弱。可见，集团发展的成果来自改革，集团存在的各种问题也只有在不断地改革中逐步得到解决。

一代人有一代人的使命，一代人有一代人的担当。在全面深化文化体制改革的时代洪流面前，在国内外文化创意产业蓬勃发展的产业潮流面前，我们站在了一个新的历史起点上，肩负着深化转企改制、建立现代企业制度、努力建设国际著名出版集团的历史任务。这既是时代赋予我们的神圣使命，也是我们这一代人必须承担的历史责任。我们的责任是崇高的，因为它关乎国家和民族文化的振兴；我们的责任是光荣的，因为它关乎企业和出版的繁荣；我们的责任又是很具体的，因为它还关乎着数千员工和家庭的幸福。为了国家、为了社会、为了员工，要担负起这样的责任，我们唯有以“苟日新、日日新、又日新”的改革精神，以抓铁有痕、踏石留印的工作作风，勇于担当，锐意进取，改革创新，从而实现文以载道、商以传道、创新弘道。

“吾日三省吾身。”在座的各位，都是企业的高管，都是中国出版的骨干，也都是广大员工的领路人。我们的改革动力决定着企业的发展动力。改革虽难，想想我们的责任，还是要攻坚克难；改革虽难，想想我们的使命，还是要勇于担当；改革虽难，想想我们的目标，还是要恪尽职守，励精图治，未来在我们总结工作或人生回望时，多一点欣慰，少一点遗憾。迎难而上，一个人才有大出息；攻坚克难，我们才能造就大企业。我们要有历史的责任感，这个责任就是，领导广大干部员工务实地而不是教条地革故鼎新，创造人才涌现、创意迸发、成就企业、造福社会、造就员工的新体制新机制。改革的中心点是人，是激发人、培养人、选用人、造就人、造福人。这是改革的中心话题，也是我们一切工作的出发点和落脚点。有了这一条，我们就抓住了“以人为本”这个核心，就抓住了“为民务实清廉”这个根本，也就抓住了改革的中心环节。我们要有历史的眼光，这种眼光就是当我们回望这段事功人情时，有没有抓住改革的机遇、突破传统的藩篱？有没有顺人心、知人情、懂事理、循规律地建立起充满活力和创造力的资产组织形式和企业管理体制、经营运行机制和集团发展模式？有没有对组织上赋予的责任有所交代、对广大员工的期盼有所回应、对社会读者的需求有所奉献？在职有责啊，同志们，市场的法则是丛林的法则，适者生存，优胜劣汰；市场的法则是残酷的法则，企业不能顺应改革，必将衰退败亡；市场的法则又是强者的法则，企业改革则强，强则兴旺。改革的冲动是市场的竞争逼出来的，改革的思路方法是顺应市场变化琢磨出来的，改革的强烈意识是我们对企业的现在和未来的责任感所激发的。改不改，怎么改，改到什么程度，改出什么效果，企业的今天强不强，企业的明天旺不旺，企业的未来长不长，这一系列的问题，不能不令我们“困于心、衡于虑、而后作”，不能不让我们深感发展的责任重大，繁荣的责任重大，为国家、为社会、为员工的责任重大，而这一切又都归于改革的责任重大。

二、明确改革的基本思考

使命决定战略，战略决定道路，道路决定行动。集团关于改革的原则、目标和主要思考，是与集团的历史使命、战略目标、特色道路相呼应、相衔接的。

集团改革的基本原则，是始终坚持党的核心领导，始终坚持国有控股地位，始终坚持教育人民、引导社会、促进发展的产业方向，始终坚持传承中华优秀文化、吸收外国有益文明的历史责任，始终坚持符合时代潮流、记录时代步伐、发出时代声音的出版使命，始终坚持企业化、集团化、市场化的改革路径，始终坚持兼顾效率与公平的基本要求，始终坚持为了消费者、为了企业员工、为了公司股东的企业宗旨。

集团改革的基本指向，是企业的实力改强，而不是改弱；员工的总体收入改多，而不是改少；企业发展的环境改稳，而不是改乱；干部员工的积极性改高，而不是改低；集团的文化贡献改大，而不是改小；集团未来的发展道路改宽，而不是改窄。

集团改革的总体目标，是通过不断提高企业化、公司化、股份化运营水平，健全完善运转协调、有效制衡的法人治理结构，全面建立充满活力、富有效率、体现文化企业特点的现代企业制度，为建设国际著名出版集团，实现集团“三化目标”提供动力机制和制度保障。

集团改革的具体目标，是“激活两力、增强双效”。一方面，我们要通过内容创新、营销创新、传播方式创新，增强文化自觉和文化自信，充分激发文化创造活力，努力培育一批传承文明、记录当代、长久流传的精品力作，努力打造一批永不凋零、基业长青的著名品牌；另一方面，我们要通过领导机制改革、经营管理机制改革、人事分配制度改革，打破体制壁垒，扫除身份障碍，充分激发人才创新活力，努力营造一种“万类霜天竞自由、不拘一格降人才”的人才格局，努力培育一批以书立人、以书报国的出版家和企业家。通过激发“两个活力”，增强社会效益和经济效益，做大文化贡献和市场贡献，实现文以载道和商以传道的有机统一。

集团改革的基本方法，既要注意“全面谋划、分步推进、统筹各方、突出重点”的顶层设计，也要注意“尊重实际、一企一策，摸石过河，推广典型”的实践总结；既要坚定推进各项改革，又要时时把握好六种关系：

一是文化导向和市场取向的关系。一方面，我们要眼光朝上，坚持正确导向，坚守文化品质，不跟风炒作，不庸俗媚俗，确保导向正确、格调健康、质量合格；一方面，我们要放下身段，更好地贴近读者、贴近作者、贴近市场，抓住新兴潮流、新兴人群、新兴传播方式，不断增强专业化生产能力和市场核心竞争力。

二是做大蛋糕和分好蛋糕的关系。一方面，我们要理直气壮地做大蛋糕，鼓励赏勤罚懒、多劳多得，大力发挥重点企业、优秀人才的引擎拉动作用，实现企业生产效率的帕累托改进，做大产业规模和整体实力；另一方面，我们要阳光透明地分好蛋糕，既适当拉开收入分配差距，又确保改革成果的合理共享，确保改革、发展与稳定的有机统一。

三是激活存量和做大增量的关系。一方面，我们要巩固现有阵地，做强既有业务，通过多媒体、多形态开发，更好地盘活释放资源潜力；另一方面，我们要开辟新战场，开发新业务，探索新机制，以增量改革带动存量调整，以外部竞争倒逼内部创新，最大范围地激发改革的动力，最大限度地释放改革的红利。

四是抓住两头和带动中间的关系。一方面，我们要抓好先进，发现典型，遴选一批独当一面、堪当重任的中青年骨干人才，帮助他们搭建干事创业的成功平台；另一方面，要把握好“短板”，做好减震控压和思想转化工作，要坚持群众路线，切实发挥广大普通员工作为改革实践主体的巨大作用，让他们在改革中成才，在改革中获益，在改革中提高自己的能力和竞争力。

五是整体推进和一企一策的关系。一方面，集团抓好顶层设计和统筹协调，制定好指导意见和配套措施，认真及时地做好释疑解惑、跟踪反馈、监督检查、指标管控、绩效评估等工作；另一方面，各单位要结合本单位的资源禀赋、人才条件、历史特点，选准着力点和突破口，制定本单位的“一企一策”，从而做到“履不必同，期于适足；治不必同，期于利企”。

六是谋定后动和立改立行的关系。一方面，要按照整体酝酿、充分调研、发扬民主、谋定后动的原则，充分设计好、组织好、宣讲好每一项改革措施，通过召开员工大会、职工代表会、专题培训等多种形式，让人心思改革、人人促改革；另一方面，要抓好具体落实工作，即知即行，知行合一，蹄疾而步稳，勇毅而笃行，一级做给一级看，一级带着一级干，确保每一项改革措施化为实招、落在实处、产生实效。

三、抓住改革的重点环节

集团改革的总体布局包括资产组织形式、企业管理体制、生产经营机制和集团管控模式，涉及领导机制、管理机制、经营机制三大机制改革。其中，领导机制的重点是完善企业两级法人治理结构，以及有选择地探索混合所有制、特殊管理股制度等问题；经营机制涉及企业的财务管理制度、投融资制度、市场营销制度等问题；管理机制包括用人制度、分配机制、退出机制，其目标是管理人员能上能下、收入分配能增能减、一般员工能进能出，其核心是人事制度和分配制度。辩证法告诉我们，在事物发展的各种矛盾中，要抓主要矛盾和矛盾的主要方面。人事制度和分配制度就是当前深化集团改革的“主要矛盾”，是“牛鼻子”，也是当务之急。2014 年我们要重点抓这两项制度的改革，同时谋划好领导机制和经营机制的改革。

总体来讲，集团的人事和分配制度改革涉及 10 个方面的机制改革，其中需要解决的关键问题有 12 个。概括起来，这两项制度改革的主要措施就是“6 个完善”和“6 个加强”。

1. 深化人事制度改革

人事制度改革涉及 5 个关键机制：一是人才选用机制，主要解决选贤任能、能上能下的问题；二是员工管理机制，主要解决员工能进能出的问题；三是结构优化机制，主要解决整体效能问题；四是培养机制，主要解决人才成长问题；五是晋升机制，主要解决人才发展通道问题。在这 5 个关键机制中，其中的重点体现为“6 个完善”。

第一，完善竞争上岗制度。现代企业管理的本质是民主管理。竞争上岗是民主管理在企业管理中的具体体现。就集团现状而言，包括三种类型的人才使用机制。第一类是领导干部竞争选用机制。竞争上岗是民主推选干部的一种形式，是党组选拔使用干部的重要条件。按照中组部 2013 年 10 月印发的《关于完善竞争性选拔干部方式的指导意见的通知》的精神，要坚持党管干部原则，党组党委在竞争上岗等民主推选的基础上决定干部，同时要切实防止简单地“以票取人”“以分取人”，防止“选老好人”。各单位实施竞争上岗，要进一步处理好民主推荐和企业用人的关系，要进一步明确中层管理人员的责、权、利，将放权与考核、激活与约束相结合，最大限度发挥基层、部门的竞争力和创造力。还未实施的单位，要按照各自特点逐步探索竞争选用等民主推选形式。第二类是现有职工的全员竞岗机制。实行专业技术职务评聘分开，鼓励企业实行全员竞聘上岗。要防止“一评定终身”、“一岗定终身”，要根据个人贡献大小、能力大小进行合理设定岗位。第三类是新进人才的公开竞聘机制。包括招聘应届毕业生、社会招聘普通员工，也都引入竞争机制，经过公开统一招考后，择优录取，既保证公平公正，又做到择优适用，确保各单位的用人自主权。

第二，完善劳动合同制。《劳动合同》是企业用工最根本的法律依据。一要高度重视同工不同酬、在岗不在编的问题；二要有约定条款，如保密条款、竞业禁止条款，避免企业的商业机密和核心资源在人员流动后遭受重大损失；三要妥善处理劳动争议和历史遗留问题，建立和谐劳动关系。

第三，完善人才队伍结构。各单位一定要根据发展情况，量体裁衣，合理控制规模，合理配置人力资源。同时，要注重年龄、知识、能力、素养、性格、气质等结构因素；注重构建老、中、青人才结构；注重外部引进人才与内部培养人才的结构。

第四，完善分层分类培训。集团层面主要做好党组管理干部、后备管理人员、高端专业人才的培训工作。各单位要组织开展适任性岗位培训，尤其是要针对不同岗位、不同年龄段的职工开展专题性培训。要对优秀人才给予培训、深造、国际交流等形式的奖励和资助。各单位要鼓励中青年骨干人才带薪学习、带薪攻读学位，并制定激励办法，给予适当补助。

第五，完善四类岗位体系。探索建立管理、专业技术、经营和工勤服务四类岗位体系，设置岗位等级，加强岗位动态管理，从而拓宽职工晋升通道，做到岗配其人、人尽其才、八仙过海、各显其能。

第六，完善师徒制和首席专家制。作为文化企业，要继续加大师徒制的覆盖面；同时，不仅要服务于海内外的学术专家，还要在集团内逐步造就一批学养深厚、影响较大的著名学者。这是集团的历史传统，也是出版“国家队”的内在要求。

2. 深化分配制度改革

分配制度改革也涉及5个关键机制：一是考评机制，主要解决收入能增能减的问题；二是调节机制，主要解决发展成果共享的问题；三是激励机制，主要解决动力不足的问题；四是成本机制，主要解决人员效率问题；五是福利机制，主要解决基本保障问题。在这5个关键机制中，其中的重点体现为“6个加强”。

第一，加强岗位绩效考核。各单位要建立以岗位绩效工资为主的基本工资制度，形成职工收入与岗位责任、个人贡献以及企业效益密切挂钩，与市场价位相互衔接的收入分配机制。绩效工资要坚持绩效导向，将考核结果与绩效工资挂钩，奖优罚劣、奖勤罚懒，使岗位工资与绩效工资浮动比例达到薪酬总额的70%，同时适当加大当期激励力度，使分配更好地支撑业绩增长。

第二，加强职工收入增长联动。职工工资的增长要与企业经济效益联动，要与企业负责人收入挂钩联动。这里面有四条原则：一是企业效益增长的，职工整体收入一般应视情况同步增长；二是企业负责人薪酬增幅应低于职工平均工资增幅；三是职工收入不增长的，企业负责人收入不得增长；四是加强企业领导班子成员的业绩考核，将业绩考核结果与其薪酬分配挂钩。

第三，加强重点人才激励。对于关键岗位人才，按照高于行业和市场平均水平确定薪酬。“千军易得，一将难求”，关键岗位需要高水平、高素质，如果没有相应的较高薪酬就难以吸引和留住关键人才。对于做出突出贡献的人才，要在国家政策范围内，结合本企业实际，探索资本、知识、技术、管理等生产要素按贡献参与分配方式。

第四，加强特殊人才激励。主要体现为三种方式：一是在新资产、新领域、新实体，对内容创新、技术创新、管理创新等人才，探索实行股权激励、岗位分红、项目分红等；二是对急需引入的紧缺人才，可根据人才市场价位实行协议工资制；三是对具有战略眼光，甘于寂寞，专注于精品力作、扛鼎工程等长线产品的特殊人才，实行文化津贴制度。

第五，加强工资总额管理。实行工资总额管理既是集团对各单位加强人工成本管理的一项有效手段，也是各企业有效控制人员规模、提高劳动生产率的调控手段。其中两个重点是：一个是完善工资总额预算管理办法，按照“效益升、工资升；效益降、工资降”的原则，合理确定企业工资总额和职工工资水平；另一个是探索建立人工成本预算管理制度，逐步实现由工资总额预算管理向人工成本预算管理的转变，提高劳动生产率，提高人均盈利能力和人均效益水平，使人工成本增长与企业竞争力提高相适应。

第六，加强企业福利体系。福利主要体现企业对于员工的生活保障与关怀，它直接影响到职工的幸福指数和对企业的忠诚度。在严格执行常规的福利制度时，有条件的企业可在国家政策范围内，建立企业年金、补充医疗保险、体检、住房补贴等福利性项目，充分考虑不同文化层次、不同收入层次的员工福利需求，妥善解决老人、中人、新人的合理衔接问题。

在推进以上改革举措的同时，需注意研究考量改革成效的管控指标。企业化一个很重要的特点就是要用数据说话，用指标说话。要注意六个方面的具体把握：一是人才使用了没有，是否还有闲置；二是人才结构调整了没有，是否调整得合理；三是被选用的人，其能量发挥了没有，如何进一步发挥；四是企业整体的动力是否形成，分配是否支撑效率；五是收入差距拉开没有，拉得是否合理；六是员工整体收入水平提高没有，分配是否公平公正。这些都需要在实践中不断总结研究，逐步制定出符合集团公司实际、体现文化企业特点、能够衡量改革成效的指标体系。

3. 强化务实落实求实的作风

一分部署，九分落实。改革的思路要务实，改革的推进要落实，改革的成效要求实。现在推进两项制度改革，我们具备了实践的基础，条件十分有利，总体氛围较好。我们要从以下几个方面做好组织落实工作。

一是要统一思想，加强领导。各单位领导班子要高度重视，成立改革领导小组。各单位一把手作为本单位深化两项制度改革的第一负责人，制定好本单位的实施方案，确定改革的目标任务、工作重点和具体举措，明确相关部门责任，把深化两项制度改革作为当前和今后一段时期的一项重点工作抓紧抓好。

二是要深入宣传，注重引导。改革的实践在基层，改革的智慧在基层，改革的成功也在基层。充分发挥人事、财务部门以及党、工、团、青、妇等各类组织的作用，要和风细雨、润物无声地做好职工的思想政治工作，引导职工树立“按能力、条件竞岗”“按岗位、绩效付酬”的观念，形成合理的改革预期。尤其是引导大家认识到，改革不仅是企业改善管理的需要，更是员工职业发展的需要，是打破不合理条条框框、争取人才发展平台的重要机遇，促使全体职工在思想上正确理解改革，在行动上积极参与改革，为深化改革营造良好环境。

三是明确进度，加强督促。总的时间要求是：各单位要在 2014 年底前基本落实两项制度的改革任务。2014 年的推进工作具体分为四个阶段：

第一阶段，4 月 15 日前，各单位要召开座谈会，讨论《中国出版集团公司推动所属企业人事、分配制度改革 30 条》，研究如何贯彻本次会议精神，深化本单位人事和分配制度改革，为改革造势、造氛围，集团将以简报形式通报相关情况。

第二阶段，5 月 30 日前，各单位制定实施方案，明确改革的目标任务、工作重点、具体举措和时间进度安排等，报集团公司和股份公司人力资源部备案。

第三阶段，7～8 月份，集团将根据各单位改革实施方案，选择班子强、发展基础好、改革举措实的单位作为典型，总结经验，推动全集团的改革。

第四阶段，集团公司和股份公司将本着成熟一家、验收一家的原则，对贯彻落实《中国出版集团公司推动所属企业人事、分配制度改革 30 条》的情况进行检查。12 月份将召开两项制度改革阶段总结会，督促检查《中国出版集团公司推动所属企业人事、分配制度改革 30 条》的落实情况。

同志们，深化人事制度和分配制度改革，是集团贯彻落实十八届三中全会精神和全国文化体制改革工作会精神的重要举措，是集团推进企业化、强身健体、适应市场的重要步骤，对集团的繁荣发展具有战略性、引领性、关键性作用。希望同志们认真贯彻落实《中国出版集团公司推动所属企业人事、分配制度改革 30 条》，在深化改革中努力培育一批品牌产品、品牌企业、知名人才，为实现国际著名出版集团的战略定位和“三化目标”提供强大的内生动力，为实现出版“中国梦”和文化“强国梦”做出应有的贡献！

努力将品牌做响做强做优

——在中国出版集团公司品牌经营战略推进会上的讲话

中国出版集团公司总裁　谭　跃

（2014 年 11 月 28 日）

同志们：

习近平总书记在中央全面深化改革领导小组第四次会议上强调，坚持传统媒体和新兴媒体优势互补、一体发展，推动传统媒体和新兴媒体在内容、渠道、平台、经营、管理等方面的深度融合。刘云山同志在培育和践行社会主义核心价值观工作经验交流会上指出，要把核心价值观更好地贯穿到经济社会发展之中。刘奇葆同志在全国外宣工作会议上指出，要统筹推进国际传播能力建设，打造统一品牌。这为我们进一步明确产业发展态势、做好集团各项工作提供了思想指南，指明了前进方向。我们不仅要从思想上深刻领会中央精神的精髓实质，还要努力将其转化为当前做好品牌经营工作的指导思想，转化为富有集团特色、切合集团实际的创造性举措。

时值品牌经营战略推进年之际，我们连续六年入选“全国文化企业 30 强”，排名大幅上升；连续两年入选“全球出版业 50 强”，由第 22 位上升至第 14 位，位居国内出版企业之首；首次入选“亚洲品牌 500 强”，位居第 396 名，是唯一入选的国内出版企业；首次入选“2014 中国经济最具发展潜力企业”，位居入选各类企业之首。这一系列品牌经营实践，不仅极大地增强了我们的品牌自信心和品牌自豪感，提升了我们的品牌影响力和社会知名度，也为我们召开品牌经营大会、推进品牌经营战略创造了良好外部条件。

在 2014 年 4 月 9 日的品牌经营动员会上，我们分析了品牌经营战略对于集团的特殊意义，提出了集团品牌建设的关键，在于抓住“做强品牌企业、做响品牌产品、做优品牌技术和服务”这个中心话题，推进品牌与文化、与品质、与技术、与资本、与市场的“五个融合”。当时只点了一个题，提了一个设想。在随后半年多的时间内，围绕这一基本思路，我们调研了集团内外 11家企业，举办了品牌经营“香山论坛”，成立了品牌推进工作小组，制定了品牌经营战略规划，遴选了集团第一批品牌名录。可以说，通过外部的品牌实践和内部的扎实工作，我们不仅进一步增强了全集团的品牌经营意识和品牌发展理念，也进一步理清了全集团的品牌建设规律和品牌融合路径。

今天，我们要重点研究和回答的是：我们开展品牌建设的宗旨目标是什么？“一个中心话题”的基本内涵是什么？“推进五个融合”的具体举措是什么？

在 2013 年集团工作报告中，我们指出中国出版集团的特色发展道路，是内容生产营销的更加专业化，更加企业化，更加品牌化，从而有效规模化，更快数字化，逐步国际化，进而实现“三化目标”。现在，我们进行品牌建设的一条基本宗旨，就是要坚持走集团特色发展道路，咬住内容生产和出版主业，抓住我们在企业、产品、技术和服务方面的品牌优势，推进品牌与文化、品质、技术、资本与市场的融合，不断增强专业化生产能力和内容创新能力，不断扩大出版主业的压倒性优势和主导性地位，争取早日建成国际著名出版集团。它既是“六大战略”的核心指向，也是集团特色发展道路在品牌经营层面的具体体现。

这一宗旨，决定了我们进行品牌建设的主要目标，是努力打造一个群星闪耀、众星拱月的文化品牌集群，努力提升集团在“全国文化企业 30 强”“全球出版业 50 强”“亚洲品牌 500 强”

等品牌排行榜的名次，努力成为导向管理的模范、文化繁荣的主力、改革创新的骨干、转型融合的标兵、国际拓展的先锋，为实现出版中国梦、增强国家文化软实力贡献独特力量。

这一宗旨、这一目标，是由集团独特的文化传统、独特的历史积淀、独特的现实情况决定的：我们的品牌资源积淀丰厚，但创新活力和资本溢价不够；我们的品牌生产和服务能力较强，但经营扩张和产业拓展不够；我们的品牌在业内和学术界影响较大，但在业外和海外有待提升。因而，作为出版业的“国家队”，我们既要发展产业品牌，更要壮大主业品牌；作为聚合了一批著名出版品牌的“文化高地”，我们既要做大出版规模和经济规模，更要扩大文化规模和品牌规模；作为现代市场经济条件下的“文化央企”，我们既要打造品牌产品、技术、服务，更要打造品牌企业、培养品牌人物。

对于全集团而言，品牌建设的一个中心话题，就是在集团层面重点抓品牌企业建设，在成员单位层面重点抓品牌产品、技术和服务的生产提供。具体而言，它包括三个方面的内容：

一是做强品牌企业。努力将人民文学出版社、商务印书馆、中华书局、生活·读书·新知三联书店、中国大百科全书出版社、人民音乐出版社、中国美术出版总社、中国对外翻译出版公司、中国图书进出口（集团）总公司、荣宝斋10家品牌企业打造成各自专业领域社会影响最大、经济效益最好、文化贡献最突出、品牌效应最明显的国内一流、国际知名品牌。同时，积极推动其他单位的品牌建设，努力培育一批新兴知名品牌。

二是做响品牌产品。大力宣传推广集团第一批290种品牌出版物，不断提升品牌知名度、美誉度，带动提升全集团的文化影响力、市场占有率；大力推动内容创新，遴选更多“双效显著”的后续品牌出版物，培育更多“叫好又叫座”的新兴品牌产品，不断壮大集团品牌产品群。

三是做优品牌技术与服务。大力宣传推广集团第一批29种品牌技术与服务，不断提升品牌社会影响力、经济贡献率，带动促进全集团的媒体融合、产业转型。大力推进数字化经营，培育更多“新锐、一流”的品牌技术与服务，逐渐拉开产业格局，形成新的经济支柱。

无论是做响品牌产品，还是做强品牌企业，还是做优品牌技术与服务，归根结底的关键都在于做实品牌，在于将品牌经营的战略思考转化为实实在在的具体措施。对于我们而言，我们开展品牌经营的具体行动思路就是：按照“努力建设国际著名出版集团”的要求，贯通品牌经营与内容创新、集团化、数字化、国际化、人才强企等“六大战略”，努力推动品牌与文化、品牌与品质、品牌与技术、品牌与资本、品牌与市场的融合，不断增强品牌的文化影响力、内在生命力、数字生存力、资本溢价率和国际竞争力。

一、推进品牌与文化的融合，加强内容创新，增强品牌的文化影响力

文化是内容生产的核心，产品是出版品牌的支撑。品牌经营战略与内容创新战略相互贯通的基本方式是，以“内容创新十策”为基础，加强品牌与主流文化、时代趋势、人心所向的融合，优化选题策划、资源集聚、出版结构，在重大趋势中成就重大选题，在一流作者中造就一流产品，培育声名卓著、影响深远的品牌产品集群，形成独树一帜的品牌出版风格。

一是践行核心价值观，做强主题出版品牌。社会主义核心价值观是出版品牌与主流文化融合的价值内核，是当前和未来一段时期最重要的主题出版内容。它涵盖了国家、社会、个人三个层面的价值准则，包括马克思主义、中国特色社会主义、中华优秀传统文化、世界文明有益成果四个基本来源，蕴含丰富的思想资源，潜藏深厚的文化密码，是内容创新和品牌建设的富矿宝藏。我们要认真贯彻习近平总书记关于加强社会主义核心价值观建设的重大部署，认真落实刘云山、刘奇葆同志在全国践行社会主义核心价值观经验交流会上的讲话精神，深入阐释核心价值观，不断创新主题出版模式，不作形式主义的照抄照搬，不作机械主义的生吞活剥，不作形而上学的片面理解，而是以历史的眼光挖掘其源流脉络，以生动的形式传达其气象神韵，以鲜活的语言透射其灵魂肌理，进而“春风化雨、润物无声”地以文立人、以文育人，打造独具个性、双效明显的主题出版品牌。

二是创新选题策划，打造具有“大家品味、大众口味”的品牌产品。习近平总书记在文艺座谈会指出，文艺不能在市场经济大潮中迷失方向，不能在为什么人的问题上发生偏差。这就要求我们始终坚持以人民为中心的出版导向，以人民为上帝，为人民做出版。因而，在选题触角上，要由“关注补贴和资助”转为“关注读者和大众”，由“面向过去”转为“面向当下和未来”；在选题内容上，要反映时代钟声、呼声、心声，关注改革热点、焦点、难点，研究中国道路、中国制度、中国理论，探讨国家大势、社会趋势、市场走势，持续打造一批话题书、畅销书、品牌书；在选题呈现方式上，善于以小见大地发掘普通人群的故事、普通灵魂的美丽，善于以俗见雅地推动传统经典大众化、红色经典生活化，善于将思想的品位、审美的趣味、市场的口味有机融合，逐渐形成一种具有“大家品位、大众口味”的品牌出版风格，提升品牌产品的文化影响力和社会影响力。

三是创新积聚方式，壮大品牌资源。要落实好“资源拓展计划”，通过文化联谊、平台共建、股份合作、买断著作权、建立工作室、签订长期协议、提供优质服务等多种形式，聚集和打造一批品牌作者；通过市场奖励、兼并重组、建立战略联盟、重点产品优先投放等方式，培育和扶植一批品牌经销商；通过精品推荐、定制阅读、价格优惠、中版书友俱乐部等方式，在各行各界名流贤达和大众粉丝中积聚和维护一批品牌读者。

四是优化产品结构，打造品牌产品集群。要以“产品线评估激励计划”为基础，不断优化产品线布局。做精做透文学、历史、古籍、音乐、美术、百科、教辅、工具书等传统产品线，打造国家出版工程和文化扛鼎工程，构建重大工程集群。做强做大时政、财经、管理、少儿、法律、传记、科技等新兴产品线，打造更多畅销书和常销书，构建大众产品集群。推进教育资源整合，丰富教材品种，做开教育出版，构建教育产品集群。

二、推进品牌与品质的融合，加强出版管理，增强品牌的内在生命力

锦衣若抽丝，则失去了华彩；明镜若破损，则失去了光亮；图书若错漏，则失去了品质。品质是品牌立身之本，是品牌竞争之道，是品牌溢价之源。品牌经营战略与人才强企战略相互贯通的基本方式是，以出版管理为基础，以人才培养为核心，通过品牌与正确导向、优秀质量、卓越管理的融合，不断提升出版品质和企业品质，努力造就一批管理精英和品牌人物。

一是加强导向管理，彰显“品牌就是正确导向”。明确各单位一把手是导向管理的第一责任人，做到守土有责、守土尽责。集团要建立总裁办公会专议导向管理制度，各单位要建立领导班子专议导向管理制度，每月集中学习中央和中宣部、国家新闻出版广电总局有关加强导向把关的文件、指示，分析出版动向、思想倾向，研究加强思想政治建设的重要举措，认真履行政治把关职责。落实好《关于集团进一步加强导向管理的若干意见》，严格执行导向管理的领导、引导、预警、合作、三审、送审、审读、培训、应急、奖励、问责、监管等十二项机制，确保出版物导向正确。落实好《关于集团加强合作出版的若干意见》，坚持“以我为主、合作互利、共同发展”的合作原则，严格履行选题论证、审批、备案、报批程序，加强选题质量、档案、财务、组织管理，重点把好终审关、印制关、经济关，防止“品牌泛化”，杜绝“体外循环”，增强廉洁自律，确保对外合作安全。加快建立内容审查平台，强化进口内容审查、国际会展安全审查，严格执行“八步审查法”，确保国家文化安全。

二是加强质量管理，彰显“品牌就是优秀质量”。明确总编辑是各单位出版物质量管理的第一责任人。按照国家新闻出版广电总局“质量管理年”的有关要求，认真贯彻《图书质量管理规定》《期刊质量管理规定》《报纸管理暂行规定》，严格执行内容、编校、设计、印制四个方面质量规定，严把三审三校通读关，严格外审外校资质，加强印前样书检查，确保图书差错率不超过 1/10 000，报纸和期刊的差错率不超过3/10 000。充分发挥导师制、首席编辑制的传帮带作用，组织开展编校技能竞赛和质量评比，加大优秀编辑、校对、印制、质检人员的奖励力度；严格出版物质量自查、抽查、监测、认定制度，建立集团产品质量内部曝光台，完善出版物召回制度，加大质量事故处罚力度。

三是加强品牌管理，彰显“品牌就是卓越管理”。推动品牌产品、技术和服务由功能型向审美型转变、由低端型向高端型转、由价格型向价值型转变，不断提升品牌市场溢价。集团要成立品牌建设工作领导小组，各单位要安排分管领导专人负责管理，专人负责具体实施。以品牌社会影响力、品牌经济竞争力、品牌建设执行力为核心，建立品牌建设考核体系，统一纳入“双效”业绩考核。在国家级出版奖励和评选中，增加品牌企业的申报名额；在集团层面的出版奖励、干部选拔、境内外培训中，加大品牌企业的倾斜力度。以品牌管理带动企业内部管理，加强出版物库存管理，制定黄牌预警和红牌警戒的具体办法；推进编辑、印刷、发行、财务 ERP 一体化管理，提高信息透明度和生产效率；落实《中国出版集团公司推动所属企业人事、分配制度改革 30 条》，推进“三个一百人才计划”，加大优秀人才选拔力度，努力造就一批具有行业领军性、社会影响力的品牌编辑、品牌营销人员、品牌管理人员、品牌出版人物。

三、推进品牌与技术的融合，加强产业转型，增强品牌的数字生存力

互联网既是舆论的主战场，也是品牌的主战场；“三微”既是大众传播的主阵地，也是品牌传播的主阵地。品牌经营战略与数字化战略相互贯通的基本思路是，以互联网思维为引领，以用户需求为中心，以内容资源为基础，以平台建设为载体，通过推动品牌与新兴技术、新兴传播方式、新兴商业模式的融合，努力实现内容生产数字化、流程管理数字化和传播方式数字化。

一是加快传统出版与新兴出版的融合。加强数字版权保护，加大数字资源整合，确保年底实现集团数字资源总库“1251”目标。在抓好文学、古籍、学术、音乐、美术、工具书等重点产品线的纸质出版同时，抓好单品种的手机下载、移动互联应用和多品种的数据库、电子书包下载；加快《中国大百科全书》（第三版）、“中国音乐数字出版与发行平台”的开发建设，提高“工具书在线”“中华经典古籍库”“大佳网”的商业运营水平；努力让传统品牌大树绽放一片片数字化的新枝绿叶，让新兴品牌明星闪耀一颗颗内容创新的璀璨光芒。

二是加快三大业务与数字化的融合。以“译云”为基础，提升在线翻译比重，加快传统翻译向数字翻译转型；以“易阅通”为基础，加大国内外数字资源聚合，加快传统进出口业务向数字信息服务业务的转型；以“荣宝斋艺术品数字交易平台”为基础，增强在线服务交易能力，加快传统艺术品业务向现代数字艺术品业务转型。不断提高三大业务的数字化营收水平，努力培育成为国际著名数字服务品牌。

三是加快传统媒体与新媒体的融合。以《三联生活周刊》《当代》等为基础，推动品牌期刊纸质版、网络版、移动互联版一体化运营；以《中国出版传媒商报》《新华书目报》等为基础，开发新兴数字增值业务，努力打造成全媒体信息服务品牌；以《中国艺术》等为基础，加大报刊资源整合，积极稳妥地试点混合所有制和特殊管理股，积极探索新的运营机制和商业模式，努力构建集团新媒体品牌集群。

四是探索一体化运营管理模式。以重点项目为切入点，加强数字化人才队伍建设，培养兼具纸质和数字内容加工、选题策划能力的新型编辑，造就兼具线上、线下营销推广能力的新型营销人员，加快业务流程和组织架构再造，逐步实现传统出版与新兴出版的一体化运营、一体化管理。

四、推进品牌与资本的融合，加强兼并重组，增强品牌的溢价率

资本的长剑切割着市场的版图，资本的锋刃

镌刻着品牌的徽章。品牌经营战略与集团化战略相互贯通的基本路径是，以品牌价值为基础，推动品牌重组与扩张，通过品牌与资源化积聚、资产化运营、资本化运作的融合，将无形的品牌资源转化为有形的资产变现，将内在的品牌价值转化为外在的资本溢价。

一是维护品牌价值。各单位要摸清品牌家底，做好品牌企业、产品、技术及服务的商标注册工作，开展企业品牌的资产评估和价值评估，为实施品牌资本运作打牢市场基础。参加“世界品牌实验室”等权威机构的价值评价活动，参与业内外重点品牌评选活动，扩大品牌知名度和溢价率。加强品牌维权，鼓励打击盗版、侵权、盗用商标等不法行为。

二是加强品牌融资。集团每年安排 2 000 万元专项资金，重点支持品牌建设；集团在申请重大财政专项资金时，优先支持品牌项目。扎实推进股份公司、荣宝斋、“译云”上市工作，鼓励品牌企业探索运用股票、债券、信托、风投、私募股权投资、文化产业投资基金等现代金融工具。以荣宝斋的品牌融资经验为基础，探索推广品牌作为无形资产计价入股、收取品牌特许使用费、品牌经营权出让、品牌授信抵押、版权证券化五种品牌资本化方式，努力实现品牌内在价值的资本溢价。

三是推动品牌内部重组。目前，“六大战略”已经推进了五个战略，集团化战略也将在 2015 年破题，而集团化战略的关键是合理、有效、有序地整合出版资源，增强集约经营能力和规模发展效益。我们将在广泛深入调研的基础上，对于同一产品线、同一业务板块的不同企业，按照“资源互补、以强扶弱、共同发展”的原则，探索将弱势企业整体合并到品牌企业之中，不断提高市场占有率和资本集中度，实现 1＋1＞2 的品牌综合效应。鼓励新华书店总店、新华印刷有限公司等做好品牌复兴工作，重塑品牌雄风。加快品牌企业的分社制、事业部制、期刊独立法人化运营，推广脚印工作室、王瑞琴工作室、曹文轩版权中心的运营经验，进一步激发微观主体的品牌经营能力。

四是推进品牌外部扩张。进一步推动商务印书馆、中华书局、人民音乐出版社、中国大百科全书出版社、中国图书进出口（集团）总公司、荣宝斋等开展“五跨”经营，吸引优质战略投资者，完善运营管理模式，探索与动漫、游戏、电影、教育培训等产业融合，扩大有效规模和品牌影响。按照适度多元、反哺主业、做强整体实力的原则，并购导向正确、团队优秀、成长性好、具有一定品牌影响力的民营文化企业、新媒体企业，逐步延伸产业链，拉开产业格局。尽快完成对英国科技出版集团的战略并购，不断提升集团在数字出版领域的国际竞争力。加强与海外出版、文化、营销等机构的资本合作，通过本土化、公司化运作，扩大海外市场占有率和品牌影响力。

五、推进品牌与市场的融合，加强宣传营销，增强品牌的国际竞争力

市场是企业兴衰的决定力量，是品牌胜败的根本因素。中国的经济转型和消费转型正在拓展国内市场，中国的经济崛起和文化崛起正在撬动国际市场。品牌经营战略与国际化战略相互贯通的基本路径是，以“国际化六个要点”为基础，统筹国内国外两个市场，狠抓宣传营销两个关键环节，通过品牌与全媒体传播、线上线下营销、国际重点渠道的融合，不断扩大国内市场领先优势，逐步提高海外市场营收份额，努力打造国际品牌。

一是构建新型品牌传播体系。完善集团和各单位的企业 CIS 形象识别系统，从文具、用具、名片、服饰、官网、邮箱、办公环境、营销宣传活动等方面统一企业品牌形象，彰显品牌个性，建构大气厚重、时尚新锐的集团品牌形象群像。建立集团和各单位的微信、微博、微视、微电影等新媒体平台，重点加强新媒体、大众媒体、社会媒体、海外媒体的宣传力度，系统推介品牌产品、品牌故事、品牌人物、品牌企业；在重点晚报都市报开设“每周一本中版书”栏目，在重点媒体组织“中版书、好品牌”全国征文活动，在重点卖场开展明星店员“中版畅销书推介”活动；研究举办全国“悦读之星”大赛，打造“读者大会”升级版，进一步提升“诗词中国”、“故事驱动大会”等品牌传播力，努力构建一个分众化、主题化、立体化、国际化的新型品牌传播体系，全面提升集团各类品牌在业内外、海内外的知名度、美誉度、忠诚度。

二是加大线上线下一体化营销力度。以北京三联韬奋24小时书店、涵芬楼书店、中图外文书店为基础，完善中版特色实体书店运营模式；以重要纪念日、节假日、书展日为基础，在北京、上海、深圳等10个重点文化城市，开展中版品牌产品优惠展销活动。与重点省市新华书店积极建立战略合作联盟，与各大实体书店联合启动“中版精品百店千柜工程”，与天猫、淘宝、三大电商加强线上营销合作。巩固图书馆、联合体、农家书屋等业内系统渠道，加强与海航集团、交通银行、万达集团等业外系统渠道合作，在大型文化MALL设立“中版精品专区专柜专架”，探索建设“中版特色文化综合体”。深化与中国移动、中国联通、中国电信、歌华有线等数字运营商合作，提升中版数字产品商业运营能力。通过推动传统营销与新型营销的融合，尽快实现国内进8争10的市场占有率目标。

三是努力拓展国际市场。以中国文化的传统和中国梦的实现为中心话题，认真落实版权、项目、翻译、数字化、人才、机制“国际化六个要点”。加强涉外版权经营和译者资源积聚，加大国际化人才培训和选拔力度。以《中国近现代文化经典》为基础，建立集团美国分公司，加强与海外机构的选题、渠道、资本层面的合作，推动一批学术文化经典进欧美高校、进研究机构、进公共图书馆，影响欧美主流读者。大力发挥中国图书进出口（集团）总公司国际会展、易阅通的服务交易功能，完善中国图书进出口（集团）总公司海外分支机构建设，强化与苹果、亚马逊等六大国际数字营销平台合作，力争尽快在海外形成一本书热销、多本书常销、一批书动销，进一步传播中国好声音，传达中国人精气神，努力叫响中国文化品牌，不断增强国家文化软实力。

在推进“五个融合”的过程中，我们首先要把握好蕴含在品牌经营与融合实践中的五组辩证关系。一是文化性与商业性的关系。品牌是文化的符号，又是商业的标识，因其文化性而富有品质，因其商业性而蓬勃壮大，平庸媚俗则日渐堕落，背离市场则举步维艰。二是历史性与时代性的关系。品牌是固定的，又是流动的，因其历史性而凝练经典，因其时代性而焕发生机，顺势而为则可激荡潮流，逆时而动则被潮流淘汰。三是传承性与创新性的关系。品牌是古老的，又是青春的，因其传承性而充满荣光，因其创新性而彰显时尚，常变常新则与日增寿，故步自封则黯淡凋零。四是资源性与资本性的关系。品牌是沉淀的资源，又是变动的资产，因其资源性而如山之厚，因其资本性而如水之灵，长袖善舞则成为天之骄子，裹足不前则变为地之化石。五是民族性和国际性之间的关系。品牌是民族的符号，又是世界的语言，因其民族性而自成一体，因其世界性而汇合大千，融贯中西则成为今朝明星，橘化为枳则成明日黄花。这五组关系中的每一方面既各自对立，又合为一体，需要我们理性地把握，努力实现两者之间的内在平衡，尤其是要高度重视文化性与商业性的有机统一，既要让品牌在商业运作中彰显文化导向、秉承文化理想、坚守文化底色，又要让品牌在文化传承中凸显企业思维、释放企业活力、提升企业价值。

在推进“五个融合”的过程中，我们还要认识到，品牌经营战略对于集团当前和今后的发展具有非常重要的意义，它既是我们在专业化领域进行差异化竞争的核心武器，也是我们走集团特色发展道路的关键标识，更是我们履行文化责任和担当国家使命的鲜明旗帜。因而，我们要全面贯彻党的十八大和十八届三中、四中全会精神，继续深化文化体制改革，坚持改革创新不动摇，坚持产业发展不松懈，努力做响、做强、做优我们的品牌，不断增强我们作为出版“国家队”的文化使命感、道路自信心和核心竞争力。

为了更好地落实“一个中心话题，抓住五个融合”，集团专门从战略规划、产品宣传、营销推广、资金政策等方面制定了具体保障方案，并将各项保障方案的征求意见稿印发给大家，希望大家结合自身实际，建言献策，进一步增强方案的指导性和可操作性。2015 年是“十二五规划”的最后一年，也将启动“十三五规划”的制定。请大家结合“十三五规划”的制定，进一步完善本单位的品牌战略规划和具体措施，将品牌建设当作一项重要的战略性、长期性、基础性工作抓好抓实。

同志们，品牌决胜未来，品牌久久为功。我们已经打造了一批知名品牌，我们正在形成一批新生品牌。《道德经》说：“虚而不屈，动而愈出。”品牌潜藏无形之美，蕴含无量之力。在大国崛起、文化崛起、品牌崛起的历史趋势面前，在市场化、数字化、国际化的产业潮流面前，我们要以高度的历史责任感和文化使命感，以踏石留印、抓铁有痕的工作作风，将品牌经营工作抓实、抓好、抓出成效，让我们的品牌一代又一代地发扬光大，为建设文化强国和品牌强国而不懈奋斗！

在中宣部文化茶座上的发言

中国出版集团公司党组书记　王　涛

（2014 年 10 月 21 日）

尊敬的孙部长、各位同仁：

非常高兴参加今天的文化茶座，首先要衷心感谢孙部长和改革办公室一直以来对集团工作的热情指导和大力支持。下面，按照会议通知上所列的有关问题，结合中国出版集团公司工作实际，向大家介绍一下我们的初步思考和一点体会。

一、围绕充分体现文化例外要求和文化企业特点，提高对文化企业坚持两个效益相统一重要性紧迫性的认识

一是从文化例外的原则来看，文化企业必须把社会效益放在首位。文化例外是一个国际惯例，是包括西方发达国家在制定国家文化政策、发展文化产业中普遍遵循的一个基本原则。文化企业不同于一般商品企业，承担着传播国家核心价值观、维护国家文化安全的重要使命。文化体制改革无论改什么，怎么改，导向不能改，阵地不能丢。这就表明，文化企业是党和人民的喉舌，是党和国家传播主流价值观的重要阵地。具体到中国出版集团公司而言，我们要始终坚持社会效益第一。如果社会效益和经济效益发生矛盾，必须牢牢坚持正确导向第一、国家使命第一、社会责任第一，绝不能为追求经济效益而放松导向管理。必须按照刘奇葆同志 2014 年 7 月初对集团做出的有关指示精神，把正确导向和社会效益放在第一位，在导向管理上用中央的“筛子”筛，确保出版物导向正确、格调高尚、质量合格，对不合格出版物实行“零容忍”。

二是从文化企业自身的特点来看，必须坚持社会效益和经济效益的有机统一。文化企业既具有意识形态属性和文化属性，又具有经济属性和商品属性。文化企业的做强做大，一方面是文化影响和文化软实力上的做强做大，一方面是经济规模和市场份额上的做强做大。这就要求我们在坚持社会效益首位的基础上，不断扩大产品的市场份额、做大文化产业规模，实现两个效益有机统一。传播力决定影响力，只有我们的产品传播到更多的人群中，才会在更大地范围地产生文化影响力，才能更好地引导全社会的舆论导向和文化导向。生活·读书·新知三联书店的创始人邹韬奋先生曾经说过，如果只讲商业性，则等于慢性自杀，如果只讲文化性，则无法生存，因此要实现文化性和商业性的有机统一。这句话对我们今天依旧具有重要的启示意义。

二、建立健全企业内部运行机制，使追求社会效益成为文化企业内在动力和自觉行为

一是在企业组织机构设置上，可考虑在公司董事会、总裁会、社委会的管理架构下设立一个相对独立的社会效益考核委员会或导向管理委员会，不仅负责重大选题和敏感题材的内容把关，而且负责企业社会效益的年初目标设定、年中巡视检查、年底绩效评估。

二是在内容审核把关上，集团在坚持常规制度的基础上从五个方面加强导向管理。第一，建立总裁办公会专议导向管理制度，每月一次集中学习中央和中宣部、国家新闻出版广电总局有关加强导向把关的文件指示，分析各出版单位的出版动向、思想倾向，研究加强思想政治建设的重要举措，认真履行政治把关职责和导向管理职责。各单位建立领导班子专议制制度，把导向管理纳入领导机制，纳入日常管理，纳入重要议程。第二，制定了《关于进一步加强导向管理的若干意见》，确立了12项管理机制。第三，完善总部审读机构，聘请5～7位经验丰富、具有编审职称的离退休专家重点审读敏感选题，同时推动各社普遍设立审读机构。第四，完善关于对外合作出版的管理规定，严格管理各类对外合作行为，凡是存在导向隐患或偏差的一律禁止合作。第五，在双效业绩考核中，根据违规程度不同，扣减当年社会效益考核分值，直接扣减企业主要负责人、分管领导和直接责任人的薪酬。

三是在股权结构设计上，可考虑按照三中全会精神探索特殊管理股制度，积极稳妥地吸引合适的战略投资者，实现股权结构多元化，激发文化创造活力，提升经营管理水平。但是，母公司作为大股东，在导向管理、重大资产处置、重大投资决策等方面享有一票否决权。

四是在考核体系方面，可根据我国文化产业改革发展的实际，参照国际上对出版传媒企业集团的评价通则，加大企业社会效益指标的考核权重。就出版企业而言，可考虑四类指标：

（1）入选国家级奖项或国家级项目数，如“五个一工程奖”、中国出版政府奖、中华优秀出版物奖、国家出版基金项目、国家古籍项目、中国好书榜、国家文化重点项目。

（2）围绕中心、服务大局的情况，如围绕年度重大主题，推出标志性出版物，策划标志性出版活动。

（3）文化传承、积累、创新的情况，如畅销书市场占有率、年新书出版量、年重印数、作者与作品获奖量、国际化程度（包括版权输出量和境外实体量）、新媒体运营能力。

（4）履行社会责任的情况，如每年的公益捐赠情况、在文化惠民方面的重大举措等。

这些指标的分别权重可以在调查研究的基础上确定，但总权重应占到整个考核指标体系的60％～70％。

五是在监督体系上，可将企业的社会效益指标细化为加分、扣分指标。在出现一般导向管理问题时，加大扣分力度；出现重大违规问题时，实行“一票否决”。在日常管理中，社会效益管理委员或导向管理管理委员会可定期开展巡视和检查，加大警示力度。

三、健全完善企业外部约束激励机制，为文化企业两个效益相统一提供制度保障

一是在现代文化市场体系建设上，要重点加快培育全国性的流通组织和流通形式，发展现代文化物流企业和电子商务，推动文化产品跨地域连锁经营。集团公司的顺义新华联合物流中心已开工建设，2年后将建成国内最大出版业物流基地。

二是在文化产品评价标准上，要把正确导向和群众满意作为最高衡量标准，坚持把群众评价、专家评价和市场检验结合起来。在具体操作上不能唯发行量、唯收视率、唯票房收入，要加大社会效益的考量权重，将导向正确、读者满意度、产品质量、荣获国家级奖励、服务大局表现、社会影响力等指标纳入评价范畴。习近平总书记在最近的全国文艺座谈会上的讲话指出，一部好的作品，应该是把社会效益放在首位，同时也应该是社会效益和经济效益相统一的作品；文艺不能当市场的奴隶，不要沾染了铜臭气。因此，在考量文化产品的评价标准时，一定要加大社会效益的考核权重，从而更好地发挥文以载道、文以立人、文以育人的作用。

三是在国有资产监管方面，进一步明显监管权限。目前中宣部对集团公司有专门的“行使主管职责办法”（中宣办发〔2012〕6号），权限基本明确，中央文化企业国有资产监督管理疏导小组办公室也在陆续出台相应办法。集团一直视国有资产保值增值为重要任务，取得较好的管理效果，但有关政策比较复杂，操作程序比较烦琐。比如，集团公司内部企业之间的股权变更，尤其是各二级公司所属的全资子公司之间的股权划转，应允许由集团公司批准即可办理，没必要经过产权交易中心办理。

四、落实完善文化经济政策，为文化企业两个效益相统一营造良好环境

一是合理确定中央文化企业利润上缴比例。按照国务院国有资产监督管理委员会有关中央企业上缴利润的政策，中央文化企业的利润上缴比例将提高到20%。这一比例对当前中央文化企业而言，明显偏高。中央文化企业大多底子薄，资金造血功能还不强，建议在2020年之前仍然维持5%的上缴比例，以更好地增强整体经济实力。待企业整体经济实力进一步巩固后，再逐渐提高利润上缴比例。

二是进一步落实国办15号文件确定的免征所得税政策。目前该政策尚未落实到位，原因是基层税务局没有收到执行文件，导致部分企业2014年以来一直在缴纳企业所得税。据说相关执行文件在走程序，建议中宣部改革办帮助督促。

三是进一步完善行业性减税政策。目前，转企出版单位免征所得税5年后，又连续免征两个5年，最长优惠期限是15年。但仍有三类企业享受不到此政策：一类是在此次改革前已转为企业的新闻出版单位，如中国图书进出口（集团）公司、新华书店总店等；一类是转制前没有事业编制的企业，如荣宝斋、现代出版社、世界图书出版公司等；一类是转制开始后为了业务整合、重组改制新组成的企业，如新华联合发行公司、中版数字传媒有限公司、中版联印刷物资有限公司等。建议将存在这三类情况的企业纳入减免税收范畴，以推动全行业加快发展。

四是加大免征所得税优惠政策的覆盖范围。目前集团公司纳入合并报表独立法人企业137家，享受免征所得税优惠政策的只有11家，中国图书进出口（集团）公司、荣宝斋、新华书店总店及世界图书出版公司等企业均享受不到免税政策。这些企业发展中，资金保障能力受到一定制约。

经典阅读的价值

中国出版集团公司党组书记　王　涛

（2014年12月25日）

非常高兴参加商务印书馆和广西日报社共同举办的“重读经典·倡导价值阅读”研讨会，就今天的主题，我想分三点谈谈自己的想法。

一是阅读的意义。我们首先从中国人的阅读史谈起，中国是一个有着五千年文明史的国家，我们创造了无数光辉灿烂的文化，但是数千年来，中国普通大众的阅读能力实际是比较低下的，全民阅读的历史非常短，对于全民的阅读能力不要做过高的估计。此前几千年的文化教育，普通民众被排除在文化学习和阅读活动之外。由于文盲在中国占有的绝对大比例，全民阅读对中国社会在长达数千年的历史中基本没有起到积极的推动作用。对此，商务印书馆的先贤张元济先生有深刻认识。1901年，他在致盛宣怀的信中就指出："中国号称四万万人，其受教育者不过四十万人，是才得千万之一耳。且此四十万人者，亦不过能背诵四书五经，能写几句八股八韵而已，于今世界所应知之事，茫然无所知也。"由此可见，直到20世纪初，国人的识字人口只有千分之一，何谈全民阅读？全民阅读这个问题的提出和引起高度重视，在中国是很晚的事了。而在欧洲，自15世纪印刷技术得到普及之后，极大地促进了图书的出版与传播，阅读逐渐成为一种社会风气，全民阅读蔚然成风。据托克维尔说，1789年法国大革命爆发之时，上街游行的"无套裤汉"里，很多人都读过卢梭的《社会契约论》以及孟德斯鸠、洛克等人的著作，各种反对封建专制和呼吁民主建国的思想已经可以被民众接触和了解，促进了欧洲社会现代化进程的发展。

今天，出版业虽然已经取得了飞速发展，图书出版量剧增，但由于种种历史和现实的原因，尚没有在全社会形成全民阅读的浓厚社会氛围。一项具有现实意义的数字是，根据来自联合国对世界500强企业家读书情况进行调查统计，日本企业家一年读书50本，中国企业家一年读书0.5本，相差100倍。在知识层次较高的社会精英阶层，我们的阅读量尚远远落后于世界水平，更不要说农业人口占绝大多数的普通民众了。

历史已经告诉我们，人类知识文化的积累，阅读可以说是唯一的途径。今天，国与国之间的差距，人与人之间的差距，一般意义上讲，是阅读量和阅读效率之间的差距。因为，阅读是知识最基础的获取方式，知识的力量实际上体现了阅读的力量。这也是人类以手、眼、脑相配合，进行学习的生物学特点和逻辑方式。因此，无论是在学校还是社会层面，倡导阅读，对人眼界的开阔，能力的完善，自身文化素养的提升，乃至对于整个社会道德水平的推进，都具有非常重要的意义。大力倡导全民阅读，对于中华民族的伟大复兴具有十分重要的作用，是我们提升全民文明素质，增强综合国力的重要抓手和重要途径。

二是经典的意义。什么是经典？在人类文明发展的历史长河中，各民族都产生了自己传世的经典著作。经典应该是经过了历史的检验、时代的淘洗，仍然能够流传至今的著作或者学说。经典最突出的一个特点，就是它是人类思想所能够达到的最高峰，是横跨时空局限的、后人无法超越或无法企及的。在科学技术领域有一条基本规律：从总体上讲，后人是可以不断超越前人的。牛顿的万有引力、爱因斯坦的相对论、玻尔的量子力学就是一个发展与超越的过程。但是，在人类的思想史上，绝大多数经典是无法超越的。我们知道，人类思想史有"轴心时代"的说法，也就是在公元前4世纪至公元1世纪这大约五百年的时间。在这一时期，各个文明都出现了伟大的精神导师——古希腊有苏格拉底、柏拉图、亚里士多德，以色列有犹太教的先知们，古印度有释迦牟尼，中国有孔子、老子、庄子……也产生了诸如《圣经》《古兰经》《吠陀》《论语》《道德经》《政治学》《理想国》等经典著作。这些经典著作塑造了不同的文化传统，也一直影响着人类的生活，至今仍未被超越。在文学史上，莎士比亚戏剧，中国的唐诗所达到的艺术高度，也很难能被后人企及。商务印书馆出版的"汉译世界学术名著丛书"，就被陈原先生赞许为"迄今为止，人类已经达到过的精神世界"。人类文明史也正因为这些经典作品被一再地诵读和传播，才得以日益丰富和厚重。通过这些经典著作，我们可以探寻人类先进思想的发展本源，了解历史优秀文化的传承脉络，经典成为我们认知世界的基础，开始精神探索的起点。这就是经典的意义所在。

三是阅读经典的意义。庄子说过："吾生也有涯，而知也无涯，以有涯随无涯，殆已。"今天，面对海量的出版物，我们如何选择呢？以有限的生命面对无限的阅读资源时，一定要尽可能地选择经典阅读。我们在这里倡导重读经典和价值阅读，很契合时代主题。今天也许是改革开放30多年来会对很多问题共识较少的一个时段，所以出现了一些所谓的"文化乱象"，伦常失范，圣贤失语。现在我们经常看到一种情景，就是大家都在低头看手机，无论是看微博还是刷微信，都在进行所谓的“碎片化”浅阅读。知识的碎片化并非一无是处，但如果仅仅满足于、沉湎于这种典型的轻阅读、浅阅读，全民族思想文化素质的提升就可能是一句空话，这绝不是危言耸听。对于读者、特别是年轻人而言，只有在以近乎“受折磨”的阅读体验下，读完一本非常“难啃”的经典著作，并且边读边思考，边读边记录，才能使思想高度真正上一个台阶。

前面提到，经典是人类思想所能够达到的最高峰。那么，阅读经典的价值就在于，我们能够从中碰触最高贵的灵魂，了解最高超的智慧，学习最优秀的思想，得到最深刻的启迪。孔子说，温故而知新，这也是告诉我们，阅读经典不仅可以丰富我们的精神世界，也能帮助我们提升获取新知的能力。这一点对年轻人尤为重要。希望青年读者、小读者们一开始就有意识地尽可能选择阅读经典，在价值观和世界观形成的阶段进行学习，这对他们一生的发展都大有裨益。

这就是阅读经典的价值，能够帮助人们在喧嚣的社会中保持宁静致远的心境，砥砺奋发的情怀，不至于在前行的路上迷失方向，而是永远追求更完善的自我和更高尚的精神境界。

工作综述

GONGZUOZONGSHU

中国出版集团公司2014年工作综述

2014年，在中宣部、国家新闻出版广电总局和文资办的领导、关心和支持下，中国出版集团公司围绕“抓好‘一主两重’、增强‘六个竞争力’”的总体要求，按照“稳中求进、改革创新”的工作总方针，突出重点，稳步落实，在以下六个方面取得了新的成绩。

（一）弘扬积极向上正能量，自觉发挥文化引领作用

一是切实履行“国家队”的使命担当，认真服务党和国家工作大局。围绕服务国家外交大局，圆满承办了斯里兰卡科伦坡书展和塞尔维亚贝尔格莱德书展的主宾国活动，集团出版的《大中华文库》《点校本二十四史》被习近平主席作为“国礼”赠送给斯里兰卡政府。围绕4·23全民阅读活动，首开北京三联韬奋书店24小时运营，李克强总理致信称赞它是“城市精神的地标”，是“对全民阅读的生动践行”。围绕培育社会主义核心价值观，推出了《社会主义核心价值观学生读本》《社会主义核心价值观经典名句使用手册》《延安 延安》《中国道路丛书》《丝瓷之路博览丛书》等一批有影响的主题出版图书。围绕履行文化央企的社会责任，向延安、正定、新疆维吾尔自治区、西藏自治区等地捐赠了一批精品图书，累计捐赠总码洋达到5 600多万元，受到中央电视台《新闻联播》等主流媒体和社会公众的好评。

二是狠抓制度建设，导向管理机制更加健全。建立了总裁办公会导向专议制度和各单位导向专议的工作机制，确定了各出版单位一把手是导向管理的第一责任人、总编辑是直接责任人。颁布了《关于进一步加强导向管理的若干意见》《关于加强合作出版的若干意见》，明确了导向管理的十二项机制，强化了出版物进口审查和国际会展管理，组建了集团总部审读小组，开展了多个导向管理专题培训。进一步严明奖惩机制，对53种优秀产品颁发了集团2013年度出版特别贡献奖，对出现导向问题的有关单位核减了主要负责人和直接责任人的社会效益分值与绩效薪酬。坚持正确政治导向和文化导向的意识在全集团得以普遍增强。

三是弘扬优秀传统文化，一批国家级重点项目相继面世。“二十四史及清史稿修订工程”推出《史记》修订本，《辞源》（第三版）完成内容修订，《长沙马王堆汉墓简帛集成》《商周金文辞类纂》《龙泉司法档案选编》（第二辑）、《王力全集》《杜甫全集校注》《王蒙文集》《中国音乐百年作品典藏》等陆续出版。人民美术出版社成功中标“北京市小学开展连环画阅读活动”项目，小人书作为滋养了数代人心灵的传统文化载体将重返校园。

四是加强出版统筹，主要指标名列全国第一。加强了出版结构统筹，加大了对少儿出版的专项资金扶持力度。加强了营销资源统筹，举办了经销商大会、营销恳谈会、第七届读者大会，与26家省市新华发行企业签署了战略合作协议，为集团实体书店安排了专项扶持资金。加强了报刊资源统筹，完成了集团重点报刊调研。集团在9项衡量出版业绩的主要指标上位居第一：一是4个项目入选国家新闻出版广电总局“培养和践行社会主义核心价值观主题出版重点选题”，

二是4种图书入选中国图书评论学会2013年度“中国好书”，三是7种图书入选国家新闻出版广电总局“2013年大众喜爱的50种图书”，四是15个项目入选国家出版基金项目，五是19个项目入选国家古籍整理项目，六是171种图书入选国家新闻出版广电总局农家书屋推荐目录，七是6种图书荣获鲁迅文学奖，八是以7.11%的图书零售市场占有率引领全国，九是在深圳读书月、《光明日报》、《中华读书报》、《新京报》“2014年度好书”等重要榜单的入选数名列全国第一。同时，在全国24种重要媒体榜单评选中，累计入选143项。年销量10万册以上的图书66种（套），其中当年新书10种（套），《老生》《布谷鸟的呼唤》《成长，请带上这封信》《牛津高阶英汉双解词典》（第8版）、《古代汉语词典》（第2版）等热销市场。

（二）集团化运营水平提升，综合实力再上新台阶

一是整合重组稳健，集合效应日益显现。资金集中管理初见成效，归集率达72%，在基本权属不变、保障正常经营的前提下，融资效率与规模效益均有所提高，全集团资金运营收益由2013年2 000多万增长到7 000多万元。实现对北京新华印刷有限公司的股权并购，集团产业链趋于完整；完成对研究出版社的战略重组，集团出版结构更加丰富。股份公司独立运行满三年，基本完成内控体系建设，进入上市实质性申报准备阶段；荣宝斋启动股改工作，中国对外翻译出版公司按专业化发展方向成功分拆。顺义物流基地顺利开工并接近封顶，中国出版创意中心、荣宝斋顺义文化产业园等项目稳步推进，中国美术出版大厦完成主体施工。

二是保持“双十”增长，经济实力持续提升。据季报统计，全年营业收入93.02亿元，可比口径（剔除新华字典因素）同比增长12.13%；利润10.05亿，可比口径（剔除新华字典因素）同比增长54.67%；资产总额147.74亿元，同比增长19.55%；权益总额68.73亿元，同比增长26.56%。

实现营业收入排名前十家的企业是：中国图书进出口（集团）公司（43.23亿元）、荣宝斋（12.18亿元）、商务印书馆（7.20亿元）、中版教材有限公司（4.29亿元）、北京中版联印刷物资有限公司（4.09亿元）、生活·读书·新知三联书店（2.84亿元）、世界图书出版公司（2.69亿元）、人民文学出版社（2.61亿元）、中华书局（2.44亿元）、人民音乐出版社（2.25亿元）。

实现利润总额排名前十家的企业是：荣宝斋（2.53亿元）、商务印书馆（2.04亿元）、中版教材有限公司（1.20亿元）、中国图书进出口（集团）总公司（9 770万元）、生活·读书·新知三联书店（6 182万元）、人民音乐出版社（5 949万元）、中华书局（3 184万元）、东方出版中心（2 987万元）、人民文学出版社（2 655万元）、中国大百科全书出版社（2 543万元）。

（三）品牌建设有序展开，出版影响力逐步扩大

一是召开品牌战略大会，明确品牌建设布局。确立了“做响品牌产品、做强品牌企业、做优品牌技术与服务”的中心思路，提出了品牌与品质、内容、科技、资本和市场“五个融合”的关键举措，发布了集团第一批329种品牌名录，出台了品牌宣传、营销、考核和资金支持的办法，形成了实施品牌经营战略的整体规划。

二是企业影响力不断扩大，品牌竞争力持续增强。集团连续第六年入选“全国文化企业30强”，排名由第8位上升至第4位；连续第二年入选“全球出版业50强”，排名由第22位上升至第14位，位居国内出版企业之首；首次入选“亚洲品牌500强”，位居第396名，是唯一入选的国内出版企业；首次入选“2014中国经济最具发展潜力企业”，位居年度入选企业之首，也是唯一入选的文化企业。集团公司、商务印书馆、中国图书进出口（集团）总公司和荣宝斋还入选由国家质量监督检验检疫总局、中央电视台等发布的2014中国品牌价值评价榜单。

三是品牌经营日渐活跃，品牌活力不断释放。商务印书馆建立了太原、南宁阅读体验店，北京三联韬奋书店、中图外文书店、现代书店、涵芬楼书店等特色书店品牌影响力进一步提升。

人民美术出版社完成了《中国艺术》《中国美术》的品牌入股，实现了品牌的资本溢价。人民音乐出版社举办了60周年社庆特色主题活动，30万名选手参加第11届中国少年儿童歌曲电视大赛，品牌影响力得以提升。荣宝斋开办了洛阳、青岛等分店，“五年十店”的品牌扩张计划提前完成。

（四）数字化工作扎实推进，重点项目有所突破

一是数字资源集聚取得初步成果。完成数字资源集聚“1251”指标，收缴电子书目12万条，上缴资源总量5.2万种，签约资源突破1万种；与中国移动杭州阅读基地签署了战略合作协议，与各类专业渠道的合作逐步展开，运营的议价能力初见成效。

二是重点数字平台成效显著。“译云”的商业模式和盈利模式逐步形成，现时市场估值可望接近10亿元，与百度、金山等互联网巨头达成战略合作，开始启动股改上市准备工作。“易阅通”签约的海外电子书达200万种、电子期刊近1万种、全文500多万篇；签约的国内出版社200多家，在国内100多家图书馆开始试用；成为国内最大、国际一流的数字资源中盘商。《中国大百科全书》（第三版）积极推动了总编委会组建工作，完成了编纂平台招标和启动，展开了各学科内容组稿工作。商务印书馆“汉译世界学术名著丛书”首期200种kindle版上线，在业界率先尝试纸电同步出版，迈开了核心内容数字化的第一步。“中华经典古籍库”收录了我国最权威、最专业的整理本古籍3亿余字，海内外100多家机构用户试用，销售收入200余万元，促进了我国古籍整理工作的数字化转型。大佳书城正式上线，央企数字化转型升级项目试运行，工具书平台、三联生活周刊APP等平台的商业运营能力不断提高，进一步推动了集团传统出版与新兴出版的融合发展。全集团数字化运营收入达到6.7亿元。

三是数字化管理能力有所增强。强化数字化工作联席会议机制，建立了数字资源集聚和经营指标管理体系，实施了重点项目的量化管理。开展了百名数字化人才专题培训，举办了牛津布鲁克斯学院数字化出版管理人才培训班，进一步提高了数字化人才的运营管理水平。

（五）“走出去”亮点频现，国际传播力不断提升

一是翻译资源初步集聚。召开首届“中外出版翻译恳谈会”，集聚了顾彬、施寒微等30多位来自世界各地的知名汉学家和翻译家；成立集团“中国翻译研究中心”，有关成员单位达成10多项翻译出版意向。

二是版权输出成果显著。以577项版权输出量名列“2013中国图书对外推广计划”集团类版权输出第一名，以392项版权输出量名列第21届北京国际图书博览会参展单位之首。讲述中国发展故事的《中国道路与新城镇化》和“农民三部曲”，通过施普林格出版集团进入国际主流学术渠道；讲述中国普通人故事的《隐身衣》，通过阿歇特出版集团进入欧洲主流阅读市场；讲述中国传统文化故事的《漫画中国历史》《中华经典故事》等，输出到日本、俄罗斯等周边国家。

三是重点项目取得阶段性成果。《中国近现代经典文库》（英文版）与杜克大学出版社签署合作协议，完成美国出版公司人员招聘，迈出了重点项目海外本土化、公司化运营的新步伐。积极探索新型“走出去”模式，与印度使馆启动了“中印经典和当代作品互译出版项目”，与沙特使馆商定了《推拿》等“走出去”项目，与企鹅兰登启动了“中国历史文化与当代生活”丛书的出版合作。

四是会展品牌效应更加突出。出色完成第21届北京国际图书博览会的承办任务，市场化经营水平提高，现场组织秩序井然，成功搭建了中外交流、世界交流平台，受到了国家新闻出版广电总局主要领导的表扬。积极组团参加伦敦、法兰克福等重要书展，有效发挥了书展的版权输出、项目合作、品牌展示功能。

（六）从严管党治党，切实履行党组党委的主体责任和纪检组织的监督责任

一是认真学习贯彻习近平总书记系列重要讲话和党的十八大以来重要会议精神，自觉与党中

央保持高度一致。组织17次党组中心组集体学习，召开全集团“学习贯彻中央精神、推进集团2015年工作”的领导干部专题研讨会，举办9期覆盖全集团处级以上干部以及党委书记、纪委书记和团委书记的专题培训班，极大增强了全集团领导干部与中央保持一致的政治意识、大局意识和责任意识。

二是巩固党的群众路线教育实践活动成果。大力整治“文山会海”，公文数量同比减少30%。总部和本部“三公”经费总开支91.1万元，同比压缩73%。进一步加强了党风廉政建设，强化了党组、党委主体责任和纪委监督责任，推进了《关于惩防体系2013～2017年工作规划实施办法》落实，制定了关于群众来信和违纪案件处理办法，贯彻了《国有企业领导人廉洁从业若干规定》，开展了11家单位领导的离任和专项审计，完成了领导干部个人有关事项报告和兼职情况摸底。全集团党员干部增强了拒腐防变意识，工作作风普遍明显好转。集团领导班子开展了50余次基层调研活动，进一步提升了民主决策、科学领导和依法治企水平。

中央第21督导组组长杨多良同志对集团领导班子民主生活会给予高度评价，认为领导班子政治强、团结真、作风实、敢担当，有干事创业的激情和热情，集团改革发展的势头良好；民主生活会紧扣主题，准确聚焦，找准了问题、提出了整改措施，是一次高质量的民主生活会。

三是干部队伍建设取得新进展。以党政分设交叉任职、加大交流力度、改善班子结构为重点，对总部和本部9个部门和18家单位领导班子进行了调整补充，共任免干部91人次，交流使用干部15名，及时选拔了一批品行优良、锐意创新、富有担当的领导干部。完成集团公司第一批编辑、营销、数字化、国际化“三个一百”人才的选拔和培训工作；出台“人事、分配制度改革30条”，普遍推行中层管理人员竞争上岗，广泛实施岗位绩效工资，进一步激发了企业发展的内生动力。

四是企业文化建设呈现新面貌。举办了纪念邓小平同志诞辰110周年书画摄影展，开展了“品牌与竞争力”香山论坛主题活动，组织了第三届职工乒乓球比赛等文体活动，启动了青年创新项目，进一步增强了集团的凝聚力和向心力。 （何　奎）

集团公司所属单位2014年工作综述

人民文学出版社2014年工作综述

2014年，在中国出版集团党组和总裁班子的正确领导下，在社务会和社党委的带领下，经过全社员工的共同努力，人民文学出版社各项工作得到稳步推进，取得了可圈可点、有目共睹的成绩。

一、2014年人民文学出版社“双效”业绩概述

（一）社会效益

2014年，人民文学出版社（以下简称“人文社”）始终坚持以主流文化为主导、兼容并蓄的文化态度，坚持精益求精、开拓创新的工作精神，为国家的文化建设提供不竭的源泉。

在2014年的各种评奖活动中，《隐身衣》《中国新生代农民工》《底色》《回鹿山》《上海，远在何方?》共5种图书荣获中国作家协会颁发的“第六届鲁迅文学奖”；《带灯》《无愁河的浪荡汉子·朱雀城》《晚安玫瑰》《苦苓的森林密语》荣获国家新闻出版广电总局2013年度“大众喜爱的50种图书”；《女孩范贝西/男孩阿不》和天天出版社出版的《斑斑加油》（与重庆出版社联合出版）、《伯吉斯动物童话》（8种）3种图书入选国家新闻出版广电总局2014年向全国青少年推荐百种优秀图书；《侯方域全集校笺》荣获2013年度优秀古籍图书一等奖，《罗隐集系年校笺》《说诗晬语笺注》荣获其二等奖；《中国诗歌通史》荣获北京市第13届哲学社会科学优秀成果奖特等奖；《隐身衣》《安翔路情事》（《当代》杂志刊登）荣获2014年老舍文学奖中篇小说奖，《满树榆钱儿》荣获其提名奖；《永远有多远》《英格力士》，天天出版社出版的《根鸟》《杯子的故事》荣获2013年度输出版优秀图书奖；天天出版社出版的《与大师一起艺术创想》（四季篇）荣获2013年度引进版社科类优秀图书奖；《第九夜》《湘夫人的情诗》荣获2014“中国最美的书”称号，等等。

在中国出版集团公司的评奖中，《老生》《洗澡之后》《成长，请带上这封信》被评为2014年中版好书；《老生》《带灯》《成长，请带上这封信》《妈阁是座城》《我在云上爱你》《哈利·波特与魔法石》《骆驼祥子》《朝花夕拾》《繁星·春水》《布谷鸟的呼唤》荣获中国出版集团“2014年出版特殊贡献奖”。

（二）经济效益

1. 市场占有率及同比

根据北京开卷信息技术有限公司的数据统计，在2014年，人文社在全国整体零售市场占有率为0.97%，排名第19位；动销品种7 066种，新书品种615种，动销品种占有率为0.45%，排名第40位；在全国文艺图书零售市场占有率为3.07%，排名第3位，与2013年的3.32%相比，下降0.25%。

2. 发行情况

2014年，全年发货码洋50 187.25万元，与上年同比增长5.72%。销售图书实洋24 411万元。退货码洋7 160.56万元，与上年同比下降14%。

3. 经营成果

2014 年主营业务收入 26 071.94 万元，与上年同比增长 7.22%。主营业务成本 15 368.16 万元，与上年同比增长 1.09%。销售图书费用 3 184.17万元，与上年同比增长 9.62%。管理费用 4 749.87 万元，与上年同比增长 11.37%。利润总额比上年增长 186.47%；净利润比上年增长 173.64%。

二、出版主业情况

（一）重点图书出版情况

在 2014 年，人民文学出版社重大选题报备品种继续增加。在主题图书出版方面，出版了《毛泽东文艺生涯》《西长城》《日头》《另一种文明》。

重要长篇小说新作有《妈阁是座城》《老生》《洗澡之后》《我疼》《野狐岭》《日头》《南方》等在内的三十余种。

在传记文学的开发方面，出版了《沉浮庄则栋》《巴金全传》《舒芜口述自传》《叛徒与隐士：周作人》《铁腕柔情：撒切尔夫人传》《达利自传》等多部人物传记。

2014 年人文社将很多已经出版过的优秀图书进行重新开发，挖掘潜力，重点推出了《我在云上爱你》《大地之灯》《澜本嫁衣》《逝去的武林》《武人琴音》《高术莫用》《道士下山》等。

古籍出版及古籍整理方面继续加大力度。已出版《宋濂全集》《龚鼎孳全集》等；其他如“乾嘉诗文名家丛刊”，2014 年出版 3 种；“红楼梦古抄本丛刊”和“人文典籍影印丛刊”各出一种。

在引进版权方面，注重具有畅销潜质的作品引进。2014 年重点推出《布谷鸟的呼唤》《两万五千英里的爱情》《小美人鱼》《烟与镜》等数十部外国优秀作品。并做好“21 世纪年度最佳外国小说”的出版工作，推出了《生命》《潜》等在内的 5 部新作。特别是与韬奋基金会开展了新的合作，设立了“邹韬奋年度外国小说奖”，并设立了一万美元的奖金。

在丛书套书方面，出版了《鲁迅全集》（编年版）、《鲁迅全集》大字线装本、《杨绛全集》《莎士比亚全集》（纪念版）、《雨果文集》《随想录》（巴金诞辰 110 周年纪念版）、《曹禺戏剧全集》《林徽因集》、“季羡林散文十种”，对《穆旦诗文集》《卡夫卡小说全集》进行了再版。“有价值悦读”也相继推出了第二批，逐渐形成丛书品牌。

（二）重大项目出版情况

在 2014 年度国家出版基金资助项目中，人文社申报的《20 世纪中国新诗理论史》《王蒙文集》《冯雪峰全集》成功入选。《况周颐全集》等5种图书还被列入 2014 年度国家古籍整理出版专项经费资助项目，人文社是入选图书较多的出版社之一。

在国家出版基金项目方面，顺利完成《杜甫全集校注》《王蒙文集》《中国近代小说编年史》3 种图书的出版工作。古籍规划整理项目方面，出版了《宋濂全集》《龚鼎孳全集》。

人文社“十二五”国家重点图书规划项目共承担 14 种图书，截至 2014 年底已完成 6 种，分别是：《1911》《武昌城》《中国诗歌通史》《中国新诗编年史》《杜甫全集校注》《中国近代小说编年史》。另外，《中国话剧百年典藏》已经发稿，大型项目《汪曾祺全集》《林斤澜文集》仍在编辑过程中。

在集团专项资金资助 6 个项目中，《鲁迅手稿丛编》（15 卷）、《决定中国命运的密码：毛泽东电报解读》已出版，《清人诗集叙录》（3 卷）已发稿，《艾芜日记》《大江健三郎文集》（16 卷）2 项未发稿。其中的《当代》发展专项扶持资金已用于提高作家稿酬、扩大宣传等提高杂志竞争力方面工作，收到了很好的效果。

（三）报刊工作情况

《当代》《新文学史料》《中华文学选刊》积极寻求合作，开拓了经营思路，拓宽了盈利渠道。《当代》杂志还利用集团公司专项资金补贴，提高了稿酬标准，增强了竞争力。2014 年是《当代》创刊 35 周年。我们从在《当代》上发表作品的所有作家中，挑选了当今中国最有影响力的 35 位作家，为他们颁发“《当代》荣誉作家”

证书。人文社决定把《当代》编辑部改为杂志社，希望《当代》在人力、财力、物力等方面有更大的自主权，能够更有利地开展自己的工作。

《新文学史料》坚守学术品位，积极寻找、发现好作者，与他们保持密切的联系；继续与协办方保持合作，取得资金赞助。通过写文章、开通微信平台、在《读书》《炎黄春秋》等名刊做广告，扩大刊物受众面，在学术界和读者中获得良好口碑。

《中华文学选刊》不仅内容有新品位，得到好评，而且在经营方面也积极想办法，联系到封二、封三广告收入 20 万元，增刊收入 10 万元，上一年增刊的加印资助 6 万元，古井贡酒的企业订刊及在诗歌栏目的协办 10 万元等，共计 46 万多元，还有《泰州日报》的 30 万元合作款，确保了收入的多元化。

《学语文之友》《帅作文》2014 年并入教材出版中心，除日常报刊审稿工作外，他们积极策划一系列教辅图书，取得良好成绩。

三、围绕主业开展相关工作情况

（一）营销活动概述

2014 年不仅陆续组织了一系列新书发布会，还与其他单位联合组织了多场研讨活动，积极利用多方力量宣传推广人文社图书。如与湖南美术出版社、巴金故居共同主办的“《无愁河的浪荡汉子·朱雀城》暨‘黄永玉的文学行当’”专家论坛，参加浙江师范大学主办的“《宋濂全集》首发及浙东文化学术研讨会”等。

外国文学图书方面，组织了《永远的菲利普》中文版首发式、《沉默的火焰》新书发布会、《大学之道》研讨会。此外，还分别组织了 5 次“朝内 166·文学公益讲座”，受到读者欢迎，也提升了人文社的品牌。

大力加强新媒体营销工作，利用新浪微博、微信、豆瓣等平台组织了一系列活动，截至 2014 年 12 月新浪微博粉丝已超过 82 万，微信关注人数已超过 7 000 人，在全国出版社中位居前列。各部门如《当代》《新文学史料》以及一些编辑室还建立了官方微博或微信。为鼓励员工更加积极地宣传人文社品牌和图书，我们专门制定了《关于鼓励员工积极宣传人文社品牌和图书的奖励办法》。

积极尝试新方式进行营销，例如借电影《黄金时代》上映之机，与京东合作以众筹方式出版《漂泊者萧红》，取得良好效果。2014 年营销活动将线上和线下相结合，举办签售活动 10 余场。针对重点图书如丹·布朗的《地狱》及 J·K·罗琳的新书《布谷鸟的呼唤》与腾讯合作，在全国的大型书城举办了码堆大赛，并利用寒、暑假销售旺季在部分卖场对人文社的重点品种如新课标、丹·布朗系列等图书进行专题展销活动，以及“读经典、选人文；人文伴您度过清凉一夏”系列促销活动。

（二）“走出去”工作

2014 年人文社海外版权销售种数达到 37 种，较 2013 年的 30 种增长 23.3%。对外合作部基本完成“经典中国”2009 年遗留项目的结项工作，开发、设计、完善了人文社作家海外版权专属英语网站；完成 2014 年度“走出去”国家资助申请，第一批获批金额 55.7 万元。

对外合作部还参加了第 21 届北京国际图书博览会、中外出版翻译恳谈会、塞尔维亚书展中国主宾国活动（《推拿》塞尔维亚语输出）、集团美国公司“走出去”一揽子项目相关活动，等等。

（三）数字出版工作

在数字出版方面，截至 12 月底，统计出的新书信息条目为 420 余条。2014 年补缴往年未缴资源，共计 670 余种。按照集团要求的数据加工要求，加工整理图书数字资源，共计加工完成了 240 余本电子书，可直接用于各平台的电子书销售。

与中国移动手机阅读基地、亚马逊网站、当当网、京东网、掌阅、豆瓣、小米公司（多看阅读）、淘宝网等平台建立了很好的合作关系。此外，向中国出版集团公司申请了科技项目“人民文学古典文学数字资源全文检索系统”，并通过审批。我们也正在制作有声读物“名著名译系列图书”，一方面为出版社新版“名著名译系列图书”提供增值内容，另一方面尝试开拓有声读物市场。

（四）法律维权工作

在2013年，因西苑出版社出版陈枰的剧本长篇小说《推拿》，侵害了原作者毕飞宇和人文社的合法权益，人文社将其告上法院。2014年3月19日，一审判决认定被告陈枰、西苑出版社侵犯毕飞宇《推拿》著作权，赔偿毕飞宇经济损失仅5万元；同时认定两被告未对人文社构成侵权。

在二审期间，人文社提供了新的证据和材料，北京市二中院最终采用并对一审进行了改判。在9月5日二审判决中，北京二中院认定西苑出版社、陈枰已对人文社构成不正当竞争，要求陈枰、西苑出版社赔偿毕飞宇损失14万元，赔偿人文社损失8万元及合理费用5千元。

四、天天出版社总体情况

2014年，天天出版社根据集团公司和人文社的要求，根据自身发展情况、各方面资源优势和少儿图书市场现状，制定了“收缩选题规模，开拓市场营销，强化品牌效应，提高单品效益”的总体方针。在适度压缩选题规模的前提下，有效提高了重印书占有比例，并且在单品种平均印数和出版码洋两个方面，新书和重印书均较大幅度地提高了单品种图书的效益。天天出版社在2014年出版图书236种，新书113种，占48%；重印书123种，占52%；发货码洋8 633万元，回款3 053万元，总体情况良好。

2014年，天天出版社在品牌建设方面也取得了较大的进步，全年共举办大型宣传活动20余场次。“曹文轩儿童文学艺术中心揭牌”仪式，中国种子·世界花——曹文轩图画书全球合作项目（意大利站）、中塞儿童图书合作项目暨“中国种子·世界花”——曹文轩图画书国际合作项目·塞尔维亚站、行走的图画书——曹文轩与中国原创图画书的世界起点、“无边的绘本”系列活动，大自然文学国际研讨会的成功举办，产生了较广泛的国内和国际影响。此外，“青铜葵花儿童小说奖”征稿发布会、寻找最美阅读少年暨曹文轩儿童文学艺术中心阅读推广系列公益活动、“中国当代获奖儿童文学作家书系”作家群笔会暨促进原创儿童文学繁荣座谈会、“百社千校书香童年”征文活动以及“南国书香节”系列作家讲座等活动，天天社与作家的关系进一步加深，同时也扩大了天天社在公众和业内的品牌影响力。

2014年，天天出版社获得各类图书奖项及推荐共15项。已经步入正轨发展，走向盈利，对于一个成立近5年的出版社来说是非常不易的。

五、管理工作概述

（一）社领导班子建设进一步加强

2014年班子建设除日常学习外，重点是根据中国出版集团要求，召开了班子民主生活会。经社党委、社务会研究，会前采取发放征求意见表、召开各类人员座谈会的形式，广泛听取党员干部群众的意见，重点是对人文社教育实践活动整改落实情况和深化作风建设的意见，对社领导班子及成员坚持原则、敢于担当、遵守党的纪律方面的意见，以及其他方面的意见和建议。社领导班子已经根据大家反映的意见，撰写班子对照检查材料，对照教育实践活动整改方案，班子6名同志撰写了个人对照检查材料。

（二）加强内控管理

由于上市的需要，集团要求各单位加强内控建设，人文社根据集团反馈的内控建设缺陷表进行了认真对照分析，将内控建设作为年度重点工作来抓。在检查中，确实发现了一些问题和漏洞，有的在一定范围内做了整改；有的已制定了新的规定来加强管理。主动以上市公司的标准要求自己，力争让制度更加完善，进一步堵塞漏洞，避免经营和管理上的损失。2014年年末，集团同时又启动了新一轮上市尽职调查工作，社办牵头组织，完成了各种材料的准备工作。

（三）生产流程进一步规范化

人文社在2014年继续严格执行月度选题论证制度和生产会制度，紧张有序地安排选题与生产，没有出现大的问题。为使生产流程进一步规范化，人文社下发了图书外排、外设计管理的相关规定，对涉外排版、涉外设计的流程进行规范化，进一步理顺了生产环节存在的一些问题。部门间的互相配合有明显改进，比如出版部规范加工单位回单周期，保证了财务结算的需要。

（四）竞聘上岗工作顺利完成

从11月份开始，人文社对全员竞聘上岗工作进行了认真研究，制定了方案，并组织召开了全社动员大会。全员竞聘上岗工作主要包括：中层岗位、一二级编辑岗位、高级主管岗位实行竞聘上岗，其他各级岗位采取定岗定编的形式完成。此次全员竞聘中新产生的中层干部队伍进一步年轻化，且硕士及以上学历的比例又有进一步提高。

在人才建设方面，人文社组织了2014年职称评审会。此外，还在规范劳动用工方面做了大量工作，首先对现有的劳动用工情况进行了摸底调查，主要包括人文社现有的劳务派遣人员、外聘人员的工资待遇、劳动合同期限、形式等。通过调查发现了一些劳动用工不规范的情况，其次，结合实际情况制定了人文社《关于社会招聘人员人事管理的规定》，对社会招聘人员的招聘程序、劳动合同管理、工资福利待遇、档案管理等方面做出了详细规定。第三，将一部分工作表现好和业务能力较强的劳务派遣人员重新签订劳动合同，纳入出版社统一人事管理。通过规范劳动用工管理实现同工同酬，出版社进一步降低了出现劳动争议纠纷的风险。

（五）党群工团活动及其他工作

1. 党建工作

2014年，党办和工会办公室围绕学习习近平总书记讲话精神，围绕集团公司布置的品牌建设征文活动，征集了多篇稿件。还组织了“香山论坛”分论坛，15位员工写了征文，13位员工参加了论坛，大家从各自工作角度对出版社的发展提出了很多好建议，对启发工作思路很有帮助。人文社也被集团评为优秀组织奖。

根据集团公司组织召开班子民主生活会的要求，党办积极组织各种征求意见会，并根据社领导要求撰写了班子自查报告，为总结出版社发展存在的问题和解决方案、为出版社的班子建设做出了努力。

2. 企业文化建设丰富多彩

企业文化建设就是要围绕“风清气正、稳中求进”的工作方针，让全体员工团结一致认真工作。人文社员工有着良好的工作传统和精神风貌，有着知识分子的社会担当和责任感。

在2014年，人文社注意发挥工会和职代会的作用，经常组织职工代表听取对集团和人文社有关文件的意见，请工会代表参与诸如竞聘上岗考评小组等工作，重大事项注意向职代会通报，努力做到社务公开，以接受广大员工的监督。2014年，组织员工参加集团举办“纪念邓小平诞辰110周年”书画展。组织“三八”妇女节举办女工座谈会，女工就规章制度的制定和女工权益保障提出意见和建议。积极组织职工参加中直机关、集团举办的“三八书香”“香山论坛”“共筑中国梦、岗位做贡献”为主题的征文活动。

工会还积极支持羽毛球、篮球队的活动，通过开展各种文化体育活动，锻炼了职工身体，凝聚了职工人心，激发了职工工作热情，为推动企业文化建设奠定了坚实的群众基础。

在老干部工作方面，组织了新春团拜会、重阳节集体祝寿、集体疗养、口述历史采访等活动。元旦春节期间，社领导和工会走访慰问离退休员工和困难职工并发放困补金。

3. 积极承担社会责任，组织多次捐赠活动

工会办公室组织员工积极为西藏贫困学校捐赠图书，部分员工也自发组织捐书活动，为贫困地区的学生送去一份温暖。人文社还被全国妇联、中国儿童少年基金会授予“中国儿童慈善奖——突出贡献奖”，充分体现出我们的社会责任感和主动承担意识。

工会积极参与社会公益活动，开展向西藏山南地区扎囊县教育局捐书活动，2014年，人文社分别向宋庆龄基金会、韬奋基金会等捐赠了大量图书。

另外，还利用中国出版协会文学艺术出版工作委员会2014年工作会议之际，组织全国文艺出版社探讨文艺出版社价值评估体系的建立

等问题，充分体现出人文社在建立和引领行业规范方面的作用，也充分体现出人文社的号召力和影响力。

（宋 强）

商务印书馆2014年工作综述

2014年是商务印书馆全面贯彻落实党的十八届三中全会精神，实施“十二五”规划的关键之年。在十八届三中全会提出的推进文化体制机制创新精神指引下，商务印书馆认真学习领会十八届三中、四中全会精神，学习习近平总书记在文艺工作座谈会的讲话和精神，并根据中国出版集团公司2014年“一主两重”的工作定位，加强深化改革，推动重大项目突破，不断强化品牌力量，各项工作都取得了重大进步。

一、经济效益和社会效益成果显著

2014年讨论选题1529个，列选选题1458个，新书发稿696种。出版图书1259种，其中新书696种，重印书563种。全年发货码洋11.45亿元，利润超过2亿元。

2014年，商务印书馆获得了许多社会荣誉，被评为“中直机关文明单位”；荣获国家版权局授予的“全国版权示范单位”称号；被评为“2013～2014年度国家文化出口重点企业”；被北京老字号协会授予“北京老字号”称号；荣获中国出版集团公司颁发的“2013年度经营特别贡献奖”；被评为“历年中国图书世界影响力出版TOP 20”和“2013中国图书世界影响力出版100强”等。图书方面，《时蔬小话》《中国古代的士人生活》入选国家新闻出版广电总局组织评选的2014年度“大众喜爱的50种图书”。《数学与人类文明》入选新闻出版广电总局“第十一届向全国青少年推荐百种优秀读物”。《洪业传》获中宣部、中国图书评论学会颁发的“2013中国好书”称号。《现代汉语词典》（烫金凸凹印）获得美国印刷工业协会颁发的2014年度“美国印制大奖赛”封面工艺优异奖。《现代汉语词典》（第6版）、《现代汉语词典》（115年纪念版）、《新华字典》（第11版）、《中国设计全集》（全20卷）获中国出版集团公司2013年度出版特别贡献奖。《发展迟缓儿童早期干预教学指导用书》获宋庆龄基金会颁发的“宋庆龄公益贡献奖”。《微观西藏》（汉英版）、《中国语言生活状况英文版》（第1卷，2006～2007）两种图书荣获“2013年度输出版优秀图书”；《论美国的文化：在本国与全球之间双向运行的文化体制》荣获“2013年度引进版社科类优秀图书”。

二、狠抓政治思想工作，推进新型党组织建设

2014年，商务印书馆深入学习贯彻习近平总书记系列讲话精神，学习了《习近平总书记在党的群众路线教育实践活动总结大会上的重要讲话》，学习了党的十八大和十八届三中、四中全会精神，认真研读《习近平总书记系列重要讲话读本》《中共中央关于全面推进依法治国若干重大问题的决定》；举办了中层干部学习习近平总书记系列讲话精神培训班，分两期围绕坚决贯彻群众路线、全面深化改革、实现中国梦等主题开展深入研讨，领会精神实质，指导工作实际。

商务印书馆始终注重党的组织建设，强调党的作风建设，认真抓好精神文明建设。为了夯实基层党组织建设，强化基层党支部作用，积极倡导开展学习型、创新型、服务型、廉洁型“四型”党支部建设活动，以党的十八大精神为指导，深入贯彻中央关于改进工作作风八项规定，坚持走群众路线，紧密结合商务工作发展实际，引导基层党支部提升整体素质，改进工作作风、推进工作落实，取得了较好的效果。积极参加中国出版集团纪检干部培训班、遵守党的纪律学习研讨班、党办主任和党支部书记培训班等专项培训。重视积极分子的培养发展工作，对于递交了申请书的年轻同志悉心培养，成熟一个发展一个。

2014年商务印书馆被评为“中直机关文明单位”，出版中心被评为集团公司文明单位，这些荣誉的获得是对商务印书馆思想政治工作和精神文明建设给予的重要肯定。

三、全面推进以内容建设为核心的编辑出版工作

（一）坚持正确出版导向，严把图书编校质量

在出版导向和编校质量上，商务印书馆始终把出版对社会进步有价值、有意义的图书作为我们的出版责任，认为图书思想质量和编校质量是我们的生命线，因此要始终坚持大局意识、底线意识、阵地意识和担当意识。

2014年，进一步完善书号申领制度，增加了审核关口，严格执行一书一号；严格执行重大选题备案制度，对《世界历史上的宗教》《中国政府决策能力研究》《俄国革命史》《伊斯兰世界帝国》等二十部书稿履行了重大选题备案手续；三审制方面，在执行原有选题、发稿、付型三审制的基础上，增加收稿三审制，坚决在多环节实施三审制，进一步加强对书稿内容导向性和质量的把关；在审读室的管理上，制定了《商务印书馆重大选题审读制度》，强化了管理细节，从制度上保障了图书导向；对与商务印书馆出版资源不配套的选题予以否决，对一般图书采取三校一核与通读结合，人机校对结合的校对方式，重点图书及工具书实行多校多核与专项检查结合。积极实行编印发一体化管理，进一步加强人员培训，完善和加强图书质量管理。

（二）加强主题出版，体现时代需求

近年来，有意识地在主题出版方面下功夫，引导员工强化认识，树立新的理念，即：主题出版也是市场，体现的是时代之需，大时代的大作品就是要反映时代需求、破解时代课题，这样才能具有传世价值，成为传世之作；理解主题出版，就要转变思想，开拓思路，十八大报告提出的政治、经济、社会、文化和生态文明建设五位一体的各个方面都可以成为主题出版的题材；主题出版直接关系到商务印书馆的品牌创新与发展，紧紧围绕时代的主题，将品牌和时代精神巧妙结合，品牌才会获得延伸。

基于此，2014年在主题出版方面有所开拓：“中国梦”主题图书方面，厉以宁主编的“中国道路丛书”出版三种，取得较大反响；依法治国方面，开发了“法治中国丛书”、《互联网与国家治理年度报告》《南沙群岛主权法理研究》等；纪念抗战胜利70周年方面，开发出“抗战大迁移系列丛书”（七卷本）、《山西抗战全史》《山西抗战纪事》《东京审判——正义与邪恶之法律较量》《纽伦堡审判——对德国法西斯的法律清算》《抗战胜利日》等；“一路一带”方面，开发了“丝绸之路博览丛书”“欧亚备要丛书”和《丝瓷之路学刊》，将逐渐形成“一套普及读物、一套学术丛书、一套译丛和一刊”的格局；民族出版方面，出版了《微观新疆》《昆仑名师讲坛演讲录》等。商务印书馆认为，在保持出版的风格和品位基础上，将现有资源与主题出版巧妙结合，既可拓展品牌价值，又能反映国家发展和时代变迁，是最佳的主题出版的路径。

（三）以内容创新带动品牌创新

图书产品的核心是内容，以内容创新带动品牌创新是商务印书馆近年来的基本战略。在产品线建设遵循突出重点的原则基础上，也致力于拓展其宽度，对已有的产品线进行重新梳理，进一步使其更加丰富。

2014年，在工具书出版方面，自主研发的原创型工具书《新华语典》《古代汉语词典》（第2版）销售业绩可观；商务印书馆国际有限公司出版的《现代汉语字典》是我国第一部学习型、规范型的字典，《现代汉语大词典》是目前我国收词最多、规模最大的现代汉语词典；商务印书馆和牛津大学出版社再次强强联合，推出的《牛津高阶英汉双解词典》（第8版），大量收入中国元素的词汇和例句，反映了科技日新月异的变化，更表明了中国日益增强的文化影响力，具有特别意义；在中法建交50周年之际推出的国内最大的汉法词典《利氏汉法大词典》，为中法文化交流添上浓抹重彩的一笔；《普什图语汉语词典》历经36年编撰得以出版，《新时代俄汉详解大词典》四卷本亦经多年修订终付出版。

在学术出版方面，紧紧围绕“汉译世界学术名著丛书”和“中华现代学术名著丛书”两个拳头产品，着重打造产品集群，“大师名家全集、文集系列”又添《海德格尔文集》《斯宾诺莎文

集》《亚当·斯密全集》《钱锺书手稿集·外文笔记》；“中国道路丛书”“国际文化版图研究文库”进一步充实；重新打造的“世界名人传记丛书”突出了思想性传记的特点，自成一体；原创精品丛书“碎金文丛”（第二辑）出版完成，完美地诠释了学术重镇的称号。

在大众学术和大众文化方面，几年的耕耘终获丰收。大众文化方面，倡导通过通俗的语言，新颖的出版形式，将高端学术思想在最广大的普通人民群众中传承，如“自然文库”“自然感悟”“自然雅趣”三个系列，已出版《一平方英寸的寂静》《看不见的森林》《种子的故事》《鲜花帝国》《时蔬小话》《怎样看到鹿》《我的花园、我的城市和我》《了不起的地下工作者——蚯蚓的故事》《中国萤火虫生态图鉴》等，多种图书多次荣登国内各大好书榜。文化与文化产业研究方面，“国际文化版图研究文库”已出版近 10 种，《论美国的文化》《帝国的权威档案》等均获得不凡的市场反响，形成了“全球视野、国家战略、产业指南、公民读本”的立意，2015 年将继续扩大该套丛书的规模，不断扩大影响。民俗文化和乡土文化方面，《吃货辞典》自上市以来获得广大读者的认可，好评如潮；《大汉徐闻 2000 年》为商务印书馆拓展乡土文化类选题项目开辟了新模式。古籍方面，从最初文津阁《四库全书》的多个版本，到《四库全书》原大原色原样仿制落户南京和扬州，为古籍整理和出版开创了良好局面，除了体现其本身文化价值外，还开创了新的商业模式。电影戏剧方面，《梅兰芳纪念集》《再见杨德昌》等都取得了不错的成绩。教育方面，通过探讨大学办学和大学教育，顺应国家大力发展职业教育的要求，策划了“大学教育系列丛书”，包括《大学的治理》《大学之水》《大学的人文教育》《大学的国际化进程》《认识大学》等。动漫方面，依托于出版蔡志忠漫画，今后将向更多与商务印书馆品牌相关的文创产品方向发展。

尽管成绩显著，但总经理于殿利在年终总结中仍概括出“六个不平衡”，认为在内容创新带动品牌创新方面，还存在着“引进和原创不平衡，工具书与非工具书不平衡，严肃与通俗、学术和大众图书不平衡，经典与现当代不平衡，产品线内部分配不平衡，出版效益比不平衡”等方面的问题，需要引起重视，不断加以改善。

四、营销工作以创新带动销售业绩提升

在营销工作方面，2014 年也取得了许多业绩。

一是营销创新带来良好的销售业绩。在成功举办了“2013 年商务印书馆人文社科好书年度评选”活动引起了业界的关注之后，2014 年商务印书馆成立了“人文社科图书整合营销平台”小组，依托“商务印书馆人文社科好书年度评选”“重点社科书营销”“青年公务员读书大讲堂”三个项目推动平台建设，有效促进了品牌传播和人文社科类图书的销售。当年推动的多种好书入选国内各大知名榜单，为书业营销提供了新的范例。

二是网店销售稳步增长，网络旗舰店经营迈上新台阶，逐渐成为新型的读者服务部。顺应新时代网络销售的新形势，商务印书馆在天猫、亚马逊开设的旗舰店销售量不断增加，新书发布后就在旗舰店上架销售，成为读者第一时间关注和联络商务的窗口。旗舰店能够及时反馈读者信息和要求，及时做出回应，努力成为联络读者的感情和纽带，并且对于网络文创产品的整合和立体式营销也会带动图书销售。

三是《新华字典》项目得到了维护和发展。借助品牌影响力，商务印书馆整合社会资源，举办各类公益活动，包括联合中央电视台主播在陕西洋县举办“放飞梦想的翅膀”秦巴山区公益行动，联合中央电视台少儿频道在西藏自治区举办“大手拉小手”公益活动等，有效维护了《新华字典》在文化惠民政策中的权威地位。销售工作也建立了保障机制，实现发货 950 万册，码洋 1.9 亿元，使《新华字典》项目得以持续发展。

四是商务印书馆阅读体验店和价值阅读品牌示范店顺利起步。2014 年在山西大学和南宁分别建立了两家商务印书馆阅读体验店，反响良好。出版的“经典名著·大家名译”丛书掀起了

价值阅读的新高潮，商务印书馆已在全国开设了百余家商务印书馆价值阅读品牌示范店，目标是在全国开设1 000家。价值阅读品牌示范店与阅读体验店将成为推广阅读工作的重点，促使品牌经营向纵深发展。

五、全媒体出版工作实现全面转型

商务印书馆很早就开始了数字出版的尝试，近几年来数字出版的准备更加充分，实践更加深入。从产品上说，在APP方面，2014年推出了《牛津高阶英汉双解词典（第7版）》APP，截至2014年底已下载5 300多次，实现销售近52万元；《商务馆学汉语字典》APP实现了检索方式的全面革新，引入了摄像头扫描识别法查询汉字及麦克风语音识别法查询汉字等功能，将为外国人学汉语提供极大的方便。在数据库方面，“商务馆百种精品工具书数据库”已累计发展用户70家，销售收入240万元；“东方杂志数据库”已签订价值1 000万元的大单；开发完成了“商务印书馆汉译世界学术名著数据库”，与亚马逊公司举行了纸电（EP）同步战略合作暨汉译世界学术名著Kindle版上线仪式；2015年将启动《辞源》《四库全书》等大型数据库的开发。在电子书方面，亚马逊上线图书达700多种，实现销售近30万元；随着EP同步出版战略的推进，亚马逊、中版传媒、多看、豆瓣、圣智等平台的电子书规模将实现更大突破。

对此，商务印书馆总结出几点认识：一是混合出版将成为出版新常态，数字化的趋势不可逆转，但是数字产品与纸介质产品的关系不再是对立的矛盾体，而是可以互相促进的、共生共赢的，纸介质图书和数字产品将会长期并存，因此混合出版是未来出版的常态；二是纸电同步要求出版社在编辑方式、生产方式和销售方式上进行全面变革，实现真正的数字化和出版转型，为适应这一变化，商务印书馆进行机构调整，成立全媒体制作中心，编辑从选题策划之初就可以选择产品形式，实现了真正的出版方式转变；三是要进行数据库全面开发，由数字产品研发中心和编辑部门同时参与研发，加大技术人员与编辑的融合力度，加大开发的速度，数据库产品全面提速；四是开发完成了辞书编辑编纂平台，并引导编辑转变方式，在线上进行稿件编辑加工，既可以提高生产效率，又为内容的价值创新提供技术支持，同时为传统出版和数字出版提供高效服务。这是编辑的现代化，也是生产方式数字化转型的开端，是实现全媒体出版的关键一步。

六、经营管理的科学化、精细化和标准化

科学化、精细化和标准化是现代企业制度的要求，也是商务印书馆现阶段发展的必然要求。科学化是保证经营管理大政方针方向正确、方法正确、措施正确；精细化是把正确的方针、方法和措施落到实处，落到每一个具体的步骤上；标准化是把对每一个岗位，每一道工序的要求格式化、程式化。为此，商务进行了多项调整：

在科学化管理方面，一是近几年主要实行了编印发一体化管理、版权一体化经营、财务一体化管理，带动经营管理的全面科学化。三个“一体化”是根基和基础，可以带动经营管理各个方面全面科学化。编印发协调发展，是保证大项目有条不紊地进行，同时不影响日常图书的出版和发行。二是进行了生产节奏的调整，改变了以往上半年发稿年底出书的传统做法，调整生产时间以保证大部分图书在上半年出版，使生产与市场销售结合起来，生产节奏更符合图书市场的销售规律，变得更加科学、合理。三是编辑参与营销的效果明显，编辑作为核心人员参与到出版全流程中，实施把控，可以利用多种资源，在营销中也会发挥巨大的作用，比如，《吃货辞典》就起源于编辑与作者的微博互动产生的灵感，编辑全程参与封面设计、版式设计、开本和定价的确定，积极沟通各部门并挖掘作者的相关资源，参与营销活动，取得了相当好的效果。四是装帧设计成为新亮点，确定了“庄重、尊贵、大气、简约”的八字方针，旨在以图书面貌的相对和谐统一来反映产品定位、品牌内容和企业文化，继承原有品牌风格的精华，彰显新时期品牌形象特有新内涵。在此基础上，2014年对装帧设计进行了新的部署和安排，将美术编辑与版式设计整合

管理，规范了设计流程，全面开展整体设计，装帧设计有了显著提升，图书设计屡获大奖。

精细化经营和管理方面，一是将“两会三沙龙”制度打造成构建学习型组织的基础，编辑大会和经营管理大会这“两会”通过一年一度总结编辑和经营管理方面的问题，促使改进当前的生产和经营，几年来已经逐渐成为提高商务印书馆生产和经营效率的指导性会议；编辑沙龙、品书沙龙和作译者沙龙，简称“三沙龙”，是在编辑过程中与读者、作者和同事之间交流的良好平台，有助于商务印书馆在生产经营中及时发现并解决问题，还为员工提供了全方位、立体化的学习机会和平台。二是加强书号管理，调整了相关流程，强调要将书号完成率与各部门的绩效挂钩，真正使其制度化、规范化，2014 年取得了长足的进步。三是让财务结果真正成为指导经营和管理的杠杆，成为指导经营和管理，提升经营水平和管理意识的战略性工具。四是在股份公司上市工作的要求下进行了内部控制体系的建立，查找缺漏，进行整改，编制修订的《商务印书馆内控手册》不仅成为集团公司内的标杆，而且为制度建设起到了极大的促进作用。

在标准化管理方面，一是制定出版流程的标准化，提高出版效率，强化 ERP 战略管理工具作用，选题申报、版权与合同审批、发稿、付型、提印等流程均由 ERP 全程跟踪，线上操作，从而使档案数字化，出版流程规范化。二是在原来三审制的基础上推行接收稿件审稿的三审制，对稿件的处理进行标准版流程化管理，力争开行业之先。三是实现了业务培训的标准化，2014 年以举办“商务印书馆新员工培训班”为起点，逐步搭建起全员培训的平台；以“人才强企战略”和集团公司深化人事和分配制度改革工作会的会议精神为指导思想，制定《新员工培训制度》和《新员工导师制度》，针对所有新员工，安排其在出版、营销等部门进行多岗位培训，并在培训结束后佐以导师一对一指导，帮助新员工树立正确的出版导向观及具备相关的编辑等业务技能，使他们能迅速融入商务文化，了解馆内工作流程和标准，坚定自己的职业选择。

七、实施品牌经营战略，创新品牌价值

在品牌管理方面，从以前的只关注品牌宣传和传播，发展到品牌的经营，通过把品牌经营纳入品牌战略，让品牌经营成为最宝贵的品牌战略内容，以品牌经营带动品牌价值的创新。因为再好的品牌都要不断融入新的时代精神，随着时代的脉搏而发展，这样才能保持品牌长久的生命力。在这方面主要表现为以下几点：

一是子公司（分馆）建设取得了良好的成果。大部分子公司（分馆）经过几年的经营，已经形成了较为清晰的选题思路和发展方向，从选题到销售收入都取得了长足的发展。尤其是 2014 年，各子公司（分馆）销售收入达 4 134 万元，列选选题 629 种，出版新书 270 种，分别占全馆总量的 43% 和 39%，均已超越全馆总份额的 1/3，子公司（分馆）取得的经济效益和社会效益都已经开始显现。在全国各地的子公司（分馆）建设中，包括来自政府、学术和商业机构在内的社会各界对商务印书馆和商务品牌的认可程度越来越高，寻求合作的愿望也越来越迫切。因此应该抓住契机，让各子公司（分馆）成为经营商务品牌、创新商务品牌的主要力量。

二是继续坚持做好各项服务品牌和公益活动。举办多年的“汉语盘点”活动已经成为大家关注的年度盛事，并入选集团公司服务品牌和技术品牌。持续举办的系列文化惠民公益活动，如组织中央电视台知名主播赴陕西省洋县开展“放飞梦想的翅膀”秦巴山区公益行动，支持《新华字典》文化民生政策的落实；与中国文学艺术基金会和江西新华发行集团等单位联合举办“我们的中国梦，走进鹰潭·龙虎山”系列捐赠活动等，通过图书捐赠、地震灾区救助、乡村支教、阅读教研活动等不同方式，覆盖了老、少、边、穷地区，留守儿童、打工子弟学校、山区和贫困地区孩子等不同群体，得到社会各界的广泛赞誉。

三是商务印书馆官方网站成为传播商务品牌的重要渠道和平台。新版网站一改老网站陈旧的形象，实行图书信息每周更新，新闻资讯每日更新，还为商务重要动态和图书策划线上活动、制作专题页面等，及时详尽，极大地改善了旧面貌，充分展现了企业的精气神，赢得了行业内的普遍称赞，还因此获得了新闻出版业“十佳网站”的称号。今后要继续让官网成为传播商务品牌的重要手段和平台。

四是成立的涵芬楼艺术馆成为新的品牌传播平台。在涵芬楼书店设立的涵芬楼艺术馆不定期地举办各类名人书画展，免费展出艺术作品，举办文化公益讲座，这些公益文化活动不仅可以带来销售收入，而且与书法、绘画、非物质文化遗产传承人等社会各界形成了良好的合作关系，共同为国家和民族的文化发展服务。

八、围绕建馆120年开展企业文化建设

2017年商务印书馆将迎来创立120周年纪念，围绕着120年活动的筹备，商务印书馆主要进行了以下几项工作：

一是在“昌明教育，开启民智”企业使命的精神指导下，为适应新时期的发展趋势，提出了“服务教育，引领学术，担当文化，激动潮流”的十六字企业宗旨，不仅高度概括和诠释了商务品牌的核心价值，更为商务印书馆新时期的跨越式发展指明了方向。商务印书馆充分认识到，顺应时代的要求，出版就是另外一种形式的教育，出版就是要用图书滋养人、哺育人，所有的出版活动都是以图书产品的方式服务教育；学术需要引领，新时期商务将把学术从努力扩展引领至对中国学术的扶植与推介和填补学术和思想史空白的领域。

二是将搜集整理百年历史资源，转化为文化资源立体开发。历史是独有的，因此更要转化成文化资源。2014年主要对民国图书进行了全面整理与数字化；筹建陈原博物馆，将名人资源转换成服务公众的社会资源；抢救性整理商务口述历史，利用《馆史资料》搭建面向学界与公众的互动平台等，立体、多维度地展示品牌历史和形象。

三是全面铺开建馆120年馆庆工作。从2015年起全面铺开120年馆庆的各项筹备工作，其中包括“建馆120年精品图书120种”的出版工作，计划遴选出120种在商务120年发展史上具有里程碑意义、代表商务印书馆出版追求的图书，统一设计，结集出版。借120年馆庆的大好契机做好商务印书馆品牌弘扬和品牌价值创新。

四是关注老干部和员工生活。定期组织全馆员工和离退休老干部体检；为全馆员工办理中央直属机关在职职工（会员）互助保障卡；购置体育锻炼的健身器材，创造了良好的体育锻炼环境和条件；成立商务印书馆舞蹈队，定期组织活动和演出。这些活动都丰富和活跃了企业文化生活，增进了部门间、员工间的互相了解和沟通，增强了企业的凝聚力。（冯　雪）

中华书局2014年工作综述

2014年为中华书局管理转型年，虽举步维艰，但成绩可嘉。中华书局在连续多年规模不断扩大、经济持续发展的同时，面临着发展的平台期，必须面对管理提升、结构调整等一系列迫切需求。中华书局配合审计整改工作，以财务管理为纽带，以人事分配“两项制度”为重点，借ERP研发上线，实现流程再造，理清关系，完善制度。由于中华书局各业务模块之间、业务模块与财务系统之间，一直处于分割状态，管理基础薄弱，ERP系统上线工作繁复，难度远远超过预期，对2014年的生产经营造成了较大影响。经过中华书局上下全力推动、全员参与，全年生产经营在2013年的基础上有所提升，基本完成了中国出版集团公司下达的双效指标。

一、双效业绩概述

（一）社会效益

2014年，中华书局作为中国出版集团公司唯一一家出版社荣获北京市著名商标。入选中华人民共和国商务部、中共中央宣传部、财政部、文化部、国家新闻出版广电总局联合评选的2013～2014年度国家文化出口重点企业名录，这是中华书局连续第三年入选。同时入选中国出版传媒商报社、中国文化走出去协同创新中心·

中国海外汉学研究中心和中国图书进出口（集团）总公司评定的历年中国图书世界影响力出版20强、2013中国图书世界影响力出版100强。2014年，被评为中国出版集团公司十大品牌单位。在2014年上海书展上，中华书局被评为“最有号召力的十佳出版社”，这是自2010年以来连续第五年入选。

中华书局《史记》修订本获得中国出版工作者协会颁发的第五届中华优秀出版物奖。《中国美德读本》入选国家新闻出版广电总局2014年向全国青少年推荐百种优秀图书目录。在2014年度全国优秀审读报告评比中，《全元诗》获审读报告一等奖，《史记》（修订平装本）获审读报告三等奖。《中华文化基础教材》获2013年度引进版社科类优秀图书奖。《文史中国·“中国意象”》（俄语版10种）、《历代诗话》（韩语版）获2013年度输出版优秀图书奖。《想象异域——读李朝朝鲜汉文燕行文献札记》获东亚出版人协会2014年度第三届PAJUBOOKAWARD（坡州出版奖）著作奖。在中国出版协会古籍工作委员会主办的第29届全国古籍出版社社长年会暨2013年度全国优秀古籍图书评奖会上，中华书局多种图书获奖。《全元诗》《柳宗元集校注》《皇宋十朝纲要校正》获2013年度优秀古籍图书一等奖，《白雨斋词话全编》《资治通鉴补》《说文解字探原》《宋人文集篇目分类索引》获2013年度优秀古籍图书二等奖。

（二）经济效益

1. 编务统计数据

2014年出版图书1 558种，其中新书569种，重印书989种，重印书所占比例为63.5%。

全年发稿1 809种，其中新书发稿737种，重印书发稿1 072种，重印书发稿所占比例为59.3%。选题立项978种。

2. 生产经营数据

2014年图书发货4.12亿元，回款2.04亿元。图书生产用纸共计19.8万令。

3. 市场占有率排名情况

全年总体排名第41名，市场占有率为0.54%。

二、出版主业情况

（一）国家出版基金项目和古籍整理重大项目集中出版

国家出版基金项目和古籍整理重大项目集中出版。《史记》（修订平装本）、《长沙马王堆汉墓简帛集成》《商周金文辞类纂》《龙泉司法档案选编》（第二辑，一九一二—一九二七）、《中国地域文化通览》等国家出版基金项目相继完成。《银行周报》《法兰西学院汉学研究所藏清代殿试卷》《美国柏克莱加州大学东亚图书馆藏宋元珍本图录》《孟森遗稿汇刊》《蒋维乔日记》等大型项目陆续出版，引起广泛关注。《中华民国时期外交文献汇编（1911～1949）》《海外中医善本古籍丛刊》《中央档案馆藏日本侵华战犯笔供选编》通过了国家出版基金项目的立项。

（二）分社拉动经营，古籍、学术、大众出版齐头并进

1. 古籍、学术出版两个效益显著

古籍整理品牌丛书、套书集中增添新品种，大项目带动与古籍基本书的理念得到进一步贯彻。“古典文学基本丛书”（《花间集校注》《梦窗词集校笺》）、“历代史料笔记丛刊”（《靖康缃素杂记》）、“中国史学基本典籍丛刊”（《西夏书校补》《续宋中兴编年资治通鉴》）、“新编诸子集成续编”（《晏子春秋校注》《鹖冠子校注》）、“中国佛教典籍选刊”（《续高僧传》《北山录校注》）、“道教典籍选刊”（《养性延命录校注》）、“学术笔记丛刊”（《履斋示儿编》）、“中国近代人物文集”（《杨荫杭集》、《向楚集》）、“中国近代人物日记丛书”（《宋教仁日记》《林传甲日记》）等重点丛书继续增添新品种。在学术著作方面，冯友兰“三松堂全集”（第三版）、张亚初《商周古文字源流疏证》、余英时《论天人之际——中国古代思想起源试探》、孙机《中国古代物质文化》、葛兆光《想象异域——读李朝朝鲜汉文燕行文献札记》、黄进兴《从理学到伦理学——清末民初道德意识的转化》、杜维明《二十一世纪的儒学》、《李泽厚对话集》等相继出版。此外，中华书局还出版国家哲学社会科学成果文库3种、国家社

科基金后期资助项目 27 种、“四个一批”人才文库 7 种及国家古籍整理出版资助项目 9 种。

2. 大众普及板块继续稳步发展

首先，中华传统经典和大众普及读物在相关细分市场后稳定增长。“中华经典名著全本全注全译丛书”“跟大师学国学”“国民阅读经典”等增加推出新品种，《前四史》《四书五经》（大字线装本）、《经史百家杂钞》（大字线装本）、《曾国藩家书·家训》等礼品书系列，发挥了市场效能。

其次，一批品位上乘、设计典雅、内外兼美的人文思想类图书继续受到读者的欢迎与好评。《洛书河图——文明的造型探源》《建筑的意境》、“典雅文存”系列（《故宫藏美》《烟云过眼》《古人的文化》）、《万历十五年》典藏版等，从内容到装帧，具有可读性、艺术性和收藏价值。体现了编辑匠心，实现了内容价值和市场价值的最大化。《无尽心》《曲院风荷——中国艺术论十讲》《织色入史笺——中国历史的色象》《也说李白与杜甫》《国人辩论的表情》《历史的注脚》等也有较好的社会反响和市场效益。

第三，在常销书品种稳定、市场反响较好的态势下，畅销书依旧缺乏。

3. 期刊工作总体稳定，教育板块影响力日趋扩大

《文史知识》期刊保持了稳定，图书出版和销售比 2013 年有所下降。

《中华活页文选》杂志受市场波动和政策影响，期刊和渠道图书，同比降幅较大。少儿图书出版逐渐形成规模，版权输出取得了较好成绩。

《月读》编辑部为树立品牌，扩大影响，与中共中央组织部党员教育中心合作举办的“中华优秀传统文化知识竞赛”，超过 22 万人参赛，受到广泛关注；与中共中央组织部《共产党员手机报》、中共中央宣传部、中国文明网分别合作，开办相关栏目，产生了良好的社会效益，对自身的品牌宣传也起到助力作用。但全年发货数量同比下降。

《中华文化基础教材》形成了覆盖基础教育完整学段的中华优秀传统文化实验教材体系。同时开发出部分地方版本，进一步扩大了《中华文化基础教材》的实验区域与教学影响。2014 年，《中华文化基础教材》已在北京、上海、广东、湖南等 18 个省市近 300 所学校开展实验教学，累计销量约 15 万册。初中《历史》教材，完成两个年级四册的修订送审。

4. 数字出版推出“中华经典古籍库”

“中华经典古籍库”于 2014 年 6 月发布，实现了中华书局本版古籍整理图书的首度数字化，意味着经过十年布局，中华书局数字出版工作初见成效。中共中央宣传部出版局专门刊发舆情通报，予以表扬。中央电视台、新华社、光明日报社等重要媒体进行大篇幅报道，各界反响热烈。“中华基本史籍知识库”项目获得国有资本金预算拨款 3000 万元，已经完成分包招标，开始进入研发阶段。“中华经典古籍库”和“中华基本史籍知识库”，不仅是中华书局版图书的数字出版，更重要的是依托中华书局资源和平台优势，打造古籍整理行业的资源聚合平台。

5. 公司化经营初见成效

古逸英华文化传播有限公司、上海聚珍文化传媒有限公司，经过一年多的培育积累，开始发力，与中华书局本部形成了选题和产品差异化的互补性格局。

（三）强化管理和重点营销为抓手，推动营销创新，品牌营销形成新亮点

2014 年，中华书局在营销工作方面，继续以强化管理和重点营销为抓手，推动营销创新，实施贯穿出版营销全过程的“大营销”战略。

一是依托 ERP，对出版流程的各个节点有了更精准的掌握，更有力的干预。通过营运例会、营销例会、营销月历、季度出书计划等形式，使营销各环节目标一致、责任明确，协同配合程度有所提高。

二是克服重重困难，完成了年度任务。ERP 系统上线，对全局的影响持续了半年左右，一度出现了大面积断货的情况。全局配合，自下半年开始奋起直追，全年发货虽较 2013 年略有下降，但发行部回款超过 2013 年 1 000 万元。灿然书屋京东店、天猫店实现试运营。

三是营销手段有所创新，成效明显。首先是数据库营销有了专门队伍，掌握了“试用——跟踪服务——转化购买”完全不同于图书的新营销模式。其次是自媒体营销有了新进展。新浪中华书局官方微博和腾讯中华书局官方微信粉丝量均有大幅度增长，此外还推出电子刊《上书房》。第三是首次举办“中华书局评书会”，评选出中华书局古籍整理和人文社科“双十佳”好书，在读者、媒体和经销商中引起较大反响。

2014 年，中华书局品牌营销两大活动——“伯鸿书香奖”“诗词中国”如期举行。此外，凭借中华书局在传统文化传播上的品牌优势，成功申报“国学体验书店”项目，获得文化发展产业基金 1 000 万元。

三、管理工作情况

2014 年取得的各项成绩，与中华书局强调管理、提升执行力密不可分。

（一）改革管理体制和运行机制，提升各环节执行力

1. 全流程 ERP 管理软件上线，为科学管理打下基础

为了得到有序、科学的发展，中华书局将 2014年作为管理转型年，以 ERP 系统上线为契机，清理旧账，完善流程，打通上下游，希望借此实现管理升级。新的 ERP 系统自 2 月 18 日上线运行，经过不断调试磨合与持续开发，6、7 月份，编辑、印刷、发行、财务四大模块贯通并基本满足日常工作需要，到 10 月份，各项生产经营指标达到或超过 2013 年同期水平。

2. 进一步明确发展思路，做足优势，提升品牌

2014 年，中华书局对自身品牌优势、产品优势、渠道优势有了更加清醒的认识，适时调整制定了《中华书局品牌经营计划》和《中华书局产品发展战略规划纲要（2015～2017）》，围绕品牌营销与产品创新两个中心，维护和培育目标受众群及图书市场，实现品牌效益最大化，推进中华书局的品牌经营。2014 年，中华书局获得中国出版集团公司首批十家品牌单位称号，在中国出版集团公司确定的品牌产品名录中，中华书局入选品牌产品数量最多。

3. 不断深化体制机制改革，完善制度，规范管理

2014 年，中华书局加强制度建设，完成相关规章制度废止、修订和新制定工作。在《员工手册》及各相关部门下发制度规章的基础上，保留 61 项，废止 2 项，修订 4 项，新制定 4 项。

深化人事分配制度改革。制定颁发了《中华书局人事和分配制度改革实施方案》，重点修订了《劳动管理条例》，规范劳动管理，提高员工福利待遇。为强化工资总额预算管理，制定了《中华书局所属企业人力资源管理实施细则》。实行绩效工资部分预发，增加了员工日常收入。按新的薪酬体系套改落地，但绩效考核尚有待配套完善，以期强化薪酬的激励作用。

内控制度建设。在各部门的通力协作下，中华书局完成内控制度修订及相关审计工作，形成《中华书局内控手册》，并通过中国出版集团公司的核验。初步完成中国出版传媒股份有限公司 IPO 申报要求的要件收集整理和法律尽职调查，并已上报。

4. 完成领导班子新老交替，党政领导班子更加充实健全

2014 年，在中国出版集团公司的大力支持下，中华书局顺利完成领导班子新老交替，党政领导班子更加充实健全。积极开展后备干部工作，推动领导班子进一步配备充实，为中华书局的长远发展注入活力。完成新一轮部门重组和中层干部竞聘上岗，中层干部管理团队进一步得到加强。

（二）扎实有序地开展党的群众路线教育实践活动

根据中共中央和中国出版集团公司《关于对教育实践活动整改落实情况进行“回头看”的通知》的有关要求，以及中华书局教育实践活动整改任务表，继续开展党的群众路线教育实践活动。2014 年，领导班子成员先后参加了中国出版集团公司和中华书局的集中学习交流，12 月中下旬组织并参加了 10 场征求意见座谈会，广

泛听取员工意见和建议，班子成员互相交心谈话，并在个人对照检查材料中予以剖析自省。通过上述工作，领导班子重点对贯彻执行民主集中制，遵守党的纪律，落实中央八项规定精神、坚决反对“四风”，履职尽责、攻坚克难等方面存在的主要问题，进行了深入查摆和认真梳理，对问题根源进行了深入剖析，在此基础上提出了进一步整改的措施。最后召开的2014年度民主生活会，得到了督导组的高度评价和充分认可。中华书局将继续认真学习，查找不足，研究整改重点和具体措施，通过具体工作，真正把党的群众路线教育实践活动的成果落实到中华书局的改革发展实践中。

（三）加强企业文化建设，做好党团群工及人力资源工作

①2014年，中华书局党委组织干部员工深入学习贯彻落实党的十八大和十八届三中、四中全会精神，号召广大员工增强贯彻落实的自觉性。中华书局党政领导班子注意发挥党委的政治核心作用，促进中心工作，从战略性、前瞻性的高度思考扩大经营规模、加速发展等问题，将企业发展与员工利益切实放在工作的中心位置。积极开展党建工作，全年中华书局预备党员转正5人，在职党员人数达到91人。

②2014年，中华书局团委积极组织“香山论坛”分论坛及征文比赛；团干部和青联委员积极参加中国出版集团公司组织的学习习近平总书记系列重要讲话精神培训班；组织团员及青年员工开展读书会、青年沙龙，以及“绿色北京　美丽中华”五四青年节公益环保活动等。

③2014年，中华书局工会紧紧围绕中心工作，积极发挥企业工会组织优势，维护员工权益，有效开展“送温暖”工作。一年来，工会探望生病住院员工12人次，为患病员工申请大病补助10 160元，为特困员工李德泉家庭动员全局员工捐款27 200元，为困难员工办理困难补助3人次，发放困难补助经费2万余元。此外，继续给予羽毛球、摄影、女工健身俱乐部等9个协会经费保障，下拨活动经费6万余元；开展多种形式的文体活动，如趣味运动会等，保障了员工的文化权益。

④2014年，中华书局注意培养年轻干部，储备人才。制定颁发了《非局聘员工转聘办法》，每年适当遴选工作业绩出色的非中华书局合同员工转签中华书局合同，提升员工的归属感和认同感。2014年底，有4名员工完成转签。继续有效进行全员培训工作，完善中华书局现有培训体系的设计。如“伯鸿讲堂”继续举办讲座；与中国出版协会合作，承办策划编辑培训班；继续实行新员工导师制等。（梁　彦）

中国大百科全书出版社2014年工作综述

2014年中国大百科全书出版社全面贯彻十八届三中、四中全会精神，围绕中国出版集团公司“三六构想”的战略目标，以增强“六个竞争力”为主题，结合实际情况，全力推进出版社改革发展，各项工作取得新进展。

一、2014年工作基本情况

（一）《中国大百科全书》（第三版）工作全面展开

各级领导对《中国大百科全书》（第三版）工作非常重视。2014年7月2日，国家新闻出版广电总局党组书记蒋建国、中央文化企业国有资产监督管理领导小组办公室主任王家新、中国出版集团党组书记王涛到社调研，给予了极大的关心和支持。中国大百科全书出版社通过广泛调研，明确《中国大百科全书》（第三版）编纂方向，完成其整体规划，制定三版编纂的技术标准，展开编纂平台和机房的建设；积极推动三版总编辑委员会的成立；组建各学科专家学者团队和编辑团队，按学科推进内容建设；加快数字资源集聚，全面建设数字资源库；建章立制，加强预算管理。

（二）克服困难，“出版社能力建设”项目取得进展

由财政部拨款的“出版社能力建设”项目，经多方协调，精心组织施工，办公大楼主体项目即将完成。

（三）服务大局，有效推进国家重大出版工程

2014 年经过中印两国学者和出版人 3 年多的不懈努力和勤奋工作，完成出版中印两国总理确定的重点项目《中印文化交流百科全书》。2014 年 6 月 30 日，《中印文化交流百科全书》中英文版出版发布会在人民大会堂举行，国家副主席李源潮、印度副总理安萨里出席发布会，并为该书首发揭幕。中国大百科全书出版社继续组织权威专家、骨干编辑团队攻坚克难，将按时完成《台湾百科全书》、“中印经典和当代作品互译出版项目”，发挥出版的重大作用，彰显文化担当职责。

（四）围绕品牌，出版一系列优秀作品奉献社会

继续加强百科全书系列化工作，出版了《中国大百科全书》（在线版）、《中国大百科全书·名家文库》《中国大百科全书》（普及版），《不列颠百科全书》（精粹本）等系列产品；在工具书领域完成了《新闻传播学大辞典》《中国志愿服务大辞典》《中国少数民族古籍总目提要》瑶族卷和藏族卷铭刻类、《韦氏大学英语词典》（影印版）等专业辞典以及《学生规范字典》（国标版）、《汉字应用规范字典》《学生辨析词典系列》等多种学生工具书；在儿童百科系列工作中，出版了《放学就看》《中国儿童动物百科》《在家也上幼儿园》《中国少年儿童百科全书》以及《DK 儿童人体百科全书》《DK 儿童穿越时空百科全书》等新品；学术著作有《2040 年的拉丁美洲》《清代三山五园史事编年》等；大众读物也精品迭出，主要有《DK 家庭医生》《中国国家地理——大河》《最美中国人》等。

（五）加强规划，积极落实推进内容创新工作

围绕出版社 4＋1 品牌板块，继续优化选题结构，确立百科版和知识版品牌产品线；加强内容创新，以核心资源为依托，继续规划和加强百科全书系列产品开发和营销，提升综合实力和竞争力；提高品牌集中度，把核心和优势产品做强；发展以儿童百科为核心、知识读物为特色的少儿板块，做开具有百科特色的教育板块。

（六）创新营销，为内容创新提供有力保障

深化渠道多元化建设，开拓新型市场，加强与重点经销商的联系，加强客户分级管理，落实好地面店、网站、招投标等不同渠道的各项工作，做好营销工作，扩大市场占有率，增强品牌影响力。根据北京开卷信息技术有限公司数据统计，中国大百科全书出版社在 2014 年市场占有率排名不断提升。

（七）加强体制机制创新，不断完善建立现代企业管理制度

继续深化分社制，同时将知识出版社按照新型的市场主体，建立新的运行机制，尝试进行高度市场化运作，把经营工作做大做强。

（八）与时俱进，发展壮大数字出版

以数字运营部为主导，进行数字出版物的规划；为全社搭建维护数字运营平台和技术支持，利用全社百科资源和精品出版物，开拓数字出版。一方面不断尝试采取新的运营服务模式维护现有产品，另一方面开发新产品，截至 2014 年 12 月重点出版物《中国历史百科地图》已经上线运行。同时各编辑部在传统出版中寻求创新，与数字出版相结合，如《中国儿童动物百科》植入二维码，成为“动起来的动物百科”延伸阅读；积极策划和打造集图书、漫动画交互、增强现实三位一体的全媒体读物。

（九）拓展国际传播渠道，继续推动“走出去”战略

在“走出去”方面加大力度，以周边国家及其他亚洲国家为重点和突破口，积极开展对外版权贸易与合作，2014 年，输出版权 31 种，引进版权 46 种。出版了《中国传统故事美绘本》（中英文双语版）、《中国传统养生运动图典》（英文版），“经典中国出版工程”项目《中华百科全书》也即将出版。

（十）依托百科全书，实施品牌战略

2014 年中国大百科全书出版社按照集团的工作部署，总结品牌经营经验，制定品牌战略规划，以实施品牌推进工作为抓手，确立以《中国大百科全书》为标志的品牌整体战略。将出版物

品牌建设和出版社品牌建设相结合、内容创新和营销创新相结合，加强品牌工作制度建设和人才培养，实现专业化和常态化，不断提升品牌影响力和市场竞争力，进一步提升综合实力和竞争力，努力把本社打造成为具有强大的内容创新和传播能力的新型文化企业。

（十一）深化人事分配制度改革，促进企业创新发展

在人事制度改革方面，完善首席专家制、进一步深化导师制、开发“学在当下，每月开讲”培训平台，结合集团“三个一百人才计划”，以《中国大百科全书》（第三版）工作为契机，特别加强培养数字出版、网络运营、新技术、国际合作、经营管理等急需人才。在分配制度改革方面，深化首席专家的绩效考核和薪酬制度设计，建立薪酬与企业经营效益挂钩机制，加强绩效考核力度，推进实现按劳分配原则。逐步建立和完善百科特色的新型企业运行机制，从而增强综合实力，推动百科发展。

（十二）党建工作，企业文化建设和发展紧密结合

开展党的群众路线教育实践活动回头看活动，加强整改落实和经验总结，形成加强党建、推动科学发展的长效机制。推进学习型党组织建设，党委中心组学习贯彻“十八大”精神和三中、四中全会精神，学习习近平总书记重要讲话精神，围绕集团“三六构想”、展开讨论和探讨，并落实到社工作实际中。教育引导广大党员干部加强反腐倡廉，组织以“改革·品牌·竞争力”为主题的征文比赛和演讲比赛，开展学雷锋——文明乘车志愿者服务活动，开展送温暖献爱心活动以及评优推优，振奋精神面貌，凝聚企业向心力。

二、2014年经营工作情况及获奖情况

①2014年，全社图书印制品种共1 691种，其中新书781种，重印书910种。全年主营业务收入21 394.87万元，较上年同期增加1 117.16万元，增幅5.51%；利润总额为3 102.94万元，与2013年同期相比增加529.7万元，增幅为20.58%。完成了集团下达的经营任务指标。

②2014年，中国大百科全书出版社获得多项荣誉奖励。《小百科》杂志入选国家新闻出版广电总局2014年全国优秀少儿报刊推荐名单，《儿童安全大百科全书》获国家新闻出版广电总局2014年向全国青少年推荐百种优秀图书，《最美中国人》《中国历史百科地图》获国家新闻出版广电总局2014年社会主义核心价值观选题；《中华文化百科丛书》（英文版）入选北京市2014年重点选题资助项目；《中国战略导弹部队百科全书》等4种图书获中国出版集团公司颁发的2013年度出版特别贡献奖；《DK儿童能力培养百科全书——美食出自我的手》获得由中国版协国际合作出版工作委员会、中国新闻出版研究院、出版参考杂志社联合主办的第十三届“年度输出版引进版优秀图书”推介活动中的引进版社科类优秀图书奖；出版社获得2013～2014年度“国家文化出口重点企业”称号。（任其忻）

中国美术出版总社2014年工作综述

2014年中国美术出版总社在深入领会中国出版集团公司总裁谭跃提出的“三六构想”和“六个创新”精神，围绕品牌建设和市场规律继续加大发行营销方式的转变，调整选题结构，打造高中低三个出版层次的产品线，继续在体制机制上加大创新。在完成集团经济指标、多出好书和提高职工收入三个方面均做出了较好的成绩。在制度建设、企业文化建设、基础建设和执行中央八项规定，廉洁自律方面也取得了一定成果。具体有以下几个方面。

一、着力出版主业，“双效”业绩提高

（一）重大出版项目取得新进展

2014年，中国美术出版总社在两项重大出版项目的竞标中取得了成功。一是国家项目《中国工艺美术全集》的编辑、设计与校对；二是北京市财政投资的《北京小学生连环画》。其中《北京小学生连环画》项目具有十分重大的意义，它是50、60年代人民美术出版社连环画品牌的

回归，也是连环画复苏和振兴的标志。2014 年该项目选择连环画 274 册，分发到全市 1093 所小学，每所小学 7 套。

《中国美术全集》（普及版）作为中国美术出版总社社级重大项目取得新进展。《中国美术全集》（普及版）是在中华民族劫后重生、文化复兴最具活力之时，倾全国学术精英之力完成的《中国美术全集》的修订普及本。早在 20 世纪 90 年代，《中国美术全集》编辑委员会就有出版普及本的打算，读者对象为中学美术老师和一般美术爱好者。2014 年，人民美术出版社协商其他四家出版社，以人民美术出版社独家名义，引进民营资本，开始着手编辑《中国美术全集》（普及版），其定价只有此前的三分之一，卷册（60 卷）、内容篇目及编辑人员信息一仍旧贯。修订普及版对《中国美术全集》个别文字以及误征文献做了修订加工，对当时局限于拍摄和印刷条件难以完美呈现的图片（主要是绘画作品）进行了一对一的调换。经过大半年的紧张工作，2014 年已有十余本付印，预计 2015 年 5 月投放市场。

此外，中国美术出版总社还计划出版“人美文库”项目，从建社 64 年间出版的图书中选取最为经典的美术理论和美术知识图书重新包装出版，是美术总社整合自有优秀资源的举措。第一辑 26 种已经开始编辑。

（二）本版书取得“双效”业绩

2014 年中国美术出版总社继续调整出书结构，在完成国家出版基金项目《红旗飘飘——20 世纪主题绘画创作研究》和《〈髹饰录〉与东亚漆艺：传统髹饰工艺体系研究》的同时，出版了“外国名家精读”系列、《毛主席——纪念毛泽东诞辰 121 周年影像经典》、“中国连环画名家名作”系列、“极简”系列、“楷柿楼集”系列、《牛津简明艺术术语词典》《艺术影响中国——百年中国油画名作十谈》《中国民族工业设计 100 年》《沈鹏谈书法》以及“沙发书系列”等。

中国美术出版总社在调整高、中、低三条产品线产品的过程中取得了一定效果，实现了本版书销售回款的良性增长，在图书市场中的地位得到提高。在此过程中，中国美术出版总社出版的图书越来越受到市场和媒体的关注，2014 年又有一批图书获奖。《小艾，爸爸特别特别地想你!》获得中国图书评论学会与中央电视台联合主办的“2013 中国好书”称号，并入选中华优秀出版物提名奖；《艺术影像中国——百年中国油画名作十谈》进入中国图书评论学会 2014 年“中国好书”60 名；《红旗飘飘——20 世纪主题绘画创作研究》获得第 23 届优秀美术图书“金牛奖”金奖；《〈髹饰录〉与东亚漆艺：传统髹饰工艺体系研究》《中国古陶瓷——龙泉窑》《北总布胡同 32 号：人民美术出版社的老艺术家们》《WOW！科学来了》分别获得第 23 届优秀美术图书“金牛奖”银奖和铜奖；《剪纸的故事》《荷衣蕙带——中西方内衣文化》获得“2013 年度出版特别贡献奖”；《北总布胡同 32 号：人民美术出版社的老艺术家们》《艺术影响中国——百年中国油画名作十谈》“快乐涂画”系列（8 册）、《挣扎》《极简中国书法史》获得 2014 年“中版好书榜”优秀图书；《儿童艺术博物馆——和孩子一起欣赏世界名画》获得 2014 年度华文好书奖十大童书；《妈妈，为什么》入围《新京报》评出的 2014 年度儿童类好书；《连环画报》《中国美术》获得全国期刊交易博览会最美期刊称号。人民美术出版社在 2014 年获得由中国出版传媒商报社、中国图书进出口（集团）总公司等单位联合评比的 2013 中国图书世界影响力 100强。另外，中国美术出版总社“走出去”工作依旧保持了良好势头，数字化建设工作有了初步成效。《漫画中国历史》的动画改编权获得 120万元收入。

（三）教材出现新经济增长点

2014 年中国美术出版总社编辑出版了全国版和北京版两套教材 24 册、教辅参考资料 24 册、光盘 48 册；地方教材 12 省市区 120 册，再版教材 60 种。《书法练习指导》教材的编写、送审和修改是 2014 年教材工作的重中之重，经沈鹏先生认真审读全稿，提出指导性意见，教材分社组织全国一流编写专家和编辑人员一起反复修改。经过几轮调整和送审，共有 11 套《书法》

教材通过国家教育部审核。此套教材将在2015年正式使用，营销工作已经在相关省份陆续开展，将成为中国美术出版总社新的经济增长点。

二、出版规模和经济效益稳步提升

2014年中国美术出版总社结合实际和未来发展规划，制定了相应财务预算指标并顺利完成，同时2014年度职工个人收入也有较大幅度提高。本年度总社资产总额较2013年增长了1 700万元；营业收入较上一年增长10%，利润较上一年增长30.4%，较好地完成了经济指标任务。2014年共出版图书711种，其中新书183种，再版书128种，自费书400种；出版总码洋27 133.77万元；出版各种期刊56期，总码洋797万元。在财务部与发行部门的有效沟通与配合下，本年度图书回款率达到95%，教材回款率达到100%，确保了资金的有效回收。同时针对图书及材料库存，通过提出分时分段合理消化库存的建议，加速了呆滞资金的变现速度，降低了库存管理成本，活化了流动资金，并使消化库存成为总社常态化的一项重要工作。此外，总社还对暂时不需使用的资金进行了短期无风险投资，并获得相当的资金回报收入。通过几年的经营与积累和科学的资金调配，2014年终于实现了零贷款，彻底改变了长期依靠贷款资金运营的日子，使总社资金链条得以良性运转。

三、加强内部管理，住房补贴工作得到落实

2014年经过几个月的工作，总社下决心、想办法分批解决职工房屋补贴问题，经过由办公室、房管、人事、财务、党群、工会等部门人员组成的总社职工住房补贴工作小组多次会议研究，召开职工代表大会，经无记名投票，全票通过《中国美术出版总社职工住房补贴方案》。公示后，本次按标准发放住房补贴的职工共计142人，补贴所需资金由企业自行解决，不影响总社任务指标。此外，总社领导还积极解决职工实际问题，对北总布胡同32号宿舍楼进行暖气管道改造，比较彻底地解决了老同志冬天的取暖问题。为提高职工早午餐质量，行政部先后走访了数十家快餐公司，及时调整更换供餐单位，把食品卫生安全放在首位。

四、认真开展“四型党组织”建设，做好党员教育和新党员发展工作

为更好地贯彻落实党的十八大精神，根据集团公司2014年度工作部署和直属机关党委2014年工作计划，扎实推进“学习型、创新型、服务型、廉洁型”党组织建设，中国美术出版总社成立了由原党委书记汪家明为组长的“四型党组织”建设领导小组，制定了相应的活动计划，推动各项工作的落实和开展。

（一）建设学习型党组织，强化理论建设

在集团公司党委的领导下，总社党委始终把理论学习作为自身建设的重要内容，以深入学习党的十八大会议精神为重点，同时要学习现代经营理念、理论、方法，使出版社与时俱进。总社党委理论中心组坚持领导先行，带头学习习近平同志系列讲话，并在中层干部中开展“社会公德、职业道德、家庭美德、个人品德”的教育活动，在党员中开展“共铸诚信”的主题活动，组织由全体党员和积极分子参加学习习近平同志讲话精神的答卷活动。总社在职党员59人、入党积极分子10人，全部参加了答卷活动。总社党委还结合总社实际，对职工进行业务培训，有针对性地提高职工的业务技术水平。

（二）创建新型党组织，推进事业发展

总社党委响应集团提出的创新战略，在工作思路上创新、观念上创新、机制上创新，做了以下工作：一是强化大美术选题思路，提出经典、文化、大众高中低三条产品线，覆盖读者群，并相应调整了编辑室结构。二是创新企业体制机制，实现扁平化管理，强化执行力，并重申、修订、制定了多项管理制度。三是增强市场和品牌创新意识，设立市场推广部，完善人民美术出版社官网，设立官方微博、微信等网络宣传平台。

（三）创建服务型党组织，为人民服务，为职工谋福利

由中国美术出版总社工会牵头，创立了“中国美术出版总社工会会员帮扶基金”，使得职工

有重大病患时可以得到及时的帮助。自成立以来已帮扶了5位会员。制定了《中国美术出版总社送温暖管理办法》。提高全社职工的收入水平，增强了企业的凝聚力。此外，在集团公司的带领下，向延安小学捐赠《红色经典连环画》230套，向韬奋基金会和光华基金会进行了新一轮的捐赠。这些捐赠活动一方面将文化成果回馈社会，另一方面也使多年库存的图书发挥了社会效益。

（四）创建廉洁型党组织，营造和谐氛围

中国美术出版总社党委严格落实中央八项规定，根据集团党委部署深化反腐倡廉宣传，严格党的各项纪律，加强反腐倡廉教育和党纪政纪条规教育，强化党委主体责任和纪委监督责任。多次派出党委委员等参加中直系统和集团组织的党的纪律学习研讨班，学习《十八大以来党风廉政建设和反腐败法规制度汇编》和《习近平总书记系列重要讲话读本》等。建立健全各项规章制度，坚决按制度办事、按程序办事，发挥职代会的作用，让员工享有知情权、参与权、监督权。

（五）加强党员教育和管理，做好新党员发展工作

中国美术出版总社党委始终将加强党员教育管理作为一项重要工作来抓，不断提高党员队伍素质。通过理论学习帮助党员干部理解和掌握党的路线方针政策，通过业务实践促进党员干部将理论与实际相结合。始终坚持理论与实践的统一，将“四型党组织”建设工作贯穿在党员教育和管理活动当中。抓住十八大、群众路线教育实践活动和廉政建设等关键节点，推动党员教育管理不断深化。

中国美术出版总社党委严格按照党章和党内有关规定，有计划地把符合党员条件的职工吸收入党，尤其是2013年提出把发展业务骨干入党作为一段时间的工作重点，收到了实效。两年来发展的新党员、预备党员和入党积极分子总计有十多人，包括教材分社副总编辑等业务骨干。

（郝　赫）

人民音乐出版社2014年工作综述

一、双效业绩情况

（一）社会效益

2014年，人民音乐出版社被评为中国出版集团公司颁发的十大品牌企业。作品编辑部荣获2014年度中直工委颁发的中央直属机关青年文明号和中国出版集团公司颁发的青年文明号称号；财务部荣获中国出版传媒股份有限公司颁发的2014年度财务决算先进单位。“钢琴营销之旅”被评为中国出版集团公司颁发的2014年度优秀青年创新项目。还有一批个人获得集团公司青年岗位能手等荣誉称号。

在中国出版集团公司品牌产品评选中，人民音乐出版社的《放歌三十年》《伟大的音乐——国韵华章》《赞歌献给党》《中华大家唱曲库》《中国当代作曲家曲库》5个产品入选主题出版类品牌，《音乐理论基础》《中国音乐史图鉴》《中国戏剧史图鉴》《战地新歌》《歌迷歌曲大家唱》《外国名曲200首》6个产品入选艺术类品牌，《音乐研究》杂志入选报刊类品牌，《义务教育教科书　音乐》《普通高中课程标准试验教科书·音乐》分别位列文化教育和语言类品牌榜的第一和第二位。

《京剧知识入门》《趣味钢琴曲选——献给老年朋友（一）》入选国家新闻出版广电总局、全国老龄委首届向全国老年人推荐优秀出版物，《世界民族音乐地图》等10种图书入选教育部基础教育课程教材中心2014年中小学图书馆推荐书目。

（二）经济效益

2014年图书发稿213种，出版图书929种，其中新书187种，重印书663种；出版电子音像制品37种，出版期刊4种。

图书销售收入6 267万元，销售回款6 225万元；教材教辅收入1.7亿元；共实现营业收入2.25亿元，利润总额5 949万元。

根据北京开卷信息技术有限公司在200家书城对全国音乐图书的统计，人民音乐出版社各项

主要市场指标名列前茅，在架品种数、动销品种占有率、码洋占有率均排名第一。

二、出版主业情况

2014年，人民音乐出版社坚持正确的出版导向，坚持社会效益第一、社会效益和经济效益相统一的原则，坚持近期出版计划与长期出版规划相协调、本社出版计划与集团产品线规划相协调、自身出版结构优化与集团出版结构优化相协调的思路。

（一）做好主题出版和重大项目

完成国家出版基金项目《中国音乐作品百年典藏》共40卷1 100部作品。这部巨作对编校质量、版权、音响、设计、印制的工作质量与进度要求很高，尽管时间紧、任务重，但是独具匠心的整体设计、复杂繁重的排版印装都在短短的3个月内顺利完成，一万八千多面的总谱校对工作也在半年时间内得以保障。这部恢宏巨著得到了中宣部、国家新闻出版广电总局、中国出版集团公司有关领导以及业内专家的充分肯定，凸显了人民音乐出版社的出版实力，提升了人音社的品牌影响力。

以《中国音乐作品百年典藏》为重心，策划出版了《丝路之音·交响组曲》等8部《中国当代作曲家曲库》作品，以及《庆祝新中国成立65周年——“中国梦”全国原创歌曲精选》《和平宣言·中国梦圆》歌曲集、《钢琴独奏曲——梁山伯与祝英台》《中国宁夏花儿歌曲集》《李凌百年诞辰纪念文集》等一批反映时代心声、传承民族经典的主题出版物。

（二）确保教材质量和市场

面对全国中小学教材重新选用的危机与挑战，采取一系列有效措施，确保编校与印制质量，完成教材及纸质配套资源280个品种，教材音像及多媒体配套资源94个品种，《义务教育教科书　音乐》北京版送审资源126个品种；自行研发的新型教辅产品多媒体教学光盘实现销售近200万元，表现出较好的市场前景。在市场维护与开拓方面，针对教育部《中小学教科书选用管理办法》中的新政策，调整经营策略，对各省市场分类梳理，加强师资培训，完成了29个地市、50多场次、近6 000名教师的培训任务，进一步开发了山东省和江西省的销售市场。

（三）举行建社60周年庆祝活动

为了迎接人民音乐出版社成立60周年，本着“前行是最好的纪念”这一理念，人民音乐出版社策划举行了一系列活动。7月10日举办了钱君匋先生文物捐赠交接仪式，受赠的625件文物既体现了较高的历史文化价值，又彰显了以钱先生为代表的老一辈音乐人崇高的职业道德和精湛的专业水准。10月11日，在人民大会堂成功召开了“人民音乐出版社成立60周年暨繁荣中华音乐座谈会”，来自新闻出版界、音乐文化界、音乐教育界的一百余名领导和专家莅临会议，中宣部、国家新闻出版广电总局、中国出版集团公司、中国音乐家协会的领导分别发表重要讲话并致辞，高度总结了人民音乐出版社的经营管理成果，充分肯定了人民音乐出版社的行业引领地位。策划并实施了全面有效的宣传工作，编辑出版了《六十年图书总目》《六十年大事记》《六十年纪念画册》《乐·书·社》《教我如何不想他》5部意义重大的社庆图书。中央电视台《新闻联播》、《光明日报》头版、《中国新闻出版报》整版围绕人民音乐出版社60周年社庆主题进行了重点报道和深入宣传，受到了社会各界的高度关注与好评。

（四）开展品牌经营活动

按照集团公司的要求，制定了《人民音乐出版社2015～2017年品牌经营战略规划纲要》，对品牌内容、品牌重点、品牌推广、品牌重组、品牌创新、品牌维护等工作进行了部署，其中一项重要的创新举措，就是利用资源优势开展品牌活动，加强品牌推广，举办更多紧密结合出版主业的活动与赛事。

在图书板块，发行部门加强市场调研分析，加大渠道管理力度，对于年销售超百万元的大客户调整回款账期，为完成销售指标提供了重要保障。编辑部门在全国15个省市开展“钢琴之旅”培训活动33场，直接销售图书80万元，同比增长100%；策划新书《李延亮——此时此刻完整吉他谱与深度解析》在西单图书大厦的签售活动，4个月销售超8 000册。

在音像板块，2014“快乐阳光”中国少年儿童歌曲电视大赛覆盖全国28个赛区，大赛歌曲集发行量达到3万余册。为进一步落实习近平总书记在文艺座谈会上的重要讲话精神，召开了“繁荣少儿歌曲创作与出版座谈会”，邀请吴雁泽、谷建芬、秦咏诚、杨鸿年等知名音乐艺术家出席并发言，《光明日报》给予了重点报道。

在期刊板块，《中国音乐教育》参与主办了第七届中小学音乐课观摩活动，前来参加此次活动的全国中小学音乐教育工作者近8 000人，创下了历年观摩人数之新高；由《音乐研究》参与主办，《钢琴艺术》《歌唱世界》《中国音乐教育》共同协办的“两岸音乐学术的发展与协作高端论坛”，邀请中国大陆、中国台湾的知名专家50余人参会，对两岸音乐学术的现时困局与未来协作展开研讨；《钢琴艺术》在已经成功举办4届“海伦”钢琴高校音乐教育专业比赛的基础上进行衍生与创新，参与主办2014“长江”钢琴教师音乐节，吸引了来自全国19个省、41个市的社区业余钢琴教师的积极参与；《歌唱世界》参与主办“高等院校音乐教育专业声乐人才培养研讨会”，客观研究分析了高校声乐教学的现状，确定了未来坚持舞台实践和理论研究并行的大政方针，具有学科的指导性。期刊广告收入72万元，同比增长10%。

（五）推动数字化与国际化建设

在数字化方面，2014年音乐数字出版发行平台建设实现了突破。数字出版的商业模式在国内外都属于探索初期，因此项目的前期设计工作尤为重要。领导班子带领项目组突破原有思维模式，推进完善了内容构架设计。6月份以来，项目定位已论证明确，平台建设进入软件设计阶段，互联网出版许可证顺利获批。平台被集团公司正式纳入上市募投项目。

在国际传播方面，2014年参加了第21届北京国际图书博览会、中国（上海）国际乐器展览会等展会。作为集团公司的主题社，人民音乐出版社扩大了参展面积，制作了国际合作成果展，在展会现场开展多项外向型图书的推广活动，与英国、美国、西班牙等国外出版商和图书馆进行合作洽谈，签订了12个版权输出合同，超额完成集团公司下达的3年输出指标，进一步提高了国际传播力与品牌影响力。向国务院新闻办公室申请获得翻译资助14万元，有2种图书入选“中央外宣办回购图书”项目，8种图书入选“世界之窗”项目。乐谱租赁业务获得收入95万元。与英国皇家考级委员会合作出版新书13种，重印书37种，回款210万元，同比增长48%。原版书销售收入43万元，同比增长35%。

三、管理工作情况

（一）加强导向管理

为把好导向关、质量关，人民音乐出版社建立社委会导向专议制度，《关于加强出版导向管理的规定（试行）》《书号实名申报流程管理规定》《图书、期刊、音像制品、电子出版物重大选题备案管理办法》等加强出版管理的配套制度，以及《关于组稿、审稿及编辑加工流程的规定》《人民音乐出版社发稿规定》《人民音乐出版社选题申报——发稿流程》等出版流程规范等一系列规章制度正在制定中。同时着手制定《人民音乐出版社关于建立审读工作组的方案》的草案，从审读组的机构组成、主要任务、工作流程、具体要求等方面做出规划，把导向管理纳入领导机制和日常管理。

（二）做好人才队伍建设

2014年，在充实社领导班子的基础上，认真贯彻落实集团公司“人事分配制度改革30条”的重要精神，大力加强队伍建设与人才培训。从4月中旬到8月中旬，对10名中层岗位竞聘者进行了公开答辩与评议，对入围的5人进行了组织考察，最后有3人被聘任为中层干部。严格按照相关程序，聘任了社长助理1名，提拔中层正职4名，聘任中层副职1名。

在签订部门岗位目标责任书、明确工作职责与任务指标的同时，不断提高员工的综合素养与专业水平，推进经营管理工作更加科学化。一是加大培训力度。在2013年开展全员集中培训的基础上，2014年主要采取“送出去”的形式，不仅积极参加集团公司的各类培训，还组织参加集团公司以外的培训达23人次，包括社长总编辑、编辑室主任的岗位培训，责任编辑的继续教育培训，数字出版与人力资源的业务培训，新任职中层干部的职业经理人培训等内容，不断提高员工的综合素养与专业水平。二是抓紧建立导师制。经过大量的调研工作，制定了《人民音乐出版社导师制度实施方案》（草案），从工作原则、任职条件、岗位职责、组织管理、考核办法等10个方面加以指导和规范。

四、党群建设工作情况

人民音乐出版社党委始终围绕社里的中心工作组织实施党群工作，加强理论中心组的学习，提高领导班子对依法治国和廉洁从业的认识，在集团公司开展的党委中心组学习检查中，得到了集团公司机关党委的肯定。组织党员干部认真学习贯彻党的十八届四中全会和习近平总书记系列重要讲话精神，结合工作实际研讨落实的具体思路。高度重视党员队伍建设，发展了5名同志光荣入党，在创建“四型”党组织活动中受到集团公司表彰。在1月29日召开的2014年度民主生活会上，领导班子成员实事求是、态度诚恳地开展批评与自我批评，集团公司督导组对会议质量给予了高度肯定，在党的教育实践活动总结与整改工作中获得很高的群众满意度。通过认真开展“回头看”活动，又进一步巩固了路线教育实践活动成果。

在企业文化建设中，积极开展有利于员工身心的文体活动，不断推动文化建设与经济建设的有效融合。5位员工在中国出版集团举办的“香山论坛”征文中获奖，2位员工在中央直属机关工作委员会“共筑中国梦，岗位做贡献”征文中受到表彰。2位女员工分别获得了集团公司“书香三八读书征文”的个人奖和组织奖，妇女工作委员会主任获得该项活动的全国组织奖。

（孙曼均）

生活·读书·新知三联书店 2014年工作综述

2014年，生活·读书·新知三联书店（简称“三联书店”）认真学习十八届三中、四中全会精神，认真学习贯彻习近平总书记系列重要讲话精神，在中国出版集团公司的正确指导下，大力实施“三六构想”，坚持增收节支，深化改革，加快发展，进一步加强管理创新、机制创新，进一步面向市场，强化经营，社会效益和经济效益齐头并进，各项工作都取得了新进展。

（一）增强导向意识，推动出版主业发展

2014年，通过认真学习贯彻中央政治局委员、中宣部部长刘奇葆“7·11”重要指示精神与集团年中总结会上总裁谭跃的讲话精神，建立了总经理办公会导向专议制度，同时对现有选题以及在制品上做全面梳理，排查隐患，并着重对有关意识形态、宗教等方面的选题进行送审报批。为提高选题质量，在原来的选题签批方式的基础上增加了月度选题会论证程序，强化“重大选题报批制度”“三审制”执行力度，确保把好出版物的导向关、质量关。为切实提高编校质量、促进编辑部门提高责任意识，2014年1月恢复设立审读室，对全店完成三审三校的全部稿件进行了质量检查。从2014年下半年始，实行了更严格的编校质量考核标准，并对差错率不达标的产品、相关责任人定期予以张榜公布。

2014年，全店新书出版460种，重印出书297种，三联版图书在社会各界的图书奖评选中获得大面积丰收：《1944：腾冲之围》《直面大转型时代》获得由中国出版集团公司颁发的“中版好书榜”2014年度优秀图书奖；《1944：腾冲之围》获得由深圳市委市政府颁发的2014深圳读书月“年度十大好书”称号、由腾讯网和《中国出版传媒商报》颁发的2014年度“腾讯·商报 华文好书”·原创10本好书称号，同时入选新华网发起评选的“2014年度中国影响力图书（历史类）”；《吴宓与陈寅恪》（增补本）获《新京报》2014年度好书·年度再版类；《仁学本体论》入选中华读书报社评选的“2014 十佳图书”；《毛泽东阅读史》《在中西之间：自述与回忆》《气候创造历史》《直面大转型时代》《北大回忆》《西方文明的文化基因》《如何用你的眼睛》入选光明好书榜；《图说中国绘画史》《北大回忆》2 种图书入选新浪好书榜。

（二）强化品牌经营，提高品牌影响力

2014 年，按照集团要求，在充分调研和论证的基础上，制订并上报了《三联书店 2015～2017 年品牌经营工作计划》。其在品牌内容、品牌重点、品牌推广、品牌重组、品牌创新、品牌维护等各方面，突出三联特色，注重品牌效益创造、品牌文化建设，明确力争在三五年内实现创建国际著名出版品牌的目标。出版产品的品牌推广与宣传受到社会广泛关注。为纪念“三联·哈佛燕京学术丛书”出版 20 周年，三联书店在 8 月、9 月举办 4 次丛书作者的系列人文讲座。10 月 20 日在韬奋图书馆举办“三联·哈佛燕京学术及出版论坛”，石昌渝、赵汀阳、杨念群、周濂等二十余位丛书作者出席了此次论坛。

2014 年，三联韬奋 24 小时书店的创立与宣传大力提升了三联书店品牌知名度。三联韬奋 24 小时书店在 4 月 23 日世界读书日举办了开业仪式，李克强总理此前致信三联韬奋书店全体员工，赞赏创建 24 小时不打烊书店这一创意。中央电视台、新华社、《人民日报》《光明日报》等国内主流媒体以及境外媒体进行了深入持续报道，产生了重大社会反响。7 月 29 日，三联书店主办“全国 24 小时书店北京研讨会”，通过对 24 小时书店文化创意的研讨与传播有力提升了三联书店的品牌价值和影响力。另外，为响应国家新闻出版广电总局办公厅发布的《关于开展“百社千校书香童年”阅读活动的通知》，三联书店为湖南、云南、江西省；新疆维吾尔自治区等 12 所小学捐赠价值 20 余万元的图书，与湖南省永兴县达成共建“全国读书模范县”的意向，并于 9 月邀请知名作家余戈、小雨姐姐造访永兴校园。

通过全店上下的共同努力，2014 年度，由光明日报社和北京日报社联合举办的“首都文化企业三十佳”评选中，三联书店榜上有名。由北京市举办的“书香中国·第四届北京阅读季”评选中，三联书店分别获得“优秀合作机构”（三联书店）与“最美阅读空间·书店”（韬奋书店）两项荣誉。

（三）创新经营管理，提高市场竞争力

5 月 31 日至 6 月 2 日，三联书店在江苏宜兴成功举办了第四届社店战略联席会，13 个省市的新华书店老总出席战略合作联席会，会议达成多项重要合作意向。对一些具有销售潜力、有望成为畅销书的图书，加大宣传力度，创新营销方式，比如《直面大转型时代》，以作者吴敬琏演讲为号召，先后在青岛、济南、广州、深圳、温州、台州等省、市地区开展营销活动，中央及地方多家媒体深度报道，得到热烈反响。自 2014 年 3 月推出以来，已累计发行 6 万余册。再如《王道剑》，作者刘兆玄在北京、上海、南京三地举办了新书分享会，通过朗读书中精彩章节、与嘉宾对话、媒体专访等加强推广宣传力度，目前销售发货超过 16 000 套。

三联书店 2 月出台了《关于在全店深入开展“开源节流、增收节支”活动的决定》，提出想方设法拓宽收入来源渠道、从生产经营的全过程加强成本管理、加强行政管理并节省费用性支出、加强财务税务管理等措施。2014 年以来，三联书店积极争取出版补贴收入与国家资金的支持力度明显加大；严格按照八项规定要求，压缩会议、接待、出差等项支出也取得明显成效；为加强对样书发放的管理力度，下发新拟定的《生活·读书·新知三联书店样书管理规定》。

为贯彻落实 2014 年 8 月集团公司“推动所属企业人事、分配制度改革 30 条”文件精神，规范对下属公司的管理模式，8 月初成立了推动下属公司改革发展领导小组和工作办公室，从 8 月至 10 月底，对上海公司、生活书店、国际公司和三联韬奋 24 小时书店进行了数次座谈，内容涉及下属公司战略定位和发展目标、与店总部的职能划分与合理衔接、公司经营业务与管理模式、存在的困难和问题等，在深入调查研究的基础上，分别制定了《关于推动上海公司改革发展的实施意见》《关于推动生活书店改革发展的实施意见》《关于推动韬奋书店改革发展的实施意见》与《三联书店有限公司子公司财务管理制度》一起，下发给各所属公司试行。

2014年，经营呈现出稳中有进的发展态势。全年书刊合计实现营业总收入2.85亿元，同比增长5%，实现利润6 250万元，同比上一年增长3%，超额完成集团下达的任务指标，营业收入和利润总额均达到历史最高水平。

（四）数字化、国际化建设有新亮点

2013年三联书店通过“三联书店新媒体数字出版发行平台项目”申请到2013年北京市文化创新发展专项资金后，2014年上半年又顺利通过了中期绩效考核，获得了131万元二期资金。

三联书店充分利用“京沪港台三联书店高层年会”这一平台推进战略合作与项目合作、活动合作，建立人才交流机制、信息沟通机制。积极参加第21届北京国际图书博览会，实现5种图书版权输出与引进，达成初步意向20种。注重对外合作人才培养和项目规划，聘用法籍员工一名。以法文版推出《三联生活周刊》法文版MOOK丛书；与企鹅（北京）文化发展有限公司合作推出《中国人的传记》，中文版由三联书店出版，英文版由企鹅澳大利亚出版。《死生有命，富贵在天》（韩文版）和《百年衣裳》（英文版）获得国家新闻出版广电总局“经典中国国际出版工程”资助项目。《唯一的规则——〈孙子〉的斗争哲学》（韩文版）和《剑桥中国文学史》（上下卷）分别获得由中国版协国际合作出版工作委员会、中国新闻出版研究院、出版参考杂志社联合发起主办的“2013年度输出版优秀图书奖”“2013年度引进版社科类优秀图书奖”。2014年三联书店获得由中国图书进出口总公司等单位联合认证的“2013中国图书世界影响力出版100强”荣誉，并被中国版权协会评为“2014年中国版权最具影响力企业”。

（五）《三联生活周刊》继续保持稳定增长

2014年5月至6月为配合第20期封面故事《茶之道》，《三联生活周刊》在北京、上海等5城市举办5场“三联雅集·茶之道”活动。9月，结合自身特色与定位，策划了“思想·广场”方案，举行了系列主题讲座，邀请王铭铭、陈嘉映等著名学者作为嘉宾出席活动。11月，组织举办“与生活系列”活动第一场“版画与生活”，在位于顺义的活动场地邀请50余名读者感受手工生活方式。这些活动，都对《三联生活周刊》的品牌影响有直接助益。

《三联生活周刊》全媒体建设成效明显。新浪微博粉丝数达到987万，同比增长100万，依然保持同类媒体粉丝数量前三名。微信公众号关注用户达到63万，比2013年底增长45万，荣登微信官方发布优秀案例榜。2014年7月起开始kindle数字出版合作，将已出版的周刊内容进行再销售，已上线41期。从2014年第13期《春宴》开始于双微平台推出踏查类封面故事专属话题品牌“封面进行时”，实时播报封面故事采写时的精彩图文。《腾冲》《野性巴西》《牛津大学》《最美三江源》等销量和话题影响力增长明显，并被多家媒体效仿，形成新媒体话题品牌。利用封面话题购买驱动性及微信粉丝数量导流，建设微店电商平台，使用HTML5技术多媒体呈现，促销话题和杂志，加之官网商城销售，2014年电商平台销售额达80万元。2014年开始在亚马逊尝试数字出版，并配合周刊800期打造主题专区，除正常的周刊出版外，还集成出版了《那些完美读书地方》《茶酒二事》等11本数字版电子书，其中《那些完美读书地方》销量已达3万册。

《三联生活周刊》全年实现发货总码洋1.32亿元，完成发行总收入4 800万元，实现利润总额5 003万元，同比增长14.3%。其中，《三联生活周刊》新媒体2014年实现销售收入624万元，利润156万元，同比增长247%。

（六）队伍建设、党群工作有新气象

2014年7月初，三联书店领导班子实现顺利交接。人才队伍建设也取得了新进展：2名青年编辑骨干由分社部门副职提拔为主持部门工作，提拔3人任三联韬奋24小时书店副总经理，1人任生活书店副总编辑，2人分别任《三联生活周刊》执行主编和副主编；招聘新员工 11 人。在 9 月份三联书店为配合集团下达的关于加强导向管理的规定并提高编辑队伍的整体素质，特别举办了“编辑业务培训月”，聘请中宣部、集团公司领导及相关业内专家为编辑讲课。2014 年度，党委加强了理论中心组的学习，组织党员干部认真学习习近平总书记系列讲话精神，并于 3 月由店党委组织了为期 4 天的“学习贯彻习近平总书记系列讲话精神中层干部培训班”；开展党的群众路线教育实践活动动员“回头看”活动，充分运用和巩固党的群众路线教育实践活动成果；组织干部群众认真学习和贯彻落实党的十八届三中、四中全会精神，及时将全会决议文件发放到每一位员工手中；领导班子加强对廉洁自律、遵守法纪的学习与认识，并安排 3 名店领导班子成员参加了 6 月由集团组织的“党的纪律学习研讨班”；加强组织培养工作，不断吸收新鲜血液加入党组织，2014 年三联书店共有 2 名同志发展成为新党员，2 名预备党员转正。

在企业文化建设上，三联书店由工会牵头，在领导班子的大力支持下为进一步丰富职工生活做了大量工作，如组织了第一届乒乓球比赛，积极参与了集团组织的第三届乒乓球比赛、中直机关台球比赛等。三联书店被评为 2012～2014 年度中直机关文明单位，团支部被评为 2014 年度中央直属机关五四红旗团组织，图书营销中心被评为 2012～2014 年度中国出版集团文明建设单位和 2014 年度中国出版集团青年文明号，综合出版分社获得中国出版集团公司 2012～2013 年度“优秀女职工集体”称号，徐国强被评为全国青年岗位能手，一批个人被评为集团精神文明建设先进个人和集团青年岗位能手。

盘点 2014 年的工作，有以下几点经验值得总结：

一是坚持正确出版导向、恪守出版纪律是企业健康持续发展的基础与前提。一年的工作，使我们认识到，坚定不移地与党中央保持一致，坚持先进文化发展方向，主动弘扬主流价值观，积极传播社会正能量，这对于三联书店而言，既是社会责任问题，又是企业发展问题。能否一贯坚持正确出版导向，决定着三联书店的前途命运。

二是品牌经营是推动三联书店发展的重要突破口。一方面是恪守三联的出书格调与品位，严把选题关，另一方面是做好对于加强对三联书店品牌的商标保护，把品牌商标牢牢掌握在自己手里。此外对于三联书店版权的保护，特别是对于具有三联象征意义的出版物、出版活动、创意项目等都要注意版权的保护与维护。

三是扩大和延伸经济产业链，培育多元经济主体与经济增长点。比如 2014 年恢复成立的生活书店就在丰富出版选题资源、促进规模增长方面发挥了重要作用；再比如 2014 年由三联韬奋书店开辟的 24 小时书店，不仅在社会影响上也在经济效益上得到了超出预期的回报，对三联品牌的价值带来了极大的提升。

在肯定成绩的同时，还应清醒地认识到，2014 年的工作中也存在一些问题。主要表现在：在内容管理上，坚持正确出版导向的意识和手段还有待进一步加强；在业态转型上，面临周刊新媒体建设迟缓、图书数字出版严重落伍的双重压力；在推进下属公司改革发展上，还需要进一步解放思想，大胆创新；在人事、分配制度改革上，还需要进一步适应现代企业发展的要求。

（路英勇）

中国对外翻译出版公司 2014 年工作综述

2014 年，中国对外翻译出版公司（以下简称“中译公司”）按照中国出版集团公司总体工作要求，紧紧围绕“三六构想”战略目标，推进“增强六个竞争力”工作计划，主动谋划改革，积极推动各项经营工作，品牌影响和经济实力进一步增强，全力完成了年度既定工作任务。

一、总体经营情况

2014 年，营业总收入 1.57 亿元，同比增长 28.53%，完成年度经营指标。其中翻译收入 7 500万元，完成年度指标的 125.37%；图书出版收入 5 760 万元，完成年度指标；其他收入 240万元。

二、主营业务情况

（一）翻译方面

1. 联合国翻译业务

完成联合国总部、日内瓦办事处、内罗毕办事处、维也纳办事处、货币基金组织、巴黎教科文组织等国际机构的文件翻译 1 300 批次，比上年增加了近 500 批次；与国际货币基金组织、联合国维也纳办事处、内罗毕办事处续签翻译服务外包合同；走访联合国欧洲办事处等重要客户，不断扩大品牌影响力。

2. 国内翻译业务

成为第四届北京国际电影节语言服务供应商、中国人民银行总行征信中心翻译项目的独家供应商；顺利完成了青岛世界园艺博览会、2014 年 APEC 峰会、北京国际服务贸易交易会、清华学堂在线慕课（MOOC）项目的语言服务工作；成为培生教育集团、新星出版社、江苏电视台、中国移动通信等重要客户的语言服务供应商；作为教育部和联合国教科文组织在苏州联合举办的“2014 年世界语言大会”唯一语言服务供应商，共选派国内外口译译员 24 人，圆满完成大会全程的多语种同传服务。

3. 其他业务

完成联合国语言人才培训体系项目（UN-LPP）口笔译试卷、监考手册等准备工作，在 27 座城市举行联合国语言人才培训体系项目下半年考试；举办中译杯第三届全国口译大赛，在业内和外语院校进一步扩大了品牌影响力。

（二）出版方面

1. 重点出版项目

中国对外翻译出版公司连续获得国家新闻出版广电总局“经典中国国际出版工程”、国务院新闻出版办公室“中国文化著作翻译出版工程”、中共中央宣传部“中国当代作品翻译工程”，以及中国作家协会“少数民族文学翻译工程”项目立项；完成 2011 年“中国文化著作翻译出版工程”项目《中国通史》英文版的翻译，完成国家出版基金项目“中国报告”英文版 13 部的翻译工作。

2. 年度选题计划

年度选题计划共列选 309 种。截至 2014 年 12 月 31 日，出版图书 124 种，选题总实现率为 40%。申请新书号 264 个，新书发稿 272 种，重印图书 112 种。

3. 图书印制

印制图书 644 种。总印数 821.22 万册；录像制品 22 种，约 17 万张。

4. 参加各种书展

2014 年先后参加第 27 届北京图书订货会、第 43 届伦敦书展、第 21 届北京国际图书博览会、第 66 届法兰克福书展和各地图书馆配书订货会以及图书推介会。

三、2014 年重要工作

（一）以改革为主动力，以重大工程为重点，进一步增强产业发展的竞争力

（1）积极谋划公司改革发展战略。年内，自提出改革创新基本思路以来，集团公司三次召开专题会议研究发展方向问题，中译公司多次召开党政联席会议，积极研究推进相关工作。中央宣传部正式批复同意中译公司从中国出版集团股份有限公司分拆独立上市。

（2）承办集团公司首届中国文化国际传播恳谈会并取得圆满成功，建立“中国翻译研究中心”，搭建翻译家、作家、汉学家与出版企业、翻译机构、外语院校及各类媒体间沟通联系平台。

（3）圆满完成 2014 年南京青年奥林匹克运动会（以下简称“南京青奥会”）语言服务项目，中译公司及其控股子公司中译语通科技（北京）有限公司（以下简称“中译语通”）向南京青奥会组委会提供了笔译、口译服务，以及赛时电话口译服务，得到南京青奥会组委会的高度评价和认可。

（4）探索推进“中国作品对外翻译推广中心”建设工作，完成 2011 年“中国文化著作翻译出版工程”项目《中国通史》英文版的翻译，完成国家出版基金项目“中国报告”英文版 13 部的翻译工作。

（5）中译公司连续获得国家新闻出版广电总局“经典中国”出版工程、国务院新闻办公室（以下简称“国新办”）“中国文化著作翻译出版工程”、中共中央宣传部“中国当代作品翻译工程”，以及中国作家协会的“少数民族文学翻译工程”项目立项。

（6）中译公司为加强童书品牌建设工作，成立“向日葵童书馆”。

（7）中译公司的海洋项目取得重要进展，中译公司获得国家海洋局组织的首批全国海洋文化产业示范基地称号。

（8）推进内控体系建设，完成《中译公司内部控制手册》编制、内控整改、内控自评价等工作。

（9）执行季度经营工作分析会议制度，深入剖析财务数据及各业务板块经营管理工作，及时改进经营管理措施。

（10）推进电子商务平台建设。重点构建“译云”电子商务平台，提供 B2C、C2C、O2O 等多模式翻译领域的电子商务服务。

（二）以企业、产品和服务为重点，进一步增强品牌经营的竞争力

（1）完成联合国总部、日内瓦办事处、内罗毕办事处、维也纳办事处、货币基金组织、巴黎教科文组织等国际机构的文件翻译 1300 批次，比上年增加了近 500 个批次。重点完成货币基金《世界经济展望》《全球金融稳定报告》和《外债统计指南》，日内瓦办事处《2014 年海运述评》《2014 年贸易和发展报告》《残疾人权利公约》培训指南、《贸发会议 50 年简史》等稿件；为内罗毕提供了 5 次会议远程服务，为维也纳办事处和巴黎教科文组织提供了翻译外派服务，与纽约总部逐字记录科签订了全年远程翻译合同。优化文件管理流程，加强过程控制，使文件翻译质量稳步提升，2014 年先后得到货币基金组织、纽约总部和维也纳办事处的表扬，为公司深化与联合国机构的全面合作打下坚实基础。此外，中译公司还积极开拓其他机构的外包潜力，除与国际原子能机构达成翻译外派协议外，还积极与世界知识产权组织就翻译合作进行洽谈。

（2）先后多次为苹果公司提供外派翻译服务。推进对翻译业务长期客户、重点客户、难点客户的回访工作，听取客户反馈意见，并从业务流程、团队建设、行业经验等方面阐述中译公司的行业优势和保证质量的具体措施，坚定客户信心。

（3）参加第三届中国（北京）国际服务贸易交易会（以下简称“京交会”）系列活动，以期促进公司与业界企业、机构的交流、合作和共赢。

（4）在北京图书大厦、王府井新华书店等推出昂秀英语“马上说”促销活动和举办《马与我》首发式及开展“朗文书虫”进校园等活动。

（5）制订《中译公司品牌经营计划（2015～2017）》，组织征文和“香山论坛”分论坛演讲比赛。

（6）荣获商务部、中宣部、财政部、文化部、国家新闻出版广电总局颁发的 2013～2014 年文化出口重点企业称号；荣获世界贸易网点联盟、中国服务贸易协会、对外经济贸易大学、北京品牌协会共同颁发的“2014 中国服务贸易十大杰出单位”称号。

（7）参与编制翻译行业规范《笔译服务报价规范》《口译服务报价规范》；荣获中国翻译协会颁发 2014 年诚信承诺企业称号。参加“2014 年中国翻译服务产业论坛暨全国第九届翻译经营管理工作研讨会”“第六届国际服务贸易（重庆）高峰会”“第十一届中国标准化论坛”“第十届中国（深圳）国际文化产业博览交易会”，洽谈合作意向。

（8）“译云”产品部先后完成商业平台（金山译云、百度译云、译云平台）、工具平台、客户端相关产品的规划与设计工作。

（三）以落实“创新十策”为重点，进一步增强内容生产的竞争力

（1）完成“学生英语阅读”丛书、世界文学名著精装版、《欧美经典儿歌》（WEE SING）第一辑、《苏斯博士》系列、《伟大的思想》第 5 辑、《中华传统文化精粹新版》《联合国语言人才培训体系认证考试——英语口笔译考试大纲 P1》

《逆流而上》《草原天道》《揭秘：中东的台前与幕后》等优秀图书的出版工作。

（2）向国家新闻出版广电总局（简称“总局”）报送“2014年全国青少年推荐百种优秀图书”“第九届文津图书奖”“集团公司出版奖”等奖项；申报大型项目：“十二五”国家重点图书出版规划项目调整及补报，庆祝建国65周年重点图书，“经典中国国际出版工程”项目，集团公司2015年出版专项资金，北京市2014年重点图书选题。

（3）“阅读中国”丛书（第三辑）项目入选国家新闻出版广电总局“经典中国国际出版工程”，“中国报告”（中文版）（第一辑）入选集团公司2014年度出版专项资金，“中国报告”（英文版）（第一辑）、《中国通史》（英文版）入选北京市出版广电局2014年重点选题。

（4）完成《习仲勋画册》英译工作；“阅读中国”丛书（英文版）（第二辑）入选经典中国出版工程，“中国报告”（英文版）（第二辑）8册入选“中国文化著作翻译出版工程”，获得工程款130万元，《中国陶瓷史》（西班牙语版）获得工程款82万元，“五彩丛书”（第二辑）继获得作家协会的“少数民族文学”翻译资助后，又获得国务院新闻办公室的“中国图书对外推广计划”翻译资助。

（四）以重要平台商业化运营为重点，进一步增强数字出版的竞争力

（1）“译云”产品市场化推进不断深入，分别在旅游行业、互联网等相关领域开展业务合作；呼叫中心业务实现突破，通过与旅游互联网门户等知名公司的合作，推广多语言呼叫中心业务。

（2）新辟电子书渠道，实现全品种销售，计划对淘宝电子书进行数据加工和上传，争取更多图书上线。

（3）完成自有图书对移动手机阅读平台的运营，《那三届》进入移动阅读包。

（4）“走出去”工作成果显著。出访芬兰卓蓝公司和英国出版科技集团，就数字化业务进行洽谈与交流，提升数字化工作进程。

（5）细化完善翻译记忆数据库，数据库类型和内容大幅增加，对外部译员进行翻译软件普及，提供记忆库支持，实现了翻译资源的共享与互通，通过配合使用翻译软件，提高工作效率，控制业务成本。

（6）开发全媒体海洋在线学习平台，内容包括：电子教材、微课程、学习宝典、问题与讨论、课程资源、海洋政策等栏目。

（7）语料数据库建设取得重要成果。中英语料库的数据达到1.5亿平行句对，其他语言对语料达到3.2亿句，集中在阿拉伯语、法语、西班牙语、德语、俄语、葡萄牙语和土耳其语。

（五）以落实“六个要点”为重点，进一步增强国际传播的竞争力

（1）与国际货币基金组织、联合国维也纳办事处、内罗毕办事处续签翻译服务外包合同。

（2）参加第27届北京图书订货会，携380余种图书参会。参加第43届伦敦书展，与部分出版机构约谈并就相关项目达成意向，落实部分合作细节。

（3）与哥伦比亚大学等常春藤大学共同开发“海外学人丛书”，通过合作紧密团结汉学家，促进中国文化国际化及中译出版品牌国际化。

（4）参加第21届北京国际图书博览会，与英国、美国、阿根廷、西班牙、以色列等国家出版商就“中国报告”等外向型图书的多语种翻译出版进行洽谈；与DK出版公司、牛津大学出版社、圣智出版社就引进教育和少儿图书达成合作意向。

（5）参加第66届法兰克福书展，就《中国故事1949～2014》与阿根廷大陆出版社西班牙语版的出版达成并签约，与伦敦新经典出版社举行了新书发布会。

（6）与哥伦比亚大学商务汉语中心签订“高级商务汉语教材”系列图书出版协议，计划在美国出版，并借助该项目与哈佛大学、耶鲁大学等北美常春藤高校的东亚院系建立合作关系。

（7）中译语通科技（北京）有限公司顺利完成对美国硅谷考察工作，启动国际化战略设计构想。

（六）以机制创新和企业文化建设为重点，进一步增强人才队伍的竞争力

（1）召开“深化人事、分配制度改革30条”座谈会，制定了《中译公司人事分配制度改革方案》。

（2）中译公司被中国翻译协会评为“全国翻译专业学位研究生教育实习基地”，四人获得首批MIT学位兼职教师资格证书。

（3）新增南开大学、北方工业大学等实习基地；开展资深翻译走进高校活动，为翻译硕士专业（MTI）师生进行“中国语言服务行业的人才需求”讲座，增进校企共建及翻译后备人才储备工作。全年共接收三所院校共计30名左右的实习生到公司实习。

（4）深化母语（目标语言）译者翻译和审校的新模式，广泛使用外籍译员翻译国内译员质控或国内译员翻译外籍译员润色的工作流程。

（5）认真学习贯彻习近平总书记系列讲话精神、十八届四中全会精神，扎实推进“学习型、创新型、服务型、廉洁型”党组织建设。以党委理论学习中心组学习为引导，广大党员干部集中学习、网上学习、自学蔚然成风。青年出版营销团队列入集团公司青年创新项目。（徐　可）

东方出版中心2014年工作综述

（一）以加快发展为根本，确立重点找准定位，年度任务目标进一步明确

按照中国出版集团公司年度工作部署和要求，东方出版中心领导班子认真规划了全年的工作任务和目标，提出了加强导向管理，推进深化改革、加快事业发展，提升东方出版中心竞争力的总要求，以强化出版导向管理为着力点，建立完善选题管理、流程管理、质量管理制度规范，确保出版导向正确、出版工作安全；以实施品牌战略为切入点，打造东方出版中心知名品牌，树立东方出版中心品牌形象，“亮旗、扭亏”，不断提升东方出版中心的核心竞争力；以建立完善员工薪酬管理体系为突破口，深化东方出版中心人事、分配制度改革，最大限度调动员工工作积极性；以加快推进出版主业和产业园区建设为聚焦点，加快东方出版中心各项事业发展，努力确保东方出版中心今年“双十”指标完成。

（二）以真抓实干为方针，攻坚克难创收增效，年度经营指标顺利完成

东方出版中心全年完成营业收入15 154万元，完成年度预算15 082.05万元的100.47%，比上年13 799万元增长9.82%。其中，出版主业营业收入4 190万元，完成年度预算4 094.08万元的102.34%；东昊物业管理有限公司营业收入697万元，完成年度预算720万元96.81%；房产租赁部营业收入2 196万元，完成年度预算2 260万元的97.17 %；《中国广告》杂志营业收入670万元，完成年度预算760万元的88.16%；《大都市》杂志营业收入816万元，完成年度预算494.05万元的165.17%，比上年298万元增长173.83%。利润114万元，完成年度预算111.97万元的101.81%。

利润总额3 768万元，完成年度预算3 755.97万元的100.32%，比上年3 513万元增长7.26%。

三项费用的合计数5 426万元，完成年度预算5 308万元的102.22%，比上年5 175万元增长4.85%。

东方出版中心投资控股的上海东方维京文化发展有限公司完成营业收入8 033万元，完成年度预算8 030万元的100.04%，比上年7 436万元增长8.03%；利润总额4 868万元，完成年度预算4 830万元的100.79%，比上年增长9.84%。

（三）以导向管理为核心，坚定不移亮旗扭亏，图书出版主业稳步发展

一是努力完成2014年出版工作任务指标。全年总发稿123种；初、重版书174种，其中：初版书95种，重版书79种；总印数124.6万册；总印张12 508.1千印张；生产总码洋4 326万元。发行码洋2 512万元；销售码洋2 512万元；销售回款3 004万元。

二是加强出版导向管理。建立了东方出版中心领导班子抓导向管理月度工作例会制度，认真

组织传达学习中共中央宣传部领导和集团公司领导关于加强出版导向管理的指示和要求，明确党的政治纪律、宣传纪律、出版纪律，统一主业从业人员思想认识。研究解决出版工作中存在的各种问题；扎实抓好建立完善加强导向管理的制度规定和组织机制。以集团公司下发的《中国出版集团公司关于加强出版导向管理的若干意见》为指导，制定了《关于加强导向管理的实施办法（试行）》。重申严格执行书稿三审制度和重大选题自查、报告和报备制度，并成立了东方出版中心出版物质量管理小组，以此确保出版导向正确、出版运行有序、出版质量合格，出版工作安全。

三是积极开展项目申报、图书推荐及评奖活动。按照领导要求，积极申报国家财政部、新闻出版总署，上海市、中国出版集团公司各种项目申报和评奖活动。年内共计申报了6个项目，分别为国家项目《公司治理与国企改革研究丛书》，中国出版集团公司2015年学术著作、重点图书和报刊项目出版专项补贴《中国石刻艺术编年史》（3卷）、《中国丝绸之路城市群叙事》《话说资本论》，其中《中国石刻艺术编年史》（3卷）、《中国丝绸之路城市群叙事》已获得资助。另申报中国广告互动应用库项目获财政部文资办批准；“影像中国”旅游出版项目申报集团公司出版资金资助。《地图说史》丛书（四种），获得文汇·彭心潮优秀图书出版基金资助。

年内，有不少图书经过专业机构评审，荣获出版相关奖项，荣登年度好书榜，分别是：在由新华网与中国出版传媒商报社、中国文化走出去协同创新中心·中国海外汉学研究中心；中国图书进出口（集团）总公司跨媒联合主办的“2013年度中国影响力图书”评选中，《返程年代》荣获2013中国图书世界影响力图书50强；在中国散文学会第六届冰心散文奖评选中，《写意——龚静读画》荣获散文集奖；《孩子与恶——生活在当下的孩子们》荣获“腾讯商报”2014年华文好书奖及百道网·中国好书榜·生活类；《李叔同致刘质平书信集》数周荣登上海图书公司排行榜；《欧洲五十年：一卷印象》荣获2014年7月百道网中国好书榜·人文类，等等。

四是围绕主题出版要求，抓好重点图书出版。按照集团公司关于抓好主题出版的要求，切实抓好重点图书出版，努力推出一批传播正能量、弘扬主旋律、歌颂党的丰功伟绩、总结党领导革命建设和改革发展的成功经验、配合党和政府的中心工作，有深厚文化积累价值和重大学术研究成果、弘扬中国优秀传统文化的图书。《俄罗斯解密档案选编：中苏关系》（12卷本）是国家新闻出版广电总局“十二五”重点出版规划项目、2014年度国家出版基金项目、上海市哲学社会科学规划重点项目，是2014年东方出版中心出版的重点图书，已完成出版任务。《李希凡文集》（7卷本）于2014年1月出版发行，出版座谈会在北京举行，提升了东方出版中心的知名度，取得了良好的社会反响。《中国工艺美术史》入选第二批“十二五”普通高等教育本科国家级规划教材书目。东方出版中心还与英国剑桥大学出版社达成以剑桥 Concise History 和 Short History 系列为基础，辅以其他剑桥世界史，建立“东方剑桥世界历史译丛”的合作出版计划，衔接并拓展了世界历史文库的产品线，已列入2015年出版选题计划。

五是重点聚焦图书质量管理。加强图书质量管理，抓好编、校、印、装整体质量，总结和探讨图书质量管理工作的经验和规律，建立适应出版工作发展需要的质量保障体系，提升编辑对选题内容的把握能力和重视程度，不断规范报审程序，有效提升图书质量。东方出版中心推出一批图书出版质量整体较高、有影响力的图书。《俄罗斯解密档案选编：中苏关系》（12卷本）、《新场古镇》《魅力的智造》《网金的魅惑》《流淌的人文情怀》《张森隶书小石城山记》《中华民族道德生活史》（现代卷）（先秦卷）（秦汉卷）、《时光之轮12：末日风暴》等图书出版后，受到读者青睐，取得了良好的社会反响。

六是进一步加强图书出版基础管理工作。对编辑部门设置及功能定位进行了调整。修订印发《东方出版中心关于加强出版成本管理的若干意见》《东方出版中心关于图书出版定点印制的规定》《东方出版中心关于建立外审外校人员库管理办法》等制度规范。开展推行应用北京开卷信息技术有限公司图书信息调查系统的工作。坚持主业一周业务例会制度，促进各项工作得到落实。

七是持续加大图书推广力度。建立健全图书推广机制，制定《关于加强中心图书推广的实施办法》，调动编辑做好图书推广的积极性和主动性，图书宣传推广工作与往年相较有明显提高。通过报刊、网络、微信、电台等宣传媒介，采用刊登书讯、书评、转载、内容介绍、推荐材料等宣传信息，开展图书签售、讲座、座谈会、读者见面会、研讨会等活动的宣传方式，加大图书宣传、推广力度。

八是积极参加2014年上海书展，取得良好社会影响和经济效益。书展期间，东方出版中心举办了多场专场活动，宣传推介东方出版中心图书，受到了业界和读者欢迎和好评。图书销售也取得了不错的成绩，图书销售册数比上年增长77.01%；销售码洋比上年增长67.26%，销售实洋比上年增长8.65%。实现了影响力、现场活动和销售收益在2013年基础上的再次“三超”，取得经济效益与社会效益的“双丰收”。

九是探索图书出版销售运营新模式。在领导班子关心支持下，发行部门经过市场调查，并与合作对象深入洽谈，达成了“赞赏”众聚互联网出版项目合作协议。开展办理互联网出版许可证以及注册政府采购供应商等工作，在探索和形成东方出版中心出版和发行新模式、新渠道方面迈出了新步子。

十是2015年选题计划工作态势良好。2015年的选题计划工作呈现良好态势，主题内容丰富，重点图书质量提高，市场图书不乏亮点，财经图书特色显著。在东方出版中心召开的2015年选题计划论证会上，中国出版集团公司领导和中国出版传媒股份有限公司出版部领导及与会专家都对东方出版中心2015年选题计划工作取得的成效给予了充分肯定。

（四）以创新融合为引领，积极扎实拓展业务，新媒体、数字化工作有序推进

一是“影像中国”复合出版工程建设取得新进展。“影像中国”是中国出版集团公司2014年“6＋1”重点项目之一，也被集团公司列为技术与服务品牌项目。经过努力，手机移动客户端IOS版与安卓版“影像中国”平板（IPAD），“影像中国”PC官网，“影像中国”微信公众号（中心微信公众号）、微网站、微博都已完成市场运行的规范性报备，正式上线运行，在用户体验方面获得了用户的初步肯定。至2014年年底，“影像中国”微信公众号和“东方出版中心”官方微博发展会员已达5万个；在技术服务方面，“影像中国”移动、位置和个性化功能的网络支持技术平台服务器架构和多功能、跨终端的功能适配已经全部架构搭建完成，全媒体在线运行平稳，始终坚持正确导向，实现自主播控管理；在内容专业性方面，已经和一批国家级摄影师达成协议，建立了“影像中国”专业的内容框架；在复合出版方面，借助区域政府部门的权威性研发和推广，与长三角区域旅游政府部门合作的重点项目——长三角城市群主题＋体验系列旅游复制推广项目目前已投标成功，为快速形成影像中国的旅行特色和影响力，以系列性复合出版的产品强势，探索和建立靠谱的商业模式奠定了良好基础；在平台建设方面，积极将“影像中国”打造成全媒体平台，除了移动互联网的手机客户端、平板电脑外，“影像中国”还有相应的PC网站，目前已经通过国家工信部备案并投入运营；在战略合作方面，“影像中国”与中央电视台国际微图网、东方财富网等达成战略合作意向。此外，还组织了“影像中国”摄影会，该会云集了国内王苗、朱宪民等十多位摄影名家，专业会员也已近万人。并举办了“影像中国”封面摄影大赛，以用户喜爱的交互平台和赛事活动找到和凝聚更多出版社的读者、作者，社会反响热烈。

二是网络宣传建设进一步扩大影响。外网建立后，不仅较好地宣传东方出版中心图书，还搭建了东方出版中心网上图书销售平台，建立了东方出版中心与部分作家、民营书商及部分读者的沟通渠道。东方出版中心微信平台也在2014年上海书展期间上线，发挥了与东方出版中心门户

网站的互动网宣作用。东方出版中心外网获得了相关部门肯定，在上海市第六届优秀网站评选中，获得了200家提名网站的称号，并作为出版界唯一一家网站荣获市“企业诚信创建积极网站”十佳称号，目前东方出版中心网站影响力第三方评估已在集团公司成员单位网站中名列前沿。

三是数字资源集聚工作平稳推进。根据集团公司相关文件和项目规划的具体要求，东方出版中心数字出版资源相关管理系统研发已完成并投运，数字出版资源管理系统已具备查询、检索、统计、存储、加工、整理功能，平台运行平稳。东方出版中心数字出版资源分库对东方出版中心自建社以来所有图书资源的整理汇总，截至2013年底，共整理出电子资源1 035种，其中已签约可供运营的资源数289种。交付集团公司的可运营数字资源有所增加，历年来的图书资源又挖掘出30多种交付集团公司。

（五）以转型发展为动力，积极稳妥推进落实，“两个建设”工作步伐加快

一是争取区政府及相关部门支持和帮助取得进展。上海市长宁区政府领导率领区政府相关部门负责人到东方出版中心现场办公，与东方出版中心领导商议给予东方出版中心产业园区建设相关政策资金支持事项。在上海市长宁区人民政府相关部门关心下，东方出版中心立体机械车库已申报区建交委专项资金补贴。产业园区建设推进办公室还与上海市长宁区虹桥地区、中山公园功能拓展办公室产业建立了对接机制，定期或不定期沟通情况，共同推进产业园区建设。

二是完成立体机械车库改造，跳空平台启用。东方出版中心与上海市长宁区人民政府及相关部门加强互动，在上海市长宁区政府及相关部门的协调和帮助下，克服和化解了立体车库改造及新建跳空平台建设中的一些困难和矛盾，为产业园区物理形态建设顺利进行创造了条件。截至2014年12月，车库机械构架已安装完毕，并已取得质量合格证，操作人员培训已在进行。待通过消防安全验收，即可投入使用。立体机械车库上跳空大平台已经完成绿化和“蒙古包”的搭建，1 000平方米平台广场已经启用。

三是完成了东方虹数字文化创意产业园区发展第三方规划招投标，并获上海市文化创业基金会资助。在上海市长宁区发展和改革委员会，长宁区虹桥地区、中山公园功能拓展办公室协调指导下，东方出版中心产业园区建设推进办公室组织了东方虹数字文化创意产业园区发展规划研究招投标、评审等工作。参加招投标的单位在研究分析东方出版中心地块为主的现有房产资源的面积、分布、用途、性质，结合功能定位和产业规划，以及东方虹数字文化创意产业园区各功能区块形态的基础上，提出了各自创意的规划方案。经过有关部门领导和专家严格的评审，最终确定了中标单位。此外，东方虹桥国际创意出版基地项目申报上海市文化创业基金会资助，目前已获240万元资助。

四是东方出版中心出版产业基地和集团数字影像中心建立实体化运营机制开始启动。为落实集团公司领导提出的关于东方虹桥国际创意出版基地和中国出版集团数字影像出版拓展中心实体化运营的要求，东方出版中心开展了设立“中版影像国际交流有限公司”工作。该公司计划注册上海自贸区，充分利用自贸区对文化产业发展的优惠政策，推进东方出版中心出版产业园和数字影像出版传播建设。

五是配合产业园区建设房屋租赁、腾退和规划工作取得积极进展。东方出版中心积极灵活地把握东方虹桥国际创意出版产业园区建设定位招租的方针，经过不懈努力，原东方世纪宾馆配合园区建设转型经营腾出的五个楼面共5 291.74平方米房屋，至2014年年底已实现出租4 588.24平方米，整体出租率达到了91.75%。制版楼是东方虹桥国际创意出版产业园区规划中需要改建的楼房，也是即将完工的立体机械车库跳空平台联动建设的楼房，2014年上半年，东方出版中心已完成回购制版楼5～7层房屋后的腾退工作。为使制版楼在2015年6月底现有租赁户腾退后，能尽快投入改建，截至2014年12月，东方出版中心已基本完成制版楼改建规划调研论证工作。

六是财经经管图书产品线建设稳步前行。相继出版了《魅力的智造》《网金的魅惑》《定位屋——从观念到体系》《非常银行家》《2013年上海市大学生网络商务创新大赛优秀作品精选》《中国城市群发展报告2014》《应该学点经济学》等财经图书，标志着东方出版中心财经产品线建设取得初步成效。在“东方管理前沿丛书”选题的基础上，又策划和增加了“东方财经观察丛书”“东方商业创新丛书”“经济与社会变迁丛书”等选题，选题结构、选题质量和数量、选题面貌都发生了可喜的变化，预示着财经经管图书选题取得了较大突破，被东方出版中心领导称为东方的“财经元年”。

（六）以强化管理为目标，坚持不懈夯实基础，内部管理不断完善

一是开展品牌战略工作。按照集团公司要求，结合单位实际，制定了品牌战略工作实施方案，确立了工作指导思想，建立了工作组织机构，规划了工作计划，各项工作正在推进中。“影像中国”已被集团公司列为技术与服务品牌项目。

二是开展内控体系建设项目、股权投资统计清理、尽职调查工作。按照集团公司相关部门要求，开展了建立内控体系项目工作、股权投资统计清理工作、尽职调查工作。在各部门的紧密配合下，完成了内控体系建设调查、内控体系缺陷分析、内控手册、内控自评价以及内控制度汇编、上市尽职调查等工作，并按期上报了相关资料。

三是开展员工薪酬体系改革工作。东方出版中心认真组织学习集团公司“关于深化认识、分配制度改革30条”等文件，按照集团公司要求，制定了东方出版中心关于深化认识、改革制度的工作方案，稳步推进东方出版中心人事、分配制度改革。2014年，结合实际和长远发展目标对薪酬管理制度进行相应改革。针对东方出版中心现状，开展了问题诊断、战略梳理、结构重组、岗位评估、薪酬与绩效考核调整等工作，安排了相关人员的培训。已制定出员工薪酬改革方案初稿，经职工代表大会审议通过后，于2015年年初开始试行。

四是启动推行企业年金工作。为提高在岗职工福利，更好实现职工收入再分配，在企业经济效益较好、按时足额缴纳基本养老保险费，健全的民主协商机制基础上，东方出版中心拟于2015年在在岗职工中实行企业年金制度。2014年，开始启动企业年金前期筹备工作，并依法合规设计企业年金方案。通过与集团公司人力资源部、中国人寿养老保险股份有限公司多次沟通协商，根据《企业年金试行办法》《中国出版集团企业年金方案》等文件精神，制定了企业年金实施细则，经职工代表大会审议通过后，拟于2015年正式实施。

五是积极做好人才引进和人员招聘工作。与上海人才服务沟通协调，为引进的人才解决了落户上海和两地分居问题。通过参加集团公司招聘和开展校园招聘、社会招聘，成功选拔录用了4位应届大学毕业生和一些其他单位的人员，加大力度引进了一些急需专业人才，为队伍增添了新鲜血液。积极做好新进人员培训工作，2014年举办了新进人员培训班，领导到会做动员、讲话，鼓励新进员工培育职业精神，提升职业能力，树立职业担当。

六是东方出版中心转企改制后员工身份转换问题的解决取得进展。东方出版中心领导班子和有关部门积极主动与集团公司、中共上海市委宣传部、中共中央宣传部等上级有关部门沟通协调，不遗余力地解决这件事关职工切身利益的大事。通过2014年度事业单位法人证书年检，已换发了5年期的事业单位法人证书。

七是继续推行经营目标责任制确保经营指标落实。扩大了签订考核责任书的部门（单位）范围，与相关部门、单位负责人签订了2014年“双效”业绩考核责任书。明确了签订双方的权责、奖惩等约定条款，通过契约化、目标化、责任化的形式，把年度经营指标层层分解到相关经营部门、单位，依靠大家的共同努力，确保完成东方出版中心年度经营任务指标。

八是强化对上海东方维京文化发展有限公司监管取得初步成效。建立和完善了相关规章制

度，强化了内部管控。通过社会招聘总经理，并选派东方出版中心有关人员参与上海东方维京文化发展有限公司日常经营管理，经营管理团队力量得到增强，特别是2014年下半年，公司经营情况出现了向好势头。

九是全力打造人力资源管理新模式。将原“组织人事部”更名为“人力资源部”，建立健全“以服务为导向，以人才为核心”的人力资源管理机制，使人力资源管理工作逐步迈向科学化、规范化、制度化，更好地促进事业发展。

十是完成了办公场地改建调整工作。在领导班子的全力推进下，对办公场地进行了改建调整，2014年3、4月间，基本完成了办公场地的调整工作，尽力为员工营造温馨舒心的工作环境，为出版产业园区整体规划建设创造了条件。

十一是着力优化财务管理工作。着力健全财务制度建设，加强经济核算和预算管理，对预算执行过程实行跟踪管理，强化财务队伍管理，按时、按质完成了2014年财务预算和考核指标编制工作、2013年度决算工作和2014年度财务预算等工作，并被集团公司评选为“2013年度决算先进单位”。

（七）以加强党建为抓手，践行宗旨凝心聚力，和谐发展氛围不断形成

一是顺利完成党的群众路线教育实践活动总结、“回头看”工作，整改落实工作取得成效。按照集团公司党组和集团公司教育实践活动督导组的要求，在党委领导下，认真做好党的群众路线教育实践活动总结相关各项工作，顺利完成了东方出版中心党的群众路线教育实践活动。党的群众路线教育实践活动结束后，领导班子制定了整改落实工作“两方案一计划”。领导带头抓好整改落实工作，相关部门认真抓好整改落实工作。整改落实工作相关项目完成情况总体良好，党员、群众对此给予充分肯定。党的群众路线教育实践活动“回头看”活动开始后，党委组织召开党员、干部和群众座谈会，召开党员专题组织生活会，广泛深入听取大家意见和建议，及时做好整理汇总工作，确保了“回头看”工作顺利进行，取得较好成效。

二是开展“香山论坛”分论坛活动。东方出版中心员工围绕“改革品牌竞争力”主题，就出版企业的专业化和多元化、出版社机制改革、如何提升财经经管图书产品线市场竞争力、新媒体和网络数字技术对传统出版市场的影响、旅游数字复合出版、品牌推广与建设、如何做大少儿图书出版等大家关注的问题发表各自的见解。东方出版中心员工还积极参加了集团公司组织的“改革品牌竞争力”征文活动。东方出版中心分论坛活动取得了积极的成效。

三是组织开展形式多样的职工文体活动。东方出版中心党委、工会、团总支组织开展了内容丰富、形式多样的职工文体活动，广受员工欢迎。工会组织了第二届职工文体竞赛活动。竞赛活动中员工间相互关心、鼓励，增强了团队精神和集体荣誉感，弘扬了企业文化精神；工会、团总支举办“燃烧青春激情，诵读东方经典”朗诵活动，弘扬了东方传统文化，振奋了员工精神风貌，展示了员工才能风采，增强了员工的凝聚力。

四是有效推动精神文明创建工作取得新成效。工团组织以及各部门、单位结合年度工作，通过员工QQ群、党支部QQ群、团委QQ群、内网、外网、微信群、公众微信平台等载体，释放正能量，传递好声音；举办“中国梦·出版情”职工读书节、组织“点赞一本图书”等活动，组织员工参与集团公司“改革·品牌·竞争力”征文、上海市新闻出版工会“读书，让生活更美好”主题征文、“出版梦·书香情·诗意美”诗歌散文朗诵大赛等活动，多名员工在各项活动中喜获佳绩，受到了主办单位的好评，使全体员工倍受鼓舞，增强了团队精神。

五是有力推进创建特色党支部工作。党委按照中央和上海市委的要求，根据各党支部工作特点，加强对党支部建设的分类指导，提出开展创建“学习型、服务型、创新型”党支部活动的要求，督促和指导各党支部结合业务工作，积极组织开展创建特色党支部活动，融洽支部与党员、支部与群众、党员与群众的关系，积极发挥党员在推进东方出版中心各项事业新发展中的表率作

用，增强支部和党员队伍的凝聚力、战斗力，促进各项工作顺利运行。（金洁蓉）

新华书店总店2014年工作综述

2014年，新华书店总店（以下简称“总店”）在中国出版集团公司（以下简称集团）的领导与关怀下，认真学习贯彻党的十八大、十八届三中、四中全会精神和习近平总书记系列重要讲话精神，贯彻落实集团“三六构想”和人事、分配制度改革的发展要求，理清了思路、制定了战略、规划了项目、调整了结构，不断开拓创新、稳扎稳打、苦干实干，实现了效益，较好地完成了集团公司交付的各项任务；提高了信心，为总店的复兴和发展打下了基础。各项改革工作取得了初步成效。2014年营业收入（合并报表）13 294.51万元，比集团下达的12 623万元增长5.3%，比总店2014年工作报告确定的目标降低4.7%。利润总额（合并报表）156万元，比集团下达指标增长95%，超额完成总店2014年工作报告确定的目标。管理费用比2013年下降3.69%，其中总店本部三公经费比2013年下降61%。

一、以战略规划为重点理清了发展思路

（一）全面调研，转变观念

2013年底，集团组建了总店新一届领导班子。新班子多次召开全面改革发展调研会议和专题工作会议，向上级领导和总店历任老领导虚心求教，与广大干部员工一起找问题、找资源、找思路、找项目，深入研究总店现状与未来出路；到中国印刷集团、中国印刷技术研究所、商务印书馆、中译语通科技（北京）有限公司、用友软件等优秀企业参观学习。通过全面调研和学习，推动了总店传统观念向现代观念的转变，计划观念向市场观念的转变，发行企业向大文化企业观念的转变，求稳观念向危机意识的转变，大家认识到改革创新是总店生存发展的唯一出路。

（二）理清思路，规划战略

新班子对国家政策、行业形势、集团发展战略、总店现状等进行了深入的研判，在近十年来第一次全体职工大会上，明确了总店未来的发展方向，提出了战略发展思路：围绕“产业转型升级”这个中心，开拓资产经营和科技创新两条发展路径；利用资产、科技、人才三个抓手，推进发展模式创新、产业链条创新、体制机制创新和组织结构创新；实现产业转型现代化、资产经营集约化、资本运营专业化、品牌经营创新化、人才队伍高端化，努力将总店打造成为具有创新能力和可持续发展能力的现代文化企业。确定了资产经营、产业创新、品牌经营、人才强企等推动战略目标实现的四大主体战略。时任国家新闻出版广电总局党组书记蒋建国，中国出版集团公司总裁谭跃分别在总店工作报告上做了亲笔批示，对报告内容和发展思路给予充分肯定。

（三）依法治企，建章立制

制度创新是企业管理创新的主要内容，是企业创新的根本。总店长期沿用20世纪90年代的制度，与中央文化体制改革的总要求不相适应，与集团公司深化人事、分配制度改革工作会议精神不相适应，与总店转型发展的战略目标不相适应，与人才成长和市场竞争更不相适应，制度创新对于总店尤为迫切和必要。2014年，总店出台各项规章制度32项，规范了办事流程与决策程序，提高了依法依规办事的自觉性。全面梳理总店风险点，及时发现管理风险，规范对外合同签署。依法治企，民主决策，全年共召开总经理办公会48次，所有决策均以会议纪要或简报形式向上级单位报送，向全体员工公开，为实现“盘活存量资产、推动产业转型”的战略目标提供了制度支撑和科学决策保障。

二、以人事分配制度改革为重点推进全面改革创新

（一）推进机构改革，优化资源配置

根据总店发展战略及业务规划，本着“精简、高效、科学、规范”和“因事设岗”的原则，重新设置了组织机构、岗位等级。将原有的保卫处撤销，将保卫职能和原物业部的部分物业管理职能（水电费收缴、职工宿舍物业管理等）

剥离整合到勤盛物业管理公司，物业部改为资产经营部；设立事业发展部；调整规范办公室、人事、财务等部门的职能。在岗位设置上，取消原行政化管理岗位，设立市场化管理序列，拓宽了员工上升通道，使总店的各类资源得到了有效配置，降低了管理成本。

（二）推进分配改革，实行绩效考核

建立了以岗位绩效工资制为主的基本工资制度，设置了7等216级的宽带薪酬体系，形成了职工收入与岗位职责、个人贡献、企业效益密切挂钩的动态薪酬机制，形成与市场价位相衔接的收入分配机制。出台《绩效考核与奖惩办法》，为总店加强岗位绩效考核提供了依据。坚持绩效导向，奖优罚劣，根据不同岗位等级和特点设置不同绩效工资比例，中层管理岗位的绩效工资占比为70%。根据考评考核结果确定员工收入，适当拉开差距。

（三）推进人事改革，实施竞聘上岗

开展中层管理岗位和中层以下管理岗位（高级主管、高级主管助理、主管）的竞聘上岗，制定了《中层管理人员竞聘上岗实施方案》与《中层管理人员以下岗位竞聘上岗实施方案》，确保程序公开公正透明。将办公室、事业发展部、资产经营部、信息中心等部门的正职、副职等9个岗位面向全集团公开竞聘，在集团网站和总店内部网络平台公开发布《竞聘上岗实施方案》、岗位说明书、岗位职责、任职资格条件、竞聘程序与办法等。通过公开报名、资格审查、笔试、演讲答辩、民主测评及谈话考察等环节，选拔了一批在思想品德、专业水平、领导才能、创新思维、合作精神等方面素质较好的人才到管理岗位。

（四）推进转企改制，构建市场主体

在传统主业停业已久、新型业务模式仍在探索的形势下，培育新型市场主体是总店恢复生机与活力的必由途径。

一是推进下属投资公司的转企改制工作。将集体所有制企业勤盛物业管理公司成功改制重组为北京新华文博物业管理有限公司，建立了产权清晰、权责明确的现代企业制度，降低了总店管理风险，为公司拓展店外业务、实现跨越式发展打下了基础。书香园宾馆初步确定了以引进外资、股权多元或整体出租等方式进行改制的方案。

二是推进信息中心的改制工作。随着近年出版发行产业环境的变化和同业竞争者的冲击，信息中心亟待通过体制机制改革激发企业活力。经过深入分析信息中心主营业务收入、应收款现状以及面临的产业环境、市场冲击等问题，多次专题研究，确立了以“全国大中专教材网络采选系统”为业务转型核心、在改制后逐步拓宽融资渠道、组建股份制公司、建立公司法人治理结构、实现商业化运营的发展路径。整体改制方案已经得到集团批复，同意在业务重组基础上按照《公司法》的规定筹备成立“中国新华发行网络股份公司”与“新华国采教育网络科技有限责任公司”，标志着信息中心转企改制工作进入了快车道。

三、以规划项目为重点推进产业转型

（一）编制完成135号院的整体规划与开发方案，明确功能定位

135号院是总店着力规划与打造的一个重点项目，也是总店实现转型升级与可持续发展的一个重要基础。经过深入研究，初步确定了以“文化＋金融＋科技”为特色，引入“孵化＋投资”的运营方式，建设新华文化产业园区的规划方案，并上报集团批复同意。总店积极与北京市及西城区相关部门和领导积极汇报沟通，先后拟订了整体开发与改扩建两套方案，在专家帮助下，编制了功能规划、设计规划，获得北京市相关领导和部门的认可。

（二）设计开发“中国新华发行网络平台”项目与“全国大中专教材网络采选系统”，推进产业转型

一是设计开发“中国新华发行网络平台”项目。拟联合全国各省新华发行集团，通过整合全国新华书店实体门店、仓储配送物流网络与传统出版物“进销存退”的优势资源，利用互联网营销的强大覆盖力与便捷性，创立适应互联网与移动互联网时代环境的全品种、优质化的出版物营

销发行平台。2014 年 12 月，该项目获得财政部国有资本经营预算资金支持 2 500 万元。

二是策划并积极推进“全国大中专教材网络采选系统”项目。该项目立足总店优势资源《全国大中专教学用书汇编》，结合云计算、大数据等高新科技创新教材选购方式。该项目得到社会资本青睐，获得 8 000 万元的投资承诺，在公司设立前已经实际到账 1 000 万元。

（三）积极开展品牌运营，大力开拓会展经济

以丰富的行业活动，开展品牌运营，创新信息服务模式，创造了新的经营平台。先后策划举办了“出版界图书馆界全民阅读年会”“全国大中专教材公共论坛”“全国馆社高层论坛”“全国优秀绘本馆评选”等行业活动，得到了国家新闻出版广电总局及集团领导的大力支持与高度评价，总参与人数近千人。“全国馆社高层论坛”还被评为北京图书订货会“十佳活动”之一。

四、以防范风险为重点加强经营管理

资金集中管理，确保运营安全。落实集团部署，总店本部及控股公司账户资金基本完成进入集团资金池的工作，确保了总店账户的安全运营和资金增值。

投资分类管理，确保风险可控。总店对投资公司进行了分类梳理，按照经营情况、监管难度、风险系数将投资公司分为继续保留、观察待考、拟注销退出三类，对江苏新华大众书局连锁管理有限公司进行停业清算，北京新华求索图书连锁有限公司办理完毕工商登记注销，新华音像租赁发行有限公司取得法院破产裁定书。

加强细节管理，努力开源节流。一是加强了物业管理水平，在现有条件下努力争取效益最大化。通过规划管理、提升服务、集约经营、依法办事等方式，物业营收达 4 644 万余元，较上年增幅达 10.4%；二是加强内部细节管理，严防跑冒滴漏。如改革 135 号院内车位管理办法，提高停车费收费标准，2014 年停车费收入增长 150%；三是通过和北京市政府及北京市地方税务局沟通，取得了北京市地方税务局减免新华出版物流通公司 2013 年度房产土地税的正式批复文件，为企业节约了税务支出 200 万元；四是面对多年欠账、往来账目繁杂及管理水平低下的情况，新华出版物流通有限公司清理了以前年度遗留的近百家出版社的预付账款近 2 900 万元。

五、以建设学习型组织为重点推进党群工作

建立学习制度，确保学习实效。党委制定了《新华书店总店建设“学习型、服务型、绩效型、创新型、廉洁型”党组织的实施办法》与《中共新华书店总店党委理论学习中心组制度》，将学习制度化、规范化、常态化。深入学习贯彻落实党的十八届三中、四中全会精神，举办了学习贯彻习近平总书记系列讲话精神培训班，将总店的改革发展和干部思想统一到中央精神上，确保与中央保持一致。及时传达学习中央政策精神和集团工作要求，紧紧围绕集团公司“三六构想”、品牌经营战略和人事、分配制度改革要求，结合总店实际，制定落实办法，确保取得良好效果。

建设企业文化，明确任务要求。制定《企业文化建设实施方案》，明确了企业文化建设的实施步骤与工作要点，提出精神宗旨、规章制度、经营管理、环境行为等任务，建立共同理想信念和价值追求，培育企业管理有序、遵章守制、积极进取的文化氛围。

开展集体活动，丰富文化生活。积极参与集团组织的党组织建设、纪检、工会等研讨培训班活动，组织员工参加集团“香山论坛”征文、职工乒乓球比赛、纪念邓小平同志诞辰 110 周年书画摄影展等活动。

六、以落实群众路线教育实践活动整改任务为重点关注民生

实施分工负责，完成整改任务。结合总店党员和群众提出的意见，党委制定了《新华书店总店领导班子党的群众路线教育实践活动整改落实工作方案》，确定了 10 项整改任务。班子成员分工负责，在大家共同努力下，全部完成 10 项整改任务。

关注民生，解决问题。积极参与政府工程，对部分产权房屋进行整修、改造、装饰，完成车

公庄北里甲 21 号楼、大柳树 9 号楼、北礼士路 54 号院的外墙保温、粉刷、外门窗更新及楼内设备、设施改造工程，投资解决了 135 号院多年来因污水排放不畅造成的供暖管线浸泡、锈蚀的问题，保障了院内正常供暖。

关心无岗人员，开辟就业渠道。制订《有岗无工作人员重新上岗计划》，从内部、外部双向为职工寻找岗位，与阜外医院、海信集团等多家单位洽谈开辟岗位，新增就业岗位近百个，拓宽员工重新上岗的渠道，大力推进无工作员工再就业。在深化人事分配制度改革过程中精心设计预案，制定了《无岗人员安置办法》，以人为本，尽最大可能保护员工利益，由企业承担主要改革成本，没有将一名总店落聘员工推向社会。

依法合规，回应诉求。总店部分内退员工通过到集团和总店找相关部门和领导及写联名信的方式，提出参照在岗员工给内退人员涨工资等诉求。领导班子非常重视内退员工诉求，专门成立工作小组，耐心与员工沟通、解释，研究相关法律法规和政策，制定《关于新华书店总店内退员工增长工资等诉求的答复意见》，将总店改革与发展思路、举措、总店目前现状等及时传达给员工，得到了广大员工的理解和支持。

七、取得的主要成绩

（一）实现了理念创新

通过改革，广大干部员工改变旧观念，树立新理念，开拓新思维，树立起与市场经济、现代企业发展和时代精神相适应的理念体系。市场主体意识不断增强，经营管理理念实现创新。增强了危机意识和责任意识，由过去的“等、靠、要”变成改革后的“攻、进、争”，认识到“变是唯一不变”，认识到互联网、大数据、跨界融合是时代发展方向，在发展战略上不再死守“传统发行中盘”。经营管理由领导说了算变成规章制度算、绩效考核算、集体决策算，认识到发展、业绩是硬道理。

（二）实现了制度创新

出台各项规章制度 32 项，其中“一纲九方案”正是总店建设现代企业制度过程中人事和分配制度的创新，是总店深化人事、分配制度改革的成果，为总店实现“盘活存量资产、推动产业转型”的战略目标提供思想、制度、人才保障，为总店的高效发展注入源源不断的活力。

（三）实现了组织结构创新

根据总店发展战略建立了新的组织结构和岗位体系，编制岗位说明书，明确了每个岗位的责、权、利和任职资格条件，使资源得到了有效配置。

（四）实现了考核分配创新

通过月度、季度、半年、全年绩效考核，把考核结果和绩效工资挂钩，使员工收入分配能增能减，做到多劳多得，优质优酬，提高了员工的工作效率和企业的整体效能。

（五）实现了人才队伍创新

全员竞聘上岗打破了铁饭碗、岗位终身制，建立了“能上能下、能进能出、优胜劣汰”的人才选拔机制。与 2013 年底相比，中层干部平均年龄下降 9 岁，全体干部年龄下降 7 岁，大学本科以上学历比例由 40％上升到近 70％。人才队伍更加精干，更富有竞争力、创造力和活力，达到了精简高效、提高干部队伍素质的目的。

（六）实现了效益创新

2014 年营业收入（合并报表）13 316 万元，比集团下达的 12 623 万元增长 5.5％，比总店 2014 年工作报告确定的目标降低 4.5％。

利润总额（合并报表）156 万元，比集团下达指标增长 95％，超额完成总店 2014 年工作报告确定的目标。

管理费用比 2013 年下降 3.69％，其中总店本部三公经费比 2013 年下降 61％。

总店在岗员工人平均年收入比 2013 年增长 21.96％。从 2015 年 1 月起，总店为离退休、内退员工（截至 2014 年底共 869 人）提高生活补贴人均 1700 元/年，让离退休、内退员工和在岗员工一样，共享总店改革发展成果。（张　倩）

中国图书进出口（集团）总公司 2014 年工作综述

2014 年，中国图书进出口（集团）总公司认真贯彻党的十八届三中、四中全会精神和习近平总书记系列重要讲话精神，认真执行党的群众路线教育实践活动整改要求，认真落实出版集团“三六构想”和品牌经营战略，加快实施“56119”改革发展思路，坚持社会效益为首位，公司经济效益和品牌效益迈上新台阶。

一、双效业绩概述

（一）社会效益

2014年，中国图书进出口（集团）总公司坚持社会效益为首位，服务国家建设发展大局。积极引进优秀文化成果，服务公共文化服务体系建设和科技文化发展，加强内容审查，确保文化安全。积极服务文化“走出去”，努力传播当代中国价值观念。围绕传递中国声音，服务外交大局，圆满承办斯里兰卡科伦坡国际书展和塞尔维亚贝尔格莱德国际书展中国主宾国活动。习近平总书记亲自为斯里兰卡主宾国活动揭牌。两个主宾国活动均在当地和国际上引起了高度关注。北京国际图书博览会（简称“图博会”）作为家门口“走出去”平台的作用更加凸显，刘云山、刘奇葆视察展场，对国内出版业改革创新做出重要指示，对图博会给予高度肯定。此外，还组织参加了10多个国际书展，较好地展示了当代中国的开放形象。

（二）经济效益

2014年，中国图书进出口（集团）总公司实现营业收入43.26亿元，同比增长10.16%，占中国出版集团总收入的46.5%；利润9 770万元，同比增长15.62%，占中国出版集团总利润的9%；资产总额达到31.11亿元，占中国出版集团总资产的21.06%；所有者权益达到12.75亿元，占中国出版集团总权益的18.55%；实现数字业务收入5.95亿元，占中国出版集团数字业务总收入的89%。

二、进出口主业情况

（一）坚持挺拔进口主业，巩固行业龙头地位

积极应对国际化、数字化和市场化挑战，加快产品创新、市场创新、流程创新，实现出版物进口收入18.91亿元，同比增长11.31%，有效巩固提升了市场份额。在出版数字化加快的趋势下，出色完成2014年报刊定价工作，有效稳固纸本大报刊收入。加强进口编目，提高了目录权威性、量化管理到位。加大营销力度，全年组织会议35个，参加纸本报刊投标257个，中标率达到90%以上，纸本报刊回款率达到95.47%，实现2015年订单10万份。进口图书馆配、教材、批销三大板块共同发展，全年实现图书进口收入5.15亿元，同比增长11.16%。加强与电商供货合作，开设多家店中店。与《经济学家》、日本OCS、《环球时报》等共同应对市场挑战，有效遏制了外籍业务下滑速度，实现外籍收入9 159万元，同比增长7.4%。四是应对数字冲击。加强保税政策通关，实现全品种保税进口。保税库全年实现保税进口3 000万美元，同比增长200%。作为全国唯一一家数字化关企合作企业，得到海关高度肯定。

（二）坚持推进融合发展，初步完成全产业链布局

加大数据库开发力度，积极应对SWETS破产，直接与国外出版社合作，完善进口渠道，加强独家代理产品开发，改进数据库服务流程，提高客户满意度。加强企业用户开发，全年数字业务收入达到5.95亿元，同比增长41.74%，进一步提高了国内市场占有率。继续实施全球数字资源聚合与服务工程，“易阅通”国际资源聚合量达到200多万种电子书、1万种数字期刊、500多万篇全文和100多万种开放获取资源，国内与200多家出版社合作，资源聚合量达到20多万种电子书、1 321种期刊、12个数据库和2万小时有声书。中国图书进出口（集团）总公司成为CNONIX国家标准示范单位。8月底，在北京国际图书博览会上启动中国图书全球按需印刷。10月，在第66届法兰克福书展与英格拉姆签署战略合作。截至2014年年底，已与励德·爱思唯尔出版集团、培生教育集团、经济学人集团等十多家海外出版社开始按需印刷合作。

（三）坚持做响、做开“走出去”，实施国际化再布局

加快实施中国出版国际营销工程，制定了中国出版国际传播中心建设计划、海外书店网点建设计划、数字资源国际营销拓展方案等。创新机构客户服务方式，馆配市场覆盖31个国家的近千家图书馆。加大数据库、“易阅通”海外推广，实现数字出口零突破。加强大众渠道开发，实物出口渠道覆盖62家实体书店、4 200多个连锁书店。但受退税政策调整影响，中国图书进出口（集团）总公司实现出版物出口收入6 465万元，同比下降17.15%。海外出版方面，实现输出版权115种，出版图书29种。

（四）做响会展品牌，完善服务体系

积极落实国家“一带一路”战略，参展国家和地区达到78个，展台数量和展品均有增长，达成版权协议4 346项，同比增长18.5%，版权输出进一步扩大，引进与输出比为1∶1.48。首次创新承办巴黎图书沙龙上海主宾城市，成为主宾国的品牌延伸，完成两个主宾国和10多个国际书展的组团参展工作。形成了图博会、刊博会、南国书香节国际馆、上海国际音响展等总公司与分支机构相结合的服务体系。首次设立按需印刷展区、儿童教材、艺术书展区，扩大图书馆配区，首次发布海外馆藏中国图书国际影响力评价。

（五）实施品牌经营战略，制定实施重大工程

制定品牌经营规划，确定了以“引进来”和“走出去”为核心的企业品牌、以北京国际图书博览会为核心的会展服务品牌、以“易阅通”为核心的数字产品品牌和以中图外文书店和现代书店为核心的零售品牌。在2014年12月12日，中国品牌建设促进会和中央电视台联合举办的2014年中国品牌价值评价信息发布，中国图书进出口（集团）总公司的企业品牌强度被评定为669.33亿元，是唯一一家上榜的图书进出口企业。

制定实施“全球按需印刷服务工程”，申报了国有资本经营预算项目。制定中国出版国际传播中心基建项目。中国图书进出口（集团）总公司获得实体书店扶持资金300万元，现代书店获得上海市扶持资金100万元，会展服务获得北京市商务委补贴100万元。

三、管理工作情况

（一）推进人事分配制度改革，企业经营活力得到提升

顺利完成新老班子交接，加强干部队伍建设。2014年7月11日，中国出版集团公司任命新的领导班子。新班子既坚持工作连续性，顺利完成过渡，又根据变化的形势，积极推进各项工作开展。落实出版集团“双十”增长要求，制定各部门和分支机构绩效考核办法，继续实施数字业务倍增奖励办法、营销增收奖励办法等，进一步提高了绩效奖金在收入中的比例。完成总公司和分支机构领导离任审计、下属三级企业摸底审计及其他专项审计工作。继续实施员工收入增长计划和成长计划，实行职称补贴，完善内部和外部培训。

（二）贯彻落实中央精神，做好路线教育整改落实

总公司领导班子认真学习贯彻习近平总书记系列重要讲话和十八大以来重要会议精神，依照中央“三严三实”要求，制定整改落实的“两方案一计划”。党委和纪委加强“四型”党组织建设，制定《建立健全惩治和预防腐败体系工作规划》，组织了四期廉政课堂，开展“双优一先”评选表彰，评出优秀共产党员27名、优秀党务工作者7名和先进基层党支部5个。团委积极调动青年员工创新活力，中图微书店项目获得中国出版集团青年圆梦创新活动资助，评选出了年度优秀共青团员和优秀团干部。工会成功召开职工代表大会，形成了改革发展的共识，先后组织了乒乓球、足球、篮球等比赛活动，丰富五月健身月活动和女工活动，营造良好工作氛围。

（丁　燕）

现代教育出版社2014年工作综述

2014年，是现代教育出版社成立10周年。

现代教育出版社在集团党组的正确领导下，“以学习贯彻十八大精神、十八届三中、四中全会精神及习近平总书记系列讲话为主题，以改革创新为主线，继续推进‘三六构想’，扎实推进‘六个创新’，加强品牌建设，增强六个竞争力”的发展思路，与出版社实际情况相结合，以扩大教育类图书和传统文化现代阐释类图书的出版规模为发展目标，认真贯彻落实党和国家的出版方针、政策、法律和各项管理规定，在工作中取得了较好的发展业绩，实现了预定的发展目标。2014年，现代教育出版社在以下几个方面取得了显著成绩，具体如下：

一、挺拔主业，增强内容生产竞争力

增强内容生产竞争力，离不开产品线的支撑，产品线建设对于出版社来说，就是形成出版结构，在市场上保持持久竞争的核心所在。随着现代教育出版社事业的发展，图书品种每年都在600种以上，在这过程中，现代教育出版社已逐渐摸索建设成了四条重要产品线，分别是：国学、书法、少儿和心理健康。现代教育出版社本着谭跃总裁提出的“一次开发，多个产品；一个产品，多种形态；一种形态，多条渠道的新业态”的原则，开发相关联品种，不断丰富现代教育出版社产品线结构。

（一）“国学”系列图书

截至2014年12月，现代教育出版社已出版的“国学系列”图书共82种。其中，教材教辅方面的中小学《国学读本》（春秋季）和中小学《国学教师用书》（春秋季）共46种；社科方面的“国学百家讲坛”系列图书，包括《国学百家讲坛·儒家》（12本）、《国学百家讲坛·兵家》（12本）、《国学百家讲坛·道学》（12本），共36本。

中小学《国学读本》立足于传统文化和家国情怀教育，旨在对青少年学生开展以爱国为民、仁爱共济、上善若水、立己达人、扶危济困、尊老爱幼、诚信廉洁等为重点的传统文化教育，强调帮助学生把所学的国学知识转化为智慧，推动文化传承与创新，培养传统文化的继承者和弘扬者。截至2014年12月，该书已在山东、黑龙江、浙江、湖北、河北、江苏、宁夏、贵州等省、自治区的部分学校投入使用，并得到了学校老师和学生的一致好评，同时也为社里带来了良好的经济效益。国学中心编辑部每年根据国家的相关政策、教育部的相关文件和学校的反馈意见进行修订，增加了与当下联系较为密切的话题，对一些文字描述进行了修改，旨在让教材更好地适应学习、教授环境。

“国学百家讲坛”系列图书推出的《儒家分卷》《兵家分卷》《道学分卷》，系统梳理儒家、兵家、道学思想理论内涵，辅以事例阐释，展示中华文化的独特魅力。作为传统文化普及读本，该系列图书忠实地保留了原文，使读者能痛快领略千年文言的美感，也能在潜移默化中，使文言功底得到提升，为国学爱好者们进一步探索中华博大精深的传统文化打开大门。在社领导的带领下，经过发行部的努力，“国学百家讲坛”系列图书已经在全国部分省份上了农家书屋、中小学馆配等系统招标项目的书目，为现代教育出版社带来了良好的经济效益。

（二）“国宝书法”系列图书

现代教育出版社始终关注着教育部有关课改内容的趋势，因此，自2013年教育部印发《中小学书法教育指导纲要》后，现代教育出版社紧紧抓住这次机会，依托优势出版资源，邀请中国书法家协会副主席苏士澍、著名书法家姚俊卿担任主编，编写了《书法教材》，并按时间要求及规定完成了教材的送审工作。

2014年，现代教育出版社充分利用内容资源，开发出版“国宝书法”系列丛书共48种。其中，中小学书法系列教材（小学、初中、高中）共计24册、“中小学生书法教育指导”丛书、“经典碑帖技法精解”丛书、《历代名家碑帖临摹丛帖》等套系的书法书籍。

除教材之外的几套书法丛书均以市场为主导，所以编辑部在确定选题之初，做了大量的市场调研。根据调研结果分析研究，突破固有，创新思维，从图书内容上、版式上、设计上下了很多功夫。因此，该系列图书在投入市场后短短几个月，就深得读者喜爱，取得了很好的经济效益。例如，关于“中小学生书法教育指导”丛书，他们有意识地增强书籍的针对性，综合考虑中小学生的领悟能力和知识储备，在讲解书法技法知识时使用通俗易懂的语言、选取常见常用的字，配合图示指导，采用学生易于接受和理解的形式，以趣味性的学习代替灌输式的教育；又如关于《历代名家碑帖临摹丛帖》，在装帧上，选取了8开的大开本，书写空间舒展开阔，给习字者提供良好的纸张环境和书写体验；采用了蒙纸的形式，临摹过程中不会破坏书册的整洁，临摹过后的用纸脱离书册也不影响全书的完整性，使练习册能成为一本独立的书法学习书籍。可以说，相较于以往已成定势的书法练习册，进行了一次模式上的大胆改变和创新。

（三）《心理健康教材》

为提高广大中小学生的整体心理素质，维护和增进学生心理健康水平，同时，针对个别学生的心理异常现象进行防治和纠正，使他们形成符合现代社会要求的健全人格，促进自我健康成长和全面发展。在广泛调研的基础上，依据教育部最新修订的《中小学心理健康教育指导纲要》，组织国内知名心理教育专家和一线教师联袂打造了这套心理健康教育读本。本读本的主要特点是：根据不同年龄学生的发展特点，针对他们身心易发生的问题，传输心理健康教育方法，知识性和趣味性紧密结合，创设利于学生健康成长的环境，培养孩子积极向上的心理素质，堪称目前国内质量好、水平高的中小学心理健康教育读本之一。截至2014年12月，该教材已纳入江苏省教材采购目录。

（四）少儿图书

少儿图书是现代教育出版社另一条重要的产品线。近几年，经过不断地实践摸索，现代教育出版社在少儿图书方面已经积累了很多出版、营销经验和品种数量，现已初具规模，相继引进了英国牛津出版社、企鹅出版社等多套少儿绘本，取得较好的经济效益和社会效益，并且与国际上多家出版机构建立了良好的合作关系。社会效益方面，《美国国家地理》和《牛津经典童书》等图书荣获集团公司优秀常销书等奖项；2014年，《美国国家地理》入选集团公司品牌名录（第一批）。

截至2014年12月，现代教育出版社少儿图书已出版了《美国国家地理》《牛津经典童书》《国际大师绘本文库》《奥列弗系列》《甜甜公主梦》《漫画世界文学名著文库》《新概念科学系列》等系列图书。

二、加强科学管理，促进生产力发展

（一）建立健全审读机制，保证政治导向无问题

2014年，现代教育出版社在社领导的带领下，每位编辑增强了大局意识、底线意识、阵地意识、担当意识、问题意识，坚守出版物的政治导向、文化追求和质量品质，严格执行各项出版管理制度，严格遵守政治纪律、出版纪律，加强图书质量管理。2014年，所出版图书无政治导向问题。

（二）深化改革，强化管理，增强产业发展竞争力

随着企业的成长，要想更好更快地发展，提升企业自身管理水平就显得尤为重要，强化管理不仅能更大程度地节约和降低成本，也能有力地推动创新和提高效率。

2014年，现代教育出版社从严从细，深化改革，改变生产关系，促进生产力发展，主要在以下三个方面，为出版社经营活动的有效运行提供了有力保证。

1.《2014年度管理方案》

为了更好地促进出版社的跨越式发展，充分发挥中层干部的工作积极性，鼓励员工发挥才干，发展创新，2014年，现代教育出版社开始执行各中心负责人负责制。

这次改革的核心是加大了部门负责人在人权、财权和选题权方面的决定权。

这次改革的支点是要处理好三种关系，即“中心负责人与员工”之间的关系、“有任务指标的中心和无任务指标的中心”之间的关系、“有任务指标的同志与无任务指标的同志及行政管理

人员”之间的关系。

经过近一年的实践检验，现代教育出版社每一位员工从上到下，积极主动工作，充分调动了其工作潜能，为本部门的发展做出突出贡献，为社里的发展也贡献了自己的力量。

2. 全面落实《深化人事、分配制度改革的实施方案》

按照集团公司全面落实关于“深化人事、分配制度改革工作会”会议精神要求，现代教育出版社于2014年4月召开了相关人员座谈会，会上大家结合集团公司下发的《中国出版集团公司推动所属企业人事、分配制度改革30条》和现代教育出版社实际情况进行了深入研讨，提出了诸多建设性意见，并建立了领导工作小组。结合这些意见和社发展战略，人力资源部拟写了《现代教育出版社人事、分配制度改革的实施方案》，并在2014年6月27日召开的职工代表大会上全票通过，该方案自2014年7月1日起开始执行。

《现代教育出版社深化人事、分配制度改革的实施方案》中，不仅将行政人员考核细化，对其进行360度全面考核；还更加明确了绩效考核结果与奖罚机制相挂钩，做到奖优罚劣、奖勤罚懒。为保证出版社能正确评价新入职人员在试用期间的工作能力和工作业绩，择优录取优秀人才，现代教育出版社加强了对新员工的考核；另外，由于年轻员工较多，建立导师制，也成为这次改革的重点。

通过这次改革，现代教育出版社员工在思想观念上发生了转变，敬业精神、竞争意识进一步增强，极大地调动了广大干部职工的工作热情和积极性，有效地改变了工作作风，增强了企业内部活力。

3. 成立重点项目成本控制领导工作小组

2014年，“国学系列”图书和“书法系列”图书品种总计达到70余种，如在生产上加强成本控制将会节约很多资金。因此，现代教育出版社特成立了成本控制领导工作小组，该小组充分发挥专业能力，提出很多有建设性的意见并得以实施，为现代教育出版社成本控制工作做出了贡献。

三、思想政治建设、精神文明建设、企业文化建设常抓不懈

（一）学习贯彻中央各项精神，建设“四型”党组织

2014年，现代教育出版社员工认真学习贯彻党的十八大精神、十八届三中、四中全会精神和习近平总书记系列讲话精神，建设学习型、服务型、创新型、纯洁型党组织，努力提高党员的政治觉悟和政治敏感度。

（二）积极参加集团公司和社内举办的各种活动、讲座、培训工作

2014年是现代教育出版社成立十周年之际，借此机会，现代教育出版社党办、工会、团支部共同开展了多种多样的社庆活动，如征文活动、摄影活动、读书征文等，活动开展得有声有色，不仅增强了企业凝聚力，还活跃了员工的文化生活。同时，现代教育出版社还开展了评优活动，评选了优秀员工和优秀团员，在增强员工的荣誉感的同时，也鼓励员工能更好地投入现代教育出版社的工作中。

另外，组织员工积极参与集团公司所举办的各种活动，如参加集团公司“2014年征集春联、书写春联”活动、“书香三八”“共筑中国梦”读书征文活动、评选“优秀团员”“五好文明家庭”“女职工先进”“精神文明单位和先进个人”等各类评选活动，积极参加集团公司举办的乒乓球比赛、“香山论坛”和“纪念邓小平同志诞辰110周年书画摄影展”。

（杨　静）

荣宝斋2014年工作综述

2014年由于国家经济增速减缓，艺术品市场连续三年调整徘徊，大环境给荣宝斋带来了前所未有的经营压力。面对复杂多变的形势和经营的压力，荣宝斋以超常的应变能力、突围能力和抗风险能力，显示出顽强的生命力。全体干部职工在领导班子带领下，积极开拓、锐意创新，使荣宝斋在逆境中保持了稳定的发展势头，全面完成了集团公司下达的预算指标。经统计，荣宝斋2014年实现营业收入12.18亿元，比2013年增

长了 15.3%。利润总额 2.53 亿元，比 2013 年增长了 6.3%。净利润 2.06 亿元，比 2013 年增长了 19%。这组数字表明，2014 年荣宝斋的综合实力得到进一步的巩固和提升。

一、重点工作有新突破

（一）一年两店

2014 年 10 月 16 日，荣宝斋第八家分店洛阳分店开业。12 月 29 日荣宝斋第九家分店青岛分店开业，两家分店的开业均在当地艺术界引起很大反响，成为一项文化盛事。这标志着荣宝斋落实“十二五”规划中“五年十店”工程的又一重大进展。

（二）一秋三拍

2014 年 11 月，荣宝斋所属三家拍卖公司——荣宝斋（上海）拍卖有限公司、荣宝斋（济南）拍卖有限公司、北京荣宝拍卖有限公司陆续举行秋季拍卖，三家拍卖公司共计创造了 7.72 亿元（含佣金）的总成交额，成为当前深度调整的艺术品市场的一大亮点。同一品牌的拍卖公司秋季“三连拍”在业内尚属首次，荣宝斋的做法得到了业内人士和社会的广泛关注及高度认可，荣宝斋作为国有文化企业在实现自身突破的同时，也引领着行业的发展。

（三）一年三证

2014 年，荣宝斋加快基础设施建设的步伐，10 月 11 日取得荣宝斋大厦土地证。12 月 4 日取得天津蓟县文化创意产业园土地证。12 月 9 日取得顺义文化创意园土地证。

荣宝斋大厦土地使用权面积 4 260.8 平方米，系商业用地，使用年限商业部分为 40 年、地下车库为 50 年。

天津蓟县文化创意产业园土地使用权面积 145 565.8 平方米（218 亩），系商务金融用地，使用年限 40 年，将建设“一村两中心”——艺术家村、文化新产品研发中心和非物质文化遗产生产中心。顺义文化创意园土地使用权面积 58 598.03 平方米（88 亩），系工业用地，使用年限 70 年，将建设“一院一地五中心”——荣宝斋画院、国家级非物质文化遗产生产性保护示范基地、艺术家创作中心、新产品研发中心、数字出版中心、印刷中心和物流中心。两个园区共计 20 万平方米的新增面积，将为荣宝斋未来发展提供充足的空间保证，为荣宝斋产业发展保驾护航。

（四）获三金一银大奖

2014 年中华老字号时尚创意大赛中，荣宝斋选送的两件参赛作品在全国中华老字号企业参评的 160 余件作品中脱颖而出，喜获三金一银的好成绩。其中，荣宝斋木版水印《阿诗玛》荣获“中华老字号始创产品时尚创意金奖”和“中华老字号传统工艺手工制作银奖”；荣宝斋名家茗赏系列普洱茶 · 吴悦石《钟馗》荣获“中华老字号产品包装时尚创意金奖”，并且所有获奖作品中得分最高，拔得头筹，荣获“中华老字号时尚创意最佳设计金奖”。充分说明行业专家以及社会各界对荣宝斋在传承创新、引领时尚方面给予的高度肯定，进一步提升了荣宝斋品牌的知名度和美誉度，扩大了品牌影响力。

（五）艺术品资金池启动

为进一步整合荣宝斋营销网络资源，解决分店高端画源的问题，2014 年初，荣宝斋总店通过向银行借款等方式筹集资金 2 亿元设立艺术品资金池，用于收购近现代名家书画，所有分店共享这部分资源。目前，资金池购买书画作品 120 余幅，并制成光盘和图录供分店客户选择，10 月初，这批字画分别下发至所有分店，两个月的时间，总店和各分店积极销售，共实现销售收入近 5 000 万元。资金池计划在短期内取得了很好的效果，为今后更好地整合分店资源积累了经验，营销网络将逐步发挥协同效应，为荣宝斋总体发展提供动力。

（六）荣宝斋 APP 正式上线

2014 年，荣宝斋开通了微信公众平台，发布专业文章和企业资讯，吸引粉丝近 2 万人，日均阅读人数不低于 3 万人；荣宝斋 WIFI 已覆盖琉璃厂西街及荣宝斋的所有部门；移动互联网手机应用终端“荣宝斋 APP”正式上线，包括艺术品信息、艺术家推介、防伪认证、资讯推送、分店地图等功能，让用户及时、方便、全面了解企业资讯和发展动态，更好地为客户和公众服务，也为企业了解市场、客户需求及企业宣传、活动推广提供了便捷高效的技术平台。荣宝斋正以全新的思维方式迎接移动互联网时代的到来。

（七）艺术品交易服务平台一期试运营

经过一年多的开发筹备，荣宝斋艺术品交易服务平台一期（“荣宝斋在线”）于2014年12月上线试运营，主要内容包括荣宝斋艺术品网上销售（不含书画原作）、艺术家官网、在线展览、非物质文化遗产宣传、艺术资讯等。包括固网交易平台、移动互联网平台APP、微信公众平台和荣宝斋WIFI在内的全方位艺术交易服务平台将推动荣宝斋传统业务进入电商新领域，实现线上线下联动发展的新格局。

（八）荣宝斋茶文化（北京）有限公司成立、荣茗轩（茶室）开业

按照“围绕主业构建多元化产业格局”的发展思路，荣宝斋的经营内容继续向艺术品相关领域延伸。2014年，荣宝斋茶文化（北京）有限公司成立，制作、销售荣宝斋品牌的高端古树普洱茶并为艺术家定制专属茶礼；同时，在荣宝斋大厦开设荣茗轩（茶室），为客户提供休闲、交流、品茗的休闲场所并销售荣宝斋茶产品，使书画艺术和传统茶文化有机结合，将成为荣宝斋未来新的增长点。

（九）深化人事和分配制度改革，做好人才培养工作

积极推进荣宝斋人事和分配制度的改革，广泛听取职工意见，在此基础上拟定了荣宝斋人事、分配制度改革实施方案。以此为契机，加强职工岗位培训，扎实开展两项非物质文化遗产“名师带高徒”活动，创新传承方式，开展非物质文化遗产技能大赛，大力培养专业人才；继续推行和完善“首席技师、首席员工制”，发挥专家对传统业务的传承作用；积极为职工提供条件申报各类职称、荣誉，2014年共为11人进行了美术师职称评审申报，其中正高级美术师1人、副高级美术师1人、中级美术师8人、初级美术师1人。工人技师职称评定工作也在积极申报。通过各种方式让职工体会到企业对其成长的关心，提高广大职工工作的积极性和创造性。

二、生产经营再上台阶

（一）书画经营工作

国内书画艺术品市场仍然没有走出调整期，由于面对的是近十年来最严峻的市场形势，书画经营也不可避免地受到影响，荣宝斋四个画廊全年共实现销售收入3.69亿元，比2013年减少了1个多亿。

1. 书画经营一部

积极筹备并成功举办了“范曾作品展”“北京与田园——赵准旺画展”“春润京华——马海方古都风情人物画展”“游于艺——萧平书画新作展”“启功作品展”等展销活动，全年共实现销售收入1.62亿元。

为配合洛阳分店、青岛分店的开业，协助分店举办了两场“当代书画名家邀请展”，向几百名艺术家发出邀请，累计展出作品近400件。

2. 书画经营二部

继续通过网络、期刊等媒体专题介绍高端书画作品，宣传书画经营二部的高端经营理念，扩大知名度和影响力，促进销售，全年共实现销售收入1.95亿元；加强同各大藏家的联系，做好接待洽购工作，利用艺术品市场深度调整的契机，加强高端书画作品的收购，共收购名家书画精品近200件，增加了库存量，为来年销售工作的顺利进行提供了坚实的保障。

3. 书法馆

2014年更加突出经营特色、细化经营范围，根据不同客户的需求，甄选出代表各个时代特色的书法名家作品进行集中展出，受到各界广泛好评。筹办了“近现代书法展”“当代十二位书法博士作品展”和“丁谦书法作品展”等展览展销活动，全年实现销售收入677万元。

4. 西画馆（含沉香堂）

走访当代油画名家，向他们展示荣宝斋西画馆的经营实力，提高荣宝斋西画馆的知名度，吸引油画家与荣宝斋合作。积极举办书画家品香、鉴香会，与艺术家们畅谈古今，品香雅集，努力探索用沉香与书画家进行合作的销售模式。全年

共实现销售收入 533 万元。

（二）文房用品经营

文房用品经营部适时调整经营方向，积极开发中间层市场，提高实用品层次，培育中高端实用型产品市场，新添定制品种 70 余种。2014 年实现销售收入 3108 万元。高端文房销售收入 860 万元。在做好日常经营工作的同时，积极完成各家分店的配货工作，根据各分店的地域及销售状况的不同推荐适合的商品，同时加大进货力度，保证常规品种供应，为分店配货做好坚强后盾。

（三）木版水印工艺坊

2014 年，木版水印工艺坊共实现销售收入 1 234万元。在做好日常销售工作的同时，完成接待任务 20 余次，参加第十届中国（深圳）国际文化产业博览交易会、“非遗保护与城镇化同行——2014 年文化遗产日”、湖南卫视《天天向上》节目、第 17 届北京国际艺术博览会、2014 APEC 领导人会议周活动、“感知中国·新西兰行”系列活动等，向国内外宾客介绍荣宝斋国家级非物质文化遗产，弘扬中华传统文化。修订增补了《木版水印书画选编》一书，为顾客挑选木版水印提供便利。

（四）木版水印中心

2014 年，木版水印中心各项工作稳步推进，完成产值 2 188 万元。按照每年增加 10 个新品种的要求，中心完成了史国良《春江水暖》、齐白石扇面《荷花翠鸟》、王雪涛扇面《鸢尾蝴蝶》、徐悲鸿《奔马图》信笺的勾、刻、印工作，全年共印制 88 版次（品种），含信笺 25 万张的印制数量。积极推进《百花诗》《聚珍笺谱》（岩画 画像砖卷）、绢本《簪花仕女图》和刘大为《吉祥图》、木版水印技艺再版《芥子园画传》等重点项目的印制工作。

（五）装裱修复中心和机裱部

装裱修复中心根据市场变化积极调整生产计划，细化任务指标，全年实现产值 682 万元。配合书画经营部做好为分店配货准备的近现代名家书画的揭裱修复工作和美术馆各期展览的古代书画作品修复工作。注重装裱人才队伍的建设，继续开展传承授徒培训工作。

机器装裱部注重技术学习和责任心的培养，狠抓产品质量，提升了荣宝斋机器装裱的声誉。机裱部全年完成裱件近 2 万件，完成销售收入 68 万元。

（六）出版中心

荣宝斋出版社在“弘扬传统，关注当代，深入挖掘，发展创新”的办社理念和“抓住两端，带动中间”的出版策略指引下，牢牢把握正确的出版导向，着力打造文化含量高的专、精、特、新产品。2014 年完成销售额近 2 000 万元。完成图书发稿 114 种，其中再版 14 种，总印数 23.13万册，总印张 3 283.8 千印张，总码洋 2 813.66 万元。

《荣宝斋》期刊总印数 11 万册，总发行数 9.2 万册，共刊登重点学术文章 210 篇，广告收入 500 万元。《艺术品》期刊总发行量与 2013 年相比增加一倍。广告征订情况良好，全年广告收益近 200 万元。

参加了 5 个重点国际书展（第 21 届北京国际图书博览会、第 25 届香港书展、2014 年伦敦书展、第 66 届法兰克福书展、第 16 届科伦坡书展），实现版权输出 86 种（不含港澳台地区），“走出去”工作成效明显。

（七）外贸部

外贸部积极钻研外贸进出口环节政府监管的各种措施，完善外贸手续，建立与各相关业务主管部门的联系。先后与北京、天津、深圳地区，香港特区的重点关区签署了无纸化通关协议，简化了货物进出口手续，提高了清关效率。全年累计完成进口图书 9 批次，共计 600 余种，7 600 余册。积极拓展文化贸易代理业务，2014 年全年实现销售收入 1.55 亿元，比 2013 年增长了 75.8%。

（八）展览部

2014 年，展览部精心策划，认真组织，成功举办了“叶选宁习字展”“山东省龙口市政协书画联展”“墨海乐游——中国画六人展”等展览 30 场，其中大型展览 9 场，小型展览 21 场，实现展览收入 206 万元，比 2013 年增长了23.3%。

（九）新产品研发中心和礼品店

新产品研发中心2014年完成收入766万元。承担了荣宝斋微信平台建设、荣宝斋APP的开发运营工作以及荣宝斋无线WIFI的建设工作，为荣宝斋数字化发展和移动互联网应用做出了贡献。积极开拓高仿真复制产品市场。组织策划了“首届国家级非物质文化遗产廷怀汝瓷展”和“钧天星航——国家级非物质文化遗产星航钧瓷艺术作品展”。

（十）书店

2014年书店全年销售图书册数3万余册，实现销售额205万元，比2013年增长了17.8%。供货出版社增加到45家，图书、期刊邮购客户增加到240家，其中，海外新拓展6家。

三、所属公司情况

2014年，荣宝斋股权投资规模进一步加大，控股并纳入财务合并范围的企业，包括3家拍卖公司、2家典当公司、9家分店、荣宝斋画院、荣宝电子、荣宝燕泰印务有限公司、荣宝斋茶文化（北京）有限公司等共20家，集团化架构初步搭建完成。这些所属公司，是荣宝斋艺术品经营产业链的重要环节，是多元化发展的重要元素，对荣宝斋经济效益的平稳增长发挥着重要作用，提高了荣宝斋的综合实力和品牌影响力。

（一）拍卖业务

2014年，北京荣宝拍卖有限公司全年4场拍卖包括中国书画、古董文玩、油画雕塑、艺术类图书、普洱茶、珠宝首饰、当代水墨共7大门类，总成交额5.55亿元，实现营业收入2.7亿元，同比增长70.9%，利润1 496万元，同比增长45%。2014秋季拍卖推出“首位应价”现场拍卖模式，取得良好效果。

荣宝斋（上海）拍卖有限公司举办了春、秋两季大型艺术品拍卖会，并尝试性开展了私人洽购活动，取得了良好收益。全年总成交额3.18亿元，实现营业收入1.6亿元，利润680万元。

2014年6月，荣宝斋（济南）拍卖有限公司完成设立登记，11月15日首拍落槌，五个专场实现总成交额4.3亿元，营业收入8 849万元，利润617万元。在当前艺术品市场徘徊不前的形势下，荣宝斋的拍卖业绩给艺术品市场带来了一些暖意，亦对艺术品市场正本清源予以推动。

（二）典当业务

2014年，北京荣宝斋典当共实现营业收入4 305万元，同比增长2%，利润3 700万元，超额完成年度预算任务。淄博荣宝典当有限公司审时度势，及时调整思路，采取得力措施，严控风险，取得了较好的业绩。全年实现营业收入688万元，利润428万元，同比增长15%。

（三）分店业务

香港分店策划举办了“甲午黄帝拜祖大典——中国近现代书画名家展”、“东方艺术周——香港名家作品展”、“萧晖荣艺术展”、“幸福中国 美丽香港——香港美协首届会员展”，同中国香港美术家协会、香港油画研究会、香港书法家协会等组织建立联系，积极与当地银行、保险公司等金融机构联络，寻找合作机会。全年实现销售收入1 833万元。

天津分店举办了“书画逸品展”“第三届扇艺文化展”“瀚青雅集展”和“第三届木版水印展”等展销活动，实现销售收入198万元。

呼和浩特分店实现销售收入130万元。按照“以‘展’代‘宣’促‘销’”的方针，相继举办了“致工·空境——郝大成工笔作品展”“焦距与笔触——伊德尔油画+观念摄影作品展”“观自在——刘朝侠书画作品展”“陌上看花——宋秦晋新水墨花卉展”等展销活动，扩大了影响，促进了销售。

长沙分店全年实现销售收入161万元。成功举办了张锡良书法展、肖文飞书法展、黄彬将军书法展等5个展览；组织参加湖南电视台《天天向上》节目录制，宣传荣宝斋国家级非遗木版水印技艺；启动“荣宝斋（长沙）讲坛”并成功举办了肖文飞博士“当代书法的突围之旅”讲座，带动了销售。

广州分店实现销售收入639万元。加强与岭南地区艺术家的联系，2014 年与许钦松、方土、陈政明、郑鹤芝等近 20 位书画艺术家建立书画寄售的合作模式，根据市场需求，进一步充实画廊作品。举办了“大好河山——陈岩山水画展”“南北山水对话——赵准旺、方楚乔山水画展”等 8 个展览，扩大了广州分店在岭南地区的影响力。

济南分店 2014 年实现销售收入 1 515 万元，利润 168 万元，超额完成了预算指标。举办了“荣宝荟萃·山东籍当代名家邀请展”“寸耕心迹·王镛书法近作展”等 11 个展览展销活动，促进了分店经营、管理、宣传等工作的整体发展。同众多书画家建立了良好合作关系，建立起有近百位收藏家和爱好者的客户档案，并与当地文化艺术机构和媒体建立了密切联系，逐步形成了较成熟的活动举办方式，增强了员工的业务能力，提高了为书画家服务的水平。

洛阳分店除开业期间举办的“近现代名家精品展”“荣宝荟萃——当代书画名家邀请展”“国家级非遗——荣宝斋木版水印技艺展演”等活动，12 月还举办了“崔晓东山水画精品展”。当年实现销售收入 165 万元。

（四）荣宝斋画院

2014 年，画院春秋两季招生 200 余人，全年总收入 382 万元，同比增长了 27%，利润总额 33 万元。开设了刘大为、郭石夫、张旭光、范扬、霍春阳等 13 位书画名家工作室。发挥资源优势，开展多样教学，在开展教学、写生、创作等工作的同时加强了中外美术史、传统儒学、古典诗词、绘画美学、书法美学等学科的授课，使学员在专业课之外能更多地得到其他学科的给养。做好院刊与画院网站的建设工作，加大对外宣传力度，促进画院招生、教学、展览等工作。

（五）荣宝电子

2014 年荣宝电子实现销售收入 25 万元。确保荣宝斋官网在百度搜索中排名第一，官网年点击量 100 万，独立访客 14 万，比 2013 年增加了 20%以上，网站知名度日益提升。在维持少量传统电子出版业务、维护荣宝斋官网并及时更新的同时，集中力量筹备荣宝斋电子商务网站上线的各项工作，确保了网站一期于 12 月上线运行，迈出荣宝电子转型发展的实质性一步。荣宝斋艺术品交易服务平台一期，主要内容包括电子商务、艺术家官网、在线展览、艺术资讯、非物质文化遗产 5 个方面，将在运营中不断充实调整，二期将开发在线培训、在线拍卖、在线论坛等内容。

（六）荣宝燕泰印务有限公司

荣宝燕泰印务有限公司以艺术图书的设计、制版和印刷加工业务为主，是北京市书刊定点印刷企业。全年承接制版、印刷品种 650 种，比 2013 年增长了 10%，实现销售收入 1 445 万元，同比增长了 17.6%。

（七）荣宝斋茶文化（北京）有限公司

荣宝斋茶文化（北京）有限公司 2014 年 10 月 29 日正式开业，两个月共实现销售收入 592 万元。随着产品的进一步丰富，宣传推广工作有序开展，茶文化公司作为荣宝斋多元化业务的新方向，有望在 2015 年成为荣宝斋新亮点。

四、党群工作和精神文明建设

按照荣宝斋党委统一部署，荣宝斋组织召开了党的群众路线教育实践活动总结大会。做好“回头看”工作，将征集到的涉及 11 个方面的 80多条意见和建议进行梳理归纳，形成“两方案一计划”，制定路线图和时间表，扎实推进落实。制定并完善了《荣宝斋党员领导干部联系服务群众工作办法》《荣宝斋关于贯彻落实〈建立健全惩治和预防腐败体系 2013～2017 年工作规划〉的实施办法》等相关制度。

通过培训和讲座组织干部深入学习党风廉政建设的系列重要讲话和文件，加大廉政宣传力度，抓好廉政建设，提高党员干部廉政意识；通过走访慰问老同志和困难生病职工，并给予爱心助困基金资助，关心职工生活，重要节假日送去贴心关爱等方式抓好党群沟通，促进精神文明建设工作；通过积极参与“冬衣送暖”等社会公益活动，用实际行动回报社会，体现企业社会价值。（刘　芳）

中国出版传媒商报社 2014年工作综述

2014年是《中国出版传媒商报》由《中国图书商报》更名改版后的第一年；是遵循中国出版集团“三六构想”战略目标，扎实推进“增强六个竞争力”的一年；是领导班子交替，顺利完成新老交接，承前启后，乘风跃进的一年。这一年，在集团公司正确领导下，中国出版传媒商报社从采编、营销、服务、管理等各项工作稳步有序，扎实推进，在上一年营收、创利达到新的高点的前提下，2014年又顺利实现新的跃进。

一、领导班子新老更替　战略目标承前启后

2014年《中国出版传媒商报》（以下简称“《商报》”）确定的年度主题是“乘风鼓劲　创新跃进”。依据中国出版集团“三六构想”战略目标，结合商报实际，着力在模仿式创新、整合式创新和颠覆式创新上有所突破。突出在内容生产上，首先是做好改版后的新《商报》，提供创新内容，拓展子刊，整合资源，扩大影响，提升品牌；同时在营销、财务、人事管理、企业文化、党建群团等领域全面创新跃进，以社会效益和经济效益双丰收业绩，迎接《中国出版传媒商报》前身《中国图书商报》创建20年和《中国图书商报》前身《图书发行报》创建60周年。

2014年7月份，中国出版集团对报社领导班子做了调整。新的领导班子认真梳理了报社原社长、总编辑、党委书记孙月沐同志担任《商报》主要负责人以来近十年的工作业绩以及支撑《商报》健康高效发展的战略目标和企业文化精神；根据当前国内外书业发展趋势以及中国出版集团要求，适时提出“承前启后　乘风跃进”的战略目标。总的战略是规划并实现《商报》的“三化”战略即适度规模化、融媒现代化、拓新国际化；总的目标是制度创新、组织再造、活力释放，资源聚变；总的抓手是“六大路向”，即新品质、强渠道、推品牌、兴项目、拓文创、开家教。在强化渠道、拓展资源方面，《商报》将全力以赴向渠道巩固创新转型，全力挖掘和重塑新华、商超、图书馆等卖场乃至电商渠道价值，扩大网络虚拟渠道通路，打造社会化资源集聚平台，创建大数据时代新媒体新传播资源聚变效应。同时，强化政府渠道、业外渠道、海外渠道的客户资源积累。

12月26日，中国出版集团公司党组成员、中国出版传媒股份有限公司副总经理孙月沐代表集团公司、集团股份有限公司听取中国出版传媒商报社专题汇报。中版集团总部、股份公司总部有关方面负责人一起听取汇报；中国出版传媒商报社领导班子扩大会全体成员参加汇报会。中国出版传媒商报社社长伍旭升代表社委会、党委会就新领导班子就任半年来的总体工作状况、未来三年工作基本思路、希望集团帮助解决的几个问题做了具体汇报，报社党委书记任江哲做了补充发言。

孙月沐听取汇报后，对《商报》新领导班子上任以来顺利完成新旧交替、对未来三年发展做出准确定位给以充分肯定，对《商报》今后工作，孙月沐提出，第一要加强战略设计、战略规划，要找准现在和未来的战略方向，与时俱进；第二是坚持导向和内容生产方面要更上一层楼。要深刻研究在新媒体、多媒体融合发展大趋势下《商报》的内容生产与导向坚持；第三要凝聚文化，巩固和建设一支优秀的队伍，特别是要培养能够独当一面，有创造力，有执行力，想干事、肯干事、能干成事的一支优秀队伍。要注意人尽其才，才尽其用，用当其时；第四要研究《商报》在集团全局工作当中的定位和在全国业界当中的作用。这是个难题，要下大气力予以破解；第五要加强平台思维，在原有的母平台上面创造子平台，用媒体的性质就是影响力指标来规划未来的工作；第六要在媒体融合方面找到突破口，找到符合自身发展的方向；第七是与集团各部门密切对接和沟通，多请示多汇报；第八是领导班子独立工作，放手工作，大胆工作，团结一致，同心协力，共同谋划改革和发展。领导班子要谋大事，抓项目，抓导向，抓内容，谋求突破。

因为在中版集团的正确领导下，新领导班子的战略目标既有继承性，又有新发展；既有宏观规划，又有具体抓手，具有前瞻性和可操作性，所以《商报》更换领导班子以来，过渡顺利，人心稳定，目标明确，各项工作扎实推进。

二、采编业务稳中有升，品牌效应持续放大

更名后的《中国出版传媒商报》和过去有所不同。一年来，《商报》特别注重继承中求发展，进一步明晰总体战略、中长期战略和年度战略。2014年年度战略为全面集成创新年，在内容生产和传播中尤其注重思维创新、内容创新、形式创新，使《商报》品牌在不断创新中持续放大。

（一）2014年北京图书订货会期间五场活动接连出新，效果空前

2014年北京图书订货会是更名改版的《中国出版传媒商报》迎来的又一书业盛会。昌明将向传媒产业、阅读产业、创意产业全面拓展的新《商报》，在三天会议期间，连续开展五场专业活动，以其层次之高、视野之宽，彰显新商报拓展大文化实力。

1月9日上午，中国出版传媒商报社与北京图书订货会组委会共同主办了以“新形势·新变革·新融合”为主题的高层论坛。这也是当年订货会的开锣大戏。

中国出版集团公司总裁谭跃在演讲中纵论了中国出版业将迎来新一轮改革发展大潮、新一轮转型升级浪潮，认为在加快城镇化发展的历史进程中，出版业将面临一个文化消费“井喷期”，出版企业将在内容生产、机制创新、品牌经营、资本运作、数字转型、国际传播六个方面构建产业发展新格局。中国少年儿童新闻出版总社社长李学谦、安徽出版集团总编辑林清发代表董事长王亚非、国家新闻出版广电总局发展研究中心主任庞井君、中国工信出版传媒集团总经理敖然，多看科技副总裁胡晓东、台湾地区出版商业同业公会全联会理事长杨克齐分别就出版业改革、转型、升级、国际化的发展战略，迎接大融合、大创意、大市场、大国际和大人才时代，以人性化为价值轴心的视听新时代，国家信息消费战略给出版业带来的新商机，移动互联时代阅读产业嬗变大势，两岸加强务实合作、共同打造“大中华阅读圈”等议题，发表精彩演讲，赢得与会者的热烈反响。

1月9日下午，中国出版传媒商报社和全国发行标准化技术委员会共同主办了以“CNONIX与信息消费”为主题的2014中国出版传媒业营销创新论坛。中国出版集团公司党组成员、副总裁潘凯雄在致辞中认为，当前全国出版业正经历一场深刻的数字化转型，传统出版向数字出版转型的手段，尤其体现在数据信息服务方面。中国出版传媒商报社社长、总编辑孙月沐就文化消费、信息消费带给书业营销新机遇与新趋势，国家新闻出版广电总局数字出版司科技处处长冯宏声就“CNONIX标准与出版业数据体系建设”，工业和信息化部软件与集成电路促进中心软件处处长刘龙庚就“信息消费特点与发展趋势暨平台建设思考”，复旦大学智慧城市发展研究中心研究员赵华国就“行业平台与物联网建设的思考”等主题分别做了精彩演讲。

由中国出版传媒商报社、法兰克福书展联合主办的“首届中国创意工业创新奖”历时两年评选，一朝尘埃落定。新产品、新营销、新技术、新商业模式、新管理模式、新手6大奖项金奖、提名奖，在1月10日“首届中国创意工业创新奖”颁奖礼暨报告发布会上隆重揭晓。现场发布的“2012～2013中国创意工业创新奖”主报告显示，中国文化产业显现体制变革推动市场主体内涵拓展与外延裂变同步创新，数字化、高科技推动传统单一业态向高端多元业态转移，传统文化与新兴文化产业融合成为潮流是中国创意工业近年来的创新表现。

1月10日下午，由中国出版传媒商报社、金城出版社和蜜蜂书店合作主办的“第三届中国独立书店高峰论坛——活着并快乐着：中国独立书店创新经营案例分享会”在北京举行。20余位独立书店经营者、书店发行业务研究者及阅读机构代表参与论坛主题研讨，围绕独立书店面临的机遇与挑战发表了主题演讲。

1月8日，由中国出版传媒商报社与新华网跨媒体联合主办的“2013年度中国影响力图书”评选在北京揭晓。小说类、非小说类、商业类、文史类、社科类、科普类、生活类、艺术类、教育类、童书类共50种图书被评为“2013年度中国影响力图书”，另有10种图书获“年度荣誉推荐”、“年度读者推荐”、“年度最佳影视改编”、“年度影响力阅读品牌”、“年度最佳创意营销图书”殊荣。同时，在200种候选书单中有50种图书获得“2013年度中国影响力图书”提名奖。国家新闻出版广电总局对外交流合作司副司长赵秀玲，新华网副总裁白林，中国出版传媒商报社社长、总编辑孙月沐，中国社会科学院外国文学研究所研究员余中先，知名作家徐则成等出席颁奖活动。

（二）创办首届中国读友读品节，《商报》内容品质与营销取得新突破

由于2014年全国书博会延迟到8月份举行，面对营销淡季，中国出版传媒商报社再次展现内容报道与市场营销的独到创意，于4月22日～6月8日，推出“首届中国读友读品节”专刊及活动。《商报》联合全国大书城、出版集团与出版社、各类图书馆计1 000余家机构，全方位推展108种指定读品名单以及姊妹篇100种推荐读品名单。同时，邀请著名作家麦家、杨红樱，著名企业家任志强，著名电视节目主持人张泽群作为首届读友读品节第一批形象代言人，引起各界巨大反响。

六一儿童节前夕，《商报》于5月27日推出主打童书的“中国读友读品节”第二波。并出版形象代言人全阵容（第二波新增代言人小米科技董事长雷军）海报，继续全力助推阅读活动。在原有208种读品名单外，新增61种童书名单，充分满足全国小读者爱书、读书需求。

中国读友读品节、专刊及其系列活动，以营销为龙头，内容服务和营销服务联动，打了一场媒体“造节”、项目整合、创新发展的全新的大仗、硬仗、胜仗。充分体现了新《商报》的创新思维、整合思维、抢滩思维、团队思维、协调思维、精品思维和市场思维。

（三）海外馆藏：2014中国图书世界影响力评价发布礼引业界关注

2014年8月28日，第21届北京国际图书博览会期间，由中国出版传媒商报社、中国文化走出去协同创新中心和中国图书进出口（集团）总公司共同主办的2014“中国图书世界影响力评价”发布礼在北京国际展览中心新馆举行。会上发布了《中国图书世界影响力评价报告（2014版）》。报告从馆藏的学术价值、文化传承、文献保存等方面来考量中国文化世界影响力。“历年中国图书世界影响力出版TOP20”“2013中国图书世界影响力出版100强”和“2013中国图书世界影响力图书50强”证书的颁发，将发布会推向高潮。《人民日报》、新华网等多家媒体关注并参与报道。中宣部出版局办公室副主任何瑞，中国出版集团公司党组成员、副总裁李岩，北京外国语大学副校长孙有中、中国图书进出口（集团）总公司党委书记吴伟、中国出版传媒商报社社长伍旭升、中国海外汉学中心主任张西平等做了报告主讲。中国社会科学出版社社长赵剑英、中华书局总编辑顾青，美国罗格斯大学东亚图书馆员、罗格斯大学孔子学院兼任教授杨涛做了主题发言。中宣部出版局何瑞在代表该局领导致辞时认为，《报告》的发布让中国图书在海外的影响，有了一个可量化的指标。四川人民出版社、云南人民出版社等几十家出版社，通过自媒体等各种渠道转发了上榜书目数据。除国内出版界的积极反馈外，研究报告所公布的数据以及研究方法受到美国东亚图书馆界的高度关注。其中2012年发布的中华书局版图书在北美50家东亚图书馆的收藏数据，先后引起了伯克利大学、斯坦福大学以及威斯康星大学的重视，并分别收藏了报告原文。参加此次活动的华侨出版社名列27名，海外馆藏影响力项目由此也受到了分管华侨工作的国家副主席李源潮同志的关注和过问。

（四）《中国出版传媒商报》举办首届全媒体时代社店营销实务对接会

进入全媒体时代，出版上下游各自拥有自己的多媒体和自媒体渠道，发布信息、沟通情况，

甚至发货、结账，全都可以在线上完成。在这种情况下，还有没有必要进行社店信息、资源与服务对接？一段时间以来，不少业内人士和专家各执一词，莫衷一是。10月16～17日，由中国出版传媒商报社主办、北京台湖出版物会展贸易中心协办的“首届全媒时代社店营销实务对接会”，用事实回答了全媒体时代社店营销实务对接的必要性和重要性。出席此次会议的中国出版集团公司党组成员、中国出版传媒股份有限公司副总经理樊希安强调，出版社和书店是上下游产业链条不可或缺的伙伴，必须加强信息对接、资源对接和服务对接，才能共同打造融合多媒介、多形态的营销模式。

此次对接会是《商报》新领导班子成立以来承办的第一场全国性大型专业会议，计划百人左右的参会规模，最终人数达到近200人，取得社会效益与经济效益的双丰收。会议安排了业内外专家进行高密度、大信息量的专题讲座，并设置分组实务对接讨论、现场实物展示、微信群和现场问卷调查等多个环节，加强与会代表彼此交流的同时，及时跟踪参会人员的反映和需求。数字营销专家肖明超、北京大学纵横管理咨询集团合伙人曲延明分别就出版传媒业新媒体营销策略和电子商务转型做了主题演讲。中国出版传媒商报社社长伍旭升主讲的《全媒时代社店品牌营销直问与方略》，得到与会者广泛共鸣。与会代表表示，讲座既有理论高度又有实践总结，尤其是进一步厘清了业界对传统社店交流、媒体营销地位作用与前景的认识误区，使与会者深受启发。此次会议是《商报》首次举办大型商业性收费会议，取得了突出的社会效益和经济效益。

（五）常规专版专刊进一步巩固发展

包括中国书业三大展会专刊在内的常规专版专刊是《商报》历年存量，也是维持《商报》生存发展的基本底线。无论怎样改革，怎样发展，《商报》专版专刊都要常出常新，巩固发展。2014年以来，《商报》出版的专版专刊包括：读友读品节专刊、五个一工程奖专刊、六一专刊、国家出版基金专刊、暑期卖场精品导购专刊、三大展会专刊、中版集团品牌推广专刊、童书大展专刊、高校教材专刊、华东六少专刊、图书馆藏专刊、北京阅读季专刊、上海书展专刊、南国书香节专刊、法兰克福书展专刊（英文版），中国图书进出口（集团）总公司品牌专刊、大学社订货会专刊、中国出版业实力版图专刊、外研社35周年专刊等20多个专版专刊。这些专版专刊展示了商报在业界的品牌实力，巩固了《商报》与出版发行企业的良好合作关系，也大大提高了《商报》的经济收益。

（六）坚持正确导向，强化主题出版

中国出版传媒商报社历来高度重视主题出版报道。2014年《商报》所进行的主题出版报道分专刊报道、专版报道和新闻消息报道三种。

一是2014年《商报》主题出版专刊报道：8月12日，用两个版篇幅做了《纪念邓小平诞辰110周年主题出版：题材规模呈现堪称“一道独特的风景”》报道；5月23日，用16个版篇幅做了《细数国家出版基金这三年》报道。5月27日用16个版篇幅做了《中宣部五个一工程·一本好书特别报道专辑》报道；9月30日用两个版篇幅对2014年颁发的第13届28种中宣部五个一工程·一本好书奖图书进行全方位报道。11月4日，以《依法治国话题正热，主题出版大有可为》为题，用两个版篇幅对十八届四中全会以来围绕依法治国主题的出版物进行了专题报道。

二是2014年《商报》主题出版专版报道有2月28日《纸媒别慌：且看出版物如何思拓破解转型》、3月7日《独家披露中国现当代女作家作品之欧美影响力》、3月28日：《中国作家“走出去”：除了靠“运气”，还有哪些途径?》、6月10日《中法建交50周年：两份书单耐人寻味》、7月15日《寻找中国儿童文学“走出去”的文化密码》、7月22日《回归“现实题材”：中国作家还有很长路要走》、8月19日《纸媒作家集体触网：“推广意义大于盈利意义”》、9月5日《国内文学奖屡惹争议：喧嚣背后何去何从?》、10月10日《市场需要更多名家“屈尊”为孩子写书》、10月21日《从传统文化中汲取智慧：国学阅读热回归》、10月31日《“文明转型期”别让口头文学转瞬即逝》。

三是2014年《商报》主题出版新闻报道，有邓小平诞辰110周年、十八届四中全会关于依法治国、新中国成立65周年主题图书、第十三届中宣部五个一工程奖颁奖等新闻报道。

（七）落实中版集团加强出版导向管理意见

根据中国出版集团2014年4月下发《关于加强出版导向管理的若干意见》精神，中国出版传媒商报社结合商报实际，完善了一系列相应制度予以落实。

1.重点建立健全选题论证机制

（1）每年初在工作总结中提出年度选题与编辑工作思路。每年年末年初，对下一年重点选题进行宏观规划，列出全年重点计划表。选题要素包括：第一是下一年改版计划；第二是固定时间点，如传统三大会展等；第三是周期性时间点，如中国政府出版奖等；第四是商报自主品牌专刊，如实力版图等；第五是下一年可预见的专刊时间点，如建党、长征等；第六是各大出版集团、各大社名社周年庆专刊，等等。

（2）实行每月一次的月度选题中观论证。由各板块按照报社总体计划结合板块调研积累情况，向报社月度选题论证会预报月度选题计划。

（3）实行每周一次的选题微观论证。每周三召开“编前会”，根据月度选题计划，预报隔一周的下周选题，同时检查本周四选题和下一周已经预报选题的调整、落实、变化情况。

2.重点落实“三审三校”机制　实行商报特色“三审三校”“增强版”

严格执行三审三校制度，整个流程达到“九审九校”。①编辑人员编好稿件，完成一审一校；填写稿签，经版面主编审定修改，重新校对定稿，完成二审二校；报分管领导审定，签字付印，完成三审三校，开始发稿排版。②编辑人员拿到一审大样，校对修改，完成四审四校后，重出二审大样，同时送分管领导和报社专职审校各一份备审。③编辑人员拿到分管领导和专职审校修改样，合并校对，再出三审大样，送常务副总编审定签字后，再送总编辑最后审定，完成八审八校，出四审大样（清样），连同常务副总编、总编辑签审大样一起，送专职印务主任。④印务主任和总编室主任合并一起对领导终签样、清样核校，并通读图片、小标题以上各级标题及所有版面要素，完成九审九校后出小样。再对清样和小样核对无误后，刻光盘，发印刷厂。

3.建立完善采编质量考核机制

总编室每月上旬对上个月版面编校质量进行考核，对各环节出现的差错按人员进行统计，编辑《采编情况通讯》公示；做出扣罚决定，交财务部实行扣罚。对在考核中一向表现优异的采编人员，年终加大奖励力度。

三、管理模式改革创新　管理工作扎实有序

（一）两个全社大会统一思想认识，年度战略目标承前启后

2月9日，春节休假后第一天，《商报》召开全员大会，总结2013年更名、推出《商报》升级版、创造《商报》历史上从未有过的“双十”突进，使发展进入临界点的工作业绩和有益的经验。联系2013年的工作和实际，《商报》确定2014年的主题词是“乘风鼓劲　创新跃进”。把“创新”作为全年的主基调，从宏观视角大力推进三方面创新。第一是模仿式创新，第二是整合式创新或集成式创新。如《商报》把平面媒体推向新的高度，又把三个网站快速升级，同时还谋划多媒体、自媒体运用等；第三是颠覆式创新，即离开已有模式的全新思维方式，小中做大，无中生有。像《商报》创办的许多新刊、举办的许多创新性活动如“读友读品节”“社店对接会”等，超越了《商报》自己，也超越了行业本身。这次会议还按照中国出版集团要求，对全年采编、营销、管理改革创新工作做了具体部署。

这次会议为更名改版后的新发展、新跃进奠定了思想基础。随后，影响深远的“中国读友读品节”活动项目应运而生；包括人事制度改革的一系列开拓创新举措拉开序幕。

7月17日，新领导班子就位一星期后，报社组织党员和全体员工赴狼牙山革命圣地，重温抗日战争历史，召开全社员工大会。新任社长伍旭升做题为《承前启后乘风跃进打造新〈商报〉

改革创新“3.0版”》的工作报告。他围绕《商报》企业文化“同心同德”的基本要义，阐述了《商报》当前特别需要“固本筑基”的重要性；概括了上一届领导班子2005年以来“九年商报之德”：谨言慎行、勤俭持报、精益求精、商誉至上、平等平权、与时偕行、惜才磊落、民享体察、慎实通变、敬畏感恩十方面的企业文化精神；围绕“专业产业”理念，阐述了专业媒体的理论思维；围绕新一届领导班子战略目标，勾画了《商报》制度创新、组织再造、活力释放、资源聚变四大战略构想；对人事分配改革事项、《商报》精神讨论、内容品质强化、品牌营销升级等下半年和今后一段时间工作做了具体部署。

伍旭升特别强调，过去九年，在孙月沐同志带领下，在集团高度重视和大力支持下，《商报》工作跃上了一个历史性的台阶。核心价值理念和企业文化精神是一笔巨大的精神财富，值得深入总结、发扬光大。下一步，《商报》要结合年度工作安排，用三个月时间开展大讨论，汲取经验，反思不足，打牢导向根基、品质根基、价值根基，轻装上阵，重新出发，紧紧围绕集团“三六构想”战略，开辟《商报》特色的规模化、现代化、国际化道路，勇于创新，扎实进取，实现新跃进。

（二）按照中版集团“人事分配制度改革意见30条”精神，适时启动并顺利完成中国出版传媒商报社人事制度改革

从4月份开始，中国出版传媒商报社酝酿人事分配制度改革。先是在全员中学习讨论中版集团“人事分配制度改革意见30条”精神，了解《商报》在人事制度改革中面临需要解决的问题以及确立每个人自身的岗位职责定位。

7月份新的领导班子就位以后，人事改革进入实质性阶段。首先成立人事分配改革领导小组，强化领导与落实推进。参照“中国出版集团公司推动所属企业人事、分配制度改革30条”，出台《中国出版传媒商报社人事分配制度改革方案》。在全社范围内开展中层干部先全员下岗再全社竞聘；以及普通员工晋阶制度相结合的人事分配改革，同时出台了新的岗位绩效激励政策。推行各中心综合运营机制，强化专业咨询服务和内容资源深度开发，普遍推行《商报》各部门各板块绩效与团队个体绩效捆绑综合考评制度。结合《商报》拟成立的商报商学院以及已经成立的“文创产业规划设计研究院”，进行商学院对外专家顾问团队，以及对内研究员、副研究员等内部职称的聘任试点。眼光向外，开放合作，积极物色和引进特殊人才、关键岗位骨干人才。扩大职工福利享受途径，在稳妥解决社保问题的同时，稳步推进企业年金制度。

经过报名、考核、答辩、评议、审批程序，报社最终产生要闻采编统合中心、分销营销数据中心、出版情咨集成中心、文创版权印业中心、传媒移动互联中心、阅读公共文化中心、营销中心等部门负责人，全体员工按照新岗位、新职位一一到任。人事制度改革初步探索解决了业绩评估、绩效考核系统化、日常化、规范化、公开化问题；重要岗位、新拓领域、未来板块的特殊人才、特殊激励问题；管理责任主体下移、全员责任主体担当，责、权、利统筹平衡问题；个体能力绩效与集体板块贡献同步提高内部共享问题；采编、广告、公共服务三大部门有分有合、绩效分类考核与全社一体问题；以及报社全媒体转型发展、规模化发展过程中，职工福利同步稳妥推进问题。

（三）召开第二届出版传媒集团信息工作会暨《中国出版传媒商报》全国记者站工作会

2014年11月14～15日，中国出版传媒商报社在杭州召开第二届出版传媒集团信息工作会暨《中国出版传媒商报》全国记者站工作会，来自全国三十多家出版、发行集团的六十余位代表，就信息时代出版业所面临的新的发展形势以及如何整合传播信息进行交流探讨。中国出版集团党组成员、中国出版传媒股份有限公司副总经理孙月沐，中国出版传媒商报社党委书记任江哲，浙江出版联合集团总裁童健，浙江省委宣传部副部长鲍洪俊，浙江省新闻出版广电局副局长陈克韶，浙江省新华书店集团公司董事长王忠义出席会议并讲话。

继2013年首届出版传媒集团信息工作会成功举办后，本届工作会由中国出版传媒商报社与

浙江出版联合集团共同主办，与会代表对会议给予高度肯定，认为其“成功搭建了各集团（股份公司）信息交流的专属平台”。会上，大家交流了各集团对内对外信息整合、传播的做法，沟通了各集团年度重点工作信息，探讨建立信息交流的保障机制，并向杭州漂流书屋捐赠图书220余册。中国出版传媒商报社各省、自治区、直辖市记者站站长，部分出版、发行集团的特约记者，以及来自出版社、新华书店的通讯员、特邀代表参加了全国记者站工作会，会议总结了2013～2014年度记者站工作并表彰优秀记者站站长、优秀特约记者、优秀通讯员，部署了2015年度记者站工作。

（四）中国出版传媒商报社采编规范12条（2014暂行）开始执行

为了适应《商报》人事制度改革以后新的考评机制，更加扎实贯彻中国出版集团关于加强出版导向管理要求，参照中国出版传媒商报社采编质量保障体系及相关管理规定，中国出版传媒商报社新领导班子经过几上几下研究讨论，于2014年10月份制定并发布了《中国出版传媒商报采编规范12条（2014暂行）》。规定从采访、撰稿、发排、三审三校、下厂印刷全流程责任、执行标准到编校质量和坚持导向评审考核，做了全面具体、可操作性规定。对《商报》品质、质量提升将起到重要保障作用。

四、党群工作创新拓展，各项活动有声有色进行

（一）认真梳理总结党委理论学习中心组工作，为建设“四型”党组织提供基本保障

按照中国出版集团直属机关党委要求，中国出版传媒商报社党委2014年5月以来，就健全组织机构、完善学习计划；深入学习习近平总书记一系列重要讲话精神；配合党的群众路线教育实践活动顺利开展发挥重要作用；党委书记带头学好，讲好，用好，身先士卒，带动整个中心组学习水平更上一层楼；把党课搬到革命圣地，牢记两个务必，增强改革动力；理论学习中心组的学习成果直接促进了新《商报》持续创新发展等六个方面，开展对近年来党委理论学习中心组工作梳理，总结经验，找出不足，提出今后整改措施。该总结在集团直属机关党委来报社检查验收时，获得肯定和赞赏。

新班子成立后，党委书记任江哲与党委其他成员一道，开展一系列多层次的座谈、调研活动，对发挥全体党员在报社转型、领导班子新旧交替、报社面临改革发展繁重任务情况下，稳定队伍、凝聚人心、发挥战斗堡垒作用，打造“四型”组织，起到了积极的促进作用。

（二）开展“回头看”活动总结，使党的群众路线教育实践活动落到实处

按照中国出版集团公司党组《关于开展党的群众路线教育实践活动“回头看”活动的通知》的指导思想、主要内容、方式方法和工作要求精神，《商报》党委2014年8月份开展了“回头看”活动，就党政领导班子成员按照集团公司党组《通知》精神认真思考“回头看”；各支部及广大群众对“两方案一计划”的落实情况提出批评和建议；收集整理意见之后，报社活动领导小组研究分析、总结经验，提出改进措施情况；向群众公布“回头看”情况，包括“两方案一计划”落实项目及未落实项目的原因解释等基本要求，做了逐条逐项梳理总结。党委本着全力以赴支持报社改革发展的原则，以全心全意为群众服务为宗旨，客观公正地做了总结。不仅列出党员群众中满意的条款，也详细列举一时办不到、群众有不同意见的条款，以备将来条件成熟时及时加以解决。

7月23日，集团直属机关党委常务副书记王云武同志到《商报》检查报社党委理论学习中心组学习和“回头看”情况，认为《商报》学习计划安排周到细致，活动开展有声有色，符合上级领导精神，同时体现了业务特点；学习和活动中不断有新思想、新创造、新高度；学习组织的活动中不仅限于党员，而是全员参与，作风好，正气足。

（三）到革命圣地接受洗礼，不断净化党员思想灵魂

3月14日、7月17日，在“中国读友读品

节”专刊招商设计大战在即以及新旧领导班子交替之际，《商报》党委分别组织党员群众到革命圣地西柏坡和狼牙山，重温党的历史，接受革命洗礼。两次活动也是《商报》落实党的群众路线教育实践活动改革方案的一个重要举措。全体党员结合习近平同志系列讲话精神，通过参观学习，深刻领会了牢记“两个务必”的极端重要性，党的意识又受到了一次升华与洗礼。大家在一件件实物、一幅幅照片前驻足，记录，或拍照留念。为我党创建共和国经历的艰苦磨炼和取得的丰功伟绩深感震撼。决心在顺利实现以图书出版报道为主要报道方向的旧《商报》向以阅读产业、创意产业、传媒产业为主要报道方向的新《商报》的转型中，发挥共产党员先锋模范作用，艰苦朴素，谦虚谨慎，身先士卒，再立新功。

（郭是海）

中国民主法制出版社 2014 年工作综述

2014 年是中国民主法制出版社社领导班子历经调整的一年。8 月中旬，集团公司下发文件，任命陈晗雨为出版社副社长。11 月 21 日，集团党组书记王涛、人力资源部主任聂静等到出版社宣布任命刘海涛为中国民主法制出版社总编辑，并主持工作。新任领导班子由刘海涛和赵卜慧、陈晗雨三人组成，以社务办公会的形式讨论和决定社里重要事项。

2014 年，在集团公司直接领导下，出版社认真学习习总书记系列重要讲话精神和党的十八大、十八届三中、四中全会精神，重点研读依法治国为主题的文件精神，按照集团“三六构想”的总体布局，深入分析社情，努力把握机遇，全面完成集团公司下达的各项工作指标，取得了持续稳定地增长，夯实了我们的基础、积累了新型出版的经验。

一、认真学习中央文件精神，践行群众路线教育实践活动成果，突出主题出版

2014 年，领导班子成员和全社党员干部一道，认真学习党的一系列重要文件精神，积极响应和深入推进群众路线教育实践活动，在集团公司群众路线教育实践活动督导组的具体指导下，分阶段按步骤开展了有关工作：学习了一系列有关文件，真正创建了一支“学习型、服务型、创新型”和“廉政型”的党组织。

在 2014 年的出版物政治把关工作中，能忠实执行党和国家关于出版工作的方针政策，坚持正确的出版导向，始终把社会效益放在首位。全年出版图书均无导向问题。尤其是在主题出版方面，严把导向关，积极开发选题，推出“法律宣讲”“大国宪治”等与十八届四中全会提出的“依法治国、以宪治国”的治国方略高度契合的图书，充分体现出版社能够站在国家与宪法层面上策划选题的视野与理念。出版社承担中国出版集团弘扬“主题出版”的重要政治使命，2014 年策划出版《延安 延安》《大英雄本色》等主题图书，得到集团公司的支持与鼓励。

二、踏实工作，开拓创新，带领全社员工完成集团各项任务

（一）财务指标情况

2014 年出版社实现营业收入 6 037 万元，完成预算指标的 101%；累计实现利润 696 万元，完成预算指标的 106%。从数据的绝对值上看，全面完成集团公司下达的两项任务指标，经营态势稳步增长。

（二）出版工作情况

在图书出版方面，法律和主题出版两条一级产品线选题结构合理、特色鲜明，品牌意识和质量意识显著提高。2014 年出版图书 384 种，新书 280 种，较上年增长 1.16%；重印书 104 种，较上年增长 87.32%。从出版图书的品种上看，新书中人大类图书 15 种，法律类图书 185 种，社科类图书 82 种。从结构上看，人大类图书、法律类图书占总出书品种的 61.27%，社科类图书占 38.73%。

（三）发行工作情况

2014 年发行总码洋（包括内部资料及挂图）7 401.8万元，较上年增长 34%，批销业务发货码洋 4 382.68 万元，较上年增加 48%；全年主营回款1 808万元，退货码洋486万元，较上年同期下降32%。人大系统销售收入400多万元。

（四）员工收入情况

2014年员工人均收入11.23万元，上涨6.71%。

三、出版内容丰富，重点图书明显增加，经营水平和影响力稳步提升

（一）人大类图书

①2014年是全国人大成立60周年，出版社积极策划出版庆祝活动的相关图书，《全国人民代表大会及其常务委员会大事记（1954～2014）》已顺利出版。

②人大代表培训教材已经完成大部分，为新一轮换届选举后的培训工作打下了基础。

③《委员长文库》系列图书继续按部就班地在审校中出版。

④人大分社加强了与地方人大常委会的合作，在图书宣传和项目洽谈方面有了一些进展。

（二）法律类图书

①法律单行本系列完成12本，其中，4月和8月分别出版的《中华人民共和国环境保护法》《中华人民共和国安全生产法》市场表现出色，发行突破30万册。

②在法律实务及专题法律研究方面出现不少亮点。包括国外控烟研究、海洋执法系列、最新法律释义系列等。

③在法律学术出版方面，“独角札丛”“大国宪治”“西方法律与宗教学术论丛”“立法后评估”、《法理学前沿》等一批好书涌现。

④法律文化类中，与法律讲堂合作图书近十种，初步形成了规模。未来争取就其中的个别品种，尝试向影视拓展。

⑤与文化公司在法律教材方面的合作可圈可点，法制教育系列图书一经出版，立刻引起各教材发行公司的重视，希望2014年能有所突破。

⑥六五普法进入收官阶段，应用分社此类产品为出版社在普法领域取得一席之地做出了贡献。

⑦在国家出版基金项目方面，完成了“法律宣讲系列”和《汉英英汉人民代表大会制度词典》两个项目的结项。其中，“法律宣讲系列”项目，完成图书54种，极大地丰富了出版社的法律产品品种。《汉英英汉人民代表大会制度词典》为人大制度走出去将发挥一定的作用。《中国特色社会主义法律体系立法纪实》在2014年已经完成该项目86%。

（三）社科类图书

①以“主题出版”为基调的政治类图书不断推出，其中《大英雄本色》刚刚上市，就显现其畅销书潜质。

②适应农家书屋、图书馆馆配等政府采购项目的系列图书——《复兴之路》《大国崛起》《日志中国》频频加印。

③国际政治类图书——《刺杀肯尼迪》《动摇的霸权》《中印海洋大战略》等出版后获得各界好评，《心事》获得优秀图书引进奖。

④大型年鉴类出版工程——《中国改革开放新时期年鉴》（1978～2013年）（36卷）陆续上市。

⑤《〈中国谜语大会〉谜语精选》《大英雄本色》分别登上2014年度中版好书榜。

（四）数字出版方面

2014年，出版社在数字出版的形势上探索出一条多元化的道路。一是在电子书领域，重视与终端渠道商的合作，特别是对规范的渠道商给予了足够的重视。如亚马逊kindle平台更新了近百种图书；通过大佳网与中国移动和阅读平台合作，授权了近四十种图书；与掌阅平台合作，授权了近百种图书；与百度旗下阅读平台合作，整理了近三百种图书。二是在数字版权授权方面。授权全国人大信息中心近二十种法律释义；授权利德艾斯维尔法律释义类图书；授权中国知网《全国人大年鉴》。三是在数据库研发方面。2014年转化了《全国人大年鉴》（2006）和（2013）年版。四是在其他形式上，根据《中国谜语大会谜语精选》研发了中国谜语大会游戏手机版。

四、党组织和企业文化建设不断推进

2014年出版社党员人数持续增加，经过考

察，3位预备党员转为正式党员，同时新吸收预备党员4人，入党积极分子2人。

2014年领导班子通过推进企业文化建设，以文化管理为纽带，为推进出版社的发展目标提供文化支撑。2014年中国民主法制出版社被评为中国出版集团2012～2014年度文明建设单位。被全国普及法律常识办公室评为全国“六五”普法中期先进单位。

经2014年职工大会提议后成立的兴趣小组，组织开展了各种形式的文体活动。丰富多彩的文体活动形成内外联动，增强了员工的归属感、荣誉感，使全社形成和谐团结、开拓奋进的良好氛围。

十八届四中全会把依法治国的主题提到了前所未有的高度，如何在2015年使出版社主营业务——法律出版、国家出版基金和集团专项资金方面、重大主题出版方面有所斩获，职工待遇有所提高，企业文化建设开展得更好，这些都是摆在领导班子面前需要我们潜心思考、坚强面对的问题。2015年我们将会更加努力工作，实现新的跨越。（邵　力）

华文出版社2014年工作综述

（一）导向管理工作

以“导向既是出版社生命线、导向又是选题生产力”为原则，辩证处理导向管理。

确保正确的政治导向。重点改善了审读工作管理，一是成立了由社内外专家组成的审读室，由社长助理专门担任审读室主任；二是采取“对照制”，尤其对照上级下发的重大选题备案批文意见，与编辑修改后的印前文稿进行对照；同时严格履行选题论证会制、三审三校制、重大选题备案制。2014年来华文出版社保证了导向零事故。

凸显导向的生产力。借助“主题营销”的热潮，重点开发“主题出版”，取得了明显双效。响应中央和教育部的要求，开发了《中国梦学生读本》《中国梦、我的梦、港城梦》《爱学习、爱劳动、爱祖国学生读本》《社会主义核心价值观学生读本》等出版物，分别在全国多个省使用。

导向工作受到各方肯定。中共中央宣传部出版局称“华文出版社要弥补集团在时政出版方面的空白”，国家新闻出版广电总局称华文出版社的导向工作“发生巨大变化”，集团公司将华文出版社列入“主题出版的主力军”。

（二）出版情况

一是《父亲》入选国家新闻出版广电总局第11届“向全国青少年推荐百种优秀图书”。《别样的青春》入选中宣部、国家新闻出版广电总局“社会主义核心价值观重点图书”。《讲述西藏》入选国家新闻出版广电总局“建国65周年百种重点图书”。《书法》荣获中国出版协会“2014年度输出版优秀图书奖”。《斯大林传》入选《光明日报》2014年2月畅销书榜。《甲午战争十二讲》连续登上《新京报》、三联书店的畅销书榜。

二是版权输出超额完成3年任务，集团公司定为24种，截至2014年12月完成62种图书12个语种的版权输出工作。《书法》（西班牙语）获国家新闻出版广电总局“经典中国国际出版工程”项目资助；《湖光山色》《21大厦》获国务院新闻办公室“中国图书对外推广计划”项目资助。

三是新书品种下降，但重印比率保持上升势头，增长率接近60%。

（三）经营情况

1. 资产情况分析

截至2014年12月31日，资产总计3 023.28万元，同比减少979.04万元，降低24.46%。其中变化幅度较大的科目主要有：应收账款减少201.9万元、其他应收款增加708.13万元、货币资金减少1 081.19万元，存货减少365.36万元。

华文出版社2014年4月中旬加入集团公司资金池归集计划，银行货币资金可用余额在其他应收款列示，货币资金仅记载库存现金，故分析货币资金变动情况时将其他应收款与货币资金两个科目联动分析。

截至2014年12月31日，货币资金1.07万元，其他应收款内银行可用额度为704.01万元，可支配货币资金总共为705.08万元，同比增加377.18万元。根据集团重大调整，教材收入剥离。2013年底教材收入回款783万元，全年教材回款4 360万元，2014年教材回款仅为197万元。

刨除货币资金因素后，截至2014年12月31日，其他应收款为24.98万元，同比增加4.12万元。其他应收款主要为社内各部室差旅费借款及宣传活动备用金借款。

截至2014年12月31日，应收账款704.67万元，同比减少201.9万元，降低22.27%。应收账款中主要由两部分构成，一是603.14万元教材款，同比减少196.86万元；二是101.53万元社科类图书应收款，同比减少5.04万元。

截至2014年12月31日，存货1 537万元，同比减少365.36万元，降低19.21%。存货中原材料同比减少8.53万元；产成品同比增长74.66万元，半成品同比减少426.65万元，本年度结转清理半成品较为及时，一部分挂账成本在本年末结转入营业成本。

2. 负债及所有者权益情况分析

截至12月31日，负债总计1 818.91万元，同比减少77.04万元，增加4.42%。其中变化幅度较大科目为应付账款、预收款项、长期应付职工薪酬。

截至12月31日，应付账款456.08万元，同比减少126.59万元，降低21.73%，本年度因教材收入取消，产品线转型，社科类图书出版制作较为谨慎，新书品种减少，图书成本及原材料采购款支付及时，故应付账款挂账较少。

截至12月31日，预收账款230.72万元，同比减少183.3万元，预收账款主要为团购项目预收款，2013年年底有200万元时代华语图书公司采购预收款，2014年此采购项目完结，转为收入。

截至12月31日，长期应付职工薪酬539.41万元，同比增长413.03万元，主要为待摊三类人员费用调减导致。

截至12月31日，所有者权益1 204.37万元，同比减少1 056.08万元，降低46.72%，主要为经营亏损及三类人员费用调整导致。

3. 财务状况简评

在资产中，比重较高的前三项是存货、应收账款、可用货币余额。存货在资产中所占比率相对较高，应收款中社科类图书应收款较少，今后应注意图书库存价值的变现能力。

截至2014年年底无借款项目，负债主要由经营欠款构成，应付款基本为暂估图书成本，支付计划多按图书出版周期进行安排。

（四）经营成果分析

1. 收入情况分析

2014年，营业收入累计为1 944.04万元，同比减少3 280.26万元，降低62.79%。

本年度主营业收入全部为社科类图书收入，同比增加875.28万元，增长81.9%。本年度无教材收入，2013年同期为4 155.54万元。

营业外收入为政府补助类项目收入。

2. 利润情况分析

2014年，利润总额为-1 013.08万元，同比降低1 708.87万元。本年度经营亏损为-405.14万元，另有-607.93万元为三类人员费用调整、以前年度挂账成本结转、奖金计提办法变更等调整事项导致。

2014年，营业成本1 851.49万元，占营业收入95.29%。本年度营业成本较高，一是因为编辑人工成本高，本年度新出品种少，导致本年度新入库图书成本拉高了整个库存成本水平，库存成本约占库存码洋的46%；二是营业成本中包含109.53万元的以前年度挂账成本。

2014年，销售费用166.11万元，占营业收入8.54%。管理费用940.31万元，占营业收入48.37%，管理费用中包含了380万元三类人员费用摊销。

3. 经营成果评价

因集团公司重大调整，教材业务剥离，华文出版社年初将工作重点转向社科类图书出版，因华文出版社社科类图书出版基础较为薄弱，短时间内难以形成规模优势，盈利能力不足；新策划的几套学生读物虽有一定市场，但薄弱的专业发行渠道制约了其进一步的发展。

（五）出版及发行情况

1. 总体情况

全年出版品种累计达 234 种，同比减少 62 种，重印品种 132 种，同比增加 1 种，重印率 56%，同比上升 12 个百分点，畅销书品种共 7 种，常销书品种 60 种。因书法教材合同存在重大调整，华文出版社于第四季度对产品线进行了调整，以期通过产品线改革，培育新的利润增长点，现在图书市场竞争激烈，读者需求变化迅速，本着审慎的原则，华文出版社领导带领图书业务人员对新品种图书的细分市场进行探索，出版品种等出版发行指标相对 2013 年同期都有所降低。

全年单位印张成本 0.31 元，低于 2013 年同期，主要原因为 2014 年有一部分租型业务，社内发委印单但不支付印制成本，拉低了单位印张成本。

因缺少教材收入，全年发货码洋为 1 737.73 万元，远低于 2013 年发货码洋，但退货总码洋及退货率均有所改善。

库存总码洋相较 2013 年同期减少 219.7 万元。在途图书占总库存的 37.62%，回款码洋占发货码洋的 36.95%，发行渠道建设需进一步加强。

2. 出版发行重点指标分析

2014 年，应收账款账面余额共计 943.71 万元，共计提减值准备 239.04 万元，其中有 603 万元关联方应收款未计提减值准备，3 年以上应收款共计 243.37 万元，基本为转制时留下的呆账死账，回收难度较大。其他应收款主要由 704 万元货币信用及社内活动借款组成。

截至 12 月 31 日，库存账面余额为 1995.97 万元，其中产成品 1726.42 万元。在库图书中比重较大的是 1～3 年图书，考虑到图书时效性、周期性，需加强 1 年内，1～2 年图书的市场变现能力，2～3 年图书库存市场价值挖掘能力，对 3 年以上图书尽快形成处理方法，以加快现金流周转，降低库存风险，节约仓储等物流费用支出。

（李　化）

世界图书出版公司 2014 年工作综述

2014 年，世界图书出版有限公司（以下简称“世图公司”）紧密围绕集团“三六构想”战略以及增强“六个竞争力”的要求开展工作，通过推进落实世图公司群众路线教育实践活动整改内容，统一思想、凝聚力量、建章立制、梳理战略，努力解决历史遗留问题，大力推进人事、分配制度改革，狠抓“双效”工作落实，使业务经营稳步发展，干部员工思想稳定，企业保持良性健康发展。

（一）落实教育实践活动整改要求

在世图公司群众路线教育实践活动中，干部职工反映意见强烈，要求整改的内容有 19 大项。目前，除需要长期解决的 6 项外，其余 13 项已近完成。主要为：

①建章立制。先后制定了《世图公司领导班子议事决策规程》《世图公司干部管理暂行条例》《关于分支机构班子配备问题的解决办法》等。

②解决遗留问题。排除阻力，严格按程序解决了子公司班子长期配备不全问题、北京公司入党积极分子办理外调材料问题、京区工会成立问题、京区大学生职工的新生儿上户口问题、有关人员的津贴和培训费报销等问题。

③协调与中国图书进出口（集团）总公司的关系。成功解决北京公司使用中国图书进出口（集团）总公司通州印厂库房的电梯更换问题、上海公司与上海中国图书进出口（集团）总公司的人员使用与费用给付问题，正在解决广东公司党团工会关系继续由广州中国图书进出口（集团）总公司代管问题。

（二）大力推进人事、分配制度改革

世图公司视此次改革为机遇，充分结合自身实际，专门制定了《世图公司人事分配制度改革方案》及《关于薪酬管理与绩效考核的指导意见》，总部领导亲自到各子公司宣讲、动员和督导，2014 年 7 月份召开半年工作会，交流各公司绩效考核经验与人事分配改革的思路和做法，各项改革措施正在按计划推进。

（三）研究制定发展战略

初步确定了“世图公司2014～2020年改革发展思路”。通过对世图公司历史、现状、成绩、优劣势的梳理，结合对当前政治、经济、技术环境与行业发展趋势的分析，研判确定了世图公司未来一段时期的发展目标定位，即努力使世图公司朝着品牌化、数字化、集约化、服务化、多元化方向发展，最终实现由传统出版商转型为内容与服务的提供商。在确保公司文化安全、积极维护购权期刊业务的同时，大力推进“世图北京公司与世图公司总部合并”“人事分配制度改革”“集约化运作试点”等改革工作，深入创新体制机制，通过推动实施“世图集约化出版管理平台”“中国外语非通用语教育网”“CloudBag云教育平台”“世界医学网服务平台”、《中国当代前沿科技进展丛书》、“出版库存优化管理试验”“重新设立万国学术出版社”等重点创新项目，带动和引导世图朝着“五化”定位方向发展，最终实现世图转型升级的发展目标。

实际上，世图公司2014年的一些工作安排，已体现了上述思路的部分内容精神。2015年，世图公司将对上述思路进一步充实和完善，使之形成世图公司正式的“十三五”战略发展规划。

（四）严把导向和出版质量关

2014年4月，世图公司开展了近年来首次大规模全员编辑培训，并结合组织架构特点专门出台《世图公司关于加强出版导向和出版质量管理的规定》，多次组织出版质量自查与互查，使重大选题报备规范化。为降低内容风险，减少了时政类和宗教类选题的开发。2014年10月，专门编印了《世图公司编校质量常用标准及规范》手册，按计划开展了全员编辑的编校质量培训。

（五）加强重点项目出版，加大潜力板块开发

①加强重点项目管理。2014年世图公司《中古文学》、《中国地理百科》（第一辑）、《小儿心脏外科学》（第四版）、《正畸临床创新》（第二版）等重点项目按时完成出版，其他重点项目正按计划推进。

②加强品牌板块出版。世图北京公司重在心理学、语言学、外语学习、动漫绘本、电影图书方面研发，西安、广东、上海公司，分别在医学、学术出版、东南亚研究、小语种图书方面发展。其中，心理学“大师彩虹系列”的《人类的破坏性剖析》《自我和自性》的出版，得到张侃、徐小平等人士的好评和推荐；引进的韩国延世大学《韩国语教程》，获得韩语教师的高度评价。

③开发潜力板块。2014年上半年，西安世图20余种高职高专医学教材通过教育部评审，同时新启动“茶文化系列”“档案学文库”“轻松立体手工”亲子幼儿教育系列图书的出版。

（六）加强营销宣传，增强品牌影响力

①结合2014年中央电视台邀请法籍魔术师Yif上春晚，推出《梦幻的星星——和Yif同游魔法世界》，举行多场讲座和作者签售；4月在北京大学的讲座被列入“北京阅读季”重点活动，适逢中法建交50周年，法国大使馆文化副参赞和北京团市委领导莅临活动现场。

②2014年是诺曼底登陆70周年，世图公司推出《最长的一天：我见证了诺曼底登陆》，获得社会热烈反响，登上多个书榜，已经实现重印。

③继2013年推出《畅销书潜规则》，2014年又推出《编辑是一门正在创新的艺术》《图书营销七堂课》《版权洽谈完全手册》等书，引起出版业同行关注。

④结合引进韩语学习权威教材韩国延世大学《韩国语教程》，邀请延世大学韩国语教授在上海、青岛、烟台、长春等地举办多场韩语教学研讨会。

⑤积极借助书展，结合少儿出版选题，组织幼儿启蒙教育、母婴健康等多场次宣传活动。

⑥借助网上手段营销。与凤凰读书、新京报书评周刊、中国电影读书频道等微博微信大平台合作，取得良好宣传效果。上半年，世图公司的《电影行话手册》《序列编剧法》《V字仇杀队》《美国队长》《绿箭：第一卷》《蝙蝠侠：致命玩

笑》等多本图书登上“豆瓣网”读书频道首页，全媒体《珀利警车》项目在“优酷”少儿类视频中，播放排名进入前5名。

⑦加强与图书馆系统的合作及在图书馆系统的宣传、推广、销售。世图公司的《情感依附》《中西神话》在“全国图书馆2013年度好书推选”活动中，入选《全国图书馆推荐书目（2013年度）》。

（七）探索数字化转型，培育带动性项目

①强力推进“中国外语非通用语教育网”建设。世图广东公司非通用语（小语种）出版独具特色，已出版十几个语种的160种学习用书，与北京外国语大学、上海外国语大学、洛阳解放军外国语学院建立密切合作关系，特别是其“东南亚研究丛书”与东南亚语言学习用书相互呼应，因此建立非通用语网上教学平台的条件已基本具备。2014年上半年，广东公司专门成立“非通用语数字教育事业部”，考虑到启动资金不足，与解放军外国语学院达成协议，由其制作网上教学课件，平台运行后双方对利润分成。

②完成“CloudBag云教育平台”项目阶段性研发。该项目系世图上海公司经过近两年的探索与实践确定的公司转型发展项目之一。2014年底，该项目已经在青岛落地，相关学校已成为青岛市教育局教育信息化的标杆示范学校，目前到示范学校观摩CloudBag云教育平台的学校已经超过150所，初步达成合作意向的学校超过10所。上海公司与海尔集团在教育信息化领域的战略合作也在有序推进中。这些都为有效实现世图上海公司数字出版经营的规模化发展打下了基础。

③其他数字化项目。继推出《妈妈爸爸在线》已至第21期、《珀利警车》项目后，上半年又完成260种电子书制作，正进行“豆豆1800”少儿立体出版产品制作，启动了医学数字期刊群研发工作。“绿色大业”全媒体出版项目：纪录片的拍摄工作已进入尾声，预计在2015年2月在电视台播出，届时将同步推出音像制品。相关主题的纸质图书也将于2015年陆续推出。

（八）做实“走出去”项目，力争实现“双效”

2014年，上海世图公司的《汉英工程词库》电子词典版权输出韩国，北京《家有儿女1》版权输出到韩国。

（九）相关机构调整工作

2014年12月，成功实施了北京公司与世图公司总部的合并，部门重组完毕，干部聘任到位。同时，集团为上市需要，正在进行西安世图公司与西安中国图书进出口公司的分立工作。

（陈　蕾）

现代出版社2014年工作综述

2014年，现代出版社发货码洋达到1.2亿元，比2013年增加了2 000余万元，发货规模大幅增长。一年中，市场占有率有5个月进入了全国前100名。销售收入超过5 565万元，回款收入达到4 437万元，比2013年增长1 341万元，利润363万元，比上年增长88%。全年共出版新书301种，生产码洋10 160万元，改造图书码洋639万元，重印图书码洋3 328万元。在中国图书评论学会与中央电视台联合评出的中国好书中，现代出版社出版的《等一个人咖啡》榜上有名，在中国作家协会评选的鲁迅文学奖中，现代出版社出版的《文学革命的终结》荣获理论奖。在中国出版集团评选的2014年度中版好书奖中，现代出版社出版的《疾风回旋曲》《战神粟裕》喜获嘉奖，并占据中版好书奖获奖作品的1/10。2014年，现代出版社在国家出版基金的申报方面，延续了2013年的好势头，申报了两个项目，即《彭修文作品集》《中国佛教藏书史研究》，均获得通过。

2014年，现代出版社的工作情况是：

①在人员没有增长的情况下，发货码洋实现26.89%的增长，利润实现80%以上的增长，人均码洋和利润的贡献率大幅提升。这一方面说明现代出版社的管理水平明显提高，另一方面也说明现代出版社的业务能力大大提高了。

②经过几年的尝试，现代出版社的选题结构越来越清晰，主营业务有了明确的方向。大众历

史、人物传记、时尚小说、音乐、漫画绘本、少儿读物，是现代出版社现在和未来相当长时间里要努力发展的产品线。

③编辑人员的业务能力明显提高。2014 年，现代出版社的国内组稿量增加，选题质量普遍不错。另外，编辑加工书稿、包装图书的能力明显增强，对图书的编辑越来越好。这为现代出版社今后的发展奠定了良好的编辑人才基础。

④自费出版工作出色。全年，自费出版的收入达到 550 万元，成为现代出版社编辑工作的一股重要力量。对自费出版的管理工作越来越严格。

⑤数字出版获得重要突破，取得了良好的社会效益和经济效益。作为中国移动手机阅读的运营商，2014 年，现代出版社在中国移动手机阅读平台上实现的销售收入达 331 万元。这是现代出版社与中国移动手机阅读基地大规模合作的第一年，能取得这样的业绩，是非常不容易的。这也坚定了现代出版社深入、持久地做好数字出版的信心。截至 2014 年 12 月底，除了持续做好中国移动手机阅读业务外，还开发适合儿童无障碍阅读的 APP 产品。

⑥发行部门在渠道建设上有新突破。在传统的地面店渠道和网店渠道之外，2014 年，现代出版社着力开发了机场书店和高铁书店渠道，并取得了很好的销售业绩。以《战神粟裕》为例，自 6 月份上市以来，这本书在机场和高铁车站书店销售了一万多册，占该书总销量的 1/3。另外，还加大了自营网店的开发力度，一直在筹备开发微店、淘宝店、天猫店。最近，微店刚刚上市。一上市，就取得了不错的销售业绩，每天销售一万码洋左右。淘宝店也即将上市。

⑦企划部组织了近百场营销活动，一方面有力地推动了纸本书的销售，同时，也很好地配合了数字出版部门的数字版权销售。另外，全年共发表书讯、书评 800 篇，促成连载 610 期，很好地宣传了现代出版社的品牌和产品。

⑧印制部门严格控制生产成本，成本率相对 2013年不升反降，2013 年，现代出版社图书的直接成本率为 17.94%，2014 年的直接成本率是 17.32%。成本率的降低，为现代出版社做足经营利润留出了更大的空间。另外，全年没有明显的产品质量问题，也是出版部同志努力工作的结果。

⑨总编室的工作在这一年里取得了较大进步。工作流程越来越清晰，工作的计划性越来越强。书号的申领与发放、书稿的审读流转、各种评奖材料的填写与申报等工作，都进行得有条不紊。版权引进工作做得也很有成绩，全年共引进版权 110 多种，有力地保障了图书生产的顺利进行。

⑩2014 年 7 月，现代出版社全面上线了云因 ERP 管理系统。针对物资资源管理（物流）、人力资源管理（人流）、财务资源管理（财流）、信息资源管理（信息流）集成一体化，对公司内部业务流程和管理过程进行了优化，主要的业务流程实现了自动化，提高出版社经营效率。ERP 系统的正式上线对现代出版社的管理工作来说，是一个具有标志意义的事件。管理将因此踏上一个新台阶。难能可贵的是，生产经营活动没有因为上 ERP 系统受到多大的影响。这和从事信息管理的同志的努力工作分不开。

⑪为了配合集团的上市，总经理办公室和财务部做了大量默默无闻的工作。内控文件的整理、起草工作，配合中介机构的审计工作，存在瑕疵的房产产权拆分工作，在人手短缺的前提下，均圆满地完成了任务。此外，在 2014 年里，资金筹措工作、人员招聘工作、编辑培训工作、老同志退休工作、党务工会工作等，也都取得了令人满意的成绩。2014 年 4 月现代出版社进行法人变更，法人由朱朝旭变更为臧永清。2014 年 12 月 22 日完成了现代出版社办公用房的产权变更手续。

（毛昆仑）

北京中新联科技股份有限公司 2014 年工作综述

2014 年，随着光盘销售情况进一步恶化，北京中新联科技股份有限公司（以下简称“中新联公司”）以管理和服务为重点，努力在逆境中提升企业竞争力。中新联公司通过盘活房产资源，压缩支出，精减人员等一系列措施，进一步扭转亏损局面。2014年中新联公司共生产光盘4 284万片，同比降低15％；全年营业收入4 194万元，同比降低4.05％。

2014年初，中国出版集团公司确定的“一主二重”和提高“六个竞争力”给中新联公司指明了努力方向和具体的实施要点。根据公司的实际情况，中新联公司领导班子经过缜密的思考和充分的讨论，制定了“控制风险，确保生存”的经营方针和“利用资源，找准方向，多种尝试，重点突破”的发展思路。

一、遏止亏损，稳中求变

得益于前两年辗转腾挪、盘活资源的举措，中新联公司同比上年增加400万元的房屋出租收入。但随着光盘市场萎缩的趋势明显，光盘加工业务急剧下滑，使中新联公司订单量锐减，产量比2013年降低15％。面对不利局面，中新联公司全体员工努力提高产品质量和服务水平，以期在竞争中取得相对优势。虽然订单量减少，但从降低风险的角度，中新联公司不能不惜代价地杀价抢订单，也不能随意生产来历不明的灰色订单。2014年下半年，中新联公司重点准备2015年的投标工作，通过品质控制、服务细化、成本控制提高竞争力；同时优化管理，根据市场销售情况调整资源配备，从人力、能源、设备、场地诸方面严格控制，保证主营业务不出现亏损。

由于历史原因和行业特性，中新联公司销售均有几个月的账期，上千万元的资金被占压，企业经营风险较大。中新联公司连续两年偿还贷款，2015年要启动新项目，资金紧张。面对困难，中新联公司一方面督促销售人员加速回款，严控支出，降低风险；另一方面随着光盘行业的重新布局，利用机会及时让资金回笼，保证拥有足够的可支配资金。

二、开阔眼界，寻找新项目

2014年，主营业务的衰退，促使中新联公司必须想办法积极自救，寻找新的经营项目。新的经营项目应该以能够充分利用现有设备资源和场地资源，有良好市场前景，有科技含量的项目作为首选；以利于前期投入少，降低转型风险；产品生命周期长，留足发展空间。经过多次讨论研究，中新联公司领导班子认为，光盘生产设备技术先进，是高精度激光雕刻、精密注塑、真空溅射金属镀膜和高速印刷等数项高精技术的集成组合，可以分别应用在很多领域。中新联公司通过各种办法开阔眼界，主动寻找发展项目。为此，中新联公司领导班子成员在年初就有计划地组织调研活动，通过网络查询；走访其他企业学习转型经验；召开技术研讨会和专家座谈会，研究新技术特点、实施要求和市场前景；参加展览会了解新技术市场等活动不断开阔眼界，了解技术详情。经过调研论证，中新联公司慎重地初步选定了几个有希望的发展项目，并在人才、合作伙伴等方面做了准备。

三、精打细算，合理分配人力资源

2014年，社会人力成本不断提高，特别是体力劳动者难以招募，成本提高更是迅猛。这样的情况迫使中新联公司必须想办法节约人力资源。中新联公司通过精细测算劳动量、精简生产流程，合理分配人力资源，同时加强对员工的培训，鼓励一专多能。任务紧急时，非生产部门连同领导干部在正常工作之余义务劳动，限时限量完成生产任务，以充分而有效的劳动去降低人力支出。

四、稳扎稳打，各项管理工作成效显著

1. 完成内部控制体系建设工作

2014年5月，中新联公司参加了中国出版集团公司召开的“内部控制体系建设启动会”，开展内部控制体系建设工作。6月，公司召开各部门中层以上干部工作布置会，将体系建设任务分配到各部门。期间，中新联公司完善了内部控制体系支持的相关文件制度，编制了《行政工作细则》《三重一大管理办法》《投资管理办法》《合同管理制度》等规章制度。12月，中新联公司完成内部控制体系手册编制工作和公司内控自

评价测试工作。

2. 紧缩支出，物业管理工作成果显著

为缓解公司经营生产中的资金压力，中新联公司总经理办公会决定开源节流，从各个环节压缩开支。2014 年，中新联公司积极协调供电部门，通过了石景山厂区变压器单路供电和马驹桥厂区暂停一路变压器用电的申请，一年可为公司节省 76 万元。石景山厂区物业部门与普利门公司协商使用电力设施，回收基础设施费用 57 万元。为保障管理好公司物业的租赁经营，中新联公司完善了石景山物业管理规定，明确区分了物业管理责任，建立了物业房屋租赁、水电、供暖收费等明细台账和催收办法。

3. 其他管理工作

（1）根据生产经营需要，中新联公司于 2014 年开始对下属三家子公司（北京新华动力能源科技有限公司、北京双盛科技有限公司、北京中新力科技有限公司）进行股权变更。并于 2014 年 5 月完成三家分公司股权变更工作。

（2）2014 年 1 月，中新联公司开始办理石景山厂区北厂房门牌确属工作。2014 年 8 月，北厂房房产确属认证工作已经完成了石景山区测绘单位的测绘审核及通过了北京市建委房屋测绘成果审核权属登记，并转报北京市建委进行下一步的权证确定工作。

五、贯彻落实群众路线教育实践活动

2014 年，中新联公司按照中国出版集团党组落实中央关于党的群众路线教育实践活动实施方案要求，成立了群众路线教育实践活动办公室，制定了公司的实施方案。在这次活动中，中新联公司领导高度重视，态度明确，从组织动员、组织自学、对照检查、查摆四风、组织民主生活会开展批评与自我批评、专项治理、建章立制到总结验收等阶段，历时半年，没有影响公司正常的生产经营，圆满地完成了各个阶段群众路线教育实践活动的各项内容，达到了预期的效果，民主评议满意度为百分之百。在专题总结会上，中国出版集团委派的督导组参加并对这次半年之久的群众路线教育实践活动在中新联公司的落实情况给予肯定并总结验收。通过党的群众路线教育实践活动、学习贯彻中央重要会议精神和习近平总书记系列讲话活动，使中新联公司领导班子在转变作风，深入群众，对“四风”等方面问题有了新的认识，持续强化的学习给公司带来了活力。

（黄　靖）

北京中版联印刷物资有限公司
2014 年工作综述

2014 年，北京中版联印刷物资有限公司在集团公司的正确领导下，在各出版社的支持下，以“增强六个竞争力”为目标，以“以企业、产品和服务为重点，进一步增强品牌经营的竞争力”为工作抓手，努力将党的群众路线教育活动成果转化为公司可持续健康发展的新举措，改革体制机制，努力扩大对外销售。全年共实现销售收入 42 115. 31 万元，完成了集团公司下达的目标任务。

一、主营业务情况

（一）统一思想，将品牌建设作为一切工作的出发点

2014 年伊始，公司召开了“企业发展”专题会议，会上就如何落实集团公司谭跃总裁提出的 2014 年度“一主两重”、“增强六个竞争力”的工作重点进行了讨论，立足公司发展实际情况，公司制定了 2014 年工作重点，即以企业产品和服务为重点，做强品牌企业，做响品牌产品，做优品牌服务。公司制定了一系列的针对品牌建设的规章制度，包括针对产品的样品名录、针对客户的分级制度、针对供应商的准入与退出制度等。这些看上去很小很细微的措施的实施，使客户看到了公司的专业与诚意，切实提高了公司的品牌竞争力。

（二）强化服务意识，以提高服务质量增强竞争力

中版联公司作为物流公司，市场竞争力主要取决于其服务质量的高低，因此，中版联公司始终将提高服务质量放在首要位置来抓。一是及时

了解客户需求，适时备货。定期向客户了解一段时间的需求，制定备货表，提前向生产企业和供应商订货及约定价格，既有效降低了纸张的采购成本，又充分保证了客户的生产用纸。二是信息共享，使客户了解市场动态。利用公司每月出版的《纸张印务资讯》发布纸张、纸浆等相关信息，为出版单位和用户提供一手的信息。三是为客户提供仓储、配送、裁切等服务。2014 年，中版联公司着力在扩大仓储面积，增强后续加工能力上下功夫。与一些仓储公司签订长期稳定的服务合同，将裁切、配送等服务或整合或分解外包给相应公司，以此提高中版联公司的服务的宽度。四是建立售后质量回访制度，承诺质量问题 24小时内解决。中版联公司由总经理助理全面负责客户回访制度并负责客诉问题，并向所有客户做出 24 小时处理售后问题的承诺，包括：24 小时实现退、换货；24 小时出具客户认同的解决方案；24 小时出具客户认同的补偿方案。售后服务水平的提高，显著提升了公司的市场竞争能力。

（三）拓宽业务领域，着力加大纸浆销售力度

公司的主营业务为纸张销售，纸张产品占资大，价格透明，利润较低，公司发展到一定的程度再拓展很难，必须寻找并建立新的经济效益增长点才能保持公司的增长速度。纸张的上游产品纸浆业务，由于公司人才储备充分，与纸张业务联系紧密，近两年一直是公司的重点发展对象。2014 年，公司着力加强纸浆销售力度，在人力配备及资金支持上给予大力支持，纸浆全年销售量达到 10 995 吨，同比增长幅度达到 369%。同湛江晨鸣浆纸有限公司、河南仙鹤特种浆纸有限公司、淄博新华纸业有限公司、东营华泰清河实业有限公司、济南银星纸业有限公司、龙口玉龙纸业有限公司等国内著名纸浆企业建立了供货合作关系。

二、管理工作情况

（一）开展人事和分配制度改革，增强人才队伍竞争力

提高人才队伍的竞争力是集团公司 2014 年度着力增强的“六个竞争力”之一，是企业发展的重要保障之一。中版联公司按照集团公司统一部署，5 月份启动了人事、分配制度双项改革。成立了改革领导小组，制定了改革实施方案，明确了工作重点，取得了预定的成效：规范了员工人事档案管理，建立了中层干部竞争上岗制度，建立了以岗位绩效工资为主的基本工资制度和以企业发展战略为导向、以企业效益为支撑、以市场价位为参考的工资总额预算管理办法。因为分配制度向一线营销人员做了倾斜，个人收入与劳动贡献、效益挂钩，极大地调动了员工的积极性，激发了企业的活力，提高了人才的竞争力。

（二）深化党的群众路线教育实践活动成果，加强党委工会共青团各项工作

1. 密切联系群众，切实巩固党的群众路线教育实践活动的成果

巩固党的群众路线教育实践活动的成果，建立长效机制，确保有关整改措施真正落到实处。进一步强化党员干部的群众观念，拓宽服务人民群众的渠道，继续坚持党组织和党员干部联系群众制度，帮助困难职工解决实际困难和问题。

2. 聚焦主责主业，切实推动党建工作与党风廉政建设

党支部工作以党建工作、党风廉政工作为重点。统筹推进党的建设，使党的工作和党的建设更加符合科学发展观要求，充分发挥了党员先锋模范、基层党组织的战斗堡垒作用。在党风廉政建设上，主要抓好以下几个重点：一是继续抓好党风廉政建设“主体责任”的落实。进一步履行领导责任，强化组织推动，加强教育监管，强化宣传发动，保持清正廉洁。二是继续落实好党风廉政建设“监督责任”。落实好集团公司关于纪检一系列的文件精神，让纪检工作聚集主业，一门心思抓好监督检查。

3. 服务群众，切实推动工会建设

工会工作围绕服务企业发展大局，建设员工信赖之家为宗旨，履行工会职能，维护员工权益，提高员工素质，创建和谐劳动关系，一是加强职工的宣传教育和思想引导。深入开展“讲文明、树新风”等群众性精神文明创建活动。二是

深入开展“抓典型、树正气”活动。评比优秀员工，充分发挥优秀典型的榜样标兵效力，营造全公司优秀员工的良好氛围。三是开展文体活动。精心准备，鼓励员工参加公司组织的各项文体活动，表彰取得成绩的员工。

4. 关注青年员工成长，切实推动团委建设

团委工作主要围绕带动青年、服务青年、促进青年成长成才等主题开展工作，注重青年素质的培养。例如组织公司青年职工进行羽毛球比赛、观看励志电影等，这些活动的举办在公司内部营造了积极向上的工作氛围，有利于青年员工的综合素质的提高，促进了青年员工的全面发展。

（三）坚持以人为本理念，加强企业文化建设

2014 年，公司遵循“以人为本，共同发展”的指导方针，以丰富多彩的培训、娱乐活动为载体，全面推进公司企业文化建设。一是树立学习楷模。通过举办“优秀员工”评选活动，评选出一批思想作风好、工作业绩突出的优秀员工，作为广大员工学习的楷模，激发员工的自身潜能和创新意识。二是突出人文关怀。组织开展全员健康体检，把温暖和关爱送到每一位员工身边；建立公司图书室，为员工打造学习的机会与氛围。三是丰富职工业余文化生活。通过职工喜闻乐见的娱乐活动，帮助员工减轻工作压力、焕发工作激情，培养积极心态面对日常工作。5 月份，组织员工开展趣味运动会，7 月份，以纪念党的生日为主题，组织员工观看励志电影，这些活动的举办，增进了员工的归属感，受到员工的普遍欢迎，增强了公司的凝聚力。（高　洁）

中版集团数字传媒有限公司 2014 年工作综述

2014 年，是中版集团数字传媒有限公司（以下简称“数媒”）全面改革发展的一年。在集团公司的领导下，公司成立“改革领导小组”，重新明确了打造集团公司“数字资源集聚中心、产品研发中心、数字出版市场拓展与商业化运作中心”的基本定位，围绕营收有“显著提高”的目标，按照集团领导对数媒公司提出的“市场化、集约化、公司化、专业化”建设要求，积极尝试市场化与公司化的运管与管理，调整组织机构，深化人事分配制度改革，在资源集聚、版权签约、产品研发、渠道拓展、市场化运营与管理方面均有所突破。全年完成营业收入 1443.13 万元，利润总额 43 万元。

一、资源积累量有所增长，可运营资源获取成重点

（一）基本完成“1251”目标，资源加工效率提升

开展资源集聚工作是数媒公司 2014 年重点工作之一。在集团科技与数字出版部部领导下，在各所属单位的积极支持下，多方式、多渠道获取资源，基本完成了“1251”目标。截至 10 月末，完成新增书目 1.2 万余种，超额完成任务指标 154 种；收集集团图书资源 51 528 种，超额完成任务指标 1 528 种，其中，集团各单位上缴 36 427 种，资源中心采集 15 101 种；全年共加工完成各种格式电子书 10 589 种。

资源加工方面完善了资源加工规范及加工流程，提高了数据的质量及加工效率。截至 2014 年 10 月底，加工各种格式电子书交付运营中心 9 050 种，交付后存在问题无法上线的 952 种，一次加工合格率为 89.48%；自加工 MARC 数据 24 632 种，超额完成 15 000 种任务 9 632 种；自加工电子书样本 16 626 种，超额完成任务 1 626 种。

（二）切合业务发展需求，多方引进资源

在运营中心、有声部、动漫部等各部门积极努力下，资源获取较 2013 年有所提升，可运营资源的获取成为营收突破的重点。

利用第三方渠道和自有渠道经营，积极加强和兄弟单位的版权资源拓展，除集团上缴资源经营外，拓展集团可运营资源共计 245 种，拥有第三方转授权；利用宣传置换、走访宣讲等手段积极加强与出版社的合作，签约出版类版权资源 4 760 种，其中有第三方转授权的 1 969 种；

利用中国作家协会提供的扶持名额、鲁迅文学院培训班选送资格培养网络作家，通过2014年深圳原创文学拉力赛的承办资格，积极拓展原创作品签约，全年共实现原创作品签约数量1 464种。

此外，通过自主拓展，获得丰子恺、张乐平、张小盒等20余位国内漫画家作品授权，并完成与中国质检出版社、咔咔动画等多个公司100余部系列作品的签约授权。

二、产品研发能力提升，多元化产品模式形成

（一）动漫产品客户端上线

2014年1月，《中华动漫》IPAD版客户端上线。经过一年的运营和推广，截至2014年底在苹果市场已上线作品300余本，付费作品120本，其余也已经制作完成，年底将有累计800余部精品故事漫画上线销售。其中，已完成30余部APP应用产品的研发，《秋天的水果》《倒转的时钟》《挖掘机》以及《开心球》系列等应用已在苹果商店上线。

（二）精品有声产品上市销售

开发精品有声产品成为2014年工作重点。一方面，根据已有资源主动策划有声产品，已制作完成了40种“名著名译有声版”，将与其纸书一起打包销售。另一方面，联合有关渠道针对性地策划有声产品，根据渠道需要，与渠道联合制作了包括《中国日志》六卷套（中国民主法制出版社版），“外国少儿优秀精选”丛书（人民文学出版社版）、“伟大的思想系列”（中国对外翻译出版公司版）等集团内出版物的有声产品约500小时，已经上市销售。

（三）互联网电子书正式出版

利用公司拥有的电子书出版、复制和总发行资质，根据现有资源，从2014年9月开始策划和编辑电子书，截至2014年底共出版电子书200本，并投入市场运营，预计还有300种计划出版。

三、努力建设自有渠道，多渠道拓展营销

（一）自有渠道建设完成

在自有渠道建设方面，以大佳网为基础建设移动大佳书城和wap站点，通过资源、用户以及各种数据的互联互通，实现多渠道统一运营成为2014年工作的重点之一。大佳书城互联互通项目于2013年12月正式启动，2014年3月完成整体方案设计及招标工作后，进入系统开发阶段，并于7月18日上线试运营。截至11月21日，大佳网共上传电子书4 738本，WEB页面已上线4 721本，安卓页面已上线4 719本，并将根据下一步运营需要，制定大佳网、大佳书城微博和微信的推广方案。

（二）多渠道运营带动销售

2014年，一般电子书已接入的渠道包括中国移动阅读基地、中国联通阅读基地、中国电信阅读、淘宝电子书、亚马逊、豆瓣阅读、腾讯、京东、91熊猫看书、塔读文学、百度、当当网、网易等16家第三方运营渠道。

其中，移动渠道成为2014年渠道运营方面的重要突破。2014年5月中国出版集团公司与中国移动阅读基地签署战略合作协议，短短几个多月时间，即完成中国移动阅读基地的阅读业务、动漫业务、图片业务和有声业务的接入，实现了资源多元化经营。截至2014年底，完成移动阅读基地图书241种，已经上传内容资源109种，13种重点书实现新书首发。其中，人民文学出版社新书《老生》，获得中国移动重点书20万元的保底金额以及6个月包内销售，创下了移动阅读基地新书首发保底及包内经营周期最长纪录。打通了集团成员单位资源在移动渠道运营的通道。

动漫产品完成了多看阅读、魔屏漫画、腾讯动漫、百度文库4家互联网渠道的授权合作，其中百度文库已上线作品50部。完成电信动漫基地对接，截至2014年底，已上线作品57部。腾讯动漫完成中版数字传媒有限公司专题专区建设，上线作品100部、1 000个章节，其中《鬼王钟馗》阅读人数突破300万。有声产品拓展渠道运营商15家、电台频道160余个，实现销售收入15万元。

通过与各成熟渠道的对接，了解各个渠道的经营特点，下一步将更有针对性地开展渠道

运营。

（三）新增图书馆渠道，拓展机构用户

2014 年 9 月新成立数字图书馆部，两个多月时间内，已经启动了开发建设中版古籍数据库平台和中版民国图书数据库平台的工作，通过多方获取古籍资源，积极与中国人民大学图书馆古籍部、首都师范大学图书馆古籍部、九江学院图书馆等机构用户联系，了解需求，截至 2014 年底已完成了古籍数据库版面设计的初步版本。

（四）充分发挥网络媒体影响力，实现视频商业化运作

2014 年，大佳网新书试读、集团官网、CBI 网站、视频部门组合成资讯中心，通过确保精品新书试读数量，专题活动和资讯联动，文字报道与视频同步营销等方式，充分发挥了网络媒体影响力，为集团及成员单位提供了及时高效的宣传推广，也实现了对公司电子书销售等业务的辅助营销作用。

集团官网更加注重报道及时性，全年上线各类资讯 2 478 篇，其中集团网原创新闻 1 812 篇，外部媒体报道 666 篇，使网站真正做到集团公司对外宣传的第一门户。

视频制作尝试提供有偿服务，10 个月完成各类视频成片 168 集，其中《史航说书》《大佳面对面》等自有产品 79 集，《作家视频》6 期，成员宣传片及其他专题片 21 个，集团内部与行业活动视频拍摄与整理 62 场，超额完成任务。同时积极与外部视频网站联系，使视频产品进入商业化运营。

四、开展项目申报、项目竞标与合作，努力寻求项目突破

2014 年，中版集团数字传媒有限公司完成了 2014 年度文化产业发展专项资金项目“中版集团特色书店 O—TO—O 综合运营系统”申报；完成与中国作家协会合作项目“网络作家视频拍摄服务”的协议签约；完成与深圳作家协会合作项目“第五届深圳原创网络文学大赛”的协议签署、大赛宣传及评审工作，截至 2014 年底已初步完成初审工作；获得国务院台湾事务办公室的“海峡两岸网络文学大赛”项目；通过市场招标方式获得中华书局中华古基础资源库项目第 3 包项目；获得国家新闻出版广电总局数字化转型升级项目标准制定等项目；以王大伟教授授权图书《家庭安全童谣》和《鼻涕猪与口水狼》系列作品为基础，与中国大百科全书出版社联合申报集团公司出版基金项目，研发全媒体少儿图书。借助这些项目和合作的开展，助推公司各条业务线正常有序发展。

五、加强管理，优化组织架构及业务流程

2014 年数字传媒公司进一步完善了各项规章制度，通过调整组织架构、加强绩效考核推动公司建设稳步发展。

（一）深化人事和分配制度改革

中版集团数字传媒有限公司根据新的定位，结合公司实际，在充分调研基础上，对公司进行了组织架构调整，将管理层级由原来的四层调整到三层，将原来 12 个部门归并到由 1 个管理中心、6 个收入中心组成的 7 个部门的组织架构，突出了公司主体业务及运营特点。以此为基础，按照各部门工作要求与岗位需求，定编、定岗。并按照公开、竞争、择优的原则，在全公司范围内开展员工的双向选择，较顺利完成机构及人员调整工作。考虑业务发展需要，于 2014 年 9 月增加数字图书馆部，形成了 1 个管理中心、7 个业务中心的组织架构。

为最大限度地发挥绩效考核的激励作用，2014 年 3 月对薪酬结构进行全面调整，确定员工薪酬由基本工资、岗位工资、绩效工资三部分组成。同时，推行目标管理责任制，部门的任务指标与薪酬挂钩，提升了员工的自我管理能力与公司管理效率。

（二）梳理业务流程，管理效率得以提升

2014 年以来，公司通过加强流程管理、控制成本等方面工作，大大提升了管理效率。梳理各中心职责，界定部门职责范围；重新设计各中心岗位，形成工作说明书；修订公司各项管理制度，重新出台了目标管理考核责任书、员工手册等制度；变革工作例会制度，变工作汇报为议题

讨论，便于有效监督各个流程进展情况。

同时，配合股份公司上市要求，有序、有效地开展了公司内部控制工作，经过多次讨论，制定完成《中版集团数字传媒有限公司内控手册》，形成了 14 项业务模块，共 70 个业务流程。

（李　铃）

中版教材有限公司 2014 年工作综述

2014 年，中版教材公司经营工作目标明确，重点突出。以国家教材改革为契机，着重增强产品内容竞争力，教材研发达到新高峰；结合股份公司股改上市，加强内控建设，加强流程管理；认真贯彻执行八项规定，严格控制不必要的支出，各项费用明显下降。

2014 年，教材公司践行集团公司确定的“六个竞争力”战略，创新经营管理思路，市场维持稳定，各项经营指标稳定，实现营业收入 4.26 亿元，比上年同期增加 3 600 万元，同比增长 9.23%，利润 1.16 亿元，比上年同期增加 1 200 万元，同比增长 10%。

（一）全面铺开产品内容不断创新

2014 年，教材公司以内容创新为抓手，着重增强内容产品的竞争力，教材研发达到新高峰。

一是《书法练习指导》通过教育部审定，正式成为国家教材，成为教材公司第一个拥有完全自主知识产权的产品，为以后数年公司发展提供了产品保障。

二是修订系列国家教材。协助相关出版社完成对初中《思想品德》及小学《品生》《品社》、初中《历史》的修订，通过教育部初审。

三是切实关注中小学生心理健康问题，结合《中小学心理健康指导纲要》（2012 修订版）和地方实际需求，开发《心理健康》地方版，并力争通过相关省份地方教材审定。

四是从党和国家维护民族地区团结稳定的大局出发，开发《新疆精神》读本汉文、维吾尔文、哈萨克文三个语种，弘扬“爱国爱疆、团结奉献、勤劳互助、开放进取”的精神。

（二）全力做开产品，营销进一步创新

2014 年，在常规市场回访、调研和教材培训的基础上，教材公司创新营销渠道，进行市场本土化建设，探索营销产品数字化，提升产业发展竞争力。

一是创新营销渠道。在国家教材继续保持稳定，书法教材暂缓启动国家教材计划的大环境下，力保原有国家教材市场稳定，开辟教材营销新渠道，与实力经销商合作，实行保证金制，由专业营销人员跟进管理，与教材直供互为补充。2014 年在保持人民版高中《历史》教材市场占有率第一的前提下，书法教材继续实现新的突破，发行码洋持续增加，使用省份达到 18 个，新增山东等省份使用。

二是市场本土化建设。在国家财政资金和自筹资金的双重保障下，继续推进中版教材全国发行网络中心项目，加快落地的营销分公司建设；教材内容注重体现地方特色，如《心理健康教育》地方版、《新疆精神》《书法练习指导》地方版的推出，教材落地更顺畅。2014 年市场本土化建设效益良好，《心理健康教育》通过地方教材审定，《新疆精神》实现全疆统一使用，《书法练习指导》地方版顺利落地。

三是探索营销产品数字化。在原有的中小学书法教学资源网的基础上，着眼于学习者的认知模式和学习方式发生的根本变化，及早进行务实行动，开发“中小学书法教育数字平台”APP 应用，以数字化手段推动传统文化传播，达到技术服务文化，多渠道盘活出版资源的目的。

（三）全面加强文化管理

2014 年，教材公司以企业文化建设为基础，以集团公司内控上市为契机，梳理各项规章制度，同时积极开展党群活动，增强企业凝聚力。

一是坚守“中版精神”，以“第二次创业”的勇气开拓教育出版新局面。2014 年教材公司在“胸怀理想，追逐梦想；攻坚克难，不断创新；公开公平，以人为本；团结一心，勇攀高峰”为核心内容的“中版精神”指引下，公司上下拧成一股绳，合成一股力，全力保持公司稳定、稳健发展。

二是为更好地贯彻执行中共中央“八项规定”，新制定加强财务管理的系列举措，严格执行差旅费开支标准和业务招待制度，厉行勤俭节约。

三是配合集团公司上市股改，对公司各项制度进行梳理，制定整改时间进度表；制定人事和分配制度改革方案，坚持“公平、公正、公开”的核心文化，强调“绩效优先，兼顾公平”的营销理念，充分发挥机制的激励作用。

四是发挥党团工会组织的凝聚作用，始终以关爱员工为党群活动的宗旨，组织各类党群活动，举办“香山论坛”分论坛、品牌经营战略系列征文、迎七一和万步走等活动，增强团队凝聚力，真正做到企业与员工共同成长，打造员工精神家园。2014 年两名员工获评集团公司“三个一百”优秀人才，一名员工获得集团精神文明优秀个人称号，一名员工获评集团“优秀女工”。

（四）持续提升品牌竞争力

2014 年，教材公司将人才队伍建设与提升品牌竞争力有机结合，在进行专业化队伍建设的同时，打造“教育出版”专业化品牌。

1. 加强专业化队伍建设

在保持高学历、高能力人才队伍的同时，持续引进接受过市场营销历练、有一线市场营销经验的高水平人才，引进有理想、专业能力过硬的优秀高校毕业生。对员工进行专业培训，新入职员工接受入职培训和岗位适任性培训，提高职业素养，提高人才队伍的竞争力，以专业化的市场推广和售后服务推广中版教材品牌。

2. 重视教学服务平台搭建

联合人民出版社、中华书局及教材编写组成功组织全国历史教学研讨会，搭建全学科教学研讨平台；结合弘扬社会主义核心价值观，加强青少年德育教育的需求，联合人民出版社、未来出版社和教材编写组举办全国首届德育学科教学研讨会。

3. 打造“教育出版”专业品牌

在高中历史、义务教育书法等单学科、单品种品牌的基础上，建立多学科、复合型“教育出版”整体品牌。在研发新教材及系列教辅时，选择一流作者、一流编辑，打造精品系列教材教辅，塑造品牌忠诚度，以品牌创新实现经济效益和社会效益。

4. 强化使用市场的专业化培训

组建一流培训队伍，完善以“教师培训、教学回访、教材评估、课题研究、基地交流、网络支撑”梯次推进的专业化服务体系，为使用我们教材的教师提供全面、系统、优质的专业服务。2014 年组织全国市场各级各类教师培训、回访 60 余场次，数千名教师参加。

（五）提出“二次创业”奋斗目标

2014 年 12 月 5 日，中版教材有限公司召开了新班子成立后首次全体员工大会。公司董事长、总经理樊希安在会上提出了“二次创业”的奋斗目标。

1. 经营目标

到 2020 年，力争年销售总码洋达到 10 亿元，年营业收入达到 6 亿元，实现年利润 2 亿元。

2. 管理目标

建立健全现代企业制度，建设政治坚定、业务精通的领导班子，初步建立科学民主的决策机制，努力在领导班子中形成民主决策、团结协作、积极进取、开拓创新的新风尚。

完善和优化人力资源、行政和账务管理制度，尤其是科学合理的绩效考核制度和具备足够吸引力的薪酬分配制度。

建立一支充满活力、有职业精神、讲奉献、能战斗的高素质员工队伍，尤其是精干高效的中层管理团队。员工总人数达到 100 人以上，产品研发和营销队伍健全。

建设健康高效、蓬勃向上的企业文化，形成内部信息和经验的分享机制。

3. 市场目标

初步实现全国各区域的市场覆盖，在此基础上，在同一区域市场内向不同客户群体，在同一客户群体内向不同消费需求持续渗透，以期最大限度地挖掘既有市场及客户群体的商业价值。

4. 业务创新目标

着力扩充有较大商业价值的教育产品种类。经营的产品类别，由中小学教材教辅逐步延伸扩展到其他教育服务产品。组建专业的研发队伍，切实提高教育类产品研发能力。建立教育服务市场信息收集和行业动态研究机制。在充分论证的前提下，探索开展教育培训和咨询业务。在数字化、网络化产品上狠下功夫，建立开放式的数字化教育平台。争取早日实现谭总提出的“中版教材公司要在数字化上走在前列”的期望。

樊希安还在会上提出了实现目标的具体路径和策略。通过“二次创业”，实现企业的升级和转型。（潘　健）

新华联合发行有限公司 2014 年工作综述

2014 年新华联合发行有限公司围绕集团公司“三六构想”的战略目标，在全体员工的共同努力下，在积极推进物流中心建设、推动企业经营工作等方面取得了新的成就。

（一）企业资本实力进一步壮大，资金状况明显改善

1. 资本合作为企业发展输血添动力

新华联合发行有限公司在 2013 年与江西新华发行集团有限公司、江苏凤凰出版传媒股份公司签署合作协议的基础上，2014 年进一步巩固合作成果，完成了股权重组的工商注册，新一届董事会完成换届选举。2014 年 5 月，股东缴纳全部认缴的出资。此轮重组共吸引新增资本 3.73 亿元，新华联合发行有限公司注册资本从 5 000万元增至 4 亿元，极大缓解了项目建设的资金压力，有效保证了 2014 年度工程建设的顺利进行。2014 年 11 月新华联合发行有限公司又启动了第二轮增资，新增资本 1.38 亿元。

2014 年 3 月，重组后的新一届董事会议召开，会议从行业发展趋势，新华联合发行有限公司的战略定位等方面为企业把脉。通过多元化的资本合作形成的利益共同体，使合作各方能够在发展思路、资源禀赋方面实现碰撞与融合，在碰撞中寻求企业发展的最大公约数，在融合中互相借力，扬长避短。

2. 企业财务状况良好

2014 年新华联合发行有限公司新增资本 3.73 亿元，中国出版传媒股份有限公司拨付财政部国有资本经营预算 3 000 万元。管理费用 830 万元，同比增加 162 万元；新华联合物流中心项目建设支出 2.78 亿元。通过盘活存量资金，科学理财，2014 年新华联合发行有限公司共计实现利息收入 1 372.86 万元，弥补了日常管理开支，实现盈利 543 万元。

（二）物流中心项目全面推进

1. 工程建设顺利推进

2014 年 4 月，新华联合发行有限公司工程建设全面铺开。在大干快干的过程中，新华联合发行有限公司遭遇了种种不可预见的困难，在回填土作业的高峰时段，地方管理部门做出了每天只允许两辆拉土的环保车出入工地的苛刻限制；在最佳施工季，为确保国家国际会议的举行，工程被迫停工 9 天。终经各方共同努力，奋力追赶，2014 年工程总体进展顺利。工程质量、工程进度都在受控范围，新华联合发行有限公司未发生一起重大安全事故，施工单位申报长城杯（全奖）初选通过。2014 年底前新华联合物流中心项目完成主体结构封顶，实现了年初制订的工程进度计划。

2. 招标工作合法有序

新华联合物流中心涉及工程、设备等各项招标 24 项，涉及金额近 4 亿元。全部通过公开招标方式进行。新华联合发行有限公司完成了 17 个分包项的供应商考察，考察业务领域包括货架、托盘、输送系统、叉车等物流设备，以及强弱电系统、电梯、装饰材料等，考察区域涵盖华北、华中、华东、华南、西南等大部分省市。

在考察的基础上，2014 年新华联合发行有限公司完成了托盘立库系统、货到人厢式立体库系统、输送线系统、高速分拣系统、货架存储系统、木质托盘、塑料周转箱七大物流设备的采购工作，以及消防工程、弱电工程、电梯三项专业分包工程的采购工作，完成招标额度近 2 亿元。

3. 信息系统开发工作有条不紊

新华联合发行有限公司在经过深入调研分析的基础上，于 5 月召开由各出版社参加的系统

需求报告会并通过需求评审，顺利进入系统设计工作阶段。设计阶段历时四个月，主要进行了订单管理系统功能界面设计、射频（RF）设计、报表设计等，并定义了物流管理系统与主要物流设备接口与出版社 ERP 系统（企业资源计划）接口，于 9 月顺利通过设计评审，进入系统开发阶段，并已完成收货、上架、发货等模块的开发。

在对中国出版集团公司所属的 15 家出版社信息系统使用情况进行调研的基础上，新华联合发行有限公司制定了物流管理系统与出版社 ERP 系统（企业资源计划）对接方案，并于 5 月初与北京云因信息技术有限公司签订技术服务合同，为系统对接提供技术服务，5 月底完成物流管理系统与出版社云因系统对接交换标准的制定。截至 2014 年 12 月 31 日，15 个主要接口中已调通并测试完成 9 个。

4. 光伏发电项目正式签约落地

4 月 23 日，新华联合发行有限公司与中国华电集团发电运营有限公司就新华联合物流中心屋顶太阳能光伏发电项目正式签署合作协议，装机容量可达 4 兆瓦，全部投资均由中国华电集团发电运营有限公司承担。项目投产运营后可为新华联合物流中心提供持续的清洁能源，并享受电价优惠，有效降低运营成本，提高新华联合物流中心在同类项目中的成本竞争优势，形成良好的经济效益与社会效益。

（三）企业经营工作稳健起步

1. 物流业务整合工作扎实推进

经过对中国出版集团公司所属各出版社库房租期、发货特点、系统应用、用工形式等情况的调研分析，新华联合发行有限公司制定了整体库房搬迁计划及人员安置方案，4 月，通过中国出版集团公司物流整合工作会正式向各出版社做部署动员，吹响了业务整合工作的集结号。

2. 物流中心招商推广工作破冰试水

一是新华联合发行有限公司围绕图书物流和第三方物流两大业务板块制定了详尽的招商计划和招商文件，并利用《中国出版传媒商报》《物流技术与应用》等纸质媒体，以及库房租售网等专业网站进行广泛推广。通过参加 2014 年北京图书订货会、中国电子商务与物流企业家年会、加入中国仓储协会等方式扩大行业交往，提高物流中心知名度，推广服务产品。

二是与中国图书进出口（集团）总公司达成战略合作意向。双方将合作建设国际出版物流通中心及保税仓库，提高新华联合物流中心的品牌形象和招商优势。

三是与北京京东世纪贸易有限公司、北京当当网信息技术有限公司等电商企业就实施“供应商管理库存”达成共识，着力推动出版社、批销商、分销商间的信息共享，使出版供应链成员之间的库存管理实现同步化运作，降低库存成本，压缩信息传递的时间，提高交易效率。

（四）企业管理工作向纵深发展

1. 内控管理引导企业管理水平提升

新华联合发行有限公司按照集团加强内控体系建设，防范企业经营风险的要求，设立了内控评估工作机构，对新华联合发行有限公司内控总体情况进行了摸底调查，根据风险等级程度先后就资金活动、资产管理、财务报告、全面预算、合同管理、信息系统等 21 项管理制度进行修改或制定。

新华联合发行有限公司充分利用信息技术提升内控管理水平。促成了办公自动化系统（OA 系统）的上线运行，使内部运营更加安全高效；对财务中心使用的用友系统新上线了预算管理和线上报销两个模块，实现了今后一切费用报销与预算计划进行自动比对和监控。

2. 提高财务管理的精细化水平

一是强化全面预算管理。在年初制定全年预算的基础上，增加各部门月度预算申报机制，通过对资金动态需求的实时把握，加强了资金管控能力，有效保障了日常支出和项目建设资金的使用。

二是制定了项目融资方案。为了弥补项目建设的资金缺口，新华联合发行有限公司与股东、银行、融资租赁公司等机构深入探讨了问题解决方案，确定了资金缺口融资的整体计划。

3. 深化人事和分配制度改革

遵照中国出版集团公司深化人事和分配制度

改革的总体要求，新华联合发行有限公司结合现阶段特点，于2014年内在部分领域推动了有关制度改革。

一是推进人员选拔的制度化。新华联合发行有限公司制定了员工晋级任用的制度性文件。在员工的提拔任用上，将组织提名与员工的学历水平、任职年限、业绩考核、群众评价等因素相结合，使人员的选拔任用在制度轨道上公开公平进行。

二是实行协议工资，吸引专业人才。在企业关键岗位关键人才选用方面，新华联合发行有限公司在常规薪酬体系外实行协议工资，以此提升岗位薪酬的市场化水平。

三是实行全员绩效考核。新华联合发行有限公司制定了以工作任务完成度为导向的绩效考核制度，对员工实行定量考核与定性评价相结合的年度考核。（魏　宁）

中版国际传媒有限公司2014年工作综述

2014年，中版国际传媒有限公司紧紧围绕集团公司“三六构想”的战略目标、增强“六个竞争力”的年度工作计划开展工作，将集团公司国际化战略推进会所提出的“六个要点”的要求落实到工作的每一个环节，在承办国际会展和国际选题策划方面取得了良好成绩。

截至2014年12月31日，中版国际传媒有限公司资产总计：668万元，较同期增加29万元，增幅5%，流动资产667万元，较同期增加30万元增幅4.7%，非流动资产1万元，较同期减少1万元，降幅50%。流动负债4万元，较同期增加3万元，增幅300%，所有者权益664万元，较同期增加26万元，增幅4%。

一、主要业务工作

受集团公司委托承办2014年4月份举行的第43届伦敦书展和10月份举行的第66届法兰克福书展，至此中版国际传媒有限公司已连续4年共7次成功承办集团公司组织参加的国际大型会展工作，国际会展工作已成为公司的核心业务。

（一）完成2014年第43届伦敦书展组团、设展、参展、版权洽谈和宣传组织等各项参展任务

2014年4月8～10日，中版国际传媒有限公司组成了以人民美术出版社社长汪家明为团长，集团公司国际合作部主任刘忠、中华书局副总编辑顾青为副团长的第43届伦敦书展参展代表团，代表团团员有人民文学出版社、中华书局、商务印书馆、人民美术出版社、人民音乐出版社等集团所属出版社版权经理、外向型编辑等。

此次书展，集团公司国际合作部与中版国际传媒有限公司共同策划，在集团公司展位举行了“中国出版集团公司与海外出版机构联谊酒会”，邀请到伦敦书展主席杰克斯·托马斯女士，著名版权代理人托比·伊迪先生，法兰克福书展副总裁柯劳迪亚女士、傅兰先生，企鹅兰登高级副总裁凯旋先生，DK公司彭恺玲女士等20多位嘉宾到场。

伦敦书展是世界出版商聚会的平台，重点开展专题调研也是中国出版集团各参展单位的主要任务。展会期间，参展人员利用这次参展机会对DK公司、菲登公司等进行实地考察与调研，深入了解了海外同行先进的选题策划理念、编辑模式、经营管理经验。

（二）完成第66届法兰克福书展组团、设展、参展、版权洽谈和宣传组织等各项参展任务

2014年10月8～12日，集团公司组成了由商务印书馆、中国大百科全书出版社、中国对外翻译出版公司等12家单位共18人的第66届法兰克福书展参展团，参展团成员有集团公司相关单位负责人、版权经理、编辑、记者，团长为中国对外翻译出版公司副总经理张高里。

在书展中，集团公司举办了多场主题活动，彰显中国出版集团公司实力。在集团公司展位举办与阿根廷出版商的恳谈会上，代表团团长张高里向阿根廷友人介绍了集团公司参展各出版社的情况。阿根廷图书基金会商业主管乔治代表阿方发言并邀请集团公司参加每年4月举办的阿根廷

国际书展。商务印书馆、中国对外翻译出版公司等单位分别与阿根廷出版商进行了深入沟通与洽谈，初步达成了一些合作意向。

与往年的法兰克福书展相比，第66届法兰克福书展总结了往年的参展经验，做好各项参展前的准备工作，加大宣传力度，成立了由《中国出版传媒商报》、大佳网及参展小组组长组成的宣传小组。参展前，《中国出版传媒商报》提前策划、出版了《中国出版传媒商报·法兰克福书展英文专刊》，介绍中国图书市场新发展现状，并于参展期间在集团公司展位现场发放，备受关注。大佳网策划制作了2014法兰克福书展线上专题，通过新闻稿和图片的形式，对集团公司的最新参展动态和展会盛况进行展现，并在专题焦点图、要闻区、网站首页等显著位置做出重点报道，宣传工作成效显著。

同时，各参展单位版权人员积极开展版权贸易和出版合作洽谈，版权洽谈输出成效显著，共实现版权输出317项，圆满完成各项参展任务。

二、国际选题策划

2014年，中版国际传媒有限公司继续与中国民主法制出版社合作，探讨国际选题策划与出版社之间合作的新模式，开展了《美国的圣战》和地缘政治三部曲《石油战争》《粮食危机》《金融海啸》精装本的策划工作。（茹　慧）

重大活动

ZHONGDAHUODONG

战略发展

中国出版集团公司传达学习全国宣传部长会议精神总裁办公会举行

2014年1月6日，中国出版集团公司举行总裁办公会，传达学习全国宣传部长会议精神。总裁谭跃、党组书记王涛分别传达了全国宣传部长会议精神，谭跃提出了贯彻落实中央精神的工作要求。集团公司、股份公司领导班子成员以及各部门主要负责人出席会议。

会议认真学习了刘云山、刘奇葆、雒树刚在全国宣传部长会议上的重要讲话精神。会议认为，中央关于突出抓好思想理论建设这个根本、切实提高舆论引导能力和水平、大力培育和践行社会主义核心价值观、扎实推进文化体制改革和文化发展、努力使宣传思想工作和宣传部门强起来等方面的要求，为进一步繁荣壮大出版产业，推动集团改革发展指明了前进方向，提供了政策遵循。学习贯彻十八届三中全会精神以及全国宣传部长会议精神，是当前和今后一个时期集团公司的首要政治任务，各级领导班子必须高度重视，紧密结合思想和工作实际，切实抓紧抓好。

会议对深入学习贯彻落实会议精神做出三点部署：第一，要认真学习精神要点，注意融会贯通，善于联系工作实际寻找结合点。第二，要更加重视出版导向管理，严格履行“国家队”的政治责任，近期要开展导向管理方面的专题研究，研究在集团出版总量不断攀升的新情况下加强导向管理的新思路、新举措。第三，要立足集团实际，将会议精神与2014年的工作计划有机结合起来，学以致用，以用促学。

（何　奎）

曹文轩儿童文学艺术中心成立发布会举行

2014年1月10日，“曹文轩儿童文学艺术中心成立”发布会在第26届全国图书订货会中国出版集团公司专区举行。中国出版集团公司副总裁李岩，人民文学出版社社长管士光，人民文学出版社党委书记、天天出版社社长刘国辉及全国多家少儿出版社社领导及电影频道、亚马逊、当当网等其他行业合作伙伴齐聚现场，祝贺“曹文轩儿童文学艺术中心”成立。

在发布会上，曹文轩介绍了中心成立的起源，并向曾经为他出版图书的九位出版社编辑颁发感谢奖。中国出版集团公司副总裁李岩致辞，他希望人民文学出版社、天天出版社在今后把握全版权运营方向，脚踏实地，将中心工作做大做强。社长管士光也表示，将全力支持“曹文轩儿童文学艺术中心”活动。刘国辉发表讲话并宣布了“曹文轩儿童文学艺术中心”的LOGO。国内五位著名童书出版社领导发言。

发布会上，天天出版社同时启动了“青铜葵花儿童小说奖”征选活动。该奖项每年举办一次，旨在鼓励具有高文学品质的优秀儿童小说创作尤其是长篇儿童小说创作，最高单项奖奖金为20万元。

（王芸菲）

中国出版集团公司传达学习全国宣传部长会议精神专题工作会议举行

2014年1月15日，中国出版集团公司举行传达学习全国宣传部长会议精神专题工作会议，再次全面传达学习全国宣传部长会议精神，重点部署导向管理工作。中宣部出版局副局长刘建生出席会议并讲话，总裁谭跃、党组书记王涛分别传达了会议精神，谭跃提出加强出版导向管理的工作要求，副总裁李岩通报了关于加强导向管理的具体意见。集团公司、股份公司领导班子成员、各部门负责人，所属各单位领导班子成员130多人出席会议。

会议认真学习了刘云山、刘奇葆在全国宣传部长会议上的重要讲话，传达了雒树刚关于落实好全国宣传部长会议精神的具体要求。会议认为，中央关于突出抓好思想理论建设这个根本、切实提高舆论引导能力和水平、大力培育和践行社会主义核心价值观、扎实推进文化体制改革和文化发展、努力使宣传思想工作和宣传部门强起来等方面的要求，为进一步繁荣壮大出版产业，推动集团改革发展指明了前进方向，提供了政策遵循。学习贯彻十八届三中全会精神以及全国宣传部长会议精神，是当前和今后一个时期集团公司的首要政治任务。

刘建生指出，集团公司要高度重视近期生活·读书·新知三联书店和《三联生活周刊》在导向管理上的违规事件，认真吸取教训，并提出了三点要求：一是珍惜今天。回顾往昔，今天的一切来之不易，不要忘记当初的困难和艰辛，要倍加珍惜今天的成绩。二是珍惜机遇。十八届三中全会给出版产业带来了新的历史机遇，集团要有足够定力，趁势而上，把握机遇，把集团做成文化人心中永不落的太阳。三是珍惜品牌。树立一个招牌容易，创一个品牌不易，形成驰名世界的名牌更不容易。集团作为在业界有示范效应的品牌，要更加珍惜自己的荣誉，准确把握敏感问题，确保出版导向安全。

谭跃强调，集团公司作为出版业的“国家队”，必须坚持正确的导向，坚守先进文化的责任，首先要在思想上正确处理好三对矛盾。一是导向一元化和思想多元化之间的矛盾。改革开放激发了思想活力，但导向管理须臾不能放松。一方面允许不同思想之间的学术讨论，另一方面必须严格政治纪律、组织纪律、出版纪律。二是导向正确与市场需求的矛盾。在社会效益与经济效益不一致的情况下，必须坚持把社会效益放在第一位。三是品质格调与规模增长的矛盾。作为出版企业，丢掉了内容质量，也就丢掉了经济增长。要守住政治导向、文化追求和质量品质，这是集团的立身之本。

谭跃指出，集团在导向管理上必须坚持六个意识。一是大局意识。必须以维护大局、维护国家利益为己任。二是底线意识。不打擦边球，不踩底线，坚守出版纪律。三是阵地意识。必须坚持正确的政治导向、思想导向，要懂大局、知大事。四是担当意识。坚决拒绝错误思想，坚决抵制犯规违纪行为，在原则性问题上不打情义牌，为国家发展传播正能量。五是问题意识。要严格三审制，健全问责制，让每个人在导向管理上都具有强烈的问题意识和责任意识。六是表率意识，我们在政治导向、文化追求、内容品质上要有荣誉感，要做全国出版界的表率。

谭跃强调，全集团尤其是各出版单位必须明确三点：导向是帅，其他都是车马炮；文化是本，其他都是枝和叶；政治导向是1，其他都是后面的0。他提出了加强导向管理的“六个必须”：必须坚持主要领导负责制、分管领导责任制、业务部门三审制；必须坚持把导向第一作为发展成绩的衡量标准；必须坚持把正确导向、政治纪律、组织纪律作为选人用人的衡量标准；必须坚持重大选题报备；必须严格执行中宣部、国家新闻出版广电总局或有关部门提出的要求；对于出现的导向问题，必须分清情况、酌情处理，不搞下不为例。

李岩提出了加强导向管理的三条具体意见。一要开展导向隐患的排查。各单位要按照全国宣传部长会议精神，对2013年申报完成的选题、2014年正在申报的选题予以全面排查。二要理清正确社会导向与正常经营工作的关系，理清集团总部与出版社的导向管理关系。企业的发展必须坚持导向是底线、生命线、发展线的宗旨，坚持社会效益第一的原则。集团总部要进一步健全规章制度建设，帮助各单位查遗补漏，增强把关功能。各单位必须严格遵守重大选题备案程序，对现实敏感题材严格把关，把导向隐患控制在最前线。三是严格八项措施。要加强选题计划论证，严格执行三审制、重大选题备案制，坚持书号实名申领，健全集团总部、各出版单位审读机制，加大教育培训力度，加强规范合作出版，完善导向问责机制。（何　奎）

中国出版集团公司总裁谭跃一行到天天出版社调研

2014 年 1 月 23 日上午，中国出版集团公司总裁谭跃一行 5 人到天天出版社调研。人民文学出版社党委书记、副社长、天天出版社社长刘国辉，天天出版社总编辑叶显林向谭跃汇报了天天出版社 2013 年度的重点工作。谭跃对天天出版社取得的成绩给予充分肯定，并对天天出版社的工作及其长远发展做出指示。

刘国辉主要汇报了天天出版社 2013 年完成的六项重要工作，如“曹文轩儿童文学艺术中心”“中国儿童阅读优化基地”等，同时还分析了天天出版社目前的优势与不足以及下一步发展面临的问题。

谭跃指出，天天出版社作为一个新进入少儿出版领域的出版企业，在激烈的市场竞争中呈现出很好的上升趋势。天天出版社应抓住机遇，认清自己的优势和劣势，用“切割分析”的方法与同行竞争对手进行比较，找准企业的发展方向，明确发展目标；设计有效的管理机制，作为企业发展的原动力，靠管理激发企业的潜能，运用现代管理的手段经营企业，用锐意改革的精神开拓进取。

谭跃要求天天出版社要把中国出版集团公司、人民文学出版社作为自身发展的重要依托和坚强后盾，充分利用集团化带来的优势，做好发展规划，谋划切实可行的项目，扎扎实实地稳步发展。（王芸菲）

中国出版集团公司 2015 年主题出版工作会议召开

2014 年 1 月 26 日，中国出版集团公司举行 2015年主题出版工作会议。总裁谭跃主持会议并讲话，副总裁李岩介绍了 2015 年主题出版工作计划，集团公司、股份公司领导班子成员出席会议，人民文学出版社领导班子全体成员参加会议，总部和本部办公室、财务部、出版部、国际部负责人列席会议。

谭跃指出，对于主题出版，集团要在六个方面继续下功夫：一是在思想认识上下功夫，要认识到主题出版是内容创新的富矿；二是在重点项目上下功夫，要遴选一批重点选题；三是在专业化、学术化、大众化上下功夫，要构建品牌特色的主题出版风格；四是在机制上下功夫，要完善机构设置和激励机制；五是在人才队伍上下功夫，要建立一支主题出版人才队伍；六是要在宣传营销上下功夫。他还提出了近期工作要求：第一，开好主题出版研讨会，统一思想、凝聚共识；第二，召开主题出版经验交流会，加强内部沟通和经验共享；第三，在纪念抗战胜利和反法西斯战争胜利 70 周年之际，组织主题出版成果发布会，创新发布方式；第四，抓好主题出版培训，增强导向管理意识；第五，制定《中国出版集团公司关于推进主题出版的若干意见》，在春节后印发。

李岩介绍了集团 2015 年主题出版的基本设想、基本目标和选题情况，表示将尽快完善四项机制：一是研究机制，近期成立内容建设委员会，召开专门研讨会；二是保障机制，将主题出版提升为集团一级产品线，加大 2015 年专项资金支持力度，组织专门人才培训；三是营销机制，通过中版好书榜、新媒体平台、宣传组合等方式加大宣传推广；四是考核机制，将主题出版纳入双效业绩考核体系，设立集团主题出版奖。他同时布置了 2015 年主题出版的八项重要工作。

人民文学出版社社长管士光汇报了该

社2015年主题出版选题情况，介绍了著名作家王树增的《抗日战争》以及《西长安》《二战记忆丛书》《荒原上的母亲》等进展情况。其他出版社领导从品牌经营角度提出了做强文学领域主题出版的建议。

2015年，集团公司19家出版单位初步策划了330个主题出版选题。其中，关于“中国梦”的选题60个，关于践行社会主义核心价值观的选题35个，关于“一带一路”的选题13个，关于依法治国的选题13个，关于纪念抗战胜利和反法西斯战争胜利70周年的选题54个，关于纪念长征胜利80周年的选题8个，关于纪念西藏自治区成立50周年的选题15个，关于纪念新疆维吾尔自治区成立60周年的选题16个，其他关于贯彻党的十八大精神、解读国家政策、分析社会热点的选题110个。以上选题已有一部分出版或即将出版。商务印书馆《中国道路丛书》部分产品的版权，已由国际著名出版集团施普林格输出到欧洲主流社会；华文出版社《我们误判了中国》出版才1个月，便登上《光明日报》2014年1月份畅销书排行榜。（何　奎）

中国出版集团公司2014年度工作会议召开

2014年2月20～21日，中国出版集团公司召开2014年度工作会议。国家新闻出版广电总局副局长阎晓宏、中宣部出版局局长郭义强出席会议并讲话。中国出版集团公司总裁谭跃做2014年度集团工作报告，党组书记王涛主持会议并做会议总结。国家新闻出版广电总局出版管理司司长吴尚之、中宣部改革办公室副主任朱涛、中央文化企业国有资产监督管理领导小组副主任胡帆，中宣部出版局图书处处长何瑞、中央文化企业国有资产监督管理领导小组综合处处长湛志伟、中宣部干部局干部处副处长柳杰等出席会议。集团公司、股份公司、所属各单位领导班子成员，集团公司总部、股份公司本部各部门负责人参加会议，总部和本部处级干部列席会议。

谭跃做了题为《切实贯彻党的十八届三中全会精神，努力将群众路线教育实践活动成果，转化为集团实现“三化目标”的新举措》的工作报告。报告分为三个部分。第一部分从六个方面总结了2013年工作：一是以群众路线为根本全面改进作风，为民务实清廉的观念进一步增强。二是增强了导向管理意识，“国家队”的文化引领作用更加突出。在第三届中国出版政府奖、第四届中华优秀出版物奖等10个衡量出版业绩的重要指标上位居全国第一。各单位普遍认识到：导向是帅，其他都是车马炮；文化是本，其他都是枝和叶；政治导向是1，其他都是后面的0。集团提出了导向管理的“六项必须”和“八项措施”，要求各单位严格执行三审制、重大选题备案制、书号实名申领制，严格遵守政治纪律、组织纪律和出版纪律。三是营业收入利润总额增长势头良好。2014年实现营业收入90亿元，同比增长30.87%；实现利润11.98亿元，同比增长92%；资产总额126亿元，同比增长19.88%。四是重点数字平台和重点项目效益初显。“易阅通”集聚160多万种数字资源，“译云”上线运营，全集团数字出版销售收入突破4.6亿元。五是国际化工作的动力势能进一步形成。在“中国图书对外推广计划”2012年度综合考核、经典中国国际出版工程入选数等3项指标上均获全国第一。六是企业的内生动力和人文氛围进一步增强。启动“三个一百人才”的选拔工作，举办各类培训班11次，累计培训829人次，向各地基层单位捐款捐书累计约3 200万元。

第二部分结合贯彻落实十八届三中全会精神，从三个方面探索了集团特色的改革之路。一是增强改革意识，改革既是文化繁荣发展的必由之路，也是集团公司繁荣发展的必由之路。二是明确改革目标，正确导向是根本追求，激发活力是基本取向，促进增长是重要目标，组织创新是必然选择，以人为本是发展核心。三是加强改革统筹，把握好文化导向和市场导向、弘扬传统和改革创新、产业规模和质量效益、效率与公平、顶层设计和尊重实践、把握方向和掌握节奏六种关系。在论述中提出了一些创新性思考，如“要善于将党的群众路线结合产业发展，更好地体现为作者路线、读者路线和员工路线”，“既开启经济增长的发动机，又踩好企业稳定的减震器”。

第三部分提出了 2014 年工作定位是“一主两重”，即以深化改革为主动力，以推动重大项目突破、做响做强重要品牌为重点，“增强六个竞争力”：一是以落实“创新十策”为重点，进一步增强内容生产的竞争力。要正确处理社会效益与经济效益、品质格调与规模增长的关系，增强大局意识、底线意识、阵地意识、担当意识、问题意识、表率意识，坚决守住出版物的政治导向、文化追求和质量品质。要严格执行各项出版管理制度，严格遵守政治纪律出版纪律；建立健全集团和各单位出版审读小组，加大敏感选题把关，加强质量事故追究问责。二是以经营管理和重大工程为重点，进一步增强产业发展的竞争力。三是以企业、产品和服务为重点，进一步增强品牌经营的竞争力。四是以重要平台商业化运营为重点，进一步增强数字出版的竞争力。五是以落实“六个要点”为重点，进一步增强国际传播的竞争力。六是以机制创新和企业文化建设为重点，进一步增强人才队伍的竞争力。

王涛在会议总结中，结合集团公司年度工作报告的内容，对 2014 年度集团公司的工作提出了具体要求：一要坚持不懈地把握正确出版导向和文化品格。解决导向问题，首先要解决好思想认识问题，要认真学习习近平总书记系列重要讲话精神；二是唱响集团公司“增长，增长，再增长”的经营工作主旋律，推动集团公司更快更好地持续发展；三要坚定不移地深化改革。2014 年集团公司要召开品牌创新会议，各单位要因地制宜，一社一策，突出集团公司品牌的集群作用。四要切实抓好党风廉政建设。要组织各级领导班子认真学习党规、党章、党法，开创集团公司党风廉政建设的新局面。

会议安排了集团公司重点项目介绍。李岩对主题出版、重点工程、策划营销、奖项参评、纪念活动、外向型项目六方面的重点项目提出了具体要求，中国大百科全书出版社、中国图书进出口（集团）总公司、荣宝斋、中国对外翻译出版公司、东方出版中心、北京乐群房地产开发有限公司、新华联合发行有限公司、新华书店总店等就各自承担的重点项目做了介绍。（何　奎）

东方出版中心产业园区建设项目资金支持协调会召开

2014 年 2 月，上海市长宁区政府领导率领长宁区政府相关部门负责人到东方出版中心现场办公，与东方出版中心共同商议给予东方虹桥国际创意出版产业园区相关政策资金支持事项。在上海市长宁区政府相关部门关心下，东方出版中心立体机械车库已申报上海市长宁区建设和管理委员会专项资金补贴。东方出版中心产业园区建设推进办公室还与长宁区虹桥地区、中山公园功能拓展办公室建立了对接机制，定期或不定期沟通情况，交流信息，研究工作，共同推进东方虹桥国际创意出版园区建设。（金洁蓉）

中国出版集团公司加强出版导向管理座谈会召开

2014 年 3 月 3 日，中国出版集团公司召开加强出版导向管理座谈会。总裁谭跃出席会议并讲话，副总裁李岩主持会议。集团公司所属 17 家图书出版单位、中国图书进出口（集团）总公司、《中国出版传媒商报》、大佳网以及《当代》《三联生活周刊》《读书》《文史知识》等期刊的主要负责人、总编辑、分管出版的领导出席会议。集团办公室、出版部有关人员以及各出版单位总编室主任参加会议。

谭跃对进一步加强集团导向管理工作提出了四点要求：一要讲政治、顾大局。要增强党性观念，用政治的眼光看问题，确立服务大局的思想。始终清醒地认识到，对于集团公司而言，导向是帅，其他都是车马炮；文化是本，其他都是枝和叶；政治导向是 1，其他都是后面的 0。二要管阵地、带队伍。要坚决守住出版阵地，加强队伍的理想信念教育，提高队伍的忠诚度和纯洁性。三要守纪律、听招呼。要严格遵守政治纪律，明确执纪责任，做到一级对一级负责。四要健制度、强执行。要健全落实好各项管理制度，全面提升制度的执行力。集团公司要制定《关于集团公司进一步加强导向管理的若干意见》，完善审读制度，每半年开展一次重大选题备案制和“三审制”执行情况的检查，对执行不力的单位和个人予以严肃处理，既要当好“预警员”，又要当好“啄木鸟”。

谭跃强调，作为出版“国家队”，集团公司是出版界的一棵“大树”，站在高处，在行业内有着文化示范效应，在社会公众中起着舆论风向标的作用。这就需要我们更加增强导向意识，加强导向管理，在唱响主旋律、壮大主流舆论方面发挥主力军作用，在围绕中心、服务大局方面发挥表率和示范作用。同时，各单位要统筹好坚持正确导向与促进经济增长的辩证关系，把握好导向既是生命线又是发展线的辩证关系，处理好管住导向与激活动力的辩证关系。

李岩在总结中提出了具体要求：一是要坚决执行重大选题备案制度、书号实名申领制；二是要加强审读环节，完善审读机构，落实印前审读机制；三是要对全体编辑人员尤其是中青年编辑开展政治思想和出版导向专题培训；四是各单位要召开班子专题会，将会议精神传达贯彻好，一把手必须切实履行导向管理上的“一票否决权”。

集团出版部主任张贤明传达了国家新闻出版广电总局有关工作会议精神。

19 家单位汇报了加强导向管理方面的思路与举措，对 2014 年的敏感选题进行了全面分析。据初步统计，2014 年度的敏感选题和在制品分为三类：第一类是坚决撤销的，如人民文学出版社撤销了《鲁迅在 1957》，东方出版中心撤销了《东亚史》《越南史》等；第二类是已申报重大选题备案的，大约 60 余种，如涉及外交题材的《中印文化交流百科全书》、涉及党和国家领导人题材的《大英雄本色》、涉及统战题材的《郝柏村解读蒋介石日记》、涉及宗教题材的《宗教文明品析丛书》、涉及重大历史事件题材的《中国改革开放新时期年鉴》等；第三类是准备履行重大选题备案手续的选题，大约 30 余种，如《俄国解密档案：中苏关系》《微观新疆》《全球华语大词典》等。

在加强导向管理制度举措上，集团公司总部将完善审读制度，聘请多名经验丰富的专职人员进行审读，同时将报刊选题纳入审读范围，做到关口前移，及时预警。人民文学出版社建立了涵盖不同学科门类的 5 人审读室；商务印书馆将召开全体编辑大会，重点开展导向管理专题培训；中华书局将开展针对年轻编辑和新进编辑的专题培训；中国大百科全书出版社将严格选题把关，强化社内外专家共同审读机制；中国美术出版总社将加强校对人员把关能力的培养；生活·读书·新知三联书店决心杜绝“打擦边球”的错误思想，树立“导向管理的标准对谁都一样”的正确观念，专门新设审读机构；东方出版中心、华文出版社、现代出版社、世界图书出版公司等单位也都成立了由社领导牵头的审读机构，加大敏感选题的把关力度，对政治导向和思想倾向错误的选题实行“零容忍”。（何　奎）

中国出版集团公司加强出版导向管理专题会议召开

2014 年 3 月 15 日，中国出版集团公司召开专题会议研究制定加强导向管理的具体措施，严把导向关、内容关、质量关。

一是组织集团公司和所属单位领导班子成员以及《当代》《读书》《三联生活周刊》《文史知识》等期刊的负责人，认真学习贯彻刘奇葆3·10批示精神。各单位将召开不同形式会议，向中层干部和全体编辑全面传达批示精神，要求大家牢固认识到：导向是帅，其他都是车马炮；文化是本，其他都是枝和叶；政治导向是 1，其他都是后面的 0。

二是严格清理 2014 年的敏感选题和在制品。对存在严重错误导向或内容过于敏感、涉及国家外交政策的选题，予以坚决撤销，如《鲁迅在 1957》《东亚史》《越南史》等；对涉及党和国家领导人、外交、统战、宗教、重大历史事件等题材的选题，严格履行重大选题备案手续，如《中印文化交流百科全书》《东欧史》《郝柏村解读蒋介石日记》《宗教文明品析丛书》《赵朴初传》等；对部分涉及敏感词条或错误用语的选题，予以退改，直到符合出版要求为止，如《中国“文革”十年中的音乐》等。

三是起草制定《关于集团公司进一步加强导向管理的若干意见》，要求各单位进一步健全导向管理制度、建立专门审读机构；认真履行三审三校制和重大选题备案制度；完善质量检查机构，开展定期培训；加强与民营合作的风险管控，严把终审权和印制监督权；加强事故责任追究，对于相关责任人的处理要毫不含糊。

四是成立集团总部审读小组，加大重点选题把关。集团拿出专项审读经费，按照学科门类不同，从人民文学出版社、中华书局、商务印书馆、中国大百科全书出版社等聘请5～6名经验丰富、业务精湛的离退休老专家专职审读，加大各类敏感选题的把关力度，切实做到关口前移、提前预警，充分发挥“预报员”的功能。

五是在3月中下旬组织两期学习习近平总书记系列重要讲话精神专题培训班，对全集团处级以上干部开展导向管理专题培训，邀请中央党校专家和有关管理部门的负责人讲授当前导向管理的热点、难点和注意事项，进一步牢固树立“导向正确重于泰山”的思想观念。同时，推动各单位加强中青年编辑的导向管理知识培训，切实让广大新入职编辑、中青年编辑牢固树立“研究无禁区、出版有纪律”的思想，牢固树立“在出版‘国家队’的平台上，坚决不给错误思想提供任何传播渠道”的思想。

六是将在2014年年中和年底开展两次重大选题备案制和三审三校制执行情况的检查，抽查三审三校原始记录，尤其是对复审、终审把关不严、流于形式的将予以通报批评，对长期执行不力、导向隐患较大的个人予以严肃处理，对出现重大导向质量事故的主要负责人一票否决，充分发挥“啄木鸟”的作用。（何　奎）

中国出版集团公司副总裁潘凯雄出席新华书店总店2014年度工作会议

2014年3月21日，新华书店总店（简称“总店”）召开了2014年年度工作会议。中国出版集团公司副总裁潘凯雄出席会议并讲话。

潘凯雄代表集团公司党组和总裁班子讲话。他首先宣读了总裁谭跃在新华书店总店2014年年度工作报告上的批示：“院生同志的报告思路清晰，目标明确，措施有力。希望总店的同志们进一步突出工作重点，进一步统筹各方，咬住中心环节，抓住、抓紧、抓实、抓出成效，为振兴总店打下坚实基础。”潘凯雄在讲话中充分肯定了新班子成立以来的工作，对总店经过全面深入调研形成的发展思路高度评价。

潘凯雄对总店下一步的工作提出要求：一要深刻认清形势，将总店转型发展之路置于深化改革、产业发展以及总店现状这三个背景之中，科学把握发展思路；二要发挥延安精神和新华精神，为总店发展注入强大的精神动力；三要咬定盘活存量资产、推动产业转型的总目标，切实抓住、抓紧、抓实、抓出成效。潘凯雄强调，总店领导班子要抓住2014年和未来一个阶段的重点工作，总店员工要齐心协力，共同开创总店美好明天。

（张　倩）

中国出版集团公司“深化人事和分配制度改革”工作会议召开

2014年3月28日，中国出版集团公司召开“深化人事和分配制度改革工作会”，对深化人事和分配制度改革工作做出部署。总裁谭跃做报告，党组书记王涛主持会议。集团公司、股份公司领导班子、各部门负责人，所属企业负责人、分管人事财务工作的负责人，各企业人事财务党群部门负责人等120余人参加了会议。

谭跃做了题为《扎实推进企业内部改革为集团的现代化、大型化、国际化配强动力机制》的报告。第一部分是树立改革的担当精神。要以“一代人有一代人的使命、一代人有一代人的担当”的意识，肩负起深化转企改制、建立现代企业制度、努力建设国际著名出版集团的历史任务。第二部分是明确改革的基本思考。要以“激活文化创造活力和激发人才创新活力、增强两个效益”为具体目标，努力培育一批传承文明、记录当代、长久流传的精品力作，培育一批含弘、致远、永不凋零、基业长青的著名品牌，培育一批以书立人、以书报国的出版家和企业家。要把握好文化导向和市场取向、做大蛋糕和分好蛋糕、激活存量和做大增量、抓住两头和带动中间、整体推进和一企一策、谋定后动和立改立行 6 种关系。第三部分是抓住改革的重点环节。集团的改革包括领导机制、管理机制和经营机制三大机制改革。人事制度和分配制度作为改革的重点环节，要以人才选用、员工管理、结构优化、培养、晋升、考评、调节、激励、成本、福利 10 个机制的创新为基础，以“六个完善”和“六个加强”为主要措施，解决好 12 个关键问题。

在人事制度改革方面，一是完善竞争上岗制度，推动领导干部竞争选用机制、现有职工全员竞岗机制、新进人才公开竞聘机制。二是完善劳动合同制，高度重视同工不同酬、在岗不在编的问题，要有约定条款，妥善处理劳动争议和历史遗留问题。三是完善人才队伍结构，注重年龄、知识、能力、素养、性格、气质等结构因素，注重构建老、中、青人才结构，注重外部引进与内部培养的结构。四是完善分层分类培训，对优秀人才给予培训、深造、国际交流等形式的奖励和资助，鼓励中青年骨干人才带薪学习、带薪攻读学位。五是完善四类岗位体系，建立管理、专业技术、经营和工勤服务四类岗位体系，设置岗位等级，拓宽职工晋升通道。六是完善师徒制和首席专家制，在集团内逐步造就一批学养深厚、影响较大的著名学者。

在分配制度改革方面，一是加强岗位绩效考核。绩效工资要坚持绩效导向，奖优罚劣、奖勤罚懒。岗位工资与绩效工资浮动比例达到薪酬总额的 70%。二是加强职工收入增长联动。企业效益增长的，职工整体收入一般应视情况同步增长；企业负责人薪酬增幅应低于职工平均工资增幅；职工收入不增长的，企业负责人收入不得增长。三是加强重点人才激励。对于关键岗位人才，按照高于行业和市场平均水平确定薪酬。探索资本、知识、技术、管理等生产要素按贡献参与分配方式。四是加强特殊人才激励。对新领域新实体的创新人才，探索实行股权激励、岗位分红、项目分红等；对急需引入的紧缺人才，实行协议工资制；对“三冷人才”实行文化津贴制度。五是加强工资总额管理。按照“效益升、工资升；效益降、工资降”的原则，合理确定企业工资总额和职工工资水平，提高人均盈利能力和人均效益水平。六是加强企业福利体系，根据实际情况为员工建立企业年金、补充医疗保险、体检、住房补贴等福利性项目。

王涛在总结中指出，各单位要认真贯彻落实会议精神，树立改革担当精神，处理好改革过程中的六个关系；按照集团部署的“路线图”和“时间表”，制定本单位的改革方案，切实落实《中国出版集团公司推动所属企业人事、分配制度改革 30 条》（简称“改革 30 条”），争取年底取得明显的改革成效。

会上，商务印书馆、中华书局、中国大百科全书出版社、中国图书进出口（集团）总公司、荣宝斋 5 家单位，分别就中层管理人员竞争上岗、借助外力开展薪酬体系调整、首席专家制度、骨干人才选拔激励、强化绩效考评等主题介绍了经验。

会议要求各单位 2014 年底基本完成两项制度改革，为集团公司全面深化改革打好基础。集团将在 12 月份召开两项制度改革阶段性交流总结会，督促检查“改革 30 条”的落实情况。

会议印发了《中国出版集团公司推动所属企业人事、分配制度改革 30 条》和《中国出版集团公司所属企业工资总额预算管理办法》。

（何　奎）

中国出版集团公司做大少儿出版专题会召开

2014年4月10日，中国出版集团公司召开做大少儿出版专题会。总裁谭跃出席会议并讲话，副总裁李岩主持会议。集团所属18家出版单位的主管领导、总编室主任及相关编辑室、期刊社负责人共60余人参加会议。集团出版业务部主任张贤明及相关同志参加会议。

谭跃对全国和集团少儿出版的历史和现状进行了梳理、分析，做出"三大"、"三小"、"三个不相称"的市场整体判断。就集团外部的全国少儿板块而言，是市场份额大、增长幅度大、发展空间大；就集团内部少儿出版而言，是板块相对小、影响相对小、贡献相对小。外部、内部相比较，集团少儿出版现状，和集团的历史传统不相称，和集团的现实地位不相称，和市场的实际需求不相称。

谭跃指出，要牢记叶圣陶、冰心等先辈的教导，"不要把孩子们看成十分幼稚，不要把出版孩子的书当作轻而易举的事"，"慎重处理好孩子的书"，做大做强做响集团的少儿出版。第一，慎重处理好在内容的积极健康上；第二，慎重处理好在图书的质量品质上；第三，慎重处理好在选题的适应市场上；第四，慎重处理好在我们的历史回顾上；第五，慎重处理好在市场的分析判断上；第六，慎重处理好在务实发展的举措上。谈到务实发展举措时，谭跃强调，一定要抓一个总体目标，抓若干领军人物，抓一批选题规划，抓几个机制创新，抓内容的多元化、多媒体运用，抓集团总部、本部和成员单位之间的战略战术协同。

李岩在总结中指出，本次会议是集团成立12年来首次召开少儿出版专题会，是集团落实"三·六构想"和2014年度工作会议精神的重要举措，提出少儿板块是集团17条产品线中最具成长性的板块，是必须拿下的战略高地，要求各单位以这次会议为契机，认真贯彻落实会议精神，学习借鉴先进单位好做法、好经验，不断推动少儿出版工作的发展。

张贤明认为会议吹响了集团做大少儿出版的集结号，通报了国家新闻出版广电总局出版物质量管理座谈会的会议精神。

中国大百科全书出版社、中国美术出版总社、中国对外翻译出版公司、现代教育出版社、现代出版社、天天出版社6家出版单位的代表，在会上做了典型发言，介绍了《中国儿童百科全书》《漫画中国历史》《凯蒂的文化艺术之旅》《牛津经典童书》《百年儿童文学点评书系》以及曹文轩儿童文学艺术中心等重点少儿出版项目，并对未来三年少儿板块的发展规划做了重点说明。会议邀请北京开卷信息技术有限公司总经理蒋艳平针对少儿出版的整体市场、竞争态势以及中国出版集团少儿图书市场竞争力做了专题报告。出版部还就加强出版物质量管理、"五个一工程"图书报送等工作做了布置。（孙照海）

中国出版集团公司2014年第一次数字化工作联席会召开

2014年4月11日，中国出版集团公司召开第一次数字化工作联席会。参加会议的有集团数字资源集聚工作领导小组成员和所属单位数字出版部门负责同志共40余人。会议由股份公司科技与数字出版部主任周清华主持，集团公司副总裁潘凯雄出席了会议并讲话。

会议首先由科技与数字出版部对前一阶段资源集聚情况和存在的问题进行通报，并就集团2014年数字资源收缴工作安排等事宜进行了布置。

中版集团数字传媒有限公司总经理赖雪梅对资源加工、版权费支付情况、集约化运营规划和市场营销策划等进行了介绍。

中国图书进出口（集团）总公司常务副总经理张纪臣介绍了中国图书进出口（集团）公司易阅通平台的经营模式、面向对象、目前资源聚合和运营等情况。

集团公司副总裁潘凯雄就资源集聚和运营工作提出了要求。他在讲话中指出：数字内容集聚是集团实施数字化战略的一项重要基础工作，2014 年的重点就是抓落实，集聚工作要抓好、资源收缴要抓实、集约经营要抓出成效，各单位对此项工作要高度重视。

会议还就资源集聚与运营中的一些实际问题进行了研讨，对后续一些具体工作进行了安排。

（史　政）

中国图书进出口（集团）总公司外文书店重装开业

2014 年 4 月 22 日，中国图书进出口（集团）总公司外文书店重装开业，并举办了“外版直供，国际同步阅读”主题活动。中宣部出版局副局长、巡视员刘建生，新闻出版广电总局出版管理司司长吴尚之，中央文资办副主任张希慧，北京新闻出版广电局副局长梁成林，中国出版集团公司总裁谭跃出席活动，并为书店重装开业揭幕。中国出版集团公司副总裁、中国图书进出口（集团）总公司总经理刘伯根致辞。海外驻华使馆人员，企鹅兰登书屋、汤森路透、牛津大学出版社等海外著名出版社负责人，国家图书馆、首都图书馆等图书馆界负责人及部分读者代表参加了活动。

中央电视台著名主持人董倩、著名诗人西川、电影动画制作人字文莉、漫画家白松等现场畅谈了个人阅读体验及对中国图书进出口（集团）总公司外文书店的深厚感情。

刘伯根在致辞中指出，中国图书进出口（集团）总公司外文书店经过重新设计布局，形成了一个全新的文化空间，呈现 5 个特色：一是外版书刊原版直供，实现国际同步阅读，所有产品均由中国最大的出版物进出口企业——中国图书进出口（集团）总公司直接供应；二是全品种销售，包括期刊、图书、音像制品，也包括动漫和衍生产品；三是零售和订购直供相结合，前台零售产品近万种，通过书店征订，后台的中国图书进出口（集团）总公司可凭借遍布全球的派送网络，快递提供 30 多万种外版读物；四是体现数字化的时代特点，把青少年外文阅读、外语培训、动漫娱乐、创意体验、咖啡休闲结合在一起，构成惬意、舒适的文化空间；五是体现国际化的时代特点，为中外朋友提供双向交流平台，搜集海外需求，促成更多更合适的中国出版物通过中国图书进出口（集团）总公司走向世界。

作为中国出版集团公司品牌书店系列活动的第一站，中国图书进出口（集团）总公司外文书店将全力打造集购书阅读、休闲生活、文化推广、素质教育四个功能于一体的新型文化结合体，共分为 7 个主题馆：“尚刊集”提供了北京最全的外刊品种，在售期刊近 300 种，可征订期刊 3 万余种；“美书馆”在售外版图书超过 7000 种，其中艺术类超过 1000 种；“原音汇”初期上架音像制品 1000 余种，是北京唯一一家销售全品种进口外版音像制品的实体书店；“源漫社”联手日本最大动漫衍生品连锁店 ANIMATE 公司等，汇集 1000 多种外版动漫书；“纸品的美好”凸版印刷创作工作室为书店礼品、创意产品提供高端个人定制服务；“雕刻时光咖啡馆”为书店提供了优雅的情调和舒适的环境；“米亚艺术阅读馆”为青少儿提供英语、艺术、音乐等方面国际化教育。

中国出版集团公司所属三联韬奋书店、涵芬楼、灿然书屋、中国大百科全书出版社百科书店、北京朝花书画社总社连环之友书店、人民文学读者服务部、人民音乐读者服务部、北京荣宝斋咖啡书店、现代书店等 10 家品牌书店也将开展形式多样的读书服务活动，为进一步做大做响做强集团品牌奠定基础。

（郑　甜）

中国出版集团公司与中国移动集团公司签署战略合作协议

2014 年 5 月 27 日下午，中国出版集团公司与中国移动集团公司在中国移动手机阅读基地（杭州）签署战略合作协议，双方计划在数字阅读的内容创新、模式探索、运营推广等领域展开深入合作，致力于推动中国数字出版产业的发展繁荣。中国出版集团公司副总裁李岩、潘凯雄，中国移动集团公司副总裁沙跃家等出席签约仪式。李岩与沙跃家分别致辞，潘凯雄与沙跃家分别代表双方签署战略合作协议。

根据协议，双方将在以下几个方面展开深入合作：一是深化内容合作，联合开展经典图书专项合作，策划优质、重磅新书首发，加强对手机图书、手机杂志、手机漫画、手机教育等精品内容的传播；二是联合模式创新，针对手机特点对优质内容进行数字化改编和定制，推动数字出版形态再造，探索众筹出版等新模式，并联合拓展行业应用等新领域；三是面向移动互联网联合开展运营推广，例如联合开展线上线下名家品牌活动，合作推广“和阅读榜中榜”，尝试探索实体书与电子书捆绑销售等 O2O 新模式。双方期望通过强强联合，在数字出版领域尤其是移动阅读领域，树立新的产业标准，培育新的阅读品味，开拓新的业务领域，在加快产业转型和新业态发展的同时，更加积极地营造健康向上的阅读氛围，更好地承担文化责任、体现社会价值，并为大力推进中华文化走向世界，提供跨媒体运营的业态转型新模式。（史　政）

中国出版集团公司做实出版管理专题会召开

2014 年 5 月 29 日，中国出版集团公司以“做实出版管理”为主题，分别召开出版工作会议和审读工作会议。集团公司副总裁李岩受谭跃委托出席会议并讲话，出版业务部主任张贤明主持会议。集团所属各出版单位总编室主任 20 余人参加出版工作会议，集团审读工作小组成员及集团所属各出版单位审读室主任 30 余人参加审读工作会议。出版业务部全体人员列席会议。

副总裁李岩在出版工作会议上指出，各出版单位总编室在集团出版工作中具有举足轻重的地位，是维持各单位出版主业正常运转的关键纽带，是集团和各单位之间畅通交流的重要桥梁，今后集团与各出版单位总编室之间要加强日常工作的沟通交流。他对各出版单位总编室负责人提出四点要求：一是关注出版导向，二是打好业务基础，三是重视职业规范，四是提高管理水平。

在审读工作会议上，李岩介绍了集团的审读工作机制。他指出，做好出版物审读工作具有十分重要的意义，关系到国家安全和社会稳定，关系到国民教育以及人民群众的精神消费质量。他对集团各出版单位的审读工作做出两点要求：第一，各出版单位审读室对本单位的合作出版图书进行全品种审读；第二，对重大选题备案图书加强审读，对关注当下热点社会现象、热点社会问题的图书加强审读。

在出版工作会议上，国家出版基金规划管理办公室综合处处长刘兰肖就各出版单位如何做好国家出版基金申报与项目管理工作进行了现场讲座指导，出版业务部综合处、项目处、宣传处的四位处长分别就重大选题备案、书号实名申领、重点项目申报、报刊宣传等日常工作中需要注意的问题，与各出版单位总编室负责人做了交流。在审读工作会议上，中华医学会继续教育部部长游苏宁等专家作为集团审读工作小组的专家成员，分别就审读工作中需要注意的问题、如何写书评和参会者做了讲座交流。（姜锐刚）

中国出版集团公司总裁谭跃赴 6 家所属单位开展品牌建设调研活动

2014 年 6 月 3～9 日，中国出版集团公司谭跃总裁带队，分别赴中国出版集团公司所属人民文学出版社、商务印书馆、中华书局、人民音乐出版社、生活·读书·新知三联书店和中国图书进出口（集团）总公司 6 家品牌单位开展品牌建设调研活动。谭跃发表讲话，刘伯根主持调研会。中国出版集团公司品牌建设领导小组办公室成员陪同调研。

谭跃在听取了各单位关于品牌建设的汇报后，有针对性地提出了明确要求。对于人民文学出版社，要出好书、出人才、出名气、出新招、出效益和出影响。要多出精品，弘扬正能量。对于商务印书馆，一要在数字化方面探索股份制运营，争取在新领域、轻资产、技术团队和专业人士中率先试点员工持股；二要在国际化方面树立更远大的目标；三要多做品牌兼并扩张的研究。对于中华书局，一要加大核心人才的宣传力度；

二要兼顾不同行业的特殊性，建立品牌考核指标体系。对于人民音乐出版社，一要融合好的内容资源；二要融合新技术，进行数字化；三要融合优质资本；四要积极融合市场。对于生活·读书·新知三联书店，一是强化品牌维护与营销；二是强化品牌兼并与扩张；三是强化品牌集群与品牌旗舰；四是以三联品牌为典型在集团公司内推广。对于中国图书进出口（集团）总公司，一是做大做强进口业务，做响做开出口业务；二是积极寻求有价值的并购资源，通过资本连接国际市场。

谭跃在各单位调研时都强调，品牌是集团的核心竞争力，品牌经营战略是集团“六大战略”的综合抓手。品牌建设既要修炼“内功”，又要做足“外功”，把中国出版集团公司作为政治组织、文化组织和经济组织的特征有机结合。各单位要善于总结经验，打造出“大家品味、大众口味”的品牌产品，从市场化、数字化、国际化三大趋势中实施品牌建设。一要加强市场化的程度；二要积极探索数字出版新业态；三要积极做响做开国际文化影响力，但审慎做大国际产业。

谭跃还布置了下一步重点工作：一是中国出版集团公司主要成员单位要做好品牌建设计划，形成中国出版集团公司品牌战略规划；二是组织高质量的品牌单位交流会；三是各单位要向中国出版集团公司提出品牌建设建议和需求；四是制定品牌建设的指标体系。

刘伯根对各单位的品牌建设工作也分别提出建议：人民文学出版社要做好结构调整、扩大产品线、经典重组和版本多样化工作；商务印书馆要在数字化和国际化方面做大文章；中华书局要创新发展手段，做好产品和服务；人民音乐出版社应在音乐出版的大众化和数字化方面多做努力；生活·读书·新知三联书店要把《三联生活周刊》打造成具有国际影响力的期刊；中国图书进出口（集团）总公司要做“走出去”的排头兵。

人民文学出版社社长管士光、商务印书馆总经理于殿利、中华书局总经理徐俊、人民音乐出版社社长莫蕴慧、生活·读书·新知三联书店总经理樊希安、中国图书进出口（集团）总公司常务副总经理张纪臣分别介绍了本单位品牌建设经验，并制订了品牌建设计划，表示将从机制创新、制度建设、品牌产品、品牌服务、人才建设等多方面进行重点突破。（郑　甜）

中国出版集团公司总裁谭跃率集团品牌战略工作办公室到人民音乐出版社进行调研

2014 年 6 月 3 日，中国出版集团公司总裁谭跃率集团品牌战略工作办公室到人民音乐出版社调研并举行座谈会。副总裁刘伯根主持会议，办公室主任路英勇、出版工作部主任张贤明、资产经营部主任周锡培、证券与法律事务部主任刘禹参加会议。人民音乐出版社领导班子莫蕴慧、郭文山、杜晓十、杨伯勋、周群及全体中层干部参加会议。

社长莫蕴慧首先对人民音乐出版社品牌的内涵价值、品牌定位、经验战略、落实措施进行了全面汇报。她提到，经过几代人的努力，人民音乐出版社已经成长为大众生活中、专业领域内一个具有启蒙、传承、开拓精神内涵的品牌；“用音乐记录历史，用出版记录音乐”既是人民音乐出版社品牌的核心价值，又是人音人的职业追求；“责任第一、质量第一、诚信为本、读者为先”已经牢牢成为人民音乐出版社的品牌定位；全社各个业务板块都形成了表现良好的子品牌，在读者和作者中树立了良好的口碑，并将进一步深耕细作，抓好品牌质量和品牌整合工作。

谭跃认真听取了工作汇报。他指出，人民音乐出版社本身就是品牌，多年来能够在音乐、出版、教育等领域树立影响，在注重专业性的同时打破局限性，既做到了专业化，又实现了与专业紧密关联的多元化，这样的经验和做法值得深入总结。他强调指出，人民音乐出版社的领导班子已经实现平稳的交接转换，全社改革发展稳中有升，正在努力实现从传统出版到多媒体出版的转换、从国内市场向国际市场的转换。他希望人民音乐出版社在“三个转换”的基础上，进一步巩固教材教辅、学术图书、音乐期刊三个“高地”，努力实现大众化、数字化、国际化的三个突破，着力在“三高”与“三化”上做好文章。

（胡　健）

中国出版集团公司总裁谭跃率集团品牌战略工作办公室到人民文学出版社调研

2014 年 6 月 4 日，中国出版集团公司总裁谭跃、副总裁刘伯根、办公室主任路英勇以及集团品牌办公室成员一行到人民文学出版社调研。人民文学出版社社领导和部分中层干部参加了调研会。调研会由集团公司副总裁刘伯根主持。

会上，社长管士光代表社务会、社党委就人民文学出版社品牌的历史、品牌内涵及核心价值、品牌经营的经验等做了详细汇报。之后，其他同志也作了补充。集团公司调研小组成员就人民文学出版社品牌经营工作提出许多宝贵的意见和建议。谭跃还针对大家发言不时插话，就某些问题进行深入阐发。他要求人民文学出版社与相关研究机构合作，研究制定文艺出版社评价体系和标准，不要单纯将经济指标作为品牌的衡量标准，而是要将“社会效益”量化、具体化、指标化。

最后，谭跃发表讲话。他指出，人民文学出版社的历史地位决定了必须坚持把品牌经营作为重要的发展战略，我们有责任、有义务将品牌维护好，而且要不断创新，将品牌不断发扬光大。要善于在发展趋势中找准问题，一是要做数字化的主角；二是要抓住文化“走出去”的必然趋势；三是要进一步适应改革的要求，在资本合作层面寻求突破。他希望人民文学出版社要特别重视与作者的关系，找到新办法；要特别重视研究新技术，以重点项目为突破，做好内容提供者的角色；作为文学出版国家队，既要出版代表国家形象的图书，又要符合市场需求，努力做到“大家品位、大众口味”。他还表示，对于重大项目和重点图书，集团公司会给予大力支持，在资金资助等方面加大投入。

（王芸菲）

中国出版集团公司总裁谭跃率集团品牌战略工作办公室到中国图书进出口（集团）总公司调研

2014 年 6 月 4 日，中国出版集团公司总裁谭跃、副总裁兼中国图书进出口（集团）总公司总经理刘伯根、副总裁潘凯雄以及集团品牌办公室成员到中国图书进出口（集团）公司调研。中国图书进出口（集团）总公司领导班子成员参加调研会。刘伯根主持会议。

谭跃做了重要讲话。他指出，中国图书进出口（集团）总公司的品牌在集团公司品牌建设中具有特殊性。集团公司和中国图书进出口（集团）总公司需要着重研究三个方面的问题：一是着重研究中国图书进出口（集团）总公司的特殊性问题。二是着重研究进出口业务与出版业的打通问题。三是进出口并重，进口业务要做强做大，“走出去”要做响做开。近几年，中国图书进出口（集团）总公司一直在努力“走出去”，但遇到了瓶颈，就是国外市场对中国出版物的需求问题。中国出版集团公司有个鲜明的优势就是有中国图书进出口（集团）总公司。中国图书进出口（集团）总公司要重点研究如何与出版业务打通，做到内部打通，外部合一，以集团化的方式“走出去”，中国图书进出口（集团）总公司的“走出去”要侧重于并购和大文化贸易；尤其是要寻求像会展这样有价值的并购对象，通过控股去连接，做大，做出效应。

他强调，中国出版集团公司的品牌建设是把品牌单位的系统管理建设好。维护好这些品牌，新的历史责任是创新这些品牌。品牌建设的重点是如何把子品牌建设得更强。中国图书进出口（集团）总公司品牌的创新点是国际化、数字化、市场化。

刘伯根指出，中国图书进出口（集团）总公司要结合自身特点，积极贯彻落实谭跃指出的“品牌建设的核心是单位，中心是落实到产品和服务上，重点是改善和完善管理与营销，关键是建立品牌体系”。他要求，中图公司品牌建设要与业务开展紧密结合，品牌战略推进领导小组成员要积极提建议，出主意，想办法，建体系。

潘凯雄指出，中国图书进出口（集团）总公司的品牌营销力度需要加强，在国际化、数字化背景下，在历史形成的品牌基础上，要进一步提炼品牌内涵，形成独特理念，尤其是要着重研究如何打造“易阅通”品牌，形成新的、符合时代特色的品牌。

中国图书进出口（集团）总公司常务副总经理张纪臣代表公司做了“提升挖掘品牌潜力　构建中图品牌集群”的专题汇报。党委书记吴伟、副总经理朱朝旭、副总经理梁建瑞以及品牌战略推进领导小组有关成员做了发言。

集团公司调研团队就“易阅通”、集团内部品牌资源整合等问题与中国图书进出口（集团）总公司参会人员进行了交流。（朱宝元）

中国出版集团公司总裁谭跃率集团品牌战略工作办公室到中华书局调研

2014 年 6 月 5 日，中国出版集团公司总裁谭跃率集团品牌战略工作办公室到中华书局进行调研，与中华书局领导及部分中层干部座谈，共同探讨中华书局品牌战略问题。座谈会由中国出版集团公司副总裁刘伯根主持。在听取了中华书局总经理徐俊、副总编辑顾青、副总经理余喆、副总编辑冯宝志等所做的汇报后，谭跃发表了重要讲话。他首先肯定了中华书局品牌战略方面的基本思路，认为中华书局的判断准确，措施到位。其次，他强调中国出版集团公司有别于其他出版集团，要承担历史和未来的责任。谭跃还指出，中华书局做文化要认清行情，唯今之计要做到市场化、数字化、国际化。最后，谭跃对中华书局提出两点要求：细化考核指标；注意通过各种渠道宣传推荐书局人才，把老社、名社进一步做成大社、强社，使之更具文化影响力。多名中国出版集团公司中层干部陪同调研。（刘　溆）

中国出版集团公司总裁谭跃率集团品牌战略工作办公室到商务印书馆调研

2014 年 6 月 6 日，中国出版集团公司总裁谭跃率集团品牌战略工作办公室成员一行到商务印书馆进行调研。商务印书馆总经理于殿利率商务品牌战略工作领导小组成员、宣传和营销人员等参加了调研会。调研会由刘伯根主持。

于殿利就商务印书馆品牌战略工作的实施情况做了《品牌：创新缔造价值》的主题汇报。他结合大量的事实和实例作为依据，重点介绍了商务印书馆近年来在品牌建设和创新上取得的突出成绩。他提出，品牌要不断融入新的时代精神，这样品牌才能保持长久的生命力。他围绕“价值创新是品牌的核心”、“强化品牌文化，扩大品牌影响力”和“品牌形象的传播”三个方面将商务印书馆在品牌建设、维护和创新方面的主要思路和具体措施进行了深入的分析。

刘伯根总结商务印书馆的品牌建设，一是品牌和产品、服务精明干练；二是产品线清晰，品质高，有坚守；三是品牌建设与企业发展结合得好；四是品牌建设积极主动，意识自觉；五是有发展空间，在数字化和国际化方面大有可为。

谭跃在讲话中对商务印书馆的品牌建设进行了高度概括和肯定。他指出，商务印书馆在对品牌内涵的认识和外延的理解上都充满着实践的思考，又举出很多案例，有宏志、有气魄、有思考、有动作，也有成效；品牌维护得好，创新得好，思考得好，落实得更好，转化为实际的行动；在正确继承传统的同时在诸多创新方面有了突破，传统的桂冠正在嵌上创新的宝石，历史的积淀中正在融入时代精神，文化巨人正在发出市场的声音。对于如何理解出版新趋势，他强调，第一是市场化，第二是数字化，第三是国际化。他还总结了当下重点做品牌战略建设工作的重要意义，品牌是“督”，要牢牢抓住品牌建设这个核心。对下一步如何把品牌做大，要制定一个完整的品牌战略规划；要与其他品牌单位进行交流和借鉴；在品牌的兼并和扩张上再下一点功夫，通过品牌做资本运作以获得更多的社会资源。

调研会上，商务印书馆品牌战略工作领导小组成员就品牌建设方面的具体措施、实施情况和遇到的困难等，与集团品牌调研团队进行了深入的交流。集团公司品牌调研团队针对商务印书馆在品牌建设方面提出了许多宝贵的意见和建议。

（冯 雪）

东方出版中心举办中国出版集团公司2014年“香山论坛”分论坛

2014年6月9日，东方出版中心举办中国出版集团公司2014年“香山论坛”分论坛，围绕“改革品牌竞争力”主题，就企业发展的热点问题、焦点问题谈经论道，各抒已见。东方出版中心总编辑李智平，副总编辑祝新刚，党委副书记、纪委书记、副总经理董玲出席论坛。各部门、单位负责人（助理）、副高以上职称，工会、团总支及部分团员青年参加了论坛。

董玲代表领导班子首先致辞。她真诚希望“香山论坛”成为员工解放思想，集思广益的舞台，凝聚起全体员工的智慧，共谋发展良策，加快推进事业发展。

论坛以访谈形式进行。在论坛主持人张芝佳的介绍下，7位同志围绕“改革品牌竞争力”主题先后发言，同与会同志分享见解，回答观众提问。

祝新刚就论坛的顺利开展，以及丰富性、创新型和实效性做了点评，并就如何实现图书主业发展的新突破提出了几点意见。（金洁蓉）

中国出版集团公司党组书记王涛赴4家所属单位开展品牌建设调研活动

2014年6月10～12日，中国出版集团公司王涛书记带队，分别赴所属中国大百科全书出版社、中国美术出版总社、中国对外翻译出版公司、荣宝斋4家品牌单位开展品牌建设调研活动。党组书记王涛发表讲话，副总裁刘伯根主持调研会。中国出版集团公司品牌建设领导小组办公室成员陪同调研。

王涛在听取了各单位关于品牌建设的汇报后，分别提出了明确要求。对于中国大百科全书出版社，一要巩固百科核心品牌，开拓其他品牌；二要时时关注百科“三版”的进展；三要做好大百科全书的少数民族文字版和地方版。对于中国美术出版总社，一要有强烈的危机意识和品牌经营意识；二要总结好经验，找到品牌建设的规律性；三要开阔眼界和思路，服务好作者和读者，做多元化经营；四要做好数字化和国际化建设工作。对于中国对外翻译出版公司，一是要继续强化中译翻译的传统优势，开发潜在客户；二是中译出版要立足中国市场，做好外向型出版业务；三是“译云”平台要有忧患意识，紧跟时代潮流，做好升级转型。对于荣宝斋，一是要尽快做好品牌管理手册；二是要做好官方网站，聚拢网络客户，促进网络营销；三是要确立“五年十店”的品牌合作标准；四是做好《300年间荣宝斋》的电视剧改编工作；五是做好大型的宣传营销活动；六是积极做好股改上市的筹备工作；七是要做好两大基地的建设工作。

王涛在各单位调研时均强调，品牌经营战略是集团“三六构想”的最终落脚点。这一战略的实现对于集团建设“国际著名出版集团”的目标具有特殊意义，要统一思想，做大做强品牌。品牌单位是中国出版集团公司品牌经营战略的核心，要注重研究不同行业、不同领域中品牌单位的特异性和差异性，既要统一共识，又要一社一策。他同时指出，各单位要注意总结经验，做好7月下旬品牌交流会的准备。

刘伯根对各单位的品牌建设工作也分别提出建议：中国大百科全书出版社要利用好自己庞大的作者队伍，充分挖掘品牌资源，化整为零；中国美术出版总社要厘清自己的品牌资源，守好出版和教材阵地，发挥刊物优势，积极拓展产业链，强化人才队伍建设；中国对外翻译出版公司要处理好翻译业务和出版业务的关系，做好本单位的品牌建设计划，中译出版要精简产业线，做到少而精；荣宝斋要继续提升品牌价值空间，总结好品牌建设经验和规律。

中国大百科全书出版社社长龚莉、中国美术出版总社社长汪家明、中国对外翻译出版公司总经理林国夫和荣宝斋总经理马五一分别介绍了本单位品牌建设经验，并根据本单位的特点分别制定了未来发展目标和计划。

品牌建设调研工作旨在贯彻落实十八大、十八届三中全会改革精神，为进一步做好品牌建设工作、制定品牌经营战略打下基础。中国出版集团公司将深入挖掘集团品牌资源，做大做强品牌单位，并推动其他成长性单位尽早建成品牌企业。（郑　甜）

中国出版集团公司总裁谭跃考察新华联合物流中心工程建设情况

2014年6月12日，中国出版集团公司总裁谭跃前往顺义新华联合物流中心工程建设现场，考察物流中心建设情况，并听取有关方面工作汇报。副总裁王俊国陪同考察。

谭跃对有关各方在物流中心工程施工组织上体现出的管理规范、纪律严明、保障有力给予了充分肯定，并提出几点要求：一是坚持质量为先，建设工程是百年大计，要严格按照国家规范标准指导施工。二是坚持严格管理，物流中心建设工程规模大，参与人员多，人员结构复杂，要对各方参与人员严格管理。三是坚持工程安全至上，工程建设期间，有多达2000人同时参与施工，务必确保施工安全。四是坚持工期保证，各有关方面要严格按照工程总体进度安排推进项目建设，全方位保障工程如期交付使用。五是坚持关怀农民工，要提前考虑农民工可能遇到的各种问题并给予妥善安排解决，尤其要关心夏季高温作业问题。他最后强调，各方要积极配合，安全、高质、节约地完成新华联合物流中心建设，努力打造文化产业的精品工程。

王俊国指出，新华联合物流中心是目前中国出版集团公司乃至全国出版业中规模最大的图书物流中心，集团公司对此项目寄予厚望，希望能够将新华联合物流中心建设成出版业标志性工程。他就工程建设提出三点要求：一是保证项目如期完工；二是严把质量关，打造精品工程；三是严格控制成本。

调研期间，建设总包单位北京城建集团及监理单位就工程进度、质量、安全、文明施工等问题做了汇报。北京城建集团表示将始终严把质量关，按照工程进度要求精心组织施工，打造出版业的示范工程。

新华联合物流中心是中国出版集团成立以来最大产业投资项目，吸引了江苏凤凰出版传媒集团、江西新华发行集团共同参与建设。该项目占地340亩，在顺义建设20万平方米现代化物流配送中心，总投资11亿元。物流中心以图书物流为核心业务，实现图书配发、包装、质检、路向分拣等环节的信息化和自动化。项目已与中国华电集团签署屋顶太阳能光伏发电合作协议，装机容量5兆瓦，可获得持续清洁能源和电价优惠。项目于2014年2月开工，已完成建筑基础和部分一层结构施工，预计2015年8月投入使用，可实现年发货100亿码洋。投产后它将成为国内规模最大、功能最先进的出版物流通中心，力争成为北京市绿色节能项目示范基地。

（何　奎）

中国出版集团公司重点出版项目交流会举行

2014年6月17日，中国出版集团公司以“做强出版主业”为主题，举行重点出版项目交流会。中国出版集团公司副总裁李岩受总裁谭跃委托出席会议并讲话。所属17家出版单位的一把手、分管领导、总编室主任40余人参加会议。出版业务部相关同志列席会议。

李岩在会议上指出，中国出版集团公司承担的国家级出版项目众多，多项指标位列全国第一，取得了良好的社会效益，彰显了出版“国家队”的品牌影响力；各单位要充分利用国家新闻出版广电总局、国新办、商务部、国家出版基金规划管理办公室等予以的政府资金支持，努力打通国内、国际两个市场，不仅在国内做大做强，在国际上也要做亮做响；中国出版集团公司将继续加大支持力度，尤其要强化主题出版板块，加快“中国梦”“一带一路”等主题出版项目实施。李岩还要求各单位进一步重视重点出版项目落实工作，要在申报、立项、实施、营销推广等各环节、全流程给予充分关注和支持。

在交流会上，人民文学出版社社长管士光、商务印书馆副总编辑周洪波、中华书局副总编辑冯宝志等代表本单位，从主题出版、国家出版基金、国家“十二五”规划、新闻出版改革发展项目库、中国出版集团公司专项资金等方面，介绍了重点项目的实施情况和下一步工作安排。整体来看，各类重点项目进展较为顺利。“中国梦”、纪念中华人民共和国成立65周年、纪念邓小平诞辰110周年、纪念反法西斯抗日战争胜利70周年等主题出版项目，将于下半年陆续出版一批成果。但也有个别大型项目的后续部分因作者交稿推迟、市场需求变化等因素有所延期。

出版业务部项目处通报了中国出版集团公司重点出版项目的整体执行情况，并就2015年国家出版基金、中国出版集团公司出版专项资金等项目申报提出要求。（郑　甜）

中国对外翻译出版公司举办中国出版集团公司2014年“香山论坛”分论坛

2014年6月20日，中国对外翻译出版公司组织召开了以“改革·品牌·竞争力”为主题的中国出版集团公司2014年“香山论坛”分论坛。总经理林国夫到会观摩演讲比赛的全过程，副总经理、公司品牌战略工作小组组长张晶晶到会并做总结讲话，党委委员、公司品牌战略工作小组成员夏建军主持演讲活动，各党支部以及工会和共青团组织的代表参与活动并应邀担任演讲比赛的评委。

会上，选手们紧紧围绕集团公司“一主两重”“六个竞争力”的工作部署，以“改革·品牌·竞争力”为主题，各抒己见，各展才华，体现出员工认真、务实的工作作风和昂扬、创新的精神风貌。这次演讲比赛不仅为演讲者提供了一个展示自我的平台，同时为公司发现认知青年才俊提供了机会。为激发企业创造活力、推进改革发展提供强大的精神动力。（王祺昊）

中国出版传媒商报社举办中国出版集团公司2014年“香山论坛”分论坛

2014年6月24日，中国出版传媒商报社（以下简称“《商报》”）举办中国出版集团公司2014年“香山论坛”分论坛。根据中国出版集团公司安排，中国出版传媒商报社4月17日向全报社发出开展“改革·品牌·竞争力”征文活动的通知。截至6月下旬，共有领导和员工20余人撰写了征文。经过遴选和研究，报社决定由倪成等四人在“香山分论坛”上发表演讲。报社常务副总编辑、党委副书记伍旭升在分论坛进行了演讲，副社长、党委委员任江哲，报社总编室主任、党委委员郭是海对演讲同志做点评。

报社“文创中国周报”编辑倪成在演讲中，用纸牌游戏“三国杀”里有一张常规牌可以“无中生有”为例，比喻《商报》在持续创新中让品牌“无中生有”，小中做大的发展历程。他认为《商报》提出的“无中生有”就是一种创新，通过“无中生有”让《商报》进入了全新的发展阶段。报社新进员工王少波从可口可乐、耐克到风味食品陶华碧老干妈品牌创造的价值力量，说到中国出版传媒商报社品牌发展建设的基本规律。他认为，中国出版传媒商报社虽然不像老干妈、耐克等一样依靠零售赚取利润，对品牌的运用却是大同小异，也有相互借鉴的地方。报社营销顾问徐华从传媒品牌与受众关系的形成过程，剖析中国出版传媒商报社品牌创造和维护的特点。报社“传媒中国”编辑王晓妍立足于自己的“传媒”本位，侧重探讨在当前新媒体发展日新月异的形势下，如何运用官网、官方微博、新媒体、自媒体、电子商务终端等多媒体形式扩大新《商报》品牌影响力的途径。

任江哲、郭是海在点评中，对四名员工把自身发展与《商报》和集团品牌建设密切联系在一起的职业精神，表示高度赞扬。他们表示，四位演讲的员工都是近几年新进入职的员工，他们进入角色快，对新事物反应快，适应国内外出版业产业结构调整、发展速度调整的形势快。从这个角度，也反映《商报》品牌建设潜力巨大，后继有人，值得称道。

伍旭升近年出版过品牌建设的专著，他在总结演讲时，结合《商报》品牌建设实际，从正确领会品牌内涵的金字塔、准确把握品牌战略的根本指向、精准锁定品牌经营的关键环节等角度，分享了自己对《商报》品牌建设的认识和理解。他特别强调，总裁谭跃关于品牌是核心竞争力、品牌根本是资产、品牌关涉文化与综合素养等精辟论述，直指品牌战略的要害，也为下一步扎实推进全集团及中国出版传媒商报社品牌战略提供了入门的钥匙。（郭是海）

中国出版集团公司总裁谭跃率队赴海尔集团开展品牌经营调研活动

2014 年 6 月 26～27 日，中国出版集团公司总裁谭跃率队前往青岛海尔集团等著名企业开展品牌调研活动，副总裁刘伯根、副总裁李岩陪同调研。集团所属有关单位主要负责人，集团公司办公室、投资部、党群工作部，股份公司出版业务部、国际部的负责人，以及品牌建设工作小组成员等 20 余人参加调研。

谭跃观摩了海尔品牌展示馆，然后与海尔集团高管层开展了两个小时的学习交流。海尔集团董事局主席、首席执行官张瑞敏先生全面介绍了海尔集团在五个不同发展阶段的企业战略。面对互联网经济的挑战和电商崛起的形势，海尔集团提出了“没有成功的企业，只有时代的企业”的企业理念，大力推动战略转型，积极制定网络化战略，全面启动组织变革，着力建构基于人单合一、双赢合作为核心的商业模式，着力打造基于自主经营体为核心的去中心化、扁平化的组织模式。在交流中，谭跃、刘伯根、李岩围绕数字化变革中企业如何掌控核心资源、如何持续激发企业发展动力等问题与张瑞敏开展了深入对话。商务印书馆、中国大百科全书出版社、生活·读书·新知三联书店等单位的主要负责人围绕品牌经营等话题向张瑞敏求教切磋。

集团品牌建设调研小组参观了青岛啤酒博物馆，学习了解“百年老店”在不同历史时期的品牌建设经验。

调研期间，谭跃一行还与青岛市委、市政府相关负责人就“译云”青岛基地建设、首届中外出版翻译恳谈会、“国际书街”等项目进行了洽谈。（何　奎）

中国出版集团公司重点产业项目现场交流会举行

2014 年 6 月 27 日，中国出版集团公司重点产业项目交流会在顺义新华联合物流基地举行。总裁谭跃出席会议并讲话，副总裁王俊国介绍了物流基地项目的整体情况，副总裁潘凯雄主持会议。人民文学出版社、中国大百科全书出版社、中国美术出版总社、荣宝斋、新华书店总店、中国图书进出口（集团）总公司和北京中版置业公司 7 家单位的负责人参加会议。

谭跃积极肯定了新华联合发行公司的物流基地建设工作，要求各单位学习借鉴 5 点经验：一是密集开展工作，全力推动工程进展；二是坚决保障质量安全，打造文化精品工程；三是认真做好招标工作，开展实地考察调研；四是坚持节约环保理念，有效降低运营成本；五是加强与政府沟通，获得政府大力支持。他还对各单位的项目建设提出了 5 点要求：一是做好项目筹划，创造发展空间；二是打造专业团队，实施重点突破；三是坚持质量为先，打造精品工程；四是做好成本核算，坚持厉行节约；五是严格规定标准，打造“阳光工程”。

谭跃强调，下一步的项目建设工作要围绕“一个转变”“两个结合”和“四个落实”来推进。“一个转变”是指要充分转变观念，不能把基建项目当作普通工程来做，而要当作产业运作平台，要以“功成不必在我”的精神为未来发展强基础；“两个结合”是指要与产业创新相结合，与开放合作相结合，通过基建项目的建设有效整合社会资源，发挥“四两拨千斤”的作用；“四个落实”是指，要落实项目的产业定位、工程进度、推进机制和考核办法。各项目要把握相对独立、自成体系的原则，由各单位一把手亲自抓，还要安排具体分管领导担任“前线总指挥”。要坚定信心、坚忍不拔、积极进取、认真落实。

王俊国总结了新华联合发行公司物流基地建设的9条经验：一是要有百折不挠、攻坚克难的精神；二是要全盘布局，周密策划；三是要夯实基础，避免反复；四是要抓主要矛盾，解决主要问题；五是要严格项目管理，保证工期质量；六是要严格控制成本；七是要组建精干的项目管理团队；八是程序要合法，节约要受控；九是要善于争取政策支持。

人民文学出版社刘国辉、中国大百科全书出版社陈琦、中国美术出版总社沈行止、荣宝斋孔繁勇、新华书店总店茅院生、中国图书进出口（集团）总公司张纪臣和北京中版置业公司刘健分别介绍了本单位项目的推进情况。（郑　甜）

中国出版集团公司荣膺2014年全球出版业50强排行榜第14名

2014年6月27日，美国《出版商周刊》、英国《书商》、法国《图书周刊》、德国《图书报道》和巴西《出版新闻》5家国际媒体共同发布了“2014全球出版业50强排行榜”，中国出版集团以15亿美元的收入额再次入选该榜单，排名由2013年第22位上升至第14位，位居哈柏·柯林斯和集英社之上，并在国内入选的2家出版集团中位居第一。

该排行榜是国际出版业针对出版企业进行排名的唯一榜单，已连续发布近10年，采集数据主要来自于出版主业方面的营业收入，而印刷、游戏、地产等其他多元经营未算在内。2014年中国出版集团公司的排名名次充分体现了中国深化文化体制改革的重要成果，反映出中国文化消费需求的迅速增长，为中国出版业进一步“走出去”赢得更多国际话语权创造了更好条件。

2013年，中国出版集团公司，营业总收入90.87亿元，同比增长32.87%，其中营业收入90.38亿元；利润10.23亿元，同比增长90.77%；资产总额123.58亿元，同比增长22.22%。二是10项出版业绩指标全国第一。在中国出版政府奖、中华优秀出版物奖、图书零售市场占有率、“2013年中国好书”等10项指标上，均获全国第一。10万册以上的畅销书达到65种，《邓小平时代》《带灯》《小艾，爸爸特别特别地想你》《等一个人咖啡》等持续热销，引发广泛关注。三是内容创新加快出版主业发展。集团以内容创新战略为根本驱动力，提出了“内容创新十策”，推出了“中版好书榜”，创办全国经销商大会，用商业化手段运营了第六届读者大会，设立并颁发了出版特别贡献奖，表彰了一批荣获国家级奖项的图书和畅销书。四是数字化工作取得重要进展。全集团2013年数字出版的销售收入突破4.6亿元，其中“易阅通”销售收入超过4亿元，“译云”销售收入超过3500万元。五是以国际化战略推动“走出去”工作。

（刘　忠）

商务印书馆举办中国出版集团公司2014年“香山论坛”分论坛暨第三届“我与商务共成长”演讲比赛

2014年6月30日，商务印书馆举办了中国出版集团公司2014年“香山论坛”分论坛暨第三届“我与商务共成长”演讲比赛。演讲比赛以习近平总书记系列讲话精神为指导，以“品牌竞争力”为主题，着力营造推进品牌建设的思想舆论氛围。来自9个部门的10名选手参加比赛，评选出一等奖1名、二等奖2名、三等奖3名，优秀奖4名。经过激烈的角逐，来自汉语出版中心的刘玥妍勇夺桂冠，学术出版中心陈卓和汉语世界储丹丹荣获二等奖，汉语出版中心卢娟、太原分馆冯淑华和总经办冯雪荣获三等奖。评委们分别为获奖选手颁发证书、合影留念，并根据演讲比赛的结果，推荐成绩优异者参加集团公司“香山论坛”。（张　琳）

中国图书进出口（集团）总公司举办中国出版集团公司2014年“香山论坛”分论坛演讲比赛

2014年6月30日，中国图书进出口（集团）总公司举办中国出版集团公司2014年“香山论坛”分论坛演讲比赛。来自总公司各部门和5家分支机构的18位选手报名参赛，总公司领导班子成员及各分支机构党政领导班子代表共11人出席会议并担任演讲比赛评委。总公司中层以上干部、各党支部书记、委员及员工代表共计100余人出席了大会。

这次演讲活动以“改革·品牌·竞争力”为主题，是中国图书进出口（集团）总公司继2013年以来第二次举办。作为中国图书进出口（集团）总公司推进品牌建设方案实施的一部分，广泛深入宣传品牌经营战略，以企业品牌、易阅通和北京国际图书博览会三个品牌建设为重点，挖掘品牌价值，发挥品牌优势，提升品牌影响，促进公司稳健快速发展。

活动分为征文和演讲比赛两部分，活动范围涉及总公司各部门和6家分支机构。本次征文活动中，征集论文29篇，公司评出优秀征文15篇上报集团公司，其中获集团公司二等奖2篇，三等奖6篇，同时公司荣获组织奖。在演讲比赛活动中，总公司和分支机构共有22位选手报名参赛，评出1～3等奖共7名，选派3名选手参加集团论坛选拔赛。最终3名选手全部入选前十名，上海公司郎瑾代表中国图书进出口（集团）总公司参加集团论坛决赛，获得决赛二等奖。

（李　红）

国家新闻出版广电总局、中央文化企业国有资产监督管理领导小组就《中国大百科全书》（第三版）工作进行专题调研

2014年7月2日，国家新闻出版广电总局党组书记、副局长蒋建国，中央文化企业国有资产监督管理领导小组办公室主任王家新，国家新闻出版广电总局出版管理司司长吴尚之、出版管理司副司长王然、中国出版集团公司党组书记、副总裁王涛，副总裁李岩等领导到中国大百科全书出版社就《中国大百科全书》（第三版）（以下简称《三版》）工作进行专题调研。

蒋建国一行首先考察了《中国大百科全书》（第三版）编纂中心、少儿百科全书分社、地图编辑室、小百科杂志社、发行部等部门，向编辑们详细了解《中国大百科全书》（第三版）编纂和出版社图书出版发行情况。

随后，蒋建国、王家新、吴尚之等与中国大百科全书出版社领导班子和负责《三版》工作的相关人员展开了座谈交流。《中国大百科全书》（第三版）执行总主编杨牧之首先对各位领导一直以来对《三版》的关心和帮助致以诚挚感谢。中国大百科全书出版社社长龚莉分别从《三版》立项、组建机构、开展调研、整体设计、制定标准、编纂平台建设、内容建设、总编委会组建、预算管理等方面介绍了工作进展情况。并就当前工作中遇到的问题进行了汇报。副社长刘晓东汇报了出版社能力建设项目的进度。

王家新在座谈中强调，《中国大百科全书》（第三版）意义重大。不能简单理解为一本书，它是一个国家行为，是我们国家文化意识形态的标杆，是一个系统的、权威的、标准的知识体系，是党中央、国务院历届领导一以贯之重视和支持的项目。中央文化企业国有资产监督管理领导小组办公室是把《三版》项目当作国家的大事来做的，《三版》的工作是国家任务，让大百科全书出版社来承担，出版社是实施者，必须集全社力量做好《三版》。他还表示财政部将按照国务院的批复要求，认真审定预算，加强财务监管，保障第《三版》编纂出版工作的顺利进行。

蒋建国讲话指出，《中国大百科全书》（第三版）不仅是国家重大文化工程，更是国家文化软实力的标志。做好《中国大百科全书》（第三版）编纂出版工作，对增强民族自信心、维护国家文

化安全、提升我国国际话语权、推动中华文化走向世界具有重大意义，我们必须站在党和国家事业全局的高度，精益求精、严格规范，切实担当起、完成好这一重任。蒋建国要求，一要以强烈的文化使命感、责任感来做好这一重大文化工程，确保按时高质量完成。二要理顺各方面关系，在中宣部的领导下，在财政部的支持下，统筹安排、合理规划，抓紧推进各项工作，特别是要尽快建立健全编委会。国家新闻出版广电总局将一如既往，继续全力支持《三版》各项工作。三要努力探索出一条数字化、国际化、智能化的路子，内容要体现中国风格、质量要达到国际水平、渠道要进入国际市场，并实现条目的实时、智能更新。四要用好国家资金，做好资金预算，在节俭的前提下，按进度、有计划争取和使用资金。五要关心、爱护、培养人才，打造一支敢担当、有文化、懂出版的百科出版人才队伍。

王涛最后代表中国出版集团公司和中国大百科全书出版社表示，集团公司将继续全力支持《三版》工作，落实各位领导的指示，再次向各位领导对《三版》工作的支持表示感谢。

（任其忻）

中国出版集团公司就内控建设到人民文学出版社调研

2014 年 7 月 17 日，中国出版集团公司就内控建设到人民文学出版社进行调研和交流。中国出版集团公司证券与法律事务部主任刘禹及第一会达风险管理公司工作人员，社长管士光、副社长李春凯及相关部门人员参加了调研活动。

管士光要求相关部门要根据集团公司反馈的内控缺陷表认真补充相关规章制度，这不仅是完成集团领导布置的任务，也是人民文学出版社自身发展的需要，要全力以赴做好内控建设工作。李春凯就需要补充的规章制度进行了具体布置，并就一些具体问题与参加调研的人员进行了交流。

（王芸菲）

中国出版集团公司副总裁李岩到现代教育出版社调研

2014 年 7 月 18 日，中国出版集团公司副总裁李岩、出版业务部主任张贤明，出版业务部杜宇、赵海，国际部孙牧到现代教育出版社调研。现代教育出版社社长宋一夫、副社长仇正伟、副总编辑沈悦苓及相关部门负责人参加了会议。

集团公司副总裁李岩在调研时指出，2014 年是集团公司品牌建设的实施年，此次调研，重点听取各单位在产品线建设、“走出去”项目和生产经营等方面的内容。

会上，沈悦苓介绍了《图说全译本二十四史》《国学系列》的进展情况及现状；仇正伟介绍了《书法系列》的进展情况及销售情况；社长宋一夫全面、系统地介绍了现代教育出版社重点项目的情况，并提出了经营方面的困难。

在听取汇报后，李岩充分肯定现代教育出版社十年来所取得的成绩，同时表示中国出版集团公司会给予大力支持，希望现代教育出版社继续将产品项目建设好，同时对出版物也要抓导向、抓质量。

（杨　静）

中国出版集团公司举办2014 年“香山论坛”预选赛

2014 年 7 月 22 日，中国出版集团公司在 11 楼多功能厅举办了 2014 年“香山论坛”预选赛，本次论坛的主题是“改革 · 品牌 · 竞争力”。各单位分管领导，党办、工会、共青团负责同志共 90 多人参加会议。本次预选赛是按照集团公司领导指示，由集团直属机关党委、集团工会和集团团委联合举办。

在预选赛演讲现场，选手们紧扣“改革 · 品牌 · 竞争力”主题，着眼集团公司的品牌经营战略，结合各自单位和个人的工作实际，从不同角度阐释了对改革与品牌、品牌与竞争力的理解，对如何维护、创新、擦亮、做响企业品牌提出了很好的思路和建议。

经评委打分，最终评选出拟参加集团公司“香山论坛”大会的12名选手，他们是：商务印书馆刘玥妍、中国美术出版总社李文婕、人民音乐出版社杨济如、中国图书进出口（集团）总公司朗瑾、中华书局张露、中国对外翻译出版公司金文茜、荣宝斋侯文佳、中国民主法制出版社逯卫光、中国出版传媒商报社王晓妍、人民文学出版社张弋辉、中版教材有限公司李晓霖、中国大百科全书出版社姜湾。另有4名选手作为备选选手，他们是商务印书馆陈卓，中国民主法制出版社胡天焰，中国图书进出口（集团）总公司赵潇潇，中国图书进出口（集团）总公司崔文超。这些选手将在8月7日举办的集团公司“香山论坛”大会上展现各自风采，最终评选出一、二、三等奖和优秀选手奖。（温　存）

中国出版集团公司2014年第二次数字化工作联席会召开

2014年7月23日，中国出版集团公司召开2014年的第二次数字化工作联席会。集团公司数字资源集聚工作领导小组成员和所属单位数字出版部门负责人共40余人参加会议。集团公司副总裁潘凯雄出席会议并讲话，股份公司科技与数字出版部主任周清华主持会议。

潘凯雄就集团公司资源集聚工作和与中图移动阅读基地合作运营工作提出了要求。他指出，数字内容集聚是集团公司实施数字化战略一项重要的基础工作，2014年上半年资源上缴情况相比2013年虽有进步，但情况还不理想，核心问题集中在集团公司对有效资源的占有仍显不足，信息网络传播权的签署率偏低。对此，各单位要高度重视，拿出切实可行的办法、对策和措施。集团公司将加大资源集聚工作的管理力度，按照2014年下达的资源上缴指标要求，定期公布各单位的上缴情况，并在年终的“双效”业绩考核中有所体现。

针对与中图移动阅读基地合作工作，潘凯雄指出，这是集团公司在数字出版领域的进一步尝试，将切实推动出版数字资源在无线互联网渠道的整体运营。

此外，潘凯雄还就集团公司的宣传文化发展专项资金科技项目的申报工作提出了要求。

中版集团数字传媒有限公司总经理赖雪梅通报了同中图移动杭州阅读基地进行业务对接的情况，并对《中版集团数字传媒有限公司与中国移动阅读基地开展业务合作工作方案（征求意见稿）》进行了解释说明。

股份公司科技与数字出版部通报了集团公司2014年上半年资源集聚的情况和工作中存在的问题，并就2014年下半年数字资源收缴工作进行了安排。（史　政）

中国出版集团公司学习贯彻刘奇葆7·11重要指示精神总裁办公会和党组会议召开

2014年7月29日，中国出版集团公司先后召开总裁办公会和党组会，学习贯彻刘奇葆7·11重要指示精神。总裁谭跃提出了学习贯彻刘奇葆7·11重要指示精神的具体要求，党组书记王涛全面传达了刘奇葆7·11重要指示精神。

会议认为，刘奇葆的重要指示体现了对集团公司的高度关心与热忱诫勉，体现了中央对集团公司的深切厚望和严格要求。集团公司要以刘奇葆的重要指示精神作为思想指南和行动纲领，始终牢记出版“国家队”的神圣使命和政治责任，坚决把好出版物政治关、导向关、质量关，要在多出好书、多出精品上走在全国前列；要始终坚持把社会效益放在首位，坚持社会效益与经济效益有机统一；要始终树立底线思维，培养强烈的风险意识，努力成为全国出版界的一个好样本。

会议提出，集团公司要从六个方面认真贯彻落实刘奇葆重要指示精神：第一，建立总裁办公会专议导向把关制度。总裁办公会自2014年8

月起，每月集中学习中央和中宣部、国家新闻出版广电总局有关加强导向把关的文件、指示，分析各出版单位的出版动向、思想倾向，研究加强思想政治建设的重要举措，认真履行政治把关职责和导向管理职责。第二，开展导向管理专题研讨，深入分析集团导向管理上的薄弱环节和险情隐患，全面排查敏感选题和在制品。第三，按照集团上半年印发《关于集团公司进一步加强导向管理的若干意见》，开展一次“十项机制”落实情况的监督检查，重点检查各单位审读机构的设置情况，检查重大选题备案落实情况，检查原始三审三校记录。第四，狠抓导向管理的培训，着力加强对骨干编辑、年轻编辑、新入职编辑的政治导向培训和业务知识培训。第五，制定并出台《中国出版集团关于加强合作出版管理的规定》，进一步加强与民营合作的风险管控，严把终审关和印制监督关。第六，加强事故责任追究，对于相关责任人的处理要旗帜鲜明，坚决做到令行禁止。

2014 年上半年，集团总部已撤销敏感选题 3 种，要求安排履行重大选题备案程序的选题 44 种，要求进行导向严格把关提示的 25 种，同时还针对部分出版单位出现的选题申报情况进行了综合提示 2 批次。

（何　奎）

中国出版集团公司与英美 9 家机构签署“中国近现代文化经典文库”（英文版）项目出版框架协议

2014 年 7 月，中国出版集团公司总裁谭跃、副总裁李岩分赴英国、美国，与剑桥大学出版社、杜克大学出版社、纽约大学出版社，以及企鹅兰登集团、哥伦比亚大学东亚图书馆、杜克大学东亚图书馆、佩斯大学、美国书展“中国主宾国”筹委会、劳伦・凯瑟尔出版社 9 家机构进行“中国近现代文化经典文库”（英文版）项目业务会谈。

期间，总裁谭跃向剑桥大学出版社首席执行官彼得・菲利普斯介绍了“中国近现代文化经典文库（英文版）”翻译出版的前期筹备情况，与该社达成了合作意向；李岩代表集团公司与杜克大学出版社总裁斯蒂文签署了“中国近现代文化经典文库（英文版）”出版框架协议，与纽约大学出版社总编辑埃瑞克就框架协议涉及的关键问题进行了商讨，明确了签署协议的具体时间——此举标志着“中国近现代文化经典文库”（英文版）经过一年多的前期筹备和协商，正式进入了翻译出版的实质运作阶段。框架协议约定，外方出版社将按照各自的优势出版类别，翻译出版集团所属出版社出版的 1840 年以来文学、哲学、社会科学领域的经典作品，在英语世界的大学、学术研究机构、图书馆、智库等高端读者群中推广发行。

“中国近现代文化经典文库”（英文版）项目是 2013 年 3 月刘奇葆视察集团，对集团“走出去”工作做出的重要指示，要求集团围绕“中国梦”和“中国故事”等主题，抓好选题、翻译、方式方法三个关键问题，推出一批精品力作。为贯彻落实刘奇葆指示精神，2013 年 5 月集团总裁谭跃赴美国，经与美国学术界、出版界人士多方商讨，决定邀约全球顶尖的专家学者组成国际学术委员会暨编辑委员会，遴选国外知名翻译家，联手英美著名大学出版社，共同推出“中国近现代文化经典文库”（英文版）。

（孙　牧）

中国出版集团公司 2014 年年中工作会议召开

2014 年 8 月 8 日，中国出版集团公司召开 2014 年年中工作会议。总裁谭跃出席会议并讲话，党组书记王涛主持会议，集团公司、股份公司领导班子成员出席会议。集团公司总部、股份公司本部各部门负责人，所属各单位主要负责人、分管选题和财务工作的负责人、总编室主任和财务部负责人参加会议。

谭跃首先重温了习近平总书记 8・19 重要讲话精神和刘云山、刘奇葆在 2014 年初的全国宣传部长会议上的重要讲话精神，传达了刘奇葆7月11日对集团公司做出的重要指示精神，要求全集团要从服从党和国家工作大局的角度，从弘扬社会主义核心价值观和维护国家主流意识形态的角度，从履行自身肩负的神圣使命和政治责任的角度，继续学习好、领会好中央关于加强导向管理的系列指示精神，不折不扣地加以贯彻执行。对于集团而言，导向是帅，其他都是车马炮；文化是本，其他都是枝和叶；政治导向是1，其他都是后面的0。导向是一条生命线，是一条红线和底线。越过红线就要亮红灯；底线踩了就会翻船。

谭跃强调，集团作为出版“国家队”，要代表国家的主流声音，传播国家的主流价值观，要始终树立政治意识、大局意识，坚持底线思维、风险思维，在导向管理上始终保持“知大势、懂大局”的清醒，始终保持“如履薄冰，战战兢兢”的警醒。越是在传言扑朔迷离的时候，越要有一双火眼金睛，明辨是非黑白，做到激浊扬清；越是在信息乱花迷眼的时候，越要吃一颗清凉散，保持政治定力，坚决与党中央保持高度一致。

谭跃强调，集团在导向管理上的险情时有发生，关键症结要不断提高坚持正确导向极端重要性的认识，责任感要不断增强，管理措施要不断落实。对重点选题和书稿，主要负责人和分管领导不审重大选题、不审敏感书稿，是典型的责任意识缺位，是失职渎职行为，要受纪律处分。对选题、内容甚至关键性语句，要用中央的“筛子”，不能用自己的“筛子”。既要有高度责任意识，更要有政治敏感性和政治鉴别力；既要解放思想，更要统一思想；既要思想活力，更要遵守纪律。在抓改革、促发展全过程中，要按照“先装刹车再上路”的要求，坚决做到对政治导向问题在思想上有警觉、在工作上有领导、在管理上有机制、在流程中有责任。

谭跃提出了五条加强导向管理的明确要求：一是集团自8月起建立总裁办公会专议导向管理制度，每月1次集中学习中央和中宣部、总局有关加强导向把关的文件指示，分析各出版单位的出版动向、思想倾向，研究加强思想政治建设的重要举措，认真履行政治把关职责和导向管理职责。二是各单位要建立领导班子专议制制度，把导向管理纳入领导机制，纳入日常管理，纳入重要议程。三是要坚决贯彻落实集团《关于集团公司进一步加强导向管理的若干意见》，落实好十项管理机制，近期开展落实情况的监督检查。四是加快出台集团关于对外合作出版的管理规定，严格管理各类对外合作行为，凡是存在导向隐患或偏差的一律禁止合作。五是集中开展出版物编校质量大检查，对存在导向隐患、编校质量不合格的单位和个人，一律亮红灯。

谭跃强调，集团要在坚持“底线思维”的同时，坚持“标杆思维”，要吃透中央文件精神，关注改革重大布局，研究国家政策导向，了解社会热点，把握市场走向，关注社会重大问题，坚持在思想导向和文化导向上发出主流声音，发挥引领作用，打造更多优秀的主题出版物，打造更多时代精品和传世之作，做到上晓“天文”，下接“地气”。

谭跃指出，实现集团经济持续增长，关键在于抓好六个动力：第一，内容创新是基本动力，要抓好重要作者和重要渠道，形成持续创新能力。第二，改革是机制性动力，要落实“改革30条”，释放内部外部活力。第三，品牌是特有动力，要探索好品牌经营之道。第四，数字化升级是新兴动力，要抓好重点平台的商业化运营。第五，国际化是潜在动力，要以中国文化的传统和中国梦的现实作为两个中心话题，在“三进、三合”上做好文章。第六，重点产业项目是强大动力，要以钉钉子、卡时卡位的精神加快推进各个项目。

谭跃强调，集团要强起来，关键在于培养一支政治素养、文化素质、经营能力、管理水平都过硬的人才队伍。政治素养过硬，首先体现为有坚定的理想信念。集团与其他市场主体竞争的关键之处，就在于理想层面的竞争、人才思想层面的竞争。政治素养过硬，还体现为具有坚强的政治定力、联系实际的工作作风。各单位要把思想理论建设作为班子建设和人才队伍建设的根本。同时，还要有执着的文化理想、崇高的文化情怀、纯洁的文化操守和丰厚的文化积淀；要有了解社会、谙熟市场、善于运作、执行到位的经营能力；要有兼具严格管理和人文关怀的科学管理能力。

王涛在总结中指出，各单位、各部门要在国庆和中秋节期间严格贯彻中央八项规定，做到“四个严禁”。王俊国通报了上半年集团公司经济运行情况，潘凯雄对做好下半年财务经营工作提出要求。

上半年，集团资产总额、营业收入、利润总额继续保持增长，同比增速有所放缓。荣宝斋、商务印书馆、中国图书进出口（集团）总公司、中版教材有限公司4家单位继续在全集团的经济增长中发挥“火车头”作用。（何　奎）

中国出版集团公司6项图书荣获第六届鲁迅文学奖

2014年8月11日，第六届鲁迅文学奖公布获奖作品名单，共计7个类别，35个奖项。中国出版集团所属人民文学出版社的《隐身衣》《中国新生代农民工》《底色》《回鹿山》《上海，远在何方?》，现代出版社的《文学革命终结之后——新世纪文学论稿》，6项图书获奖，名列全国出版集团第一。

鲁迅文学奖创立于1986年，由中国作家协会主办，每3年评选一次，重点鼓励优秀中篇小说、短篇小说、报告文学、诗歌、散文、杂文、文学理论和评论作品的创作，鼓励优秀外国文学作品的翻译。人民文学出版社在第一届至第五届评选中分别获得6项、3项、5项、3项、3项。鲁迅文学奖与茅盾文学奖，均为中国文学界的最高荣誉之一。以人民文学出版社为主体，中国出版集团已累计获得鲁迅文学奖、茅盾文学奖40余项。（何　奎）

国家新闻出版广电总局阎晓宏一行考察现代书店

2014年8月13日，国家新闻出版广电总局副局长阎晓宏一行考察了现代书店旗舰店——上海静安嘉里中心店。考察中，阎晓宏详细询问了书店客流人群的构成、周边公司的定位，并对现代书店作为上海书展分会场的理念和现代书店的风格布局给予了充分肯定，在了解了现代书店零售品牌的来龙去脉和目前每月40万元的销售业绩后，阎晓宏指出，上海、北京两地应加强学习互动，到实体书店参观交流。

作为同期举办的上海书展的分会场之一，现代书店静安嘉里中心店7天展期实现销售图书1 033册，实洋99 371元。（丁　燕）

中国出版集团公司品牌经营战略经验交流会暨2014年“香山论坛”大会举行

2014年8月15日，中国出版集团公司召开品牌经营战略经验交流会暨2014年“香山论坛”大会。中国出版集团公司总裁谭跃，党组书记王涛，副总裁刘伯根，中国出版传媒股份有限公司副总经理樊希安、孙月沐出席大会。刘伯根主持大会，中国出版集团公司直属机关党委常务副书记、纪委书记、工会主席王云武主持演讲比赛和颁奖仪式。各单位领导班子成员，总部、本部各部门负责人，各单位党办主任、团组织负责人，“香山论坛”征文一等奖获得者和演讲选手共140多人参加会议。中国出版集团公司所属京外单位以视频会议方式参加大会。

人民文学出版社、商务印书馆、中华书局、中国大百科全书出版社、中国美术出版总社、人民音乐出版社、生活·读书·新知三联书店、中国对外翻译出版公司、中国图书进出口（集团）总公司、荣宝斋十家品牌单位分别介绍了开展品牌建设工作的经验。十位演讲选手从不同角度阐释了对“品牌建设”的理解，对维护、创新、擦亮、做响企业品牌提出了自己的思路和建议。

会上，宣读了“香山论坛”征文获奖通报，中国出版集团公司总裁谭跃为获得征文一等奖的作者颁发了证书。

王涛在总结讲话中指出，品牌经营战略是中国出版集团公司“六大战略”的核心战略，是2014年“一主两重”工作部署中的一项重点工作。中国出版集团公司高度重视品牌经营战略，成立了品牌建设工作领导小组，召开了品牌经营战略动员大会，中国出版集团公司领导带队到基层开展调研，到知名企业学习取经。在全集团举办了以“改革·品牌·竞争力”为主题的“香山论坛”征文和演讲比赛等系列活动，深入宣传中国出版集团公司品牌建设的战略构想，为推进品牌经营战略凝聚了思想共识，营造了舆论氛围。

王涛指出，中国出版集团公司拥有一批历史悠久的国家级出版品牌，这决定了我们肩负着沉甸甸的责任，需要有更大的担当。推进品牌经营战略，把中国出版集团公司的品牌擦亮、做响、做强，既是历史传承与弘扬，也是现实使命与担当。中国出版集团公司经过十多年的发展，特别是近三年的快速发展，为推进品牌经营战略打下了坚实基础。品牌经营战略作为“六大战略”的综合抓手，是实现“三六构想”的重要举措，对于中国出版集团公司建设“国际著名出版集团”具有特殊意义。

王涛强调，品牌建设是一个系统工程，要持之以恒、锲而不舍地加以推进。一是抓关键环节。产品和服务是品牌建设的第一要务，要在图书产品的内容生产上下功夫，不断创新内容生产，打造出更多“大家品位、大众口味”的品牌产品。二是抓发展趋势。要从市场化、数字化、国际化三大趋势中推进品牌建设，通过市场化途径、数字化技术、国际化道路，提升产品、服务和企业的品牌竞争力，参与国际出版市场竞争，达到国际一流的目标。三是抓特色优势。要注重研究不同品牌单位的特异性和差异性，既要统一共识，又要一社一策，在中国出版集团公司品牌经营战略规划的基础上，发挥各单位品牌的独特优势，把品牌优势转化为竞争优势，提升品牌的市场竞争力和社会影响力。四是形成合力。要通过政策、机制、资金、人才等方面多管齐下，综合发力。品牌建设，社社有为、人人有责，在集团广大员工的积极参与下，品牌建设一定会抓出成效。

刘伯根回顾了中国出版集团公司推进品牌建设工作的进展情况，他说，集团自3月份起，计划用半年左右的时间，以十家品牌单位为重点，在全集团范围内开展企业品牌战略规划和品牌企业、品牌产品、品牌服务的建设、发展和推进工作，通过基层调研、组织“香山论坛”活动、评选品牌产品与品牌服务，品牌建设工作取得了扎实成效，为制定中国出版集团公司品牌战略规划打下了坚实基础。

刘伯根强调，十家品牌单位在品牌建设工作中的好经验好做法要及时总结推广，十位演讲选手关于品牌建设的思考和建议要吸收借鉴。各单位要充分认识品牌经营战略的重要意义，按照中国出版集团公司的统一部署，结合各自的品牌优势，扎实推进品牌经营战略，早日建设成为国际著名出版集团。

经评委现场打分，“香山论坛”演讲比赛获奖情况如下：商务印书馆刘玥妍获得一等奖；中华书局张露、中国图书进出口（集团）总公司朗瑾获得二等奖；人民音乐出版社杨济如、荣宝斋侯文佳、中国民主法制出版社逯卫光获得三等奖；人民文学出版社张弋辉、商务印书馆陈卓、中国大百科全书出版社姜湾、中国美术出版总社李文婕、中国对外翻译出版公司金文茜、中国图书进出口（集团）总公司赵潇潇、崔文超，中国出版传媒商报社王晓妍、中国民主法制出版社胡天焰、中版教材有限公司李晓霖获得优秀奖。中国出版集团公司领导为获奖选手颁发了获奖证书。 （郑 甜 温 存）

中国出版集团导向管理工作专题汇报会召开

2014年8月21日，中国出版集团召开导向管理工作专题汇报会。总裁谭跃出席会议并讲话。副总裁李岩主持会议并通报了集团关于规范合作出版的相关要求。集团出版部主任张贤明，各出版单位总编辑、总编室主任、审读部门负责人50余人参加会议。人民文学出版社、中国大百科全书出版社、生活·读书·新知三联书店等8家单位的代表做了发言，汇报了学习刘奇葆7·11重要指示精神、落实导向管理机制、履行重大选题备案等方面的情况。

各单位导向管理举措逐步完善。集团下发《关于集团公司进一步加强出版导向管理的若干意见》以来，各单位认真落实各项导向管理机制。如，在领导机制上，中国民主法制出版社成立以社长为组长的导向管理领导小组，实行导向问题“一票否决”制，两名副总编直接抓内容生产、负直接责任；在预警机制上，人民文学出版社成立选题审读室，强调在选题论证阶段，对存在导向问题的选题“零容忍”；在培训机制上，生活·读书·新知三联书店新任社长和总编分别到《三联生活周刊》及编辑部召开导向管理会议，明确导向管理措施，统一编辑人员把好政治导向的思想认识，并建立起中层干部、骨干编辑、全体编辑多层次的导向培训机制；在监管机制上，东方出版中心成立一把手挂帅的质量检查小组，加强出版物印前印后的导向和质量审查；在奖惩机制上，华文出版社结合绩效考核办法，加大了在导向方面的奖惩力度；在问责机制上，生活·读书·新知三联书店对出现险情的部门和个人进行了批评和处理，辞退一名造成重大责任事故的编辑。

各单位反映，一批年轻编辑政治意识明显增强，导向把关能力得到较大提高，能够严格按照出版流程和规范办事。据汇报统计，2014年以来各单位履行重大选题备案166种，撤销选题40种，撤销在制品2种。集团组建审读小组以来，要求撤销选题3种，要求安排进行重大选题备案的选题44种，提示严把导向关的选题25种。同时，各单位出版编辑队伍正在逐步扩大、成熟，中国民主法制出版社等还成立了主题出版的专门编辑室。各单位主题出版选题的数量和质量也有明显提升，在国家新闻出版广电总局评选的培育和践行社会主义核心价值观主题出版重点选题中，华文出版社《别样的青春——大学生村官张广秀纪实》、中国民主法制出版社《国魂》、中国大百科全书出版社《最美中国人》等多种图书入选，入选数量在全国出版集团中位列第一。

谭跃听取汇报后，肯定了各单位在导向管理中取得的成绩，指出各单位导向管理意识在增强，措施在完善，效果也在逐步显现。下一步工作要求：要下大力气进一步解决提高思想认识、落实管理机制、培养后续人才等方面存在的问题。导向管理要“和尚念经”，经常讲、形成风尚；要“钟馗把门”，严防出现导向错误；要“十八罗汉”，班子成员各有分工、各负其责。同时，还要处理好导向管理与经济指标的关系，处理好管理中的“堵”与“疏”的关系。他还要求各单位，落实领导班子每月一次的导向专议制度，进一步落实集团关于加强导向管理的十二项机制，做到导向管理常抓不懈，决不放松。

（孙照海）

中国出版集团公司首届中外出版翻译恳谈会举行

2014年8月24～25日，作为第21届北京国际图书博览会的分会场和重要活动，中国出版集团公司精心设计的“首届中外翻译出版恳谈会”在青岛举行。国家新闻出版广电总局党组成员宋明昌、青岛市政府副市长栾新、中国出版集团公司总裁谭跃出席并致辞。来自欧美、亚洲、非洲等多个国家和地区30多位重量级海外汉学家和翻译家参加了“恳谈会”，并做精彩演讲。此外，“恳谈会”还邀请了张炜、迟子建、毕飞宇等著名作家出席，并特别邀请了美国出版业最知名媒体《出版商周刊》的评论主编参会，负责在《出版商周刊》上进行报道。

中国出版集团公司总裁谭跃在致辞中表示：出版是文化交流的使者，翻译是文化交流不可或缺的桥梁。人类在精神世界、文化领域是可以互相贯通的。在这中间，翻译、翻译家是一个关键。中国近现代以来涌现出大量优秀的文学作品、学术著作、传统经典，但是因为文化功底深、文学修养好、语言能力强的汉学家和翻译家难寻难求，而无法传播到西方主流世界。中国出版集团公司举办此次恳谈会的目的，就是努力聚合优秀的国际译者资源，试图逐步解决这个难题，推动中国学术文化走进国际主流社会，不断增强国家文化软实力。

根据这个思路，“恳谈会”以“中外出版翻译”为主题，以高端对话、四个分论坛、翻译工作坊、专题研讨会等多种形式层层展开，对如何选择中文图书进行翻译、如何解决翻译中遇到的问题、翻译作品在海外市场的反响等进行了全方位的探讨和研究，大小会场全部采用同声传译，办会的专业水准与服务意识赢得中外嘉宾一致好评。其特点表现为：

首先，利用自身优势聚拢海外资源。中国出版集团公司利用自身资源、品牌和出版优势邀请到了重量级的海外汉学家和翻译家，涉及英语、德语、俄语、土耳其语、阿拉伯语、日语、韩语等多个语种，其中有“欧洲三大汉学家”之称的顾彬、施寒微，日本翻译大家饭冢容，印度著名汉学家狄伯杰，埃及著名翻译家阿齐兹，以及新生代翻译家的翘楚——土耳其的吉莱和俄罗斯的罗季奥诺夫。汉学家们各抒己见，为中国作品的翻译问题贡献了真知灼见。

其次，搭建交流平台促成合作实效。中国出版集团公司是中国最大的大众和专业出版集团，2014 年荣登“2014 全球出版业 50 强排行榜”第 14 位。中国出版集团公司精心筛选优秀外向型图书做成全英文书目，并及早将英文书目发给每位汉学家评估。“恳谈会”期间，专门设计了小型书展，征集了全集团 207 种近 1 200本外向型图书，供汉学家们选择和研讨，目前已经达成十几种图书的翻译合作意向。

第三，精选海外选题推进合作项目。中国出版集团公司与剑桥大学出版社、杜克大学出版社、纽约大学出版社等著名大学出版机构牵手，联合推进《中国近现代文化经典文库》翻译出版工作。该文库遴选了近代以来中国人文社科和文化领域的 400 多种经典著作，通过“恳谈会”遴选国外知名汉学家担任翻译，并将兼顾纸书和数字版，融合新媒体，进入国外高校、图书馆等主流市场，打造集团“走出去”全媒体重点项目。

第四，联合海内外媒体传播中国声音。中国出版集团公司特别邀请美国出版业最知名媒体《出版商周刊》的评论主编参会，并达成协议，《出版商周刊》将全面报道此次“恳谈会”的情况。此外，中国出版集团公司将推进所属《中国出版传媒商报》和《出版商周刊》的深度合作，就中美畅销书数据发布开展信息交换与合作；就 2015 年中国作为美国书展主宾国组织中美出版人论坛，共同开展联合报道。

《人民日报》《光明日报》、中央电视台、中国国际广播电台、新华网等主流媒体对“恳谈会”都做了相关报道；《中国新闻出版报》《中国出版传媒商报》等专业媒体做了重点深度报道。

（郑　甜）

中国翻译研究中心成立

2014 年 8 月 25 日，由中国出版集团公司整合国内外翻译资源倾力打造的“中国翻译研究中心”在青岛成立。中国出版集团公司副总裁李岩、中国对外翻译出版公司总经理林国夫、四十余位国内外知名汉学家、翻译家、教育家、外交家和学者，以及近百位中外嘉宾出席了成立仪式。中国翻译研究中心致力于打造文化传播与翻译领域的国际性交流合作平台，促进翻译、出版行业多元化健康发展。会上还发布了语言发展趋势蓝皮书——《全球语言服务产业发展趋势报告》。

（徐　可）

中国图书全球按需印刷启动仪式举行

2014 年 8 月 27 日，“中国图书全球按需印刷启动仪式”在第 21 届北京国际图书博览会开展第一天举行。

国家新闻出版广电总局副局长阎晓宏，中共中央宣传部出版局副局长刘建生，财政部文资办主任王家新、国务院新闻办公室三局局长张雁彬，国家新闻出版广电总局印刷发行司司长王岩镔，中国出版集团公司总裁谭跃、党组书记王涛、副总裁刘伯根、潘凯雄等出席并启动了仪式。来自有关部委和北京海关的负责人，来自各省新闻出版广电局的负责人，来自国内外各大出版集团、出版社的负责人，来自国内外图书馆、高等院校、研究机构的馆长共300多人参加了启动仪式。潘凯雄主持了仪式。

启动仪式上，阎晓宏做了重要讲话。他指出，中国图书全球按需印刷的启动，在当前具有两个重要意义：一是在加快中国出版“走出去”方面，进行了积极探索；二是在互联网思维下，进一步提升了出版数字化管理水平。他希望中国图书进出口（集团）总公司精心组织好项目实施，为促进中国与世界文化的交流，为推动中国出版业的发展做出新的贡献。

中国图书进出口（集团）总公司总经理张纪臣与威立出版社、中原大地传媒股份有限公司、香港联合出版集团联合电子出版有限公司和商务印书馆4家国内外出版合作伙伴代表互换签约文本，全面启动中国图书进出口（集团）总公司全球按需印刷项目，共同推进中外文数字资源的全球同步发行。

中国图书进出口（集团）总公司将按需印刷体系的建设作为数字化和国际化转型升级、融合发展的重要抓手，力图打造一种全新的中国图书“走出去”的运营模式和服务方式。通过自建按需印刷中心和与全球最大按需印刷商英格拉姆的合作，中国图书可以通过英格拉姆在北美、欧洲、南美、澳大利亚有12个按需印刷工厂，实现对全球180多个国家实现24小时直供，进一步提升中国图书在全球市场上的曝光度和认知度，满足国际社会对中国图书个性化、多样化和即时性的需求，实现中国图书“走出去”的流程再造、技术创新和渠道创新。（朱宝元）

中国出版集团公司传达学习国家新闻出版广电总局工作通气会议精神专题会议举行

2014年8月，中国出版集团公司召开专题会议，传达学习了国家新闻出版广电总局的工作通气会精神和蒋建国的重要讲话精神。

会议认为，国家新闻出版广电总局通气会精神和蒋建国的重要讲话，契合当前出版工作实际，对于抓好出版管理、深化改革发展、推动出版繁荣具有重要的指导意义。会议提出了五条学习要求：一是建立学习机制，在前几个月学习贯彻习近平总书记系列重要讲话精神培训班上，继续组织认真学习《习近平总书记系列重要讲话读本》，不断增强政治意识、大局意识、责任意识、改革意识。二是做好党的群众路线教育实践活动“回头看”，继续贯彻好中央八项规定，进一步精简文件简报，鼓励合并办会，加强作风建设。三是围绕社会主义核心价值观、中国梦等主题，抓好主题出版，在适度发展的规模基础上，做好精品工程；以三联韬奋24小时书店为契机，营造全民阅读良好风气；做好集团公司报刊调研工作，力争将报刊业务打造为新的经济增长点；以《中国近现代文化经典文库》项目为依托，集聚翻译资源，拓展出版“走出去”的渠道与途径。四是牢牢把握文化安全，中国图书进出口（集团）总公司要加强对进口出版物、国际数字资源的审查力度，加快本地化存储和进口出版物标识码体系建设。五是进一步深化改革，积极推进“人事分配改革30条”，推广公开竞聘制度，建立管理、专业技术、经营和工勤服务四类岗位体系，完善分层分类培训，加强岗位绩效考核，对新领域新实体的创新人才，探索实行股权激励、岗位分红、项目分红。（何　奎）

中国出版集团公司入选亚洲品牌500强

2014年9月9日，亚洲品牌协会、亚洲卫视、《人民日报》《环球时报》、国家发改委、《中国经济导报》联合主办的“第九届亚洲品牌500强排行榜”在香港特区揭晓，中国出版集团公司入选“亚洲品牌500强”，名列第396位，是国内唯一入选的出版企业。副总裁刘伯根代表集团参加在香港特区举办的第9届亚洲品牌500强颁奖典礼，并出席亚洲品牌500强领袖论坛。

全国人大民族委员会主任马启智为集团公司颁发了“亚洲品牌500强”奖牌。在参会的数百名企业家中，仅有完达山集团、泰康人寿、西夏王集团、印尼太和集团等8家著名企业的董事长出席亚洲品牌500强领袖论坛。论坛会上，刘伯根介绍了集团公司的概况和旗下的重点品牌，指出了围绕近期做响、中期做开、长期做强、总体做实的“走出去”基本方针，围绕欧美传统市场、新兴国家市场、周边中华文化圈市场三大市场，集团公司要重点推进内容创新、媒体创新、平台和渠道创新这三个创新，重点培育版权输出、实物出口、数字产品出口、国际会展与交流活动平台、海外网点建设五条“走出去”的基本路径，进一步将集团公司打造成具有国际影响力的中国文化企业品牌，不断增强国家文化软实力。

（合冠军）

中国出版集团公司副总裁潘凯雄到中华书局调研

2014年9月11日，中国出版集团公司副总裁潘凯雄到中华书局进行财务调研。根据中国出版集团公司下发的《2014年财务调研巡查提纲》的内容，中华书局计划财务部主任刘宏逐条进行了汇报。之后，中华书局总经理徐俊、副总编辑顾青分别就中华书局整体经营情况及ERP管理系统近一年来的上线情况进行了介绍。最后，潘凯雄发表讲话，对中华书局的经营和财务工作做了指示。他指出，中华书局近两年是转型升级阶段，最难的时候已经过去，在此过程中难免会有阵痛，坚持就一定会成功。ERP要坚定不移地推动下去，中华书局领导班子态度坚决，这非常好。ERP上线取得了阶段性成果，但经营数据受到了影响，马上进入年终结算阶段，中华书局对存在的问题要进行梳理，对决算有影响的要提前解决，分步实施，尽早动手，保障年终结算工作的顺利进行。中华书局要通过数据分析，加强决策分析，提高科学化管理水平。

（梁　彦）

中国出版传媒股份有限公司副总经理孙月沐到中华书局调研

2014年9月11日，中国出版传媒股份有限公司副总经理孙月沐到中华书局调研，并与中华书局各期刊部门负责人座谈。

中华书局总经理徐俊、副总编辑尹涛对中华书局期刊的整体情况做了介绍。之后，各期刊部门负责人发言，分别介绍了各自期刊的历史、现状、成绩及面临的问题。最后，孙月沐对中华书局的期刊工作做了指示。他指出，中华书局的很多期刊都是品牌期刊，各刊要科学总结过去、现在和未来的发展逻辑与趋势，把握好守、破、立三者的关系，把握好内在时机，规划出一条面向未来的期刊发展道路。纸媒发展当下遇到瓶颈问题，不必谈虎色变。在这种情况下，各刊既要重视过去积累的经验，也要解决新技术革命浪潮冲击的问题，要守住精品内容、专业化内容、不可替代的内容生产，积极发挥自身在精品内容生产方面的独特影响力，巩固各刊在业界的地位。中国出版集团公司出版业务部主任张贤明等陪同调研。

（梁　彦）

中国出版集团公司副总裁潘凯雄一行到人民文学出版社调研

2014年9月12日，由中国出版集团公司副总裁潘凯雄带队，集团公司财务主任徐凤君、股份公司财务主任赵东等组成的调研小组到人民文学出版社进行财务工作调研，人民文学出版社社长管士光、计划财务部主任舒朝云、发行部副主任李理、发行部刘艳红等人参加了会议。会议由徐凤君主持。

舒朝云代表人民文学出版社向集团调研小组汇报了关于2013年度年终决算审计中，会计师事务所提出的管理建议书的具体整改情况，并对本次调研提纲中所涉及的问题进行了汇报，并提出在整改过程中面临的工作难点。

管士光对人民文学出版社如何有效实现良性发展做了汇报，同时也提出在经营中面临的难点问题。他指出，人民文学出版社在2014年重点提高单品种质量，有效减少了品种数量，降低了产量。在保证一定规模的同时，严把产品质量关，夯实内功，求精而不求量。

潘凯雄对本次调研做总结发言，他指出要充分利用这次集团统一规范内控制度的契机，建章立制，完善单位内部管理制度；要提供出版社各部门的执行力，充分利用ERP系统，确实做到各部门之间数据的无缝衔接。他还就专项资金管理、内部往来清理、存货管理、充分发挥财务监管作用等问题做出了要求。（王芸菲）

《中国大百科全书》数字化编纂平台项目签约仪式举行

2014年9月17日，中国大百科全书出版社与东软集团股份有限公司在北京举行了《中国大百科全书》数字化编纂平台项目签约仪式。《中国大百科全书》（第三版）执行总主编杨牧之，中国出版集团公司党组书记王涛、副总裁潘凯雄，《中国大百科全书》（第三版）执行副总主编、中国大百科全书出版社社长龚莉以及东软集团股份有限公司副总裁、华北大区总经理王立民等出席，中国大百科全书出版社副总编辑马汝军主持签约仪式。仪式上，龚莉和王立民共同签署了《中国大百科全书》数字化编纂平台项目协议。

龚莉向出席仪式的来宾介绍了《中国大百科全书》数字化编纂平台项目的具体情况，她表示，项目的全面启动，将使编纂平台成为“一次制作、多元发布、多重利用”的数字出版产品发布平台。王立民表示，东软集团股份有限公司一直致力于软件开发和服务，此次更要高度重视《中国大百科全书》项目，将投入充足的力量和优质的资源保障项目实施，完成预期目标。

王涛在会上发表讲话，强调搭建数字化编纂平台是基础性工作，希望东软集团股份有限公司和中国大百科全书出版社的专业团队能够尽快融合，真正体现高质量、国家级出版平台的业务技术水准。

国务院正式批复《中国大百科全书》（第三版）的立项文件中，明确指出“通过建立数字化编纂平台，编纂发布和出版《中国大百科全书》网络版、纸质版”。中国大百科全书出版社和东软集团签订的数字化编纂平台项目，正是这样一种合作形式，旨在打造准确权威、具有严谨科学知识体系的百科知识库的支撑平台。

（任其忻）

中国出版传媒股份有限公司副总经理孙月沐一行到人民文学出版社调研

2014年9月26日，中国出版传媒股份有限公司副总经理孙月沐，出版业务部唐俭，中国出版传媒商报社马雪芬等一行来人民文学出版社就报刊工作进行调研，人民文学出版社社长管士光，副总编辑应红、周绚隆和人民文学出版社各报刊负责人参加了调研。

会上，管士光介绍了人民文学出版社报刊经营工作的总体思路，各报刊负责人分别介绍了报刊的现状和具体经营情况。

孙月沐最后发表讲话，谈了自己的看法和要求。他指出，集团股份公司关于期刊管理的工作思路是“摸清家底、分类管理、谋求发展”，要求人民文学出版社结合实际，抓好导向工作，实施精品化战略，做好品牌维护和发展；要面对市场，谋求发展；做好期刊的数字化和整合经营工作。（王芸菲）

中国大百科全书出版社制订品牌经营计划（2015～2017）

2014年10月6日，中国大百科全书出版社根据中国出版集团公司的工作部署，制订了《中国大百科全书出版社品牌经营计划（2015～2017）》。总结了品牌经营的经验和问题、提出了举措与目标、建立了保障措施和考核办法。进一步明确了以《中国大百科全书》为标志的品牌整体战略，总体思路是继续将出版社品牌和出版物品牌建设相结合，依托出版物，重点打造四个品牌，即以《中国大百科全书》为标志的“百科版”品牌，以大众读物为主导的“知识版”品牌，以中国百科术语数据库和《中国大百科全书》（第三版）为依托的“百科数字出版”品牌和“百科期刊”品牌。

具体实践中，内容创新和营销创新相结合，加强重点出版物的规划，扩大传播影响力，增强品牌影响力；队伍建设和制度建设相结合，切实提高编辑人员职业素养、市场营销部策划团队的专业化，特别加强培养数字出版、网络运营、新技术、国际合作、经营管理等急需人才；同时加强品牌经营工作的整体规划、整体运作，细分专项工作，健全考核指标，使品牌经营工作制度化、常态化。积极开展品牌经营规划和品牌企业、品牌产品、品牌服务的建设、发展、推进工作，深入挖掘品牌资源的价值，充分实现品牌优势，促进出版社更好更快的发展，努力成为具有强大的内容创新和传播能力的新型文化企业。

（任其忻）

中国图书进出口（集团）总公司与英格拉姆内容集团正式签署中国图书全球按需印刷协议

2014年10月8日（德国当地时间），中国图书进出口（集团）总公司与英格拉姆内容集团（Ingram Content Group company）下属闪电资源公司（Lightning Source Inc.）在法兰克福书展上正式签署“中国图书全球按需印刷协议”。国家新闻出版广电总局进口管理司司长张福海、英格拉姆内容集团主席兼首席执行官 John Ingram 出席签约仪式并致辞。中国图书进出口（集团）总公司副总经理林键与英格拉姆内容集团首席内容官 Phil Ollila 签署了中国图书全球按需印刷协议和英格拉姆在中国的全球链接服务合作意向书。

张福海在致辞中说：“中国图书进出口（集团）总公司是中国最大的图书进出口公司，英格拉姆内容集团是世界著名的中盘商，强强联合一定会创造非常好的成果。借助英格拉姆内容集团的全球平台，中国的图书可以通过按需印刷更好地走向世界；借助中国图书进出口（集团）总公司的渠道优势，英格拉姆旗下的出版物可以更好地被引入中国。”

英格拉姆内容集团主席兼首席执行官 John Ingram 说：“英格拉姆内容集团致力于向全世界输送各种语言的出版物。今天，我们非常高兴正式与中国图书进出口（集团）总公司签署合作协议，共同携手，在把更多内容输送到中国的同时，向世界传播更多的中文内容。”

中国图书进出口（集团）总公司与英格拉姆内容集团的合作，是中国图书进出口（集团）总公司在数字时代实现中国出版物国际传播技术创新、渠道创新和服务创新的重要举措。通过合作，中国图书进出口（集团）总公司将在“易阅通”（CNPeReading）平台已聚合的国内200多家出版社的近20万种优质最新电子书的基础上，积极与国内出版社合作，开展数字出版资源的按需印刷数据加工，实现与英格拉姆内容集团的按需印刷技术对接，并建设中国图书可供按需印刷书目数据库和全文数据库。不仅将满足国际社会对中国出版物的多样化、个性化和即时性的需求，扩大中国出版物的国际传播范围和时效，也将极大降低中国出版业“走出去”的库存成本和运输成本，重塑中国出版物出口的业务流程和运营模式。

（朱宝元）

中国出版传媒股份有限公司副总经理孙月沐出席新华书店总店报刊调研座谈会

2014年10月14日，新华书店总店（简称“总店”）召开报刊调研座谈会，中国出版传媒股份有限公司副总经理孙月沐、股份公司出版业务部信息宣传处处长唐俭、股份公司出版业务部信息宣传处姜锐刚一行，中国大百科全书出版社副社长陈琦以及中国大百科全书出版社、总店报刊负责人也参加了会议。

孙月沐在听取了大家的汇报后做了总结讲话，对新华书店总店新班子成立以来开展的工作和取得的成绩予以充分肯定，对各报刊的下一步发展提出了要求和建议。

孙月沐强调指出：一是要深刻认识我们面临的危机，以积极的态度振奋精神。近年来，国际国内，报刊纸媒行业的下行、下降趋势均十分明显。一方面，我们要充分认识传统书业、纸媒面临的挑战；另一方面，也要振奋精神，找出符合自身实际的、独特的发展思路。

二是要找到自己的准确定位和发展模式。纸媒的信心建立在找到自己的准确定位和发展模式上。纸媒发展两方面因素很关键：首先，内容的独特性。要在找到准确的目标定位的基础上，对内容进行细分再细分，主打细分市场。其次，要把定位和经营、内容和盈利模式结合起来。

三是要从媒体整合、结合、融合的角度考虑发展问题。2014年中央全面深化改革领导小组第四次会议通过了《关于推动传统媒体和新兴媒体融合发展的指导意见》，在这方面，我们可以做的事情非常多。如总店提出打造两个大的新兴技术平台，在这个过程中，可以考虑与纸媒进行融合。传统的书刊在交互融合之后会出现一定的边际效益、联动效应。

四是要在营销上多多发力。报纸期刊要各自找到生存发展的路子，也要以互惠共赢为原则，积极寻求合作；要向一些做得好的刊物学习，要把我们的资源用好用足。（张　倩）

中国出版集团公司传达贯彻习近平总书记在文艺工作座谈会上的重要讲话精神专题会议举行

2014年10月20日，中国出版集团公司举行传达贯彻习近平总书记在文艺工作座谈会上的重要讲话，以及10月18日中宣部召开的学习贯彻习近平总书记文艺工作座谈会议精神专题会议。中国出版集团公司党组书记王涛传达了讲话精神，并提出了传达学习贯彻的具体要求。中国出版集团公司副总裁王俊国主持会议。中国出版集团公司副总裁刘伯根、李岩，中国出版传媒股份有限公司副总经理樊希安、孙月沐出席会议。中国出版集团公司、中国出版传媒股份有限公司领导班子成员出席会议。总部、本部各部门负责人参加会议。

王涛全面传达了习近平总书记10月15日在文艺工作座谈会上的讲话精神，传达了刘云山同志关于学习贯彻习近平总书记文艺工作座谈会讲话精神的重要批示精神，以及刘奇葆在10·18会议上的重要讲话。

王涛认为，习总书记的讲话深刻阐述了文艺和文艺工作的地位、作用和重大使命，科学分析了文艺领域面临的新形势、新情况、新问题，对在新的历史起点上推动文艺繁荣发展做出了全面部署，提出了明确要求。中国出版集团公司要深入学习贯彻习总书记的重要讲话精神，进一步明确出版工作在繁荣文艺事业中的重要地位和重大作用，不断增强历史责任感和文化使命感，大力发挥出版工作对文艺事业的促进作用。

王涛提出了四条贯彻要求：一要高度重视学习贯彻习总书记在文艺工作座谈会上的讲话精神，各单位要组织专题会议传达学习习总书记的讲话精神，学习贯彻刘云山同志的重要批示精神和刘奇葆同志的重要讲话精神。讲话对繁荣发展文学艺术工作提出了新思路、新要求，对做好出版工作具有重要的指导意义。多出好作品，既是文艺工作的主题，更是出版工作永恒的主题。二要充分结合践行社会主义核心价值观，做好主题出版，大力弘扬中国精神。各单位在谋划2015年选题时，要将中央的要求很好地贯彻其中。三要本着竭诚为作者服务的精神，改变传统责任编辑制的单一服务方式，全方位、立体式地聚拢和服务文艺创作工作。（郑　甜）

中国出版集团公司党组理论学习中心组集体传达学习党的十八届四中全会精神会议举行

2014年10月24日，中国出版集团公司党组理论学习中心组集体传达学习党的十八届四中全会精神会议举行。会议由中国出版集团公司党组书记王涛主持。会议集体学习了《中国共产党第十八届中央委员会第四次全体会议公报》。

中国出版集团公司总裁谭跃列席了党的十八届四中全会。他首先介绍了十八届四中全会会议进程，传达了习近平总书记在四中全会上的讲话精神，结合学习《四中全会公报》及与会情况，谈了三点感受：

一是进一步廓清了在宪政问题上的思想困扰。他说，全会强调，党的领导是中国特色社会主义最本质的特征，是社会主义法治最根本的保证。坚持党的领导，是写进宪法中的，是社会主义法治的根本要求，是党和国家的根本所在、命脉所在，是全国各族人民的利益所系、幸福所系，是全面推进依法治国题中的应有之义。我们党提出的依宪治国是区别于西方宪政的，其最显著特色是党的领导，对此，我们有坚定的决心和信心。

二是四中全会将依法治国推向了新的高度。中华人民共和国成立后我们党一直重视法治建设。党的十八届四中全会通过了《中共中央关于全面推进依法治国若干重大问题的决定》，将依法治国提升到国家重大治国理政方略和战略的高度，这在我们党历史上是第一次。我们党领导国家建设发展，不能包办一切，只有依法治国才能真正实现两个一百年的奋斗目标，实现中华民族伟大复兴的中国梦，实现国家的长治久安。

三是四中全会突出了依法治国的问题意识和导向要求。四中全会通过的《中共中央关于全面推进依法治国若干重大问题的决定》不仅突出了我们的国情和社会主义建设阶段目标，也进一步明确了依法治国的具体要求和方式方法，既认清了我们面临的实际困难和问题，也为今后依法治国的长期性和长久性指明了方向和目标。这一《决定》非常具体全面，必将对我国的依法治国建设产生重大而深远的影响，必将为推进依法治国进程起到重大推动作用，必将成为我国依法治国建设中一座重要的里程碑。

谭跃指出，学习贯彻党的十八届四中全会精神要按照中央统一要求，学深学透，见行动见成效。特别是要把学习好贯彻好四中全会精神与我们实际工作相结合，要在学习贯彻中切实提升我们依法治企的科学性和有效性，使依法治企成为我们实现建设“国际著名出版集团”的有力武器和重要推手。

王涛说，党的十八届四中全会是党的十八大和十八届三中全会精神的延续和进一步具体化，非常重要，非常及时，非常全面。我们学习了《中国共产党第十八届中央委员会第四次全体会议公报》，很受教育，很受启发，虽然今天的学习是初步的，但是，也进一步增强了我们依法治国、依法治企的信心和决心。今后要按照中央要求和部署，中国出版集团公司党组要积极带领集团干部职工下大力气把四中全会精神和《中共中央关于全面推进依法治国若干重大问题的决定》学懂弄通，尽快应用于我们加快改革发展的具体实践中。

王涛指出，全会提出的坚持依法治国与党的领导的有机统一，完善全国人大及其常委会宪法监督制度，强化对行政权力的制约和监督，完善纠错问责机制，建立领导干部干预司法活动、插手具体案件处理的记录、通报和责任追究制度，最高人民法院设立巡回法庭，实行办案质量终身负责制和错案责任倒查问责制，把法治建设成效作为衡量各级领导班子和领导干部工作实绩重要内容、纳入政绩考核指标体系，把能不能遵守法律、依法办事作为考察干部的重要内容，等等，这些制度和措施既回答了目前人民群众关心的热点和难点问题，也为做好和加强依法治国提出了具体解决办法和制度设计，必将对推进依法治国建设产生更加积极有效的影响。中国出版集团公司作为国有大型文化出版企业，要做依法治国、依法治企的排头兵和领头羊，要在国家推进法治文化建设的进程中，深深根植于我们优良传统基础上，加大法治文化建设主题研究和开发，精耕细作，结合各单位和出版社的实际工作，进一步突出依法治国和推进法治文化建设的要求，推出一批依法治国方面的精品力作，要在法治文化建设中积极探索，为国家依法治国建设贡献我们的力量。

会议决定，要把学习贯彻十八届四中全会精神，作为当前和今后一个时期的重要政治任务，按照中央要求和工作部署，在全集团迅速掀起学习贯彻党的十八届四中全会精神热潮，形成全体干部职工认真学习贯彻四中全会精神的生动局面。

（郑　甜）

荣宝斋茶文化（北京）有限责任公司成立

2014 年 10 月 29 日，荣宝斋茶文化（北京）有限责任公司成立。该公司秉承荣宝斋三百年历史文化底蕴，将古老的茶文化引入荣宝斋传统文化艺术体系之中，成为荣宝斋多元化经营的新板块。公司坚持融画于茶、以茶入画，蕴聚翰墨情缘，开业之际已推出“荣宝斋百年茗品”系列之齐白石《双寿图》、徐悲鸿《奔马图》两款珍藏级普洱茶，极具收藏价值。同时亦开发了当代著名书画家经典作品与顶级普洱茶搭配的“荣宝斋名家茗赏系列”纪念款普洱茶，如李延声《馨香雅韵》、吴悦石《钟馗》、卢禹舜《德为良田》、欧阳中石《品茶》、喻慧《写生珍禽》、范扬《品茗悟禅》等。荣宝斋茶文化（北京）有限责任公司致力于将荣宝斋传统书画强项与普洱文化巧妙糅融、互为诠释，打造荣宝斋“茶文化”品牌。

（刘　芳）

中国出版集团公司、中国出版传媒股份有限公司财务部到所属单位联合调研

2014 年 10 月，中国出版集团公司副总裁潘凯雄带队，由两个财务部组成的调研小组先后到商务印书馆、中华书局、人民文学出版社、生活·读书·新知三联书店、中国大百科全书出版社、人民音乐出版社、荣宝斋调研财务工作总况。就共同关心的存货管理、往来账目管理、财务信息化建设和使用、制度建设、年度任务完成现状和预测、审计整改、财务负责人委派、针对两总部财务管理建议等情况深入研讨、学习和交换意见。

（湖泊潇）

中国出版集团公司总裁谭跃一行拜访国家创新与发展战略研究会会长共商《中国国际战略丛书》

2014 年 11 月 4 日，中国出版集团公司总裁谭跃、副总裁李岩、出版部主任张贤明、中国民主法制出版社社长肖启明、副总编辑刘海涛等一行八人专程拜访国家创新与发展战略研究会会长郑必坚。国家创新与发展战略研究会副会长林地、常务副秘书长冯炜、副秘书长牟卫民、朱相彬、邹明春等出席见面会。双方就《中国国际战略丛书》的合作进行了商讨。

《中国国际战略丛书》是中国出版集团公司正在打造的重点书系。谭跃向郑必坚介绍了《中国国际战略丛书》的策划构想。他表示，策划《中国国际战略丛书》是基于三点原因：第一，目前西方国家占据着世界话语权的主导地位，中国要发出自己的声音，对外讲好“中国故事”；第二，在国内关于国际战略的理论研究成果应当

有一个整体展示的平台，中国出版集团公司愿意为此付出努力；第三，从民间来看，普通百姓关注新闻和国内外大事比较多，但是对事件的认识和判断需要有正确的引导。基于以上原因，作为出版“国家队”的中国出版集团公司有责任出版这样一套丛书，立足中国使命，发出中国声音。

郑必坚对谭跃的讲话表示赞同。他说，新一届的中央领导期待推动理论建设，而当前国际国内的局势变化，需要对国际战略的思想进行梳理，因此他认为《中国国际战略丛书》将会是很有价值的。他表示愿意担任丛书总主编，同中国出版集团公司“共襄义举”。

会谈中，双方确定了下一步的工作，郑必坚向谭跃、李岩赠送了他的著作。谭跃向郑必坚赠送了中国民主法制出版社出版的国际政治类图书。

郑必坚曾担任中宣部常务副部长、中央党校常务副校长，是中共第十四届、十五届中央委员，“和平崛起”理论提出者、邓小平1992年视察南方讲话的整理执笔人、中国特色社会主义理论的主要专家之一，是中国著名的理论家。

（邵　力）

中国出版集团2015年度选题计划论证工作动员会召开

2014年11月4日，中国出版集团召开2015年度选题计划论证工作动员会。中宣部出版局局长郭义强、国家出版基金规划管理办公室主任李潞、国家新闻出版广电总局出版管理司副司长王然出席会议。中国出版集团公司总裁谭跃做总结讲话，副总裁李岩主持会议，中国出版传媒股份有限公司副总经理樊希安、孙月沐参加会议。

谭跃指出，选题决定着中国出版集团的命运，在新的历史节点上，要把选题工作放在更加重要的战略位置来考虑。集团筹备成立内容建设委员会，要将习总书记系列讲话和中央有关精神，转化为对选题工作的思想指导，将集团内外专家的智慧力转化为集团内容生产的创新力；要坚持内容建设的专议制度，抓导向、抓选题、抓生产、抓经营；要进一步明晰各单位班子的分工，总编辑原则上要重点抓内容导向、选题研发、内容生产。他要求各单位，要从社会趋势、时代潮流、民心所向中选择好选题，在选题工作中要坚持政治导向第一、文化影响至上、两个效益统一，不制造杂音，坚决杜绝粗制滥造。他提出，抓好选题工作要坚持大家品位、大众口味的文化追求，要抓学习，强化编辑思想建设；抓主题出版，强化选题影响力；抓结构，强化专业特色；抓作者，强化选题资源；抓读者，强化接地气；抓融合，强化选题传播力。

郭义强指出，年度选题计划论证工作至关重要，要从源头上抓质量、抓导向、抓效益。他要求中国出版集团的选题工作站位要高、切口要小、标准要严、谋划要远、合力要强，要走在全国出版单位的前列。李潞介绍了国家出版资金的整体情况以及近年来入选资助项目的特点，并从申报要求、专业方向、材料准备等多方面，对集团各单位如何提高基金申报成功率做了细致辅导。王然要求集团的选题工作，要有强烈的政治意识、大局意识、责任意识和法律意识，要处理好社会效益和经济效益的关系，发扬集团的优良传统，压缩平庸、抵御低俗的选题，确保出版质量。

人民文学出版社、商务印书馆、中华书局、中国美术出版总社、生活·读书·新知三联书店、中国对外翻译出版公司、中国民主法制出版社等多家单位介绍了2015年度选题的规划情况。大家表示，要进一步学习贯彻十八大以来中央的有关精神，坚持正确导向、抓好大型项目、实施精品战略，并围绕“中国梦”、社会主义核心价值观、依法治国、弘扬传统文化、纪念反法西斯战争胜利70周年、纪念长征胜利80周年、庆祝新疆维吾尔自治区成立60周年、西藏自治区成立50周年等方面加强主题出版，为“十三五”规划开局打好基础。

中国出版传媒股份有限公司出版部张贤明主任、国际部刘忠主任及集团20家成员单位相关

负责同志参加会议。（孙照海）

中国出版集团公司所属报刊单位学习贯彻四中全会精神暨主题报道座谈会召开

2014年11月5日，中国出版集团公司召开所属报刊单位学习贯彻四中全会精神暨主题报道座谈会。总裁谭跃对会议筹备、召开做出明确指示。集团公司党组成员、股份公司副总经理孙月沐出席会议并讲话，出版业务部主任张贤明主持会议。集团所属各出版单位分管报刊业务的领导、总编室主任，20余家主要报刊及网络媒体负责人，以及股份公司出版业务部相关人员共40余人参加会议。

会议对各报刊媒体学习贯彻四中全会精神明确提出要求：一是深入学习、内化于心。要自觉主动、认真深入学习领会习近平总书记系列重要文件讲话精神和四中全会精神。要有高度的政治敏锐性和政治鉴别力，自觉主动组织学习，深入领会精神实质。二是研究结合点，找到着力点。要根据自身功能定位找准找实发力方向与选题，有机对接四中全会精神的主题宣传报道。三是立足创新、鼓励创造。要根据媒体生产规律，开动脑筋，在内容和形式上比拼创造力。四是抓好落实、务求实效。要认真谋划、过细安排，重在落实到具体操作层面，重在高效、实效。

会议还结合中央文件和领导讲话精神，向与会单位做了中央关于四中全会精神宣传工作方案的要点提示。

部分期刊在会上介绍了做好主题宣传报道的相关经验。商务印书馆总编辑周洪波介绍了该馆英文期刊《汉语世界》用外国人的视角和语言宣传报道中国及其在美国等国家主流社会产生的良好影响；《当代》杂志社社长杨新岚介绍了该刊近年坚持正确导向、坚守文学阵地的工作成果；《三联生活周刊》执行主编李鸿谷介绍该刊从杂志自身特点角度对接主题宣传报道，策划了一系列双效显著的重大专题报道；《月读》副主编刘彤介绍该刊自觉主动地从弘扬中华优秀文化视角策划社会主义核心价值观的系列主题报道。

在召开本次会议前的11月4日，孙月沐率员专程赴《三联生活周刊》传达四中全会精神宣传方案要点，并会同该刊研究如何做好下一步的主题宣传工作。（姜锐刚）

商务印书馆与山西大学战略合作签约仪式暨阅读体验店揭牌仪式举行

2014年11月14日，商务印书馆与山西大学战略合作签约仪式在山西大学举行。商务印书馆总经理于殿利、山西大学校长贾锁堂出席并代表双方签订战略合作协议。

签约仪式上，于殿利回顾了商务印书馆与山西大学两个百年文化机构的合作与友情，介绍了商务印书馆“昌明教育，开启民智”的企业使命和多年来的发展脉络，以及在普及知识、传播文化和扶助学术上取得的成就。同时对商务印书馆和山西大学未来的合作提出了期望。贾锁堂对同商务印书馆携手成为战略合作伙伴表示热烈欢迎并充满期待，他认为签订合作协议对于深化双方的战略合作，促进共同发展，具有十分积极的意义。签约仪式后，于殿利为山西大学师生做了题为《文化竞争与文化自觉》的学术报告，并与太原文广集团的领导进行了交流，就双方下一步的合作达成了一致意见。

当天还举行了商务印书馆山西大学阅读体验店揭牌仪式。商务印书馆总经理于殿利，副总经理王齐、胡中文，山西大学资产经营有限公司总经理李君超，商务印书馆（太原）有限公司总编辑李智初等出席并共同为体验店揭牌。阅读体验店是商务印书馆在大学校园内成立体验店的首例，希望将其打造成展示商务印书馆品牌形象和多元化经营的有效平台。

12月23日，中国出版传媒股份有限公司副总经理樊希安带领中华书局、生活·读书·新知三联书店、人民文学出版社、中国大百科全书出版社、中国对外翻译出版社、中国民主法制出版社、人民出版社、中国社会科学出版社、社科文献出版社以及中国人民大学出版社主管营销发行的领导考察了商务印书馆山西大学阅读体验店并座谈。商务印书馆总经理于殿利，党委书记、副总经理肖启明，副总经理胡中文陪同考察。座谈会上，大家对阅读体验店的定位、风格、活动主题给予了充分肯定，并就如何支持和利用阅读体验店这一平台促进图书销售等问题进行了深入交流。

次日，于殿利带领 10 家出版社的领导考察了山西大学图书馆图书采购业务，同山西高校图书馆工作委员会和山西大学图书馆有关负责人进行了座谈，并就如何加强出版社和图书馆的合作，如何以商务印书馆山西大学体验店为平台建立图书馆现场采购试点等问题进行了交流。考察团还参观了山西大学姚奠中纪念馆。于殿利、肖启明向山西大学档案馆和姚奠中艺术馆赠送了商务印书馆新近出版的姚奠中学术文丛。

（冯　雪）

中国出版集团公司品牌经营战略推进会召开

2014 年 11 月 28 日，中国出版集团公司召开了品牌经营战略推进会。集团公司总裁谭跃出席会议并做报告。集团公司党组书记王涛主持会议，副总裁刘伯根介绍了集团品牌建设情况。集团公司副总裁李岩、潘凯雄，股份公司副总经理樊希安、孙月沐出席会议。集团公司、股份公司所属各单位领导班子成员，集团公司总部、股份公司本部各部门负责人，集团公司和 10 家品牌单位品牌建设领导小组成员参加会议，集团公司和 10 家品牌单位品牌建设办公室成员列席了会议。参会人数约为 150 人。

谭跃做了题为《把我们的品牌做得更响、更强、更优》的报告。他指出，品牌经营战略对集团具有特殊意义，围绕“做响品牌产品、做强品牌企业、做优品牌营销和服务”的中心话题，确定了集团品牌建设的基本宗旨、主要目标和基本思路。基本宗旨是：坚持走集团特色发展道路，咬住出版主业，抓住在产品、企业、技术和服务方面的品牌优势，不断增强专业化生产能力和内容创新能力，不断增强出版主业的核心优势和主导地位，努力建设国际著名出版集团。主要目标是：努力传承、继续打造出版品牌集群，提升集团在“全国文化企业 30 强”“全球出版业 50 强”“亚洲品牌 500 强”等品牌排行榜的位次，努力成为导向管理的模范、文化繁荣的主力、改革创新的骨干、转型融合的标兵、国际拓展的先锋，为实现出版中国梦、增强国家文化软实力贡献独特力量。基本思路是：贯通“六大战略”，促进“五个融合”，在战略中凸显品牌引领，在融合中把品牌工作做实、做深、做开，从而使集团的品牌更响、更强、更优。其中，“五个融合”是指品牌与品质、与内容、与科技、与市场、与资本的融合。

推进品牌与品质的融合，一是要加强导向管理，彰显品牌之魂；二是要加强质量管理，彰显品牌之优。推进品牌与内容的融合，一是践行核心价值观，做强主题出版品牌；二是创新选题策划，打造具有“大家品味、大众口味”的品牌产品；三是创新积聚方式，壮大品牌资源；四是优化产品结构，打造品牌产品集群。推进品牌与科技的融合，一是加快传统出版与新兴出版的融合，二是加快三大业务与数字化的融合，三是加快传统媒体与新媒体的融合，四是探索一体化运营管理模式。推进品牌与市场的融合，一是构建新型品牌传播体系，二是加大线上线下一体化营销力度，三是努力拓展国际市场。推进品牌与资本的融合，一是维护品牌价值，二是推动品牌内部重组，三是推进品牌外部扩张，四是加强品牌融资。

报告在导向与质量管理方面，出台《关于集团进一步加强导向管理的若干意见》《关于集团加强合作出版的若干意见》两项规定，建立十二项管理机制，坚持“以我为主、合作互利、共同发展”的合作出版原则。在创新选题策划方面，提出要打造“大家品位、大众口味”的品牌产品，要善于以小见大，以俗见雅，将思想品位、审美趣味、市场口味有机融合。创新主题出版模式方面，要深入阐释核心价值观，不断创新主题出版模式，防止形式主义、形而上学和生搬硬套，要以历史眼光、生动形式和鲜活语言打造独具个性、双效明显的主题出版品牌。在创新积聚方式方面，提出要通过文化联谊、平台共建、股份合作、买断著作权、建立工作室、提供优质服务、签订长期版权协议等多种形式，聚拢一批品牌作者。在优化产品结构方面，要进一步做响做强时政、财经、管理、少儿、法律、传记、科技等新兴产品线；推进教育资源整合，做开教育出版。在宣传营销方面，以三联韬奋24小时书店、涵芬楼书店、中图外文书店为基础，完善中版特色实体书店运营模式；以重要纪念日、节假日、书展日为基础，在北京、上海、深圳等10个重点文化城市，开展中版品牌产品优惠展销活动，推进明星店员“中版畅销书推介”活动，建立中版特色营销体验中心。在品牌融资方面，要每年安排2000万元的集团专项资金，重点支持品牌建设；以荣宝斋的品牌融资经验为基础，推广品牌作为无形资产计价入股、收取品牌特许使用费、品牌经营权出让、品牌授信抵押、版权证券化等品牌资本化方式，努力实现品牌内在价值的资本溢价。

王涛对落实“五个融合”提出了4点具体要求。一是提高思想认识，把品牌经营工作放到更加重要的战略位置上。要认识到品牌经营战略是贯通“六个战略”的核心内容，对于集团和各单位当前和未来的发展具有重要的战略意义。二是健全领导机制，抓好品牌建设的两级分层管理。要明确集团是品牌建设的组织者和协调人、各单位是品牌建设的主力军和主人翁的组织分工。三是加大政策激励，提高品牌企业管理水平。集团和各单位在奖励评选、干部选拔、人才培训等方面要有具体落实措施。四是加强资金支持，培育重点品牌产品。要认真做好第一批329种品牌企业、品牌产品、品牌技术和服务的宣传营销。刘伯根代表品牌战略推进领导小组做了《关于今年以来品牌建设工作的报告》。根据2014年度工作会的部署，集团品牌建设工作历时9个月，历经3个阶段，完成了召开品牌经营战略研讨会、海尔考察及专题研讨会、品牌单位经验交流会，编制《品牌经营战略规划要点（2015～2019）》，制定品牌战略宣传营销和考核、资金保障方案，评选《中国出版集团品牌名录（第一批）》，编制《中国出版集团品牌手册》，编制10家品牌单位《品牌经营计划（2015～2017）》，参加“全国文化企业30强”“全球出版业50强”“亚洲品牌500强”“中国经济最具发展潜力企业”活动评选，组织集团公司、商务印书馆、中国图书进出口（集团）总公司、荣宝斋等品牌单位估值活动，品牌书店申请财政专项发展资金等系列工作。

人民文学出版社、商务印书馆、中华书局、中国大百科全书出版社、中国美术出版总社、人民音乐出版社、生活·读书·新知三联书店、中国对外翻译出版公司、中国图书进出口（集团）总公司和荣宝斋等10家品牌单位的主要负责人也就本单位未来3年（2015～2017）的品牌经营思路和举措进行了交流。

会上下发了《中国出版集团品牌建设手册》《中国出版集团品牌名录（第一批）》《中国出版集团品牌建设交流材料》。其中，品牌名录包括了10家品牌单位、290个品牌产品以及29项品牌技术与服务。品牌单位是指商务印书馆、中华书局、生活·读书·新知三联书店、中国图书进出口（集团）总公司和荣宝斋等一批历史悠久、开启民智的文化品牌企业。品牌产品则遴选了共和国成立以来经受时间检验、至今常销不衰、市场影响力较大的精品力作和主题出版物，如《中国文库》（500种）、《中国大百科全书》《中国美术全集》《点校本“二十四史”及〈清史稿〉》《万历十五年》《伟大的乐章·国韵华章》、“三联·哈佛燕京学术丛书”、《于丹〈论语〉心得》《新华字典》、“汉译世界学术名著丛书”“王树增战争系列”“哈利·波特系列”。29项品牌技术与服务则包括木版水印、装裱修复等传统工艺，

"读者大会"、年度汉语盘点等读书活动，北京国际图书博览会、国际书展中国主宾国等书展服务，以及三联韬奋24小时书店、涵芬楼等特色书店服务。

2014年以来，中国出版集团公司连续第六年入选"全国文化企业30强"，排名逐步上升；连续第二年入选"全球出版业50强"，由第22位上升至第14位，位居国内出版企业之首；首次入选"亚洲品牌500强"，位居第396名，是唯一入选的国内出版企业；首次入选"中国经济最具发展潜力企业"，位居2014年度入选企业之首，也是唯一入选的文化企业。（何　奎）

中国出版集团公司总裁谭跃参加中国民主法制出版社、人民文学出版社2015年选题论证会

2014年11月29日和12月2日，谭跃总裁先后率队参加集团所属中国民主法制出版社和人民文学出版社2015年度选题论证会。集团公司副总裁李岩、潘凯雄，股份公司副总经理樊希安分别出席会议，集团公司、股份公司办公室、出版部、国际部相关人员参加会议。

在中国民主法制出版社，谭跃强调，要把学习贯彻十八届四中全会精神，作为当前和今后一个时期的重要政治任务，并努力做到"三个转化"，即转化为心得体会，转化为对工作的思想指导，转化为实实在在的选题产品。选题决定着中国出版集团的命运，要用专业的眼光、学术的水平、市场的机制，做响主题出版；要以"玩索而有得"的精神、"淘宝"的思路、专业的志向、专注的能力、"大家品位大众口味"的风格、"三十而立"的期待做好选题工作。希望中国民主法制出版社成为全集团主题出版的标兵、数字出版的先锋、人才辈出的团队和全国法律出版的重镇、中型出版名社。

在人民文学出版社，谭跃对2015年的选题给予肯定，提出了三点希望：第一，成为全集团学习习近平总书记文艺座谈会讲话的标兵。要认真领会习总书记关于文艺的地位、本质、灵魂、生命、中心、关键、导向标准、艺术标准、根本核心九个方面论述，领会其精神实质，转化为工作指导，落实为具体举措，不断提升时代判断力、思想洞察力、审美能力、市场感应力。第二，成为抓当下、精品多、力作响的标兵。要以优秀作品为中心环节，以重要作者为创新资源，以激励机制为重要抓手，以优秀编辑为主要依靠。要突出抓当下选题，唱响主旋律，传播正能量。要建立发现、签约、维护、再生、培养、压力、激励、造就、资源共享、资金投入、品牌推广和读者组织12项机制。第三，成为传承品牌、弘扬品牌、运作品牌、扩张品牌的标兵。要坚持以事业的眼光做文化，以市场的思路做影响，以资本的运作做市场，以综合的方式做品牌。集团对人民文学出版社发展寄予希望并从相关方面给予支持，总裁办公会将专题研究人民文学出版社"新三年双效考核"和"十三五"期间的内容生产和品牌经营问题。

2015年，中国民主法制出版社和人民文学出版社的选题都有不少亮点，如关于依法治国类的选题有中央电视台"法律讲堂"系列、《人民代表大会制度理论研究》，关于核心价值观的选题有《马克思主义经典著作导读系列》《国魂》，关于文艺繁荣方面的选题有王树增的《抗日战争》、杨志军的《藏民》、熊育群的《己卯年的雨雪》、高洪雷的《大写的西域》以及"传统价值观丛书"，《中国少数民族文学史》等。（何　奎）

中央政策研究室与中国出版集团公司举行研究出版社重组签约仪式

2014年12月2日，中央政策研究室与中国出版集团公司举行研究出版社重组签约仪式。中宣部副部长孙志军，中央政策研究室副主任、中宣部副部长王晓晖，国家新闻出版广电总局副局长阎晓宏，中国出版集团公司总裁谭跃，中央政策研究室办公室主任张季出席会议并讲话。中宣部文化体制改革和发展办公室主任黄志坚、中央

文资办主任王家新、国家新闻出版总局规划发展司副司长孔德龙等出席会议。中国出版集团公司副总裁李岩主持会议。张季和李岩分别代表中央政策研究室与中国出版集团公司签署了研究出版社重组协议。

孙志军充分肯定了研究出版社与中国出版集团公司的重组具有重大意义，强调中国出版集团公司努力健全确保把社会效益放在首位、实现两个效益相统一的体制机制，坚持正确导向，多出精品力作，在建立有文化特色的现代企业制度方面积累新经验，在发挥国有文化企业骨干作用方面取得新进展。他指出，这次重组既是一件“大事”，也是一件“好事”。所谓“大事”，即“大背景”“大影响”。“大背景”是指此次重组是在贯彻落实十八届三中全会、四中全会全面深化改革和依法治国精神的大背景下、在中央有关部门的直接关心下进行的；“大影响”是指中央政研室主管的研究社迈出改革新步伐，并入了中国极具出版影响力的出版航母中国出版集团，为全国深化文化体制改革树立了榜样，这将产生重要影响，并对出版传媒产业进一步深化改革起到有力的推动作用。所谓“好事”，即“好路径”“好资源”。“好路径”是指在市场竞争环境下，兼并重组是出版传媒产业做大做强的重要路径，此次重组对尊重文化产业发展规律、促进文化产业繁荣发展起到积极作用；“好资源”是指研究社和集团可以优势互补，合作挖掘资源“富矿”，促进双方更好更快地发展。

王晓晖指出，这次重组对于全国文化体制改革具有重要的示范意义。他对集团提出了三点要求。一是要高度重视研究出版社的改革发展，从各方面给予更多支持，让研究出版社能够感受“大家庭”的温暖；二是加快实现研究出版社与现代出版社的有效整合，尽快产生新的生产力和战斗力；三是研究加强出版社的领导班子建设，为进一步发展壮大提供组织保证。他对研究出版社提出了三点要求。一是要在事业发展的新机会面前牢牢把握正确的出版导向，坚持“社会效益与经济效益相统一，社会效益放在第一位”的出版原则；二是要下大力气加强内部管理，向管理要效益；三是提高市场环境下的竞争意识和能力，要充分了解市场需求，创造自己独特的优势。

阎晓宏指出，通过重组，集团要进一步盘活资源，完善布局，提升整体实力和品牌竞争力；研究出版社要发挥特有资源优势，在新的集体中释放更多活力，在新的起点上谋求更快发展。

谭跃表示，这次重组充分体现了中央对国有文化企业深化改革和发展的关心支持。中国出版集团公司将认真做到“四个确保”。一是确保正确的出版导向；二是确保稳妥推进研究出版社的转企改制；三是确保其队伍稳定；四是确保其逐步做优做强并继续为中央政策研究室做好出版服务工作。张季介绍了研究出版社的整体经营情况和重组情况。（郑　甜）

中国出版集团公司“学习贯彻中央精神促进集团 2014 年工作”研讨会召开

2014 年 12 月 10～12 日，中国出版集团公司召开“学习贯彻中央精神 促进集团 2014 年工作”研讨会。会议全面、系统、集中地学习了十八大以来中央有关重要文件，传达、学习了中央经济工作会议精神。总裁谭跃做会议总结，党组书记王涛做动员讲话，副总裁刘伯根、李岩、潘凯雄，副总经理樊希安、孙月沐分别做学习发言。中国社科院副院长蔡昉，中宣部改革办公室主任黄志坚、出版局局长郭义强，中直工委研究室主任张辉作为专家与会授课。集团所属各单位领导班子正职，总部、本部各部门正、副主任参加会议。

会议学习了中共中央关于全面深化改革、全面推进依法治国的两个重要决定，学习了习近平总书记在中央政治局第十二次集体学习、第十三次集体学习、全国宣传思想工作会议、党的群众路线教育实践活动总结大会、文艺工作座谈会、同中共中央办公厅各单位班子成员和干部职工代表座谈会以及亚太经合组织工商领导人峰会开幕式上的7篇重要讲话，学习了刘云山在培育和践行社会主义核心价值观工作经验交流会上的讲话、刘奇葆在全国外宣工作会议上的讲话以及中共中央办公厅《关于推动传统媒体和新兴媒体融合发展的指导意见》。

谭跃传达了中央经济工作会议精神，提出了学习贯彻中央精神、谋划明年工作的六条要求。第一，要按照“认识新常态、适应新常态、引领新常态”的精神，把思想和行动统一到中央的认识和判断上来，在增强加快转变经济发展方式的自觉性和主动性中，坚持正确出版导向，推进集团“六大战略”。第二，要按照“坚持发展、主动作为”的精神，发挥品牌优势，在促进有质量、有效益、可持续的发展中，坚持“建设国际著名出版集团”的战略定位。第三，要按照“把国有企业做强做优做大”的精神，推进集团“大型化、现代化、国际化”的战略目标。第四，要按照“坚持以经济建设为中心”的精神，充分认识发挥社会效益、履行国家文化使命、抓好正确导向是前提，激发内容创新是关键，根本问题靠发展，保持知难而进、积极有为、改革创新、团结奋斗的精神状态。第五，要按照“坚持稳中求进工作总基调”的精神，更多地在改革、结构、创新、营销、增量、合作重组上做文章，把握既符合国家宏观经济形势、又符合我们自身实际，既分类指导、又稳中求进的增长速度。第六，要按照“把我们自己的事办好”的精神，把新常态和文化大发展大繁荣结合起来，在经济下行中把握文化逆势上扬特殊规律，分析新情况，善抓新机遇，谋求新发展，形成新优势；更加注意研究推进品牌化、集团化和数字化，在品牌化中强化内容创新、强化资源集聚、强化文化和市场影响，在集团化中做强做优做大品牌单位、激活激发所有企业活力竞争力，在数字化中推进传统出版转型升级、努力把握新兴业态，从而走好在出版主业上做文章、在内容传播上多元化、在品牌塑造上做影响的集团特色发展道路。

王涛在动员讲话中指出，学习贯彻中央精神，是履行国家使命、体现国家意志的必然要求，是推进内容创新和产业融合的必然要求，是制定“十三五”规划和推进“三六构想”的必然要求。他提出了“心无旁骛、真学真思”“知行合一、学以致用”“学在当下、谋在长远”的三条学习要求。

蔡昉做了“中国经济新常态”，黄志坚做了“文化产业的改革与发展”，郭义强做了“做好明年出版工作”，张辉做了“学习习总书记讲话 积极争做三个表率”的报告。

集团领导班子成员还围绕贯彻中央精神、做好2014年工作提出了创新设想。

王涛提出：一是要思考如何适应新常态对新时期出版工作提出的新要求。二要将导向管理当作系统工程来抓。三要研究新一轮三年任期考核和集团合理增长区间。四要抓紧做好上市、内控、募投等工作。五要继续做好党建和纪检工作。

刘伯根提出：一是处理好集团增长和新常态的关系。二是处理好品牌战略和资本扩张的关系。三是处理好集团化和深化改革的关系。四是处理好集团化与国际化、媒体融合的关系。五是处理好企业发展与职工收入增长的关系。

李岩提出：一是强化导向，主题先行，要加大导向管理和主题出版力度。二是内容聚合，打造品牌，要成立内容建设委员会，对有畅销潜质图书给予政策倾斜。三是主题活动，明年发力。要通过海内外系列主题活动，提升国际知名度。

潘凯雄提出，集团化是一个既需认真研究，又需坚定执行力的话题，两者缺一不可，否则将直接影响集团化的成效。

樊希安提出：一是集团化既要眼睛向外，也要眼睛向内；二是处理好坚持导向和出版精品的关系；三是坚持多样化与多出精品的统一；四是处理好发展和稳定的关系。

孙月沐提出：一要提高集团核心价值观的引导力；二要从品牌化走向集团化；三要从内部整合走向外部整合；四是集团化要统分结合，分类管理；五是要参与公共事务发声。

集团所属各单位、各部门负责人，围绕如何将中央精神转化为集团改革发展动力、2014年工作主要思路、对集团明年工作的建议等话题畅所欲言。大家一致认为，通过本次学习，增强了学习贯彻中央精神的自觉性和坚定性，提升了对经济新常态、文化企业特殊规律的理解和认识，倍感路线明、方向清、心中有数、受益很大。

（何　奎）

中国出版集团传达学习中宣部部长刘奇葆12·17重要指示精神总裁办公会议举行

2014年12月18日，中国出版集团召开总裁办公会，传达学习刘奇葆12·17重要指示精神。总裁谭跃传达了刘奇葆12·17重要指示精神并提出了学习贯彻要求，集团公司、股份公司领导班子成员参加会议并谈了学习体会。

会议认为，刘奇葆12·17重要指示高度肯定了十八大以来集团工作成绩，体现了中央领导同志对集团的亲切关怀和高度重视，体现了中央领导同志对集团领导班子工作的热情关心和高标准要求。刘奇葆关于集团要进一步在导向管理、主题出版、出版“走出去”、深化企业改革、推动新型出版方面争当先锋、勇挑大梁的高标准要求，体现了对集团未来发展的殷切期望和鼓励鞭策，为集团努力探索具有文化特色的现代企业制度和做强做大出版主业的发展道路指明了前进方向，是集团坚持正确导向、推进改革发展的重要思想指导和重要工作指南。

会议决定，全集团要认真学习、深刻领会刘奇葆12·17重要指示，从五个方面坚决、有力地予以贯彻落实。一是在集团现有的十二项导向管理机制的基础上，进一步探索导向管理的长效机制，坚决把政治导向正确放在各项工作的第一位，积极探索文化企业既促进经济增长，更发挥价值引领作用的导向管理机制，努力在全国发挥示范引领作用。二是要进一步做响做开主题出版，既要围绕党和国家的一系列重大部署，推出一批有影响、有分量的主题出版产品，更要大力创新主题出版，加强对重点出版单位的机制、资金和人才政策支持，努力打造集团主题出版高地，形成富有品牌特色、具有领航作用的主题出版风格。三是要进一步加快数字出版升级，不断创新运营机制和商业模式，加大重点项目的机制创新和资金保障力度，尽快推动《中国大百科全书》（第三版）、中华书局古籍数据库、商务印书馆工具书平台、“译云”、“易阅通”等重点数字平台取得实质性突破，不断提升数字化营收能力和盈利能力。四是要加大“走出去”力度，不断增强国际传播力，专题研究中国文化企业“走出去”的特殊规律和现实路径，重点抓好“中国近现代学术文化经典丛书”的项目落地和集团公司美国出版公司的本土化运营，尽快进入美国著名大学图书馆、公共图书馆和知名研究机构等主流渠道，影响欧美主流人群的思想观念和价值理念；力争近期实现对英国出版科技企业的联合重组，尽快切入海外主流数字营销渠道。五是要继续深化改革，探索建立具有文化特色的现代企业制度，在制度设立、机制运行、流程管理和业绩考核上确保正确的出版导向，加大社会效益考核权重，体现深化改革中的文化特点，努力探索在全国具有标杆性和示范性的文化企业绩效管理体系，进一步促进集团良性持续发展。

会议还做出了近期贯彻刘奇葆12·17重要指示精神的三项具体举措：一是集团总裁办公会将专门研究导向管理机制的落实问题和主题出版的加强措施；二是在2015年集团工作会议中全面传达学习贯彻刘奇葆的五点指示；三是围绕具有文化特色的现代企业制度、数字化新型出版、图书“走出去”、深化企业改革等重大专题进行集中研究，切实全面地贯彻好刘奇葆的重要指示精神。

（何　奎）

荣宝斋电商服务平台“荣宝斋在线”上线试运营

2014年12月22日，荣宝斋电商服务平台“荣宝斋在线”（www.rbz1672.com）正式上线试运营，手机客户端也同步推出。大型艺术品交易服务平台“荣宝斋在线”的推出，将成为荣宝斋在互联网时代实施文化艺术品经营和发展新战略的重要探索。

“荣宝斋在线”依托荣宝斋百年品牌和优质资源，运用现代信息技术，拓展基于互联网及移动互联网的各种新型业务，致力于通过艺术品电子商务、艺术家推荐、在线展览等业务手段，为艺术家、收藏家、经纪人、拍卖行、艺术爱好者、企事业单位等提供全产业链服务。该平台不仅具备现有艺术品网络平台的便捷性、大众性、丰富性等特点，更可发挥百年荣宝斋积淀下来的权威性、公正性、可靠性等优势。既传承了荣宝斋各项传统实体业务，又通过网络无限延展的特性实现荣宝斋优势资源最大化。“荣宝斋在线”由荣宝斋授权旗下的北京荣宝电子出版有限公司运营管理。

（刘　芳）

商务印书馆（南宁）阅读体验店揭牌仪式举行

2014 年 12 月 25 日，商务印书馆（南宁）阅读体验店在南宁正式揭牌。商务印书馆（南宁）阅读体验店由广西日报传媒集团与商务印书馆共同创办，揭牌当天举办了“重读经典·倡行价值阅读”研讨会和向南宁中尧路小学捐赠图书仪式。

中国出版集团党组书记、副总裁王涛，商务印书馆总经理于殿利、党委书记肖启明、副总编辑李平，广西日报传媒集团党委书记、广西日报社社长李启瑞、总编辑于起翔、副社长钟桂发，社会科学文献出版社副社长胡鹏光，民主与法制出版社副社长陈晗雨，广西大学教授江建文，广西民族大学教授林建华，著名作家彭匈、严风华、常剑钧，广西中学语文教学专业委员会秘书长蒋玉萍等知名人士，以及南宁市中尧路小学校长蒙艳华和小学生代表等出席仪式。

座谈会上，与会领导和专家对经典阅读的价值发表了高屋建瓴的观点，提出了富有建设性的意见。王涛从“阅读的意义”“经典的意义”和“阅读经典的意义”三方面阐述了推广经典阅读的重要性。他指出，大力倡导全民阅读对中华民族的伟大复兴具有十分重要的作用，而经典著作则可以探寻人类先进思想的发展本源，了解历史优秀文化的传承脉络，是认知世界的基础，开始精神探索的起点。于殿利指出，价值观的培养应从阅读开始，商务印书馆始终把“服务教育”作为重要宗旨之一，倡导重读经典、倡行价值阅读，正是推动全民阅读的一次有益尝试。希望通过倡导经典名著的价值阅读，培养青少年树立正确的世界观、人生观、价值观，从而为建设社会主义核心价值观做出贡献。李启瑞提倡把更多的时间和精力放在价值阅读上，这样才能提升个人和全民族的文化素养。江建文阐述了全民阅读与价值阅读的理念，他认为全民阅读的重点应该是人文学科的经典，这些经典最切近人对自身的思考和社会的合理建构。

活动当天，商务印书馆和广西日报传媒集团还向南宁市中尧路小学捐赠“经典名著·大家名译”丛书 600 册、《汉语成语小词典》50 册。

（冯　雪）

出版工作

《新出汉晋简牍及书刻研究》出版

2014年1月1日，《新出汉晋简牍及书刻研究》由荣宝斋出版社出版发行。本书首次集中、全面、系统地对近十多年来新出土两汉吴晋简牍从书法角度进行考察，共介绍分析了新出简牍28种，并以简牍墨迹为中心，分析了汉代审美文化背景及其影响下的书刻丰富多样性特征，重点讨论了汉代简牍制度与书写等方面的问题，以求全方位探讨汉晋简牍书法实情及其社会背景。

近十多年来，新出土的西汉至两晋简牍有30多例，这些简牍墨迹为当代书法研究与创作提供了全新的第一手资料。就书法史研究而言，这些简牍墨迹的研究价值具体体现在：一是，它们的书写风格、技法、产生背景、社会文化环境、学术意义等；二是，由新出墨迹资料引发的对书法史、书史诸专题等的新认识乃至书史重构问题的思考；三是，这类新面世资料可能融入当下艺术创作的前导性分析等。（刘　芳）

中国出版传媒商报社评出中国影响力图书

2014年1月8日，由中国出版传媒商报社与新华网跨媒体联合主办的“2013年度中国影响力图书”颁奖活动举行。小说类、非小说类、商业类、文史类、社科类、科普类、生活类、艺术类、教育类、童书类共50种图书被评为“2013年度中国影响力图书”，另有10种书目获“年度荣誉推荐”“年度读者推荐”“年度最佳影视改编”“年度影响力阅读品牌”“年度最佳创意营销图书”殊荣。同时，在200种候选书单中有50种图书获得“2013年度中国影响力图书”提名奖。国家新闻出版广电总局对外交流合作司副司长赵秀玲，新华网副总裁白林，中国出版传媒商报社社长、总编辑孙月沐，中国社会科学院外国文学研究所研究员余中先，知名作家徐则成等出席颁奖活动。

孙月沐在致辞中认为，“所有的书单，自古以来都是凭借选家的眼光，我们追求的就是有自己的特点与权威性、大众和精英双方都能认可、国民和政府都觉得不错，这是我们选书评书的主旨。希望这份书单让大多数国人在思想领域上走得更远。”

白林在致辞中表示，“在这样一个快节奏、繁忙的社会里，公众需要借助专业人士的品位、判断与眼光帮助阅读，选好书、读好书，是我们坚持举办‘影响力图书推选’的动力之一。”

本次评选活动凸显五个特点：分类更科学更实操，荐选更全面更广泛，备选更细致更扎实，特色更鲜明更突出，标准更明确更实用。评选的基本原则，仍以“媒体认可度、市场销售表现力、专家推荐率、读者票选率”为标准，追求“社会价值”和“经济价值”相统一。（郭是海）

华文出版社举办“陶醉中国——紫砂文化系列丛书”出版启动仪式

2014年1月9日，“陶醉中国——紫砂文化系列丛书”出版启动仪式在中国国际展览中心举行。活动由华文出版社、文化部中国紫砂研究中心、江苏宜兴陶瓷协会联合举办。中国陶瓷艺术大师周桂珍、文化部恭王府管理中心主任孙旭光、江苏宜兴陶瓷协会副会长程同德到场讲解紫砂文化。中国出版集团公司副总裁李岩、华文出版社社长罗争玉、中国美术出版总社社长汪家明、人民文学出版社党委书记刘国辉、北京紫砂艺术馆馆长赵炎出席活动。

世界陶瓷看中国，中国陶瓷看紫砂。“陶醉中国——紫砂文化系列丛书”由华文出版社、文化部中国紫砂研究中心、江苏宜兴陶瓷协会共同策划开发，并由华文出版社、中国美术出版总社联合出版。包括《紫砂七老》《大师带你懂紫砂》《中国紫砂艺人名录》和《陶冶性灵：和于丹共鸣紫砂妙趣》等图书。

“紫砂文化系列丛书”对解读紫砂经典，展示大师风采，弘扬传统文化都具有重要意义。

（李　化）

《邓小平时代》出版纪念活动举行

2014年1月11日，在《邓小平时代》出版一周年之际，生活·读书·新知三联书店特邀傅高义教授与著名党史专家章百家以“改革年代”为题，在首都图书馆展开对话，对话由李昕总编辑主持。现场有400多位读者参加了活动，另有数十家媒体参加。

现场，两位学者畅谈邓小平时代改革开放的重要构想和伟大实践，深入探讨新的环境下中国面临的新问题，并与现场读者交流互动。

（刘　畅）

“2014中青年语言学者沙龙”举行

2014年1月18日，由中国社会科学院语言研究所、北京语言大学、商务印书馆联合主办的“2014中青年语言学者沙龙”在商务印书馆举行，此次沙龙的议题为“双语双言问题与当代中国”。来自中国社会科学院、北京大学、中国人民大学、北京语言大学、北京师范大学、中央民族大学、澳门理工学院、南开大学、厦门大学、武汉大学、广州大学等单位的50名专家学者参加了此次沙龙。商务印书馆总经理于殿利出席会议并致辞。会议由周洪波、余桂林主持。

北京语言大学党委书记李宇明、校长崔希亮，解放军外国语学院副院长程工，上海外国语大学语言研究院院长赵蓉晖先后做了题为《双言双语生活与双言双语人》《关于语言教育的若干思考》《周边语言与国家安全》《中外双语之路：政策与现实》的主题发言。学者们分别从国防安全、民族团结、社会发展、方言的应用价值及保护、社会文化多元化发展等方面阐述了双语双言建设之于当代中国的重要意义，并就我国语言政策规划、双语双言人才培养等具体问题展开了热烈讨论。中国社会科学院语言研究所刘丹青所长做总结性发言。

（俞必睿）

“陈乐民作品”系列活动举行

2014年1月18日，生活·读书·新知三联书店（以下简称“三联书店”）在三联书店韬奋图书馆举行“陈乐民作品”新书见面会，资中筠、冯绍雷等诸位先生以及陈小鲁、沈雁南等嘉宾出席了见面会。见面会由三联书店总编辑李昕主持。1月19日下午，在国家图书馆总馆北区学津堂，三联书店举办了“当代国际政治的思想回归——陈乐民欧洲研究的启示”演讲会，冯绍雷先生发表了演讲，资中筠先生作为嘉宾出席。陈乐民是我国著名国际政治与欧洲学家，曾任中国社会科学院欧洲研究所所长，欧洲学会会长，在欧洲问题研究方面颇有造诣，尤其是在从国际关系到思想文化的研究路径上有开创之功。2014年初，三联书店重新整理出版了“陈乐民作品”，该系列共九册，分为文集和专著两大部分，整合收录了作者主要的文章随笔、学术专著及译著，全面呈现出陈乐民先生作为老一辈知识分子的心路历程和主要成就，该系列书的出版对当前全球化背景下的国际政治和欧洲研究有所助益。

（刘　畅）

商务印书馆语言学出版基金 2013 年度评议会召开

2014 年 1 月 24 日，商务印书馆召开语言学出版基金 2013 年度评议会。评议会由商务印书馆副总编辑周洪波主持，中国社会科学院学部委员、文哲学部主任、原副院长江蓝生等 5 位评议专家出席。经无记名投票，董建交《近代官话音韵演变研究》入选商务印书馆 2013 年度基金资助项目。此外，专家建议，刘探宙的《现代汉语同位同指组合》在商务印书馆另立项出版。

商务印书馆 2002 年斥资 100 万元人民币，设立语言学出版基金，用于资助对汉语、汉字或中国境内其他语言文字的现状或历史进行调查研究有贡献的中国学者。特别提倡汉语研究与理论探索相结合，汉语本体研究与应用研究相结合，汉语的共时研究与历时研究相结合，标准语研究与方言研究相结合，汉语研究与非汉语研究相结合，汉语研究和跨语言研究相结合。提倡扎实、严谨、科学和创新的学风，鼓励学术争鸣。尤其重视发现人才、培养人才，特别是培养年轻人。基金每年年底评选一次，本次为第 12 届。凡获基金资助的著作，均入列商务印书馆“中国语言学文库”。

（朱俊玄）

人民文学出版社 4 种图书入选 2013 年度“大众喜爱的 50 种图书”

2014 年 1 月 27 日，由国家新闻出版广电总局全民阅读活动组织协调办公室联合《人民日报》、新华社等媒体开展的 2013 年度“大众喜爱的 50 种图书”评选活动揭晓，中国出版集团公司共有 7 种图书榜上有名，其中人民文学出版社出版的《带灯》《无愁河的浪荡汉子》《晚安玫瑰》《苦苓的森林秘语》4 种图书入选，是入选图书最多的出版社之一。

作为春节期间文化惠民活动的重要内容，各地发行集团和大型书城春节期间还设立“大众喜爱的 50 种图书”销售专柜，集中展示展销四届推荐活动入选的 200 种图书。

（王芸菲）

人民文学出版社 3 种图书进入 2014 年度国家出版基金资助项目公示名单

2014 年 1 月 27 日，经国家出版基金评审专家组评审并报国家出版基金管理委员会批准，2014 年度国家出版基金拟资助项目名单揭晓，共 317 项。人民文学出版社申报的《20 世纪中国新诗理论史》《王蒙文集》《冯雪峰全集》名列其中。

（王芸菲）

东方出版中心年度选题论证主题“编辑沙龙”举行

2014 年 1 月，东方出版中心年度选题论证主题“编辑沙龙”在东方虹数字公社举行。这也是围绕年度选题论证，举行的第三次主题沙龙。东方出版中心各编辑部编辑、职能部门代表以及青年团员积极参与，东方出版中心总编辑李智平、副总编辑祝新刚、总编辑助理王祖光参加了“沙龙式”的讨论。

团总支为编辑沙龙制作了“图书的快乐”开场动画小短片。围绕新一年度选题论证及产品线优化，与会者议论风生。通过最近的三次沙龙，主业各部门尤其是编辑部从主任到新人，人人畅所欲言、各抒己见。

祝新刚肯定 2014 年选题整体面貌比较理想。同时，借编辑沙龙提出两条意见：一是有些编辑要考虑到选题的不确定性，留有回旋余地，用心开发新项目；二是选题设计不要硬凑，丛书套书要有核心图书，要有整体策划。

李智平肯定了最近三次沙龙和所有同志的发言，认为这也是 2014 年选题论证的重要组成，它的成果将反映在我们的优秀选题追求和落实之中。通过各位的交流，李智平概括出三个重要的观点。第一，“态度往往要比聪明更重要”。第二，“发现一本好书的可能性始终存在”。第三，

“数字出版就在我们身边”。这是我们每一个人的事情，需要我们一起去开拓、去创造。（金洁蓉）

东方出版中心编辑主业专题调研座谈会召开

2014 年 1～2 月，东方出版中心总编辑李智平、副总编辑祝新刚、总编辑助理王祖光等先后5次召开东方出版中心编辑主业专题调研座谈会，就进一步改进主业工作、提升主业发展，听取了第一至第四编辑部、新媒体事业部以及出版、发行和总编办公室全体同仁的意见与建议。

5 次专题会上，所有主业人员分别就进一步提高和完善主业积极发表各自的意见与建议，围绕编辑人才队伍的稳定、项目制实行、营销中心设立、美编岗位设置、新员工培训、编辑绩效考核、三审流程以及业务细节等问题收集到意见和建议共 62 条。

会上，李智平、祝新刚、王祖光和大家坦诚互动、交换意见，在及时分析探讨的基础上，即时采纳了一些改进工作的建议。并希望延续讨论和思考，在财经产品线、发行机制、新媒体业务、编印发职能部门、审读室、总编办公室、人力资源管理议题上进一步真诚建言、群策群力，达成优化举措的共识。（金洁蓉）

中版集团数字传媒有限公司承办第五届深圳原创网络文学拉力赛

2014 年 2 月，中版集团数字传媒有限公司承办由深圳作家协会主办的第五届深圳原创网络文学拉力赛。本次大赛征集小说和非虚构文学作品，截至 2014 年 7 月 20 日，共计参赛作品 869 部/篇，经审核，符合参赛资格的作品 503 部/篇，其中包括长篇小说 53 部，中短篇小说 358 部，非虚构作品 92 部。作者来自全国各地。承办此次大赛的宗旨是介入原创文学领域，推动公司在原创文学领域的话语权与引导力，并发掘优秀原创作品。从大赛宣传到比赛和评审颁奖各个环节，均圆满完成任务，得到主办方的肯定。大赛的影响也由深圳扩大至全国。（李　铃）

《北总布胡同 32 号——人民美术出版社的老艺术家们》新书研讨会举行

2014 年 3 月 7 日，人民美术出版社在中国出版集团公司大厦召开了《北总布胡同 32 号——人民美术出版社的老艺术家们》新书研讨会。中国出版集团公司副总裁李岩，人民美术出版社原社长汪家明，该书作者、人民美术出版社总编辑林阳，中央美术学院教授邵大箴以及人民美术出版社原领导陈允鹤、李文昭等出席了研讨会并发言。值得一提的是，现场还特别邀请到了部分人民美术出版社的老艺术家的夫人和子女，包括邹雅的夫人苏戈、卢光照的夫人程莉影、任率英的儿子任梦龙、邵宇的女儿邵东安、古元的女儿古安村、萨空了的儿子萨共旗、黄苗子的儿子黄大刚等。

研讨会上，大家从不同角度高度肯定和赞扬了该书的出版，认为该书为广大读者近距离感知艺术大师的魅力与情怀提供了详尽的素材，并呈现了共和国美术出版史以及人民美术出版社的发展史。副总裁李岩表示，老一辈的艺术家和出版人用他们的心血凝聚而成人民美术出版社熠熠生辉的金字招牌，人民美术出版社近几年的焕发生机和繁荣发展，也正是在前辈奠定的坚实基础上大踏步前行。

任梦龙、古安村和邵东安也分别发言，他们围绕这本书中所记载的故事，畅谈人民美术出版社的优良传统并深情追忆了父辈们为共和国的美术事业做出的卓越贡献，体现了老艺术家们不为功利驱使，兢兢业业做精品的无私精神。

（赵军平）

中华书局 2014 年度书籍设计研讨会召开

2014 年 3 月 10 日，中华书局 2014 年度书籍设计研讨会在中华书局图书馆召开。中国美术出版总社社长汪家明，著名书籍设计师宁成春、陆智昌，以及人民美术出版社书籍设计师徐杰、鲁明静应邀参会，中华书局总经理徐俊、副总经理余喆等领导出席并同中华书局美术设计部全体人员和部分编辑一道就书籍设计的相关话题进行座谈交流。

陆智昌播放了设计实践视频，以同香港特区学者赵广超共同合作的“大紫禁城”项目为例，详细阐述了《大紫禁城——王者的轴线》《大紫禁城宫廷情调地图》的策划、设计经过。相对于“大紫禁城”关注的大空间，陆智昌设计的《国家艺术　十二美人》则关注的是“小意境”，读者到手的书不仅有“一卷美人”，还能从充满历史感的细节解读了解清宫陈设、服饰与家具。陆智昌解释说，在做以上项目的策划和设计工作的同时，也在思考“书籍的局限在哪里”，设计师如何用更加丰富的手段把设计的作用呈现出来。同时，他还就电子出版物的编辑、设计发表了见解，认为电子出版物对编辑、设计的要求更高，设计师要应对新技术和新媒体的挑战。

汪家明和宁成春强调设计不要离开文本，要把文本的精神力量用设计的语言体现出来，这样才能引起读者和编辑的共鸣；真正的设计不是在于装饰得多么张扬，书的情调即是文本的情调。与会专家和设计师还回答了中华书局编辑的提问。（梁　彦）

天天出版社首届“青铜葵花儿童小说奖征稿启动会”举行

2014 年 3 月 12 日，由人民文学出版社、天天出版社以及曹文轩儿童文学艺术中心共同举办的首届“青铜葵花儿童小说奖征稿启动会”在中国出版集团公司会议室举行。来自评论界、出版界和儿童文学界多方面嘉宾出席了本次活动。会议由人民文学出版社党委书记、天天出版社社长、曹文轩儿童文学艺术中心副主任刘国辉主持。集团公司副总裁李岩、人民文学出版社社长管士光、著名作家张之路、著名文学评论家孟繁华及青年儿童文学作家翌平等分别在会上讲话。

天天出版社总编辑叶显林在会上对本次“青铜葵花儿童小说奖”的征稿细则以及评审办法做了详细介绍。

中国出版集团公司副总裁李岩在会上指出，少儿出版是集团公司出版业务的重要板块，我们追求的成果不应该仅仅停留在经济效益上，而应该努力取得更好的社会效益，此次活动体现了我们的追求。管士光在讲话中概括了儿童文学出版的现状和形势，肯定了“曹文轩儿童文学艺术中心”成立以来的工作思路和运营模式。（王芸菲）

商务印书馆第二届编辑大会召开

2014 年 3 月 16～18 日，商务印书馆召开第二届编辑大会。全馆在职编辑以及总编室、出版部、营销中心、计财处等相关人员共约 300 人参加。中国出版集团公司副总裁李岩到会并讲话。于殿利总经理做了主题报告。

此次编辑大会的主题为“加强编印发一体化管理，提升核心竞争力”。于殿利结合第一届编辑大会所提出的编辑部门“五大中心”职能，从“为何要实行编印发一体化管理”“如何实行编印发一体化管理”“元数据在促进编印发一体化中的作用”和“互联网思维、文化与全媒体出版”四个方面深入全面地阐释了编印发一体化管理的重要作用。

大会围绕“编印发一体化现存问题及解决办法”进行了主题发言，总编室、出版中心、版权与法务部、营销中心、信息中心、百年资源部等部门分别围绕“强化编务流程管理，加快编印发一体化进程”“编印发一体化下如何做好装帧设计工作”“做好编辑助手，护卫图书编校质量”“版权一体化：当前我馆版权业务现状分析”“营销一体化：以产品线为中心的编印发协同”“如何把 ERP 打造成我馆的战略管理工具”“官网与编印发一体化工作”等方面进行了主题发言。汉语图书中心、学术图书中心、教科文图书中心、英语室、外语室、数字出版中心、国际公司及各分馆围绕“如何贯彻落实编印发一体化管理”等议题做了大会发言。会议期间共进行了两次分组讨论，各编辑室、分馆、分公司编辑人员交叉分组，结合自身体会围绕“编印发一体化管理”进行了讨论。大会还邀请了国家新闻出版广播电影电视总局出版产品质量监督监测中心主任齐相潼做了题为“图书质量管理与质量监督检查”的主题讲座。于殿利做总结发言，提出让编印发一体化管理成为商务印书馆的常态和通则的目标。

（刘　兰）

《巴金全集》（修订版）编辑工作会举行

2014 年 3 月 17 日，《巴金全集》（修订版）编辑工作会议在上海巴金纪念馆举行。《巴金全集》（修订版）编委会成员李存光、陈子善、李国煣、周立民、王海波和人民文学出版社代表副总编辑周绚隆、编辑代表陈建宾参加了会议。会议主要就《巴金全集》（修订版）的工作进度、增补稿件的交稿时间、全书的编排体例、作品的校勘标准等进行了具体讨论。会后，人民文学出版社向编委会的各位专家颁发了聘书。（王芸菲）

《带灯》荣获“花地文学榜年度长篇小说金奖”

2014 年 3 月 22 日，《羊城晚报》组织承办的“2014 花地文学榜”在广州举行了盛大的颁奖典礼。著名作家贾平凹的长篇小说《带灯》获得了“花地文学榜年度长篇小说金奖”。

该奖项是由 60 余位作家、学者组成的评委团在 60 部入围作品中，由权威专家进行终评，并听取读者的反馈建议，再对 60 部入围作品进行票选，最终决出年度长篇小说、年度短篇小说、年度诗歌、年度散文、年度文学批评以及年度类型文学（科幻小说），共 6 个金奖。

（王芸菲）

“中国种子·世界花——曹文轩图画书国际合作项目（意大利站）”活动举行

2014 年 3 月 24 日，人民文学出版社、天天出版社所属的曹文轩儿童文学艺术中心在博洛尼亚国际儿童书展中国展区主办了名为“中国种子·世界花——曹文轩图画书国际合作项目（意大利站）”活动。

“中国种子·世界花”项目由曹文轩进行创作的具有中国文化特色的故事、由来自世界不同国家和地区的插画艺术家配画插图的系列图画书。天天出版社出版的曹文轩先生的图画书新作《帽子王》《我不想做一只小老鼠》和《小野父子去哪儿了?》，邀请到意大利插画师马瑞吉欧·葛瑞欧与伊娃·蒙塔纳女士、帕特里齐亚·多纳女士进行插图创作，三位插画师参加了此次活动，并与作家曹文轩进行了深入交流。这三位插画师均毕业于欧洲知名艺术院校，具有很高的艺术造诣，曾多次获得意大利本土、欧洲及国际范围的插画奖，作品在十余个国家出版。

“中国种子·世界花——曹文轩图画书国际合作项目”是一个开放性的长期持续项目，将在全球范围内为曹文轩先生的作品不断征集各国插画师进行合作，并寻求相应的国际出版。（王芸菲）

《妈阁是座城》入选“中国图书势力榜”年度十大好书

2014 年 3 月 29 日，由广州日报社、广州新华出版发行集团联合主办，广州番禺区广播电视台、大洋网、番禺作协协办的第五届“中国图书势力榜”年度十大好书颁奖典礼在广州举行。揭晓了 2013 年度“文学类”10 大好书和“非文学类”10 大好书并颁发相关奖项，同时颁发了将这些好书成功推向市场的 15 家图书出版单位和策划机构“金推手”奖。

人民文学出版社出版的《妈阁是座城》入选年度文学类 10 大好书，并荣获图书“金推手”奖。人民文学出版社副社长李春凯代表人民文学出版社参加了活动，并领取了奖牌。（王芸菲）

中华书局 2013 年度书刊及人物奖评选揭晓

2014 年 3 月 31 日，中华书局 2013 年度书刊及人物奖评选揭晓。其中，《史记》（修订本）、

《全元诗》《建元与改元》《蒋介石传》《中国人，你缺了什么》获2013年度优秀图书奖；《文史知识》获2013年度优秀期刊奖；《黄永年先生编年事辑》《顾维钧回忆录》《清宫天坛档案》《中华文化基础教材》获2013年度优秀选题奖；史记（修订本）、“中国近代人物日记丛书”（2013年新出谭献、汪荣宝、唐景崧、曾纪泽四种）、《北京话词典》《中国人，你缺了什么》《中华文化基础教材》获2013年度优秀编辑奖；《新疆博物馆新获文书研究》《蒋介石传》《名家书画、唐诗、宋词、元曲》《绛云书卷美人图——关于柳如是》获2013年度优秀设计奖；《史记》（修订本）、《皇宋十朝纲要校正》《文史》获2013年度优秀校对奖；《新疆博物馆新获文书研究》获2013年度优秀印制奖；《中国人，你缺了什么》《中华文化基础教材》获2013年度优秀畅销书奖；《余英时访谈录》、“国民阅读经典”之《论语译注》、“中华经典名著全本全注全译丛书”之《鬼谷子》获2013年度优秀常销书奖；焦雅君、欧阳红、李天飞获2013年度编辑奖；贾雪飞、张玉亮获2013年度编辑新人奖。（梁　彦）

人民文学出版社5种图书入选2014年度国家古籍专项资助项目

2014年4月10日，国家新闻出版广电总局就2014年度国家古籍整理出版专项经费拟资助项目进行公示，人民文学出版社申报的《况周颐全集》《毕沅文集》《法式善诗文集》《金代诗论辑存注释》《诗薮校注》共5种图书列入其中，是入选图书较多的出版社之一。（王芸菲）

中华书局“中国传统美德与时代精神”研讨会召开

2014年4月10日，由中华书局和光明日报社共同主办的“中国传统美德与时代精神”研讨会在光明日报社召开。出席研讨会的有中宣部理论局副巡视员邓晨明、中国出版集团公司副总裁李岩，以及王尧、钱逊、王守常、刘克雄、周明、张亚丽等专家学者和《中国美德读本》的部分作者。光明日报社总编辑何东平致辞。与会专家学者认为，中华传统美德是中华文化精髓，蕴含着丰富的思想道德资源，培育和践行社会主义核心价值观应深入挖掘中华传统美德的当代价值。

著名作家、文化学者苏叔阳主编的国家出版基金项目《中国美德读本》（中华书局出版）为中国传统美德与时代精神相结合的实践成果，引起与会者热议。苏叔阳认为，中华传统美德并非高高在上的伦理教条，而是体现在古今很多普通人的生活之中。今天进行传统美德教育既不能使用佶屈聱牙、生涩难懂的学术话语，也不能耳提面命、空洞说教，而是要通过形式多样、满含深情的文学故事感染读者。

中国出版集团公司总裁谭跃表示，中国出版集团公司作为出版“国家队”，要进一步加强对优秀传统文化思想价值观的研究，梳理和萃取中华文化的思想经验，而且要做出通俗易懂的当代表达，让优秀传统文化在新的时代条件下不断发扬光大。（梁　彦）

中版教材有限公司人民版《义务教育课程标准实验教科书·思想品德》编写工作会召开

2014年4月13日，中版教材有限公司的人民版《义务教育课程标准实验教科书·思想品德》编写工作会在北京召开。高德胜、曹金龙等教育专家及编写团队、教材编辑人员等10余人参加了会议。会议就初中一年级和二年级四本《思想品德》教材的复审修订工作进行了认真研讨。专家们相互交流、共同探讨。（张　博）

中国辞书学会举办系列辞书学术讲座

2014年4月14日～12月6日，中国辞书学会在商务印书馆举办了两期辞书学术讲座。

4月14日，举办第一期辞书学术讲座，邀请《牛津英语词典》（OED）主编 John A.

Simpson讲授“《牛津英语词典》的历史与追求”。来自中国社科院语言所词典室、北京大学、广东外语外贸大学、厦门大学、澳门理工学院等词典教学研究机构的专家学者，商务印书馆、中国大百科全书出版社、民族出版社、外语教学与研究出版社、上海辞书出版社、四川辞书出版社等出版机构的辞书编辑人员，以及历届辞书培训班的学员代表共120余人参加讲座。John A. Simpson以详尽的资料、生动的音频视频、形象的语言介绍了《牛津英语词典》的编纂历史、编辑流程和方法、词典语料库建设、牛津在线词典框架形式，并提出了《牛津英语词典》未来发展设想。在交流互动环节，十余位参会代表围绕《牛津英语词典》对词源的辗转求索、选取例证的原则和方法、收录外来词的标准、对汉语词语的收录处理、在线词典的更新、如何保证专业词汇的权威性和准确性、如何选取百科词条和新词语、各类百科词语所占比例等问题进行了热烈而友好的交流讨论。

12月6日，举办第二期辞书学术讲座，美国杨百翰大学教授Mark Davies讲授“利用大型语料库进行辞书研究与词典生成”。来自中国社科院语言所词典室、北京大学、南京大学、广东外语外贸大学、鲁东大学等词典教学研究机构的专家学者，商务印书馆、中国大百科全书出版社、上海辞书出版社、四川辞书出版社、外语教学与研究出版社、民族出版社等出版机构的辞书编辑人员，以及历届辞书培训班的学员代表共120余人参加讲座。Mark Davies用生动的例子、具体的演示介绍了什么是语料库、COCA语料库（美国当代英语语料库）的使用、使用COCA语料库进行辞书研究的具体实例、维基百科语料库。交流互动环节，十余位参会代表围绕COCA语料库的语料的分布比例、语料库的标注、语料库的建设和维护、同义词抽取的数据库支持、语料的授权、多义词的同义词确定、如何利用在线语料库进行社会方言学研究、如何筛选新词语、如何保证语料库拼写的正确率等问题进行了交流讨论。（龚　英）

中国美术出版总社2014年度出版工作会议召开

2014年4月22～23日，中国美术出版总社召开2014年度出版工作会，会议由总编辑林阳主持，原社长汪家明、副总编辑欧京海、胡建斌与社长助理沈行止、工会主席赵国瑞、总编辑助理倪延风及各部门负责人（主持工作的副主任）、期刊主编以及出版部营销部有关负责人参加。

林阳首先传达了集团公司关于加强出版导向管理的意见文件，并结合实际情况总结了总社多年来在出版导向方面所做出的点点滴滴；汪家明从5个方面做了中国美术出版总社2014年出版工作重点的主题发言，并着重讲了作为集团“营销年”，中国美术出版总社2014年营销工作的七个任务。财务部主任孙文颖介绍了2014年的任务指标。欧京海、胡建斌、赵国瑞、倪延风分别就各自分管的领域向大会陈述了2014年的工作重点。20个相关业务部门负责人结合2014年出版工作重点，分别谈了各自的任务及工作思路。

（郝　赫）

人民文学出版社举办“如何有效维护知识产权”研讨会

2014年4月23日上午，正值世界读书日，也是世界知识产权日（4月26日）到来之际，人民文学出版社、中国文字著作权协会在人民文学出版社四楼会议室联合举办研讨会，探讨如何有效维护知识产权。国家新闻出版广电总局政策法制司司长王自强，国家版权局版权管理司副司长王志成，国家版权局版权管理司原副司长许超，中国人民大学教授、博士生导师、中国人民大学知识产权学院副院长郭禾，中国政法大学教授、博士生导师冯晓青，中国文字著作权协会总干事张洪波，北京鑫诺律师事务所律师张中辉，北京北斗鼎铭律师事务所合伙人孙建红，人民文学出版社社长管士光、副总编辑应红等参加了研讨会。

与会的主管部门领导、专家学者围绕马爱农维权案、毕飞宇《推拿》维权案等几个案例，就作家、出版社如何有效维护知识产权展开热烈讨论。大家就稿酬标准过低影响维权效果、作家在授权影视改编时应注意的问题、如何界定出版业的不正当竞争等议题进行了深入研讨。（王芸菲）

《王蒙文集》出版暨学术研讨会召开

2014 年 4 月 27 日，由人民文学出版社与中国现代文学馆共同主办的“《王蒙文集》出版暨学术研讨会”在中国现代文学馆举行。作家王蒙，国家新闻出版广电总局副局长邬书林，中国作家协会副主席何建明、李敬泽，中国作家协会党组成员、书记处书记阎晶明，中国出版集团公司副总裁潘凯雄，生活·读书·新知三联书店原总经理沈昌文，评论家童庆炳、郜元宝、郭宝亮，作家毕淑敏，人民文学出版社社长管士光、副总编辑应红等参加了本书的发布及研讨会。会议由中国现代文学馆馆长吴义勤主持。

管士光介绍了《王蒙文集》的出版情况。他指出，王蒙曾当选党的中央委员、担任中国作家协会副主席和文化部长等重要职务。对人民文学出版社来说，他首先是我们的资深作者。“文化大革命”结束后，我们的老社长韦君宜在关心王蒙“平反”事宜的同时，提出出版《青春万岁》，使这部几经浮沉的作品得以问世。迄今，人民文学出版社出版的王蒙作品有二十余种之多。

《王蒙文集》约 1 600 万字，主要包括长篇小说 8 卷，中短篇小说 7 卷，散文随笔、诗歌 4 卷，文学理论、评论 4 卷，还有《红楼梦》研究系列、老庄研究系列、自传回忆录系列及演讲访谈录等共 45 卷。通过文集，我们可以全面了解作家的创作历程和成就，了解他在当代文学史上的独特地位、他对中国当代文学和文化的贡献，也可以从中看到 60 多年来中国文学，以至社会、文化发展的轨迹。（王芸菲）

人民音乐出版社出版卞留念创作专辑

2014 年 4 月，人民音乐电子音像出版社与作曲家卞留念合作，出版了《愚公移山——著名作曲家卞留念纪念专辑》和《留念南京喝彩青奥》两张创作专辑。专辑收录了卞留念的大量经典之作。2014 年 4 月 18 日晚，由江苏省委宣传部主办、南京市委宣传部等多家单位承办的“留念南京·喝彩青奥——卞留念 2014 作品音乐会”在南京人民大会堂上演，著名歌唱家宋祖英、阎维文、戴玉强、孙悦等人演绎了卞留念 17 首脍炙人口的作品。此外，著名鼓手奥马尔·哈基姆、享誉全球乐坛的“光速吉他师”罗伯特·马塞洛以及格莱美奖获得者、爵士音乐大师芮雪尔·妮可克拉佐等音乐家与卞留念一起共同表演了《巴赫》。卞留念在音乐会现场签赠了两张专辑。每张专辑销量达 2000 张。（张颖雪）

《再见梅娘》新书出版座谈会举行

2014 年 5 月 7 日，是梅娘去世一周年的日子，人民文学出版社与中央广播电视大学出版社在中国现代文学馆联合主办了《再见梅娘》《梅娘怀人与纪事》新书出版座谈会，来自海内外的 60 余位作家、学者共同缅怀和研讨这位从文 80 载、见证了中国百年风雨的现代作家。

人民文学出版社社长管士光参加了活动，在会上做了主题发言，并代表人民文学出版社向中国现代文学馆赠送了《再见梅娘》一书。座谈会上，郑伯农、吴福辉、徐晓、刘索拉、丁东、陈言等学者和作家追忆了梅娘的生平往事以及创作成就。

《再见梅娘》由人民文学出版社出版。该书是梅娘去世后，由 30 多位中外研究学者、作家和亲友自发撰写的缅怀文章，由梅娘女儿柳青编辑整理。为了对作家梅娘表示怀念之情，人民文学出版社此次还重印了《又见梅娘》一书。

（王芸菲）

屠岸先生参加“边写边画——六位作家速写展”

2014 年 5 月 10 日，由中国现代文学馆主办的“边写边画——六位作家速写展”在中国现代文学馆开幕，人民文学出版社原总编辑屠岸参加了展会。屠岸、高莽、赵蘅、肖复兴、罗雪村、冯秋子六位作者是作家、诗人、外国文学研究者、翻译家、文学编辑，他们用文字记录人生；他们又以画速写为同好，用线条和色彩描写生活。人民文学出版社党委书记、副社长刘国辉，离退休老干部文洁若也参加了活动。同时举行了作品捐赠仪式。（王芸菲）

“《无愁河的浪荡汉子·朱雀城》暨‘黄永玉的文学行当’”专家论坛举行

2014年5月17日，由人民文学出版社、湖南美术出版社、巴金故居共同主办的“《无愁河的浪荡汉子·朱雀城》暨‘黄永玉的文学行当’”专家论坛在798圣之空间举办，本次论坛的主题为“故乡：永不枯竭的源泉”。李敬泽、韩少功、格非、梁鸿鹰、解玺璋、止庵、杨庆祥等文学批评家与作家与会，论坛由英达主持，90岁的黄永玉先生应邀出席。人民文学出版社副社长李春凯、副总编辑应红参加了活动。

《无愁河的浪荡汉子》第一卷写至黄永玉12岁时，第二卷正在写作中，计划共创作3卷，时间跨度至“文化大革命”结束。黄永玉表示：“我希望能够写完，不写完有点可惜。抗战八年，尤其是共和国成立后，我的几十年，有比较有意思的事情。”

该书的语言及行文方式成为现场学者们讨论的重点。中国作家协会副主席李敬泽说，该作品语言极具特色。作家格非认为，黄永玉的文字特别好，让书中的花花草草、人们的一颦一笑都显得非常亲切。中国作家协会创作研究部主任梁鸿鹰说，黄永玉小说的语言是中国式的，而这种中国特色又与黄永玉的故土相联系。（王芸菲）

《钱锺书手稿集·外文笔记》（第一辑）新书首发式暨出版座谈会举行

2014年5月29日，商务印书馆与中国社会科学院、清华大学联合主办的《钱锺书手稿集·外文笔记》（第一辑）新书首发式暨出版座谈会在商务印书馆隆重召开。中国出版集团公司党组书记、副总裁王涛，原清华大学党委书记贺美英，清华大学副校长谢维和，商务印书馆总经理于殿利等出席会议并讲话。座谈会由中国社会科学院外文所所长陈众议主持。

《钱锺书手稿集·外文笔记》出版工作于2012年正式启动，2014年4月第一辑（全三册）面世。座谈会上，百岁高龄的杨绛先生发来讲话录音，表达喜悦和欣慰之情；中国社会科学院院长王伟光发来贺词；《钱锺书手稿集·外文笔记》整理者德国汉学家莫芝宜佳、莫律祺，著名学者许渊冲、陈众议、郭宏安、李文俊等专家做了主题发言。与会者深入探讨了钱锺书先生的治学精神和学术成就，高度评价了该书学术价值，更指出在世界文化日益多元化发展的今天，《钱锺书手稿集·外文笔记》的出版将对学术文化的交流起到非同寻常的作用。（田　媛）

“中国地理百科丛书”第一辑编委会召开

2014年5月30日，世界图书出版广东有限公司“中国地理百科丛书”第一辑编委会在广州召开。会议由世界图书出版广东有限公司总经理陈岩、中国科学院兰州分院院长，中国地理学会副理事长王涛共同主持，中山大学地理科学与规划学院教授司徒尚纪教授、中国科学院东北地理与农业生态研究所研究员孙广友、中科院南海海洋研究所研究员赵焕庭等40多人参加了会议。丛书编委就“中国地理百科丛书”第一辑的总体规模、篇章组成、媒介平台、数字化运营等议题展开了讨论。编委会提出加强词条内容的全面性、插图的多样性以及整体丛书的数字化的意见，并指出应突出丛书科普读物的特点，增强读物的普及功能及科学价值，具体措施有：加强内容的通俗化、确保资料准确性、打造资料权威性。各分册内容架构为自然地理、生物地理、经济地理、人文地理4个篇章，约250个词条的形式，将分册区域的地形地貌、物种分布、经济构成、民俗民风综合立体地展现给广大读者。同时编委会也针对“海上丝绸之路”“陆上丝绸之路”主题，提出涉及该主题的相关的分册，在词条选择、图片拍摄上，应加强优质文献史料的注入，使得丛书从地理学背景上展现“丝路”魅力。本丛书以中国科学院孙鸿烈、赵其国、郑度等 10 位院士为顾问，中国科学院兰州分院院长王涛为主编编委团队。（康琬娟）

第五届“《英语世界》杯”翻译大赛举行

2014 年 5 月～10 月，商务印书馆英语世界杂志社举办了第五届“《英语世界》杯”翻译大赛。中国翻译协会社科翻译委员会、四川省翻译协会、南开大学、成都通译翻译有限公司、上海翻译家协会、广东省翻译协会、湖北省翻译理论与教学研究会、陕西省翻译协会和江苏省翻译协会等参与协办。大赛还得到悉尼翻译学院的独家赞助。大赛评委由刘士聪、陈国华、曹明伦、张文、钱多秀、方华文、魏庆阳、魏令查等多位国内知名翻译学者或一线教师担任。

本届大赛为英译汉比赛，题目原文为 Rhonda Lucas 写的 Limbo。该文短小精悍，内涵深刻，深受好评。本届大赛参赛人数创历届新高，得到众多高校、机构和翻译爱好者的积极响应。大赛共收到参赛译稿 3396 份，经过数轮评审，大赛评出一等奖 1 名，二等奖 2 名，三等奖 3 名，优秀奖 35 名，另有 13 家高校获得优秀组织奖。

经过多年的举办，“《英语世界》杯”翻译大赛较好地践行了“给力英语学习，探寻翻译之星”的办赛宗旨，已逐渐成为中国翻译界一项颇具影响力的活动。（邢三洲）

《杜蘅情怀——朱军绘画作品集》出版

2014 年 5 月，《杜蘅情怀——朱军绘画作品集》由荣宝斋出版社出版。该书收入的作品均为朱军近年所作，包括人物、花鸟两个系列。他的人物画融西画写生造型与传统写意法融为一体，其中一大批以西藏风情人物为主题的肖像作品中，他深入刻画出藏民饱经沧桑的形貌和深沉朴素的神情，用笔墨多层次的皴擦积染表现人物肌肤和衣服的质感，使造型的写实性和笔墨的表现性很好地结合，塑造出感人的艺术形象。

他的花鸟画取法小写意传统，注重画面的疏密开阖，在花鸟形态的刻画上精心落笔，以意写的手法传达花鸟生命的仪态，在用墨敷彩上简约明快，作品洋溢出清新透朗的自然生命气息。其花鸟画在勾、勒、点、擦、皴、染中讲究意向表现，追求形神兼备和正大气象，具有绘画中十分重要的品格美。作品同时还有其临摹的中国优秀传统作品如《八十七神仙卷》、永乐宫壁画、敦煌壁画等。（刘　芳）

“大学书法教材”出版研讨会召开

2014 年 6 月 6～7 日，“大学书法教材”出版研讨会在西安市临潼区召开。会议由世界图书出版西安有限公司、陕西省社会科学院、西北大学、陕西师范大学、陕西科技大学、延安大学、西安工业大学、咸阳师范学院、渭南师范学院、陕西国际商贸学院、商洛学院、宝鸡职业技术学院、西安外事学院、西安欧亚学院联合主办。世界图书出版西安有限公司副总经理薛春民、陕西省社会科学院文学艺术所所长何炳武等出席。参会高校代表及负责征订的教师对世界图书出版有限公司出版的《大学书法教程》《简明中国书法史》《中国书法精神》《书法与中国文化》《书法鉴赏与收藏》等系列大学书法教材给予了高度评价。本次推出的大学书法教材包括 3 种教育部“十二五”职业教育国家规划教材。其中，《大学书法教程》主要讲述了中国书法简史、书法基本知识、书法常识、楷书、行书、隶书、篆书、草书和书法创作及题款和钤印等知识。《简明中国书法史》以中国书法发展的时间序列为纲，以名家名作分析评述为目，选择具有里程碑意义的书法人物与书法事件，宏观勾勒中国书法史的发展历程。《中国书法精神》讲述了书法的人本精神、书法独辟蹊径的创新精神、书法不偏不倚的中庸精神、书法不失法度的自由精神、书法浑然天成的和谐精神、书法异彩纷呈的唯美精神、书法继往开来的时代精神等。（任卫军　赵亚强）

人民文学出版社选题委员会专题会议召开

2014年6月9～12日，人民文学出版社选题委员会召开两次专题会议，在各编辑室详细介绍情况的前提下，对各编辑室申报的项目进行认真审议和讨论，最后通过投票表决的方式确定了《中国少数民族文学史》《林语堂全集》《周氏兄弟通信日记整理》3种图书为申报国家出版基金项目。“166原创力丛书”、《抗日战争》、“21世纪年度最佳外国小说·2014”、《雪落在中国的土地上——中国抗日战争诗选》（暂名）、《大写的西域》《汪曾祺传》共6种图书为申报中国出版集团公司出版资助重点项目；《当代》《中华文学选刊》《新文学史料》拟另外申请专项资助。

（王芸菲）

“爱上英语阅读　阅读成就人生”双语经典进校园活动举行

2014年6月16日，中国对外翻译出版公司与培生出版教育集团在北京师范大学三帆中学望京分校开展了“爱上英语阅读，阅读成就人生”双语经典进校园活动，培生教育集团老师刘树旸为三帆分校142名初一学生奉献了一场生动精彩的英语讲座。

本次讲座以“朗文书虫”系列的《八十天环游世界》一书内容为主线，首先通过几个问题与同学们拉近了距离，“你最爱读哪类的英文书?”“凡尔纳是哪国人? 他有什么代表作?”“你知道凡尔纳和大仲马之间的有趣故事吗?”同学们你一言我一语，场面顿时热闹起来。随后，刘老师又给同学们放了一段《八十天环游世界》的英文电影视频，让大家听英语并说出主人公环游世界的路线。最后，刘老师和同学们分享了自己阅读名著的几个步骤：一是读一遍名著，最好先看中文再看英文；二是观看同名电影，找出原著和电影的不同之处；三是形成习惯，每月读3～4本名著，坚持阅读，分享阅读，这是学好英语的方法之一。

双语经典进校园活动，其目的是让孩子们爱上英语学习，爱上英语阅读，从而全面提高学生们的英语听说读写能力。通过与学校、社区的深入合作，开展更多丰富多彩的图书推广活动。（郭宇佳）

人民音乐出版社《义务教育教科书　音乐》（北京版）教科书与教学参考书编写会召开

2014年6月20日，人民音乐出版社召开《义务教育教科书　音乐》（北京版）教科书与教学参考书编写会。社长莫蕴慧、副社长杨伯勋率教材中心全体人员与北京市教育科学研究院基础教育研究中心、各区级教育研修学院、北京市特级教师、学科带头人等10余位编写专家参加了会议。

会议确定了编修方案：全面提升思想性，加强与落实社会主义核心价值观的作品呈现；全面调整中外作品比例；突出教材的国家属性，淡化北京的地域色彩；知识技能显性化、系统化，明确设立“知识与技能”板块；加强演唱教学，对发声练习与合唱教学的设计更具趣味性和科学性；吸收融汇国内外先进的教学经验，明确采用五线谱移动Do的学习思路。（孙　昆）

“《宋濂文集》（5册）浙东文化学术研讨会”召开

2014年6月27日，浙江师范大学主办的“《宋濂全集》（5册）浙东文化学术研讨会”在浙江金华召开，复旦大学教授陈广宏、香港中文大学教授陈炜舜、香港大学教授詹杭伦、浙江社科院研究员吴光等高校、科研机构的四十多位学者与会，他们对该书在文字校勘、辑录佚文、编辑体例等方面的突出成绩给予积极肯定。人民文学出版社副总编辑周绚隆携该书四位责任编辑参加了会议，并代表人民文学出版社在会上致辞。

《宋濂全集》（5 册）由浙江省哲学社会科学重点研究基地、浙江师范大学江南文化研究中心首席专家黄灵庚主编，收录宋濂诗文 2107 篇。与此前版本相比，新增佚诗文 620 余篇，是迄今对宋濂佚诗文最全、最有价值的一次辑校出版。（王芸菲）

《柴德赓点校新五代史》新书发布暨《柴德赓全集》编辑启动仪式举行

2014 年 6 月 29 日，《柴德赓点校新五代史》新书发布暨《柴德赓全集》编辑启动仪式在商务印书馆举行。柴德赓当年的学生、北京师范大学教授刘家和，苏州大学副校长田晓明，复旦大学教授陈尚君，商务印书馆总经理于殿利等专家、学者，以及《柴德赓全集》编辑工作委员会成员和柴德赓家属、学生代表等出席了发布仪式。仪式由商务印书馆副总编辑陈小文主持。

发布会上，柴德赓家属代表认为《柴德赓点校新五代史》是柴德赓在 20 世纪 60 年代的一项工作成果，是他有生之年为史学研究做出的最后一份贡献。将其出版，最主要的目的是给五代史的学习研究提供一份珍贵的材料，也希望通过影印这本书，能够使读者从中学习他的研究方法，体会到他的治学态度。会上还成立了《柴德赓全集》编辑委员会，宣布《柴德赓全集》编辑工作启动。《柴德赓全集》编辑工作委员会成员分别发言。于殿利表示，为表示对国家史记研究事业、对作家、史学家的尊重，同时考虑到广大读者的热心期待，《柴德赓全集》将尽快与读者见面。《人民日报》《光明日报》《中华读书报》等媒体到会并进行了相关报道。（金寒芽）

《小老鼠的大日子》软陶故事会举行

2014 年 6 月 29 日，中国对外翻译出版有限公司联合悠贝亲子图书馆朝外馆、朝外社区中心，举办了一场《小老鼠的大日子》软陶故事会，活动吸引了朝外社区近 20 个家庭参与。

活动开场，编辑“林子姐姐”将《小老鼠的大日子》这本书讲得绘声绘色，小朋友们听得是如痴如醉，还配合“林子姐姐”复述了全部的故事内容。软陶老师耐心地分步骤地向小朋友们讲述“蛋糕”的制作过程，在软陶老师的带领下，在爸爸妈妈的帮助下，小朋友们亲自制作了色彩缤纷的彩陶“生日蛋糕”。

《小老鼠的大日子》是“小老鼠双语系列”图书中的一册，讲述的是小老鼠的生日快要到了。她有一周的时间来准备生日派对。小读者们能在小老鼠准备派对的过程中学习到 14 对反义词。该系列图书融多种知识于故事，涉及数字、时间、色彩、动物、反义词，等等。配有朗朗上口的有趣韵文，让孩子在快乐中感受英语的魅力。立体生动的 3D 软陶图画，能够带领孩子进入充满色彩和动感的故事世界。（郭宇佳）

《中印文化交流百科全书》出版发布会举行

2014 年 6 月 30 日，外交部和国家新闻出版广电总局联合在人民大会堂举行了国家重大对外文化交流项目《中印文化交流百科全书》的中文版和英文版出版发布会。国家副主席李源潮、印度副总统安萨里出席发布会，并为该书首发揭幕。国家新闻出版广电总局局长蔡赴朝主持发布会，国家新闻出版广电总局副局长邬书林、外交部副部长刘振民、中国出版集团公司总裁谭跃、印度驻华大使康特出席发布会。出席发布会的还有国家新闻出版广电总局进口管理司司长张福海、巡视员陈英明，中国出版集团副总裁李岩，中国大百科全书出版社社长龚莉，以及薛克翘、葛维钧、刘建、姜景奎专家代表，中国大百科全书出版社有关编辑出版人员一同出席了发布会。

编纂出版《中印文化交流百科全书》，是 2010 年 12 月时任国务院总理温家宝访问印度期间与时任印度总理曼莫汉·辛格联合发表的《中华人民共和国和印度共和国联合公报》中确定的项目。为落实两国领导人的决定，2011 年 5 月，国家新闻出版总署与印度外交部签署了双方联合编纂出版《中印文化交流百科全书》备忘录，中国大百科全书出版社具体负责组织编纂和出版工作。中印两国专家学者和出版人经过3年多的努力，圆满完成编纂出版任务。

《中印文化交流百科全书》是世界上第一部系统总结研究中印两国文化交流历史的学术文化工具书，它的编纂出版填补了出版领域空白，既是对两千多年来中印两国文化交流历史的总结，又是当代两国关系全面深入发展形势下文化交流的一项重大举措，对于中印双方准确认识历史、增信释疑，推动中印两国面向和平与繁荣的战略合作伙伴关系的全面发展和人类文明的进步具有重要意义。（尹添铭）

中国出版集团公司2015年度出版专项资金专家论证会召开

2014年7月2～3日，中国出版集团召开2015年度出版专项资金专家论证会，从出版源头上进一步落实导向管理。副总裁李岩出席会议并讲话。中国社科院、清华大学、中国人民大学、北京师范大学等单位的20余位专家参加论证会。会议由出版部主任张贤明主持。出版部、计财部相关同志列席会议。

李岩在讲话中指出，集团出版专项资金项目要服务党和国家工作大局，进一步提升集团的品牌影响力，发挥集团的文化引领作用。对2015年集团专项资金项目，李岩提出了“三个鼓励”原则：一是鼓励主题出版。将主题出版打造成为集团主业新的市场增长点，更好地承担出版“国家队”的时代使命和社会责任。二是鼓励原创。要鼓励具有时代气息、体现时代精神和社会效益、经济效益俱佳的优秀原创选题。三是鼓励少儿出版。重点支持弘扬社会主义核心价值观、高扬主旋律、传播正能量、具有精神高度和思想深度的精品力作；通过加大资金扶持力度，优化主业板块结构。针对项目评选，李岩提出了三条要求：一是坚持把好导向关。坚决按照集团党组和总裁班子的工作思路重点，所有入选项目必须坚持正确导向，对存在导向隐患的项目实行一票否决。二是进行两级审核。在各单位审核的基础上，集团层面加大对申报材料的内容、质量等方面的审核力度。三是严格履行程序。所有入选项目务必保质保量按期完成，要进行重大选题备案的项目需完成备案后再拨付相关资金。

经专家论证遴选、总裁办公会审定，确定75个项目，并报财政部审批。入选的主题出版项目分为五类：一是“中国梦”主题项目，如“微观中国丛书”、《绘本中国故事》《中国改革开放故事》（图文版）；二是纪念抗战胜利70周年项目，如《抗日战争》《白求恩在中国》《卢沟桥事变史料全编》；三是阐述国家战略项目，如《海洋教育教材》、“丝瓷之路博览丛书”、《中国丝绸之路城市群叙事》；四是传统文化普及项目，如《一张图表看懂中国文化系列》《国学百家讲坛·道家分卷》；五是少儿主题项目，如《一生有“礼”》《儿童安全百科绘本》《当代儿童文学经典系列》等。

本次申报项目共140余项，其中“亚洲国情文化丛书”、《中、日、韩三国文化系列》《中国周边地缘环境解析》《古新圣经残稿》《孙立人传》《我的父亲杜聿明》等项目，因涉及外交、宗教、历史等方面的重大敏感话题或存在导向隐患，在项目复审环节被否决。（何　奎）

《中国工艺美术全集》中标编辑出版服务采购项目

2014年7月4日，人民美术出版社在社长汪家明的带领下，办公室副主任王梽戎、总编室副主任赵军平等人参加由中国工艺美术协会委托招标中介在北京湖北大厦举行的大型国家文化工程《中国工艺美术全集》编辑出版服务采购项目（项目编号：SZT2013FG/001）公开招标。

《中国工艺美术全集》是共和国成立以来工艺美术方面一个权威性、全景式展现，这部巨著无论是文献性，还是史料性都具有国家级水平，也是最能代表我国民族文化的标志性出版物，该套丛书共238卷。

参与本次投标的出版社有人民美术出版社、高等教育出版社和广东教育出版社。最终，凭借人民美术出版社、连环画出版社良好的信誉，行业经验、强大编辑实力以及优秀的出版方案，完善的质量进度保证体系、合理的报价赢得了招标单位的肯定，并顺利中标。该项目的中标很好地发挥了人民美术出版社60多年来的品牌优势，再次证明了人民美术出版社良好的发展趋势，也印证了人民美术出版社的编辑实力和良好的读者口碑，为品牌建设工作的展开进一步开拓了市场，也为今后的工作奠定了基础。

（赵军平）

钱君匋先生625件文物捐赠人民音乐出版社

2014年7月10日，钱君匋先生文物捐赠交接暨钱君匋先生铜像揭幕仪式在中国出版集团公司大楼多功能厅举行。中国出版集团公司党组书记、副总裁王涛，人民音乐出版社社长莫蕴慧，著名作曲家、音乐活动家、原中国音乐家协会副主席孙慎，钱君匋先生的长子钱大绪、长孙钱骏，钱君匋先生的学生、篆刻家陈辉，艺术家、封面与插图设计大师吕敬人，中国音乐史学会会长、中央音乐学院音乐学研究所所长戴嘉枋，中国美术出版总社总编辑、中国编辑学会美术编辑工作委员会副主任林阳，中国出版协会装帧艺术工作委员会常委刘晓翔，浙江省海宁市文联主席王珏与中国出版集团公司及下属人民音乐出版社部分干部员工代表共100余人出席捐赠仪式。人民音乐出版社副社长杨伯勋主持仪式。

我国著名篆刻书画家钱君匋先生，是我国装帧艺术的开拓者。他于1938年7月1日在上海创建万叶书店（人民音乐出版社前身），并任经理兼总编辑。此次由钱君匋先生家属捐赠了钱先生的藏书、装帧样书、手稿、著作、信件、印章以及书画创作用品共计625件，这其中包括钱先生封面设计样稿500幅、谈装帧设计艺术手稿一份，也包括王仿子、范用、缪天瑞、李凌等出版家与音乐家写给钱先生的书信51封，还包括钱先生印谱，由他装帧设计的书籍和藏书，钱先生名章、设计手稿、使用的笔、设计使用的锌版等。

（潘小磊）

人民文学出版社参加中国出版协会文学艺术出版工作委员会2014年工作会议

2014年7月11日，中国出版协会文学艺术出版工作委员会2014年工作会议在兰州举行，人民文学出版社社长管士光主持了会议。中共甘肃省委宣传部副部长高志凌，甘肃省新闻广电局副局长佘长江，读者出版传媒股份有限公司副董事长、总经理彭长城，中国出版协会副秘书长邢岩等出席会议并讲话。中宣部文艺局副巡视员刘新风、中国新闻研究院市场研究所所长张晓斌分别做了主题发言。会议还就文艺出版社价值评估体系的建立等问题展开了讨论。人民文学出版社副社长李春凯、副总编辑周绚隆也参加了会议。

（王芸菲）

“2014海内外中国语言学者联谊会——第五届学术论坛”召开

2014年7月27日，由中国社会科学院语言研究所、北京语言大学、中国语言学书院、商务印书馆联合主办的“2014海内外中国语言学者联谊会——第五届学术论坛”在商务印书馆召开。此次论坛的主题为“语言教育与社会进步”。来自北美、欧洲、日本，中国大陆以及香港和澳门特区的48位著名语言学者和来自中国语言学书院的七十余名师生参加了此次论坛。论坛由周洪波、余桂林主持。

北京语言大学书记李宇明、香港中文大学教授关子尹、香港城市大学协理副校长程星先后做了《语言的力量》《语文教育、大学教研与文化持续发展》《巴别塔与国际化——国际交流中的语言障碍及解决路径》的主题发言。北京大学陆俭明教授做了《注重提高国家和个人语言能力》的讲话。学者们还分别从母语和外语教育的现状、教育方法、语言的使用情况及语言的文化内涵等方面展开了热烈讨论，阐述了语言教育对社会发展的重要意义。中国社会科学院语言研究所刘丹青所长对此次论坛做了总结。（俞必睿）

中国出版集团公司第七届读者大会举行

2014年8月1日，第七届读者大会于第24届全国书博会期间，在位于贵州贵阳的贵阳国际生态会议中心举行。王蒙、吴敬琏、阎崇年、曹文轩、欧阳自远等著名作家和知名学者到场，与现场千余名读者互动交流，受到广大读者热烈欢迎。国家新闻出版广电总局党组书记、副局长蒋建国，贵州省委副书记李军，中国出版集团公司党组书记王涛出席大会并致辞。

本届读者大会由国家新闻出版广电总局、贵州省人民政府、中国出版集团公司主办，由中国出版传媒股份有限公司、贵州省新闻出版广电局、中国农业银行承办。

大会在贵阳双双儿童艺术学校学生表演的儿童表演唱节目《孔子曰》中拉开序幕，国家新闻出版广电总局党组书记、副局长蒋建国，国家新闻出版广电总局副局长阎晓宏、贵州省委副书记李军、中宣部出版局副局长刘建生、中国出版集团公司党组书记王涛，以及作家代表王蒙、吴敬琏共同为本届读者大会揭幕。

本届读者大会以“读者至上，享受阅读”为主题，继续聚焦并致力于全民阅读推广。蒋建国认为，本届读者大会是一场大家云集、思想交锋的阅读盛宴，在推进全民阅读活动中起到了先锋引领作用。他希望本届读者大会能够进一步播撒阅读的种子，在贵州、在全国进一步推动全民阅读的热潮，通过阅读点亮中华民族伟大复兴的梦想。蒋建国在致辞中表示，“要深入贯彻落实党的十八大精神，认真实施好‘推动全民阅读’这一重大战略部署，倡导‘阅读从我做起’，建设书香家庭、书香社会、书香中国，推动全民一起为实现中华民族伟大复兴而阅读。”

王涛在致辞中表示，中国出版集团与贵州有着较深的渊源，“追溯到100多年前，中国出版集团旗下的商务印书馆、中华书局、生活·读书·新知三联书店，或开设分支机构，或与号称‘民国七大书局’之一的贵阳文通书局精诚合作，把优秀的精神食粮奉献给贵州的读者。”中国出版集团在新时期，始终牢记出版“国家队”的使命，进一步弘扬老一辈出版家的精神，努力出版更多更优秀的图书。他希望人们多读书、读好书，多读中国出版集团的好书，希望读书能成为人们的生活方式，并内化为人们的生命方式。

本届读者大会的三轮名家访谈环节中，王蒙、吴敬琏、阎崇年、曹文轩、欧阳自远、汪洋等名家轮番登场，与现场读者共话阅读相关话题，分享个人阅读体验与经历。“人生与阅读”“经济与阅读”“科技与阅读”“历史与阅读”等现场话题，一次次将现场读者关注阅读的氛围推向高潮。

王蒙与吴敬琏作为文坛泰斗和我国经济学界的泰斗，在第一轮名家访谈中登场就将现场气氛推向高潮。两位作家分别就网络信息时代对我国当下阅读生态的影响发表了观点。王蒙与现场读者分享了他在生活·读书·新知三联书店出版的新书《与庄共舞：人生的自救之道》的创作感想，并结合庄子的思想，给现代人开出几帖“长寿药方”。吴敬琏在中国经济发展的各个时期，出版了许多有关经济改革战略发展的著作，对国家经济发展做出了建设性的贡献。本届读者大会上，吴敬琏带来了最新在生活·读书·新知三联书店推出的《直面大转型时代》，以他的经济著作为例，与现场读者分享了如何将“阅读”与“经济”相结合，通过“阅读”了解“经济”。

名篇朗诵《木兰辞》、原生态侗族大歌合唱《蝉之歌》等多个文艺节目与访谈环节相互交叉，读者大会现场掌声此起彼伏，气氛火爆。现场读者与媒体通过多种方式参与了与作家的互动交流，在抽奖环节，多位幸运读者获得中国出版集团公司赠送的作家签名作。

中国出版集团公司继续热心公益出版服务，在读者大会上还举行了“读者之家”图书捐赠仪式，向贵州省都匀军分区、贵州省中共贵阳市委讲师团、贵州省贵阳国学大讲堂、贵州省贵阳市实验小学、贵州省贵阳市白云二中、贵州省贵阳职业技术学院、贵州省遵义市正安县第一中学、贵州省余庆县教育局、贵州省安顺市图书馆 9 单位捐赠了价值 90 余万元的图书。国家新闻出版广电总局规划发展司司长余昌祥、进口管理司司长张福海，中国出版集团公司副总裁李岩、贵州省新闻出版广电局局长徐圻、中国农业银行机构业务部副总经理杜东升、中央电视台科教频道副总监阚兆江等领导向受赠单位的代表颁发了“读者之家”铜牌。（姜锐刚）

生活·读书·新知三联书店学术出版交流座谈会举行

2014 年 8 月 11 日，生活·读书·新知三联书店（以下简称“三联书店”）学术出版中心特邀李零、唐晓峰、陆建德等专家学者，在韬奋图书馆就学术出版的定位和方向进行讨论交流。三联书店总编辑翟德芳、副总编辑舒炜和郑勇、学术出版中心全体编辑以及其他分社的负责人参加了座谈会。翟德芳首先介绍了三联近些年的出版情况，总结了在上一届班子领导下，全店在扩大品牌影响、主抓人才建设、大胆进行体制和机制创新等方面取得的成绩，同时也指出了学术出版目前面临的缺乏方向、作者流失、原创不足等困境，特此诚恳地求教于与会的各位方家，希望在广泛听取意见的基础上，对未来几年的出版做出合理规划。

在座嘉宾既是不同学科的代表性学者，同时也是三联书店的老作者和老朋友，大家开诚布公、畅所欲言，对三联书店学术出版的定位和发展提出了各自的建议和期待，总结起来主要为以下四点：一是三联学术出版需要更加明确自身的定位；二是希望三联书店在未来能够凭借自己的资源和优势，组织和推动一些知识分子的大众阅读；三是要长期观察和分析作者，加强出版社与作者的沟通交流；四是应当加强图书的推广工作，在读者、作者、出版社之间建立更好的文化交流渠道。（杨　乐）

中国辞书学会辞书编辑出版专业委员会第九届学术研讨会召开

2014 年 8 月 15～17 日，中国辞书学会辞书编辑出版专业委员会第九届学术研讨会在陕西延安召开。会议由全国科技名词委和中国辞书学会辞书编辑出版专业委员会主办。全国科技名词委副主任、中国辞书学会副会长刘青，中国辞书学会顾问周明鉴，中国辞书学会秘书长周洪波，中国辞书学会学术委员会副主任李志江，气象出版社社长王存忠，中国财富出版社社长王波、化学工业出版社总编辑潘正安，上海辞书出版社副总编辑陈崎，鲁东大学文学院院长亢世勇等近 40 位辞书界、出版界专家参加了论坛，会上大家就论坛主题和专科辞书编纂要求等话题展开了讨论。

会上，全国科技名词委副主任刘青和化学工业出版社总编辑潘正安分别做了专题报告。会议重点讨论了《两岸科学技术常用词典》的书稿内容。该词典是两岸专家合编中华语文工具书中的重要项目，大陆条目的编写由全国科技名词委组织开展。与会专家从学科条目收录、条目平衡的问题、学科归类问题、释义篇幅问题、正词法问题、收词系统性和封闭性问题等方面提出很多建议，促进了该词典质量的进一步提高。（余桂林）

人民文学出版社参加“全媒体时代版权战略发展论坛”

2014 年 8 月 28 日，由中国图书进出口（集团）公司主办，北京君泰同和文化产业发展中心承办的“全媒体时代版权战略发展论坛”在北京举行，国家新闻出版广电总局副局长、国家版权局副局长阎晓宏与会并致辞，华谊兄弟副总裁胡明、韩国著名电影制作人李治允等嘉宾做了精彩发言。人民文学出版社副总编辑周绚隆与会并做了题为《全版权运营：尚在路上》的发言，引起与会者的讨论。（王芸菲）

第三届《中国图书世界影响力评价报告（2014版）》发布会举行

2014年8月28日，由中国出版传媒商报社、中国文化走出去协同创新中心和中国图书进出口（集团）总公司共同主办的第三届“中国图书世界影响力评价”发布会在北京国际展览中心新馆举行。会上发布了第三届《中国图书世界影响力评价报告（2014版）》，报告从馆藏的学术价值、文化传承、文献保存等方面考量了中国文化世界影响力。同时颁发了“历年中国图书世界影响力出版TOP20”、“2013中国图书世界影响力出版100强”和“2013中国图书世界影响力图书50强”认证证书。中宣部出版局办公室副主任何瑞，中国出版集团公司党组成员、副总裁李岩，北京外国语大学副校长孙有中，中国图书进出口（集团）总公司党委书记吴伟，中国出版传媒商报社社长伍旭升，中国海外汉学中心主任张西平等做了主讲报告。中国社会科学出版社社长赵剑英、中华书局总编辑顾青，美国罗格斯大学东亚图书馆员、罗格斯大学孔子学院兼任教授杨涛做了主题发言。何瑞在代表该局领导致辞时认为，《中国图书世界影响力评价报告（2014）》的发布让中国图书在海外的影响第一次有了一个可量化的指标。四川人民出版社、云南人民出版社等几十家出版社，纷纷通过各种渠道发布了上榜书目数据。除国内出版界的积极反馈外，研究报告所公布的数据以及研究方法受到美国东亚图书馆界的高度关注。其中2012年发布的中华书局版图书在北美50家东亚图书馆的收藏数据，先后引起了伯克利大学、斯坦福大学以及威斯康星大学的重视，并分别收藏了报告原文。参加此次活动的华侨出版社名列27名，海外馆藏影响力项目由此也受到了分管华侨工作的国家副主席李源潮同志的特别关注。《人民日报》、新华网等多家全国媒体关注并参会报道。（郭是海）

人民文学出版社3种图书荣获“2013中国图书世界影响力50强”

2014年8月28日，由中国出版传媒商报社、中国文化走出去协同创新中心·中国海外汉学研究中心和中国图书进出口（集团）总公司共同主办的第三届“中国图书世界影响力评价”在中国国际展览中心（新馆）发布。

主办方并现场对海外馆藏“历年中国图书世界影响力出版TOP20”、“2013中国图书世界影响力出版100强”和“2013中国图书世界影响力图书50强”单位颁发了认证证书。在中国出版社历年海外馆藏中国图书世界影响力前20强中，人民文学出版社位列第3。在中国出版社2013年世界影响力百强名单中，人民文学出版社名列第43位。在“2013中国图书世界影响力图书50强”中，《带灯》《迷冬：青春的狂欢与炼狱》和《晚安玫瑰》入选。（王芸菲）

“21世纪年度最佳外国小说（2014）”评选冠名仪式暨获奖作品《生命》（Leben）首发式举行

2014年8月29日，“21世纪年度最佳外国小说（2014）”评选冠名仪式暨获奖作品《生命》（Leben）首发式在北京国际图书博览会作家交流区举行。此次活动由人民文学出版社、“21世纪年度最佳外国小说”评选委员会、韬奋基金会与德国柏林文学之家（LCB）联合举办，人民文学出版社社长管士光，韬奋基金会副秘书长黄国荣，“21世纪年度最佳外国小说”德语文学评选委员会主任叶廷芳，评委韩瑞祥、李永平，德国作家、《生命》一书作者大卫·瓦格纳（David Wagner）、柏林文学之家主席弗罗里安·霍勒赫尔（Florian Höllerer）出席仪式。会议由人民文学出版社副总编辑肖丽媛主持。

《生命》以生动流畅、不乏幽默的笔触描写了主人公肝移植前后在医院经历的种种磨难，折射了一个小人物对生命与死亡的体悟与思考。小说建立在作者的亲身经历之上，文字简约，结构独特，由273个片断组成，令人想起里尔克的小说《布里格随笔》。（王芸菲）

生活·读书·新知三联书店一行拜访邹家华同志

2014年9月9日，生活·读书·新知三联书店总经理路英勇一行拜访探望了原中共中央政治局委员、国务院原副总理邹家华同志。同行的有三联书店总编辑翟德芳、副总经理张作珍等。

路英勇首先代表三联全体同仁向邹老致以诚挚问候，之后着重向邹老汇报了三联书店近来的总体发展情况以及下一步的工作规划。翟德芳汇报了三联书店最近图书出版的情况。张作珍就三联韬奋24小时书店的情况做了汇报。

邹老对三联同仁的问候表示感谢，表示三联书店的事业从韬奋先生开始，是一代代传承下来的，形势在不断变化，对三联同仁的要求也越来越高。一是要在导向上加强对社会主义核心价值观的宣传力度；二是传统媒体和新兴媒体都要发展，互相支持，而不是简单的替代；三是出版要以社会效益为本，在保证社会效益的基础上加强经济效益；四是要注重人才队伍建设，尤其是专业技术人才；五是要加强内容建设；六是可以扩大24小时书店的规模，有条件的话可以多开几家，连锁起来也可以。（鞠晓辉）

商务印书馆举办“编辑沙龙”第六期活动

2014年9月11日，商务印书馆举办“编辑沙龙”第六期活动。本期沙龙的主题为“《现代汉语词典》中的科技词语”。邀请化学工业出版社总编辑、韬奋出版奖获得者、中国出版协会编校委员会副主任潘正安到会与编辑交流。潘正安就《现代汉语词典》（第6版）中科技词条的筛选、词条释义完善等问题与大家进行了探讨，并分享了科技词语使用与编纂方面的技巧与注意事项，之后与在场嘉宾和编辑进行了互动。

此次沙龙由周洪波主持，中国社会科学院原副院长、中国辞书学会原会长、《现代汉语词典》第6版修订主持人江蓝生，第5版修订主持人韩敬体、晁继周，中国社会科学院语言所词典室主任谭景春，中国辞书学会顾问周明鉴，《现代汉语词典》科技组负责人李志江，中国社会科学院词典室全体工作人员及商务印书馆全体编辑参加。（刘　兰）

《新闻传播学大辞典》出版座谈会召开

2014年9月20日，《新闻传播学大辞典》出版座谈会在中国人民大学举行。中国大百科全书出版社社长龚莉以及30余位新闻传播学界专家学者齐聚一堂，就该辞典的成书背景、内容及其价值进行了深入研讨。

《新闻传播学大辞典》自2007年动议编纂，2010年8月申报并批准成为国家“十二五”重点图书出版项目，于2014年7月出版。

座谈会上，新闻传播学名家宿耆及新闻业内代表，以《新闻传播学大辞典》出版为契机，总结新闻传播学近20年来的发展历程，并对当下中国传媒业发展的关键议题进行讨论。本书主编童兵教授首先介绍了大辞典编纂情况，龚莉讲述了大辞典的出版过程。本书顾问甘惜分、方汉奇分别发言。参会嘉宾各抒己见，共同探讨中国新闻传播业发展现状及前景。

与会专家对媒介技术迅速进步和体制改革快速发展的大背景下，该辞典在填补新闻传播领域空白的重要学术价值形成共识。专家们认为，及时编纂和出版一部新世纪版《新闻传播学大辞典》，是一项具有重大学术意义、应用价值和广阔市场前景的工作。（任其忻）

生活·读书·新知三联书店“书香中国·第四届北京阅读季”获两项荣誉

2014 年 9 月 25 日，“书香中国·第四届北京阅读季”阅读盛典在西城区文化中心举行。国家新闻出版广电总局副局长吴尚之，北京市委常委、副市长杨晓超出席盛典，并为在全民阅读推广中有突出贡献的单位和个人颁奖。在以“共享全民阅读 同绘中国梦想”为主题的北京阅读季活动中，生活·读书·新知三联书店不仅出版了多种如“图说中国绘画史”、“和王世襄先生在一起的日子”等受到读者欢迎的好书，而且通过向湖南永兴捐建免费图书吧等公益活动，积极推动社会读书热潮的形成。4 月 23 日“世界读书日”这一天，韬奋书店开办 24 小时书店，更是获得广泛关注，为营造“多读书、读好书、好读书”的良好氛围做出了贡献。三联书店由于积极参与和亲身实践，被北京阅读季领导小组评为“优秀合作机构”，韬奋书店被评为“最美阅读空间·书店”。（刘　畅）

中版教材有限公司等联合举办 2014 年全国历史教学研讨会

2014 年 9 月 25～28 日，由人民出版社、中华书局、中版教材有限公司、历史教材编委会联合举办的“2014 年全国历史教学研讨会”在陕西宝鸡举行。会议由中版教材有限公司总经理罗争玉主持。基础教育课程教材发展中心相关领导、历史学科专家、教材编委会主要成员、各省教研室负责人、一线骨干教师等 140 余人参加会议。

人民出版社常务副社长任超为会议致开幕词。会议就历史教学及教材建设等相关问题进行了专家讲座，讲座由人民版高中历史教材主编、国家历史课程标准研制组核心成员朱汉国教授主持。教育部基础教育课程教材发展中心教材处处长李水平就基础教育评价改革新动态做了专题讲座。中国社科院研究员荣维木教授以《关于抗日战争史研究的若干问题》为题做了精彩的讲座。

会议还进行了听课、评课和历史教材建设座谈。与会代表观摩了宝鸡中学历史组部景涛老师《开辟文明交往的航线》的精彩一课，专家们从授课内容、教学方式等方面对讲课内容给予了高度评价，并就历史课程改革与教材建设等问题展开了探讨和交流。

此次大会，专家给予了高度的评价。他们认为，由人民出版社、中华书局和中版教材有限公司、历史教材编委会共同举办的研讨会，已经成为全国历史教育专家、一线教师交流成果、分享经验的一个良好平台。它将进一步推动新课程改革实验工作，帮助教师准确把握新教材，了解掌握新教材的编写思路和教学要求，特别是高中历史课程标准即将修订和初中历史教材新修订后的特色和适用，引导一线广大教学研究人员和教师钻研新课标和新教材，提高教师驾驭新教材的能力。（张　博）

“中国当代获奖儿童文学作家书系”作家群笔会暨促进原创儿童文学繁荣座谈会召开

2014 年 9 月 27 日，由天天出版社主办，安阳市委宣传部协办的“中国当代获奖儿童文学作家书系”作家群笔会暨促进原创儿童文学繁荣座谈会在河南安阳成功举办。出席本次会议的有金波、张之路、吴然、董宏猷、冰波、汤素兰、安武林、薛涛、李东华、王一梅、郁雨君等老中青三代 23 位作家。安阳市委宣传部部长常保利，安阳市作家协会主席李建学作为嘉宾出席会议。人民文学出版社党委书记、副社长、天天出版社社长刘国辉和天天出版社总编辑叶显林、副总编辑张昀韬等参加了会议。

会议以当代中国原创儿童文学的发展为中心，从天天出版社品牌书系“中国当代获奖儿童文学作家书系”的品牌打造为切入点，着重研讨了在信息化、数字化的时代背景下，面对国家文化大发展大繁荣的时代要求和中国文化“走出去”的战略要求，我国原创儿童文学的品质应当如何提升、原创儿童文学产业如何做大做强等话题。

此次活动得到了中国作家协会、安阳市政府、安阳市作家协会的鼎力支持，新华社、《人民日报》《文艺报》《中国新闻出版报》等多家媒体对本次活动进行了报道。（王芸菲）

人民音乐电子音像出版社出版《中国音乐学院50周年校庆系列——作曲系师生新作品专辑》

2014年9月，人民音乐电子音像出版社与中国音乐学院作曲系合作，出版了《中国音乐学院50周年校庆系列——作曲系师生新作品专辑》，专辑共10张光盘，收录了包括罗忠镕、施万春、高为杰、金湘、杨通八、高松华、朱琳、王珏等中国音乐学院老中青三代著名作曲家的新作品。专辑共销售10 000套。（张颖雪）

东方出版中心“亮旗扭亏”主题编辑沙龙举行

2014年9月，东方出版中心“亮旗扭亏”主题编辑沙龙举行。总经理李智平、副总编辑祝新刚、总编辑助理王祖光等与编辑、青年团员一起参加了由东方出版中心团总支、总编办公室联合发起的这一期沙龙活动。

活动中，与会者围绕2014年主业“亮旗扭亏”的发展目标，踊跃发表看法和建议。王祖光联系工作经历和经验，提出对“亮旗与扭亏”的理解。他认为，第一，要团结；第二，要务实；第三，要打破坛坛罐罐。认准一个目标，不管是品牌还是产品，只要大家一起盯着一件事做，就能成功，就是亮旗。

祝新刚讲到，“亮旗与扭亏”归根到底就是要出好书，出社会效益突出、经济效益显著的书。大百科精神是什么？一是高度的爱岗敬业，高度的职业责任感与自豪感。二是高度的严谨、细致、精益求精。要认认真真抓精品，同时要注意量的铺垫。

李智平对于大家知无不言、集思广益给予了肯定，并提出几个观点：第一，亮旗与扭亏是统一的，不能分开。第二，个人的大作计划和东方出版中心的大作计划要结合起来。第三，形成选题和选题执行的安排。第四，要抓20到30种书或者丛书。第五，要改变观念，认识到资助和投资有所不同。（金洁蓉）

中版教材有限公司九年级《思想品德》《义务教育课程标准实验教科书·思想品德·九年级全一册》编写工作会召开

2014年10月6日，中版教材有限公司九年级《思想品德》《义务教育课程标准实验教科书·思想品德·九年级全一册》编写工作会在北京召开。高德胜、曹金龙等教育专家及编写团队、教材编辑人员等10余人参加了会议。会议主要研究讨论教材修订问题，在研读近半年来教育部对教材审查的各类新要求的基础上，统一了教材修订的基本思路，逐课集中商议了课文的修改和时间安排。（张　博）

中国大百科全书出版社2015年度选题工作会议召开

2014年10月10～12日，中国大百科全书出版社2015年度选题工作会议召开。中国出版集团公司副总裁李岩、出版部主任张贤明、对外合作部主任刘忠、《中国大百科全书》（第三版）执行总主编杨牧之、出版社社委会成员及各部门正副职、首席编辑、营销编辑、市场营销部共计70余人参加会议。

本次会议围绕内容创新主题、品牌产品线等，对2014年本部门工作整体情况及本年度选题计划落实情况、对本部门相应板块的市场调研情况和2015年度本部门重点选题计划安排情况这三方面做了详细的分析总结和介绍。会议安排了《中国大百科全书》（第三版）内容建设、编纂平台建设的专题介绍。

社长龚莉表示，本次会议准备充分，分组讨论中大家都提出了许多建设性意见。她要求大家在选题策划工作中要坚持创新和追求原创，持续关注市场和营销工作。社委会将进一步根据市场数据为基础，结合大家的建议，进一步研究完善产品线，统筹规划 2015 年的选题安排。

杨牧之指出，《中国大百科全书》（第三版）网络版的出版是中国大百科全书出版社历史上一次前所未有的机遇，要群策群力，团结一心，克服困难，完成好这一项重大出版工程。

李岩在讲话中要求，出版社要高度重视《中国大百科全书》（第三版）的工作，要围绕《中国大百科全书》（第三版）的编纂建设，以百科类产品为中心，不断开拓产品外延，把中国大百科全书出版社的品牌做大做强。（尹添铭）

《邓小平书法选》出版

2014 年 10 月 12 日，为纪念邓小平同志诞辰 110 周年，由中央档案馆主编的《邓小平书法选》由荣宝斋出版社出版发行。

该书是从中央档案馆馆藏的邓小平手迹中，从书法艺术角度选辑而成，共收入作品 75 件，以书写时间为序编排。

半个多世纪以来，邓小平起草了大量文件、电报、文稿，批阅了无数的公文，写下了许多书信、题词。虽然他从未以书法家自称，但从他的字里行间和笔墨线条之中，不难感受其中蕴含的艺术魅力。观其作品，首先感受到的是那淡定而高远的气象。在他的笔下，一个个汉字俨如千军万马，或蓄势待发，或奋勇驰骋，从容不迫，气吞万里，随着书写的展开而渐次形成一幅波澜壮阔的佳构。观其用笔，无垂不缩，无往不收，潇洒磊落，出入有度。线条运行中沉郁顿挫，一波三折，既富于文气，又骨力内含。观其结体，奇正相生，纵横捭阖，充满辩证色彩，又自然妥帖，耐人寻味。（刘　芳）

人民文学出版社参与主办《西长城——新疆兵团一甲子》出版座谈会

2014 年 10 月 16 日，《西长城——新疆兵团一甲子》出版座谈会在北京举行。该书是一部全景式展现新疆建设兵团以往 60 年历史的具有史诗品格的作品。新疆生产建设兵团副司令员成家竹、中宣部文艺局副局长刘新风、许先锋，中国出版集团公司副总裁潘凯雄以及专家学者梁鸿鹰、李炳银、雷达、白烨等三十余人参加座谈会并先后发言。人民文学出版社社长管士光参加会议并首先致辞。会议由副社长李春凯主持。

《西长城——新疆兵团一甲子》讲述的是新疆生产建设兵团已经走过的60年历史。在这 60 年中，中国社会发生了翻天覆地的变化。新疆生产建设兵团屯兵戍边、保家卫国的功能在今天的现实中愈发重要。本书全面记述新疆生产建设兵团的辉煌历史，他们剿匪平叛、建政维稳、修渠引水、开荒造田，使荒原变成绿洲，使兵团成为维系中国边疆稳定的“西长城”。

（王芸菲）

“陈翰伯诞辰一百周年纪念座谈会”召开

2014 年 10 月 16 日，为了纪念陈翰伯同志百年诞辰，由中国出版协会、中国出版集团公司、商务印书馆联合主办的“陈翰伯诞辰一百周年纪念座谈会”在商务印书馆礼堂隆重召开。中共中央宣传部出版局办公室主任郭瑞宏，以及商务印书馆馆务会全体成员，商务印书馆老出版家，陈翰伯的老部下、学生和家属等 50 余人出席座谈会。会议由中国出版集团公司副总裁李岩主持。

陈翰伯是我国著名出版家和新闻出版领域重要领导人，他“青春办报，皓首出书”，在党的新闻与出版岗位上奉献了一生。他曾任商务印书馆总经理兼总编辑、国家出版局代局长，为商务印书馆的中兴，为“文化大革命”后中国出版事业的恢复和发展做出重大贡献。

全国人大教科文卫委员会主任委员、中国出版协会理事长、新闻出版总署原署长柳斌杰，中国出版协会顾问、新闻出版署原署长、中国出版工作者协会原主席宋木文，中国编辑学会会长、新闻出版总署原副署长桂晓风，中国出版集团公司党组书记王涛，国家新闻出版广电总局出版管理司司长张福海，商务印书馆总经理于殿利到会并讲话，对陈翰伯的历史功绩进行了回顾，对他的精神和品格给予高度评价。商务印书馆原总经理林尔蔚，陈翰伯学生庄浦明、郑海天，新华社离休干部卫广益，陈翰伯儿子陈警等对陈翰伯的事迹作了回忆和怀念。（崔　珊）

商务印书馆举办两期“品书沙龙”活动

2014 年 10 月 16 日，商务印书馆举办“品书沙龙”第 2 期活动。本期主题为“图书的元数据”，总编辑周洪波主持了该沙龙活动。汉语图书中心以案例分析的形式和大家分享了图书元数据在选择和使用方面的经验，并同与会编辑进行了深入探讨。

2014 年 12 月 30 日，商务印书馆举办“商务印书馆品书沙龙”第 3 期活动。本期主题为“价值创造与传播”，副总编辑陈小文主持了该沙龙活动。学术图书中心以案例分析的形式与大家分享了编辑译著的心得，多版本开发的经验，编辑在编印发全流程的作用，共同探讨了项目产品如何“走出去”，如何发挥编辑在工作中的创造力等。（刘　兰）

“大自然文学国际研讨会”举行

2014 年 10 月 19 日，由中国出版集团公司、人民文学出版社、安徽省文学艺术界联合会、安徽大学联合主办，由天天出版社、刘先平大自然文学工作室承办的“大自然文学国际研讨会”在合肥举行。来自瑞典、美国、俄罗斯、英国以及国内大自然文学研究的知名专家共聚一堂。中宣部原副部长、中国作家协会党组原书记翟泰丰，国务院参事室业务一司副司长张立平，安徽省省委常委、宣传部长曹征海，中国出版集团副总裁李岩，人民文学出版社党委书记、天天出版社社长刘国辉等出席会议，中国作家协会副主席高洪波发来贺信。

刘先平以其四十年野外探险经历及三十余年文学创作，开拓了中国现代意义上的大自然文学。其作品《呦呦鹿鸣》《大熊猫传奇》《云海探奇》《千鸟谷追踪》等是我国第一批有影响的大自然文学启蒙性作品。他的作品已远远超出文学作品本身所具备的价值，而是在更深广的层面上呼唤着生态道德建设、歌颂着祖国的大美河山，并在国际范围内获得广泛关注和赞誉。（王芸菲）

雪漠长篇小说《野狐岭》研讨会（北京）举行

2014 年 10 月 19 日，雪漠长篇小说《野狐岭》研讨会在中国作家协会会议室举行。中国作家协会副主席李敬泽、东莞市作家协会主席柳冬妩及评论家雷达、吴秉杰、胡平、吴义勤、贺绍俊、孟繁华、张颐武等三十余人到会并发言。人民文学出版社社长管士光出席会议并首先致辞。会议由中国作家协会创作研究部副主任何向阳主持。《野狐岭》是中国作家协会重点扶持作品、东莞文学艺术院签约作品，也是人民文学出版社 2014 年重点推出的一部长篇力作，出版后已加印两次，全国近五十家媒体进行了报道和专访，在读者和文学界中产生了广泛影响。另外，在会议召开之前，于王府井书店举办了《野狐岭》雪漠作者与读者见面暨签售会，一小时内签售 200 多本；同时在雨枫书馆举办了《野狐岭》读书分享会，并接受了腾讯网的专访。（王芸菲）

“三联·哈佛燕京学术及出版论坛”举行

2014 年 10 月 20 日，为纪念“三联·哈佛燕京学术丛书”出版 20 周年，生活·读书·新知三联书店（以下简称“三联书店”）在三联韬奋图书馆举办“三联·哈佛燕京学术及出版论坛”。石昌渝、赵汀阳、杨念群、周濂等二十余位丛书的作者出席了此次论坛。出席论坛的还有中国出版集团公司副总裁李岩，生活·读书·新知三联书店总经理路英勇、总编辑翟德芳，三联书店原总经理董秀玉、哈佛燕京学社社长裴宜理、丛书学术委员刘世德以及丛书历任责任编辑。论坛由三联书店翟德芳主持。李岩发表讲话，充分肯定了丛书对于三联书店的意义。路英勇表示，三联书店将一如既往为具有学术潜质的中青年学者提供支持和帮助，并利用丛书促进中外学界的交流，通过版权输出推动中国学术走向世界。来自人文、社科学界各个领域的与会学者与三联同仁一道就“三联·哈佛燕京学术丛书”的20年和未来、中国学术出版的使命以及当代中国学术变迁等话题展开讨论。

“三联·哈佛燕京学术丛书”是三联书店与哈佛燕京学社共同策划，以出版人文、社科学者原创新著为中心的学术丛书。从1994年出版第1辑以来，丛书基本保持每年1辑、6～8种新书的出书频率，迄今已经推出了15辑，近百种学术专著。（刘　畅）

生活·读书·新知三联书店、西北大学战略合作协议签约仪式暨陕西学术界专家座谈会举行

2014年10月23日，生活·读书·新知三联书店、西北大学战略合作协议签约仪式暨陕西学术界专家座谈会在陕西省西安市西北大学隆重举行。总编辑翟德芳代表三联书店，与西北大学副校长李浩教授共同签署了双方战略合作协议。在场的三联书店上海公司总经理王秦伟、西北大学各院系负责人以及来自西安交通大学、陕西师范大学等高校的代表二十余人，一起见证了签约仪式。

签约仪式结束之后，召开了陕西学术界专家座谈会，与会的专家学者依次介绍了自己的研究领域、学术兴趣和出版方面的意向，并对三联书店的现状和未来的发展提出了自己的想法和意见。（罗　康）

商务印书馆参加“2014年中国地理学会学术年会”

2014年10月24～26日，商务印书馆参加于四川师范大学成龙校区召开的“2014年中国地理学会学术年会”。来自全国近400个单位的1600多名专家学者和研究生参加了此次盛会。本届年会由中国地理学会主办，中国科学院成都山地灾害与环境研究所、四川师范大学承办，中国科学院地理科学与资源研究所、国际山地中心中国委员会、四川省地理学会、四川省国土资源开发与保护协同创新中心、中国科学院山地表生过程与生态调控重点实验室、四川师范大学地理与资源科学学院以及中国科学院山地灾害与地表过程重点实验室协办。

年会期间，还举办了“第八届全国地理学研究生学术年会”“《地理学报》创刊80周年纪念学术活动”“国家自然科学基金委员会（NSFC）《地理科学30年》编写工作研讨会”“教育部地理科学教学指导委员会2014年秋季工作会议”“《地理科学》编辑委员会工作会议”“地震灾区地震次生灾害预警及防治技术高级研修班”等专题活动。商务印书馆依托商务印书馆（成都）有限责任公司在会场展销图书，取得了良好的效果。（李　娟）

中华书局纪念方东美115周年诞辰暨方东美哲学思想研讨会召开

2014年10月25～26日，由中华书局和北京师范大学人文宗教高等研究院共同主办的纪念方东美115周年诞辰暨方东美哲学思想研讨会在北京师范大学举行，第九、十届全国人大常委会副委员长，北京师范大学人文宗教高等研究院院长许嘉璐，北京师范大学副校长杨耕等出席开幕式，中华书局总编辑顾青代表主办方致辞。来自

海内外的知名专家学者、北京部分高校师生、社会人士及国内相关媒体等近300人参与了本次研讨会的系列活动。

本次研讨会以“方东美哲学思想研究”为主题，来自中国大陆、台湾地区和美国的近20位知名专家学者，围绕“方东美与中国哲学精神、中国文化精神的建立”、“方东美与中国现代哲学”、“方东美对儒道佛的研究”和“方东美论人生哲学”等议题进行主旨演讲和三场研讨对话，深入地、多角度地分析方东美的哲学思想及其在中国哲学和中国文化中的作用，共同研究和探讨方东美的哲学智慧，对于传承中国文化与哲学，具有重要的积极意义。中华书局为此出版了“方东美作品集”。（梁　彦）

“重读经典·倡行价值阅读研讨会暨《经典名著·大家名作（译）》丛书出版座谈会”召开

2014年10月26日，“重读经典·倡行价值阅读研讨会暨《经典名著·大家名作（译）》丛书出版座谈会”在商务印书馆召开。该活动由商务印书馆联合北京师范大学文学院、中国人民大学文学院、北京智慧熊文化传媒有限公司及部分著名作家、学者等共同发起。中国教育学会副会长、国家全民阅读形象代言人朱永新，中国出版传媒股份有限公司副总经理樊希安出席，著名作家马原等近20名作家、诗人、评论家、教育专家、著名主持人参加了研讨会。著名书法家欧阳中石专门为大会题字：“为中国未来而读”。

朱永新在讲话中指出：“一个民族的精神境界取决于这个民族的阅读水平，而一个人的精神发育史，就是他的阅读史”，这一观点获得与会专家的赞同，成为大会讨论的焦点。通过重读经典，使社会确立正确的价值观，即“价值阅读”，也成为大会形成的共识。

《经典名著·大家名作（译）》丛书由商务印书馆与北京智慧熊传媒有限公司组织部分作家与多个省份的语文教研专家共同打造，并提出了价值阅读的理念。该丛书除汇集外国经典文学名著外，还精选了现代中国作家的优秀著作。与会专家充分肯定了商务印书馆作为中国现代出版的摇篮，发起“重读经典·倡行价值阅读”活动的重要意义。（刘瑞龙）

“荣宝斋藏册页”丛书11种图书出版

2014年10月，“荣宝斋藏册页”丛书共出版《蓝瑛山水册》《任熊花鸟人物册》《任熊人物册》《齐白石花鸟册》《曹涧山水册》《黄慎人物山水册》《吴世贤兰花册》《萧云从山水册》《王概山水册》《黄宾虹山水册》《吴昌硕花卉册》11册。“荣宝斋藏册页”丛书为荣宝斋长期累积收藏的古代、近现代著名画家的册页选辑。题材包括山水、花鸟、人物，能够反映中国古代诗书画印整体的艺术面貌，适合艺术欣赏和临摹学习。该丛书不仅是对中国书画创作及形质进行的研究与呈现，同时也反映出荣宝斋作为百年文化企业的深厚积淀。这其中有明末清初的“浙派”代表人物蓝瑛与“姑熟派”大家萧云从，清早期的学者型画家王概与“戾家”吴世贤，清中期“扬州八怪”中的黄慎与名未见经传但画艺精湛的曹涧，近代的海派巨擘任熊、吴昌硕，以及文人画的集大成者黄宾虹、齐白石等诸多历史上各门派的代表人物及其精品力作，从一个侧面展示了自晚明以来中国书画的主流面貌。雪泥鸿爪之中，可窥见中国画学的历史演变轨迹与传承关系。其中有一些知名学者、士人与小名头画家，虽然他们在艺术上的造诣并不为后人所熟知，然而他们匠心独运的墨迹小品，却在今天成为对既有的“经典”艺术史的重要补充。（刘　芳）

商务印书馆与亚马逊纸电同步战略合作暨“汉译世界学术名著丛书”电子书上线仪式举行

2014年11月4日，商务印书馆与亚马逊纸电同步战略合作暨汉译世界学术名著电子书上线仪式在商务印书馆举行。亚马逊全球资深副总裁、Kindle业务部总裁罗素·高，亚马逊Kindle全球副总裁纳吉达，亚马逊Kindle全球副总裁张文翊，中国出版集团副总裁潘凯雄，商务印书馆总经理于殿利、副总编辑李平、副总经理王齐等出席仪式。仪式由商务印书馆副总编辑李平主持。

于殿利在致辞中说，近些年来商务印书馆积极推动数字出版，电子书是商务数字出版的重要方向。目前，商务印书馆将纸电同步提升到全馆的战略高度来对待。商务正从混合出版选题的确定，数字版权的获取与经营，数字资源的管理与聚合应用，排版方式的变革，营销方式的改变等诸多方面对目前的生产过程进行调整，积极推进纸电同步。

罗素·高介绍了图书电子化在全球的演进情况以及Kindle电子书的成长历程，并对亚马逊如何在电子书营销方面取得进展做出详细分析。罗素·高表示，亚马逊会全力配合出版社，进行全方位的电子化改造，包括纸电同步，流程再造，渠道拓展，模式革新等。并不遗余力地利用亚马逊全球的资源和丰富的行业经验协助加速中国出版社的电子化进程。

“汉译世界学术名著丛书”是商务印书馆组织出版的一套大型学术译著，也是商务印书馆的标志性品牌图书。自1982年开始，该套丛书至2014年已出版了14辑600种。所收著作范围涉及哲史社科各学术领域，荟萃了世界学术史上具有里程碑意义的经典著作，代表着人类精神文化的高度。丛书以其选题精当、译文优良、体例严谨被视为学术翻译的典范。此次对该套丛书的数字文档进行精心整理，确立了XML加工标准规范，在此基础上，首期近200本精选“汉译世界学术名著丛书”将在亚马逊陆续集中上线，推动纸电同步战略，标志商务印书馆与亚马逊的电子书合作进入新阶段。

仪式上，于殿利与罗素·高共同为汉译世界学术名著丛书Kindle版上线揭幕，随后双方共同为纸电同步战略合作进行了剪彩。罗素·高还向商务印书馆前总经理林尔蔚赠送一部内含电子版“汉译世界学术名著丛书”的Kindle。林尔蔚亲历并见证了纸质版“汉译世界学术名著丛书”的移译出版全过程。

（宋晓玥）

中华书局《长沙马王堆汉墓简帛集成》出版座谈会召开

2014年11月8日，由中华书局、复旦大学出土文献与古文字研究中心、湖南省博物馆联合举办的《长沙马王堆汉墓简帛集成》出版座谈会在上海复旦大学召开。中华书局副总经理黄松、副总编辑冯宝志出席。上海市社会科学联合会主席、复旦大学原党委书记秦绍德，上海市委宣传部副部长燕爽，上海市新闻出版局局长徐炯，中国出版集团公司副总裁李岩，中国古文字学会会长、吉林大学副校长吴振武，复旦大学副校长林尚立，湖南省博物馆党委副书记、研究员游振群，复旦大学出土文献与古文字研究中心教授、《长沙马王堆汉墓简帛集成》主编裘锡圭及中华书局总经理徐俊分别致辞。徐俊回顾了《长沙马王堆汉墓简帛集成》出版的全过程，对复旦大学出土文献与古文字研究中心、湖南省博物馆所做的工作表示衷心感谢。在座谈阶段，来自全国不同科研院校的四十余位专家对中华书局出版《长沙马王堆汉墓简帛集成》的学术质量和学术价值给予了充分肯定，并就相关学术问题进行了研究讨论。

（梁　彦）

中国美术出版总社中标“向基础教育倾斜——北京市小学开展连环画阅读活动”项目

2014年11月15日，中国美术出版总社参加在北京航天信息大厦公开招标的由北京市教委主持开展的“向基础教育倾斜——北京市小学开展连环画阅读活动”项目（项目编号：EITCL－BJ02－CZHW－141001）招标。在副总编辑胡建斌、连环画编辑室主任何玉麟、总编室副主任赵军平等人的努力下，中国美术出版总社经过多番激烈竞争和一系列程序后，最终中标。

本项目是培育和践行社会主义核心价值观的具体落实，许多连环画都是传统美德的文化载体，通过运用这种喜闻乐见的方式，对于学生熟知中国传统文化、传统思想会有很大的帮助，具有重大的社会效益。此项目共包括 7651 套。每套连环画包括红色经典题材 119 册，传统文化题材 100 册，科学、历史、童话、神话题材 27 册，外国题材 28 册，共计 274 册。

自得到招标信息后，美术总社领导十分重视，一方面，针对项目精心布置投标工作，明确分工和责任，对投标文件、技术质量等都提出具体要求。相关部门的工作人员认真研究招标文件，领会招标意图。另一方面，多方了解参与竞标的其他单位情况，制定了周密的工作计划、事前准备并精心组织实施。此项目，时间紧，工作量大，部门相关人员迎难而上，团结一致，加班加点，高效率、高质量编制投标文件，并按期保质保量地交付招标方，且顺利中标。（赵军平）

“中国法走出去丛书”《中国专利案例精读》（英文版）出版座谈会举行

2014 年 11 月 20 日，商务印书馆举行“中国法走出去丛书”《中国专利案例精读》（英文版）出版座谈会。本书主编、最高人民法院民四庭庭长罗东川，著作者代表、北京知识产权法院法官姜颖、张晓津，以及英文译者、君合律师事务所律师宋海宁等参会并发言；引进方出版商、荷兰威科集团中国区首席执行官张莎莎，中国国家知识产权局、中华商标协会、北京仲裁委员会、北京理工大学、《检察日报》等单位的法律专家也出席了座谈会。

与会代表指出，“中国法走出去丛书”（英文版）的推出，将为全球政治、经济、法律界提供了解中国相关领域法治近况的途径，增进双向的制度理解与经济、文化交流。商务印书馆以荷兰威科集团为媒介，倾力推出该书，无疑为展示中国法治新貌做出了极具前瞻性和务实的努力。

《中国专利案例精读》（英文版）是中国国务院新闻办公室著作翻译出版工程项目成果，由荷兰威科集团（Wolters Kluwer Law International）于 2014 年出版并向全球发售。人民网、中新网、新华网、凤凰网，以及法律主流媒体《人民法院报》等对座谈会进行了重点报道，获得业界好评。（王兰萍）

现代教育出版社 2015 年度选题工作研讨会召开

2014 年 11 月 20 日，现代教育出版社召开 2015年度选题工作研讨会。集团公司领导干部、出版社领导班子成员、各编辑部负责人及两位专家共同出席了会议。会议由副总编辑沈悦苓主持。

会上，副总编辑沈悦苓总结回顾了 2014 年图书出版的情况和取得的经验，阐述了产品线建设的相关情况，各编辑部负责人介绍了本部门 2014 年度的选题计划。社长宋一夫以及副社长仇正伟分别对不同选题进行了点评讲解。集团公司领导干部，在充分肯定现代教育出版社取得的成绩外，并希望现代教育出版社在营销方面多开拓，多加深工作。（杨　静）

世界图书出版广东有限公司 2015 年年度选题论证会召开

2014 年 11 月 25 日，世界图书出版广东有限公司召开 2015 年年度选题论证会。会议由总经理陈岩主持。中国出版传媒股份有限公司副总经理孙月沐、出版部业务主任刘祚臣，世界图书出版公司总经理梁建瑞、副总编辑孙延凤及世界图书出版广东有限公司班子、中层干部、全体编辑参加了会议。陈岩介绍了 2014 年经营情况，总结了 2014 年选题实现情况和重大项目实施情况，分析了 2015 年的选题计划和选题结构，着重介绍了 2014 年重点选题情况。副总经理卢家彬介绍了世界图书出版广东有限公司“东南亚研究丛书”出版和非通用语网络教育平台建设情况，并从项目实施意义、必要性、可行性、赢利模式等方面分析了平台的可行性和价值。总经理助理刘正武系统介绍了小语种教材出版规划，展示世界图书出版广东有限公司在小语种教材的出版成绩，也介绍了项目未来的发展方向。副总编辑陈洁对学术出版规划做了详细介绍。最后，孙月沐发表了讲话，肯定了世界图书出版广东有限公司的选题工作，认为公司产品线清晰、小语种图书品牌特色鲜明、“东南亚研究丛书”具有区域研究特色、国家出版基金管理科学专业聚焦、学术图书重点突出，基本形成了专业化发展方向。集团出版业务部刘祚臣做了讲话，建议在选题量多前提下，要加强质量管理，进行专业聚焦、针对重点项目加大力度建设，同时在组织国家出版基金项目上，在专业学术资源的基础上，加强内容建设，打造精品出版项目。（康琬娟）

中版教材有限公司 2014 年德育学科教学研讨会召开

2014 年 11 月 26～28 日，中版教材有限公司联合人民出版社、未来出版社、教材编写组，在贵阳市举办了 2014 年德育学科教学研讨会。

中国出版传媒股份有限公司副总经理、中版教材有限公司董事长、总经理樊希安参加并主持了会议。人民出版社常务副社长任超、未来出版社社长尹秉礼、贵阳市人民政府副市长毛有碧分别致辞，教育部基础教育课程教材发展中心评价处处长李水平做了《基础教育评价改革新动态》的报告；国家督学、教育部基础教育课程改革专家工作委员会委员、中小学教材审查委员成尚荣做了《立德树人——课程改革的根本任务》的专题报告；人民版《义务教育课程标准实验教科书·思想品德》教材副主编刘次林介绍了教材修订工作及教材特色；人民·未来版《品德与生活》教材执行主编赵士英介绍教材修订工作及教材特色。

参会专家分别从教育评价改革、课程改革的根本任务、教材理念、教材特色等方面进行了阐释。参会教师纷纷表示，在研讨和交流中捕捉教学灵感、收益颇丰，通过研讨会，也更充分地领会了教材的结构体系和编写意图，有利于更好地把握新教材的特点、内容和要求，提高了分析和驾驭教材及参加课程建设的能力。参会教师还表示，教师的成长离不开教材培训的引领。在新的课程理念下，教师不仅是教材的使用者，也是教材的建设者。教师确定教学目标、选择教学内容、形成教学思路，是从解读教材开始的。学生知识的获取、能力的提高、情感的丰富，是在教师导读教材的过程中完成的。只有准确地把握和驾驭教材才能让教师、学生、教材三者的视界走向融合，从而更好地建构学科知识，实现“教本”与“学本”的统一。（李一鸣）

天天出版社 2015 年度选题论证会召开

2014 年 11 月 27 日，天天出版社召开 2015 年度选题论证会，中国出版集团公司副总裁李岩，人民文学出版社社长管士光、天天出版社社长刘国辉参加会议。

在 2015 年度选题论证工作中，天天出版社继续围绕既定的思路，“以中外儿童文学出版为中心，打造儿童文学出版高地，同时抓住时机拓展低幼益智、经典读物以及其他细分板块等方面的出版，完成多角度多层次的产品开发”，共申报新书选题 30 个套系、149 个品种。其中包括当代儿童文学产品线 60 种、低幼读物产品线 52 种、经典读物产品线 18 种、主题出版及其他产品 19 种。

刘国辉在发言中说，天天出版社要拓展规模、提高效率、明确方向、提升品牌，充分利用安阳笔会、大自然文学国际研讨会、“中国种子·世界花”项目和“中国儿童阅读优化基地”项目等活动在业界和读者中产生的影响和品牌效应，进一步把品牌做大，向营销要市场，向品牌要效益。

管士光在讲话中对天天出版社 2014 年以来的工作表示肯定，经过一段时期的调整和建设，天天出版社目前班子团结、队伍稳定，这对今后的健康发展是十分重要的保证。天天出版社

2014年度各方面工作都取得了较好成绩，发展呈上升势头，在发货码洋和回款两方面，对人民文学出版社完成全年生产任务提供了有力支持。天天出版社的品牌建设也获得长足的进步，下一步应努力实现“出利润”的目标。

李岩在讲话中对天天出版社提出三点建议：第一，抓住名家，深挖广拓。天天出版社要集中优势资源，发挥自身特长，重点突破，全面开花。第二，明晰产品线，拓展产业链。在做好儿童文学主业的基础上，抓住时机，大胆创新，积极尝试开发同儿童娱乐、儿童教育等领域相关的衍生产品。第三，用足资源，更上台阶。作为中国出版集团所属唯一的专业少儿出版社，不仅要充分挖掘自身现有出版资源，还要充分利用集团提供的各种资源，更要借助新形势为少儿出版提供的有利条件，争取获得更大的发展。（王芸菲）

长篇小说《夏》研讨会举行

2014年11月29日，人民文学出版社出版的长篇小说《夏》研讨会在中国现代文学馆举行，中国作协书记处书记阎晶明、文艺报社总编辑梁鸿鹰、中国作家杂志社副主编王山、人民日报社文艺部主任刘玉琴，山西作家协会党组书记张明旺、副主席杨占平及评论家雷达、胡平、白烨、贺绍俊、张志忠、彭学明等四十余人参加了会议。

人民文学出版社社长管士光出席会议并首先发言，介绍了人民文学出版社长篇小说出版情况并对《夏》做了介绍和分析。与会专家对《夏》给予很高评价。

《夏》讲述了生于20世纪50年代、在当下中国社会发展进程中的人在新世纪发生的故事，由他们的故事带出了他们的父辈和祖辈，从而写出了几代人沿袭下来的华夏根祖精神气韵。作者许大雷，1958年生，《山西青年》杂志原主编。创作出版小说《农历七月》《倾盆大雨》《疼痛》《最后一场大雪》《面瘫》等多部；创作出版报告文学作品多种，共计数百万字。（王芸菲）

人民文学出版社2015年度选题论证会召开

2014年12月1～2日，人民文学出版社召开2015年度选题论证会议，社领导班子、选题委员会成员和各编辑部室、生产经营部门主任参加了会议。人民文学出版社社长管士光、原总编辑刘国辉分别主持了会议。2日下午，中国出版集团公司总裁谭跃，副总裁李岩、潘凯雄，集团出版部主任刘祚臣、国际部主任刘忠等也参加了会议。会议主要就当代文学编辑室选题进行了讨论。之后，管士光就2014年选题完成情况和2015年重点选题申报情况进行了总结分析，2014年人民文学出版社销售超过10万册的新书有6种，显示了选题工作的成绩。2015年各部室申报的选题总体思路清晰、板块清楚、重点项目突出，要继续坚持“挺拔主业，丰富品种、调整结构”“整合旧资源与开拓创新相结合”的选题开发思路，正确处理好主题出版的数量与质量、年度选题论证和月度选题论证会的关系等问题。

集团公司领导在听取人民文学出版社汇报后分别发言，对人民文学出版社选题工作思路给予充分肯定，并指出一些存在的问题和努力的方向。潘凯雄在发言中指出，人民文学出版社在2014年出版的图书中有重点、有亮点，当年新书销售超过10万册的比较多，在集团名列前茅。2015年的选题也充分体现了一手抓原创资源一手抓资源重组的工作思路。他强调，人民文学出版社要有国家使命、文化情怀，不能在国家重大活动中失语；要正确处理好原创与其他、一般项目与重大项目、单本书与丛书套书、投资书与自费书的关系，并建立配套机制，明确政策导向。

李岩在发言中指出，要重点抓好主题出版选题策划和原创选题开发，拓宽选题范围，以核心编辑为中心抓好资源聚合；其次要做好内外结合，将优秀文学作品推广到世界各地；第三是建立保障机制，以品牌建设为核心推动既有资源的维护和开发利用。

谭跃最后发表讲话，他对人民文学出版社的发展提出三个希望。第一，希望人民文学出版社要做集团学习近平总书记文艺座谈会讲话的标兵，抓住文艺为人民服务这个本质和灵魂，以优秀作品为中心，正确处理两个效益的关系，保持文艺出版的正确方向；人民文学出版社要有准确的时代判断力，提升思想洞察力，提升审美能力，提升市场感应力。第二，希望人民文学出版社成为精品多、力作响的标兵，要以习近平总书记讲话为思想指导，以优秀作品为中心环节，以重要作者为创新资源，以激励机制为重要抓手，以优秀编辑为主要依靠；抓住当下，在体制机制上下功夫，充分利用外部资源和内部资源，策划有投入有回报的好项目，并做好整体营销工作。第三，希望人民文学出版社成为传承品牌、弘扬品牌，同时要运作品牌、扩张品牌的标兵，要围绕做响、做强、做优品牌，始终坚持以事业的眼光做文化，以市场的思路做影响，以资本的运作做市场，以综合的方式做品牌。（王芸菲）

生活·读书·新知三联书店2015年度选题论证会召开

2014年12月3～5日，生活·读书·新知三联书店召开了2015年度选题论证会。中国出版集团公司党组书记、副总裁王涛，副总裁李岩到会并做重要讲话。国家新闻出版广电总局古籍规划处处长杨芳，集团出版部主任刘祚臣、孙照海，集团国际部主任刘忠、处长贾兵伟参加了会议。此外，中央财经大学文化与传媒学院副院长、副教授莫林虎，清华大学历史系教授、《清华大学学报》常务副主编仲伟民，江苏凤凰集团发行公司北京分公司总经理杨文兵、副经理谢培莉等作为专家受邀出席会议并发言。三联书店领导班子全体成员、各分社及生活书店全体编辑、三联书店（上海）公司代表及各相关职能部门的中层干部七十余人参加了会议。（刘　畅）

中华书局2015年度选题工作研讨会召开

2014年12月5～6日，中华书局召开2015年度选题工作研讨会。中国出版集团公司党组书记、副总裁王涛，中国出版集团公司副总裁李岩等应邀出席，中华书局总经理徐俊，总编辑顾青，党委书记、副总经理周清华，副总经理余喆，副总编辑冯宝志，副总经理宋志军，副总编辑尹涛及中华书局各编辑、营销部门负责人，部分行政和生产部门负责人参加。

会议由顾青主持。尹涛对中华书局2015年度选题及出版计划做了整体介绍。各编辑部门负责人借助PPT形式，对本部门2014年度工作作了小结，对2015年度选题计划和重点选题做了说明，并阐述了产品线建设的相关情况。宋志军和刘宏分别做了2014年度营销和财务工作报告。

徐俊在总结中强调了五点内容：一、认清形势，抓住发展机遇，紧贴阅读需求，提高市场占有率。二、坚持产品战略、品牌战略。三、内容生产、产品营销是中心工作。四、坚持正确导向，重视图书质量。五、加强队伍建设和人才培养。

王涛在讲话中说，此次选题研讨充分显现出中华书局的学术氛围和各部门负责人对出版工作的投入与热爱，现在是中华书局发展最好的时期，一步一个脚印，使“守正出新”有了坚实的基础，并得到进一步培固；同时思想火花的碰撞和浓郁的文化气息，又衍生出一种独有的文化气质。他提出四点要求：一、中华书局还应有更高的目标，体现更重要的担当，为往圣继绝学，为万世开太平。二、注意维护好和国内一流学者的关系。三、市场意识需要进一步增强。四、珍惜书局的品牌，冷思考，踱方步，想长远。

（梁　彦）

中华书局2014年度双十佳图书评选揭晓

2014年12月7日，中华书局2014年度双十佳图书评选揭晓。来自重点高校、学术研究机构、书业界、媒体界的18位专家组成评审团（其中包括《文汇报》《南方都市报》两位通讯评委），评出了中华书局2014年度“古籍整理类十大好书”和“人文社科类十大好书”。

古籍整理类十大好书是：《西夏书校补》《史记》（修订平装本）、《长沙马王堆汉墓简帛集成》《花间集校注》《续高僧传》《龙泉司法档案选编》第二辑（一九一二——九二七）、《商周金文辞类纂》《康輶紀行》《古吴汪孟舒先生琴学遗著》《北京大学图书馆藏“大仓文库”书志》。

人文社科类十大好书是：《中国古代物质文化》《想象异域——读李朝朝鲜汉文燕行文献札记》《商周古文字源流疏证》《织色入史笺——中国历史的色象》《古琴制作法》《李泽厚对话集》《建筑的意境》《陈三立年谱长编》《中国香学》《故宫藏美》。

借本次双十佳图书评选，中华书局还启动了“我的传统文化书单”征集活动。在微信上策划了“2014 年度好书回放”栏目，深入报道入榜好书；在微博上策划了“我的传统文化书单”转发赠日历的活动。上述两个专题，在一周内阅读量达到 1 000 万次。（梁　彦）

“21 世纪年度最佳外国小说·2014”暨首届“邹韬奋年度外国小说奖”颁奖典礼举行

2014 年 12 月 12 日，由人民文学出版社和中国外国文学学会联合举办的“21 世纪年度最佳外国小说（2014）”颁奖典礼在北京举行。韬奋基金会理事长、中国出版集团公司原总裁、“21 世纪年度最佳外国小说”总评委会主任聂震宁，中国外国文学学会会长、“21 世纪年度最佳外国小说”总评委会主任陈众议，韬奋基金会秘书长王晓平，韬奋基金会副秘书长黄国荣，歌德学院北京分院的莫妮卡·威廉姆斯，德国等驻华使馆官员，人民文学出版社社长管士光，副总编辑肖丽媛参加了活动。

自 2014 年起，韬奋基金会参与评选活动，在“21 世纪年度最佳外国小说”评选基础上，设立“邹韬奋年度外国小说奖”，每年奖励一部作品，奖金一万美元。韬奋基金会是我国新闻出版界唯一的公益性社团组织，主要承担研究和继承韬奋思想文化遗产、评选先进新闻出版人物、开展专项捐助和业务培训等工作。为继承韬奋先生热心外国文学的精神，韬奋基金会赞助此次评选活动，设立“邹韬奋年度外国小说奖”，这也是中国范围内第一个给外国作家颁发奖金的文学奖项，凸显了我国对外国文学译介活动的重视和支持。2014 年是该奖首度颁奖，德国作家大卫·瓦格纳以《生命》一书获奖。大卫·瓦格纳于 2014 年北京国际书展期间曾来到北京，并参加了人民文学出版社组织的专题讲座活动，其对生命感人至深的叙述，引发了中国读者的强烈共鸣。

本年度获奖作品除了德国作家大卫·瓦格纳的《生命》外，还有俄罗斯作家安德烈·沃洛斯的《回到潘日鲁德》、法国作家克里斯托夫·奥诺一迪一比奥的《潜》、西班牙作家拉法埃尔·奇尔贝斯的《在岸边》、罗马尼亚作家弗洛林·拉扎雷斯库的《麻木》，以及加拿大作家丹尼斯·博克的《回家》。（王芸菲）

中国美术出版总社2015 年选题研讨会召开

2014 年 12 月 15～16 日，中国美术出版总社召开 2015 年选题研讨会。中国出版集团公司副总裁李岩、中国传媒股份公司副总经理孙月沐、股份公司出版部主任刘祚臣、国际部主任刘忠以及集团出版部杜宇出席会议。美术总社领导班子和中层以上干部参加会议。

会上，社长汪家明首先代表总社做了题为《两年的回顾和新一年的思考》的讲话，重点回顾了 2013、2014 年的工作及存在的主要问题，提出了 2015 年继续实施“品牌经营战略”，在出好经典美术图书的基础上，下大气力开发和探索“大美术”出版。随后，经典美术编辑室、美术文化编辑室、大众美术编辑室、艺术教育编辑室、综合编辑室、项目部、连环画编辑室、动漫少儿编辑室、期刊编辑部、教材分社等部门负责人就各自部门 2015 年度选题情况做了具体介绍和汇报，总编室还就各室的选题安排了其他编辑室、期刊编辑部、出版、发行营销等部门的同事进行点评。党委书记周伟做了讲话，他结合总裁谭跃传达的中央经济工作会议精神和当前集团公司的重点工作以及工作的实际，讲了几点学习体会。一、美术总社大有发展潜力；二、美术总社大有人才；三、关于选题；要发扬美术总社“中正大雅”之精神，其次是面向市场，让市场检验产品的质量和影响力。处理两者的平衡。四、关于党的工作；要更加突出尊重个性、尊重选择、尊重创新，尽可能地为人才提供条件、提供机会、提供平台。

总编辑林阳最后做了总结，他谈到目前高、中、低三条产品线基本成形，2014 年主题出版是个亮点；还谈到重点图书项目、学术类图书出版、版权输出等问题。同时提出畅销书策划不够、执行力不强、外版书引进要慎重、再版率下降、选题加强创新等存在的问题。副总编辑胡建斌就总社畅销书案例和当下图书出版的互联网思维、全媒体思维等分享了自己的看法。

在认真听取选题研讨会之后，集团副总裁李岩、传媒股份公司副总经理孙月沐、出版部刘祚臣、国际部刘忠，分别发表了自己的意见并给予了具体指导。李岩主要谈到三点：进一步强化产品线战略、进一步完善考核机制、进一步优化流程管理。孙月沐就总社主题出版、数字化、“走出去”等问题提出了具体的要求，要整合资源，掌握美术出版的话语权。 （赵军平）

雪漠长篇小说《野狐岭》研讨会（甘肃）举行

2014 年 12 月 20 日，由西北师范大学文学院、甘肃省当代文学研究会共同主办的“雪漠长篇小说《野狐岭》研讨会”在西北师范大学文学院举行。西北师范大学文学院党委书记聂万鹏、甘肃省当代文学研究会会长彭金山出席并致辞。甘肃省作家协会主席邵振国、甘肃广播电视大学党委书记朱卫国、《甘肃文艺》杂志主编张存学及来自西北师范大学、兰州城市学院、甘肃省委党校、兰州交通大学、西北民族大学、北京大学的学者张明廉、徐兆寿、郭国昌、张晓琴、孙强、李晓禺、杨光祖、雷岩岭、白晓霞、张哲(尔雅)、张凡等三十多位学者与会。

与会专家学者就《野狐岭》的西部生活、西部历史、西部文化、西部精神和叙事艺术、形式探索等议题展开研讨。他们认为，扎根西部土壤的长篇小说《野狐岭》是雪漠丰沛的创作力的又一次喷发，继《大漠祭》之后又一次在全国产生了重要影响，是甘肃文学的重要收获，也是中国西部文学在当代文坛格局中寻找自觉、自信过程中的重要收获，为西部写作提供了有借鉴意义的路径，也为当代长篇小说创作提供了诸多话题和启示。研讨会之前，西北师范大学还分别于 18 日晚、19 日下午召开了《野狐岭》品读会和文学对谈会，雪漠与西北师范大学师生进行了交流。

《野狐岭》是甘肃作家雪漠创作的第七部长篇小说，系中国作家协会重点扶持作品，出版以来分别于 2014 年 7 月、10 月在上海作家协会、中国作家协会举办了研讨会。小说以解开驼队消失之谜为线索，以“草蛇灰线，伏脉千里”的笔法，讲述了一个发生于百年前的中国西部骆驼客的探险故事，把消失的骆驼客生活写得波澜起伏、惊心动魄，被认为是“重构西部神话”，是最能体现雪漠叙事才能的一部作品，也是 2014 年长篇小说的重要收获。自 2014 年 7 月人民文学出版社出版以来，《野狐岭》多次登上当当网新书排行榜，被当当网评为“五星图书”，并登上《光明日报》“光明书榜”、百道网“2014 中国好书榜”年榜、北京新华书店 10 月中国小说类畅销榜，是 2014 年上海书展、南国书香节、第 21 届北京国际图书博览会的亮点新书，在读者、文学界和社会产生了广泛影响。 （王芸菲）

中华书局《龙泉司法档案选编》（第二辑，一九一二—一九二七）出版座谈会召开

2014 年 12 月 20 日，中华书局和浙江大学在北京联合召开国家出版基金重大项目——《龙

泉司法档案选编》（第二辑，一九一二—一九二七）出版座谈会。会议由中华书局总编辑顾青主持，《龙泉司法档案选编》（第二辑，一九一二—一九二七）主编包伟民和中华书局副总编辑冯宝志分别就档案文书的整理选编和编辑出版工作做了详细介绍。浙江大学副校长罗卫东、浙江龙泉市档案局局长朱志伟、国家出版基金办公室副主任祁德树、中国出版集团公司副总裁李岩、中华书局总经理徐俊，以及来自最高人民法院、中国社会科学院、北京大学、中国政法大学、中山大学、华中科技大学、香港中文大学的专家学者到会并探讨了《龙泉司法档案选编》（第二辑，一九一二—一九二七）的学术价值以及文书整理与法制史、社会史研究的重要课题，认为《龙泉司法档案选编》（第二辑，一九一二—一九二七）为拓展中国近代法律史和传统中国社会近代转型研究的全新论题与领域，提供了充分的信息资源。其本身也为整理类似数量庞大的档案史料探索了经验，对地方司法档案的编纂出版具有示范意义。

（梁　彦）

《20世纪中国史学编年》新书发布暨座谈会举行

2014年12月21日，由山东大学教授王学典任主编、商务印书馆出版的《20世纪中国史学编年》新书发布暨出版座谈会在商务印书馆举行。中国史学界老中青三代学者40余人相聚一堂，祝贺《20世纪中国史学编年》这一“20世纪中国史学学术史的拓荒之作”的出版发行，又以史学家的担当对20世纪中国史学进行总结、对21世纪中国史学的发展进行展望。全国哲学社会科学规划办公室原副主任杨庆存、中国出版集团公司副总裁李岩、商务印书馆总经理于殿利等出席活动并致辞。活动由商务印书馆副总编辑陈小文主持。

会上，北京师范大学刘家和、瞿林东、吴怀祺、陈其泰，复旦大学葛剑雄、张广智，中山大学陈春声，中国社会科学院陈启能、蒋大椿、陈祖武、谢保成、于沛，山东大学孟祥才，南开大学李治安、乔治忠，华东师范大学胡逢祥，北京大学赵世瑜、欧阳哲生，清华大学仲伟民，中国人民大学黄兴涛，以及中国社会科学杂志社王和、史学月刊杂志社李振宏、中华读书报社总编辑王玮、光明日报社史学版主编户华为等专家学者对该书做出了高度评价，他们认为《20世纪中国史学编年》一书的出版，不仅是中国出版界的一件大事、喜事，更是中国学术界的一件大事、喜事。该书弘扬先贤“斯文自任”的文化自觉精神，以敏锐的深刻思想和深厚的专业素养，对20世纪中国史学做出了整体审阅，眼光远大、勇气可嘉。

本次活动由山东大学儒学高等研究院、商务印书馆主办，商印文津文化（北京）有限责任公司承办。与会学者普遍认为，此次活动可谓中国史学界近年来难得的一次学术大聚会。

（金寒芽）

营销活动

《学生规范字典》（国标版）出版座谈会召开

2014 年 1 月 5 日，中国大百科全书出版社在北京举办《学生规范字典》（国标版）出版座谈会。原国家教委副主任、原国家语委主任柳斌，原国家语言文字工作委员会党组书记朱新均，教育部语言文字信息管理司司长张浩明、副司长彭兴颀、语言文字应用管理所所长张世平以及语言学家、辞书专家、北京中小学语文教师代表、图书经销商代表、媒体记者等 50 余人出席会议。中国大百科全书出版社社长龚莉在会上致辞，副总编辑马汝军主持会议。

龚莉在致辞中表示，把《学生规范字典》修订版命名为国标版，体现了编纂专家和出版社认真落实国务院 2013 年最新公布的《通用规范汉字表》的愿望。中国大百科全书出版社非常重视《学生规范字典》（国标版）的修订工作。柳斌对该字典的出版予以了肯定，他说《学生规范字典》（国标版）是我国第一本严格依据《通用规范汉字表》编写出版的学生工具书。它的出版为我国学生学习与应用我国的通用语言和文字、提高语文能力、提高语文素养，提供了又一项基础工具保障。在座谈会上，与会领导、专家与教师对《学生规范字典》（国标版）进行了高度评价，认为它对促进国家语言文字规范化的具有重要意义。

本次座谈会得到了媒体的高度关注，《新京报》《中国新闻出版报》《中国出版传媒商报》等权威纸媒，新浪网、搜狐网、网易、腾讯等几大门户网站及新华网络电视台对此次活动进行了现场报道。 （尹添铭）

中国出版集团公司 2014 年经销商大会召开

2014 年 1 月 8 日，中国出版集团公司 2014 年经销商大会在中国国际展览中心（老馆）举行。这是继 2013 年举办首届经销商大会并在业内取得广大反响之后，中国出版集团公司牵手经销商扬帆续航、深化合作的又一次盛会。长期与集团出版单位合作的苏叔阳、严歌苓、沈尧伊、梁晓声等著名作家到会，发表了讲话。中国出版集团公司总裁谭跃，副总裁王俊国、李岩等领导，来自全国各地的经销商代表、中国出版集团所属单位主要负责人共约 300 余人参加大会。

集团公司总裁谭跃在大会上发表致辞，他在致辞中指出，中国出版集团在 2013 年出版主业取得优异成绩，在国家新闻出版广电总局的“全国青少年推荐优秀读物”“大众喜爱的 50 种图书”“第四届中华优秀出版物奖”“第三届中国出版政府奖”“农家书屋重点出版物推荐目录”等评选中，入选数量均名列第一；在《光明日报》“光明书榜”、《中华读书报》“十大好书”、深圳读书月“十大好书”、博库·全民阅读周刊 2013 图书势力榜、文津图书奖等多项图书社会评选中，入选数量均名列第一；2013 年经销商大会上推介的图书如《邓小平时代》《旧制度与大革命》《重启改革议程》《陈寅恪的最后二十年（修订版）》等都取得了优秀的市场成绩，这是全集团人奋斗的结晶，也是广大经销商朋友鼎力支持的结果。

广东新华发行集团股份有限公司副总经理陈少波作为经销商代表发言。他在发言中表示，中国出版集团集聚着我国最优质的出版品牌资源，集团所属出版社推出的优秀图书数不胜数，在读者群中已经形成良好的口碑效应；尤其是通过本次经销商大会所展现出的 2014 年重点图书，更加增强了经销商销售中国出版集团出版物的信心。

经销商大会上，中国出版集团公司副总裁李岩发布了 2014 年第一期“中版好书榜”，以及“中版好书榜”2013 年度优秀图书两个榜单。“中版好书榜”是中国出版集团于 2013 年经销商大会上首创并向社会发布的全新图书宣传营销形式，旨在通过整体化、系列化向社会各界推介中国出版集团的最新优秀出版物，扩大集团公司的市场占有率和社会影响力。

《邓小平时代》《带灯》《史记》（修订本）、《等一个人咖啡》《重启改革议程》《目标中国——华盛顿的屠龙战略》《中国大百科全书》（第二版精粹本）、《成语大词典》（最新修订版·彩色本）、《小艾，爸爸特别特别地想你》《毛泽东正值神州有事时》《通用规范汉字字典》《中国人，你缺了什么》共 12 种图书入选“中版好书榜”2013 年度优秀图书。这 12 种图书，正是在 2013年推介的 54 种图书中精中选精，将中国出版集团 2013 年的最优质出版物集中呈现在读者面前。经销商大会上，中国出版集团公司总裁谭跃，副总裁王俊国、李岩，经销商代表山西省新华书店集团常务副总经理刘兴太、海南凤凰新华出版发行有限责任公司董事长何洋等人，为获得“中版好书榜 2013 年度优秀图书”荣誉的 9 家出版单位颁发了荣誉证书。

此届经销商大会请来多位著名作家前来助阵，如著名作家苏叔阳、严歌苓、沈尧伊、梁晓声等。严歌苓携其入选 2014 年第一期“中版好书榜”的新作《妈阁是座城》参会，与现场经销商朋友分享了该书的创作过程。梁晓声在发言中表示，2013 年曾在中华书局同时推出两本重要著作，思想随笔《中国人，你缺了什么》和散文精选《原来》，已经与中华书局建立起深厚的感情基础。苏叔阳、沈尧伊也在发言中表示，将一如既往地支持中国出版集团，未来还将与中国出版集团合作推出更优秀的作品。

借 2014 年经销商大会之机，为了鼓励集团各出版单位先进营销人员，集团公司特开展了 2013 年度集团优秀营销人员评选工作，并在本次经销商大会上对 33 位优秀营销人员进行了表彰。本次优秀营销人员的评选，综合考虑了集团各单位营销、发行部门的不同情况，对参加评选人员从年度发行业绩、市场拓展能力、实现单品种销售码洋、营销策划能力及组织实施能力和多种渠道资源拓展等方面考核，最终根据公正公平的原则，人民文学出版社业务科长丁羽、商务印书馆营销中心副主任江彧、中华书局发行部业务员张萍、中国大百科全书出版社市场营销部主任助理孙红立等 33 位优秀营销人员入选“中国出版集团 2013 年优秀营销人员”荣誉榜。经销商大会上，集团副总裁王俊国宣读了受表彰人员名单。

（姜锐刚）

《凌汛》新书发布会举行

2014 年 1 月 9 日，人民文学出版社在 2014 北京图书订货会现场举办《凌汛》新书发布会。人民文学出版社社长管士光、副总编辑应红参加了活动。

《凌汛》记录作家冯骥才 1977～1979 年在北京朝内大街 166 号人民文学出版社“借调式写作”的人和事。它以回忆的方式，详细记录作者在朝内大街 166 号两年的生活，也兼及当时文坛的很多重大事件。本书为人民文学出版社 2014 年重点图书之一，《收获》杂志已全文发表。

人民文学出版社建社 60 多年了，朝内大街 166 号这座中国文学标志性建筑大楼即将拆除，本书是作家冯骥才从作家的角度讲述历史节点上的文学出版生态，既是对过去文学时代的纪念，也是对那时编辑和作者深厚情谊的纪念。

（王芸菲）

《妈阁是座城》新书发布会举行

2014年1月9日下午，人民文学出版社在2014北京图书订货会现场举办严歌苓新作《妈阁是座城》新书发布会，人民文学出版社社长管士光、副社长李春凯、副总编辑应红及导演李少红、文学评论家孟繁华、出版人张立宪等活动嘉宾一同出席，作者、嘉宾和读者进行了精彩的互动交流。

严歌苓作为最具影响力的华人女作家之一，她的作品已被翻译成17种语言在世界多地发行，其中多部还被改编成影视作品。《妈阁是座城》是一部充满悬念、剖析情感与人性的小说，是严歌苓《陆犯焉识》后第一部长篇小说，也是她阔别文坛两年后回归之作。（王芸菲）

《战后美国在日本的软实力——半永久性依存的起源》访谈会举行

2014年1月9日，日本学者松田武的力作《战后美国在日本的软实力——半永久性依存的起源》亮相2014北京图书订货会，商务印书馆在中国出版集团公司活动区举办了该书访谈会。中国社会科学院研究员、中国日本史学会名誉会长汤重南，中国人民大学国际关系教授、美国研究中心主任、国务院参事时殷弘，北京融达弘文文化艺术传媒有限责任公司董事长、“国际文化版图研究文库”主编颜子悦出席，会议由商务印书馆副总编辑陈小文主持。访谈会上，与会专家学者围绕“美国在对日占领期间如何发动对日本的文化攻势”“美国的对日文化攻势如何使日本陷入对美国的半永久性依存状态”等议题分析了本书的核心内容，从宏观和微观的角度，即“美国的全球战略”与“日本的民族性”，深刻剖析了日美间半永久性依存关系产生的根源，并充分肯定了本书的出版意义。《战后美国在日本的软实力——半永久性依存的起源》为“国际文化版图研究文库”丛书新推出的力作，该丛书已出版了《主流》《论美国的文化》《法兰西道路》《文化战略》《美国文化中心》《造假的知识分子》等。《人民日报》、新华社、北京电视台、中国新闻网、凤凰网等全国30余家媒体参会报道。

（刘瑞龙）

《红旗飘飘——20世纪主题绘画创作研究》新书发布会举行

2014年1月9日，《红旗飘飘——20世纪主题绘画创作研究》新书发布会在北京国际会展中心二层D厅举行。发布会由人民美术出版社主办，中国国家博物馆副馆长、本书编著者陈履生，人民美术出版社原社长汪家明，本书策划和责任编辑赵朵朵参加活动。发布会特别邀请了艾敬做主持人。

《红旗飘飘——20世纪主题绘画创作研究》是国家十二五重点图书、国家出版基金资助项目，由人民美术出版社出版。这本画册分25类，囊括了自民国到改革开放以来表现与中国现代历史发展进程相关的重大事件和重要人物的绘画作品。作者陈履生先生历时6年，全面地搜集了20世纪以来约1500位画家的主题绘画创作近4000余幅。本书对于研究这一时期的主题绘画创作有重要的参考价值。

本书装帧设计由吕敬人先生担任艺术指导。封面厚重但不失飘逸感，装帧材料采用具有强烈肌理感的装帧布，横向交错的纹理象征红旗飘动的主题。其粗糙质地，与内文设计的序列感形成反差。此书获中国编辑学会颁发的第23届优秀美术图书“金牛杯”金奖。（郝　赫）

《极地之思——史铁生作品解读》首发式暨史铁生纪念读书会举行

2014年1月9日，史铁生逝世3周年祭，由中国对外翻译出版公司、“写作之夜”丛书编委会共同举办的《极地之思——史铁生作品解读》首发式暨史铁生纪念读书会在中国国际展览中心举行。

知名文化界人士章立凡、解玺璋、岳建一、

柳青、史岚、牛志强、陈徒手，作者胡山林等嘉宾100余人参加了当天的纪念活动。

《极地之思——史铁生作品解读》是“写作之夜”丛书之三，是史铁生作品解读的权威读本。作者胡山林教授数十年研究、追随、传播史铁生，对史铁生的作品进行了全面的解读。用阅读，回应铁生的思考；用交流，召唤铁生的精神。据“写作之夜”丛书编委会介绍，丛书已经出版的第一本《生命——民间记忆史铁生》是从个体出发单纯地缅怀史铁生，用最私密记忆，以最深入的讲述独家披露史铁生的生命真相，还原他在各个生命阶段的多元精神，直抵他的命运本真；第二本《史铁生说》选取史铁生作品的精华，予以广大喜爱史铁生的读者一个初级的导读，以期起到一个普及引导作用。而到了本书《极地之思》——我们对史铁生的纪念和研究，则更加深入到了一个对史铁生研究的学术领域。

首发式上，历史学家章立凡先生说道，铁生思考得更多的是人生、宇宙，自然界和人的关系，是终极的思考。他虽然坐在轮椅上，但是思想是遨游太空的。他对我们这个时代不是没有评论和批评的，他的表达方式是文学的。我们要体会铁生作品的境界，在很多时候是赶不上他的，只能继续追逐他或是寻找他。（郭宇佳）

《鲆书3：名人书浅规则》《新出版1：编辑是一门正在创新的艺术》新书发布会举行

2014年1月9日，世界图书出版公司北京公司于北京图书订货会期间，举行李鲆《鲆书3：名人书浅规则》和其主编的《新出版1：编辑是一门正在创新的艺术》新书发布会。世界图书出版公司总经理梁建瑞、世界图书出版公司北京公司总编辑郭力出席发布会并致辞。众多出版人及业内外新闻媒体到场。

梁建瑞表示，《新出版1：编辑是一门正在创新的艺术》收录归纳了28位优秀出版人和作家对于出版的思考与实践，涉及了出版的各个层面，内容丰富充实。编辑需要注入创新的因子，阅读不会消逝，出版也将永存。

李鲆认为，面临新的环境，出版和编辑都需要重新定义。坚持文化特质是传承，融入商业元素是创新，文化与商业并驾齐驱，出版才能长远发展，获得更好的前景。

总编辑郭力透露，“新出版”系列还将有更多作品面世，包括《编辑是一门正在创新的艺术2》《书店的12种可能》《家教书的逻辑》《财经书的逻辑》《图书营销7堂课》《我看数字出版》等，李鲆的个人专著“鲆书”系列也会陆续出版。世界图书出版公司希望通过这两个书系的出版，为出版业提供新鲜的思想和实用的技术，推动出版业更好地发展。（张旭蕾）

《极速猎人》新书发布会举行

2014年1月9日，《极速猎人》新书发布会在北京举行。该书作者，少年儿童作家杨鹏出席发布会。他在发布会上表示，孩子的阅读习惯都是从兴趣开始的。谈及少年儿童阅读，杨鹏表示，现在的孩子面对的诱惑太多，“可能有些孩子更愿意去玩电子游戏”，“如果没有兴趣，孩子也不会阅读。”同时，他坦言，写作这本《极速猎人》正是想把不爱读书的孩子们引入阅读中去的一本幻想小说。杨鹏还表示，现在的孩子生活中物质非常丰富，但他们的童年时光都很“紧张”。“家长不断地给孩子们报各种学习班。但这种学习班只是停留在‘技术’教育的层面。而对于想象力的培养与教育是缺乏的。”谈及儿童文学的未来，杨鹏显得很乐观。他说：“现在中国的儿童文学正是蒸蒸日上的时期。因此，不论是国家、还是社会、还是家长，他们都非常重视对孩子的教育。”他认为，这种对孩子的重视，正是儿童文学发展的动力。（毛昆仑）

中国出版传媒商报社等联合主办北京图书订货会高层论坛

2014年1月9日，中国出版传媒商报社与北京图书订货会组委会共同主办了以“新形势·

新变革·新融合”为主题的北京图书订货会高层论坛。北京图书订货会组委会主任、中国版协常务副理事长刘建国主持论坛；中国出版传媒商报社社长、总编辑孙月沐以及组委会副主任、中国书刊发行业协会副会长纪存双，组委会秘书长刘丽霞等有关方面负责人出席了论坛。

中国出版集团公司党组成员、副总裁李岩代表总裁谭跃做了书面演讲。谭跃纵论了中国出版业将迎来新一轮改革发展大潮、新一轮转型升级浪潮。认为在加快城镇化发展的历史进程中，出版业将面临一个文化消费“井喷期”，出版企业将在内容生产、机制创新、品牌经营、资本运作、数字转型、国际传播六个方面构建产业发展新格局。中国少年儿童新闻出版总社社长李学谦、安徽出版集团总编辑林清发代表董事长王亚非、国家新闻出版广电总局发展研究中心主任庞井君、中国工信出版传媒集团总经理敖然，多看科技副总裁胡晓东、台湾地区出版商业同业公会全联会理事长杨克齐分别就出版业改革、转型、升级、国际化的发展战略，迎接大融合、大创意、大市场、大国际和大人才时代，以人性化为价值轴心的视听新时代，国家信息消费战略给出版业带来的新商机，移动互联时代阅读产业嬗变大势，两岸加强务实合作、共同打造“大中华阅读圈”等议题，发表精彩演讲，赢得与会者的热烈反响。　（郭是海）

中国出版传媒商报社等联合主办 2014 中国出版传媒业营销创新论坛

2014 年 1 月 9 日，中国出版传媒商报社和全国发行标准化技术委员会共同主办了以“CNONIX 与信息消费”为主题的 2014 中国出版传媒业营销创新论坛。国家新闻出版广电总局印刷发行管理司副巡视员吕晓清、国家新闻出版广电总局数字出版司正处级调研员蔡京生、国家新闻出版广电总局信息中心处长吴志强、工业和信息化部软件与集成电路促进中心软件处副处长魏威等出席论坛。中国出版传媒商报社副社长任江哲主持论坛。中国出版集团公司党组成员、副总裁潘凯雄在致辞中说，当前全国出版业正经历一场深刻的数字化转型，传统出版向数字出版转型的手段，尤其体现在数据信息服务方面。中国出版传媒商报社社长、总编辑孙月沐在致辞中表示，从原中国图书商报社持续主办 8 届的中国书业营销创新论坛到更名改版为中国出版传媒商报社参与主办的本届中国出版传媒业营销创新论坛，始终贯穿一条主线，就是关注营销创新，当前特别关注文化消费、信息消费带给书业营销新机遇与新趋势。国家新闻出版广电总局数字出版司科技处处长冯宏声就“CNONIX 标准与出版业数据体系建设”，工业和信息化部软件与集成电路促进中心软件处处长刘龙庚就“信息消费特点与发展趋势暨平台建设思考”，复旦大学智慧城市发展研究中心研究员赵华国就“行业平台与物联网建设的思考”等主题分别做了精彩发言。

全国出版物发行标准化技术委员会秘书长周清华介绍了 CNONIX 战略合作邀约式，现场举行了“CNONIX 战略合作单位邀约仪式”，中国建筑工业出版社等 12 家单位签署了战略合作协议，共同探索信息消费发展之路。　（郭是海）

连环画《长征·1936——奠基礼》新书发布会举行

2014 年 1 月 10 日，连环画《长征·1936——奠基礼》新书发布会在北京国际会展中心二层 D 厅举行。发布会由人民美术出版社主办，中国美术家协会连环画艺术委员会主任、本书作者沈尧伊，人民美术出版社原社长汪家明，人民美术出版社连环画编辑室主任、本书责任编辑何玉麟出席活动。汪家明对作者沈尧伊的连环画创作经历进行了介绍。沈尧伊就其创作《长征·1936——奠基礼》的缘起和初衷、创作过程以及对连环画未来发展的前景等问题进行了回答。该书还将出版第二和第三部。

《长征·1936——奠基礼》是《长征·1936》系列连环画的第一部，而《长征·1936》则为《地球的红飘带》的姊妹篇。主要描写了 1935 年 10 月到 1936 年 10 月期间的长征史实，力求用多层次、全方位、多角度的绘画手法来展现这历史画面。《长征·1936——奠基礼》连环画的文本很单纯，就是毛主席讲的，陕北是落脚点，出发点。落脚点指的是中共中央和各路红军经过长征之后来到陕北整顿，使之成为中国革命新的大本营；出发点是党领导的人民军队从这里走向各个抗日战场，承担起抗日救国的历史使命。人物方面则突出了毛泽东、周恩来、张闻天、彭德怀、徐海东、刘志丹、张浩和陈云。

作者沈尧伊，1966 年毕业于中央美术学院。现任中国人民大学徐悲鸿艺术学院教授、博士生导师，国务院政府特殊津贴专家，中国美术家协会理事、中国美术家协会连环画艺术委员会主任。多年来创作了大量的美术作品，其中包括油画、宣传画、木刻和插图等作品，连环画作品发表 33 部，共 5 000 余幅。连环画《地球的红飘带》获中国美术家协会颁发的第七届全国美术作品展览金奖、庆祝中国共产党成立七十周年美术作品展金奖、首届中国优秀美术图书奖金奖、第四届全国连环画评奖绘画创作一等奖。油画《遵义会议》获北京市委、市政府文化艺术奖。

（郝　赫）

《那三届：77、78、79 级大学生的中国记忆》首发式举行

2014 年 1 月 10 日下午，中国对外翻译出版公司、中国与全球化研究中心共同主办的《那三届：77、78、79 级大学生的中国记忆》首发式在中国国际展览中心举行。中国出版集团公司副总裁李岩、中国对外翻译出版公司副总经理张高里，本书主编、中国与全球化研究中心主任、欧美同学会副会长王辉耀以及部分作者代表熊晓鸽、李子实、陶景洲、葛明和读者出席了首发式。首发式上，几位“新三届”嘉宾回忆了他们当年的求学经历及个人感想。“那三届”指的是 77、78、79 届的大学生，生活虽艰苦，但精神上富足，每个人都有“把学问做到底”的精神，有“自己不自立，国家不强大”的社会责任感。随后几位嘉宾对 77、78、79“那三届”的特点进行了个人解读，并对“那三届”的传承作用发表了自己的看法。他们普遍反映了“那三届”的大学生们抗挫折能力都比较强，能够克服困难。“那三届”们希望能够将他们奋斗的精神传承给现今的年轻人，正确看待挫折和困境。

（郭宇佳　茹　慧）

《黄昏之城——北方的风笛与诅咒的面具》新书发布会举行

2014 年 1 月 10 日，在 2014 北京图书订货会上，现代出版社《黄昏之城——北方的风笛与诅咒的面具》举行了新书发布会。到场并发言的嘉宾有：作者任彧，白烨（著名文学评论家、中国当代文学研究会会长），李红岩（中国社会科学网总编辑、中国社会科学杂志社副总编辑、《历史研究》主编）、俞金尧（中国社会科学院研究生院教授/博士生导师、全国政协委员）、陈果（北京燕山出版社总编辑、编审）和臧永清（现代出版社社长、总编辑）出席了发布会。

作者人修罗，本名任彧，1988 年出生，曾留学日本，本书是其创作出版的第二本小说。

《黄昏之城——北方的风笛与诅咒的面具》，讲述了发生在未来世界 2060～2079 年的故事。未来世界的一场大变故后，世界分为光明、黄昏、黑暗三种地带，战乱四起，教团趁机作乱。

（毛昆仑）

《拯救威利：一个父亲为自闭症儿子创造的多彩人生》新书发布会举行

2014 年 1 月 10 日，在 2014 北京图书订货会上，现代出版社《拯救威利——一个父亲为自闭症儿子创造的多彩人生》举行了新书发布会。该书作者霍长和，该书主人公、美籍华裔人士彭灼西，中国出版集团出版部主任张贤明，现代出版社总编辑臧永清，副总编辑张晶出席了发布会。

发布会上，现代出版社举行了面向全国近 20 个省、100 所自闭症儿童学校赠书活动的启动

仪式，随后，北京星星雨教育研究所、广州市康怡之家、济南市明天儿童康复中心等自闭症儿童关爱学校，均陆续收到《拯救威利——一个父亲为自闭症儿子创造的多彩人生》。

本书作者霍长和亲赴美国，与彭灼西一家共同生活5个月。该书以翔实的第一手资料和大量丰富的细节，生动地记叙了彭灼西陪伴儿子走过的艰辛历程，以及获得的极大成功，为自闭症儿童的康复训练及正常儿童教育提供了足资借鉴的经验和有益的启示。本书除了可以让那些深陷人生苦境的自闭症孩子的家长看到希望，更可以让他们学到诸多培养、训练自闭症孩子的有效方法。（毛昆仑）

中国出版传媒商报社等联合主办“首届中国创意工业创新奖”颁奖礼暨“2012～2013中国创意工业创新报告”发布会

2014年1月10日，由中国出版传媒商报社、法兰克福书展、法兰克福学院联合主办“首届中国创意工业创新奖”颁奖礼暨“2012～2013中国创意工业创新报告”发布会举行。新产品、新营销、新技术、新商业模式、新管理模式、新手6大奖项金奖、提名奖揭晓。主办方中国出版传媒商报社社长、总编辑孙月沐，法兰克福书展主席岳根·博思的全权代表德国信息中心主任龚迎新以及中国人民大学文化创意研究所所长金元浦，中国出版集团公司国际合作部主任刘忠等出席会议并讲话，为部分获奖单位代表颁奖。在奖项发布的基础上，中国出版传媒商报社常务副总编辑伍旭升现场同时发布了“2012～2013中国创意工业创新报告”（主报告）。活动由中国出版传媒商报社副社长任江哲主持。

孙月沐在致辞中回顾了中国出版传媒商报社与法兰克福书展合作经历，表示作为一项公益性的年度推介活动，该奖项意在鼓励创意工业创新，向中外展示中国创意工业最新发展成就与趋势，促进国际创意工业互通有无，共同发展。博斯先生在祝词中，除了向获奖者祝贺，还诚挚邀请中国出版业者踊跃参加2014年法兰克福书展。

现场发布的“2012～2013中国创意工业创新奖”主报告显示，中国文化产业显现以下特点：体制变革推动市场主体内涵拓展与外延裂变同步创新；数字化、高科技推动传统单一业态向高端多元业态转移；内容创意驱动作用提升，内容价值链向产业链延伸趋势明显；传统文化与新兴文化产业融合成为潮流；借力文化“走出去”，通过国际合作国际本土化，提升文化创意产业国际化水平，文化创意产业开放型经济初露端倪等，是中国创意工业近年来的创新表现。

（郭是海）

中国出版传媒商报社等联合主办第三届中国独立书店高峰论坛

2014年1月10日，由中国出版传媒商报社、金城出版社和蜜蜂书店合作主办的“第三届中国独立书店高峰论坛——活着并快乐着：中国独立书店创新经营案例分享会”在北京举行。中国出版传媒商报社社长、总编辑孙月沐，金城出版社总编辑潘涛代表主办方致辞，中国出版传媒商报社总编助理张维特，金城出版社图书发行有限公司常务副总经理杜玮出席了会议。20余位独立书店经营者、图书发行业研究者及阅读机构代表参与论坛主题研讨。

孙月沐在致辞中介绍，中国出版传媒商报社持续跟踪了解表明，过去已经连续举办两届的独立书店论坛，引发了各界对独立书店生存现状的热议。关注独立书店生存、发展及其经营之道，将是中国出版传媒商报社持之以恒的关注重点，将一如既往地为中国国民阅读建设与提升竭尽全力。主办方之一的蜜蜂书店还注册了独立书店论坛的官方微博与微信账号，网友各抒己见讨论热烈；更有网友表示独立书店论坛的连年举办，表明主办方中国出版传媒商报社和金城出版社以及蜜蜂书店具有很强的社会担当，此举有利于形成一个良好的各方沟通平台，促进独立书店向可持续发展的道路转变。

今日阅读书店总经理但捷、北京读易洞书店

创办人邱小石、晓风书屋创办人朱钰芳、北京旁观书社创办人吴敏、西西弗书店副总经理田宾、单向街书店代表武延平、旧天堂书店创办人涂飞、布衣书局创办人胡同、彼得猫书店创办人彭永坚、3+2读书荟执行长庞旲、智囊传媒副总裁冯宗智、《书店之美》一书作者田原、蜜蜂书店创办人张业宏、青苑书店创办人万国英、陕西万邦总经理魏红建、枫林晚书店创办人朱升华、今日美术书店经理曾孜荣等，围绕独立书店面临的机遇与挑战发表了主题演讲。（郭是海）

商务印书馆涵芬楼艺术馆开馆仪式暨范杨、刘文哲中国画展及幸福读书会揭牌仪式举行

2014年1月19日，商务印书馆涵芬楼艺术馆开馆仪式暨范杨、刘文哲中国画展及幸福读书会揭牌仪式在商务印书馆涵芬楼书店举行。中国出版集团公司总裁谭跃，中国国家画院国画院副院长范扬，中国教育出版传媒股份有限公司副总经理于春迟，中国文化书院院长、北京大学教授王守常，涵芬楼艺术馆馆长刘文哲，中国人民大学艺术家工作室主任汪为胜等多位出版界、文化界、企业界及医务界学者出席。中国医师协会副会长陆君主持开幕式，商务印书馆总经理于殿利致辞。

涵芬楼艺术馆位于书店二层，展厅端正敞亮，环境秀雅，总面积约600平方米，旨在搭建格调高雅、内涵丰富、品味上乘的高端书画作品展示交易平台和文化交流平台。开馆后将主办和承办国内外知名书画家、有潜力的中青年画家及工艺名家、收藏家的作品展示，开展学术讨论与文化沙龙，打造集书画展览推广、作品销售交流、文化沙龙讲座、艺术鉴赏休闲于一体的文化艺术实体。涵芬楼艺术馆将秉承商务印书馆的文化传统，不断以新的探索和经营形式服务于学界艺林。（米　鄰）

《职场二规则》新书发布会举行

2014年1月，现代出版社《职场二规则》举行新书发布会。此次作者黄晓阳将关注视角从官场转向职场。

该书分为两个部分，第一部分阐述职场心态和学生心态；第二部分阐述职场金规。黄晓阳为读者总结了“职场金科玉律61条”，比如“吃小亏，占大便宜；贪小便宜，最终吃大亏”等，语言直白有力。黄晓阳认为，职场心态是一种试图超越量化目标而做到更加精准的心态，正确的心态决定细节，而细节决定成败。黄晓阳表示，有不少读者对书名的“二”字有误读，“我就是想告诉大家，整个社会只有20%的人能够成功，80%的人不能成功。决定能否成功的是一个人的心态。”他将这种现象比作“二八现象”，并希望通过该书告诉大家如何成为那20%的成功人士。

（毛昆仑）

中版教材有限公司人民版《义务教育课程标准实验教科书·思想品德》新课程标准培训会举行

2014年2月8日，中版教材有限公司联合湘潭市教育局在湘潭市一中举办了人民版《义务教育课程标准实验教科书·思想品德》新课程标准培训会，参加培训会的老师包括市级及各区县的教研员、学科带头人、一线教师等共180余人。

本次培训会特别邀请了南京大学附属中学政治学科高级教师、南京市初高中政治中心组成员、南京市鼓楼区学科带头人、人民版《义务教育课程标准实验教科书·思想品德》教材的核心编委曹金龙做精彩讲座。

在培训过程中，专家凭借丰富的思想品德教材编写经验以及实践教学经验，主要从教材内容的适用性以及内容编排的角度出发，与各位教师对教材的知识点进行了补充和探讨。受到广大老师们的欢迎，老师们不仅加深了对人民版《义务教育课程标准实验教科书·思想品德》的理解，也解决了在思想品德教学中遇到的难题，大大推动了今后的思想品德教学工作。

（欧阳莉）

《沉默的火焰》新书发布会举行

2014年3月5日，由人民文学出版社组织的俄罗斯当代作家维克多·斯里宾丘克中短篇小说集《沉默的火焰》新书发布会在俄罗斯驻华大使馆举行。社长管士光出席并致辞，副总编辑肖丽媛出席了发布会。

维克多·斯里宾丘克先生是俄罗斯著名诗人和作家，小说集由短篇小说《甘甜的香槟酒》《阵亡通知书》《归来日》《胜利日》和中篇小说《十字路口》《沉默的火焰》等组成。《沉默的火焰》反映的是俄罗斯现实生活，书中对处于突发悲剧事件中的人物心理的描写，深入透彻，振聋发聩。（王芸菲）

中国图书进出口（集团）总公司“易阅通”数字交易平台营销培训会议举行

2014年3月7日，中国图书进出口（集团）总公司举办了“易阅通”数字交易平台营销培训会议。领导班子成员刘伯根、张纪臣、吴杰、朱朝旭出席会议并讲话，总公司各中心、部门及分支机构共选派149名学员参加。

此次培训旨在发挥中国图书进出口（集团）总公司整体优势，合力迎接市场竞争，使总公司各中心、部门及分支机构有关工作人员进一步了解“易阅通”功能，提高数字业务整体协同水平和数字资源营销水平。

刘伯根在培训会上致辞。他首先强调了此次营销培训的必要性和重要性。他指出，数字化是中国图书进出口（集团）总公司“56119”改革发展思路中“五化”定位的重中之重，与多样化、专业化、规模化、国际化紧密相关，是中国图书进出口（集团）总公司完成由产品提供商向综合信息服务商转型的必要条件。“易阅通”和“易阅客”平台的开发是实现中国图书进出口（集团）总公司数字化的重要手段，也是拓展业务、提高效益的必然选择。他提出了中国图书进出口（集团）总公司数字化工作的三个基本方针：一是传统业务和数字业务、国内业务和国际业务、老业务和新业务之间都要衔接好；二是总公司和子公司、总公司各部门间要配合好；三是中国图书进出口（集团）总公司上下要统分结合，在一个平台之下，多个业务点、多个整合点推进业务开展，切实按照“分步实施、分头实施”的要求开展工作。他强调，2014年要加大“易阅通”产品的销售力度，提高数字产品利润率。同时，充分调动部门和个人的积极性，加大“易阅通”产品的销售奖励力度，实现“易阅通”产品销售的部门和营销人员拟按销售额的2%的标准进行奖励。最后，他要求，2014年是中国图书进出口（集团）总公司的“深化改革年”，要紧紧围绕“转型创新、深化改革、提升效益”的主题，全面深化经营管理机制改革，坚持创新发展促转型，通过数字化发展实现向综合信息服务商的转型。

会议发布了《中国图书进出口（集团）总公司数字产品业务管理规定》《中国图书进出口（集团）总公司“易阅通”数字交易平台业务实施细则》和《中国图书进出口（集团）总公司数字资源内容审查管理规范》，介绍了“易阅通”和“易阅客”的操作方法、营销策略、产品种类以及数量，并就“易阅通”的运行实施等问题进行了讨论，提出了有益的意见和建议。（丁　燕）

人民文学出版社举办“朝内166·文学公益讲座”第三讲

2014年3月8日，人民文学出版社组织了“朝内166·文学公益讲座”第三讲，邀请了著名出版人止庵作为主讲人，讲座主题为“谁害怕弗吉尼亚·吴尔夫”。讲座由人民文学出版社副总编辑肖丽媛主持。

止庵是著名出版人，曾做过医生、记者、营业代表、副总编辑等。出版有《周作人传》《樗下读庄》《老子演义》《神奇的现实》《插花地册子》等二十余种著作，并曾为人民文学出版社《吴尔夫文集》撰写前言。此次讲座，他详细解读了。

与众不同的英国女作家弗吉尼亚·吴尔夫及其主要作品，并与现场百余位读者进行了交流。

（王芸菲）

新课标的理念，情景设置恰当，材料充分，教学技巧娴熟。特别是从如何看待历史遗产以及如何承担起历史的责任给予了指导。（张　博）

《永远的菲利普》（中文版）首发式举行

2014年3月11日，由人民文学出版社引进出版的小说《永远的菲利普》（中文版）首发式在北京大学举行。该书作者著名作家克里斯托旺·泰扎近日从巴西亲赴现场，作家李洱，北京大学学者姜涛、闵雪飞、徐钺，巴西批评家拉里萨·科斯塔、台湾地区作家杨婕等作为嘉宾出席了首发式，著名诗人、学者胡续冬担任主持。人民文学出版社副总编辑肖丽媛参加了活动。

《永远的菲利普》是一部带有自传性质的小说，关于一位作家与他患有唐氏综合征的儿子之间的故事。此书一经出版，立即在巴西引起热烈的反响。它几乎囊括了巴西所有重要的文学奖项，堪称巴西当代文坛的代表作之一。（王芸菲）

中版教材有限公司2014年商丘市人民版《普通高中课程标准实验教科书·历史必修》教学研讨会举行

2014年3月13日，河南商丘市基础教研室联合中版教材有限公司、人民出版社在河南省商丘市第一高中举办了2014年商丘市人民版《普通高中课程标准实验教科书·历史必修》教学研讨会。研讨会由市基础教研室主任王桂书主持，特邀人民版高中历史教材副主编、南开大学马世力教授评课并做专题报告。

商丘市第一高中的黄曼曼老师上了《百家争鸣》一课，从何谓“百家争鸣”讲起，逐步探讨“百家争鸣”局面出现的背景，通过史料链接对诸子百家的代表人物、主要观点以及传承发展等进行详细的阐述。商丘市回民中学李玲老师上了《太平天国运动》一课，使用大量图片和史料来展示太平天国运动兴起原因、运动的准备、运动经过、施政纲领、失败原因、意义和教训。马世力对两节课进行了点评：他肯定了两节课均符合

《中印海洋大战略》新书发布会举行

2014年3月21日，由清华—卡内基全球政策中心和中国出版集团公司共同举办的《中印海洋大战略》新书发布会在印度驻华大使馆举行。印度驻华大使康特先生，新书作者雷嘉·莫汉（C. Raja Mohan），中国出版集团公司副总裁李岩、出版部主任张贤明、国际合作部主任刘忠，中国民主法制出版社社长肖启明、副总编辑刘海涛，清华—卡内基全球政策中心副主任陈懋修（Matt Ferchen），以及国际关系专家马加力、楼春豪等出席会议。新华社、中新社、中央电视台英语频道等近十家媒体出席会议。

李岩副代表中国出版集团致辞。肖启明介绍了新书的编辑工作。

作者雷嘉·莫汉先生介绍了他的新书《中印海洋大战略》写作情况以及其中重要的观点，国际关系专家马加力、楼春豪对该书作了点评。

《中印海洋大战略》从中印两国的海洋战略和区域发展战略出发，分析了两国的外交、军事战略，并对未来的态势做了研究。从地缘政治的角度，对中国和印度这两大亚洲大国近代以来的关系和各自战略进行了深度分析。

作者雷嘉·莫汉是新德里观察家研究基金会战略研究项目主管、印度主要英文日报《印度快报》的外交事务专栏作家兼任印度国家安全顾问委员会委员。曾出版《穿越卢比孔河：改变印度的新外交政策》（2004年），《不可能的盟友：核武印度、美国和全球秩序》（2006年），等等。

人民音乐出版社2014年举办“人音教育”师资培训营销活动33场

2014年3月，人民音乐出版社开启“人音教育”师资培训营销活动，全年共举办培训课程33场。重点开展的培训课程有《钢琴之旅——菲伯

尔钢琴基础教程》《翟黑山——爵士四书》等。参加活动的人数在60人左右，其中“钢琴之旅”培训课举办的两场培训营销活动，人员超过200人。

在33场培训中，选择重点地区邀请大师级作者为参加培训的学员进行深入讲解，依靠作者的知名度和人音社品牌的影响力，在钢琴教育、儿童教育、院校教育、社会基础教育等培训领域，为广大学习爱好者提供更加丰富的资源，让广大的用户读者能真正在实践中应用人民音乐出版社的教材，对单一的购买行为加以充分的利用和拓展。这种培训营销形式不仅让用户与作者直接进行深入沟通与了解，也为用户间的相互交流创立了平台，建立面对面的联系，大大提高了用户体验的效果，同时达到资源汇聚、市场调研、充分推广、了解诉求等目的。

在这些营销活动中，人民音乐出版社不仅提升了品牌影响效应，还与不同类型的音乐综合机构建立了良好的合作关系，增强了音乐界的人脉资源力量，为以后开创新型、多元的发展道路打下了良好的基础。（刘婷婷）

世界图书出版上海有限公司携新书《正畸临床创新》参加口腔正畸专业学术大会——Ormco论坛

2014年3月，口腔正畸专业学术大会——Ormco论坛第一次在中国举办，世界图书出版上海有限公司医学图书事业部携口腔医学专业图书和新书《正畸临床创新》参加了大会。该书原作者林锦荣教授和翻译者沈刚教授也应邀参加，并在大会上分别做了专题讲座。《正畸临床创新》在会议上进行了推广营销，完成销售码洋17 500元。（王　纯）

人民音乐出版社2014年举办50余次教材培训

2014年3月～9月，人民音乐出版社共举办50余次教材培训，涉及29个省市自治区，近6 000名教师受益。培训团队由教材主编吴斌、副主编莫蕴慧以及参与教材编写的音乐教育专家和省级教研员等组成。培训内容包括教材的编写思路、教材内容的架构、歌唱教学、如何理解教材和使用教材进行教学活动等。丰富的培训为一线教育工作者提供了完备的教学资料，对他们更好地了解人民音乐出版社的教材以及建立教材出版与使用者的沟通渠道起到了良好的作用，为各省市选择教材起到了专业、科学的指导作用。（孙　昆）

“北青新讲坛走进高校系列活动之中法交流——法籍华人Yif‘梦幻的星星’专场”活动举行

2014年4月10日，由共青团北京市委员会、北京市新闻出版局等主办，世界图书出版公司北京公司等协办的“北青新讲坛走进高校系列活动之中法交流——法籍华人Yif‘梦幻的星星’专场”活动在北京大学举行。著名法籍魔术师Yif、法国大使馆文化副参赞卢索、北京青年报社北青通信传媒副总裁邢镔以及新闻出版局的领导王处长作为嘉宾出席了本场活动。同时，新浪网、《法制晚报》等众多媒体也来到了活动现场。

近400人聆听整个访谈，王江月与Yif就他与北京大学的渊源、在魔术中寻梦的过程展开交流。Yif在法国的高等商学院学习，期间曾到北京大学光华管理学院交流学习一年，这样一个优秀、勤奋的好学生，为什么在完成高等教育之后，没有从事专业领域的工作，而是毅然决然地投入了演艺界，经过短短几年打拼，成为一名偶像实力派的魔术师呢？这让很多在场的北京大学学子们感到不解，到底我们的学习和我们的梦想应该是怎样的一种关系？Yif给到场的学生开辟了另一条思维途径。嘉宾北京青年报社北青通讯传媒的邢镔先生在现场送给Yif一个特别的礼物——Yif出生那天出版的《北京青年报》。Yif非常感动，认为这是件非常有意义的礼物，鼓舞他不断进步。

活动结束后，法国大使馆文化副参赞卢索先

生、新闻出版局领导、Yif、王江月分别向北青新讲坛寄语，祝愿北青新讲坛越办越好！引得在场观众的阵阵掌声。此次活动现场能够邀请到法国驻华大使馆文化部副参赞卢索先生作为嘉宾出席，并申请到中法建交 50 周年官方活动 logo，对中法之间的文化交流起到了建设性作用。

（张旭蕾）

《纽约变形记》新书发布暨出版研讨会召开

2014 年 4 月 11 日，《纽约变形记》新书发布暨出版研讨会在商务印书馆涵芬楼艺术馆召开。《纽约变形记》作者、城市学者与建筑师唐克扬，建筑评论家、策展人史建，PEN 建筑事务所创始合伙人、Studio-X 哥伦比亚大学北京建筑中心负责人李虎，中间美术馆艺术总监、艺术策划人周翊，建筑师、这方建筑师事务所合伙人赵仲贵等出席研讨会。商务印书馆总经理于殿利到会并致辞，他指出随着中国现代化和城市化的不断深入，现代城市与建筑的研究与探讨引起了人们广泛的关注，商务印书馆出版这类书就是希望以出版顺应时代发展潮流，为中国的现代化进程中提供可以学习和借鉴的经验。唐克扬介绍了该书的写作理念，指出该书不是描写纽约城市的面面俱到的实录，而是通过撷取几个有趣的时空片段，用“讲故事”的方式来讲述纽约的城市发展。在对话环节，与会嘉宾围绕对西方现代城市、建筑发展的体会和认识，以及中国城市、建筑发展中所普遍关注的问题发表了各自的看法，会后还与读者进行了互动。（冯　雪）

《问泉》新书签售会举行

2014 年 4 月 12 日和 5 月 11 日，人民文学出版社分别在深圳书城中心店和南京凤凰国际书城组织了胡海泉随笔集《问泉》新书签售会。

签售会现场，作者海泉和读者进行了亲切而真诚的交流，不仅和大家分享了自己写作中的趣事和思考，以及旅行途中的见闻和感悟，也坦陈事业和生活中的迷茫与坚持。而在“问泉”活动环节，海泉面对读者关于梦想、事业、生活、人生、友情、爱情的种种困惑，也延续了书中幽默睿智的风格，一一给予解答。（王芸菲）

中国大百科全书出版社等联合举办“百科规范杯”征文颁奖典礼暨“汉语规范与作文改革”公益讲座

2014 年 4 月 12 日，中国大百科全书出版社联合全国汉语作文考级大赛山东赛区组委会、《济南时报》，在山东师范大学第二附中（济南）共同举办了“百科规范杯”征文颁奖典礼暨“汉语规范与作文改革”公益讲座。活动首先对济南市 102 位“百科规范杯”征文获奖的中小学生、辅导教师与组织学校进行了奖励；其次由《学生规范字典》（国标版）编写委员会领导班子成员、天津师范大学教授尤克勤，山东省语言文字委员会办公室主任尹建国就“汉语规范与作文改革”进行了精彩主题公益讲座。近 200 位学生、家长、教师代表以及媒体记者参加了活动。

“百科规范杯”有奖征文活动由全国汉语作文考级大赛山东赛区组委会、中国大百科全书出版社、《济南时报》联合举办。征文活动自 2014 年 2 月 25 日启动，4 月 5 日截稿，共有来自 35 个学校的 329 位学生参加了比赛。征文与讲座活动受到了家长和学生的欢迎。山东教育电视台、《济南时报》《齐鲁晚报》《山东商报》《大众日报》《济南日报》《北京晨报》、凤凰读书等多家媒体对颁奖典礼和讲座活动进行了报道。首轮报道引发了中新网、新华网、网易等多家网络媒体的二次转发。

（尹添铭）

张雅文作品签售会举行

2014 年 4 月 12 日下午，由中国对外翻译出版公司、陕西人民教育出版社、作家出版社联合举办的张雅文作品签售会在王府井书店举行。张雅文《生命的呐喊》（修订版），曾获鲁迅文学奖，是一部富有传奇色彩的励志经典佳作，被誉为中国式的“钢铁是怎样炼成的”。作品以艺术的笔触、感人的形象，记述了主人公始终怀抱理想、战胜困难挫折、执着追求、不断进取的生活态度和创作历程。《生命的呐喊》既是张雅文个体生命的呐喊，也是一个中国女性历经磨难的性格史、忠贞不渝的情感史、自强不息的奋斗史。除了内容的丰富、情感的真实真切之外，其艺术表现上的特色也是不可忽视的。朴素平实的叙事风格和戏剧性叙事结构的结合，大大增加了故事的吸引力和感染力。张雅文，国家一级作家，黑龙江作家协会名誉副主席，第五届鲁迅文学奖获得者，著有《趟过男人河的女人》《盖世太保枪口下的中国女人》等二十余部。（郭宇佳）

《杜甫全集校注》新书发布暨出版座谈会举行

2014 年 4 月 20 日，由人民文学出版社与山东大学联合举办的“《杜甫全集校注》新书发布暨出版座谈会”在中国出版集团公司会议室召开，山东大学副校长陈炎，中国出版集团公司副总裁潘凯雄，国家出版基金规划管理办公室副主任祁德树，全国哲学社会科学规划办公室副主任杨庆存，以及山东大学袁世硕，国家图书馆詹福瑞，复旦大学陈尚君，北京大学曹亦冰，中华书局编审傅璇琮、程毅中，西北大学李浩，中国社会科学院刘跃进等专家，作者代表张忠纲、廖仲安、袁世硕、孙微、朱宝清等参加了会议。会议由人民文学出版社副总编辑周绚隆主持。人民文学出版社社长管士光参加会议，并代表人民文学出版社介绍了该书编辑出版过程。

《杜甫全集校注》是国家古籍整理重点项目“中国古代大作家集”之一，新闻出版总署“十二五”重点项目，获得国家出版基金的资助，经过近 40 年的精心结撰，由人民文学出版社正式出版。该项目首次对“诗圣”杜甫的作品进行全面搜罗、严谨比勘、精细注释和集评，是对集大成式诗人作品进行集大成式的整理。这是两百年来杜甫全集及研究成果的又一次整理和总结。该项目的完成，标志着杜甫研究达到了一个新的高峰。（王芸菲）

人民文学出版社参与主办“我的文学行当——黄永玉作品展”

2014 年 4 月 20 日，由湖南美术出版社、人民文学出版社等联合主办的“我的文学行当——黄永玉作品展”，在北京 798 艺术园区的圣之空间艺术中心开展。人民文学出版社社长管士光，副社长李春凯，副总编辑应红参加了活动。管士光代表人民文学出版社做了致辞讲话。

作品展由“太阳下的风景”“比我老的老头”“罐斋二重唱”三部分组成，共展出黄永玉的大量文学创作手稿、文学作品插图、自创文学体裁的“文与画”和与文学有关的绘画、书法、设计等不同样式的作品 400 多件，不仅有他青年时代为贺宜、冯雪峰、叶圣陶文学作品创作的插图，也有 20 世纪 80 年代独出新意的“文与画”作品。在作品展上，黄永玉签售了人民文学出版社出版的《无愁河上的浪荡汉子·朱雀城》一书。

此前，这一作品展已在上海、广州、长沙三个城市巡回展出，吸引了大量的观众。此外，人民文学出版社还将组织黄永玉文学作品研讨会活动。（王芸菲）

“2014 校长读书论坛暨《中国教育报》2013 年度推动读书十大人物揭晓仪式”举行

2014 年 4 月 23 日，“2014 校长读书论坛暨《中国教育报》2013 年度推动读书十大人物揭晓仪式”在商务印书馆举行。本次活动由中国教育报社、商务印书馆、中国教育学会中学语文教学专业委员会共同主办，以“校长推动校园阅读的理念与实践”为主题，目的是更好地探讨校长在校园阅读中的作用，搭建校长交流阅读理念和实践经验的平台。

中国教育学会副会长、北京十一学校校长李希贵，安徽合肥八中校长王建明做了主旨演讲。来自全国各地的中小学校长们就校园阅读、校长在阅读推广中的作用等问题畅所欲言。来自教育部、中国出版集团公司、中国教育学会、中国教育学会中学语文教学专业委员会、中国教育报社、商务印书馆的领导、专家，几十位来自全国各地的校长和教研员、教师参加了此次活动。

“《中国教育报》推动读书人物评选活动”始于2004年。2013年商务印书馆和中国教育学会中学语文教学专业委员会阅读推广中心加入这一活动。荣获“2013年度推动读书十大人物”称号的是：王志江、任勇、闫存林、许睿、范引、陈文、陈瑜、陈克文、胡翼青、房超平，他们来自北京、河南、重庆、安徽、海南、广东、江苏、湖南等省、市，有普通教师、有教研员，有校长，也有教育局长。他们不仅自己热爱读书，而且在各自的工作中运用智慧、积极努力，成为阅读推广的点灯人。（吕海春）

中国出版传媒商报社创办“首届中国读友读品节”

2014年4月23日～6月8日，中国出版传媒商报社（以下简称《商报》）创办“首届中国读友读品节”活动。《商报》联合全国大书城、出版集团与出版社、发行集团、各类图书馆计1000余家机构，全方位推送108种指定读品名单以及姊妹篇100种推荐读品名单。同时，邀请著名作家麦家、杨红樱，著名企业家任志强，著名电视节目主持人张泽群作为首届读友读品节第一批形象代言人。中国文联副主席、中国美术家协会主席刘大为为读友读品节题写名称。

4月23日，世界读书日当天，中国出版传媒商报社在北京图书大厦举行“首届中国读友读品节”启动仪式。主办方、协办方及首都各界读者一百余人参加启动仪式。中国出版传媒商报社常务副总编辑伍旭升致辞时表示，阅读者必须有自己的节日。阅读者的节日不是一时之喜的狂欢，不是悦人耳目的秀场，不是浅尝辄止的试验。阅读者的节日是宁静细腻的滋补，是空灵纯净的飨宴，是润物无声的成长。我们期待由我们亲手合力打造的中国人自己的“中国读友读品节”，在书香社会建设中绽放璀璨绚丽的光芒。北京市新华发行集团党委书记、董事长李湛军代表协办方致辞时表示，在偌大的国度里，阅读成为全民的自觉行为，通过阅读提升民族的素质，增强国家的软实力，还有很长的路要走。为使全民阅读深入、持久地开展下去，需要全国各行各业，特别是新闻出版界、发行界、图书馆界，从自身做起，分析问题存在的根源，找出问题解决的途径，上下联动，通力合作，使全民阅读活动扎实推进，立见成效。

5月27日，六一儿童节前夕，《商报》再推出主打童书的中国读友读品节第二波。并出版形象代言人全阵容（第二波新增代言人小米科技董事长雷军）海报，继续全力助推阅读活动。在原有208种读品名单外，新增61种童书名单，充分满足全国小读者爱书、读书需求。

中国读友读品节专刊及其系列活动，以营销为龙头，内容服务和营销服务联动，打了一场媒体造节、项目整合、创新发展的全新的大仗、硬仗、胜仗。充分体现了新《商报》的创新思维、整合思维、抢滩思维、团队思维、协调思维、精品思维和市场思维。（郭是海）

“句型与国际汉语教学”讲座暨《汉语交际黄金句型65》签售会举行

2014年4月26日，世界图书出版公司北京公司以及对外汉语人俱乐部在北京师范大学举办朱志平教授“句型与国际汉语教学”讲座暨《汉语交际黄金句型65》签售会。

《汉语交际黄金句型65》是由北京师范大学汉语第二语言教学一线的资深教师编写。书中把最基本的汉语语法结构以句型的方式，以功能为序，并以一定的情景为例呈现给广大读者，辅以插图，形象直观。全书共纳入汉语最常用的句型65个，根据65个句型所表达的语义功能对全书句型的功能加以分类，并以功能为序编排句型，功能相近或者相关的句型编为一组，分别列举使用情景加以区别。是一部凝结了作者多年教学经验的精华之作，也是作者心目中最想要同广大对外汉语教师分享的最有分量的一部著作。

此次讲座，朱志平与读者分享了她对于国际汉语教学的观察和思考，以及如何通过句型教学来解决国际汉语教学目前所面临的诸多困境和问题。（张旭蕾）

商务印书馆“自然文库”读者分享会举行

2014 年 4 月 27 日，商务印书馆在首都图书馆举行“自然文库”读者分享会。本次活动的主题为“在城市中寻找自然”。北京大学城市与环境学院教授、博士生导师唐晓峰，哲学系教授、博士生导师刘华杰出席活动并与读者进行交流。唐晓峰分享了他印象最深刻的关于自然的体验，特别关注了普通人在日常生活中如何实现“绿色生存”的理念，指出都市人应该更多地关注自然生态、复归自然情怀。“自然文库”推出的首批图书包括《一平方英寸的寂静》《种子的故事》《鲜花帝国》和《看不见的森林》，均以渊博的知识、细微的体察、优美的文笔、精致的装帧而受到读者的欢迎。“自然文库”的出版，旨在追溯人类对自然对自身的认识历程，将“绿色生存”的理念寓于求知与实践的乐趣之中，最终通过阅读激发都市人重拾对有灵万物的信仰和谦卑。

（冯　雪）

《开启少先队辅导员专业发展的新天地》首发式举行

2014 年 4 月 29 日，由上海市黄浦区教育学院、上海市黄浦区少工委办公室、上海市少先队辅导员带头人王冬梅工作室和上海市光明初级中学联合主办的《开启少先队辅导员专业发展的新天地》首发式举行。上海市共青团市委党组成员、上海市少先队总辅导员赵国强、黄浦区少工委主任黄坦出席。世界图书出版上海有限公司参加了会议。

会上赵国强辅导员、黄坦主任先后发言，对《开启少先队辅导员专业发展的新天地》一书给予高度评价，建议全市全区的少先队辅导员和其他工作者都应该积累知识、总结经验，将少先队工作做好。该书的作者王冬梅对社会各界给予这本书的重视表示了感谢。世界图书出版上海有限公司学术图书事业部经理姜海涛，代表出版社感谢作者王冬梅老师对出版社工作的支持和信任，并对该书的策划编辑过程作了简要介绍。

本书是王冬梅工作室学员和黄浦区少先队大、中队辅导员开展少先队活动课程建设和少先队活动课实践与研究的成果结晶；是一本源于实践，贴近实际，服务实战的实用读本。书中除了包含具有一定前瞻性思考的专题论文，富有学校特色的少先队活动课程规划，还包括了实用性、普遍性、针对性强，具有时代感的百余项少先队活动课设计方案。

（王　纯）

东野圭吾《疾风回旋曲》（中文版）新书暨数字图书首发式举行

2014 年 4 月，现代出版社东野圭吾《疾风回旋曲》（中文版）新书暨数字图书首发式，在位于北京市朝阳区的“江户密室逃生”举行，现代出版社代表和北京的二十余家媒体出席。

发布会上，现代出版社社长臧永清介绍了该书花落现代出版社的缘起和意义。相较以往作品，东野圭吾此次的《疾风回旋曲》，以快速的节奏感见长，紧凑而强烈的画面感，带给读者一种“拿起就无法放下”的独特阅读体验。提问环节之后，主办方现代出版社更为出席媒体安排一次特殊的“推理体验”：紧张刺激的真人版“密室逃生”。在这个需要缜密推理和团队配合的游戏里，各家媒体着实体验了一把紧张刺激的“推理快感”。该书 2013 年 11 月在日本上市之后，短短 7 日之内，销量便突破了 100 万册，并雄踞日本、韩国各大畅销榜 TOP1。更难得的是，东野圭吾首次为中文版特别题词签名，表达了他对中文版的重视和对中国读者的感情。

（毛昆仑）

《心律集》新书发布会举行

2014年5月7日，人民美术出版社艺术家随笔与手稿系列丛书——《心律集》新书发布会在中央美术学院图书馆拉开帷幕。发布会由中央美术学院人文学院院长尹吉男教授主持。中央美术学院党委书记高洪，人民美术出版社原社长汪家明，人民美术出版社总编辑林阳，人民美术出版社经典美术编辑室主任、《心律集》策划及责任编辑石建国，中央美术学院人文学院副教授远小近以及《心律集》丛书的四位作者刘庆和、武艺、申玲、王玉平出席发布会并致辞。

人民美术出版社策划出版的《心律集》是一套集艺术家手稿、生活随笔、创作图片等多种内容于一体的丛书。该套丛书散发着艺术家体温、承载着艺术家思维碎片的原生态心灵笔记，将引导我们走进艺术家的内心世界，零距离地感受艺术家们内心深处所经历的创作历程。这些素材对于我们更好地欣赏与解读艺术品、以更加诗化的方式享受生活，无疑具有重要的参考价值。

（黎　琦）

华文出版社举办《静销力——畅销书封面与书名制作》讲座

2014年5月7日，华文出版社举办题为《静销力——畅销书封面与书名制作》的讲座。主讲人为畅销书研究专家、图书营销专家李鲆，主要从面向大众市场的图书封面设计、腰封用语、书名选择等方面进行了讲解。华文出版社全体编辑、营销人员参加讲座。

李鲆策划出版的《畅销书浅规则：成就畅销书的116个细节》和《畅销书营销浅规则：成就畅销书的100个营销细节》等图书，销量均持续居出版类图书之首。

李鲆认为，静销力就是把卖点固定到产品上，让产品本身就具备注意力、说服力、传播力。封面是最重要的静销力载体；封面上，书名是最重要的静销力，其次是腰封文案；如果作者（主人公）足够有名，则作者（主人公）的静销力超过书名；作者简介和内容简介是很容易被忽视的静销力。

他认为商业类图书封面有四个标准：吸引眼球、突出卖点、精准抵达、和谐美观；好书名也有四个标准：吸引眼球、精准抵达、说服购买、容易传播。他通过大量案例，讲述了图书营销的各种实操手段。还就华文出版社的部分图书封面和书名进行了评价和指导。整个讲座概念新颖，案例鲜活，互动性强，收到了较好的效果。

（李　化）

《随想录》（巴金诞辰110周年纪念版）新书品读会举行

2014年5月10日，在纪念巴金诞辰110周年，人民文学出版社新近推出《随想录》（巴金诞辰110周年纪念版），并于巴金故居举行了新书品读会，复旦大学图书馆馆长、巴金研究会会长陈思和等专家学者与现场读者进行了交流。人民文学出版社副总编辑应红、当代文学编辑室主任赵萍参加了活动。

《随想录》最早由人民文学出版社于1980年出版，之后曾多次加印。此次人民文学出版社重新编辑出版的这套纪念版，对《随想录》再度进行编校，并增加了许多由巴金故居提供的插图。

作为20世纪80年代就开始研究巴金的资深专家，陈思和以专家和普通读者的双重身份，和在场读者一起品读《随想录》。品读会上，部分拥有《随想录》特定版本的书迷们与在场嘉宾和年轻的读者们分享自己当年与《随想录》结缘的心路历程。

（王芸菲）

中华书局《清朝开国史》出版座谈会召开

2014年5月15日，中华书局在中国紫檀博物馆丽华阁召开清史学者阎崇年《清朝开国史》出版座谈会。南开大学历史学院教授冯尔康、国家清史编纂委员会副主任朱诚如等学者出席研讨会，并对阎崇年新书出版予以高度评价。

中华书局出版的《清朝开国史》以重大历史事件为经，贯穿讲述自努尔哈赤起兵反明，至清迁都北京这一时期的历史发展大势，完整呈现明亡清兴的历史画卷。全书120余万字，在同类题材著作中是规模较大的一部。

阎崇年介绍说，回首研史五十年，主要做了三件事：研究清史、倡议创立满学、在中央电视台系统讲述历史。《清朝开国史》的出版，是“五十年学习与研究、撰著与讲述历史文化的阶段性节点，也是今后学术历程的新起点”。

中华书局总经理徐俊回顾了阎崇年与中华书局的渊源，对阎崇年给予中华书局的支持表示感谢。 （梁　彦）

人民文学出版社举办“走进苦苓的魔法森林：少儿科普可以这么读”活动

2014年5月18日，人民文学出版社与中关村第四小学师生一起，在中关村图书大厦五层多功能厅举办了一场别开生面的读书活动——“走进苦苓的魔法森林：少儿科普可以这么读”，人民文学出版社副总编辑周绚隆出席了活动。

活动现场，植物学博士、果壳阅读策划人史军，虹巴伦儿童网站创办者半只土豆和教育戏剧专家、北京师范大学春云公益戏剧社指导老师李默，以人民文学出版社的《苦苓与瓦幸的魔法森林》《苦苓的森林秘语》为范本，通过科普剧、科学脱口秀、科普问答等生动的读书形式，带领小读者领略自然之美、生物之妙，体会科普阅读的乐趣。此次活动作为“书香中国·北京阅读季”之一，吸引了众多家长、孩子参加，现场气氛极为热烈。

《苦苓与瓦幸的魔法森林》《苦苓的森林秘语》由人民文学出版社引进出版后，已入选国家新闻出版广电总局“2013年度大众最喜爱的50种图书”和杭州市第四届中小学生“品味书香、诵读经典”书目，原版曾获台湾地区中小学生优良课外读物推介，是蔡康永《康熙来了》唯一推荐的生态科普主题书。 （王芸菲）

《马与我》首发式暨签售活动举行

2014年5月19日，中国对外翻译出版公司在北京西单图书大厦举办《马与我》首发式暨签售活动，作者黑子、王振山、奥运骑手李振强，马业协会秘书长岳高峰，著名相声演员于谦，全国运动会冠军骑手和音乐人栾树，中央电视台体育解说人蔡猛，《马术》杂志主编李艳阳，黑美人马术推广人李勇钢，马业马术评论人李刚，北京动物医院有限公司兽医李伟等嘉宾到场，与马迷们共赴“马语者的思想狂欢”。

首发式上，两位作者讲到了马与人的关系，介绍了《马与我》一书的主要内容。作者之一王振山博士希望大家通过阅读这本书了解到：一是“名嘴”黑子的文笔功力；二是记住和记录那些养马学家的点点滴滴；三是书中凝聚了很多爱马人喜欢马的故事，希望大家能够共同分享。

《马与我》填补了中国鞍马文化及马术运动知识通俗读本的空白。作者均为中国马业和马术界的名士及“大咖”。全书30万字，200幅照片，包括极为珍贵的历史老照片。 （郭宇佳）

中国民主法制出版社延安精神中国梦·鲁艺岁月火红心——延安精神进校园主题图书创作分享会举行

2014年5月22日，延安精神中国梦·鲁艺岁月火红心——延安精神进校园主题图书创作分享会在陕西省延安市延安大学523音乐厅举行。活动由中国出版集团、中央电视台科教频道、陕西广播电视台纪录片部主办，延安大学、延安市延安精神研究会、西安交通大学、中国人民解放军第四军医大学、西安石油大学、中国民主法制出版社等单位承办，中国出版集团副总裁王俊国、中国民主法制出版社副总编辑赵卜慧、延安大学党委副书记吴耀、中央电视台科教频道大型节目负责人，《大鲁艺》《延安延安》总导演闫东及其创作团队、作者于一、延安市延安精神研究会常务副会长郝凤年、西安交通大学人文学院党委副书记宋永平、片中受访者代表、“红二代”代表、学生代表等相关单位的领导、专家和嘉宾出席了活动，四百多名延安学子齐聚一堂，探讨延安情结，分享延安精神。副总裁王俊国、副总编辑赵卜慧分别代表中国出版集团和中国民主法制出版社致辞，就《大鲁艺》《延安延安》的创作背景、作品价值、现实意义、文本特征进行了精彩的阐释，《大鲁艺》《延安延安》总导演闫东及其创作团队则从不同角度与师生分享了两部影片的策划和制作历程。会后，王俊国向延安大学等陕西十所高校赠送了《大鲁艺》《延安延安》等红色经典图书。（邵　力）

中国大百科全书出版社举办“知道危险的孩子最安全”儿童安全百科讲座

2014 年 5 月 25 日，中国大百科全书出版社联合书香中国第四届北京阅读季组委会在北京亚运村图书大厦三层少儿活动区，共同推出“知道危险的孩子最安全”儿童安全百科讲座。此次活动特邀中华家庭教育研究院高级家庭教育指导师王艳，为家长及孩子们上了一堂别开生面的安全指导课。

在此次活动中，王艳结合国家新闻出版广电总局“2014 年向全国青少年推荐百种优秀图书”之一的《儿童安全大百科》，通过现场危险模拟、互动游戏以及安全讲座，为孩子和父母讲述怎样最大程度地扫除生活中的各种“地雷”，认识到身边的各种危险因素，指导孩子在危险来临时，如何保护自己。

活动现场，小朋友们积极与王艳互动，家长也听得十分认真，并及时记录重点内容。对于外出、家中、校园所涉及的安全问题以及儿童心理方面的问题，他们积极提问，也得到了王艳的耐心解答。

此次活动吸引了众多家长和孩子的参与，现场气氛极为热烈。家长们纷纷表示，一定会更加注意孩子的安全问题，为孩子们创造一个美好的明天。（尹添铭）

人民文学出版社参与主办“陈希我小说《我疼》出版首发式暨创作研讨会”

2014 年 5 月 27 日，由福建师范大学文学院、中国作家协会小说委员会、人民文学出版社共同主办的“陈希我小说《我疼》出版首发式暨创作研讨会”在北京举行，中国作家协会副主席李敬泽、中国作家协会书记处书记阎晶明、福建师范大学副校长汪文顶及孙绍振、雷达、胡平、白烨、陈晓明、贺绍俊、孟繁华、梁鸿鹰、施战军、何向阳、谢有顺、张柠等批评家与会研讨，研讨会由作家协会创作研究部主任梁鸿鹰主持。人民文学出版社社长管士光参加会议并发言。

会上，与会专家就“今日纯文学写作的困境与方向”“文学如何表达时代的疼痛”“《我疼》的文学价值与社会意义”“陈希我小说的魔性与神性”“陈希我写作对当代文学的意义”等议题发表了意见。（王芸菲）

人民文学出版社等共同举办“走进巴西：激情世界杯与温情治愈小说”研讨会

2014 年 5 月 30 日，由人民文学出版社、北京师范大学教育学部研究生会和巴中书友会共同举办的“走进巴西：激情世界杯与温情治愈小说”研讨会在北京师范大学英东楼举行。

足球在巴西的影响无处不在，在巴西经典童书《我亲爱的甜橙树》中，作者若泽从小就喜欢足球，还得过足球冠军，在讲述 5 岁男孩泽泽被人嘲笑时也用足球赛来比喻：“班古队挨打比保罗先生‘那个儿子’挨的打还要多。”而在《永远的菲利普》中，足球甚至让一个似乎无法长大的“彼得·潘”的心智渐渐成熟起来。

研讨会上，编辑王永洪介绍了人民文学出版社近年引进巴西小说的概况，其中《我亲爱的甜橙树》已经加印22次，印量近20万，改变了很多家长和老师的教育观念，产生了重要社会影响。（王芸菲）

《达观》新书出版座谈会举行

2014年5月30日，人民文学出版社在北京举办金宏达散文集《达观》新书出版座谈会，著名作家王蒙，中国出版集团公司副总裁潘凯雄、国家清史纂修领导小组办公室主任卜键、中宣部社会科学规划办公室副主任杨庆存、北京师范大学教授张清华、中国人民大学教授杨联芬等专家学者20余人参加了会议。人民文学出版社社长管士光、副总编辑应红参加活动并发言。会上，与会专家学者对金宏达的散文创作进行了研讨，并给予高度评价。（王芸菲）

《云之东——一位法国作家的中国日记》作者见面会举行

2014年5月，中国大百科全书出版社在国家图书馆和北京交通大学，举办了两场《云之东——一位法国作家的中国日记》作者见面会。

该书作者文森特·海因，1970年出生，法国作家。《云之东——一位法国作家的中国日记》是文森特的首部作品，2009年在法国出版。2012年他又创作了《猕猴树》，获得由法国法语作家协会颁发的2013年亚洲文学奖。

文森特自2004年至今在北京生活。《云之东——一位法国作家的中国日记》记录了他自2005年1月至2008年9月在中国生活的所见所闻，采用日记体的形式，撰写的内容融游记、记事、诗歌、新闻等多种表现手法为一体。该书在法国出版后，曾引起了读者的极大兴趣。2014年恰逢中法建交50周年，中国大百科全书出版社适时推出《云之东——一位法国作家的中国日记》中文版。

见面会上气氛活跃，文森特向读者讲述了他的中国情结及他对旅行文学的看法。读者们纷纷购书请他签名，并与他合影留念。（尹添铭）

生活·读书·新知三联书店第四届社店战略合作联席会举行

2014年6月1日，生活·读书·新知三联书店第四届社店战略合作联席会在宜兴召开。此次社店战略合作联席会增加了安徽新华传媒股份有限公司和江西新华发行集团有限公司两位新成员。会议规模由第一届的“四省一市”、第二届的“五省三市”、第三届的“七省三市”扩大到2014年的“九省三市”，战略合作单位分别是三联书店、江苏凤凰出版传媒、新华文轩、安徽新华、浙江新华、山东新华、河南新华、江西新华、辽宁新华、深圳新华等十三家出版发行单位。经过会议讨论和各方磋商，与会十二家单位最终达成共识，进一步扩大战略合作联盟，并签订了“社店战略合作协议书”。（孙　漩）

人民文学出版社举办“朝内166·文学公益讲座”第四讲

2014年6月7日，人民文学出版社举办“朝内166·文学公益讲座”第四讲，邀请中国俄罗斯文学研究会会长刘文飞教授讲授“不朽的托尔斯泰：解读《战争与和平》《安娜·卡列尼娜》《复活》”。活动由副总编辑肖丽媛主持。

刘文飞教授是我国著名俄语文学研究专家，他从托尔斯泰的生平及艺术创作出发，以丰富的细节，给到场的150余名读者解读了这位被列宁称为具有“最清醒的现实主义”的“天才艺术家”的三部名作，并阐释了当下社会应如何评价这位带有救世和布道意味的伟大作家，详细说明了他的优秀和不足之处。刘文飞教授还回答了现场读者的提问，从如何评价托尔斯泰到一般性的文学阅读鉴赏问题，一一给出了自己的答案。这次讲座，使得读者对这位现实主义的顶峰作家有了更深刻的理解。

此前，人民文学出版社已经举办了三次“朝

内166·文学公益讲座”，主题分别是：“菲茨杰拉德和《了不起的盖茨比》”、“我们为什么今天还要读巴尔扎克”、“谁害怕弗吉尼亚·吴尔夫”。

（王芸菲）

中华书局“中华经典古籍库”捐赠开通仪式暨研讨会举行

2014年6月10日，中华书局自主研发的大型数字出版产品“中华经典古籍库”在国家图书馆古籍馆举行捐赠开通仪式暨研讨会。国家新闻出版广电总局副局长邬书林，国家新闻出版广电总局出版管理司副司长王然，中国出版集团公司总裁谭跃，中国出版集团公司副总裁李岩，全国高校古籍整理研究工作委员会主任、北京大学中文系教授安平秋，国家图书馆副馆长、党委副书记刘惠平，以及来自北京大学、清华大学、中国人民大学、中国社会科学院的专家学者和图书馆代表出席研讨会。会议由中华书局副总编辑顾青主持，中华书局总经理徐俊参加会议，中华书局“中华经典古籍库”研发人员洪涛现场进行操作演示。

邬书林对“中华经典古籍库”提出几点建议：一是希望不断更新、增加内容，确保质量，使之规模越来越大，传播范围越来越广，让更多读者共享古籍数字化成果。二是要紧跟技术进步步伐，研究国内外同行的先进经验，探索更加合适的数字化传播方式。三是要把握好公共服务和企业运营之间的平衡点，探索良好的商业模式，把社会效益和经济效益的有机统一通过产品服务落到实处。

谭跃指出，“中华经典古籍库”正是中国出版集团公司数字化战略、品牌战略的重要组成部分和具体体现。中华书局要以此次产品发布和营销为契机，以国家“十二五”重点项目“中华基本史籍知识库”的项目建设和产品研发为重点，创新体制机制，积极探索古籍数据库研发及产品化的商业模式，培养人才队伍，将中国出版集团公司的资源、平台、项目、品牌优势，有效地转化为产品和经营优势。2014年是中国出版集团公司集中推进品牌经营战略的一年，希望中华书局在老品牌的基础上，顺应时变，形成更多更有效的数字产品，形成中华书局数字产品的新品牌。

研讨会上，中华书局向国家图书馆捐赠了“中华经典古籍库”。意味着全国十几家图书馆同时向公众开放该数据库，最终为全国古籍出版社搭建一个可共同发布、共享利益的数字平台。

（梁　彦）

《优雅地老去》新书分享会举行

2014年6月14日，世界图书出版公司北京公司和雨枫书馆在北京市雨枫书馆举行《优雅地老去》新书分享会。中国阿尔茨海默病协会主席王鲁宁教授、中国阿尔茨海默病协会名誉主席王荫华教授、中国科学院北京基因组研究所研究员雷红星作为嘉宾应邀出席。

王鲁宁从临床医学的角度，为大家介绍了国内阿尔茨海默病的现状，以及“修女研究”的成果对阿尔茨海默病临床治疗的重要意义。王荫华介绍了《优雅地老去》在预测和防治阿尔茨海默病方面的成果。雷红星从学术研究的角度为大家介绍了本书在基因遗传学方面的研究成果。

通过三位嘉宾的精彩讲解，读者们对阿尔茨海默病有了更深刻的认知，纷纷表示为了以后能够“优雅地老去”，从现在开始就要坚持健康的生活方式，保持大脑健康。（张旭蕾）

李希凡先生从事学术研究60周年暨《李希凡文集》（七卷本）出版座谈会举行

2014年6月21日，中国著名的文艺理论家、文艺评论家、红学家、鲁迅研究专家李希凡先生的著作《李希凡文集》（七卷本）面世。李希凡先生从事学术研究60周年暨《李希凡文集》（七卷本）出版座谈会在北京中国艺术研究院举行。座谈会由中国艺术研究院副院长贾磊磊主持。文化部副部长董伟，文化部原副部长、中国艺术研究院院长王文章，文化部原代部长、中共中央宣传部原副部长贺敬之，中国艺术研究院原副院长、研究员冯其庸，中国作家协会原党组书记、中共中央宣传部原副部长翟泰丰，全国政协常委、北京曹雪芹学会会长胡德平，山东大学中文系终身教授袁世硕，中国出版集团公司副总裁李岩分别在会上发言，向李希凡先生致以祝贺。东方出版中心总编辑李智平，第四编辑部主任、《李希凡文集》（七卷本）责任编辑梁惠出席座谈会。文化艺术界、出版单位、高等院校的专家、学者共80名人参加座谈会。

李岩在发言中指出，“《李希凡文集》（七卷本）的出版，对李先生而言，是他一生学术研究的全面总结和真实呈现，自然是一件喜事；对我们出版人而言，出版这样具有厚重文化价值和学术价值的研究成果，不仅是向李先生从事学术研究60周年的献礼，而且是一种社会责任和文化担当使然。”与会专家、学者对《李希凡文集》（七卷本）的出版给予高度肯定。（金洁蓉）

人民文学出版社与21世纪教育研究院共同举办《大学之道——美国名校的崛起、不可或缺的地位、必须保护的理由》研讨会

2014年6月26日，人民文学出版社与21世纪教育研究院共同举办的《大学之道——美国名校的崛起、不可或缺的地位、必须保护的理由》研讨会在北京理工大学国际交流中心举行。21世纪教育研究院院长杨东平、清华大学经管学院院长钱颖一、国家教育发展研究中心高教室主任马陆亭、北京大学教育学院教授陈洪捷、中国人民大学教育学院教授程方平、北京航空航天大学高教所教授张海英以及教育科学研究院研究员储朝晖等国内高等教育研究的知名专家、学者与会并发言。人民文学出版社副总编辑肖丽媛参加了会议。

会上，各位与会专家学者就该书内容以及对当下中国的现实意义，展开深入细致的探讨与解读。《大学之道——美国名校的崛起、不可或缺的地位、必须保护的理由》作者乔纳森·R. 科尔教授曾担任美国哥伦比亚大学首席学术官（教务长兼学术委员会主任）达14年（1989～2003）之久，是美国艺术与科学院院士、美国哲学学会会员。本书是其一生研究与工作经历之集中反映，正如该书标题所示，该书分为三大部分：美国研究型大学的崛起历程、它们做出的重大研究成果以及所面临的问题与挑战。（王芸菲）

中国出版集团2014年“营销恳谈会”召开

2014年6月27～28日，中国出版集团与广东新华发行集团联合举办2014年社店“营销恳谈会”。中国出版集团公司党组书记王涛出席会议并讲话。副总裁李岩、广东新华发行集团董事长肖开林主持会议。广东、江苏、上海、浙江、福建、安徽、湖北、湖南、山东、江西、青岛、广州、深圳13个省市新华发行系统的20多位负责人参加会议。集团所属19家出版发行单位主要负责人及发行部主任30余人参加会议。

王涛指出，站在市场的新起点，面对社会的新形势，加强社店交流、深化创新合作、谋求互利共赢，合乎产业发展规律、顺应时代需求，是务实之举、创新之举，也是战略之举。王涛认为本次会议不仅是一次“恳谈会”，更是一场探讨出版发行未来发展的高峰论坛，体现出高层次、高密度、高成效的特点。王涛指出，在新的形势下，社店关系已经从让利互惠向共生共融转型，社店合作要探索全方位、多形态、大纵深的合作模式，不仅在渠道、物流、营销上，还要在内容生产、品牌经营、资本运营上加大合作力度；要探索建立相应的工作机制；还要依托出版产业实践性、专业性、文化性强的特点，切实履行出版发行企业的社会责任，坚持社会效益第一，社会效益与经济效益相统一。

“营销恳谈会”上，副总裁李岩介绍了中国出版集团近期推出的《妈阁是座城》《钱锺书手稿集·外文筆記》《历史的注脚》《中国少年儿童百科全书》《百年佛缘》等54种优秀图书，并代表中国出版集团与13家省市新华发行企业签署

了战略合作协议。协议要求双方在原有紧密合作的基础上，更加深入地合作，发挥各自优势，为对方提供更优质更优惠的服务和支撑，提升双方的综合竞争力；以出好书、发好书为共同宗旨，打破出版发行上下游、不同隶属关系、不同地域的诸多限制，谋求更广阔的合作与发展空间；以创新的姿态打造出版营销合作双向一体平台，努力形成出版运营到营销发行的全方位互动合作链，探索创造一种新的合作模式。双方并就建立古籍精品书店、文化创意专营店等达成了合作意向。

肖开林、蒋鸣涛、孙真福、刘文田、秦玉莲、吕存周、吕瑜、曾瑞生、刘子华、袁淑琴、沈育明、何春华等 13 位新华发行企业的负责人，与管士光、于殿利、樊希安、顾青、臧永清等多位出版企业的负责人，开展了广泛而深入的座谈和交流。大家一致认为，面对数字化、网络书店的冲击，出版社与实体书店深化沟通、共享资源、创新合作，推动营销转型非常必要。面对当前各地发行企业信息数据平台自成体系的现象，与会者还发出倡议，建立统一的出版物信息行业标准，推动全国性信息数据平台的建设。针对图书定价虚高、低价促销、恶性竞争等乱象，与会者呼吁社店要联合行动，推动主管部门完善图书定价机制、规范图书发行折扣体系，加强行业自律，营造公平有序的市场竞争环境。

（乔先彪）

《行尸走肉》影视分享会举行

2014 年 6 月 28 日，世界图书出版公司北京公司和雨枫书馆在北京市雨枫书馆崇文馆举办《行尸走肉》影视分享会。《行尸走肉》的译者神斩者天罪、北京电视台资深影评人 Simen 作为特邀嘉宾出席。此次活动吸引了众多酷爱冷笑话、重口味的动漫爱好者以及美剧爱好者。

嘉宾与现场观众就“那些年，深虐过我们的丧尸电影；僵尸、丧尸、行尸……”展开互动讨论，分享自己找虐的经历及有趣的故事。世界图书出版公司北京公司还特意安排了观众与特约嘉宾们的合影，并赠送了精美礼品，希望借此开启电影图书出版的新里程，用出版业与电影业的合作，共同为读者献上精彩的阅读体验。

（张旭蕾）

“藏身与下山：徐皓峰的武侠镜像”新书沙龙举行

2014 年 6 月 29 日，由人民文学出版社和北京世纪伙伴文化传媒股份有限公司共同举办的“藏身与下山：徐皓峰的武侠镜像”新书沙龙在北京举行，作家、导演徐皓峰，评论家李敬泽，学者止庵，书评人史航，演员张译等就徐皓峰的硬派武侠小说及纪实文学创作与现场读者展开交流。人民文学出版社社长管士光，副社长李春凯，副总编辑应红参加了活动。

人民文学出版社自 2013 年 1 月出版徐皓峰的长篇小说《武士会》之后，迄今已陆续出版了他的武侠短篇小说集《刀背藏身》、长篇小说《道士下山》以及非虚构系列《逝去的武林》《高术莫用》《武人琴音》。根据徐皓峰创作的长篇小说改编的武侠电影《道士下山》由陈凯歌担任导演，2014 年年初已顺利开机；由徐皓峰自编自导的电影《师父》在 2014 年 7 月 1 日开机。

（王芸菲）

商务印书馆《好莱坞——电影与意识形态》访谈会举行

2014 年 7 月 3 日，法国学者雷吉斯·迪布瓦的《好莱坞——电影与意识形态》亮相江苏书展。在书展期间，商务印书馆举办了《好莱坞——电影与意识形态》访谈会。著名国际电影导演、北京电影学院教授谢飞，著名电影理论家、翻译家崔君衍，“国际文化版图研究文库”主编颜子悦，商务印书馆总经理于殿利、副总编辑陈小文等嘉宾围绕该书，针对好莱坞电影与意识形态的话题展开了讨论。该书是商务印书馆

“国际文化版图研究文库”的一种。“国际文化版图研究文库”是继商务印书馆的“汉译世界学术名著丛书”“中华现代学术名著丛书”之后的又一经典品牌，其秉承“全球视野、国家战略和文化自觉”的基本理念，站在文化时代的最前沿，力图详尽而深入地考察世界主要国家在国际文化版图中的地位及其文化战略，为中国的文化发展与繁荣提供借鉴。 （郑殿华）

中国对外翻译出版公司参加“航拍中国，1945——美国国家档案馆馆藏精选展”开幕活动

2014年7月9日，中国对外翻译出版公司（以下简称“中译公司”）总调度室和市场部人员参加了由中华世纪坛、秦风老照片馆、福建教育出版社、《看天下》杂志等机构共同主办的“航拍中国，1945——美国国家档案馆馆藏精选展”开幕活动。开幕式上，福建教育出版社举行了大型历史画册《航拍中国》和《皇城金梦》的首发仪式。这两套画册的英文翻译工作均由中译公司承担。

活动过程中，中译公司参加活动人员与中华世纪坛、秦风老照片馆和福建教育出版社的负责人进行了充分交流。双方回顾了以往的合作历程，共同展望了未来商机和广阔的合作前景。

（金文茜）

“为中国未来而读——2014阅读论坛”召开

2014年7月16～18日，“为中国未来而读——2014阅读论坛”在青海西宁召开。此次论坛由中国教育学会中学语文教学专业委员会学术支持，商务印书馆主办，青海师范大学附属中学、附属第二中学和附属第三中学共同承办。来自全国各地的教研员、教师共计750多位代表参加了本届论坛。

中国教育学会中语专委会理事长顾之川、商务印书馆总编辑周洪波、青海省教育厅厅长王绚、青海省教育厅基教处处长庞青、青海省教育厅教研室主任李雅岭、青海师范大学党委书记张银生等出席开幕式，青海师范大学附属中学校长张建国主持开幕式。

本届论坛以“分享阅读收获”为主题。来自北京大学哲学系的教授吴国盛，中国美术学院艺术人文学院教授杨振宇，上海市教委教研室副主任、中学语文特级教师谭轶斌在论坛上分别做了题为“科学的人文起源”“艺术的力量”“PISA阅读素养测评对阅读教学改革的启示”等主题报告，向与会者介绍了对阅读的认识和体会。

阅读示范课及论坛交流等环节，深入而全面地阐释了“拓展阅读领域”的理念，从提高认识、拓展思路、引领方法等角度，为与会教师提供了重视阅读、强化阅读的理念和路径。青海省广播电台对开幕式进行了直播。

（吕海春　刘瑞龙）

《洗澡之后》《杨绛全集》出版

2014年7月17日，杨绛先生103岁生日之际，以百岁高龄亲自手写完成的约45 000字《洗澡》续作《洗澡之后》，以单行本和收入《杨绛全集》两种形式在人民文学出版社出版。

人民文学出版社社长管士光接受中央电视台记者采访，对《洗澡之后》和《杨绛全集》的出版情况进行了介绍。

2004年5月，人民文学出版社推出8卷本《杨绛文集》，在读书界引起热烈反响，同年9月即获重印；此后又先后重印4次，总印数达16 000套。在2004年出版的8卷《杨绛文集》的基础上，新增1卷，9卷《杨绛全集》具体分为“小说卷”（1卷）、“散文卷”（3卷）、“戏剧·文论卷”（1卷）和“译文卷”（4卷），除杨绛新作外，还首次收录了杨绛于20世纪40年代创作的剧本《风絮》和翻译理论著作《一九三九以来英国散文作品》两个孤本。

（王芸菲）

中国大百科全书出版社“迎接欢乐暑假，开启阅读之门”——幼儿百科知识绘本阅读分享会举行

2014年7月19日，中国大百科全书出版社少儿百科分社联合搜狐焦点、中版集团数字传媒有限公司，在大兴区林肯公园组织了“迎接欢乐暑假，开启阅读之门”——幼儿百科知识绘本阅读分享会。

活动过程中，编辑用一幅幅喷绘再现《中国幼儿百科全书——在家也上幼儿园》书中精美的图画，通过提问、找一找、涂色、画一画等生动有趣的互动环节让小朋友们参与进来，根据图画讲故事、念儿歌，现场气氛活跃高涨。此外，编辑还穿插了一些给父母们的亲子指导与建议。

这次活动的主旨在于通过推广《中国幼儿百科全书——在家也上幼儿园》提醒所有的家长：父母是孩子的第一任老师，亲子陪伴阅读能让孩子更聪明、人格更完善。家长的陪伴与分享阅读，可以成为连接幼儿园教育和家庭教育最好的桥梁。

（尹添铭）

《李延亮——此时此刻完整吉他谱与深度解析》首发式及新书签售活动举行

2014年7月23日，由人民音乐出版社与华语第一吉他音乐网络吉他中国共同举行《李延亮——此时此刻完整吉他谱与深度解析》首发式及新书签售活动在北京西单图书大厦一层东厅举行。

该书是著名吉他演奏家及音乐制作人李延亮的新作，它完整收录了著名音乐人许巍《此时此刻》专辑全部歌曲的吉他谱（所有吉他演奏部分）、每首歌曲的编配思路、吉他演奏说明，以及独家珍贵手稿和图片资料，是国内第一本完全解析整张专辑吉他演奏与编配的图书。

首发式由著名主持人赵宁担纲主持，人民音乐出版社大众编辑部副主任刘滢首先致辞，随后李延亮与许巍进行了关于音乐创作的对话。李延亮向到场的乐迷们解析并分享了他在制作这张唱片时经历过的每一个重要细节。许巍对于自己创作的专辑能以另一种形式再生感到非常欣喜。随后举行了签名售书及合影留念等活动，现场签售新书600余册。发布会气氛热烈，读者热情高涨，新华网、新浪网等多家媒体报道了此次活动。

（钟斌斌）

《燎原说画——近看西方现当代艺术》新书首发暨读者见面会举行

2014年7月25日，由人民美术出版社主办的“《燎原说画——近看西方现当代艺术》新书首发暨读者见面会”在北京三联韬奋图书中心举行。人民美术出版社原社长、著名出版人汪家明，本书策划编辑尹然，作者黄燎原一同出席了本次活动。黄燎原拥有乐队经纪、画廊主、专栏作者等的多重身份，庞大的交际圈和广泛的艺术影响力，吸引了众多忠实读者和铁杆粉丝的到场。除此以外，其打理的当红摇滚乐队“二手玫瑰”的主唱梁龙也出现在见面会现场，给众多粉丝一个惊喜。

见面会分为作者座谈、与读者互动以及现场签售等多个环节。在作者座谈环节，黄燎原讲述了新书的写作心绪与历程。《燎原说画——近看西方现当代艺术》与大多数充满学院气息的艺术史类读物不同，它更像是一部充满着“摇滚”气息的艺术游记。正如作者自己所说：“这不是一本客观的美术史读物，它完全与我的个人经验有关——观看、阅读、收藏、道听途说，里面还有文学、摇滚、八卦、市场以及非常情绪化的语言，是一个真的热爱艺术的人给真的热爱艺术的人写的书……”新书的引题《燎原说画》正是来源于其专栏和微博话题。“我不写史，写生活，给有爱的人。”昂扬恣意、天马行空的文字流露出他对艺术独特的理解和思考、体验与热爱，有欣喜，也有愤懑。

在与读者互动环节，黄燎原回答了媒体和读者的各种提问。当被问及对当代艺术的理解，身为摇滚经纪人的他，用摇滚乐阐释了自己对当代艺术的看法：摇滚乐是一种批判的音乐、一种自省的音乐、一种自由和永远革命的音乐，同时，也是一种生活方式。当代艺术也是如此，无论贫穷还是富有，我们都应时刻保持对世俗生活的警惕！或许，这不仅是他对当代艺术的理解，更是他一贯遵循的生活理念与人生哲学。

（黎　琦）

“有价值悦读”文学丛书见面会举行

2014 年 7 月 26 日，人民文学出版社在三联韬奋图书中心举办了“有价值悦读”文学丛书作者、评论家、读者、媒体见面会。作家邓友梅、严歌苓，评论家雷达、孙郁、贺绍俊，读书推广人绿茶等参加了活动。人民文学出版社副总编辑应红参加活动并讲话。

会议围绕“愿您尽享有价值‘悦’读的美好时光”的主题展开，与会嘉宾就这套丛书的现实价值、全民阅读、学校的语文教育等层面，进行了有益的探讨。大家一致认为，保护良好的社会传统、提高年轻人特别是中学以上的学生的创造力，以及现实社会的应对能力，开展全民阅读，无疑是一个良好并且非常重要的方法。而“有价值悦读”丛书的选题策划正符合这一社会发展的思路。《文艺报》在 7 月 30 日对这套丛书做了介绍，对这次活动给予很高评价。

（王芸菲）

商务印书馆“走进涵芬楼”系列活动举行

2014 年 7 月 27 日～10 月 24 日，商务印书馆在涵芬楼艺术馆开展了多场丰富多彩的“走进涵芬楼”系列活动，为作者和读者创建了良好的交流平台。

7 月 27 日，举办“水墨禅境——蔡志忠作品展”开幕仪式，本次画展展出蔡志忠从 2011 年至 2014 年创作的几十幅作品，同时举办了走进涵芬楼系列讲座之——水墨禅意与现代人文精神暨蔡志忠先生系列图书签售会。漫画家蔡志忠，中国文化书院院长王守常，北京今日美术馆馆长高鹏，炎黄书画院院长江成镇，炎黄书画院秘书长李正恩，幸福读书会创始人常继生，书法家周思言等文化界、艺术界人士出席。9 月 4 日，举办海豚出版社第十一期摆渡人·读书文化沙龙——陈子善：打捞“遗珠”与发掘“失踪者”，由上海华东师范大学中国现代文学资料与研究中心主任陈子善主讲。9 月 6 日，举办吴建明作品展“停云”。国家新闻出版广电总局副局长、国家版权局副局长阎晓宏，中国文学艺术基金会理事长胡振明，全国政委常委、中国作家协会原副主席陈建功等出席活动，并为画展开幕剪彩，这是中国新闻出版传媒集团首办画展。9 月 18 日，举办“众妙之门——李妙染艺术展”开幕仪式，展出艺术家李强十个系列的作品，开幕仪式由中央电视台主持人蓝一主持，中国书法家协会副主席胡抗美，中国文化书院副院长陈越光，青少年书法报创始人崔学路，艺术家李强（李妙染）出席并致辞，多位艺术界人士出席。10 月 24 日，举办公益活动“心之门·爱之翼”儿童书画展开幕式，公益展出北京市海淀区培智中心学校学生书画作品，等等。据统计，2014 年全年共举办系列活动及展览 37 场，其中各类活动、讲座 23 场，展览 14 场。

（米　粼）

中版教材有限公司人民版《普通高中课程标准实验教科书·历史必修》教材培训会举行

2014 年 7 月 27～29 日，人民版普通高中课程标准实验教科书·历史必修暑期教材培训会在贵州省六盘水市举行。参加本次培训的人员包括一线教师、市级及各区县教研员一百余人。

培训会邀请了江苏省历史特级教师王生及镇江市历史学科带头人马巧高作为主讲人。两位专家结合人民版高中《历史》教材的特点以及近年全国高考历史卷的命题特征，详细分析了如何利用人民版《普通高中课程标准实验教科书·历史必修》教材展开生动有效的课堂教学，同时对高三复习备考给出来明确清晰的策略建议。在两天的培训过程中，王生和马巧高老师以教材为基础，深入探讨了教材、教学和高考之间的有机联系，使各位老师对如何提高教学有效性以及如何增强高考备考的针对性有了更深刻的认识。

本次培训成效显著，老师们纷纷表示通过此次培训受益匪浅，对教材的理解更加深入，这将非常有助于教师提高课堂教学的质量和指导学生复习备考的效果。（李一鸣）

《中国音乐教育》杂志举办“第四届奥尔夫音乐艺术教育国际认证师资培训活动”

2014年7月29日～8月5日，人民音乐出版社《中国音乐教育》杂志在深圳举办了为期半个月的“第四届奥尔夫音乐艺术教育国际认证师资培训活动”。来自澳大利亚奥尔夫协会的培训专家萨拉·布鲁克（Sarah Brooke）女士和苏西·戴维斯－斯普利特（Susie Davies-Splitter）女士为参加培训的百余名学员进行了总计长达42小时的授课，内容包括教学法、配器法、技术与即兴、直笛以及歌唱，并为完成培训、通过考核的学员颁发了澳大利亚奥尔夫协会授予的国际执教资格证书。《中国音乐教育》杂志全程参与了奥尔夫Level1课程的授课与考核。

培训结束后，主办方还以“2014奥尔夫音乐艺术教育实践与应用高峰论坛”为题举行了专题论坛活动。论坛由原深圳市教育局教研员徐沛然主持，中国音乐教育学会音乐教育分会理事长、人民音乐出版社原社长、《中国音乐教育》主编吴斌针对奥尔夫音乐教育在中国的发展状况进行了演讲；中国教育学会音乐教育分会副理事长、人民音乐出版社社长莫蕴慧针对奥尔夫音乐教育的核心问题进行了主旨发言。

（吴明静）

全国24小时书店创新发展研讨会举行

2014年7月29日，由北京三联韬奋24小时书店、杭州悦览树24小时书店、深圳中心书城24小时书吧共同发起的全国24小时书店创新发展研讨会在北京召开，国家新闻出版广电总局副局长阎晓宏、中国出版集团公司党组书记王涛、中国出版传媒股份有限公司副总经理樊希安、中宣部出版局图书处干部陈兰等领导，以及北京三联韬奋24小时书店、杭州悦览树24小时书店、深圳中心书城24小时书吧等11家24小时书店的代表出席了会议。会议由生活·读书·新知三联书店总经理路英勇主持。会上，国家新闻出版广电总局副局长阎晓宏、中国出版集团公司党组书记王涛分别发表讲话。发起会议的三家书店代表围绕24小时书店的兴起与实体书店的转型、24小时书店与人文关怀、24小时书店的创新发展与合作等议题做了主题发言，与会其他各家书店对各自经营情况、经验教训等作了介绍。

随后，中国出版传媒股份有限公司副总经理樊希安宣读了《全国24小时书店北京研讨会共同宣言（讨论稿）》。该讨论稿经与会书店代表讨论并全体通过，正式向新闻媒体公布。

（刘　畅）

中版教材有限公司中华书局版初中《历史》教材培训会举行

2014年7月31日，中华书局版初中《历史》暑期教材培训会在毕节一中举行，包括一线教师及教研员共30余人参与了此次活动。

本次培训特邀具有丰富课堂教学及教材教辅编写经验的北京市历史高级教师李建平为参会人员做了精彩的讲座。李建平老师以课程标准为依据，深入阐释了中华书局版初中历史教材的编写思路、框架结构以及知识体系，同时，李老师还通过大量生动、鲜活的教学案例，指导教师在新课程背景下如何提高课堂教学的有效性。最后，培训专家就参会老师提出的一些教学难点问题进行了充分的互动交流。

参会老师普遍认为，此次培训对其进一步正确理解课改方向，深入把握课程教材，更新教学理念，变革教学方式，实施有效教学，打造高效课堂具有十分重要的意义。（李一鸣）

《王蒙文集》暨“王蒙说古典系列”线装书出版见面会举行

2014年8月2日，由人民文学出版社主办的“《王蒙文集》暨‘王蒙说古典系列’线装书出版见面会”在贵州第24届全国图书交易博览会中国出版集团活动区举行。年逾八旬的王蒙先生与媒体朋友和广大读者谈人生、谈哲学，共同分享60年文学生涯的创作历程。人民文学出版社党委书记、副社长刘国辉出席会议。会议由副社长李春凯主持。

“王蒙说古典系列”线装书在本次活动中隆重推出，该系列包括《王蒙讲说〈道德经〉系列》《王蒙讲说〈庄子〉系列》《王蒙评点〈红楼梦〉》。其中，《王蒙讲说〈道德经〉系列》收录了《老子的帮助》和《老子十八讲》，为宣纸线装本；《王蒙讲说〈庄子〉系列》是对王蒙《庄子的享受》《庄子的快活》《庄子的奔腾》三书的汇编，也是王蒙讲说《庄子》系列的首个线装本；《王蒙评点〈红楼梦〉》是王蒙先生几十年阅读、研究《红楼梦》的最新集大成之作。

（王芸菲）

《不一样的烟火》《有梦就有希望——河南放牛娃的传奇人生》《从黄浦江到莱茵河——中国驻德大使卢秋田传》新书发布会暨读者见面会举行

2014年8月2日，旅美作家汪洋携三部新作《不一样的烟火》《有梦就有希望——河南放牛娃的传奇人生》《从黄浦江到莱茵河——中国驻德大使卢秋田传》亮相第24届全国图书交易博览会，在贵阳国际生态会议中心“中国出版集团活动区”举办新书发布会暨读者见面会。贵州省新闻出版局副局长杨庆武、遵义师范学院副院长王刚、贵阳市作家协会副主席姚胜祥以及遵义作家协会副主席韩可风出席活动。

三部新作包括汪洋女士最新自传《不一样的烟火》；以著名企业家杨建立先生的传记为题材《有梦就有希望——河南放牛娃的传奇人生》；以我国杰出外交官卢秋田大使的传记为题材《从黄浦江到莱茵河——中国驻德大使卢秋田传》，这三部优秀的传记作品虽然主人公的背景不同，经历各异，但充分体现了普通的中国人经过个人的努力和奋斗、实现心中梦想的过程，是个人命运与时代浪潮相结合、在时代变迁中体会人生际遇俯仰浮沉的匠心之作。

为回馈家乡、报答社会，发布会上举行了赠书仪式，汪洋女士将此次新出版的三部作品各一百册捐赠给贵州省教育厅，由教育厅发往贵州各地的文化馆、图书馆及高校。（郭宇佳）

“崔岱远《吃货辞典》新书首发式暨分享会”举行

2014年8月3日，“崔岱远《吃货辞典》新书首发式暨分享会”在Pageone书店北京三里屯店举行。首发式上，崔岱远先生与读者们特别分享了人间百味中的生活之美、之乐，试图探寻饮食文化中所蕴藏的文明之根。商务印书馆副总编辑陈小文介绍新书创意与出版情况，著名播音员文君、啸岚、小马、大为、米夏、张翕品读了他们在《吃货辞典》中最爱吃的一道菜。首发式由著名主持人梦遥主持。《吃货辞典》以80多篇精致散文介绍了中国天南地北的几百道大菜小吃，新书的目录分类尤能体现作者对于美食的特殊理解。本书的另一个特色是近百幅精美异常、充满人文韵味的线描插图。除了着眼于美食的各种细节，生动、幽默，甚至连搭配的筷子都应景而设，充分调动了读者的视线与味蕾。中国新闻社、新华社、中央电视台、《北京晨报》《北京晚报》《香港商报》、新浪网等媒体进行了报道。

（倪咏娟　刘瑞龙）

人民音乐出版社“快乐阳光第11届中国少年儿童歌曲卡拉OK电视大赛”举行

2014年8月3～15日，人民音乐出版社与北京晨歌文化艺术有限公司在大连共同举行了“快乐阳光第11届中国少年儿童歌曲卡拉OK电视大赛”。全国各地共有近30万名选手参赛，进入决赛的优秀选手有2 000多名。大赛指定教程《和平宣言·中国梦圆快乐阳光第11届中国少年儿童歌曲卡拉OK电视大赛歌曲111首》由人民音乐电子音像出版社出版发行，全国发行量达3.1万册。

自1995年至今，人民音乐出版社通过举办“快乐阳光中国少年儿童歌曲卡拉OK电视大赛”，收集出版了近千首优秀的原创少儿歌曲，许多作品还入选全国义务教育中小学音乐课本以及全国少儿声乐歌唱标准考级教材，为中国儿童音乐事业的繁荣与发展做出了显著贡献。

（张颖雪）

“中国著名作家再进獐子岛”活动启动仪式举行

2014年8月6日，由獐子岛集团股份有限公司、大连日报社和人民文学出版社联合举办的“中国著名作家再进獐子岛”活动启动仪式在大连举行，国内著名作家石钟山、李佩甫、关仁山、万伯翱、董保存、郝在今、阎真，大连本土作家邓刚、素素、孙慧芬等参加了活动。大连市委宣传部常务副部长滕贞甫、作家代表团团长毕淑敏和人民文学出版社社长管士光分别致辞。管士光在致辞中希望作家们通过自己的观察和写作，表现出大连和獐子岛的生态美、人文美、海珍美，让更多的人了解和认识獐子岛，同时希望与作家们建立更好的合作关系，为推出优秀作品而共同努力。

人民文学出版社在2009年曾组织了“中国作家走进獐子岛”活动，此次与有关部门合作，再次组织了这次活动。

（王芸菲）

中版教材有限公司举办新疆维吾尔自治区中小学《书法》教育骨干教师培训班

2014年8月15～17日，由新疆维吾尔自治区教育厅组织、中版教材有限公司和华文出版社承办的“新疆维吾尔自治区中小学《书法》教育骨干教师培训班”在乌鲁木齐新疆教育学院实验小学举行。新疆维吾尔自治区教育厅党组成员、副厅长马文华，中版教材有限公司主任、华文出版社社长罗争玉等领导和嘉宾出席了培训班开班仪式。来自15个地州市的200多名中小学书法教育骨干教师参加了培训，其中包括20多位维吾尔族、哈萨克族、回族、蒙古族和锡伯族老师。

在为期三天的培训中，来自北京等地的书法名家就书法教育方面的内容，系统地对教师进行了讲座教学。内容包括教材解读、楷书临摹、中小学书法教学教法等，教师们白天学习理论知识，晚上在书法专家的指导下实践练习。此次培训班，为进一步推动新疆维吾尔自治区中小学书法教育开展好、实施好、普及好起到了积极的促进作用。

（张造顺）

“寻找不一样的自己——辫子姐姐郁雨君‘星座物语’读者见面会”举行

2014年8月16日，在2014年上海书展期间，由天天出版社主办的“寻找不一样的自己——辫子姐姐郁雨君‘星座物语’读者见面会”在上海书展少儿馆展区举办。“辫子姐姐”郁雨君、“动物小说大王”沈石溪以及上海市语文教学名师方芳等出席了活动。活动由人民文学出版社总编辑助理、天天出版社总编辑叶显林主持。

“辫子姐姐星座物语”系列共12本，囊括了郁雨君12部精彩的长篇小说以及12篇收藏级短篇，充满想象又细致入微地描画了青少年的精彩生活，塑造出一个个鲜活的人物形象。（王芸菲）

商务印书馆版本图书馆开馆仪式举行

2014年8月16日，商务印书馆版本图书馆开馆仪式在浙江省海盐县张元济图书馆举行。仪式上，张元济之孙张人凤向张元济图书馆捐赠张森玉画像，商务印书馆总经理于殿利代表商务印书馆向版本图书馆捐赠中国书法家协会副主席陈振濂“昌明教育、开启民智”书法作品，向浙江省海盐县人民政府和张元济图书馆捐赠线装本《新华字典》。海盐县委书记沈晓红和于殿利共同为商务印书馆版本图书馆揭牌。海盐县领导田林华、马小平、贺伟民等参加开馆仪式。商务印书馆副总编辑陈小文、副总经理王齐、胡中文到会表示祝贺。开馆仪式由海盐县委常委、副县长王临珅主持。

商务印书馆版本图书馆前身为“商务版本阅览室”，现在总面积287平方米，共收藏图书1.6万种2.4万册，其中包含共和国成立前商务印书馆老版本文献4 785册。商务版本图书来源主要依靠商务印书馆27年来的持续捐赠，而老版本图书主要由张树年、张人凤，新加坡国家图书馆以及社会各界人士热心捐赠。（崔　珊）

《直面大转型时代》营销活动举行

2014年8月16日，生活·读书·新知三联书店总经理路英勇、副总经理张作珍陪同吴敬琏先生奔赴山东青岛、济南两地进行新书《直面大转型时代》的宣传营销活动。16～18日在青岛的营销活动，得到了青岛市委书记李群高度重视，活动由青岛出版集团、青岛新华书店承办。16日吴敬琏先生在蓝色青岛大讲堂给青岛市500多名党政干部进行了题为“深化改革，迎接挑战”的讲座，并在青岛出版大厦与青岛市主要媒体进行了沙龙交流、新书发布会活动，探讨中国转型之路。18～19日在济南的活动，更是得到了山东省省长郭树清、省委宣传部部长孙守刚等山东省领导的关注。18日下午吴敬琏先生在山东大厦给山东出版集团200多名高管进行了讲座，19日上午又在市委大讲堂给全市600多名党政干部做了一场关于深化改革的讲座，气氛热烈，折射出大家对十八大精神的学习热情和对深化改革的关心。（孙　漩）

中国对外翻译出版公司为2014年南京青年奥林匹克运动会提供语言服务

2014年8月16日，南京青年奥林匹克运动会（简称“南京青奥会”）开幕。中国对外翻译出版公司（以下简称“中译公司”）自2011年成为南京青奥会语言服务供应商后，连续4年为其提供翻译服务。2011年至2013年，一共完成笔译工作量435万字。2014年第一季度完成笔译工作89万字，第二季度翻译量超过100万字。在组委会提出开闭幕式职能运行计划、节目安排、领导人致辞等绝密文件的翻译需求后，中译公司制定了严格的保密措施并逐一落实。8月初，中译公司向组委会提交了赛时期间24小时服务方案。另外，在语言服务保障方面，中译公司及其控股子公司——中译语通科技（北京）有限公司向南京青奥会组委会提供了笔译、口译服务，以及赛时电话口译服务，得到南京青奥会组委会的高度评价和认可。（金文茜）

世界图书出版上海有限公司举办“抗衰老：从现在开始”医学科普讲座

2014年8月17日，世界图书出版上海有限公司在2014年上海书展举办了“抗衰老：从现在开始”的医学科普讲座。主讲人高翔教授是《阿尔茨海默病全指南》《走出疼痛》《睡眠与健康》三本书的主译之一，华东医院老年病科学术继承人、伤外科主任。讲座主要阐述了人体衰老的发生机制、影响因素和抗衰老的生活习惯等内容，并从中医养生角度解释如何辨别自己体质，从而制定更有针对性的个体抗衰老方案。讲座结束后，高翔医师现场进行签名售书。热情的读者一边请高医师签名，一边向他请教保健养生问题。（王　纯）

“科学哺乳，有益母婴健康——《迈出哺乳的第一步》”读者见面会举行

2014 年 8 月 17 日，世界图书出版上海有限公司“科学哺乳，有益母婴健康——《迈出哺乳的第一步》”读者见面会在 2014 年上海书展期间举行。该讲座邀请国内一线母乳哺育专家，《迈出哺乳的第一步》新书的主编马巍老师，从专业的视角，给准妈妈、新妈妈及他们的家人讲授母乳哺育。

马巍鼓励新妈妈、准妈妈们坚持母乳哺育。同时她建议准妈妈们在孕期就要提前了解母乳哺育知识，做好相关的知识储备，建立母乳哺育的信心，不轻言放弃。针对新妈妈、准妈妈们最为关心的产后母乳哺育中的喂养疑问和误区，马巍老师也进行了详细而专业的解答。（王　纯）

《欢乐亲子时间：轻松立体手工》读者见面会及亲子活动举行

2014 年 8 月 17 日，世界图书出版上海有限公司联合爆米花立体书创作室在 2014 年上海书展国际童书嘉年华馆亲子活动中心举办“立体手工 手脑并用 亲子分享 其乐无穷——《欢乐亲子时间：轻松立体手工》”读者见面会及亲子活动，现场教读者小朋友做立体手工。《欢乐亲子时间：轻松立体手工》是系列亲子立体手工书，根据不同年龄段的儿童教育的内容，提供相应的具有实用性和趣味性的立体手工作品的素材和教程。全书 3 本，分为“爱的传递”“传统节日”“圣诞新年”3 个系列，每本书包括 6～8 个立体手工素材和教程。活动中工作室老师结合本书内容现场教小朋友制作教师节小树卡。活动采取提前网店预购的方式，因此来参加活动的人非常多，现场也吸引了不少小朋友报名参加和购书。（王　纯）

“职业的梦想从这里出发”主题活动举行

2014 年 8 月 17 日，世界图书出版上海有限公司围绕最新出版的《身边的职业·医生》《身边的职业·消防员》《身边的职业·点心师》《身边的职业·歌唱家》4 本异形书，联合菩提树屋儿童天地在 2014 年上海书展期间举办“职业的梦想从这里出发”主题活动。全书 4 册，以“立体人形”吸引幼儿，EVA 海绵设计安全易读。不仅以简短的文字将各种职业特点描述出来，而且在配图上也颇具匠心，使幼儿可以直观地感受到该职业特性，从小树立职业理想，培养“财商”。

此次活动主要围绕这 4 本异形书，将医生、消防员的部分工作场景在书展活动现场还原出来，让小朋友们可以真实地体验到医生和消防员的工作，从而对该职业有一个简单的认知，并发掘小朋友们的兴趣爱好，从玩和读中获得快乐和知识。

此次活动也表达了世界图书出版上海有限公司有志于开创一条新的童书天地的宗旨：用图片结合声音，再辅以触感；用新技术改变图书的面貌；以小朋友喜欢的形式，实现从玩到阅读的过程，以多种感官刺激下的共同学习来提升小朋友的自我效能感。（王　纯）

《赵丽宏文学作品》（18 卷）首发式举行

2014 年 8 月 17 日，现代出版社《赵丽宏文学作品》（18 卷）在 2014 年上海书展举行首发式，赵丽宏说：“这是我的生命留下的脚印，这是我的岁月，我的感情，我在大半生中的思索追寻。”

赵丽宏自 1971 年起，共出版诗集、散文集、

报告文学集等文学作品七十余部，并有多部作品在海外被翻译出版，2013年还获得斯梅德雷沃城堡金钥匙国际诗歌奖。

由北京朗朗书房策划编纂、现代出版社出版的《赵丽宏文学作品》（18卷），涵盖了赵丽宏40多年来创作的绝大部分文章。从成长、亲情、人生感悟、游历抒怀、艺术泛舟到文学道路、读书随笔，不一而足。

赵丽宏在首发式上说："因为文学，这几十年我很充实。一个人，如果爱好与事业是结合在一起的，那么这个人就是很幸运的。我就是这样。"在文学这件事上，他说自己是以不变应万变，不管这个世界发生多大变化，他一直以一颗不变的心来写作。"这18本书，体现了我的追求和向往。也许不是最时髦的文字，却是最真挚的，从我心里流出来的文字。" （毛昆仑）

雪漠长篇小说《野狐岭》（上海）多场宣传活动举行

2014年8月18～20日，在2014年上海书展前后，人民文学出版社在上海为甘肃省作家协会副主席、茅盾文学奖入围作家雪漠的最新长篇小说《野狐岭》举办了三场不同形式的宣传活动。

8月18日，在上海季风书园举办"小说的民间性和世界性——从雪漠《野狐岭》和莫言小说谈起"文学对谈活动，雪漠与上海文艺出版社副总编辑、莫言小说责任编辑曹元勇就西部文学的民间性和世界性价值、《野狐岭》独特的艺术探索、成为有世界性影响的大作家的秘密等问题进行了精彩、深入的探讨。本活动由《野狐岭》责任编辑陈彦瑾主持。

8月19日，在2014年上海书展中心活动区举办"雪漠《野狐岭》读者见面暨签售会"活动，人民文学出版社准备的《野狐岭》大型宣传海报及香巴文化志愿者制作的《野狐岭》宣传短片吸引了大量读者的关注。

8月20日上午，"雪漠长篇小说《野狐岭》创作研讨会"在上海作家协会举办。人民文学出版社社长管士光出席并发言。上海作家协会副主席杨扬、上海作家协会党组副书记马文运、北京大学教授陈晓明及上海文学界评论家、作家薛舒、于建明、王鸿生等参加了研讨会。到会专家就雪漠《野狐岭》的艺术探索、创作意义及其西部写作的经验等进行了讨论。 （王芸菲）

《日头》首发式举行

2014年8月27日，人民文学出版社出版的关仁山最新长篇小说《日头》首发式在第21届北京国际图书博览会河北省展馆举行。人民文学出版社社长管士光出席并致辞。评论家施战军、孟繁华、李建军先后发言，对该书给予高度评价。

该书作为关仁山"中国农民三部曲"的收官之作，已入选中国作家协会2014年度"中国梦"重点扶持作品。它以现代中国北方农村为背景，对当下中国农民的出路、中国人的精神状态和精神困境进行了深度探寻和思考。 （王芸菲）

《与沙漠巨猫相遇》作者做客光明网

2014年8月27日，《与沙漠巨猫相遇》的作者伊爱娃（Eva Ekeroth）和绘者熊亮做客光明直播间，接受光明网的访谈。《与沙漠巨猫相遇》由曾任瑞典驻华文化参赞的伊爱娃女士创作文本，本土水墨画家、绘本画家熊亮创作插画，天天出版社出版。这是伊爱娃女士的处女座，也是画家熊亮首次为章节童话倾情作画，他们这次合作为中瑞文化交流提供了经验。

《与沙漠巨猫相遇》讲述了一个走失在沙漠中的男孩，偶遇一只体型巨大的猫，热情又不失温柔的巨猫带着男孩飞跃在广袤沙漠的上空，领略了见所未见的神奇风光，这场奇遇升华出的友情，温暖了男孩困顿的身心。但贪婪的人类将这只巨猫捕获了，企图将它用来展览，满足世人猎奇的欲望。 （王芸菲）

《北京人在纽约》《纽约人在北京》出版沙龙暨签售会举行

2014年8月27日，《北京人在纽约》《纽约人在北京》出版沙龙暨签售会在北京举行，两本书的原著作者曹桂林，著名导演、编剧郑晓龙，演员王姬三人再次聚首，讲述从北京到纽约再回北京的那段往事。人民文学出版社社长管士光，副社长李春凯参加了活动。李春凯首先代表出版社致辞，之后与会嘉宾进行对谈，最后由作者及主创签售了新书。

《纽约人在北京》是曹桂林最新创作的长篇小说。这部小说沉淀了他对30年旅美生涯和中美关系的思考。小说《纽约人在北京》已确定被改拍为电视剧，仍由郑晓龙执导。（王芸菲）

《牛津高阶英汉双解词典》（第8版）新书发布会举行

2014年8月27日，在第21届北京国际图书博览会上，商务印书馆举行《牛津高阶英汉双解词典》（第8版）新书发布会。该书是商务印书馆与牛津大学出版社长期合作的词典最新版。牛津大学出版社英语教学部营销与国际合作总监保罗·雷利，牛津大学出版社英语教学部营销与国际合作主管约瑟夫·诺布尔，牛津大学出版社（中国）有限公司词典出版部经理刘浩贤，牛津大学出版社（中国）有限公司词典出版部助理版权经理周颖，特邀专家、中国著名英语翻译家、北京外国语大学原副校长庄绎传，中国出版集团公司党组书记、副总裁王涛，商务印书馆总经理于殿利、总编辑周洪波、副总经理王齐、英语编辑室主任栾奇、副主任马浩岚、版权与法务部负责人张仲彬等出席了发布会。发布会由商务印书馆总编辑周洪波主持。

发布会上，首先播放了牛津大学出版社亚洲教育部总裁阿德里安·梅勒的致贺视频，商务印书馆总经理于殿利，牛津大学出版社英语教学部词典与语法主管帕特里克·怀特，牛津大学出版社（中国）有限公司社长麦嘉隆，北京外国语大学教授庄绎传，中国出版集团公司党组书记、副总裁王涛分别致辞，对双方35年间合作发展和《牛津高阶英汉双解词典》（第8版）的发布表示祝贺。于殿利还向牛津大学出版社赠送了《牛津高阶英汉双解词典》（第8版）签名本。

（刘　彤）

人民音乐出版社《琴颂诗经》主题访谈与古琴艺术音乐会举行

2014年8月27日，人民音乐出版社《琴颂诗经》主题访谈与古琴艺术音乐会于第21届北京国际图书博览会现场中国国际展览中心新馆举行。出席此次主题访谈的有中国出版集团公司副总裁李岩、人民音乐出版社社长莫蕴慧、《琴颂诗经》主编杨青。

《琴颂诗经》是人民音乐出版社推出的“琴梦中国”系列图书中的一册。该书涵盖了《诗经》中12首诗的古琴曲谱、白话直译与英译、文化解读、善本古谱影印图片、绘画、诗词弹唱与文化讲说光盘六个部分，将《四库全书》中的《诗经》琴谱改编、打谱，成为12首可演唱的《诗经》，用中国最古老的乐器——古琴演绎出来，将中国最古老的诗歌“活化”，以当代人更易接受的方式向中外读者传播国学经典和古琴文化，让原本艰深的国学经典与古琴艺术完美结合，提升了中国传统文化传播的直观性与接受度。

访谈中，李岩、莫蕴慧与作者围绕如何通过大众化的传播方式促进中国传统文化传播，音乐出版者如何让更多的国人喜爱中国传统文化，音乐如何发挥以声传情的优势，进一步促进中华文化“走出去”等问题，进行了交流与纵深探讨。

（钟斌斌）

“镜海译丛”新书发布会暨主题讨论会举行

2014年8月28日，人民文学出版社与澳门特别行政区政府文化局在北京国际图书博览会期间举行文学丛书——“镜海译丛”新书发布会暨主题讨论会。澳门特别行政区政府文化局副局长姚京明，人民文学出版社社长管士光分别致辞，中国社会科学院外国文学研究所所长陈众议、人民文学杂志社杂志副主编邱华栋等参加了新书发布会。活动由副总编辑肖丽媛主持。

“镜海译丛”包含《失约之城》《满大人》和《内港》三部作品，以小说的形式描述了19世纪中期至20世纪前期外国人眼中的中国。嘉宾们围绕新书内容、创作背景，就“外国文学中的中国镜像”这一主题展开了讨论。

（王芸菲）

人民音乐出版社举行“流行合唱精品”（活页）展演活动

2014年8月28日，在第21届北京国际图书博览会现场中国国际展览中心新馆，人民音乐出版社举行了“流行合唱精品”（活页）展演活动。

活动由人民音乐出版社大众编辑部副主任刘滢主持，作者陈一新详细介绍了这部合唱作品的特点：创作形式与国外年轻人的主流合唱形式接轨，在合唱创作技法和风格上将传统合唱与流行风格的主唱、伴唱和音的元素完美融合。北京女子爱乐合唱团现场演出，并配合DVD视频播放。

“流行合唱精品”（活页）是人民音乐出版社大众编辑部重点打造的“音乐生活”系列图书中的一套。首批五个作品根据中国经典流行独唱歌曲改编，由钢琴即兴演奏家、流行音乐创作改编名家、音乐制作人陈一新编配。作品针对普通音乐爱好者创作，音域适中，少至六人、多则几十人均可演唱。

作品赋予原歌曲全新的时代生命力，呈现出细腻、丰满、时尚的和声及轻松自然、色彩丰富的旋律，让人耳目一新，向国内外出版商立体展示了中国现代流行合唱的风采。该套书以国际通用的“活页”形式制作，使用便利。（钟斌斌）

《徒步喜马拉雅极地与你相遇》新书发布会举行

2014年8月28日，由中国出版集团、中国对外翻译出版公司主办的“中国报告”系列（第二辑）之《徒步喜马拉雅极地与你相遇》新书发布会在中国国际展览中心新馆举行。中国第一旅行女作家红尘、著名作家虹影、中国出版传媒股份有限公司总经理樊希安、中国对外翻译出版公司副总经理张高里出席了活动，现场众多媒体朋友、读者和红尘一起分享了她徒步喜马拉雅极地的旅行人生。

《徒步喜马拉雅极地与你相遇》是一部讲述徒步者用双脚穿越喜马拉雅山脉的旅行文学书。尼泊尔是全世界背包客最向往的徒步旅行地。在尼泊尔喜马拉雅南麓240多座平均海拔6000米以上的冰峰之间，有数条神秘的、不同起点的环线走廊，到达那里的唯一方式，就是和向导、背夫一起徒步翻越数不尽的山脉，与不期而至的神秘的香格里拉美景一次次相遇。除了能欣赏到喜马拉雅山脉壮丽的景色，在书中还能感受到作者理解的旅行的意义：一是它像年轻时必须接受的教育一样，是不能缺少的过程；二是它作为精神财富会让我们一生都认同优美、宽容、悲悯、坚韧、博雅、勇气等品质。《徒步喜马拉雅极地与你相遇》也是重庆的作家作品中，第一部拥有英文版、法文版、德文版的图书。（郭宇佳）

《利氏汉法辞典》首发仪式举行

2014年8月29日，由商务印书馆、法国驻华使馆、法国利氏辞典推展协会联合主办的《利氏汉法辞典》首发仪式在商务印书馆涵芬楼书店隆重举行。法国驻华使馆公使衔参赞白良、法国利氏辞典推展协会主席华伯乐，上海外国语大学校长、教育部外语专业指导委员会法语组主任、法语教学研究会会长曹德明，中国出版集团公司党组书记、副总裁王涛，商务印书馆总经理于殿利等领导和专家出席了仪式。首发仪式由商务印书馆总编辑周洪波主持。

首发式上，参会嘉宾追述中法两国文化交流的悠久渊源，慨叹先贤皓首穷经、前赴后继的辛勤劳动，宣讲了辞典编撰对于文化与文明的奠基性意义，并为单卷本《利氏汉法辞典》的最终面世送上了真挚的祝贺与祝福。该书以七卷本《利氏汉法辞典》为蓝本，收词11万条，约700多万字，是目前国内最大的汉法词典。单卷本《利氏汉法辞典》由商务印书馆与法国利氏辞典推展协会通力合作出版，是中法文化交流史上具有纪念性的大事。同时，由法国文化院主办的中法建交50周年组委会，将本次活动纳入纪念系列活动名录。（陈 琪）

人民音乐出版社举办“乐亭皮影造型艺术”展演活动

2014年8月29日，第21届北京国际图书博览会期间，人民音乐出版社在中国国际展览中心新馆举办了“乐亭皮影造型艺术”展演活动。此次活动旨在向外国出版商推介《乐亭皮影造型艺术》，立体展示乐亭皮影造型艺术之美。

《乐亭皮影造型艺术》是人民音乐出版社出版的外向型图书。“乐亭皮影”是中国皮影戏的一个重要分支，因诞生于河北省乐亭县而得名。全书分“乐亭皮影概况”“乐亭皮影的造型雕刻艺术”“著名雕刻艺人及图谱”“演出场景与剧情简介”四章，图文并茂。

此次活动以对话的形式，邀请了人民音乐出版社副社长杨伯勋、乐亭县文广新局副局长石彩虹就人民音乐出版社出版的《乐亭皮影造型艺术》一书的选题策划及皮影艺术的传承与发展进行了交流。其间，还邀请到吴文志与吴志群两位著名皮影雕刻家进行现场表演，并在皮影现场制作中穿插了对书中所涉及的乐亭皮影造型的演示与讲解。同时，现场还准备了乐亭皮影艺术书签等小礼品赠送给宾客。（李黎东）

人民文学出版社举办“朝内166·文学公益讲座”第五讲

2014年8月30日，人民文学出版社举办“朝内166·文学公益讲座”第五讲——德国作家大卫·瓦格纳经历换肝的生死劫难，阐释自传小说《生命》，该书作者大卫·瓦格纳、翻译张晏副教授，人民文学出版社副总编辑肖丽媛参加了活动。

《生命》讲述了一个关于器官移植的故事：那漫长的医院里，身边变换着不同的病友，他们遭遇着不同命运和内心自白。作者大卫·瓦格纳，德国作家。1971年出生于莱茵河畔的小镇安德纳赫，现居柏林。大学时代在波恩、巴黎和柏林攻读比较文学和艺术史。曾居留罗马、巴塞罗那和墨西哥城。作品有长篇小说《我的夜蓝色的裤子》《四个苹果》，短篇小说集《都缺什么》，散文集《孩子说》《柏林有什么颜色》《墙公园》。他曾因肝病接受了肝移植手术，以此为主题创作的自传体小说《生命》，该书2013年获莱比锡书展大奖，入围2014年度“21世纪年度最佳外国小说奖”。（王芸菲）

“无边的绘本”名家对话活动举行

2014年8月30日，天天出版社在三联韬奋书店成功举办童书名家对话活动——“无边的绘本”，这也是“BIBF文学之夜”系列活动之一。

中国当代著名作家曹文轩、绘本画家熊亮、瑞典驻华参赞、作家伊爱娃（Eva Ekeroth）以及瑞典著名插画师、作家佩尔·古斯塔夫森（Per Gustavsson）出席活动，共同探讨绘本的特点和魅力，以及中外作家与插画家之间的相遇与碰撞。曹文轩对绘本在儿童身心成长方面的价值予以充分肯定，并和读者分享了“中国种子·世界花”这一中外文学艺术家联合创作的创新项目；熊亮和伊爱娃分别讲述了两人合作完成的《与沙漠巨猫相遇》一书的创作故事；佩尔·古斯塔夫森也和大家分享了自己在绘本创作方面的感悟和体会。活动最后，插画大师熊亮和古斯塔夫森以及现场的小观众现场作画，为“中国种子·世界花”献上自己的祝福。（王芸菲）

《洗澡之后》《杨绛全集》媒体见面会举行

2014年9月9日，《杨绛全集》《洗澡之后》媒体见面会在人民文学出版社社内举行。人民文学出版社副总编周绚隆出席并主持会议，会上向《人民日报》等国内主流媒体详细地介绍了两套书的出版情况。责任编辑胡真才也参加了会议并向媒体介绍了此书的编辑过程。

《洗澡之后》是杨绛先生著名小说《洗澡》的续作，是作者对自己喜爱角色的一个“敲钉转角”的命运交代和分配。《杨绛全集》是在人民文学出版社2004年出版的八卷本《杨绛文集》基础上修订、编辑，新增一卷而成，除了收入《洗澡之后》及老先生新创作的一部分作品外，还增补了《杨绛全集》未收录的多篇作品。

（王芸菲）

生活·读书·新知三联书店一行赴宜兴大觉寺共商合作事宜工作会议举行

2014年9月14～15日，生活·读书·新知三联书店（以下简称“三联书店”）总经理路英勇、副总编辑常绍民、营销中心主任孙漩以及三联书店上海公司有关人员前往宜兴大觉寺会见星云大师，并与国际佛光会中华总会秘书长觉培法师、上海大觉文化传播有限公司执行长符芝瑛女士就双方今后的进一步合作举行了工作会议，双方代表就重点图书选题、深化合作方式等进行了积极的探讨。路英勇代表三联书店向星云大师表达了良好的祝愿，全面介绍了三联书店针对《百年佛缘》的销售和推广情况，表示将进一步拓宽渠道、加大力度，做好发行工作。针对今后的合作，路英勇提出可以通过中国出版集团在全国各家新华书店建立专架的机会，积极设立星云大师图书专柜，方便读者购买和阅读。同时，可以借助三联书店的品牌优势和影响力，将星云大师的著作集中在三联书店出版，将其打造成精品书和经典书。（麻俊生）

中国美术出版总社与景德镇市委市政府共同举行“《艺术沙龙》景德镇陶瓷创作基地挂牌仪式暨当代中国陶瓷二十家精品展”

2014年9月19日，由中国美术出版总社与景德镇市委市政府共同举行的“《艺术沙龙》景德镇陶瓷创作基地挂牌仪式暨当代中国陶瓷二十家精品展”在景德镇举行。中国美术出版总社社长、人民美术出版社社长汪家明，中国美术出版总社所属刊物《艺术沙龙》主编祁旺以及景德镇裕德陶瓷有限公司负责人王锡良、王隆夫、陆如、李菊生、曾维开、舒惠鹃、冯杰等30余位当代著名陶瓷工艺大师出席了本次活动。

《艺术沙龙》景德镇陶瓷创作基地除定期开展书画家与陶瓷大师之间的学术交流外，还将策划“当代中国陶瓷二十家精品展”等大型活动。素材来自于创作基地的《〈艺术沙龙〉名人堂·陶瓷大师》系列大型画册首发仪式拟定于2015年中旬在北京钓鱼台国宾馆五号楼举行。未来还将陆续推出相关活动，通过图书、电视、网络等媒介将“陶瓷创作基地”打造成景德镇陶瓷艺术家面向全国的一扇窗口。

中国美术出版总社所属《艺术沙龙》创办于2007年，是以“艺术界名流的沙龙聚会”为定位的品牌刊物，在美术界具有较高的影响和声誉，其周围团结了众多优秀的书画艺术家。此次在景德镇成立陶瓷创作基地是《艺术沙龙》在当代工艺美术创作领域的一次新的拓展，也是中国美术出版总社在全国首家授权挂牌的陶瓷创作基地。（盛　兵）

中国大百科全书出版社等联合承办南京首届“汉字书写规范公益挑战大会”

2014年9月20日，由南京市少工委主办，中国大百科全书出版社与南京新华书店、南京电视台联合承办的南京首届“汉字书写规范公益挑战大会”在南京市新华书店落幕。此次大会自5月启动以来，得到了南京市各区县30所学校的积极响应，共有5 000余名学生踊跃报名参加。经过3个多月的选拔赛角逐，三牌楼小学、南化第三小学、雨花外国语小学代表队分别获冠、亚、季军，他们赢取了3000～5000元的公益金等额图书，以获胜学校的名义捐赠给贫困地区儿童。

此次决赛特邀请国家语言文字工作委员会规范词典编写组副主编、《汉字应用规范字典》副主编、原语言文字应用研究所副所长、原教育部小学教材审查委员会委员季恒全，国家语言文字工作委员会规范词典编写组成员、《汉字应用规范字典》编写组主要成员、首都师范大学教授朱振平和著名小学语文教育专家、苏教版小学语文课本主编、《七彩语文》主编朱家珑担任评委，以《汉字应用规范字典》为参考依据对参赛者打分并点评。

南京首届“汉字书写规范公益挑战大会”是为响应国家语言文字发展精神，配合2014年第二届南京青年奥林匹克运动会的召开，营造全市规范应用汉字的氛围，向世界展现青春南京、文明南京形象，促进广大少先队员热爱文化、热爱学习、热爱公益而举办的公益活动。希望能够通过此次活动，提高南京市小学生对汉字规范应用的认识。（尹添铭）

《再见杨德昌：台湾电影人访谈纪事》新书发布会举行

2014年9月27日，商务印书馆（成都）有限公司与北京库布里克书店联合举办了《再见杨德昌：台湾电影人访谈纪事》新书发布会。多位资深电影人、出版人、媒体嘉宾及读者参加了发布会。杨德昌是台湾地区新电影的主力旗手，代表了台湾地区电影的巅峰，他的去世被认为是“台湾独立电影时代的终结”。《再见杨德昌：台湾电影人访谈纪事》是全球唯一关于台湾地区殿堂级电影大师杨德昌的最完整深入的访谈录，通过深度专访吴念真、小野、舒国治、张震等十六位台湾资深电影人，全面回顾杨德昌创作生涯，多侧面、立体式地还原这位电影哲人及其作品。发布会上，《青年电影手册》主编程青松与电影导演、诗人仝晓锋深入解读了杨德昌这位殿堂级电影大师，分析其电影特点，以及对当下中国社会现实的观照。策划人商务印书馆（成都）有限公司总编辑丛晓眉分享了她关于出版本书的发想、经过以及现实意义。与会嘉宾还与台湾地区新电影的热爱者及热心读者展开了讨论和互动。多家媒体到会并进行了报道。（欧阳帆）

中国大百科全书出版社举办“百科知识与成长”文化沙龙活动

2014年9月27日，中国大百科全书出版社和齐鲁晚报社“今日烟台”栏目主办的“百科知识与成长”文化沙龙在烟台莱山区6号空间举行，中国大百科全书出版社百科全书编辑部主任朱杰军向近百位老中青读者介绍了百科全书编纂过程中的精彩故事。

活动现场展示了中国大百科全书出版社多部重点产品，如《中国大百科全书》（第二版）、《中国大百科全书》(第二版简明版)、《不列颠百科全书》《中国中学生百科全书》《中国儿童百科全书》等，使读者们感受到“百科全书”的魅力。少儿类百科全书还作为礼物赠予小读者们。

文化沙龙受到了不同年龄段读者的欢迎。活动结束后，一些读者继续与朱杰军深入沟通关于“百科全书”的故事。齐鲁晚报社对“百科知识与成长”文化沙龙活动进行了现场报道，首轮报道引发了网易新闻、和讯新闻、中搜资讯及烟台大学等多家网络媒体二次转发。（尹添铭）

《魁拔之书》新书发布会暨签售活动举行

2014年9月27日，世界图书出版公司北京公司联合北京青青树动漫科技有限公司在王府井书店多功能厅举办《魁拔之书》新书发布会暨签售活动。青青树动漫导演王川，青青树魁拔项目主创，以及世界图书出版公司北京公司总经理张跃明，著名编剧、影评人史航参会。

在发布会的开始阶段，王川与史航以对话的形式，解读了《魁拔之书》的幕后故事，尤其是针对《魁拔之书》中如何构架如此宏观丰富的世界观，王川讲解了自己与团队的亲身经历。并与到场读者分享自己对于《魁拔之书》的见解。同时，也与现场众多的魁拔粉丝进行了问答互动。此次导演与粉丝的亲密接触，也将是《魁拔Ⅲ战神崛起》宣传期中一次非常难得的机会。

作为本次活动的一个重要环节，王川为新版《魁拔之书》亲笔签名，很多粉丝争先恐后让其签名。更有甚者，在王川签名之后还要求一起合影留念，顿时到场的众多魁拔粉丝的尖叫声响成一片，整个现场火爆异常。（张旭蕾）

中国出版传媒商报社等联合举办首届全媒体时代社店营销实务对接会

2014 年 10 月 16～17 日，由中国出版传媒商报社主办、北京台湖出版物会展贸易中心协办的“首届全媒时代社店营销实务对接会”举行。

出席此次会议的中国出版集团公司党组成员、中国出版传媒股份有限公司副总经理樊希安依据出版业以及中版集团实际，在讲话中强调，出版社和书店是上下游产业链条不可或缺的伙伴，有必要加强合作、携手应对挑战，共同维护行业的市场秩序，在巩固各自的固有优势的同时，强化融合发展。针对图书销售，更需要社店双方加强信息对接、资源对接和服务对接，共同打造融合多媒介、多形态的营销模式。

此次对接会原本预计百人左右的参会规模，最终与会人数达到 160 余人。这些代表来自全国 29个省、自治区、直辖市和计划单列市，其中出版社代表来自 15 个省区市，书店代表来自 21 个省区市。社店代表涵盖书业各个环节，除了采购、营销部门负责人外，多位国有和民营书企的老总也踊跃参会。

会议安排了业内外专家进行高密度、大信息量的专题讲座，并设置分组实务对接讨论、现场实物展示、微信群和现场问卷调查等多个环节，加强与会代表彼此交流的同时，及时跟踪大家的反映和需求。数字营销专家肖明超，北京大学纵横管理咨询集团合伙人曲延明分别就出版传媒业新媒体营销策略和电子商务转型做了演讲，深入浅出，案例翔实，得到与会者广泛认可。中国出版传媒商报社社长伍旭升主讲的《全媒时代社店品牌营销直问与方略》，获得与会者广泛共鸣，纷纷要求当晚补加 1 个多小时的讲座交流。与会代表表示，讲座既有理论高度又有实践总结，尤其是进一步厘清了业界对传统社店交流、媒体营销地位作用与前景的认识误区，使与会者深受启发。（郭是海）

新媒体故事书创作平台（北京）推介研讨会举行

2014 年 10 月 16 日，中版集团数字传媒有限公司在集团公司 11 楼会议厅举办“新媒体故事书创作平台（北京）推介研讨会”，50 余家在北京出版社参加了研讨会，研讨会通过产品介绍、产品演示、专家点评、互动提问等环节推介思耐普软件。（李　铃）

毛绒玩具总动员——《失踪的裤子》绘本故事会举行

2014 年 10 月 18 日，中国对外翻译出版公司与天通苑社区青年汇、爱丁岛悦读亲子馆在爱丁岛亲子悦读馆（天通苑馆）联合举办了“毛绒玩具总动员——《失踪的裤子》绘本故事会”，近 20 个家庭的小朋友带着毛绒玩具参与主题活动。

为了达到最好的绘本讲述效果，编辑、营销人员首先绘声绘色地将出版的“大大熊和他的朋友们”系列童书之《失踪的裤子》，以分角色朗读的形式讲给小朋友听。小朋友一个个都瞪大了眼睛，紧盯着图片，沉醉在了精彩的故事中。随后，三位“故事”姐姐将事先准备好的毛绒玩具变戏法似的变了出来，书中提到的小小熊、大大熊、小骆驼、小鸭等形象化身玩偶，在老师们的手中仿佛活了起来。

活动最后，老师们将小朋友分成三个小组，让小朋友们自行分配医生、护士、病患的角色，上演了一出“动物玩偶看病记”，培养小朋友的团队合作和沟通协作能力。（郭宇佳）

“百年学脉——中华现代学术名著”系列讲座（第二季）举行

2014 年 10 月 19 日～11 月 29 日，商务印书馆与首都图书馆先后三次联手举办了“百年学脉——中华现代学术名著”系列讲座（第二季）。“百年学脉”系列讲座延续了第一季“名家谈经典”的模式，邀请各个学科的知名学者讲述中华现代百年学术的经典名著，将读者引领到郑天挺、梁漱溟、陈岱孙、沈从文等大学者身边，知其所思所想，感其所喜所忧，随其攀临百年学术的巅峰，也随其经历时代人生的跌宕。

10 月 19 日，第一讲主题为“郑天挺：清史学的开创者”，由郑天挺先生哲嗣、著名明清史专家郑克晟主讲郑先生的治学生涯及其对子女成长的影响。11 月 1 日，第二讲主题为“梁漱溟：新文化运动中的特立独行者”，由梁漱溟先生嫡孙梁钦宁主讲在五四与新文化运动的风暴眼中，梁漱溟先生的独立思考与行动。11 月 15 日，第三讲主题为“中国经济学一代宗师陈岱孙”，由陈岱孙先生弟子、北京大学经济学院前院长晏智杰与陈岱孙家人刘昀主讲陈先生的学术造诣、道德文章和人生故事。11 月 29 日，第四讲主题为“章服之实——沈从文先生与中国服饰文化”，由沈从文先生助手、著名纺织考古学家、古丝织品和古代服饰保护与修复专家王亚蓉主讲沈先生在服饰研究领域的卓著贡献，以及先生作为一个中国人重续本土传统、兴旺国人服饰的文化理想。系列讲座获得了读者们的欢迎，既是一场学术的盛会，也是一场思想的盛宴。（倪咏娟）

《我们的故事之乱世佳人：1949—1959 年香港故事》新书发布会暨读者见面会举行

2014 年 10 月 20 日，人民文学出版社与中国现代文学馆联合在北京举行了香港著名作家、博士梁凤仪《我们的故事之乱世佳人：1949—1959 年香港故事》中文简体字版新书发布会暨读者见面会。人民文学出版社副总编辑周绚隆参加会议并发言。

梁凤仪是知名企业家，也是知名的小说家，她亦商亦文，在文艺界及商界均创造了很多奇迹。她的作品，不仅为海外读者所追捧，也受到了大陆读者的喜爱。早在 20 世纪 90 年代，梁凤仪就在人民文学出版社出版了二十多部作品，受到广大读者欢迎，也加强了大陆和港澳台地区文学之间的了解和交流。

《我们的故事之乱世佳人：1949—1959 年香港故事》，是梁凤仪《我们的故事》三部曲的第一部，讲述了在 1949 年到 1959 年间。以女主人公桂雨心的人生经历为线，贯穿起了一个家族、两组爱情，更从一个侧面映射了当时整个香港地区乃至中国的政治和经济面貌。（王芸菲）

《老生》读者见面会暨名家论坛举行

2014 年 10 月 27 日，“中国历史的文化记忆——贾平凹长篇新作《老生》读者见面会暨名家论坛”在北京大学举行。中国移动手机阅读基地也同步首发了《老生》一书的电子版。

本次活动由中国出版集团公司、人民文学出版社、中国移动手机阅读基地、北京大学中文系团委联合主办，并由大佳网、当当网协办。中国作家协会副主席，文学评论家李敬泽，北京大学中文系教授，文学评论家陈晓明，意大利驻华大使馆文化处职员、翻译家李莎出席，中版集团数字传媒有限公司总经理赖雪梅，中国移动手机阅读代表袁晖，人民文学出版社社长管士光，副社长李春凯，副总编辑应红参加了活动。

活动现场，与会嘉宾与贾平凹展开精彩对

谈，深入探讨了《老生》的艺术特色和文学创新之处，并就文学与历史的关系进行了交流。对谈结束后，在场媒体、北京大学学子及热心读者与三位嘉宾进行了面对面的交流。（王芸菲）

《盘丝洞 1927》新书发布式举行

2014 年 10 月 27 日，世界图书出版公司北京公司在中国电影资料馆举办《盘丝洞 1927》新书发布式。中国电影资料馆馆长孙向辉等作为嘉宾参加了新书发布式。

“世界视听遗产日”是在 2005 年由联合国教科文组织倡导下设立的，中国电影资料馆每年都会在遗产日当天举行专项活动，旨在提高人们对视听遗产保护的认识。2014 年，在视听遗产保护方面有一项非常事件即 1927 年拍摄影片《盘丝洞》回归祖国。配合回归事件，中国电影资料馆还整理了《盘丝洞》导演但杜宇先生留存国内的唯一一部作品《苦恋》，作为视听遗产日特别放映影片呈现给观众。影片放映之前，电影史论学者李镇先生对但杜宇和其艺术作品做了详尽专业的介绍，向影迷们展现早期影像遗产魅力。并举行了《盘丝洞 1927》新书发布仪式。

本书主要围绕遗落在海外的早期电影拷贝《盘丝洞》重回祖国这一重大事件，通过详细的早期文字图片记录以及电影史学家的重新解读，重新发现影片价值，为中国早期电影史填写重要一笔。该书既是一本关于早期电影的学术书，又是一本民国时期电影的文博书。相对于一般的学术著作，书中的内容是以故事的形式表现，文字十分生动。它还完整复制中国电影资料馆馆藏珍品 1927 年上海影戏公司出版《上海》杂志第四期《西游记第一集盘丝洞号》，全面呈现“影海遗珠”《盘丝洞》的价值与意义。（张旭蕾）

“《我亲爱的甜橙树》小说与电影欣赏交流会”举行

2014 年 11 月 10 日，由人民文学出版社、巴中书友会、兰州交通大学外语学院共同举办的“《我亲爱的甜橙树》小说与电影欣赏交流会”在兰州交通大学外语学院学术厅举行。该书责任编辑王永洪介绍了巴西著名作家若泽·毛罗·德瓦斯康塞洛斯的传奇经历和他的经典童书《我亲爱的甜橙树》，随后放映同名电影。放映结束后，围绕影片和小说，王永洪回答了学生们的提问，并表示“美食暖胃，好书暖心，希望甜橙树像兰州拉面一样走进大城小市，温暖人心”。

（王芸菲）

“商务印书馆 2014 年度人文社科好书评选”活动举行

2014 年 11 月 15 日，“商务印书馆 2014 年度人文社科好书评选”活动在商务印书馆举行。经过评委们的投票，最终从 80 余种候选书目中选出趣味性与知识性并重的人文社科“十大好书”。

评委团由 18 位现场评委和 8 位通讯评委组成，其中既包括读书媒体资深编辑记者，也有著名书评人，如止庵、解玺璋等，还有各学科知名学者，如中国社会科学院文学研究所研究员杨早、北京航空航天大学法学院教授赵明、北京大学哲学系副教授李超杰等。

经过两轮投票，《罗马史》《第三帝国的语言》《眼泪与圣徒》《一平方英寸的寂静》《俄国革命史》《唐宋词举要》《海德格尔文集》《浪迹十年之联大琐记》《看不见的森林》《亚当·斯密全集》的票数略胜一筹，被评为 2014 年度商务印书馆人文社科“十大好书”。同时，《广州十三行》《帝国权威的档案》《他们以为他们是自由的》《宽恕》《钱锺书手稿集·外文笔记》《自我颠覆的倾向》《1660～1832 年的英国社会》《合法性与正当性》《桃花流水杳然去》《试谈另一个中世纪》《萨迦选集》等紧随其后，被评为十大“入围图书”。中央电视台、人民网、新华网、中国新闻网、《北京日报》等多家媒体对活动进行了报道。（刘瑞龙）

荣宝斋（济南）拍卖有限公司首届艺术品拍卖会举行

2014 年 11 月 15 日，荣宝斋（济南）拍卖有限公司在济南喜来登酒店举行首届艺术品拍卖会。拍卖会共有 5 个书画专场，600 件书画珍品，最终成交 4.3 亿元，创造了山东艺术品拍卖市场的新纪录。

汇聚 83 件拍品的“中国精品书画专场”作为本届拍卖会的重头戏，以不凡的作品质量、可靠的来源、合理的价位，赢得了藏家的信赖，总成交额达 2.9 亿元、成交率 100％。其中，齐白石《松竹梅三祝图》因题材高雅，形式特殊，受到一路追捧，后以 1075 万元被买家竞得。张大千《荷叶田田》是市场极为罕见的大尺幅赭石水墨交融的作品，荷花婀娜多姿，非常精彩。几位买家轮番竞价，最终以 2464 万元落槌。倍受关注的李可染《雨后复斜阳》，为毛主席诗意红色题材作品，以《菩萨蛮·大柏地》词意入画在李可染作品中也很罕见，最终创下 2300 万元的成交价。吴冠中《乐佛图》尺幅硕大，题材讨喜，被买家以 1495 万元纳入囊中。

“当代名家四条屏专场”甄选当代画坛 32 位名家的 32 件作品，共成交 3684 万元，成交率 100％。“朱新建书画专场”中的 81 件作品皆为朱新建 90 年代在巴黎时期创作的精品，这批作品创下了 1300 万元的成交额。“中国书画近现代专场”及“当代绘画精品专场”集结了不同风格、流派的佳作，成交额分别为 6800 万元、2700 万元。（刘　芳）

中华书局“中国近代名人手稿日记丛刊”之《蒋维乔日记》新书发布暨出版座谈会召开

2014 年 11 月 18 日，中华书局“中国近代名人手稿日记丛刊”之《蒋维乔日记》新书发布暨出版座谈会在上海图书馆召开。与会专家学者踊跃发言，回忆了蒋维乔的人生轨迹，肯定了该书的出版价值，探讨影印图书的出版方向，对中华书局与上海图书馆双方的联袂合作给予高度评价，同时提出中肯建议，并对中华书局版“中国近代名人手稿日记丛刊”系列图书的后续进展充满期待。

“中国近代名人手稿日记丛刊”之《蒋维乔日记》一书影印了上海图书馆所藏的蒋维乔全部日记，记述内容始于光绪丙申年（1896）九月初二日，止于 1958 年 2 月 29 日，共计 63 年。由鷦居日记（3 册）、退庵日记（32 册）、因是斋日记（46 册）三部分组成，长达 16000 多页。日记详细记录了自晚清至 20 世纪 50 年代末中国的政治、文化及蒋维乔个人的治学、交往与游历，其中保留了大量有关清朝末期至解放初期文化界、教育界及佛教界的珍贵史料。（梁　彦）

新媒体故事书创作平台（上海）推介研讨会举行

2014 年 11 月 20 日，由中国出版集团公司主办，中版集团数字传媒有限公司承办的新媒体故事书创作平台（上海）推介研讨会在上海国际童书展举行。上海市新闻出版局副局长阚宁辉、中国出版集团副总裁潘凯雄出席研讨会并致辞，20 余家少儿出版社、多家科研院校以及文化公司、技术公司参加研讨会。（李　铃）

新媒体故事书儿童创作比赛举行

2014 年 11 月 22 日，中版集团数字传媒有限公司在上海国际童书展上举办新媒体故事书儿童创作比赛，思耐普软件受到关注。通过广泛的市场接触与反馈，确定利用思耐普软件建立动漫平台，实现用户免费使用、聚集资源的营销。

（李　铃）

中国对外翻译出版公司参加北京第三届亲子绘本节

2014 年 11 月 26～27 日，中国对外翻译出版公司（以下简称“中译公司”）向日葵童书馆参加了在家盒子望京中心举办的第三届亲子绘本节，现场展示了近年来出版的十余种优秀童书，并在活动期间举办了精彩的科普实验活动，为小朋友们讲述了一个个精彩的绘本故事。

亲子阅读是增进和发展亲子关系的重要沟通方式，而亲子阅读需要好的绘本和专业的阅读技巧，此次活动由北京市妇联、北京妇女儿童发展基金会曾敏杰杨浩联爱基金携手家盒子联合举办，旨在更好地推动绘本在中国的发展，让更多中国家庭了解并加深对亲子绘本阅读的认知，传递国际绘本亲子阅读理念，提高中国父母的家庭教育水平。中译公司向日葵童书馆作为此次绘本节活动的协办方，特别精心设计了绘本延伸活动，举办了一场别开生面的神奇小实验：《戴帽子的猫科普图书馆》之《嘿，你会种东西吗?》。

（郭宇佳）

音乐研究杂志社参与主办“两岸音乐学术的现时发展与未来协作高端论坛”

2014 年 11 月 28 日～12 月 1 日，人民音乐出版社音乐研究杂志社与福建师范大学音乐学院、海峡两岸文化发展协同创新中心共同主办，钢琴艺术、歌唱世界、中国音乐教育三家杂志社共同协办的“两岸音乐学术的现时发展与未来协作高端论坛”在福州召开。

本次论坛中，来自海峡两岸音乐学术界的知名理论家、演奏家、教育家和中国音乐学杂志社、中央音乐学院学报社、人民音乐杂志社等多家重要音乐期刊的一线编辑围绕当前两岸音乐领域的热点、焦点问题进行了深入而富于建设性的研讨。论坛分设 20 世纪两岸音乐学术发展的历史特点、两岸音乐学术的现实困局、音乐学术的“跨界”与两岸学界的写作、钢琴及声乐艺术与教育领域的交流协作共四个议题。所涉及内容既有纯粹的音乐理论的探讨，又涵盖了音乐表演、学术出版、人才培养等多个实践层面的重要问题；既立足于现时状况，又着眼于未来发展。

（李一茜）

人民文学出版社举办“朝内 166 · 文学公益系列讲座”第七讲

2014 年 11 月 29 日，“朝内 166 · 文学公益系列讲座”第七讲在人民文学出版社后三楼会议室开讲。本期讲座的主题是“永远的肖洛霍夫，静静的美丽顿河”，主讲专家为北京大学俄语系教授、博士生导师，中俄比较文学研究会会长李明滨。讲座由人民文学出版社副总编辑肖丽媛主持。

李明滨在讲座中称《静静的顿河》是苏联俄罗斯时期最重要的一部文学作品，肖洛霍夫创造了前所未有的文学肖像，值得反复阅读。

习近平总书记于 2014 年初在俄罗斯索契和法国巴黎访问时，曾两次向媒体公开了自己的阅读“书单”。在 2014 年 10 月 15 日的文艺工作座谈会上，习近平主席再次谈到了读书的话题，称他尤其喜欢《静静的顿河》。人民文学出版社组织这次讲座，同时也是为了积极响应和落实习近平总书记在文艺座谈会上的讲话精神，向广大读者推荐经典作品，营造良好阅读氛围。

人民文学出版社每次举办的“朝内 166 · 文学公益系列讲座”，总是吸引众多读者参加。他们从北京城的四面八方赶来，甚至还有从天津过来的读者。管士光说，“朝内 166 · 文学公益系列讲座”的成功，一是因为人民文学出版社的品牌影响力，二是因为主讲专家的精彩解读。人民文学出版社将继续举办这个公益活动，为人民文学出版社品牌建设注入新鲜力量。（王芸菲）

中版教材有限公司举办沈阳市、大连市中小学教师《书法》培训会

2014 年 12 月 3～5 日，中国出版集团教材中心联合相关教育部门分别在沈阳市和大连市举办了中小学教师《书法》培训会，参加培训会的

老师包括市级及各区县的教研员、学科带头人、一线教师等共六百余人。

培训会特别邀请了北京市书法学科带头人、中国书法“兰亭奖”获得者、中国书法家协会会员张玫老师，河北师范大学书法艺术研究所所长、中国书法家协会会员寇学臣教授，以及北京市东城区青少年宫书法教师、中国书法家协会会员苏志敏老师就中小学书法教学教法及课堂模式解析、楷书的临摹与教学、赵孟頫楷书书写与教学等内容做了讲座，受到广大老师们的热烈欢迎。老师们不仅加深了对华文版《书法》教材的理解，而且解决了在书法教学中遇到的难题，有利于推动书法教学工作。（赵　翱）

钢琴艺术杂志社承办“2014‘长江’钢琴教师（社区）音乐节”

2014 年 12 月 6～8 日，人民音乐出版社钢琴艺术杂志社承办的“2014‘长江’钢琴教师（社区）音乐节”在首都师范大学音乐学院举办。中国教育学会音乐教育分会理事长吴斌、中国教育学会音乐教育分会钢琴学术委员会主任唐重庆、钢琴教育家周铭孙等知名人士出席了开幕式。

社区业余钢琴教育是中国钢琴教育的根基，人民音乐出版社钢琴艺术杂志社为此积极推进，举办首届“2014‘长江’钢琴教师（社区）音乐节”活动，旨在不断规范、提升社区钢琴教育的水平，更好地发展中国钢琴教育。为期 3 天的活动吸引了来自全国 19 省 41 市的 200 余名钢琴教师前来参赛，共举办了七场钢琴比赛、一场钢琴音乐会以及三场钢琴学术讲座，让来自全国各地的社区钢琴教师受益匪浅。（李晓蓓）

《末代皇族的新生》新书发布暨签售会举行

2014 年 12 月 7 日，《末代皇族的新生》新书发布暨签售会在北京图书大厦举行。除作者贾英华到场以外，《百家讲坛》导演于洪、末代皇族后裔郭布罗·曼若等也参加了发布会。

《末代皇族的新生》由人民文学出版社出版，它是根据贾英华在《百家讲坛》栏目的同名讲稿整理而成。该书二十余万字详细披露了末代皇族新生的历程，刻画百年历史真实缩影，同时配以一百多幅珍贵历史照片。（王芸菲）

中国音乐教育杂志社参与主办“第七届中小学音乐课观摩活动”

2014 年 12 月 7～14 日，由人民音乐出版社中国音乐教育杂志社参与主办的“第七届中小学音乐课观摩活动”在深圳举行。前来参加此次活动的全国中小学音乐教育工作者近 8 000 人，创下了历年观摩人数的新高。共同见证了 41 位参赛教师各具风格、精彩纷呈的现场教学课。

“中小学音乐课观摩活动”经历 20 余载的发展，始终秉承着坚持为基础音乐教育教师搭建平台、提供发展空间的主旨，目的在于及时呈现 10年“课改”理念与教学实践的探索调整方向。本届活动在组织形式、参与规模、课程质量、选手素质等多方面均有显著提升，在延续往届突出课程内容设计的基础上，教师的个人技能和教学水平均有长足进步。本届活动最终决出小学组一等奖 14 名、二等奖 30 名、三等奖 28 名、优秀指导教师 28 名；中学组一等奖 14 名、二等奖 27名、三等奖 31 名、优秀指导教师 28 名。

（吴明静）

《你配得起更好》读者见面会活动举行

2014 年 12 月 13 日，人民文学出版社《你配得起更好》读者见面会活动在北京单向街书店举行。在活动现场，作者晚睡与专栏作家黄佟佟进行对话，就女性的婚嫁观念、社会对女性的态度、女性对自我的认知等问题进行了交流。

晚睡，东北人，职业女性，2005 年以“晚上不睡早晨不起”为名在天涯社区注册，为广大深陷情感旋涡的网友剖析情感案例，解除烦恼，被网友称为“晚睡姐姐”。《你配得起更好》是晚睡的第三部作品，收录了74篇散文。在本书上市之前，书中多篇文章已在豆瓣网、微信和微博等平台被大量转载，晚睡提倡的“精心耕种生活”理念得到广大网友认同。（王芸菲）

中华书局中国地域文化研讨暨《中国地域文化通览》出版座谈会召开

2014年12月18日，国务院参事室、中央文史研究馆和中华书局联合召开中国地域文化研讨暨《中国地域文化通览》出版座谈会。中国出版集团公司副总裁李岩出席会议。中华书局总经理徐俊、副总经理余喆等参加会议。会上，来自北京、上海、天津等近30个省（区、市）的文史研究馆馆员，《中国地域文化通览》各分卷负责人，王蒙、詹福瑞、白化文、荣新江、邹逸麟等百余位专家学者，对《中国地域文化通览》的出版给予了肯定。大家认为，《中国地域文化通览》的出版发行，是对我国文化资源的一次普查，是弘扬中华优秀传统文化的一大成果，是对国家、对民族高度负责精神同严格的学术规范相结合的成功范例。（梁　彦）

“汉语盘点2014”活动揭晓仪式举行

2014年12月19日，“汉语盘点2014”活动揭晓仪式在人民日报社举行。活动自11月启动后，共得到7 000余条网友推荐字词，投票阶段点击量达12万余次，微博话题阅读量达2.3亿次。经过历时一个多月的“网友推荐”“专家评点”“网络投票”等环节，最终，“法”“反腐”“失”“马航”分别当选年度国内字、国内词、国际字、国际词。“赞、APEC蓝、暖男、萌萌哒、埃博拉”等热词也榜上有名。揭晓仪式同时发布年度十大流行语、年度十大新词语、年度十大网络用语。

商务印书馆总经理于殿利，人民日报社副总编辑马利，北京语言大学教授杨尔弘，河南大学教授王立群，中国传媒大学教授侯敏，中国社会科学院近代史所研究员雷颐，华中师范大学教授郑世珏，语文出版社社长王旭明，北京语言大学党委书记李宇明，人民网总裁、总编辑廖玒，中国人民大学国际关系学院副院长金灿荣，中央电视台新闻中心策划部副主任宣明栋，文化学者、新华社高级记者聂晓阳，新浪微博运营总监董文俊，清华大学新闻与传播学院教授沈阳，中央电视台科教频道重大项目组组长聂丛丛，人民网副总编辑祝华新，国家数字化学习工程技术研究中心副主任刘延申，教育部语言文字信息管理司副司长田立新现场揭晓，点评相关字词，并为获奖网友颁奖。著名国学家袁行霈、著名报人邵华泽为活动泼墨题字。揭晓仪式由人民网直播，北京语言大学80余名学生参加活动。新华社、中央电视台、《人民日报》《光明日报》、中国新闻社等40余家媒体参加并报道。（刘　兰）

《偷你的心情，写情歌》读者见面会举行

2014年12月19日，台湾地区著名词作家、唱片制作人林秋离携首部音乐随笔《偷你的心情，写情歌》在北京中关村图书大厦举办读者见面会，讲述自己进行歌词创作及书里书外的故事。在华语流行乐坛，林秋离算是大师级的人物，曾为300多名歌手写过700多首歌曲，《江南》《曹操》《哭砂》《谢谢你的爱》《听海》等诸多脍炙人口的歌词都出自他之手。

书中，林秋离的写作非常个性化，遣词用句完全不同于情歌中“情意绵绵”的林氏笔法。他还特意提到，“这本书其实就是为大陆读者写的。”他不拘一格地使用了不少网络用语，读来生动有趣，畅快淋漓。林秋离表示，他希望通过这本书，让读者能够更加了解“一个幕后词人的想法、个性和异于常人的思维”。新书共有30篇文章，每篇文章都道出了一首歌曲背后的情感思索和动人故事。同时为了更好地传递“音乐随笔”的感觉，每首歌后都附上了二维码，读者用微信“扫一扫”就可以直接收听30首经典歌曲。

林秋离说，“这本书我就是边听歌边写的，大家也一定要边听边看。”据了解，该书同时在中国移动“和阅读”独家数字首发，读者可以用手机随时随地阅读。（毛昆仑）

“中国好文章古文篇今文篇”发布签售仪式举行

2014年12月，现代出版社在营口举行了“中国好文章古文篇今文篇”发布签售仪式。中国出版集团副总裁李岩和现代出版社总编辑臧永清出席，著名散文家王充闾和祝勇受邀进行图书签售。图书签售现场童叟齐聚，许多读者早早就来排队购书，作家与读者现场零距离互动，台上台下互动话题不断，反响空前。这次签售活动思路创新，一改名家见面会只锁定一线城市的旧套路，让市民“眼前一亮”，同时也见证了市新华书店文化惠民的魄力。《中国新闻出版报》《营口日报》《营口晚报》分别对此进行了充分报道，特别是《中国新闻出版报》把营口与北京、上海、深圳、杭州一线城市一齐亮相于同版，可谓史无前例。（毛昆仑）

“走出去”工作

《中国工艺美学史》（英文版）获得国家新闻出版广电总局 2014 年度“经典中国国际出版工程”资助

2014 年 3 月，《中国工艺美学史》（英文版）获得国家新闻出版广电总局 2014 年度“经典中国国际出版工程”资助。该书对古代工艺美学思想的基本特征作了概括性的论述，包括主体人、人与自然、道与器、生活需要、物的功能、功能与装饰等方面，是对中国工艺美学的本质剖析，反映了工艺美学的特殊性。主体章节系统地阐述了工艺美学的风格演变：汉代奠定了古代工艺美术的基础，唐代使工艺美术更为丰富并发扬光大，明代则深化了工艺美术的创造思维。全书贯穿了工艺美学的主线，勾画了工艺美学的轮廓。多年来受到专业读者持续推崇。这部学术专著由于专业性强、历史及术语词汇庞杂，由多名中外翻译及艺术专业人员组成团队，计划在五年内翻译出版完成。

该书作者杭间，系艺术史学者，批评家，中国美术学院院长助理，美术馆馆长，教授。曾任清华大学美术学院副院长，博士生导师，《装饰》杂志主编。从事艺术史教学和研究近 21 年，著有《手艺的思想》、《新具象艺术》、《中国工艺美学思想史》、《中国设计史》等，主编有《中国古代物质文化经典图说丛书》等。

（杨　乐）

“中德出版对话暨《德国，你如此优雅》版权输出签约仪式”举行

2014 年 5 月 26 日，人民文学出版社在四楼会议室举办“中德出版对话暨《德国，你如此优雅》版权输出签约仪式”。德国奥尔姆斯出版社瓦尔特·格奥尔格·奥尔姆斯和迪特里希·奥尔姆斯先生，人民文学出版社社长管士光，副社长李春凯，人民出版社社长黄书元，常务副社长任超，以及本书作者、中坤集团董事长黄怒波等出席，共同见证了《德国，你如此优雅》版权输出的签约仪式。

管士光介绍了《德国，你如此优雅》的出版情况，他希望通过这本书的出版能够与奥尔姆斯出版社创建一个良好的合作开端。他表示，人民文学出版社针对该书将进行国内国外的同步宣传，计划在 2014 年法兰克福书展举行一系列推广活动。同时，由于该书是系列作品的首部，在对外宣传上也将是持续性的，这也是人民文学出版社“走出去”工作的重要内容。

《德国，你如此优雅》是一部在中德两国同步上市同步宣传的图书，也是该书作者黄怒波的“21 世纪人类脸谱行动”系列写作内容之一。作者将用十年时间走遍世界重要的世界文化遗产之地，并在这些文化遗产的所在国同步出版该语种图书。

管士光、黄书元还与奥尔姆斯出版社社长讨论了深化合作的可能性，并初步确定了几个合作项目。

（王芸菲）

德国书业代表团到人民文学出版社访问

2014年5月27日，德国书业代表团一行到人民文学出版社访问。社长管士光、副总编辑曹剑、副社长李春凯外国文学编辑室主任欧阳韬，美术编辑室主任刘静，发行部主任王秋玲及外国文学编辑室的编辑人员会见了来访嘉宾。

德国书业代表团由8家文学、社科、设计类出版社代表组成，他们计划在北京与中国书业同行进行交流，其中人民文学出版社是交流的重点出版社之一。

管士光向来宾介绍了中国文学出版的历史和现状，以及人民文学出版社出版德国作家图书的情况。德国法兰克福书展副总裁傅蓝（Holger Volland）对人民文学出版社出版的图书表示了赞赏。双方就电子书的出版现状、新作者培养、图书封面设计等话题进行了深入和专业的探讨。

针对德国来宾特别关注的电子书出版问题，管士光表示，年轻人相对纸质书更习惯电子阅读，所以电子书是未来发展的大势所趋。人民文学出版社虽然在最近几年才开始涉足电子书领域，目前还处于摸索阶段，但正力求寻找一个有效的电子书盈利模式。（王芸菲）

中国出版集团公司等联合主办第三届"故事驱动亚洲"大会

2014年5月29～30日，由中国出版集团公司与法兰克福书展、德国图书信息中心共同主办的第三届"故事驱动亚洲"大会在中国（北京）国际服务贸易交易会上举行。中国出版集团公司副总裁李岩出席大会，来自全球文学界、出版界、电影界、设计界等400多人参加大会。

李岩代表总裁谭跃致辞，他指出："跨文化融合"，不仅是一个国家的文明形态在全球化进程中实现革故鼎新、开物化成的基本方式，也是一个大型跨国集团在国际化扩张中实现一体化管理、本土化运营的基本途径。举办"故事驱动亚洲"大会，既是为了交流最新锐的文化理念和商业模式，也为了让大家感受到中国文化的魅力、中国变革的魅力、中国崛起的魅力。中国传统文化中"讲仁爱、重民本、守诚信、崇正义、尚和合、求大同"的人文精神，不仅体现在亚洲国家的图书报刊、动漫游戏、经典电影中，也日益受到欧美国家的关注和欢迎。中国与世界各国之间梦相通、心同向、行同路，其原因之一就在于"跨文化融合"的力量。在数字化时代，我们既要立足故事本身，又要跳到故事之外，实现内容资源的多形态、多媒体呈现；我们既要立足文化本身，又要跳到文化之外，实现文化资源与科技、与资本、与产业的有机融合，开创出一个新的蓝海市场。

大会具有三个特点：一是主题突出，更加集中。大会增加了日本动漫、韩国电视剧等单元，从"故事驱动中国"变成了"故事驱动亚洲"，重点聚焦亚洲国家的文化产品如何"走出去"。二是名家云集，案例展示。著名学者于丹、法兰克福书展主席博思、《来自星星的你》制作人文普美、人民美术出版社社长汪家明，以及德国吕贝出版集团、美国学乐出版社负责人，从理论和案例分析的不同视角分享跨文化、跨媒体的经验。三是注重融合，凸显实操。集团公司"三个一百"人才培训班200余名学员现场学习取经。德国贝克出版社、法兰克福出版社等8家出版社与人民文学出版社、中国美术出版总社、生活·读书·新知三联书店、荣宝斋达成初步洽谈意向。（张　旻）

中国对外翻译出版公司承接世界语言大会多语种口译、笔译服务

2014年6月5～6日，中国对外翻译出版公司承接了国家教育部和联合国教科文组织在苏州联合举办的世界语言大会的现场口译服务，向大会提供了由数十位国际口译员协会会员组成的专业同传译者团队，以出色的语言服务和高效有序的管理素质赢得了与会各方的一致认可，为加强中国与教科文组织的合作，提升中国在教科文组织中的地位做出了贡献。（徐　可）

人民文学出版社和美国亚洲文化传媒集团联合为冯唐举办赴美文化交流活动

2014年6月6～8日，人民文学出版社和美国亚洲文化传媒集团为中国作家冯唐共同举办在美国芝加哥、曼哈顿组织的文化交流活动。该活动作为人民文学出版社“走出去”工作的新形式，取得良好效果。

6月6日晚，“亚文讲坛——冯唐：当代汉语文学与写作”在美国芝加哥大学举办。6月8日，美国亚洲文化中心和美国中文电视在曼哈顿为冯唐特别录制了美国中文电视英文频道“W. E. Talk”专访栏目；并在美国亚洲文化艺术中心艺术馆录制了“纽约会客室”电视栏目，该节目是北美最受欢迎的中文电视专题栏目，采访过多位往来纽约的文化名人、社会名流。

为举办此次活动，人民文学出版社积极主动地联系了美国媒体以及对中国当代文学感兴趣的出版机构。此次活动，是人民文学出版社“《山楂树之恋》海外版权代理模式”的延续。作家冯唐的作品虽非人民文学出版社首次出版，但他将所有作品海外代理版权授予人民文学出版社，也为人民文学出版社出版其最新作品奠定了合作基础。（王芸菲）

商务印书馆与英国牛津大学出版社共同举办“中英词典编纂研讨会”

2014年6月8～12日，商务印书馆与英国牛津大学出版社在合作35周年之际，在英国牛津共同举办“中英词典编纂研讨会”，学习牛津大学出版社在词典编纂方面的先进经验、编纂数字平台的技术和工作流程，研讨双语学习词典编纂的前景与现状。

牛津大学出版社英语教学出版部主管经理Peter Marshall、英语教学出版部出版经理Marion Cooper、英语教学出版部词典语法处主任Patrick White、词典语法处编辑主任Margaret Deuter、牛津英词大辞典编辑部总编辑Michael Proffitt、副总编辑Philip Durkin、牛津大学出版社（中国）有限公司词典部主管刘浩贤、编辑主任李洁萍、特聘专家于海江，南京大学双语词典研究中心主任魏向清、北京航空航天大学外国语学院院长向明友、重庆大学英语系教授邹晓玲等中方双语词典编纂和英语教学专家，以及商务印书馆副总经理王齐、英语编辑室副主任马浩岚、营销中心项目主管王永康等出席。

活动中，双方人员研讨双语学习词典编纂的前景与现状，共商全球出版业的未来和趋势。同时，商务印书馆代表团也向英方人员介绍了中国社会和文化的最新动态，中国出版业的发展现状，推介商务印书馆的代表性汉语工具书。此次活动得到了中央电视台、《人民日报》、新华社、中国新闻社、山东卫视等媒体的报道，获得良好的社会影响。（马浩岚）

《极简中国工艺美术史》（英文版）获得2014年度CBI“中国图书对外推广计划”资助

2014年7月，《极简中国工艺美术史》（英文版）获得2014年度CBI“中国图书对外推广计划”资助。按照资助方的要求与项目的实际情况，该书的英文版计划于3年内完成。《极简中国工艺美术史》是人民美术出版社2014年出版的艺术普及类图书。

本书以时间为序，按历史时期分10章，以清晰的框架和简练的描述再现了自公元前600年至20世纪中国工艺美术的演变兴衰。各章节著有当时简单的历史经济政治文化背景和海外工艺发展情况，以出土实物为证，以王公贵族审美为主导，对中国古代工艺美术风尚的衍生与流变景象做了介绍。全书共计247幅彩图，书后图目注有各器物所处朝代、所藏博物馆、出土地和尺寸等核心数据。

该书作者尚刚，系中国古代工艺美术史家，清华大学美术学院教授，毕业于中央工艺美术学院工艺美术史论系和莫斯科高等艺术工业学校。代表作有《隋唐五代工艺美术史》《元代工艺美术史》《中国工艺美术史新编》《中国工艺美术史图说》等,为《中国工艺美术全集》历史卷主撰人。(杨　乐)

中国出版集团公司举办首届中外出版翻译恳谈会

2014年8月24～25日,中国出版集团公司在北京国际图书博览会分会场青岛举行"首届中外出版翻译恳谈会"。

国家新闻出版广电总局党组成员宋明昌、青岛市政府副市长栾新、中国出版集团公司总裁谭跃出席并致辞。来自欧美、亚洲、非洲等多个国家和地区30多位重量级海外汉学家和翻译家参加并做精彩演讲。此外,还邀请了张炜、迟子建、毕飞宇等著名作家出席,并特别邀请了美国出版业媒体《出版商周刊》的评论主编参会,负责在《出版商周刊》上进行报道。

中国出版集团公司总裁谭跃在致辞中表示:出版是文化交流的使者,翻译是文化交流不可或缺的桥梁。人类在精神世界、文化领域是可以互相贯通的。在这中间,翻译、翻译家是一个关键。中国近现代以来涌现出大量优秀的文学作品、学术著作、传统经典,但是因为文化功底深、文学修养好、语言能力强的汉学家和翻译家难寻难求,而无法传播到西方主流世界。中国出版集团公司举办此次恳谈会的目的,就是努力聚合优秀的国际译者资源,试图逐步解决这个难题,推动中国学术文化走进国际主流社会,不断增强国家文化软实力。

首届"恳谈会"以"中外出版翻译"为主题,以高端对话、四个分论坛、翻译工作坊、专题研讨会等多种形式层层展开,对如何选择中文图书进行翻译、如何解决翻译中遇到的问题、翻译作品在海外市场的反响等进行了全方位的探讨和研究,大小会场全部采用同声传译,办会的专业水准与服务意识赢得中外嘉宾一致好评。

中国出版集团公司邀请到了重量级的海外汉学家和翻译家,涉及英语、德语、俄语、土耳其语、阿拉伯语、日语、韩语等多个语种,其中有"欧洲三大汉学家"之称的顾彬、施寒微,日本翻译大家饭冢容,印度著名汉学家狄伯杰,埃及著名翻译家阿齐兹,以及新生代翻译家的翘楚——土耳其的吉莱和俄罗斯的罗季奥诺夫。

为使汉学家们充分了解集团公司的出版实力并促成合作,集团公司精心筛选优秀外向型图书做成全英文书目,并及早将英文书目发给每位汉学家评估。在"恳谈会"期间,专门设计了小型书展,征集了集团下属单位207种近1200本外向型图书,供汉学家们选择和研讨。这些图书获得汉学家们的青睐,达成十几种图书的翻译合作意向。

集团公司与剑桥大学出版社、杜克大学出版社、纽约大学出版社等著名大学出版机构牵手,联合推进《中国近现代文化经典文库》翻译出版工作。该文库遴选了近代以来中国人文社科和文化领域的400多种经典著作,通过"恳谈会"遴选国外知名汉学家担任翻译,并将兼顾纸书和数字版,融合新媒体,进入国外高校、图书馆等主流市场,打造集团"走出去"全媒体重点项目。

集团公司特别邀请美国出版业最知名媒体《出版商周刊》的评论主编参会,并达成协议,全面报道此次"恳谈会"的情况。《人民日报》《光明日报》、中央电视台、中国国际广播电台、新华网等主流媒体对"恳谈会"做了相关报道;《中国新闻出版报》《中国出版传媒商报》等专业媒体做了重点深度报道。(贾兵伟)

生活·读书·新知三联书店参加首届中外出版翻译恳谈会

2014年8月24～25日,由中国出版集团公司主办的"首届中外出版翻译恳谈会"在青岛召开,生活·读书·新知三联书店副总经理常绍民及对外合作部主任刘靖代表三联书店出席。此次恳谈会邀请到包括傅高义、顾彬(Dr. Wolfgang Kubin)、桑禀华(Sabina Knight)等在内的三十余位海外知名学者、汉学家、翻译家,涵盖欧美、亚洲、非洲等多个国家和地区，涉及英语、德语、俄语、意大利语等多个语种。同时受邀的还有张炜、迟子建、毕飞宇等著名作家及意大利等国使馆文化处的官员，以及多家海外知名出版机构高管和著名版权代理人。会议期间，与会各界专家就“中国当代文学翻译的现状与未来”、“中国当代文学与世界的交融”等主题进行了积极的讨论。会议下设四个分论坛，分别以“国际视野下的中国文化与学术”“中国文化的翻译与海外接受”“使馆互译项目与跨文化交流”“数字化环境下中国文化的国际传播”为主题，以专题演讲、高端对话、圆桌会议等多种形式层层展开。会议的另外一个重要议程是《中国近现代文化经典文库》翻译专题研讨会，意在与著名大学出版机构牵手，联合推进该重点项目的翻译出版工作。（刘　靖）

商务印书馆与德国施普林格出版社战略合作签约仪式举行

2014年8月27日，在第21届北京国际图书博览会上，商务印书馆与德国施普林格(Springer)出版社在中国国际展览中心举行战略合作签约仪式。德国施普林格出版社全球执行副总裁魏因海默（Heinz Weinheimer）、编辑总监潘万和，施普林格出版社北京办事处项目负责人柴宁、李琰，中国出版集团公司党组书记、副总裁王涛，商务印书馆总经理于殿利、副总编辑陈小文、副总经理王齐、经管编辑室主任范海燕、商印文津文化（北京）有限责任公司总编辑丁波等出席签约仪式。签约仪式由商务印书馆副总经理王齐主持。于殿利与魏因海默签署了战略合作协议。

本次商务印书馆授权施普林格出版《中国道路与新城镇化》的英文版，以及“农民三部曲”即《农民的新命》《农民的政治》《农民的鼎革》的英文版。签约仪式上，施普林格执行副总裁魏因海默博士表示，希望通过与商务印书馆的战略合作，将更多更好的中国优秀的学术著作介绍给全球读者。商务印书馆总经理于殿利表示，商务印书馆和施普林格两家出版社在各自国家都有着悠久的出版历史，并且都在人文、社科等领域有着卓越的出版传统，双方的战略合作可谓相得益彰。中国出版集团公司党组书记、副总裁王涛指出，商务印书馆作为中国出版集团的一员，在出版走向世界的道路上起着重要的影响作用，集团公司将全力支持两家出版社今后的出版合作项目，坚定不移地推进“走出去”战略。

施普林格与商务印书馆战略合作的目的是发展并巩固双方在互信、互利基础上的合作关系，优化双方的优势和特长，进一步促进施普林格和商务印书馆之间的相互授权和对出版内容的共同开发，以生产高品质的图书、期刊和数字产品。

（冯　雪）

《安魂》《为变革而生》等作品输出阿拉伯世界

2014年8月27日，在第21届北京国际图书博览会上，“迈上新丝绸之路——华文出版社《安魂》《为变革而生》等作品输出阿拉伯世界”主题活动举行。《安魂》等作品签署阿拉伯语版权协议。

中国出版协会副理事长、中国图书评论学会会长、国家新闻出版广电总局原副局长邬书林，中国作家协会副主席李敬泽，中国出版集团公司副总裁刘伯根，总后勤部政治部创作室主任、茅盾文学奖获得者、《安魂》作者周大新，国家督学、云南省人民政府参事、《为变革而生》作者罗崇敏，中国出版集团公司国际部主任刘忠，中国图书进出口（集团）总公司副总经理朱朝旭，中国图书进出口（集团）总公司主任赵大新，智慧宫文化传媒有限公司总经理白鑫，华文出版社社长罗争玉，华文出版社总编辑、副社长李红强，华文出版社副总编辑张力慧等出席活动。阿拉伯出版商协会主席沙勒比，埃及驻华大使馆文化参赞侯赛因・伊卜拉欣，以及埃及大学出版社、突尼斯库努兹出版社的领导参加会议，并就进一步的合作进行深层交流。（李　化）

人民美术出版社“王叔晖作品中法出版交流访谈”活动举行

2014年8月29日，人民美术出版社《王叔晖连环画作品选》法文版在法国首发，为配合海外出版商的市场推广，8月27日，人民美术出版社在第21届北京国际图书博览会的中国出版集团主展区举办了“王叔晖作品中法出版交流访谈”，活动邀请了中国出版集团公司副总经理李岩，中国美术出版总社总编辑林阳以及法国Fei出版公司负责人徐革非作为嘉宾，中版数字传媒有限公司原总编辑、著名文化访谈主持人姚文坛主持。

李岩肯定了人民美术出版社近年在“走出去”工作中所取得的成绩，同时赞赏徐革非女士7年来致力于把中国传统经典连环画作品创新设计加工，并翻译推广到法语世界的勇气、执着与担当。林阳作为《北总布胡同32号——人民美术出版社的老艺术家们》的作者，回忆并讲述了他在青少年时代所熟识和仰慕的与其父亲林锴共事的王叔晖先生，其人其事其作。徐革非表示：王叔晖的作品《西厢记》不仅仅是一本书，更是一种文化遗产，其在法国的出版具有十分重要的意义。人民美术出版社微信公众账号也及时对活动情况进行了报道。（杨　乐）

中版集团数字传媒有限公司与美国奥林公司签署《思耐普软件独家代理协议》

2014年8月，中版集团数字传媒有限公司与美国奥林公司签署《思耐普软件独家代理协议》，获得其新媒体故事书制作软件“思耐普”中文版5年的独家代理权。

思耐普是专业的新媒体故事书制作软件，可以通过模块化的操作便捷、高效地进行APP制作。软件最大的特色在于提供的多项物理及动力学引擎，可以逼真地模拟真实场景效果。通过这套软件可以帮助出版社以较低的成本便捷、大量地制作交互APP应用，发布于苹果商店、安卓市场。

2014年10月正式向国内市场推出该软件。截至2014年，已经在北京、上海分别举办了该软件的推介研讨会。另外，奥林公司还授权《探长派奇特》等20部APP交互绘本，进行汉化并运营。（李　铃）

中版集团数字传媒有限公司与俄罗斯瑞奇集团达成战略合作项目

2014年8月，中版集团数字传媒公司与俄罗斯瑞奇集团就俄罗斯国民动漫品牌《开心球》达成战略合作。在内容授权、产品研发、品牌推广等多个方面，双方将利用各自优势，针对数字出版领域的电子书、互动读物、APP产品等多个方面进行合作研发及营销推广。截至2014年底，《开心球》的签约品种扩充至100种。

（李　铃）

中塞（中国－中东欧）儿童图书合作项目研讨会暨中国种子·世界花——曹文轩图画书国际合作项目（塞尔维亚站）活动举行

2014年10月27日，人民文学出版社、天天出版社在第59届贝尔格莱德国际书展举办了中塞（中国－中东欧）儿童图书合作项目研讨会暨中国种子·世界花——曹文轩图画书国际合作项目（塞尔维亚站）活动。这是曹文轩儿童文学艺术中心成立以来，“中国种子·世界花”项目2014年第二站国际活动。

本次研讨会邀请了来自塞尔维亚最大专业少儿图书出版机构Kreativini Centar出版社以及Pcelica出版社的出版人，曾获国际插画大奖的塞尔维亚艺术家Aleksandar Zolotis也出席了活动。研讨会上，来自塞尔维亚的出版人和艺术家与著名儿童文学作家曹文轩、中国出版集团公司副总裁潘凯雄、中国出版集团公司国际部主任刘忠一起深入探讨了曹文轩先生的最新图画书作品《风吹过乌镇的时候累了》《等待兔子》的创作和插画设想，还就中塞两国的少儿图书市场及国际版权贸易等专业话题展开了研讨。（王芸菲）

中国对外翻译出版公司参与2014年亚太经合组织（APEC）峰会工作

2014年10月29日，2014年亚太经合组织（APEC）峰会在北京市郊的雁栖湖举行。自2014年4月开始，中国对外翻译出版公司（以下简称“中译公司”）为北京市人民政府外事办公室、怀柔区外事办公室和天安门地区管理委员会提供与亚太经合组织峰会有关的语言翻译服务。组建了一支由资深专家和外籍母语审校组成的团队，共同协助怀柔区外事办公室和天安门地区管理委员会完成了双语标识、手绘地图、导览图和景区介绍等文字材料的翻译。完成了在2014年亚太经合组织（APEC）峰会举办前期阶段，北京市外事办公室特地委托中译公司翻译向各国领导人赠送的礼品册。这些礼品经过了精心的设计，蕴含了深厚的中国传统文化。介绍礼品的文字简洁洗练，文辞优美，可谓字字珠玑。中译公司领导高度重视这项具有政治意义的任务，组织相关人员召开项目启动会，遴选出最优秀的翻译专家，落实各时间节点的工作安排。高质量高水准完成了任务，获得了合作方的高度认可和赞誉。（金文茜）

人民音乐出版社14种图书获得中宣部“中国图书对外推广计划”翻译资助

2014年12月，人民音乐出版社出版的《民歌钢琴小曲50首》《钢琴前奏曲二十四首》《中国钢琴名曲30首》《中国钢琴名曲50首（上、下）》《中国各民族民歌56首》《中国民歌主题钢琴曲18首》《中国民歌儿童钢琴曲30首》《民族风格曲选》《〈黄河〉钢琴协奏曲》《中国歌曲选》《口琴演奏中国民歌80首》《手风琴独奏曲15首》《梁山伯与祝英台》《现代通俗手风琴曲选》共14种图书，版权输出至德国弗雷德出版社。该输出版权项目获得中宣部“中国图书对外推广计划”翻译资助，获得翻译资助款28万元。

（周　钰）

“蔡志忠漫画中国经典文化中英文”系列入选中共中央对外宣传办公室回购图书

2014年12月，现代出版社出版的“蔡志忠漫画中国经典文化中英文”系列，共13册，入选中共中央对外宣传办公室回购图书。这套书被评价为“中国传统哲学与文学史无前例的漫画再创作”。对于想了解中国文化的外国朋友，通过这套入门级的中国思想、传统经典著作的漫画读本，和地道的英语来了解中国，甚至对照着学习汉语，也大有益处。（毛昆仑）

会展工作

"纪念齐白石诞辰 150 周年——荣宝斋藏齐白石精品展"举行

2014 年 1 月 7 日～6 月 26 日，为纪念齐白石诞辰 150 周年，荣宝斋美术馆在荣宝斋大厦举办"纪念齐白石诞辰 150 周年——荣宝斋藏齐白石精品展"。齐白石是中国绘画史上诗、书、画、印四艺皆精的一代宗师。展览展出了齐白石不同时期、不同风格、不同题材的书画作品近 70 件，较全面地展现了艺术家独特的艺术风采，为广大书画爱好者提供了一次难得的欣赏、学习和研究机会。展览中有部分工写结合的作品，写意的大花卉与精细勾画的草虫相处一席，国画的意境和乡野的情趣相得益彰，别出心裁。齐白石与荣宝斋有着深厚的情谊。他一生以书画为业，荣宝斋既售卖白石老人的原作，也精选其作品用木版水印复制，对普及齐白石书画艺术起到了很大作用。在荣宝斋的藏品中，个人作品最多的就是齐白石，这些作品绝大多数都直接得自其本人。展品中的《发扬民族文化》就是 1954 年（时年 94 岁）白石老人专门为荣宝斋书写的，这是他晚年极为少见的大字书法作品，也是其一生艺术追求的写照。 （刘　芳）

中国出版集团公司参加 2014 北京图书订货会

2014 年 1 月 9～11 日，2014 北京图书订货会在中国国际展览中心（老馆）召开，中国出版集团公司统一组团参展。

中国出版传媒股份有限公司出版业务部组织集团所属 22 家出版单位及相关兄弟单位参展。集团对展区统一进行了特装，展区通透、开放、大气、庄重。订货会期间，集团及所属出版机构将组织举办 20 余场各类活动，7000 多种图书参展，其中新书 2600 种，特别重点推荐图书 110 种。

本次展会中国出版集团努力体现"内容创新"战略，推出一批原创精品力作，并从中遴选出 110 种重点精品图书在本届订货会上进行重点推介。

中国民主法制出版社推出的《国企备忘录》通过对国企改革过程中关键人物的生动纪实、鲜活案例的独家剖析、人文角度的历史溯源等角度，对中国国企生存现状及改革之路进行了全方位的解读和多角度的留存。中华书局出版的《中国美德读本》，是苏叔阳先生继《中国读本》之后续写辉煌，约请多位作家结合中国传统美德和当今社会普遍的价值观，用一百多个感人、质朴的故事，生动地展示了道德的魅力、人格的光辉，是为"中国梦"提供有力道德支撑的美文读本。

中国出版集团公司实施内容创新战略以来，集团更加注重市场畅销图书的打造，尤其是 2013 年"中版好书榜"启动以来，《邓小平时代》《带灯》《等一个人咖啡》等超级畅销图书在 2013 年全国图书市场受到广泛关注。2014 北京图书订货会上推出的新书中，也有多种图书极具畅销潜质。人民文学出版社推出的丹·布朗新作

《地狱》，是作者继《达·芬奇密码》《失落的秘符》之后推出的又一本超级畅销书，故事继续围绕《达·芬奇密码》主人公、符号学专家罗伯特·兰登教授的奇异经历展开。该书首印 60 万册，无疑将成为 2014 年的重磅畅销书。享誉世界文坛的华人作家严歌苓在人民文学出版社推出新作《妈阁是座城》，小说以赌城妈阁为背景，描写一个女叠码仔和三个男赌徒的故事。

华文出版社作为传记图书出版重镇，在本次订货会上集中推出多种传记作品。英国著名俄苏史学家罗伯特·谢伟思的《斯大林传》，使斯大林在政治、经济、军事等不同领域，在革命时期和战争年代等不同时期的形象逐渐清晰。《先驱之死——陈独秀的晚年岁月》从工作、学习、生活等诸多方面讲述了陈独秀的晚年岁月。世界图书出版公司出版的《莱昂纳多·迪卡普里奥：在世界的中心流浪》以莱昂纳多·迪卡普里奥的演艺生涯为主线，真实而立体地记录了莱昂纳多的成长岁月、电影创作、情感经历和人生态度，是迄今记录莱昂纳多·迪卡普里奥演艺生涯最为全面的一本传记。东方出版中心出版的《赵朴初传》的作者研究当代著名社会活动家赵朴初多年，采访、搜集、研读了丰富的资料，为读者展现了一个活生生的赵朴初。

中国大百科全书出版社推出的《韦氏大学英语词典》，该词典建立了美语的使用规范，是美语最权威的工具书，其地位相当于中国的《现代汉语词典》。《学生规范字典》（国标版），是《学生规范字典》的第三次修订成果。商务印书馆推出的《新华词典》（第 4 版），补充了最新的知识点，增补了单字和新词新义；《学生通用规范汉字字典》是第一部供学生学习规范汉字的字典。商务印书馆国际有限公司更是推出了《古代汉语词典》（四色插图本）、《新英汉大词典》（第 2 版）、《成语大词典》（最新修订版·大字本）、《新华大字典》（最新修订版·四色插图本），不断对拳头工具书产品进行版本更新。

人民美术出版社在推出《楮柿楼集·香识》、《楮柿楼集·宋代花瓶》等多种美术文化类图书之外，还推出了《传统美术与现代派》《西方现代美术思潮》等艺术理论类图书。并以艺术的形式重现红色经典，出版了《红旗飘飘——20 世纪主题绘画创作研究》《长征·1936——奠基礼》等经典图书。人民音乐出版社则新推出了《总政歌舞团建团 60 周年音乐舞蹈文集》《指挥排练札记》《宁夏花儿歌曲集》《李凌百年诞辰纪念文集》等音乐理论、音乐文化类图书。同时，荣宝斋出版社还出版了《王羲之兰亭序集联》《中国古代碑之设计》等图书，商务印书馆国际有限公司推出了《中国历代绘画鉴赏》。

少儿类图书是中国出版集团此次参展订货会的一大亮点，集团近几年来发力童书产品线，在内容创新战略的驱动下精品迭出。现代出版社推出的《樱桃小丸子》原版四格漫画，全本正版授权、国内首次引进，由樱桃子本人用四格漫画的全新形式亲自创作。同为现代出版社推出的“极速猎人”系列，由上海淘米公司正式授权，是根据国内大受欢迎的儿童太空探险虚拟游戏而改编的漫画读物。天天出版社的“阳光家族小说营”再添新作，阳光姐姐及家族 14 位超人气小作家全新推出《怪怪的怪人》《“沙皮狗男生”李多多》《网络上的幸福小猪》等 8 种新书，阳光姐姐点拨写作文秘籍，让写作的阳光照亮孩子的世界。

订货会期间，除 2013 经销商大会外，集团公司及各成员单位还在集团公共展区、相关新闻场馆举办了 20 余场出版文化活动。如人民文学出版社的严歌苓《妈阁是座城》新书发布会，商务印书馆的《战后美国在日本的软实力——半永久性依存的起源》新书发布会，中华书局的著名表演艺术家张铁林新书《无所畏》发布会，中国美术出版总社的《红军长征·1936——奠基礼》新书发布会，人民音乐出版社的钢琴独奏曲《梁山伯与祝英台》新书发布会，中国对外翻译出版公司的《极地之思——史铁生作品解读》新书发布会暨史铁生纪念读书会，中国民主法制出版社的《延安 延安》新书发布会、《国企备忘录》新书发布会、《汉武帝儒治天下》新书发布会，华文出版社的“陶醉中国——紫砂文化”系列图书出版启动仪式、现代出版社的《极速猎人》新书发布会、《职场二规则》新书发布会，天天出版社的“曹文轩儿童文学艺术中心”揭幕发布会，以及中国出版传媒商报社的“中国创意工业奖报告发布暨颁奖礼”等多场活动。 （姜锐刚）

人民文学出版社参加 2014 北京图书订货会

2014 年 1 月 9～11 日，人民文学出版社参加了 2014 北京图书订货会。在订货会期间，人民文学出版社分别组织了严歌苓《妈阁是座城》和冯骥才《凌汛》的新书发布会，参加了中国出版集团公司组织的经销商大会，与各地的重要经销商进行了业务洽谈。天天出版社还举行了“曹文轩儿童文学艺术中心”成立仪式。

在集团公司经销商大会上，丁羽、娄庆吉、赵子腾和天天出版社的艾立德被授予集团公司 2013 年度优秀业务员称号。另外，人民文学出版社出版的《地狱》《妈阁是座城》被列入 2014 年第一期“中版好书榜”。

在订货会上，人民文学出版社重点推介了《妈阁是座城》《凌汛》《地狱》《缥缈录》《无愁河的浪荡汉子·朱雀城》《毛泽东文艺生涯》《皇朝落日》等重点单品种图书，以及《鲁迅全集》（编年版）、“福尔摩斯经典探案绘本系列”等重点丛书套书，得到读者的一致好评。 （王芸菲）

商务印书馆参加 2014 北京图书订货会

2014 年 1 月 9～11 日，商务印书馆参加在中国国际展览中心举办的 2014 北京图书订货会，在中国出版集团公司展区和馆配图书展区，共展出千余种新书。期间，商务印书馆重点推介了 2014 年上半年的优秀图书，包括新出版的《学生通用规范汉字字典》、品牌工具书《新华词典》、小众词典《希腊罗马神话和〈圣经〉专名小词典》等工具书；“汉译世界学术名著丛书”第 15 和第 16 辑，“中华学术名著丛书”第二批 100 种，大师文集《海德格尔文集》《斯宾诺莎文集》等，“国际文化版图研究文库”，神学家托马斯·阿奎那代表作《神学大全》（第一集）等社科出版项目；“碎金文丛”中杨联陞《哈佛遗墨》、陈达《浪迹十年之行旅记闻》和《浪迹十年之联大琐记》、常任侠《东瀛印象记》、潘光旦《逆流而上的鱼》、李长之《迎中国的文艺复兴》等，《莲花中的珍宝：阿姜查·须多跋多传》《森林里的一棵树》《我们真正的归宿》《以法为赠礼》等阿姜查系列作品等，深受读者欢迎。展会期间还举办了“《战后美国在日本的软实力——半永久性依存的起源》访谈会”，重点推介了“国际文化版图研究文库”丛书中的全新力作。

（冯　雪）

中华书局参加 2014 北京图书订货会

2014 年 1 月 9～11 日，中华书局参加 2014 北京图书订货会。中华书局主会场共展出 700 余种图书，既包括《史记》（修订本）、《全元诗》《清宫天坛档案》《皇宋十朝纲要校正》等优秀古籍图书，也包括《顾维钧回忆录》《新疆博物馆新获文书研究》《建元与改元》《黄永年先生编年事辑》等引发学术界广泛关注的学术著作，还包括《蒋介石传》《中国人，你缺了什么》《北京话词典》《名家书画　唐诗、宋词、元曲》《绛云书卷美人图——关于柳如是》等大众普及读物，受到各阶层读者和经销商的青睐。1 月 9 日，作者张铁林到场举办《无所畏》新书推介会，读者十分踊跃，竞相提问。1 月 10 日，中华书局参加中国出版传媒商报社举办的首届中国创意工业创新奖颁奖会，包岩代表“诗词中国”项目领奖。

（梁　彦）

中国美术出版总社参加 2014 北京图书订货会

2014 年 1 月 9～11 日，中国美术出版总社在中国国际展览中心（老馆）参加 2014 北京图书订货会。中国美术出版总社举办了多场各类活动，组织了 400 多种图书参展，其中新书 150 多种，特别重点推荐图书 56 种。其中《小艾，爸爸特别特别地想你！》入选“中版好书榜”。营销中心的曾文超由于营销业绩突出，入选“中国出版集团2013年优秀营销人员”荣誉榜。在订货会期间，1月9日，《红旗飘飘——20世纪主题绘画创作研究》的编著、中国国家博物馆副馆长陈履生，中国美术出版总社原社长汪家明，策划编辑赵朵朵出席发布会并和读者现场交流。著名歌手艾静主持发布会。连环画《长征·1936——奠基礼》新书发布会也如期举行，作者沈尧伊、中国美术出版总社原社长汪家明以及责任编辑何玉麟出席发布会。（曾文超）

人民音乐出版社参加2014北京图书订货会

2014年1月9～11日，2014北京图书订货会在北京国际展览中心举行。人民音乐出版社牵头、中国音乐出版物发行联合体成员单位整体组团参展。人民音乐出版社共设8个展位，展出了包括图书、教材、期刊和音像制品等在内的200余种产品，不仅有长销的经典练习曲丛书、考级丛书，还有新近出版的新书和重点图书30余种。

期间，由人民音乐出版社上海分公司策划出版的《梁山伯与祝英台——钢琴独奏曲曲谱》新书推介暨首发式1月9日上午在展场举行。作为中国出版集团公司公共展示区的首个活动，首发式吸引了众多观众驻足，并取得了良好的现场效果。（刘　培）

生活·读书·新知三联书店参加2014北京图书订货会

2014年1月9～11日，2014北京图书订货会在中国国际展览中心（老馆）举办，生活·读书·新知三联书店（以下简称“三联书店”）参加了本次展会。

本次订货会，三联书店携《邓小平时代》《重启改革议程》《陈寅恪的最后二十年》（修订版）、《毛泽东阅读史》《百年佛缘》《三联经典文库》（第二辑）等500多种精品图书参加展会。

1月9日，三联书店邀请了凤凰出版集团暨传媒股份有限公司、山东出版传媒股份有限公司、浙江省新华书店集团公司、新华文轩出版传媒股份公司等全国战略合作伙伴召开高层恳谈会。会上大家畅所欲言，对三联书店2014年的图书营销工作提出了很好的建议，并且提出了很多很好的合作意向，为三联书店2014年的出版工作奠定了良好的基础。（李　旭）

现代教育出版社参加2014北京图书订货会

2014年1月9～11日，现代教育出版社参加2014北京图书订货会。社长宋一夫、副社长仇正伟、副总编辑沈悦苓以及发行部及各编辑部门人员参加了此次订货会的有关活动。订货会上，现代教育出版社向广大读者推出了200余种图书，其中2014年新书品种为40余种。通过订货会，现代教育出版社向社会各界进行了很好的展示，让广大读者、业内人士、媒体朋友看到了一个全新的现代教育出版社；同时，现代教育出版社的图书也获得了一个销售良机，很多书店在参观展区后，纷纷签下订单。（杨　静）

中国图书进出口（集团）总公司组团参加第23届古巴哈瓦那国际书展

2014年2月13～23日，第23届古巴哈瓦那国际书展在哈瓦那卡瓦尼亚城堡举办。主宾国为厄瓜多尔。受新闻出版广电总局委托，2月11～18日，中国图书进出口（集团）总公司组织国内7家出版单位8名代表组成中国出版代表团参加了此次书展。展台面积12平方米。展出图书包括社科、文学、医药、儿童、工具类等共300余种。中国驻古巴大使馆大使张拓对于我国参加哈瓦那书展表示极大的肯定，特别是在政治意义方面。他说，中国和古巴同为社会主义体制的国家，中国参加哈瓦那书展无疑是从政治、文化方面对于古巴的极大支持。如果中国能够持续参加古巴书展，其政治意义、文

化意义将远远大于经济意义。（丁　燕）

中国绘本展巡展举行

2014年2月23日～3月9日，中版集团数字传媒有限公司承办的中国绘本展巡展在上海中国福利会少年宫举行。本次巡展充分展现了中国绘本的发展历程以及未来绘本的多元化趋势，并举办了大师见面会、绘本工作坊和中华动漫资源库绘本剧演出等活动。展出展品共计600多件，分为中国精品纸质绘本、数字绘本、纸质绘本图书等类别，其中一些精品体现了我国绘画艺术的较高水准，极具文献价值。

（李　铃）

中国图书进出口（集团）总公司组团参加第34届法国巴黎图书沙龙

2014年3月21～24日，第34届法国巴黎图书沙龙上海主宾城市活动在巴黎凡尔赛门展览中心举行。受国家新闻出版广电总局和上海市新闻出版广电局委托，中国图书进出口（集团）总公司负责承办本届法国巴黎图书沙龙上海主宾城市活动。

该活动是上海代表中国首次以主宾城市身份在国际重要书展上亮相，受到广泛关注。16位作家和来自中国40多家重点出版单位的一百余名出版人相聚巴黎，以“魅力上海，美丽中国”为主题，通过300平方米的特装展台、800多种2000多册的精品图书展示、近40场的文化交流活动，以上海为样本，全面展现了中国城市文化魅力和当代中国城市发展的崭新面貌，为法国人民打开了一个感知中国的新窗口。

中国图书进出口（集团）总公司作为承办单位，高度重视此次活动，认真筹备，先后两次赴法考察并举办新闻发布会，在重大活动、出版交流、作家活动、图书销售与展示、媒体宣传等方面均取得圆满成功，高效、高水平地完成了各项参展工作与重要活动组织。（丁　燕）

中国图书进出口（集团）总公司组团参加第27届伊朗德黑兰国际书展

2014年4月3～10日，第27届伊朗德黑兰国际书展在伊朗首都德黑兰举办。受国家新闻出版广电总局委托，中国图书进出口（集团）总公司负责组织了来自新疆维吾尔自治区的三家出版单位7人参展，中国展台面积9平方米。

中国参展代表团以新疆维吾尔自治区出版物为重点进行了展览展示与销售。中国图书进出口（集团）总公司采购了适合当地民众的学汉语、中国文化类的图书供现场展览销售。交流中，伊朗、土耳其、阿塞拜疆业内出版人对与中国展开出版合作表现出了极大的兴趣。（丁　燕）

商务印书馆参加第43届伦敦书展

2014年4月8～10日，商务印书馆2人随中国出版集团组队参加第43届伦敦书展。来自全球100多个国家和地区的出版商、发行商、文学机构、图书馆、媒体和设备供应商等2.5万多人参加了本次书展。展会期间，商务印书馆主要开展了数字产品展示、外版图书引进、中文版权输出等多项工作。其中，与英国精制绘图公司在本次书展上共同举办了《汉语图解小词典》Linguap儿童版新闻发布会，中央电视台英语频道、《中国日报》和《欧洲时报》等媒体分别对活动情况进行了报道。（冯　雪）

中华书局参加第43届伦敦书展

2014年4月8～10日，中华书局参加第43届伦敦书展。中华书局副总编辑顾青、对外合作部主任王瑞玲随同中国出版集团公司代表团赴伦敦书展。应英国文化处邀请，参加了4月8日晚举行的“首届英国书展国际图书产业杰出奖”颁奖仪式。在法国学院，顾青与法语出版界相关人士在翻译、出版和营销等方面进行业务交流，并深入探讨中国图书进入法语区的可

能性；就重点项目于丹系列产品和《中国佩饰》，与代理商和相关出版人进行多次会谈，确定了后续工作方案。（刘　潋）

中国美术出版总社参加第43届伦敦书展

2014年4月8～10日，中国美术出版总社参加了在英国伦敦Earls Court会展中心举办的第43届伦敦书展。书展期间，继与法国公司签署王叔晖的《杨门女将》《西厢记》《孔雀东南飞》《梁山伯与祝英台》四部经典作品法文版授权后，《漫画中国历史》的海外授权情况也有相应突破。同时对展前安排洽谈的八家出版公司进行逐一调研，其中包括美国的阿不瑞姆，意大利的斯抵诺，德国的汉杰坎茨和英国的泰姆士哈森、劳伦斯金和MOMA等，了解其产品线、主要产品和项目运营情况。

伦敦书展结束后，按照展前计划考察和调研了三家公司，与相关管理层和业务人员深入交流，了解欧洲地区同行的经营背景、国际战略部署和调整等情况。4月11日上午，调研了DK公司，出席会面的是DK公司出版总监乔纳森·梅特卡夫、总编辑斯蒂芬妮·法罗、高级美术编审李·格里菲思、版权经理彭恺羚。下午调研费顿公司，参加会谈的是费顿公司的新任常务董事吉姆一布茨。还拜访中青国际，总裁郭光介绍了团队构成、生产和营销模式、海外销售情况。

（杨　乐）

现代教育出版社参加第43届伦敦书展

2014年4月8～10日，现代教育出版社参加了第43届伦敦书展。此次书展在伦敦伯爵宫会展中心举行，现代教育出版社总编室负责人吕为为携带重点图书《经典碑帖技法精解丛书》等套系的书法书籍和《国学百家讲坛·儒学》等图书参展。这次书展让海外更多出版社了解了现代教育出版社，达到了预期效果。（杨　静）

“北京与田园——赵准旺画展”举行

2014年4月19～25日，荣宝斋在书画经营一部举办“北京与田园——赵准旺画展”。国家画院副院长赵卫，保利拍卖执行董事赵旭，著名画家李宝林、石齐、马海芳、杨沛章、赵志田、张鸿飞、吴庆林及藏家和媒体记者300余人参加了开幕式。本次画展共展出作品70余幅，作品内容题材主要表现北京的田园风情，为画家近年精心创作的彩墨佳作，如“北京四季”系列之《春光》、《秋月》、《夏凉》、《冬韵》，《月下白塔》、《白皮松》等。《白皮松》这一题材，画家在20世纪80年代多次画过，如今重新构思、创作，表达的形式、意境都与过去有所不同。《月下白塔》画的是白塔寺雪景，画家用红墙、苍柏与一条古老胡同的对比，表现了岁月带给北京的沧桑痕迹。其作品笔墨丰富、色彩明快，形式多样、意境清新，具有深厚的传统功力和鲜明的个人风格。赵准旺先生在采访中表示：北京是一道底蕴丰厚、景色绚丽的风景，她的题材是画不完的，面对她的发展、变化，自己的感受也是画不完的，所以画北京将会伴随其一生的艺术探求。展览同时，由荣宝斋出版社出版的《赵准旺彩墨2014山水画集》，也同期发行。（刘　芳）

“寸耕心迹——王镛书法近作展”举行

2014年4月26日～5月3日，荣宝斋济南分店举办“寸耕心迹——王镛书法近作展”。展览共展出书法作品52幅，是书法家近年来书法创作常变常新的集中展现。

作为当代书坛的领军人物，王镛对民间书法会心以远、自揭须眉，建立起强烈的个性语言。其书法在很大程度上已超越了清代碑学的局限，他对民间书法的兴味和视野具有极其广泛的细致研究，举凡鼎铭、秦汉砖文、瓦当、金印、墓志、简帛、摩崖，无不涉猎。这使他在书法中寻觅到了一般文人书法所不具备的蓬勃生命力和自然率真之美，是植根于文人和民间这两大艺术系统的妙合物，体现出他融汇前人的能力和以自我创意出之的气魄，仿佛有“古人”，细究无“古人”，化古出新。他的书法，还基于其诗书画印全面而良好的修养和过人的智慧与才情，诸艺互补，无论为书、为印、为画、为诗，莫不以“大、奇、雄、质”为准绳，在传统美学的阴阳二维中极尽谐调变化，体现出高旷的美学境界与深刻的传统文化的领悟力。（刘　芳）

“叶选宁习字展”举行

2014年4月28日～5月2日，荣宝斋在荣宝斋大厦举办“叶选宁习字展”。展览展出叶选宁书法精品120余幅，以草书为主，辅以隶书。形式多样，有条屏、对联、斗方、横幅等。内容广泛，包括儒家道家经典名句、唐诗宋词元曲、自作诗等。创作时间跨度大，从20世纪80年代直到最近几年，较为全面地展示了书法家不同时期的书法面貌。叶先生31岁时右手伤残，其后他坚持用左手练习书法，从其作品中可以体会出虽然是用左手写字，却无左手写出来的模式化。几十年如一日地研习，使其虽然使用绵软的长锋羊毫，但线条点画犹如用弹性极好的硬毫写出来一样劲挺有力。其作品具有气息沉厚，笔力劲健，用笔畅逸，结字穿插处理巧妙等特点，整体风格既清雅激越又具正大气象。荣宝斋出版社出版的《叶选宁习字集》也同期发行。（刘　芳）

中国图书进出口（集团）总公司组团参加第28届瑞士日内瓦国际书展

2014年5月1～5日，第28届瑞士日内瓦国际书展在瑞士日内瓦PALEXPO展览馆举办。受新闻出版广电总局委托，中国图书进出口（集团）总公司负责组织了13家出版单位共20人参展。本届展览主题是“世界的鬼脸，关注的话题：培训和公平”。主宾国为日本。中国代表团展位24平方米，精心布置了灯笼、文房四宝以及各种有中国元素的招贴。参展图书500种共1 500余册，内容涉及中国风光、历史、政治、经济、文化、少儿、儿童绘本、汉语学习、书法、中医养生及旅游、工具书等领域。文种以法文为主，有部分英文、德文及中文图书。书展期间，中国展台每天按时举办的书法表演活动受到国外读者的普遍欢迎。代表团除参加专业出版交流活动，还考察了瑞士当地书店。（丁　燕）

第四届“春润京华——马海方古都风情人物画展”举行

2014年5月1～7日，荣宝斋在书画经营一部举办第四届“春润京华——马海方古都风情人物画展”，这也是画家连续四年在荣宝斋举办个人画展。本次画展展出画家近作百余幅，较为集中地反映了其多年来从事京味人物绘画取得的艺术成就。董浩、白伯骅、赵准旺、莫言等各界人士出席了开幕式。马海方几十年如一日，致力于京味艺术的收集、整理、发掘。他大量写生，绘画题材由点到面，由浅入深，不间断地充实、发展、提高。作品涵盖老北京风情习俗之方方面面，风格独特，影响广泛。他在强调造型准确的基础上对人物作适度夸张，且设色巧拙明亮，不拘一格，继承传统水墨的同时巧妙融入西画的技法、民俗的成就，极具观赏性与时代审美，形成独树一帜的绘画风格。传统中国画向来“重墨轻色”，文人画家往往把重彩与“俗气”“匠气”相关联。画家以北京风俗民情为题材的重彩写意人物画，超越了一般民俗风情为符号的作品，展现出北京城的历史悠久和文化底蕴的深厚，以其现实的人文关怀显示出独有的风采。荣宝斋出版社出版的《荣宝斋当代书画名家·马海方书画作品集2014》也同期发行。（刘　芳）

中国图书进出口（集团）总公司组团参加第11届希腊萨洛尼卡国际书展

2014年5月8～11日，第11届萨洛尼卡国际书展在希腊萨洛尼卡展览中心举办。受国家新闻出版广电总局委托，中国图书进出口（集团）总公司负责组织了国内5家出版单位13人参展。

主宾国为以色列。中国展台面积18平方米，共展出各类图书800余册。展品涉及中国风光、建筑设计、历史、文化、少儿、旅游、汉语学习、工具书等适合当地市场、反映现当代中国发展的外向型出版物，其中八成展品为英文版及中英文对照版图书；为确保参展效果，除参展单位携带的展品外，中国图书进出口（集团）总公司还针对希腊图书市场选购了希腊语图书400余册，受到当地读者的欢迎。书展期间，达成多项版权合作意向。众多希腊出版商、作者、版权代理和参展观众到访中国展台，并对希腊的图书如何在中国出版、如何获得中国政府翻译资助，中希双方如何进行版权合作等问题进行了询问。代表团成员参加了各项专业出版交流活动，不仅对希腊的出版、零售业现状有了新的认识，并且与希腊出版商进行了广泛接触，在了解该国出版情况的基础上，向他们介绍了中国出版业发展的现状和各出版单位的基本情况，为日后加深交流、建立合作关系奠定了基础。（丁　燕）

中国大百科全书出版社参加北京科技周

2014年5月17日，2014年全国科技活动周暨北京科技周主场在全国农业展览馆新馆正式开幕。450余个精彩的科普展项共吸引16万公众前往参观体验。中国大百科全书出版社参与了这次活动。

中国大百科全书出版社共设有两个展区，分别设在居家故事展区和科普商店区。在居家故事展区设有一个专有书架，展出《中国儿童立体百科全书》《中国儿童动物百科》《中国儿童百科全书》等优秀书籍。在科普商店区，出版社向读者展销DK系列、中国国家地理系列、贝太厨房系列等精品图书。其中《中国儿童百科全书》由我国众多学科专家、著名科普作家历时5年编纂完成，此书获第六届国家图书奖、全国优秀科普作品一等奖、第五届国家辞书奖特别奖、第六届优秀少儿图书奖及国家科学技术进步奖二等奖。

此次科技节活动，中国大百科全书出版社展出的图书产品受到了读者的广泛欢迎。（尹添铭）

现代教育出版社参加2014美国书展

2014年5月29～31日，2014美国书展在纽约雅各布贾维茨会展中心举行。现代教育出版社社长宋一夫参加了书展。书展期间，现代教育出版社向海外出版社及读者展示了涉及传统文化、生活等领域图书共计50余种。（杨　静）

世界图书出版广东有限公司参加“中国－东盟博览会文化展”

2014年5月29日，“中国－东盟博览会文化展”在南宁开幕，世界图书出版广东有限公司与中国图书进出口深圳公司代表中国出版集团参加了本次文博会。参展图书包括反映我国政治、经济、文化、社会、历史发展情况和学术研究成果的出版物5000多种，同时也展示了世界图书出版广东有限公司出版的东南亚语种群教材；对泰国、越南汉语教材以及我国有关东南亚的区域与国别研究著作200多种，充分体现了世界图书出版公司“把世界介绍给中国，把中国介绍给世界”的立社宗旨。（卢家彬）

“游于艺——萧平书画新作展”举行

2014年5月31日～6月6日，荣宝斋在书画经营一部举办“游于艺——萧平书画新作展”。展览展出萧平先生绘画作品58件、书法作品46件，大部分为其近年新作。绘画作品中山水、人物、花卉具备，写意、工笔各尽其妙；书法作品中秀逸的楷书、行书，豪雄恣纵的隶书、草书各具风采。

萧平是一位传统功力和文化学养深厚的学者型艺术家，其在鉴藏与艺术史方面的修养，直接影响到他的书画创作：书法诸体精擅，笔法超逸。书风清俊而不柔弱、雄强而不霸悍。绘画山水、花卉、人物兼备。山水画将宋元以来的优秀传统与“新金陵画派”的清新风貌有机融合，借古开今，不拘一格；花鸟画主要继承了明代“青藤白阳”以来的大写意传统及清代李复堂水墨并用之法，以书入画，豪放纵肆、淋漓酣畅；人物画多受梁楷、张风及明清肖像画的影响，工写之间形神兼得，是传统中国画的范式与写实主义造型方法的美妙融合。展览吸引了中外收藏家、拍卖公司参与热购，104 件参展作品全部售罄。荣宝斋出版社出版的《萧平书画作品集》也同期发行。

（刘 芳）

中国图书进出口（集团）总公司组团参加第 7 届南非开普敦国际书展

2014 年 6 月 13～15 日，第 7 届南非开普敦国际书展在南非开普敦国际会议中心举办。受国家新闻出版广电总局委托，中国图书进出口（集团）总公司负责组织了国内 36 家出版单位的 46 位出版人参展。中国展台面积 32 平方米，展出各类图书近 1000 种，内容包括时政类出版物，以及介绍当代中国、中国文化、中国少数民族等图书音像产品。中国展台举办了“中国梦”和中国文化主题的展销活动，受到当地民众的欢迎。

为配合 2014、2015 中国与非洲互办“南非年”与“中国年”活动，中国图书进出口（集团）总公司在书展期间与南非非洲研究所、中非传媒出版有限公司联合举办了以“中国梦与非洲”为主题的中非交流论坛。本次参展是中国出版业走向南非以及非洲市场的一次重要实践和尝试。

（丁 燕）

中国图书进出口（集团）总公司组团参加第 20 届韩国首尔国际书展

2014 年 6 月 18～22 日，第 20 届韩国首尔国际书展在首尔 COEX 展览中心举办。受国家新闻出版广电总局委托，中国图书进出口（集团）总公司承办此次书展组团参展工作，共组织了国内 3 家出版单位 7 人参展，参展单位均系和韩国出版界具有长期业务交流与合作关系的出版单位。本次书展主题为“以书认知世界，以书畅想未来”。主宾国是阿曼苏丹国。中国展台面积 9平方米，共展出各类图书 700 余种。内容主要是少儿读物和文学类的中文图书，受到韩国出版代理机构的青睐。

（丁 燕）

中国美术出版总社参加 2014 年全国美术图书交易会暨美术社长年会

2014 年 6 月 24～27 日，中国美术出版总社参加在青岛举行的由中国出版协会美术出版工作委员会、中国书刊发行业协会美术发行专业委员会（简称“全国美联集团”）、山东省美术家协会、青岛市美术家协会和山东省新华书店共同主办，全国美联集团、青岛出版集团负责承办的 2014 年全国美术图书交易会暨美术社长年会。中国美术出版总社领导汪家明、林阳、胡建斌，营销中心全体人员以及部分编辑室主任和编辑参加了本次订货会。本届订货会呈现出几个特点，一是美术文化类力作频现，二是绘本、连环画产品逐渐增多，三是地域文化特色产品、创意设计类书籍凸显。这一切都共同印证着“大美术出版”时代到来。作为我国连环画图书出版的重镇，中国美术出版总社带来的“经典连环画原稿原寸”系列令人眼前一亮，其出版尺幅与原书同大，画面不加任何修饰，原生态保留了画师们的手迹。

同期召开了全国美术出版社社长年会，会议由中国美术出版总社总编辑林阳主持，全国 40 余位美术出版社的社长参会。会上青岛出版集团董事长孟鸣飞、湖北美术出版社社长陈辉平、广西美术出版社社长蓝小星、西泠印社社长江吟、岭南美术出版社社长李建军、江西美术出版社社长汤华等出版社负责人分别发言。中国版协美术出版工作委员会主任、人民美术出版社原社长汪家明对会议进行了总结发言，他提出：应该以内容为王，以编辑为核心，走专、精、特、新的四维发展路径，做高端美术，做大众化、普及化美术，用普及书赚钱，辅助高端美术图书发展。

（曾文超）

第21届北京国际图书博览会组委会会议和新闻发布会召开

2014年7月15日，第21届北京国际图书博览会组委会会议在北京召开。新闻出版广电总局副局长吴尚之主持会议。中共中央宣传部出版局副局长刘建生，北京市人民政府秘书长侯玉兰，中国出版集团公司党组书记王涛、副总裁刘伯根、李岩，以及国务院新闻办公室、国家新闻出版广电总局、教育部、文化部、科技部、外交部、海关总署以及中国出版协会、中国作家协会、中国书刊发行业协会等有关部门和单位负责人参加会议。

中国图书进出口（集团）总公司总经理、本届图博会组委会副主席张纪臣对本届北京国际图书博览会的筹备情况和相关问题做了详细汇报。本届图博会具有规格高、亮点多、名家多、国际化、重实效五个特点。中国图书进出口（集团）总公司立足把握行业动态、促进产业融合，做实版权贸易、提速数字出版、扩大专业交流、丰富文化活动，总结以往经验、参照国际惯例，积极有效开展各项筹备工作。展台2291个，比2013年增加24个；参展国家和地区78个，比2013年增加了智利和阿尔巴尼亚2个国家；参展商超过2 162家，比2013年增加30多家，其中，海外参展商（含港台地区）1 228家，比2013年增加26家，国内出版单位、数字出版技术和渠道商、文化工作室、研究机构等单位934家，比2013年增加5家。总体看本届图博会在参展国家、“一带一路”沿线国家参展规模、数字出版和按需印刷展区规模、土耳其主宾国和新疆维吾尔自治区主宾省活动四个方面得到进一步提升。同时，中国图书进出口（集团）总公司积极落实国家“走出去”战略，通过提高第八届中华图书特殊贡献奖、北京国际出版论坛、开幕式等重大活动内涵，以及新设中华文化国际传播座谈会、国际数字出版论坛、“走进中国出版业”主题培训等方面，积极向国际出版同业集中展示中国出版业年度发展状况和整体实力，促进国际交流与合作，将有力促进图博会成为我国具有文化、出版国际话语权的“走出去”平台。此外，中国图书进出口（集团）总公司还开通了BIBF微信公众平台、官方微博，并正在开发展会APP系统，制定了适应数字时代的宣传预案。中国图书进出口（集团）总公司格外注重展会安全，目前已配合有关部委启动15万种海外图书、音像制品的内容审查，并进一步加强安保力量，制定了参展商证件统计和凭身份证参展等安保预案，以确保展场、展品、展会活动的安全。

国家新闻出版广电总局党组书记、副局长、本届图博会组委会主席蒋建国做书面讲话。他指出，要以习近平总书记系列重要讲话为指导，服务国家大局，不断创新办展思路、内容和形式，办一届高水平的博览会，真正把图博会打造成国际出版交流大平台。国家新闻出版广电总局党组成员、副局长吴尚之主持会议。

蒋建国对本届图博会的筹备工作给予了充分肯定。他指出，北京国际图书博览会从创办到今天，已经有28年的历史。在28年的发展历程中，伴随着中国经济的快速发展，伴随着中国国际影响力的日益扩大，伴随着中国文化软实力的不断提升和中国出版业的发展壮大，今天的北京国际图书博览会不仅已经成为国内文化产业最重要的品牌展会之一，而且已经跻身全球最重要的四大国际书展。他强调，本届图博会是在贯彻落实党的十八届三中全会精神、全面深化文化体制改革的开局之年举办的一次重要国际出版盛会。推动北京国际图书博览会迈上新台阶，要以习近平总书记系列重要讲话为指导，在“三个服务”上下功夫，即服务于国家外交大局、服务于提高中国文化软实力、服务于中国出版业发展壮大。

蒋建国强调，北京国际图书博览会发展到今天，形成了“五大功能”，即出版交流功能、版权贸易功能、文化传播功能、创新科技功能、促进阅读功能。本届北京国际图书博览会要在认真总结以往成功经验的基础上，不断完善和充分发挥这“五大功能”，进一步办出影响、办出成效，形成品牌。要不断创新思路、内容和形式，重点办好中华图书特殊贡献奖颁奖仪式、北京国际出版论坛和北京国际图书博览会主宾国这三大品牌活动，不断提升活动的举办水平，力争把北京国际图书博览会打造成为一个品牌活动多、举办规格高、内容实效好的国际书展。蒋建国还就如何安全办展、节俭办展等工作提出了明确要求。

吴尚之在总结讲话中指出，北京国际图书博览会是得到国际出版业关注、认同并积极参与的国际图书综合交易平台，是促进中外出版业交流合作、推动中国出版“走出去”的重要载体。组委会各成员单位要汇集智慧、凝聚力量，打造好、维护好、宣传好北京图博会这一平台，进一步强化图博会的国际版权贸易和中外出版交流功能，为提升中国出版、中国文化的国际传播力和影响力，为提升中国文化软实力做出新贡献。

会上，组委会各成员单位代表对如何办好本届图博会进行了充分讨论，提出了许多建设性意见。

7 月 15 日下午，第 21 届北京国际图书博览会召开了新闻发布会，通报了本届图博会的总体情况、土耳其主宾国活动的情况。（朱宝元）

中国出版集团公司参加第 24 届全国图书交易博览会

2014 年 8 月 1～4 日，第 24 届全国图书交易博览会（简称“书博会”）在位于贵州贵阳的贵阳国际会议展览中心召开，中国出版集团公司统一组团参展。

集团公司党组书记王涛亲率集团所属 20 多家出版企业参展。集团对展区统一进行了特装，通过户外大型广告及业内外媒体广告的形式，再次向全国业界和广大读者展示了集团的整体形象。书博会期间，集团及所属出版机构组织举办 10 余场各类活动，6000 多种图书参展，其中新书 2000 余种，重点图书 700 余种。

生活·读书·新知三联书店出版的经济学家吴敬琏新作《直面大转型时代——吴敬琏谈全面深化改革》，收入多篇吴敬琏关于“改革”的主题演讲，深入探讨改革议题，综述重启改革的历史意义及重大影响。东方出版中心推出的《都市文化原理》第一次深入研究和阐述都市文化建设的中国话语、中国理论、中国实践，探索创建一门有中国理论特色和当代世界价值的都市文化理论。中国民主法制出版社推出的《延安 延安》真实反映了 1935 年至 1948 年中央红军从进入陕北到中央机关离开延安的 13 年间，中国共产党人与当地群众紧密联系、水乳交融的历史。人民美术出版社出版的《红旗飘飘——20 世纪主题绘画创作》，以中国革命历史发展为脉络，第一次把 20 世纪中国主题绘画创作特色以及同一主题的不同时间段不同创作所反映的时代特点，做了比较明晰的阐述。

中华书局推出的《读经十二年》，从全球读经教育首倡者王财贵教授的千余场读经教育演讲中抽取了最为精华的 6 场，是他 20 年来推广读经教育理念与实践心得的代表集萃。生活·读书·新知三联书店出版的王蒙新作《与庄共舞：人生的自救之道》中，王蒙与两千五百年前的庄子对话，由王蒙解读的《庄子》充满智慧和洒脱，该书堪称现代人的一剂醒脑针，为心灵有效疏压，帮助人们站在更高的角度重新观照自己的人生。现代教育出版社出版的《国学百家讲坛·兵家分卷》（12 册）以各代兵家学说的代表人物对兵家的十二个核心命题的论述为中心，采取文白对照的方式，清晰而系统地讲解中华民族千年积累的兵家的优秀智慧。

商务印书馆的“国际文化版图研究文库”最新推出了《好莱坞：电影与意识形态》，该书选取诸多经典电影作品，从文化研究的角度深入而细致地分析了美国电影如何呈现美国的意识形态，也为中国文化发展、捍卫民族文化提供了参考。中国民主法制出版社推出的《大国崛起》（精华图文版）为中央电视台大型纪录片《大国崛起》的同名同步图书的再开发版本，适应青少年对中国发展道路认知的需求，激发其爱国、爱党、爱社会主义的热情与活力，助力圆梦中华民族的伟大复兴。世界图书出版公司推出了《优雅地老去》和《阿尔茨海默病全指南》，面向社会一般公众介绍阿尔茨海默病当前和未来的研究以及预防潜在病发和治疗的方法。

人民文学出版社推出一系列名家经典、名家新作：包括杨绛先生在百岁高龄为长篇小说《洗澡》写的续集《洗澡之后》，香港电影金像奖得主徐皓峰武侠小说成名作推出新版本《道士下山》（癸巳年修订本），安妮宝贝、白岩松、韩寒、黄磊、于丹等30位名人倾心写下的亲子家书集《成长，请带上这封信》，以及记录出道15年来自我寻找的“羽·泉”之胡海泉首部随笔集《问泉》。中华书局同样推出多本名家力作：梁晓声最新著作《国人辩论的表情》，针对当下国情、民情、士情，纵论网络文化、大众情绪、民生问题，呼唤理性提升与人文化育，带读者看懂急剧变化的当下中国；华语乐坛著名词人林夕的散文新作《都什么时候了》，蕴含作者对人生、社会、家国、文化的全新感悟；著名纪实文学作家叶永烈2014最新力作《历史的注脚》，作者出入红墙采访，搜寻大历史中的小细节，用大事亲历者的回忆还原红墙内外的历史真相。

商务印书馆推出了《牛津高阶英汉双解词典》（第8版）、《古代汉语词典》（第2版）、《牛津英语同义词学习词典》（英汉双解版）（标准本）、《牛津小学生英汉双解词典》、《新华成语词典》（中国成语大会指定本）等多种新品工具书。商务印书馆国际有限公司推出了《现代汉语字典》（单色插图本）、《最新高级英汉大词典》（第3版·单色本）、《成语大词典》（最新修订版·彩色本）等多种工具书。此外，中国大百科全书出版社还推出了《新闻传播学大辞典》，涵盖目前国内新闻传播学科最新研究成果，为新闻传播学专业从业人员查阅提供参考。

人民文学出版社推出黄永玉的《沿着塞纳河到翡冷翠》，该书为作者在1990年代初在法国和意大利的生活时所写的艺术游记散文；中华书局推出收藏大家张伯驹先生的精粹之作《烟云过眼》，直观再现了张伯驹先生的古代书画收藏世界；东方出版中心出版的《李叔同致刘质平书信集》（墨迹珍藏版），以书信的形式向广大读者呈现出中国近现代艺术史上的一段佳缘，字里行间也呈现了李叔同出家前后的心路历程。人民美术出版社推出了《〈髹饰录〉与东亚漆艺——传统髹饰体系研究》、“经典连环画原稿原寸系列·精装系列”、《世界美术名作二十讲》《燎原说画：近看西方现当代艺术》等美术类图书。人民音乐出版社推出了《琴梦红楼》《习琴精要》《指挥排练札记》《总政歌舞团建团60周年音乐舞蹈文集》等音乐类图书。

近几年来，中国出版集团公司发力少儿图书产品线，集中力量做大少儿出版。本届书博会上，中国对外翻译出版公司推出了《欧美经典儿歌·Wee SingⅡ》（9册）、《大大熊和他的朋友们》（8册）；现代教育出版社推出了“企鹅经典童书·小狮子头系列”。天天出版社作为集团内唯一的专业少儿社，带来多种名家少儿新作，包括“曹文轩典藏拼音版”（10种）、曹文轩文集、“国际获奖大作家系列”、“阳光姐姐小说之星”系列、“辫子姐姐星座物语系列”等。

在集团公共展区以及有关新闻场馆，集团公司以及成员单位将举行10余场新书发布及相关宣传活动，主要有：人民文学出版社的王蒙新书发布会、商务印书馆的“人与自然”书系作者访谈、中华书局的《洛书河图》讲座、生活·读书·新知三联书店的《长声闲话》作者与读者交流会、中国对外翻译出版公司的贵州籍旅美作家汪洋传记三部曲新书发布会暨读者见面会、中国民主法制出版社的《中国谜语大会·谜语精选》座谈会，以及天天出版社的“阅读改变命运 寻找最美阅读少年——曹文轩儿童文学艺术中心公平阅读公益推广活动启动仪式”等。（姜锐刚）

人民文学出版社参加第24届全国图书交易博览会

2014年8月1～4日，第24届全国图书交易博览会在贵州举办，人民文学出版社党委书记、副社长刘国辉，副社长李春凯与策划部、发行部部分员工参加了活动。书博会期间，人民文学出版社组织了《王蒙文集》暨“王蒙说古典系列”线装书出版见面会活动，天天出版社组织了“寻找最美阅读少年——曹文轩儿童文学艺术中心阅读推广公益活动”，以及“百社千校进校园”

图书捐赠活动等，还组织作家王蒙、曹文轩参加了读者大会，受到媒体和社会各界的关注，取得良好效果。

（王芸菲）

商务印书馆参加
第24届全国图书交易博览会

2014年8月1～4日，商务印书馆参加第24届全国图书交易博览会。共有300种新书参展，其中《好莱坞》《钱锺书手稿集·外文筆記》《一平方英寸的寂静》等一大批图书受到读者的欢迎和好评。展会期间，商务印书馆通过韬奋基金会向贵州省贵阳职业技术学院、贵州省遵义市正安县第一中学、贵州省余庆县教育局、贵州省安顺市图书馆等9家单位捐赠了价值七万余元的图书。因成绩突出，商务印书馆被授予“2013年公益捐赠先进单位”称号。博览会上，商务印书馆还举办了“与自然相遇——商务印书馆‘自然文库’座谈会”，十月杂志社副主编、第二届老舍文学奖长篇小说奖获得者宁肯，山西省作家协会副主席张锐锋等嘉宾出席了活动，并从科学与文学的关系、中西方文化的差异性、博物阅读的意义等角度，围绕“自然文库”展开了精彩的对话。

（冯　雪）

中华书局参加
第24届全国图书交易博览会

2014年8月1～4日，第24届全国图书交易博览会在贵州省贵阳市举行。中华书局一共展出100余种图书，如《建炎以来系年要录》《契丹国志》《意林校释》《嵇康集校注》《王维资料汇编》《靖康缃素杂记》《唐六典》《续宋中兴编年资治通鉴》《晏子春秋校注》《北山录校注》《杨荫杭集》《宋教仁日记》等古籍新书，《中国哲学史》《贞元六书》《冯友兰先生年谱长编》、“徐仁甫著作集”系列、《汉魏六朝碑刻异体字典》等学术著作和工具书，尤其重点推介了《清朝开国史》《洛书河图——文明的造型探源》、“典雅文存”系列等一批大众普及类新书。中国出版集团公司在展会期间举办了第七届“读者大会”，中华书局邀请作者阎崇年参加大会并签售，同时还邀请阿城在贵州省图书馆做了题为《苗族传统图形与上古文明》的讲座，并为《洛书河图——文明的造型探源》一书进行宣传。

（梁　彦）

中国大百科全书出版社参加
第24届全国图书交易博览会

2014年8月1～4日，由国家新闻出版广电总局、贵州省人民政府共同主办，以“文耀贵州，书博天下”为主题的第24届全国图书交易博览会在贵阳国际会议中心举办。

中国大百科全书出版社作为中国出版集团公司的主题出版社携百余种精品图书在重点展位参展，主要展示了《中国大百科全书》（第二版）、《不列颠简明百科全书》（精粹本）和《中国大百科全书》（普及版）等百科类图书；《中国儿童百科全书·放学就看》《中国幼儿百科全书》等儿童百科系列；《DK家庭医生》和DK孕产育儿系列等DK系列图书；《汉字应用规范字典》《小学生笔顺规范字典》（彩色版）和《学生组词造句词典》（彩色版）等学生工具书；《最好的时光在路上》《国家公园》等国家地理系列；以及《李欣口述自传》《杜月笙传》和《低地国家史》等百科学术类图书。其中《不列颠简明百科全书》（精粹本）、《中印文化交流百科全书》和《新闻传播学大辞典》在中国出版集团公司精品图书展区进行了重点展示，受到大众关注，得到读者好评。

书博会上，中国大百科全书出版社与来自全国各地的新华书店、图书馆等渠道方代表积极进行业务洽谈，展示了出版社的形象，宣传了百科品牌。

（尹添铭）

人民音乐出版社参加
第24届全国图书交易博览会

2014年8月1～4日，第24届全国图书交易博览会在贵州省贵阳国际会议展览中心开幕。

人民音乐出版社参加了本次会议的出版物展示环节，并完成了中国出版集团公司“读者大会”的各项服务工作。

本次读者大会的重要环节是中国出版集团公司向贵州省9家单位捐赠图书。作为中国出版集团公司的重要成员单位，人民音乐出版社对此次捐赠活动积极响应，认真准备，精心挑选了一批适合大众阅读、欣赏、学习的普及型音乐出版物，捐赠码洋共计73 000余元，并严格按照捐赠要求，按时、保质、保量地将捐赠图书送达受捐单位。（刘　培）

现代教育出版社参加第24届全国图书交易博览会

2014年8月1～4日，第24届全国图书交易博览会在贵阳国际会议展览中心召开，现代教育出版社展出了百余种图书，主要有传统文化类图书“国宝书法系列”“国学百家讲坛系列”以及少儿类图书“牛津经典童书系列”“新概念科学系列丛书”等优秀图书。本届全国图书交易博览会对于现代教育出版社在业界品牌的提升具有极大的促进作用。（杨　静）

人民文学出版社参加2014上海书展

2014年8月13～19日，2014上海书展暨“书香中国”上海周举行，人民文学出版社副社长李春凯和编辑部门、策划部、发行部的员工参加了书展。2014年书展期间，人民文学出版社不论销售册数还是码洋与往年相比都有大幅增长，图书销售册数超过13 000册，码洋达到39万元，比2013年增长一倍以上，是中国出版集团公司销售图书最多的出版社。其中新书《野狐岭》500册、《工农兵大学生》300册均销售一空。

8月13日，人民文学出版社组织演员张译签售图书《不靠谱的演员都爱说如果》，与上海的读者们零距离接触，一个小时内签名售书260多册。8月16日，人民文学出版社邀请作家赵丽宏举行“巴金和他的《随想录》”的讲座，与来自全国各地的读者一起分享阅读这位现当代文学大家作品的感受，现场50套《随想录》在开讲前就被读者抢购完毕。此外，还组织了“小说的民间性和世界性——从雪漠《野狐岭》和莫言小说谈起”的文学对谈活动、《野狐岭》签名售书、“雪漠长篇小说《野狐岭》创作研讨会”等活动。（王芸菲）

商务印书馆参加2014上海书展

2014年8月13～19日，以“我爱读书，我爱生活”为主题的“2014上海书展暨‘书香中国’上海周”在上海展览中心举行。商务印书馆携多部重点新书及精品图书亮相此次展览。商务印书馆主展区设在位于中央展区的“中国出版集团展区”内，展出商务印书馆图书约1000种。此外还在“地方馆”的“百年文脉展区”牵手中华书局和生活·读书·新知三联书店，打造“百年文脉——商务、中华、三联新书精品展”。

本次书展商务印书馆还为读者精心组织了多场读书活动：举办“人与自然——《自然文库》专家访谈”活动，葛剑雄为读者进行讲座；举办“《帝国的档案》新书发布会”，阚宁辉、陈思和、颜子悦等出席活动；举办“《艺术在没落中升起》新书发布会”，孙周兴等出席活动；举办“人间有味是清欢——《时蔬小话》读者分享会”，阿蒙出席活动等。（刘瑞龙）

中华书局参加2014上海书展

2014年8月13～19日，中华书局参加2014上海书展。在上海展览中心中央大厅，中华书局和上海图书公司共同举办“二十四史”修订进展情况发布暨《史记》（修订平装本）首发活动，冷冰川《无尽心》新书分享会，叶永烈《历史的注脚》《历史的侧影》新书分享会，梁晓声《国人辩论的表情》新书分享会。其中，《史记》修订小组负责人赵生群，《旧五代史》《新五代史》修订主持人陈尚君和中华书局总经理徐俊出席

《史记》（修订平装本）首发活动。陈尚君现场介绍了《旧五代史》《新五代史》《旧唐书》修订的进展情况，并为现场购书的读者钤印留念。在上海展览中心中央大厅，中华书局和上海新华传媒股份有限公司共同举办张炜《也说李白与杜甫》新书分享会。在上海展览中心东一馆，中华书局和上海新华传媒股份有限公司共同举办小椴《裂国·大王图》新书分享会和“一堂高中国学公开课”活动。在上海图书馆，中华书局和上海图书公司共同举办题为《人与书的亲情》的讲座，由梁晓声主讲，并签售《国人辩论的表情》《原来》《中国人，你缺了什么》等中华书局版图书。

中华书局入选2014年上海书展“最有号召力的十佳出版社”，这是自2010年以来连续第五年入选；《故宫藏美》《洛书河图——文明的造型探源》入选“最有影响力的十本新书”。

（梁　彦）

人民音乐出版社参加2014上海书展

2014年8月13～19日，2014上海书展暨“书香中国”上海周活动在上海展览中心举行。本次上海书展，人民音乐出版社上海分公司主办了一场以新书签售和名家访谈为主的文化沙龙活动。作曲家陈钢，画家陈逸鸣、谢春彦，作家淳子，译制片艺术家曹雷、刘广宁，中央电视台《百家讲坛》主讲人翁思再、马里奥·维恩伯格，人民音乐出版社副总编辑赵易山等文化名家携《钢琴独奏曲·梁祝》《钢琴四手联弹·梁祝》《红色经典、蓝色浪漫》等多部新书为广大的上海读者带来了经典的音乐享受和崭新的阅读体验。整个活动以名家推介、现场访谈、互动交流以及签售等数个环节组成。现场气氛热烈，人气高涨，广大读者参与互动非常踊跃，原定2个小时的活动时间延迟直至闭馆。在随后的签售环节，共签售图书600余册。

（刘　培）

生活·读书·新知三联书店参加2014上海书展

2014年8月13～19日，2014上海书展在上海展览馆开幕。此次书展生活·读书·新知三联书店（以下简称“三联书店”）将500多种重点书、新书、常销书带给上海读者。7天书展，在中国出版集团公司专区，三联书店图书销售实洋已超过2013年的销售成绩，突破20万元；在上海新华发行集团展区中的百年文脉专区，三联书店的图书销售成绩也超过2013年，达到实洋10.2万元。本次上海书展，三联书店总体销售达到30万元实洋，在中国出版集团公司稳居前三甲。同时还举办了一场精致的图书推广活动，《红锥叶——父辈的西南运输总处抗战岁月》新书分享会，嘉宾邀请到葛剑雄、李宛玲、庄崚。活动后共签售图书131本。

8月19日，2014上海书展暨“书香中国”上海周“最有号召力的十家出版社”揭晓，生活·读书·新知三联书店连续4年上榜，本年度名列“最有号召力的十家出版社”第2名。

（孙　漩）

现代教育出版社参加2014上海书展

2014年8月13～19日，现代教育出版社参加了2014上海书展。现代教育出版社紧密结合上海特殊的地域文化特点，为上海读者带去百余种图书，主要有传统文化类图书“国宝书法系列丛书”“国学百家讲坛系列”图书、《白话精华二十四史》《清·孙温绘全本红楼梦》等，有文史类图书《大明嘉靖往事》等，有少儿类图书“牛津经典童书系列丛书”“国际大师绘本文库系列丛书”“漫画世界文学名著文库系列丛书”“小老虎童书馆系列丛书”、《不莱梅城的乐师》等。这些图书深得上海广大读者及书店的喜爱。

（杨　静）

中国图书进出口广州公司承办“2014南国书香节暨羊城书展主宾馆”

2014年8月15～21日，中国图书进出口广州公司受中国出版集团公司委托，承办“2014南国书香节暨羊城书展主宾馆”，同时进行国际馆项目工作。

中国出版集团作为中国出版的“国家队”，首次以主宾馆身份亮相南国书香节，以“守正出新中版多精品，弘文致远南国添书香”为主题，携集团所属人民文学出版社、商务印书馆、中华书局、生活·读书·新知三联书店等17家“老字号”“人字号”“国字号”品牌出版社的优秀国内出版物参展，并举行了丰富多彩的现场互动交流、名家签售等文化活动。

同时，中国图书进出口广州公司第九次承办南国书香节海外华文展/国际馆，组织了海内外精品出版资源参展，以“传中外文化，聚四海精英”为目标，首次设立中外艺术及文化精品专区，促进中外文化艺术交流；少儿区、馆配区等提升规格，力求实现服务全民延伸阅读的大文化主题。

主宾馆（国际馆）场馆面积1 080平方米，根据不同主题特色分九大板块展示了16 000多种、50 000多册（套）国内外优秀文化出版精品；马未都、九把刀、欧阳靖等嘉宾举办系列文化活动；开辟“中图画廊”，展览茶席、油画、雕塑、版画、藏书票等国内外艺术文化创意展品。（丁　燕）

天天出版社参加2014南国书香节

2014年8月15～21日，在2014南国书香节期间，天天出版社邀请优秀儿童文学作家——曹文轩、常新港、安武林、郁雨君，在琶洲国际会展中心、羊城书展静阅读·书吧以及广州的重要书城广州购书中心、越秀购书中心等多个展区以及书城，举办14场主题讲座暨签售活动，集中展示了天天出版社作者的实力，在作家群、经销商以及读者当中产生了重要影响，促进了天天出版社的品牌宣传。（王芸菲）

中国图书进出口（集团）总公司组团参加第20届印度德里国际书展

2014年8月22～26日，第20届印度德里国际书展在印度德里Pragati Maidan展览中心举行。受国家新闻出版广电总局委托，中国图书进出口（集团）总公司组织6家出版单位8人参加了书展。中国代表团以“中国出版”装潢展台，展台面积18平方米。参展图书80余种近200册、电子音像出版物40余册，涵盖中国政治、历史、文化、教育、生活、少儿、文艺类内容。展会期间，中国出版代表团与印度出版同行深度交流，寻求国际合作，并积极进行商务洽谈。

（丁　燕）

中国图书进出口（集团）总公司组团参加第23届巴西圣保罗国际书展

2014年8月22～31日，第23届巴西圣保罗国际书展在巴西圣保罗安年比展览中心举办。受国家新闻出版广电总局委托，中国图书进出口（集团）总公司组织14家国内出版单位的16名参展代表参加了书展。中国展台面积20平方米，展示图书800余种，涵盖中国经济、科技、社会、文化、文学、教育等多领域的精品外向型图书。通过向巴西读者展示中国图书，并与当地出版机构交流，达到了宣传中国出版、全面接触巴西市场、探索发展与合作契机的参展目的。

此外，中国代表团还参观了圣保罗唯一一家中文书店——文昌书局。（丁　燕）

中国图书进出口（集团）总公司承办2014北京国际出版论坛

2014年8月26日，由国家新闻出版广电总局、国务院新闻办公室、中国民主促进会联合举办，中国图书进出口（集团）总公司承办的2014北京国际出版论坛在北京国际饭店举行。

本届出版论坛围绕“出版业的新未来：方向、路径与动力”这一主题，邀请国内外11位权威出版人发表演讲，并与现场近300位参会人进行交流，深入剖析了传统出版与数字出版、传统媒体与新媒体融合发展的趋势，并为传统出版业下一阶段发展指出方向。

论坛主题鲜明，切合业界需要；演讲嘉宾经验丰富，注重实际操作；主持专业，现场交流效果好；听众来源稳定且受众面广，论坛品牌深入人心。作为承办者，中国图书进出口（集团）总公司进一步创新办会思路，助力行业发展，通过传递前沿理念、分享专业经验和拓展前瞻性国际视野，为参会者提供积极的思考。（丁　燕）

中国出版集团公司参加第21届北京国际图书博览会

2014年8月27～31日，第21届北京国际图书博览会（以下简称“图博会”）在北京落幕。中国出版集团公司组织所属16家出版社统一参展，参展图书2 000余种，主办各类活动30余场次，参展面积575平方米，为国内最大的参展商。

8月31日上午，中共中央政治局常委、中央书记处书记刘云山同志在参观图博会时，莅临中国出版集团公司展位并做重要指示。他要求出版业要积极适应新形势、新任务对出版工作的新要求，努力实现由规模数量向质量效益的升级，由传统业态向新兴业态的升级，由出版大国向出版强国的升级。中共中央政治局委员、中宣部部长刘奇葆同志一同参观。

集团公司领导班子对参展活动十分重视，班子全体成员以及集团所属各出版单位主要负责人和版权人员均参加了展会。此次展会的特点：

一是版权贸易再创新高、亮点频现。集团公司围绕着力增强国家文化软实力，积极实施“走出去”战略，版权输出连续三年获得“走出去”综合排名第一。自成立以来，集团公司共实现版权输出2937项，列全国之首。图博会期间，集团公司输出版权392项，名列参展出版单位之首。其中，商务印书馆反映中国当今社会变革的主题图书——《中国道路与新城镇化》和“农民三部曲”系列图书输出德国施普林格出版集团，把中国的声音、中国的文化与变革传播到国际学术主流渠道；人民文学出版社获得第六届鲁迅文学奖的《隐身衣》输出法国阿歇特出版集团；中华书局《中华经典故事》丛书等输出俄罗斯；中国美术出版总社的《漫画中国历史》丛书输出日本。

二是展会活动精彩纷呈，注重实效。图博会期间，集团公司共参与和主办了近50项活动。集团公司总裁谭跃出席“北京国际出版论坛”，他作了“抓住两个话题　把握交流规律　理清文化走出去的战略思考”的主题演讲，与参会的各国嘉宾分享了对出版国际化的战略思考。集团公司在图博会期间举办了“与海外出版机构恳谈会”。来自励德·爱思唯尔、威科、企鹅兰登、圣智、斯普林格、讲谈社等世界出版50强的高管和知名出版人、版权代理人共30余人参加了恳谈会。集团公司借助书展平台，与全球出版人和版权代理人加强了沟通和交流。

此外，中国出版传媒商报社举办了“中国图书世界影响力评价”发布会，发布了海外图书馆购藏中国图书数量排名。作为中国图书“走出去”的重要指标，中华书局在海外图书馆购藏数中排名第一，人民文学出版社排名第三，商务印书馆排第十一，生活·读书·新知三联书店、中国大百科全书出版社、中国美术出版总社、华文出版社也都进入了前100名。人民音乐出版社为庆祝建社60周年举办了《琴颂诗经》等一系列丰富多彩的活动；中国图书进出口（集团）总公司举办了“中国图书全球按需印刷启动仪式”；商务印书馆与施普林格公司举行了“走出去”合作战略签约仪式，为进入国际学术主流渠道开辟道路；人民文学出版社举行了《纽约人在北京》新书首发式，展现了中国崛起带来的来华打工热现象；中国民主法制出版社举行了《甲午战前钓鱼列屿归属考》版权输出签约仪式。人民美术出版社、华文出版社以及中版数字传媒有限公司等均举办了各具特色的新书发布会与中外交流活动。集团公司还在展前举办了“中外出版翻译恳谈会”，邀请来自全球各地30余位知名翻译家、汉学家和版权代理人参会，共同探讨如何突破中国出版“走出去”的翻译瓶颈问题。

三是会谈交流务实有效。图博会期间，总裁

谭跃、副总裁李岩会见了剑桥大学出版社首席执行官菲利普斯先生，双方就联合出版大型丛书《中国近现代文化经典文库》（英文版）表达了强烈的合作意愿；总裁谭跃、副总裁潘凯雄会见了伦敦书展总监托马斯女士一行，就集团 2015 年在伦敦书展上开展品牌推广和版权输出进行了深入交流，达成了合作意向；副总裁刘伯根会见了阿根廷大陆出版社一行，就与阿根廷出版界开展版权和实物进出口合作等事项进行了深入交流；副总裁李岩与美国 BEA 书展代表团就策划参加 2015 年 BEA 书展主宾国活动举行了会谈，达成了合作意向。（郑　甜）

中国图书进出口（集团）总公司承办第 21 届北京国际图书博览会

2014 年 8 月 27～31 日，第 21 届北京国际图书博览会（简称“图博会”）在中国国际展览中心举办。

本届图博会受到中央领导的高度重视。8 月 31 日上午，中共中央政治局常委、中央书记处书记刘云山同志和中共中央政治局委员、中共中央宣部部长刘奇葆同志一行来到图博会展场参观调研。刘云山同志指示，出版战线要树立世界眼光，以高度文化自觉和文化自信讲好中国故事、传播中国声音，为推动中华文化走出去做出新的贡献。8 月 26 日，书展开幕前夜，第八届中华图书特殊贡献奖颁奖仪式在人民大会堂小礼堂隆重举行。国务院副总理刘延东同志会见了来自美国、日本、塞尔维亚、墨西哥等 10 位获奖人，并为他们颁奖。8 月 30 日上午，全国政协副主席罗富和也来到书展现场，参观调研。

本届图博会出版“走出去”和文化外宣平台功能进一步凸显。本届图博会共达成版权协议 4 346项，比 2013 年增长 18.5%。其中，引进版权 1 752 项，同比增长 11.1%，输出版权 2 594 项，同比增长 24%；引进版权与输出版权比为 1∶1.48，中文图书版权输出实现了持续、稳定的增长，比 2013 年的 1∶1.33 贸易顺差进一步加大。在中文图书版权输出中，文学、少儿类图书和中国梦和承载社会主义核心价值观的主题出版物及一批反映中国道路、中国模式、中国制度的优秀主题出版物成为输出热点，体现出我国传统文化对世界的吸引力与影响力。同时，图博会积极贯彻国家“一带一路”战略，资助了埃及、伊朗、阿尔巴尼亚等 7 个沿线国家和亚非拉欠发达国家的中小型出版社，为它们免费提供展台和展期食宿交通等。亚洲参展国家方面，韩国首次新增文化创意和电子出版展区；印度尼西亚首次组团参展；沙特展台比以前增加了一倍，阿联酋、阿拉伯国家等国家的展览面积也有所扩大。通过请进来，图博会对出版走出去的推动作用不断增强。

本届图博会展会规模逆势上扬和国际地位显著增强，呈现良好发展态势。本届图博会展览面积 5.36 万平方米，参展国家 78 个，北欧五国首次设立联合展台，智利、阿尔巴尼亚首次参展；参展商达到 2 162 家，其中海外展商 1 228 家，是国内展商的 1.3 倍，比 2013 年增长 11%，国内展商 934 家；展出国内外出版物 30 万种，举办 1 000 多场文化交流活动，参展参观人数逾 20 万人次。土耳其共和国是本届书展主宾国。作为四大书展之一，图博会从规模来看已经全面赶超了美国 BEA 书展和伦敦书展。本届图博会的展览面积是 2014 年美国书展和伦敦书展的三倍；参展国家和地区数量是美国书展的 2.38 倍、伦敦书展的 1.47 倍；参展商数量是美国书展的 3.2 倍、伦敦书展的 1.44 倍。图博会在充分发挥出版“走出去”和文化外宣功能的同时，已经由中外出版文化的交流平台转变为世界交流的重要国际舞台。

此外，本届图博会还注重展会功能创新，结合新技术与传统产业的融合，内容提供、技术服务和设备供应均参加展会，第一次实现全产业、全流程互动展示；第一次全方位策划，向读者宣传推广，助推全民阅读和儿童教育，“书香地铁”宣传、“文学之夜”、“在 BIBF 上遇见的 50 本好书”、少儿阅读之旅等活动吸引了大量公众参与。

（朱宝元）

人民文学出版社参加第21届北京国际图书博览会

2014年8月27～31日，第21届北京国际图书博览会召开，人民文学出版社参加了展会并组织了一系列图书宣传推广活动。人民文学出版社为此次展会专门制作了书目，达成版权意向22种。此外，还组织了“镜海译丛”新书发布会、“21世纪年度最佳外国小说（2014）”获奖作品揭晓暨《生命》首发式、《北京人在纽约》《纽约人在北京》出版沙龙暨签售会、《日头》首发式、“朝内166·文学公益讲座”第五讲等一系列活动。天天出版社也举办了“无边的绘本”名家对话活动等一系列活动。（王芸菲）

商务印书馆参加第21届北京国际图书博览会

2014年8月27～31日，商务印书馆参加第21届北京国际图书博览会。本届展会商务印书馆共设4个展台，500余种重点图书，其中包括2014年新出版的书。展会重点展示了《牛津高阶英汉双解词典》（第8版）、《利氏汉法辞典》《汉字英雄》（第1季）、“汉译世界学术名著丛书”（第十四辑）、“中华现代学术名著丛书”等，特别推出《汉哈英图解词典》《通用规范汉字字典》《中国设计全集》《中国道路》《汉语世界》杂志等作为重点输出产品。

8月27日，国家新闻出版广电总局党组书记、副局长蒋建国，中宣部出版局局长郭义强在中国出版集团公司副总裁李岩、潘凯雄的陪同下视察集团公司展区。于殿利介绍了新出版的《新华字典》线装本，蒋建国对线装本《新华字典》的创新设计给予高度评价。

8月31日，中共中央政治局常委、中央书记处书记刘云山在国家新闻出版广电总局局长蔡赴朝，国家新闻出版广电总局党组书记、副局长蒋建国，中宣部副部长孙志军，新闻出版广电总局总局副局长吴尚之，中国出版集团公司总裁谭跃，中国出版集团公司党组书记、副总裁王涛等陪同下亲临商务印书馆展位，听取于殿利关于商务印书馆近期出版情况的汇报。展会期间，商务印书馆还重点举办了《牛津高阶英汉双解词典》（第8版）新书发布会、《利氏汉法辞典》单卷本首发仪式、与德国施普林格出版社举行战略合作签约仪式等。（冯　雪）

中华书局参加第21届北京国际图书博览会

2014年8月27～31日，第21届北京国际图书博览会在北京国际展览中心新馆举行。中华书局共有150余种图书参展，重点书50余种，内容涉及历史、哲学、文学、艺术和文化类，如《史记》（修订平装本）、《中国佛教思想资料选编》《隶字汇》《中国哲学史》《二十一世纪的儒学》《历史的注脚》《历史的侧影》《国人辩论的表情》《中国人，你缺了什么》《也说李白与杜甫》等。其中，《洛书河图——文明的造型探源》《故宫藏美》《想象异域》《论天人之际》、“中华文化十万个为什么”系列等图书由于选题创新、内容吸引人，是各国合作伙伴争相申请洽商版权的对象。此次博览会期间，中华书局对外合作部人员共进行版权贸易洽谈15场，会见了来自英国、意大利、荷兰、韩国、日本等国家，以及台湾地区、香港特区的出版社和版权代理，推荐介绍了中华书局新书和重点外向型图书；中华书局部分编辑一同会见了英、美、日重点出版社和版权代理，向对方说明相关引进需求。（梁　彦）

中国大百科全书出版社参加第21届北京国际图书博览会

2014年8月27～31日，第21届北京国际图书博览会（BIBF）在中国国际展览中心（新馆）拉开帷幕。本次博览会参展商来自78个不同的国家和地区，展示了约30万种图书。

本届博览会上，中国大百科全书出版社精选了200多种图书参展，重点展示了《中国大百科全书》（第二版简明版）、《不列颠百科全书》等大型综合性百科图书；《中国儿童百科全书》、DK儿童百科全书系列等少儿类百科图书；《中印文化交流百科全书》《中国传统故事美绘本》《中华文明史话》等外向型图书；《重现中国历史》（漫画图文版）、《西藏文化之旅》和《中国国家地理》系列等中国题材图书。

中国大百科全书出版社一向都把版权推介作为一项重要工作，书博会是版权输出一个重要窗口。在社领导和各部门的支持下，对外合作中心积极筹备，较好地完成了参展任务。对于已建立联系的出版社，积极联络约定商谈。短短的3天专业场时间安排了20多场会谈。会谈对象包括英国DK公司、美国不列颠百科全书公司、日本东贩公司、韩国教元出版社等来自世界多个国家和地区的知名出版单位。同时还作为协办单位参加了中国出版集团“首届中外翻译出版恳谈会”。在恳谈会上与来自世界各地多个国家和地区的30多位重量级海外汉学家和著名版权代理人建立了联系，并且就“走出去”的翻译和渠道问题进行了探讨。

博览会期间，第13届输出版、引进版优秀图书评奖结果揭晓。中国大百科全书出版社《DK儿童能力培养百科全书——美食出自我的手》获2013年度引进版社科类优秀图书奖，对外合作中心马丽娜获2013年度优秀版权经理人奖。

（尹添铭）

中国美术出版总社参加第21届北京国际图书博览会

2014年8月27～31日，中国美术出版总社参加在中国国际展览中心（新馆）举办的第21届北京国际图书博览会。

展前，总编辑林阳主持了即将出版的《中国民族工业设计百年》的海外推广工作。与有长期合作关系的英国出版商进行交流，原社长汪家明和总编辑林阳率相关编辑室人员就双方合作的具体项目落实情况，并讨论了新项目的可行性。

书展期间，就已输出项目约谈美国客户，落实后期翻译、审稿、出版、销售渠道等环节，并就新书做推广。重点图书《〈髹饰录〉与东亚漆艺——传统髹饰工艺体系研究》《极简中国工艺美术史》《极简中国书法史》《小艾，爸爸特别特别地想你！》等在书展亮相并引起国内外出版社广泛关注。“极简”系列初步达成意大利语、日语、英语等多语种的输出意向。

全国政协副主席、民进中央常务副主席罗富和、国家新闻出版广电总局党组书记、副局长蒋建国、副局长吴尚之等领导前来展台参观，并询问了《漫画中国历史》（48卷）、《书法四字经》《极简中国工艺美术史》等重点书的版权输出情况。书展期间总编辑林阳、副总编辑胡建斌接受大佳网等多家媒体采访。除图书展示、版权贸易外，还应邀参加了英国DK出版社40周年答谢酒会、中意出版业交流晚宴、德国主展台鸡尾酒会。

（杨　乐）

人民音乐出版社参加第21届北京国际图书博览会

2014年8月27～31日，第21届北京国际图书博览会在中国国际展览中心（新馆）举办。人民音乐出版社作为中国出版集团的主题社，充分展示了建社以来丰硕的国际合作交流成果以及近年来成功“走出去”的精品图书。此次展会共选出近130种图书，涉及欣赏、教育、练习等多个音乐图书品种。

作为本次中国出版集团主题社，为了突出国际化发展战略，着重对六个展台进行了特别的设计和装修，策划、举办了国际合作成果展览。展会期间，还在展场循环播放了出版社中英文宣传片，推出了丰富多彩的活动，以配合人民音乐出版社外向型图书的宣传和集团国际化发展战略。除“《琴颂诗经》主题访谈与古琴艺术音乐会”“‘流行合唱精品’展演活动”和“‘乐亭皮影造型艺术’展演活动”三场主题活动外，还配合出版集团完成了各项活动的组织、筹备工作。本次展会，人民音乐出版社分别与英国、美国、西班牙的出版社及美国的三家图书馆，就版权贸易、合作出版、原版直销等事项进行了会谈，达到了

预期效果。（周　钰）

中国对外翻译出版公司参加第21届北京国际图书博览会

2014年8月27～31日，中国对外翻译出版公司（以下简称“中译公司”）参加了第21届北京国际图书博览会。会展期间，中译公司举办《徒步喜马拉雅极地——与你相遇》新书发布会、参与大佳网访谈，与英国、美国、阿根廷、西班牙、以色列等国家和地区的出版商就“中国报告”等外向型图书的多语种翻译出版进行洽谈；与牛津大学出版社、圣智出版社、新加坡“英语角”出版公司就引进教育和少儿图书达成合作意向；与中宣部学习出版社就《百年潮·中国梦》《习近平总书记系列重要讲话读本》多语种翻译达成合作意向。（徐　可）

现代教育出版社参加第21届北京国际图书博览会

2014年8月27～31日，现代教育出版社参加了第21届北京国际图书博览会。现代教育出版社参展图书200余种，种类涵盖了文学、历史、少儿、社科、教材等，其中既有学术著作，也有大众读物，既有品牌图书，也有新锐产品，既有原创图书，也有外向型图书。

“国宝书法系列”图书中的《经典碑帖技法精解丛书》《历代名家碑帖临摹丛帖》等图书在本次书展上作了重点展示。其中，《经典碑帖技法精解丛书》在装帧上，选取了8开的大开本，书写空间舒展开阔，给习字者提供良好的纸张环境和书写体验；采用了蒙纸的形式，临摹过程中不会破坏书册的整洁，临摹过后的用纸脱离书册也不影响全书的完整性，使练习册能成为一本独立的书法学习书籍。

另外，还有“国学百家讲坛系列”图书、国学教材，有反映中国古代传统的《白话精华二十四史》《清·孙温绘全本红楼梦》等，有适合少儿阅读的“漫画世界文学名著文库系列丛书”（《不莱梅城的乐师》、“甜甜公主梦系列”）等。此次博览会让更多读者知道了现代教育出版社，达到了预期效果。（杨　静）

中版集团数字传媒有限公司参加第21届北京国际图书博览会

2014年8月27～31日，中版集团数字传媒有限公司参加第21届北京国际图书博览会。展会上举办“大佳面对面”访谈活动16场、活动报道47场，并在访谈现场进行电子书兑换活动宣传大佳书城，同时开展业务交流与洽谈。8月28日，与美国奥林公司签约，独家代理新媒体故事书“思耐普”软件；与俄罗斯聪明玛莎出版社、瑞奇中国签署《开心球》电子书俄语版合作备忘录。（李　铃）

中国图书进出口（集团）总公司组团参加第27届俄罗斯莫斯科国际书展

2014年9月3～9日，第27届俄罗斯莫斯科国际书展在莫斯科全俄展览中心举办。受国家新闻出版广电总局委托，中国图书进出口（集团）总公司负责组织了20家中国新闻出版单位的33名代表参加了书展。中国出版传媒股份有限公司副总经理樊希安出任代表团团长。中国展台面积27平方米。

书展首日，俄共中央委员会主席久加诺夫来到中国展台，对中国此次参展的一批关于马列主义解读的图书大加赞赏，并与中国新闻出版代表团合影留念。

书展现场，充分展示中华文化独特魅力的展台搭建和设计吸引了俄罗斯民众的目光。1 000多种的中国精品出版物集中亮相，受到俄罗斯出版界专业人士的高度关注。

展会期间，中国出版代表团一行积极开拓洽谈业务，与莫斯科出版业界进行了深入的交流，并对中文图书进入莫斯科和圣彼得堡进行了调研。（丁　燕）

中国出版集团公司参加第 16 届斯里兰卡科伦坡国际书展

2014 年 9 月 10～17 日，第 16 届斯里兰卡科伦坡国际书展在班厦展览馆举行，中国以主宾国身份参展，并由中国出版集团公司所属中国图书进出口（集团）总公司（以下简称“中图公司”）承办。国家新闻出版广电总局党组书记、副局长蒋建国，中国驻斯里兰卡大使吴江浩，斯里兰卡外交部副外长佩雷拉，斯里兰卡出版商协会主席雅帕，中国出版集团公司总裁谭跃、副总裁李岩等参加开馆仪式。

主宾国活动期间，国家主席习近平向斯里兰卡政府赠送《大中华文库》《点校本二十四史》《钦定四库全书荟要》三套图书，其中前两套是由中国出版集团公司所属成员单位为主体承担出版的，凸显了国家队的使命担当和文化影响力。

集团公司高度重视此次书展中国主宾国活动，专门成立工作小组，总裁谭跃任组长，党组书记王涛、副总裁李岩任副组长。工作小组围绕主宾国活动精心筹划，周密部署，组织所属十余家出版社携精品图书 700 余种参展，涉及中国传统文化艺术、教育、旅游文化、海上丝绸之路等多个主题。此外，集团公司精选了 200 多种优秀外向型图书，统一制作了英文书目，作为版权输出的推介重点。

9 月 15 日下午，谭跃出席了由李岩主持的中斯出版文化交流研讨会，并做主旨演讲。谭跃说，中斯两国的友谊源远流长，最早可追溯到公元一世纪初，习近平主席访问斯里兰卡将加快两国经济、文化的进一步交流与合作。中国出版集团公司一直致力于与国际同行的交流与合作，并且取得了一些成绩：一是版权贸易奠定坚实基础；二是实物出口撑起半壁江山；三是数字出版开辟一片蓝海；四是重点项目带动海外合作；五是会展活动搭建多元平台。

此外，谭跃与斯里兰卡出版商协会主席雅帕先生做了深入细致的业务会谈，双方就中斯出版现状、未来合作机会等方面交换了意见。谭跃介绍了集团公司的基本情况，希望建立多途径多渠道的合作。雅帕主席谈到，斯里兰卡对中国图书有着浓厚的兴趣，但目前中国图书进入斯里兰卡市场的种类和数量还远远不够。

谭跃在展场接受记者采访时说，近年来为配合国家“走出去”战略，中国出版集团将走出去战略确定为深化欧美传统市场（英法德西语文化圈）、开拓新兴市场和亚非拉主要国家市场（小语种文化圈）、壮大周边市场（汉语文化圈）的四大市场、三大文化圈建设。参展期间，集团还与云南出版集团达成合作意向，共同开发南亚周边国家市场，并将按照这个战略加强与东南亚地区的出版合作，稳步推进国际化战略的实施。

（贾兵伟）

中国图书进出口（集团）总公司组织承办第 16 届斯里兰卡科伦坡国际书展中国主宾国活动

2014 年 9 月 10～16 日，由国家新闻出版广电总局主办、中国图书进出口（集团）总公司承办的第 16 届斯里兰卡科伦坡国际书展中国主宾国活动在斯里兰卡首都科伦坡的班达拉奈克国际会议中心举行。作为该书展的首任主宾国，中方组织了 35 家参展单位的 85 位出版人，与作家、媒体等组成了 112 人的中国主宾国代表团。充满中国元素的主题馆面积 674 平方米，是此次主宾国活动的展览核心，集中展示了代表中国灿烂文化的图书 6 000 多种。

在斯里兰卡进行国事访问的中国国家主席习近平与斯里兰卡总统马欣达·拉贾帕克萨在总统府共同为第 16 届科伦坡国际书展中国主宾国活动揭幕；中国国家主席习近平向斯里兰卡政府赠送中国图书；在中国国家主席习近平与斯里兰卡总统马欣达·拉贾帕克萨的共同见证下，中国国家新闻出版广电总局与斯里兰卡文化艺术部正式签署合作备忘录；斯里兰卡总统马欣达·拉贾帕克萨在书展开幕当日参观了中国主宾国展览。

期间，举办了以“中斯出版文化交流的挑战与机遇”为主题的交流研讨会。（丁 燕）

中华书局参加第29届全国古籍出版社社长年会暨2013年度优秀古籍图书评奖会

2014年9月15～18日，第29届全国古籍出版社社长年会暨2013年度优秀古籍图书评奖会在扬州举行。本届年会由中国出版协会古籍出版工作委员会主办，社会科学文献出版社承办。国家新闻出版广电总局出版管理司副司长兼古籍办副主任王然、国家新闻出版广电总局出版管理司古籍整理与规划处处长杨芳、中国出版协会驻会副理事长李宝中、江苏省出版局出版管理处处长孙敏、扬州市委宣传部副部长李广春、扬州市文广新局副局长仲玉龙、扬州市新闻出版管理处处长钟云，中国出版协会古籍出版工作委员会32家理事单位和3家申请加入的出版社主要负责同志，以及部分古籍印务公司、图书发行公司、媒体记者等80余人参加了本届年会。经过各理事单位评议及无记名投票，同意吸收华东师范大学出版社和上海交通大学出版社加入中国出版协会古籍出版工作委员会。至此，中国出版协会古籍出版工作委员会理事单位已有35家。

9月17日上午，2013年度优秀古籍图书评奖会举行，共评出一等奖31种，二等奖49种，普及读物奖10种。中华书局《全元诗》《柳宗元集校注》《皇宋十朝纲要校正》获一等奖，《白雨斋词话全编》《资治通鉴补》《说文解字探原》《宋人文集篇目分类索引》获二等奖。评奖会结束后，中华书局总经理徐俊代表中国出版协会古籍出版工作委员会向扬州广播电视总台图书馆捐赠了参评样书141种339册（套），共计码洋58 406.20元。

（梁　彦）

中国出版集团公司参加2014中国（武汉）期刊交易博览会

2014年9月18～21日，2014中国（武汉）期刊交易博览会（以下简称“刊博会”）在湖北武汉举行。本届刊博会上，中国出版集团公司荣获刊博会“优秀组织奖”，《三联生活周刊》入选中国邮政集团公司发布的“2014年中国邮政发行报刊百强排行榜”中的“期刊50强”，《当代》《汉语世界》《连环画报》《中国美术》4种期刊入选刊博会组委会发布的2014年“中国最美期刊”。

集团公司组织了所属人民文学出版社《当代》《中华文学选刊》，商务印书馆《英语世界》《汉语世界》，中华书局《文史知识》《中华活页文选》《月读》，中国大百科全书出版社《小百科》《百科知识》，中国美术出版总社《儿童漫画》《连环画报》，生活·读书·新知三联书店《三联生活周刊》《读书》等7家出版单位的共28种期刊参展。总裁谭跃、副总裁李岩，股份有限公司副总经理孙月沐对参展工作进行了指导和部署，股份有限公司出版业务部主任张贤明带队赴武汉参展。

出版集团本着“节俭参展、注重实效”的原则，展位虽采用简装形式，却通过展示优质的期刊内容和举办特色活动达到聚拢人气效果。《月读》组织了现场答题送刊物活动，《文史知识》组织了扫二维码送“中华书局纪念包”活动，《三联生活周刊》APP客户端的现场展示也吸引不少读者驻足体验。

刊博会期间，集团还安排了两场调研活动。9月18日，集团一行赴长江出版传媒股份有限公司的全资子集团湖北长江报刊传媒集团进行研讨交流。座谈会上，张贤明介绍了集团的报刊发展基本情况；长江出版传媒股份有限公司副总经理邱菊生，湖北长江报刊传媒集团总经理侯晓明、总编辑李旭东介绍了该报刊集团的发展历程、所属报刊基本情况、管理方式等。双方还就两集团在报刊领域的合作可能等话题进行了交流。9月19日，又赴人民文学出版社与湖北日报传媒集团合办的《帅作文》周报调研，对该报的发展情况和困难作了了解，并商议对合作体制机制做进一步完善。

参展刊博会的集团各刊社人员表示，通过参展收获颇丰，在期刊展示和销售之外，多家刊社在与来自全国各地的数家经销商交流中达成了初

步合作意向，《中华活页文选》与博看网达成了数字版权代理的合作协议。（姜锐刚）

中国图书进出口（集团）总公司承办2014中国（武汉）期刊交易博览会

2014年9月18～21日，2014中国（武汉）期刊交易博览会（简称“刊博会”）在武汉国际会展中心举行。全国政协副主席何厚铧、国家新闻出版广电总局副局长吴尚之、湖北省委书记李鸿忠等领导参观了海外期刊综合展示馆，并对海外期刊综合展示馆组展工作给予了高度评价。

本届刊博会展览面积共3.5万平方米，指导单位为国家新闻出版广电总局、湖北省人民政府、中国邮政集团公司、武汉市人民政府。承办单位为中国期刊协会、中国图书进出口（集团）总公司、中国邮政集团公司报刊发行局、湖北省新闻出版广电局、武汉市文化新闻出版广电局。运营单位为湖北中图长江文化会展有限公司。

中国图书进出口（集团）总公司作为本届刊博会的承办单位之一，圆满完成了海外期刊综合展示馆、海外数字出版与图书馆资源建设高峰论坛和海外期刊营销渠道拓展研讨会的承办工作。

海外期刊综合展示馆作为刊博会专业化、国际化的标志，是提升刊博会国际影响力和促进中外交流的重要展区，来自美国、英国、德国、意大利等43个国家和地区的600多家国际出版机构参展，展出5 000余种8 000余册海外期刊、2万余种3万余册海外图书、1 000余种海外音像制品。同时举办了一系列国外出版社的数据库产品推介活动。

展会开幕前日，分别举行了以“期刊数字化的挑战与机遇”为主题的第二届海外数字出版与图书馆资源建设高峰论坛和海外期刊营销渠道拓展研讨会。（丁　燕）

人民文学出版社参加2014巴塞罗那国际图书博览会和第66届法兰克福书展

2014年9月30日～10月12日，人民文学出版社组织作家格非、严歌苓和虹影参加了西班牙巴塞罗那国际图书博览会（10月1～3日）和第66届法兰克福书展，并在西班牙巴塞罗那国际图书博览会、巴塞罗那亚洲文学之家、意大利威尼斯大学、第66届法兰克福书展及法兰克福大学组织了他们作品的版权输出宣传推广活动。

10月3日晚，在巴塞罗那圣保罗医院的亚洲之家展会厅组织了“与中国作家格非/严歌苓对话”，严歌苓、格非与西班牙行星文学奖获得者克拉拉·桑切斯（Clara Sánchez）进行了交流。中国驻巴塞罗那总领馆总领事屈生武先生、高璐领事及当地近一百多名文学爱好者及中国留学生参加了此次活动。

10月6日晚，在威尼斯大学孔子学院，举办题为“转义、主题和理念：格非的作品——与作家会面”研讨会，集中研讨格非作品《隐身衣》和《人面桃花》。作家格非、威尼斯大学孔子学院意方院长马克（Marco Ceresa）教授及中国语言及文学副教授尼古拉（Nicoletta Pesaro）、主持人维托乔（Vito Ciao）等参加了活动。

在第66届法兰克福书展会场，人民文学出版社于10月8日组织了虹影与西班牙畅销书、童书作家Elsa Punset对话交流活动；10月10日，组织了格非与意大利作家、学者Andrea Molesini对话交流活动；10月11日，组织了严歌苓与意大利知名作家、金融界翘楚G. M. Brera对话交流活动。10月10日晚，在法兰克福孔子学院举行“虹影、严歌苓和格非作品朗诵会”活动，活动主题为“关于现代中国的乌托邦、新女性以及民族梦想的对话”，40多位爱好者聆听了作家们的现场朗诵并与他们进行了精彩对话。（王芸菲）

商务印书馆参加第66届法兰克福书展

2014年10月8～12日，商务印书馆代表一行5人随中国出版集团组队赴德国参加第66届法兰克福书展。展会期间，商务印书馆分别与西班牙LID公司、美国Transaction出版社、德国Cornelsen出版社等20余家外国出版商进行了版权合作洽谈。还与英国尹泰乐公司签署了商务版图书的版权代理销售协议，并就《全球华语大词典》等多个项目图书的输出与引进工作与多家外国出版商达成了初步合作意向。（冯　雪）

中国美术出版总社参加第66届法兰克福书展

2014年10月8～12日，中国美术出版总社大众美术编辑室主任尹然参加在法兰克福展览中心举办的第66届法兰克福书展。根据展前安排，共约见了12家国际著名出版机构，其中包括Gallimard、Albin Michel、Le Chene、Casterman、Phaidon等，调研了欧洲专业类和大众类美术书籍出版情况。（杨　乐）

中国对外翻译出版公司参加第66届法兰克福书展

2014年10月8～12日，中国对外翻译出版公司（以下简称“中译公司”）参加第66届法兰克福书展，与英国新经典出版社联合举行《中国故事1949～2014》（英文版）首发式。中译公司副总经理张高里出席首发式并与2014年伦敦书展总监杰克·托马斯、艾丽西亚·刘、美国书展总监史蒂芬·罗萨托、美国书展国际部总监亚历克斯·古德曼、励展公司项目经理韩琴进行会谈，与牛津大学出版社、美国作家代理公司等就版权引进和输出的战略合作达成合作意向，与牛津大学出版社等公司就语言学习出版物的战略合作达成协议，计划引进国内出版其部分品牌图书，与美国作者代理公司、联合国教科文出版机构就《伊斯兰文化》系列图书的合作进行工作洽谈。（徐　可）

现代教育出版社参加第66届法兰克福书展

2014年10月8～12日，现代教育出版社社长助理周长虹、总编助理张轶唯2人随中国出版集团公司赴德国参加第66届法兰克福书展。展会期间，现代教育出版社推介重点图书“国宝书法系列”“国学百家讲坛系列”图书等，并与合作伙伴企鹅出版社、小老虎出版社等加深了解，加强合作。此外，现代教育出版社还考察了法兰克福书展上的儿童图书出版情况。（杨　静）

人民音乐出版社参加2014中国（上海）国际乐器展览会

2014年10月8～11日，由中国乐器协会、上海国际展览中心有限公司、法兰克福展览（香港）有限公司共同主办，上海市文化广播影视管理局、美国国际音乐制品协会（NAMM）大力支持的“2014中国（上海）国际乐器展览会”（Music China 2014）在上海新国际博览中心举行。作为乐器、音响行业规模最大，最重要的一次专业展会，人民音乐出版社由副总编赵易山带队，派出包括发行部、编辑部、数字出版中心、教材中心、出版部及国际合作与版权中心的相关人员共16人参加了本届展会。

会展期间，人民音乐出版社分别与美国、德国、英国、芬兰、马来西亚、奥地利、新加坡等国家的14家出版社就版权贸易、合作出版、原版直销等业务进行了会谈。10月9日下午，来自德国、美国、英国、奥地利、芬兰、比利时、马来西亚等国及中国台湾地区的21家出版社的近40人参加了在展台举办的招待会。人民音乐出版社与朔特音乐出版有限公司就《中国音乐百年典藏》的版权输出达成协议。这一协议的签署，标志着人民音乐出版社在“走出去”战略项目上再次取得重大进展。（周　钰）

“汝青新暖玉——国家级非物质文化遗产廷怀汝窑作品展”举行

2014年10月20～26日，由文化部非物质文化遗产司、河南省文化厅、荣宝斋共同主办的“汝青新暖玉——国家级非物质文化遗产廷怀汝窑作品展”在荣宝斋大厦举办。廷怀汝窑创立者李廷怀将古老瓷种与当下生活完美融合，把禁苑秘宝还原为日常器用，诠释其实用本质，重现宋人生活美学。其复古仿烧古香古色，法度俨然；创新作品，则不拘一格，尽态极妍；又在传统釉色基础上，开创玉青釉，谱写汝瓷新篇。展览开幕当天，也是玉青釉的首次正式发布。

展览共展出廷怀汝窑作品100余件，有汝窑代表器形弦纹尊、莲花碗，及廷怀窑独创的仕女瓶、喜上眉梢瓶等。釉色有天青釉、豆绿釉、玉青釉、卵青釉等，清新典雅，令人见之忘俗。展览期间还开展了汝瓷与普洱茶、花道、香道相关的交流活动，给参观者带来全方位的古典审美体验。

自2011年10月荣宝斋被列为第一批国家级非物质文化遗产生产性保护示范基地以来，荣宝斋不仅致力于保护和传承自有非遗项目，同时亦努力带动其他非物质文化遗产项目共同发展。2012年以来，荣宝斋已举办了星航钧瓷艺术作品展、乾恒传统药香展、紫砂精品展等多个非物质文化遗产展览，本次展览即是荣宝斋非遗作品系列专项展的一部分。（刘　芳）

中国出版集团参加第59届贝尔格莱德国际书展

2014年10月26日～11月2日，第59届贝尔格莱德国际书展在塞尔维亚贝尔格莱德展览中心举行，中国以主宾国身份参展。本次书展主宾国活动由国家新闻出版广电总局主办，中国出版集团公司所属中国图书进出口（集团）总公司负责活动的组织承办工作。

本次中国主宾国展台面积1000平方米，一共展示图书5000多册。国家新闻出版广电总局副局长孙寿山出席了主宾国各项重大活动，来自71家单位的151位出版人、作家、记者共同组成了以集团公司副总裁潘凯雄为团长的中国主宾国代表团，并在展期举行了包括主宾国活动开幕式、高端论坛等在内的89场活动，借助书展平台，开创了中国与塞尔维亚及中东欧国家出版文化领域合作的新局面，受到塞尔维亚及中东欧各界的一致好评。

书展期间，中国主宾国举办的出版文化活动，涉及新闻出版、当代文学、广播影视、社会科学等各方面。书展期间，60多场出版交流活动，以及由阿来、余华、刘震云、麦家等10余位中国当代知名作家学者参加的27场专题活动，均在塞尔维亚的出版界、文学界、翻译界、教育界和文化界产生了非常积极、正面的影响。中国主宾国展台吸引了包括大中学生在内的约65000名塞尔维亚及周边国家民众参观。无论是丰富多彩的中国图书，还是中国古代出版印刷展、“茶与酒的对话”、中国电影展、中塞当代绿色建筑展、世界遗产在中国图片展、中国当代儿童插画展等活动都吸引了很多塞尔维亚读者参观。

潘凯雄在“中塞出版文化高端论坛”上做了题为“巩固传统友谊，共谋出版新发展”的专题演讲。在演讲中他介绍了中国出版业现状，回顾了中国与塞尔维亚及中东欧国家出版交流合作的历程，并展望了中塞出版领域合作的未来；在主持“中塞文学翻译研讨会”时，潘凯雄就文学翻译的瓶颈和文化因素与演讲嘉宾和现场听众进行了交流探讨；此外，潘凯雄还参加了“中塞儿童图书合作项目研讨会”等活动。

潘凯雄与塞尔维亚出版商和书商协会秘书长沃奇舍维奇先生进行了洽谈，就集团与塞出版发行界出版版权合作及图书进出口合作进行了洽谈；与地缘诗学出版社社长巴亚茨先生就作家张炜作品《古船》等版权合作项目进行了洽谈。此外，潘凯雄还两次接受塞中央电视台RTS采访，回答了记者关于中国出版业现状和中国少儿图书出版情况的提问并对塞出版社展台和实体书店进行了调研，实地了解了塞出版发行业的情况。

此次主宾国活动，集团公司共选送了200多种精品外向型图书，并向参展单位征集了5000多册外向型图书，重点强化了外语类图书的数量。其中，中国主题图书展区展览了293本英德塞语种，集中突出了当代中国价值观、中国梦、中国道路和中国制度等主题，包括《中国道路与中国梦》《中共十八大：中国梦与世界》《中国》《中国共产党如何治理国家》等，向塞尔维亚读者展示了一个充满正能量、具有鲜明时代特点的中国。中塞互译图书展区展览了92种从塞尔维亚语译成中文的图书和 102 种从中文译成塞尔维亚语的图书，见证了中塞两国出版业交流的历史，构成了书展的一大亮点。

本次主宾国活动实现中文图书向塞尔维亚版权输出 156 项。其中，人民文学出版社的《推拿》等 20 种文学类图书、天天出版社《风吹到乌镇的时候累了》等 27 种少儿图书、商务印书馆《汉语图解词典》（塞尔维亚语版）、外研社《走遍中国》等 12 种汉语教学类图书，以及 14 种艺术类图书、5 种医学类图书及 78 种其他类图书达成版权输出协议或意向，成为中国对塞尔维亚中文图书版权输出数量最多的一次。

（刘　忠）

2014 上海国际音响影音视听展暨格兰披治国际音响颁奖盛会举行

2014 年 10 月 31 日～11 月 2 日，2014 上海国际音响影音视听展暨格兰披治国际音响颁奖盛会在上海展览中心成功举办。该视听展由中国图书进出口上海公司主办、上海东图广告公司承办。作为推广和弘扬音乐文化和器材艺术相结合的交流盛会，自 2009 年举办以来越发被国内外音响界关注。

本届展会面积 2 100 平方米，参展公司、经销商 43 家，陈列、展示包括国内外 90 多个品牌的 HI-END 音响器材。为期 3 天的展会吸引了约 12 000 人次到现场观摩。展会期间除举行音响器材交流试听，新品媒体发布会，还首次举办了以“音响行业未来商业模式的生存与发展”为主题的高峰论坛。

不同国籍和年代的老收音机收藏特展，以及由上海摄影家协会、上海华侨摄影协会共同参与协办的“音响模特摄影大赛”同时成为展会上闪耀的风景线。

（丁　燕）

“当代十二位书法博士作品展”举行

2014 年 11 月 4～9 日，荣宝斋在书法馆举办“当代十二位书法博士作品展”。展览展出郑晓华、甘中流、王元军、孟庆星、况尉、张传旭、吴仝、蔡梦霞、沈浩、朱天曙、邓宝剑、衣雪峰共 12 位书法博士的书法精品 60 余幅。参展作者集合了中国人民大学、中央美术学院、中国美术学院、中国艺术研究院、首都师范大学、北京师范大学、北京语言大学、山东大学、山东艺术学院、湖北美术学院的书法学科带头人或创作骨干，中国第一届书法博士、中国第一个书法博士后、中国最年轻的书法博士生导师等在当代书法创作与研究领域有突出影响的书法家，其书法作品均具有较高的专业水平和很好的收藏价值。该展览是荣宝斋以学术引领市场的有益探索，有利于促进书法家、收藏家、爱好者之间的互动交流，进一步繁荣发展文化艺术产业。荣宝斋出版社出版的《荣宝斋·当代十二位书法博士作品集》也同期发行。

（刘　芳）

新华书店总店承办“出版界、图书馆界全民阅读年会（2014）”

2014 年 11 月 12 日，新华书店总店承办的“出版界、图书馆界全民阅读年会（2014）”在湖南长沙举行。该会由中国出版集团公司、韬奋基金会、中国新华书店协会和中国图书馆学会阅读推广委员会联合主办，新华书店总店、图书馆报社、湖南图书馆、湖南图书馆学会共同承办。国家新闻出版广电总局出版管理司副司长许正明，韬奋基金会理事长聂震宁，中国出版传媒股份有限公司副总经理樊希安等领导出席。来自全国图书馆界和出版界的 300 多名代表围绕“全媒体时代下的各界合作共促阅读”这一主题，就阅读推广、馆社合作、少儿阅读等热点话题进行了深入探讨。

许正明在致辞中表示，全民阅读已成为我国一项重要的文化发展战略。出版界、图书馆界一直是推动全民阅读活动的重要力量，更应该通过全民阅读年会这个平台结合起来，为促进全民阅读做出更大的贡献。

聂震宁、樊希安、范并思教授分别做了年会主旨报告。中国新华书店协会常务副理事长、新华书店总店总经理茅院生代表主办方和承办方致辞，从全民阅读的意义、责任、使命等方面阐述了新华书店总店、图书馆报社为推进全民阅读所做的工作，表达了致力于传播先进文化，营造良好阅读氛围的信心和决心。（张　倩）

天天出版社参加第二届中国上海国际童书展

2014 年 11 月 20 日，天天出版社参加了第二届中国上海国际童书展，并在书展期间组织了多场精彩活动。由天天出版社出版的曹文轩最新作品《我不想做一只小老鼠》、郁雨君的“辫子姐姐星座物语”系列，以及伊爱娃（瑞典）与绘本创作家熊亮合作的《与沙漠巨猫相遇》悉数亮相。知名儿童图书插画家龚燕翎也来到活动现场，带领二十余位小朋友现场创作手工作品。

在保持自身于儿童文学出版领域传统优势的同时，天天出版社也在逐步加大各类低幼图书的出版力度。天天出版社筹划的“童年中国”原创绘本项目、“中国种子·世界花”项目都取得良好效果。（王芸菲）

中国大百科全书出版社参加第二届中国上海国际童书展

2014 年 11 月 20～22 日，第二届中国上海国际童书展（CCBF）在上海世博展览馆举办。本届童书展共有近两百家国内外出版社、版权机构、发行商、书店、媒体等机构参展；现场举办了丰富多彩的活动。

中国大百科全书出版社密切关注童书市场动向，把握行业发展机遇，因此充分准备此次国际童书展，对外合作中心、少儿百科分社、普及读物编辑部分别派编辑参加。参展期间，与韩国教元出版社、日本东贩出版集团等多家海外出版机构进行了会谈，积极推介图书版权，广泛听取对方的意见与建议。通过参展，出版社在打造具有国际化视野的童书方面，取得以下经验：(1) 着眼海外市场，在立足弘扬中华优秀传统文化的同时兼顾普适性。(2) 科普类的童书选题可以从小处着眼，不过分追求知识的包罗性。(3) 低龄童书应更重视可操作性和与儿童读者的互动。

（尹添铭）

新华书店总店承办 2014 年全国大中专教材公共论坛

2014 年 11 月 28 日，中国出版集团公司、中国新华书店协会、《全国大中专教学用书汇编》编委会主办，新华书店总店承办的“2014 年全国大中专教材公共论坛”在北京举行，国家新闻出版广电总局党组成员、副局长孙寿山出席会议并发表讲话。国务院参事室新闻顾问、中央文史研究馆馆员赵德润，中国新闻出版研究院副院长范军，中国出版集团公司党组成员、中国出版传媒股份有限公司副总经理孙月沐，中国新华书店协会常务副理事长、新华书店总店总经理茅院生，中国新华书店协会副理事长兼秘书长、新华书店总店副总经理张雅山等领导出席会议并为“2014 年度全国优秀教材经销商”获奖单位颁发奖牌。

本届论坛以“数字时代教材采选的改革与发展”“促进职业教育教材质量提升”为主题。孙寿山副局长在讲话中指出，由新华书店总店策划的“全国大中专教材网络采选系统”是对传统教材采选形式和编辑形式的创新，将实现知识碎片化、系统化、个性化的用户需求创新，内容资源的全方位、多层次、立体化的开发，通过互联网信息传递，为优质教育资源应用公平提供了可能，为海量数据中的信息优选提供了平台，为高校老师和同学在教学、研究、考试上提供了多层次选择。茅院生就互联网时代教材采选模式的创新做了主旨演讲。他从教材信息数字化，采选渠道网络化，教材内容碎片化、个性化等角度阐述了“全国大中专教材网络采选系统”的构架与未来发展构想。

论坛现场，新华书店总店与全国各地的第一批共 12 家共建企业签署了“全国大中专教材网络采选系统”战略合作协议。（张　倩）

中国图书进出口（集团）总公司组团参加第15届台湾祖国大陆图书展

2014年12月11～18日，第15届台湾祖国大陆图书展暨出版基金成果展在台湾举办。受国家新闻出版广电总局委托，中国图书进出口（集团）总公司负责组织承办了76位大陆代表团成员参展工作。参展图书5 000多种，内容涵盖文史社科、中华传统文化、人物传记、科学技术、少数民族文化、儿童读物等多个领域，其中60％为学术类图书。

展会期间举办了包括以“探讨交流两岸阅读经验，推动全民阅读深入开展”为主题的论坛等9场两岸交流活动。大陆代表团与台湾地区出版界代表洽谈贸易，交流合作，取得成果丰硕。三天实现图书销售约3 377册，实现销售码洋约28万多元；实现两岸出版界合作意向约26项。国家出版基金成果首次赴台，引起广泛关注，书展期间举办了出版基金成果展座谈会暨赠书仪式。

这是自台湾地区“五都选举”后，大陆在台湾地区举办的首次重大文化交流活动。

（丁　燕）

“丁谦书法作品展”举行

2014年12月13～21日，荣宝斋书法馆举办“丁谦书法作品展”。展览展出书法家多种书体的书法作品50余幅（69幅），作品形式多样，内容丰富。丁谦为中国书法家协会理事、中国硬笔书法协会副主席，被誉为“中国军旅书法十大家”。他的书法传统功力深厚，笔法遒劲洒脱，结体端庄凝重，章法极富变换。其楷书笔势内敛，起止含蓄，线形婉曲，结字稳健；而行草作品，结体宽绰，潇洒舒畅，疏密搭配得宜，行气疏朗明晰而气势贯通。其书法墨迹遍及海内外，被中南海、人民大会堂、钓鱼台国宾馆等诸多机构收藏，并曾作为国礼赠送美国总统卡特、日本首相麻生太郎、新加坡总统纳丹、奥委会主席萨马兰奇等各国首脑政要。出版各类书法字帖40余种，发行数百万册，也成为广大书法爱好者临习的范本。荣宝斋出版社出版的《丁谦书法作品集》也同期发行。

（刘　芳）

中版数字传媒有限公司参加第三届亚太数字出版峰会

2014年12月16～17日，第三届亚太数字出版峰会在北京珠三角JW万豪酒店举行，会议分别以“数字时代，出版行业的新常态”，“多角度引领传统出版变革创新”为主题，邀请到了众多知名出版企业负责人发表演讲。中国出版集团科技与数字出版部主任、中版数字传媒有限公司总经理赖雪梅发表了题为《数字时代，品牌建设也是趋势》的演讲，她认为“三流公司做产品、二流公司做企业、一流公司做品牌是永恒的趋势”，移动互联网时代，品牌运营方式也发生着改变，包括仅仅满足用户需求已经无法获得用户认可，必须超越用户预期，让用户拥有超值体验，用户才愿意去分享与传播；移动互联网技术影响了点背后的面，也就是说一个用户影响的是一个群体，某一个用户的分享与传播可以决定一个品牌的命运；移动互联网状态下，用户的主动参与、口碑营销等通过社交媒体放大，从而彻底改变了传统传播的路径，品牌话题、事件热点，经过自媒体、“大V”、全媒体联动的爆炒，一夜成名已经不再新鲜。赖雪梅还介绍了中国出版集团的品牌与科技融合方向——“以互联网思维为引领，以内容资源为基础，以平台建设为载体”，加快传统媒体与新媒体融合的实践与经验。

（李　铃）

人力资源工作

中版集团数字传媒有限公司制定人事和分配制度改革实施方案

2014年1月，中版集团数字传媒有限公司成立改革发展领导小组，制定人事和分配制度改革实施方案。组织全体员工学习中国出版集团公司副总裁潘凯雄在中版集团数字传媒有限公司2013年工作总结会的重要讲话精神，确定将逐步建成中国出版集团公司数字化战略实施主体，逐步成为集团数字资源集聚中心，产品研发中心，数字出版市场拓展与商业化运作中心作为公司定位；建设出版新业态的战略目标。2014年初步实现市场营收有“显著提高”的经营目标；以三大核心业务、两类特色产品的重点工作作为2014年中版集团数字传媒有限公司改革发展方案。在公司组织架构下，设置管理中心、资讯中心、运营中心、资源中心、技术中心、动漫事业部、有声事业部7个部门。（李　铃）

人民文学出版社举办第九期青年沙龙

2014年2月25日，人民文学出版社团支部组织了以“银行理财与理财市场展望”为主题的第九期青年沙龙。活动邀请了中国工商银行东四支行的理财专员来社交流，他们针对目前理财产品和理财市场现状进行介绍和分析，旨在为大家降低由于通胀造成的贬值风险，开拓思路，丰富大家的业余生活。

人民文学出版社社长管士光全程参加了活动，并对此次活动给予积极肯定，他鼓励团支部继续组织丰富多彩的青年沙龙，为员工尤其是青年员工的成长和发展提供帮助。（王芸菲）

中国大百科全书出版社深化人事和分配制度改革工作会举行

2014年3月28日，中国出版集团公司召开“深化人事和分配制度改革工作会”，对深化人事和分配制度改革工作做出部署。本次改革的主要内容和目标是希望通过完善三个机制，打造两支队伍，逐渐建立与市场经济体制和现代企业制度相适应、能够充分调动广大职工积极性、不断增强企业发展后劲、既有创新精神又有百科特色的新型企业运行机制，从而增强综合实力，推动出版社发展。

中国大百科全书出版社按照集团要求，组建了改革小组，由龚莉任组长、刘晓东、刘杭、马汝军、陈琦为成员，将小组办公室设在出版社人力资源部。整体工作分为三个阶段开展：第一阶段，深入相关部门开展调研，摸清现状。并召集相关部门召开座谈会，就如何贯彻执行《中国出版集团公司推动所属企业人事、分配制度改革30条》、如何深化百科人事分配制度改革，进行多次讨论。第二阶段，在调研、讨论的基础上，由人力资源部负责起草制定本社人事、分配制度改革方案，经过多次易稿提交社委会审阅，并上报集团。第三阶段，在学习集团其他单位先进经验后，根据集团人事、分配制度改革座谈会精神，出版社再次完善了人事分配制度方案。

（任其忻）

人民文学出版社深入讨论《中国出版集团公司推动所属企业人事、分配制度改革30条》一系列会议召开

2014年4月4日、9日下午和11日上午，人民文学出版社分别召开会议，就集团公司下发的《中国出版集团公司推动所属企业人事、分配制度改革30条》进行研究讨论，并就如何贯彻集团公司“深化人事、分配制度改革工作会”，深化人民文学出版社人事和分配制度改革进行座谈。

4日上午，人民文学出版社召开由全社中层干部、副高以上职称人员和职代会代表参加的会议，传达了集团公司总裁谭跃《扎实推进企业内部改革，为集团的现代化、大型化、国际化配强动力机制》的讲话精神和《中国出版集团公司推动所属企业人事、分配制度改革30条》（征求意见稿）。

9日下午和11日上午，分别召开职代会和中层干部会，就“改革30条”和人民文学出版社如何推进人事和分配制度改革进行座谈，社领导与大家进行了深入交流和沟通。（王芸菲）

现代出版社讨论人事和分配制度改革工作职工大会召开

2014年4月8日，现代出版社召开全体职工大会，讨论人事分配制度改革工作。会议由现代出版社社长臧永清主持。会议围绕《中国出版集团公司推动所属企业人事、分配制度改革30条》，主要从四个方面进行了深入讨论：一、干部能上能下，进一步完善人事制度；二、人才培养，急需长效机制；三、大力发展企业，提高员工福利；四、对“推动所属企业人事、分配制度改革30条”的建议。

会上，大家认为，现代出版社在人事分配制度方面有一些好的做法，比如：在干部任用上，干部能上能下；在年轻员工的培养上，开展导师制与培训相结合。还有在健全劳动用工制度、中层干部竞聘上岗、建立人才“蓄水池”、打开员工晋升两条通道上的做法都收效不错。但是也存在一些问题有待解决，如完善培养机制、人才引进问题、职工福利、特殊激励机制的建立等。人力资源部表示今年的工作将紧密围绕人事收入分配制度改革工作展开。

最后，臧永清做总结。他指出，改革首先要改变人的观念；其次还要稳妥不出问题。集团此次改革力度很大，改革劲头很迅猛。“30条”肯定了我们的做法，但是仍有一些问题需要完善，如培训机制、激励机制。接下来我们要做的，就是加大工作力度把已有的做法总结出来，不合适的改革掉，力度不够的就大胆加强。作为一个国企，必须关注社会效益和经济效益。我们要形成良好的团队，去创造更多的利益，从而实现员工更多的利益。（毛昆仑）

东方出版中心深化人事和分配制度改革座谈会召开

2014年4月9日，东方出版中心召开领导干部和部分职工代表关于深化人事、分配制度改革座谈会。东方出版中心总经理、党委书记宋焕起出席会议并作讲话。总编辑李智平，副总编辑祝新刚，党委副书记、纪委书记、副总经理董玲同志出席座谈会。中层干部以及员工代表共37人参加此次座谈会。宋焕起传达集团公司总裁谭跃在中国出版集团公司深化人事和分配制度改革工作会上的讲话精神，并对东方出版中心即将开展人事、分配制度改革工作作动员。与会人员分两组讨论了《中国出版集团公司推动所属企业人事、分配制度改革30条》（简称“改革30条”），并根据集团公司的“改革30条”，结合东方出版中心实际，对搞好东方出版中心人事、分配制度改革建言献策。领导干部与员工代表踊跃发言，结合学习谭跃讲话的认识和体会，从东方出版中心、部门、个人等角度出发，对集团公司“改革30条”提出自己的见解。（金洁蓉）

商务印书馆研究探讨《中国出版集团公司推动所属企业人事、分配制度改革30条》座谈会召开

2014年4月11日，商务印书馆召开研究探讨《中国出版集团公司推动所属企业人事、分配制度改革30条》座谈会，商务领导班子成员和各方代表共18人参加了会议。会议由总经理于殿利主持。与会人员围绕商务印书馆如何贯彻落实集团公司“深化人事、分配制度改革工作会”精神，以及如何开展深化人事和分配制度改革工作，展开了研究讨论。会上重点讨论了首席专家制在商务印书馆实施的必要性和可操作性，同时就人力资源部起草中的《新员工培训制度》和《新员工导师制度》，悉心听取了与会代表的意见。（张　琳）

现代教育出版社深化人事和分配制度改革座谈会召开

2014年4月，现代教育出版社召开了深化人事和分配制度改革座谈会，会上大家结合《中国出版集团公司推动所属企业人事、分配制度改革30条》和现代教育出版社实际情况进行了深入研讨，提出了诸多建设性意见，并建立了领导工作小组。结合这些意见和现代教育出版社的发展战略，现代教育出版社人力资源部拟写了《现代教育出版社人事、分配制度改革的实施方案》。

（杨　静）

人民文学出版社部分青年员工参加中国出版集团青年联合会培训

2014年5月8～9日，在全国青年积极学习习近平总书记到北京大学考察调研时的重要讲话精神之际，中国出版集团团委和集团公司青年联合会举办2014年团干部和青联委员学习习近平总书记系列重要讲话精神培训班。人民文学出版社青年员工宋强、朱韵秋、朱美凤、王一珂和赵妍等参加了培训，并在小组讨论中做了发言。

（王芸菲）

中国大百科全书出版社举办“担当文化使命，持续创造价值”及重大选题备案专题讲座

2014年5月13日，中国大百科全书出版社联合中华书局，邀请中国出版集团公司副总裁李岩和国家新闻出版广电总局出版管理司副司长王然为中层干部举办了讲座。出版社领导和中层干部等30余人参加了此次讲座。

李岩为大家做了题为“担当文化使命，持续创造价值”的讲座。他从出版企业的内容生产、机制创新和国际化走出去三个方面，阐释了加强出版企业保障管理，承担出版使命和文化责任，把握正确的出版导向的重要性。王然为大家做了重大选题备案的专题讲座。他从出版人的政治意识、道德意识、编辑素养和学术水平几个方面，阐述了重大选题备案的重要性。（任其忻）

中国出版集团公司举办“三个一百”人才培训班

2014年5月25～30日，中国出版集团公司在北京举办“三个一百”人才培训班。集团公司总裁谭跃、副总裁王俊国和李岩与全体学员座谈，王涛书记做开班动员。中宣部出版局局长郭义强、国家新闻出版广电总局出版管理司司长吴尚之、集团公司副总裁李岩和潘凯雄等亲自授课，集团公司第一批“三个一百”人才200余人参加了培训活动。

“三个一百”人才是中国出版集团公司一项出版专业人才队伍建设计划，旨在3～5年内从集团公司5 000多名在职员工中选拔培训百名优秀编辑人才、百名优秀营销人才、百名优秀数字化和国际化人才，为实施“内容创新”战略组建专业队伍。

本期培训呈现以下几个方面的特点：一是规模空前，创造了集团公司培训工作的纪录，囊括

了集团公司各方面的业务骨干。二是内容丰富，一周内安排了50位海内外知名专家的精彩讲座。三是形式新颖，前半段专家讲座，后半段参加“故事驱动亚洲”活动。四是收获颇丰，大家普遍认为课程设置科学并具有特色，授课老师业内一流；讲导向，旗帜鲜明；谈专业，实用可行。整个培训达到了开发大脑、激活人才、统一意志、形成动力、强化活力、凝聚合力、提升竞争力的目的。（陈　旸）

中国大百科全书出版社联合四家出版单位组织策划编辑联合培训班

2014年6月11～27日，中国大百科全书出版社联合社会科学文献出版社、商务印书馆、中华书局、中国社会科学出版社四家出版单位组织了策划编辑联合培训班，此次培训由国家新闻出版广电总局批准，中国版协科技出版工作委员会主办。

本次培训班由商务印书馆总经理于殿利、人民大学出版社总编辑贺耀敏、百道网CEO程三国和中国大百科全书出版社社长龚莉等18位业界知名专家担任授课教师。他们从学术出版规范、编辑出版理论、选题策划的创新、信息化与数字出版、国际出版以及图书市场的现状等方面结合工作案例，进行了讲解，令编辑们受益匪浅。

培训中，出版社的骨干编辑做了业务分享，将自己的工作经验和见解、遇到的问题和对此次培训的感受与现场的专家和编辑做了交流互动，专家就编辑们日常工作中遇到的问题给予了专业且耐心地解答。本次培训内容与日常工作紧密结合，收效显著，为编辑提供了新视角和新思维。

（任其忻）

中国出版传媒股份有限公司2014年第一期人事、财务培训举行

2014年6月18日，中国出版传媒股份有限公司2014年第一期人事、财务培训举行。各单位人事处长及部分人事干部，财务部门主管及以上管理人员，具有高级职称或注册会计师资格的财务人员、办税人员，股份公司财务部全体人员参加培训。信永中和（天津）会计师事务主要负责人列席会议。

人事培训的主题为有关劳动法规和工资总额预算管理等。集团公司劳动关系法律顾问、大成律师事务所张立杰律师对近期出台的相关法律法规进行了梳理和介绍，并联系实例讲解了企业在招聘、劳动合同的订立、履行、变更和续订等环节需注意的问题。人力资源部有关同志就2014年工资总额预算管理的有关问题与大家进行了交流，强调工资总额预算管理与经济效益联动的管理方式，提出预算管理中有关问题的处理建议。

中央财经大学博士生导师、中国注册会计师鲁桂华教授围绕财政部新修订的《公允价值计量》等四个准则的发布背景、各准则的要义、计量方法以及相关信息披露要求等方面，结合多年研究成果和实际案例，进行了讲解。集团公司财务部有关同志对集团公司财政专项资金管理进行了讲解。股份公司财务部负责人从队伍建设、制度建设、存货管理、预算决算、信息披露、管理建设书提供、审计协作等方面向各单位通报了2013年各项财务工作情况。（陈　旸　湖泊潇）

中国大百科全书出版社举办“如何有效地与专家学者打交道——百科编辑应该具备的工作态度和学科专业素养”主题业务讲座

2014年6月24日，中国大百科全书出版社举办编辑主题业务讲座，由本社学术分社社长郭银星主讲，主题为“如何有效地与专家学者打交道——百科编辑应该具备的工作态度和学科专业素养”。

郭银星重点介绍了中国大百科全书出版社编辑应该具备全面丰富的知识储备和学科素养。首先，要学习做一名称职的百科全书编辑。一是全面、完整了解大百科全书出版社和《中国大百科全书》的历史；二是熟悉本社已经出版或者即将出版的品牌产品；三是全面了解正在做的工作；

四是了解自己负责的学科与百科社全局的关系。

其次，百科的编辑要做足专业功课。一是要熟悉整个学科的现状和未来发展趋势；二是要了解学科专家及其成就及不同学派之间的关系和风格；三是要熟悉将要面对的具体的专家，了解其师承关系和主要观点，尽量找到最合适的作者编写相应的条目。

第三，做实组稿前各个阶段性工作，妥善处理好向专家学习和贯彻体例要求的关系。组稿阶段需注意方式方法，既要尊重专家，又要表明己见；合同谈判阶段需认真准备，熟悉关键条款；收稿阶段要适当跟进，充分用好各种通信手段，与专家保持联系。

郭银星从实际工作角度出发，言传身教，把自己多年工作积累的宝贵经验无私地与年轻编辑分享，编辑们针对工作中遇到的问题和困惑踊跃提问。讲座受到了大家的欢迎。（任其忻）

现代教育出版社
职工代表大会通过《现代教育出版社人事、分配制度改革的实施方案》

2014 年 6 月 27 日，现代教育出版社职工代表大会召开，会上全票通过了《现代教育出版社人事、分配制度改革的实施方案》，2014 年 7 月 1 日起开始执行。

《现代教育出版社人事、分配制度改革的实施方案》中，不仅将行政人员考核细化，对其进行 360 度全面考核；还更加明确了绩效考核结果与奖罚机制相挂钩，做到奖优罚劣、奖勤罚懒。为保证出版社能正确评价新入职人员在试用期间的工作能力和工作业绩，择优录取优秀人才，现代教育出版社加强了对新员工的考核；另外，由于现代教育出版社员工年轻人较多，建立导师制，也成为这次改革的重点。

通过这次改革，现代教育出版社员工在思想观念上发生了转变，敬业精神、竞争意识进一步增强，极大地调动了广大干部职工的工作热情和积极性，有效地改变了工作作风，增强了企业内部活力。（杨 静）

中国出版传媒商报社
调整领导班子干部大会举行

2014 年 7 月 8 日，中国出版集团公司党组书记王涛，到中国出版传媒商报社宣布集团决定，任命伍旭升同志任中国出版传媒商报社社长；任江哲同志任中国出版传媒商报社党委书记；孙月沐不再担任中国出版传媒商报社社长、总编辑、党委书记。

王涛在讲话中指出，调整中国出版传媒商报社领导班子，是集团公司在认真考察测评、广泛征求意见的基础上，慎重考虑、反复研究做出的决定。伍旭升有较强的业务工作能力和较高的文字水平，组织领导能力和经营管理能力强，视野较为开阔，对报社战略发展和外向型开拓有积极的思考与谋划。任江哲有较强的经营管理能力和市场开拓能力，工作思路清晰，注重采编工作与经营工作有机结合，连续三年完成报社下达的经营考核指标。

王涛表示，集团公司和集团党组对调整中国出版传媒商报社领导班子非常重视，对新一届领导班子寄予厚望。他希望大家进一步增强使命感、责任感和紧迫感，进一步深化改革，开拓进取，切实做好报社各项工作。

孙月沐、伍旭升、任江哲一致表示，坚决服从集团公司和集团党组关于调整商报领导班子的决定，按照集团公司和集团党组要求，扎扎实实做好各自本职工作。（郭是海）

生活·读书·新知三联书店
调整领导班子干部大会举行

2014 年 7 月 11 日，生活·读书·新知三联书店（以下简称“三联书店”）召开干部大会，中国出版集团公司党组书记王涛、集团公司人力资源部主任周伟、集团公司直属机关党委副书记兼人力资源部干部处处长姜红新、干部处干部朱建伟等出席会议。三联书店领导班子成员、中层干部、主任助理及高级职称在职人员四十余人参加了会议。会议由总经理樊希安主持。

周伟宣布中国出版集团公司、集团公司党组关于路英勇等同志职务任免的通知。路英勇同志任生活·读书·新知三联书店总经理、党委副书记；翟德芳同志任总编辑，舒炜、郑勇同志任副总编辑。樊希安同志任中国出版传媒股份有限公司副总经理，不再担任三联书店总经理、党委书记职务；李昕同志不再担任总编辑、党委副书记、纪委书记职务并办理退休；潘振平同志不再担任副总经理、副总编辑职务并办理退休。会上，王涛发表了重要讲话。总经理樊希安、总编辑李昕、副总编辑潘振平分别发表离任和退休感言，三联书店新任总经理路英勇、新任总编辑翟德芳分别发表讲话。（刘　畅）

中国图书进出口（集团）总公司调整领导班子干部大会举行

2014年7月11日，中国图书进出口（集团）总公司召开调整领导班子干部大会。中国出版集团公司党组书记王涛、副总裁兼中国图书进出口（集团）总公司总经理刘伯根出席会议。

会议宣布了中国出版集团公司关于中国图书进出口（集团）总公司有关同志任职的通知：刘伯根不再兼任总经理；张纪臣任总经理、党委副书记；林键、林佳红任副总经理；吴杰因年龄原因不再担任副总经理，办理退休。

王涛做了重要讲话。他指出，关于中国图书进出口（集团）总公司有关领导同志的任职，是中国出版集团公司在认真考察测评、广泛征求意见的基础上，慎重考虑，反复研究做出的决定。刘伯根政策理论水平高，组织能力强。兼任总经理两年多来，制定实施“56119”改革发展思路，着力推进战略转型和业务发展，为中国图书进出口（集团）总公司的发展、为集团公司的建设做出了重要贡献。王涛书记向与会同志介绍了张纪臣同志。他指出，张纪臣同志经历过多岗位锻炼，有较强的业务工作能力、较丰富的经营管理经验、较强的开拓创新能力和组织领导能力。党组研究认为，张纪臣同志担任总经理是合适的。王涛书记还对吴杰同志为中国图书进出口（集团）总公司和中国出版对外贸易总公司的发展做出的重要贡献，表示诚挚谢意。

王涛指出，集团公司对此次班子调整工作十分重视，对新一届班子寄予厚望。他代表集团公司总裁班子和党组，讲了三点意见：一是坚持正确导向，确保国家文化安全，进一步优化配置企业资源，保持进出口业务的领先优势。中国图书进出口（集团）总公司作为国家出版物进出口主渠道和龙头企业，当好国家文化安全卫士，义不容辞，责任重于泰山。新领导班子要带领全体职工进一步解放思想，深化改革，保持进出口业务在全国的领先优势，加快企业转型升级发展步伐，为集团公司的数字化战略做出贡献。二是加大改革创新力度，不断提高经营管理水平，积极发挥“走出去”主力军作用。面对新形势新任务新挑战，中国图书进出口（集团）总公司要加大改革创新力度，找准薄弱环节和突破口，有效提高集约化经营水平，提高管控、人力资源、财务、行政、资产运营和服务能力。在开拓海外市场战略的前沿阵地上，发挥主力军作用，在集团公司乃至全国出版界发挥“走出去”主力军作用。三是认真贯彻民主集中制，加强领导班子和干部队伍建设，为中国图书进出口（集团）总公司发展提供坚强的组织保证和人才支持。领导班子要把思想政治建设放在首位，切实加强自身建设的科学化水平，自觉把思想和行动统一到中央精神上来，统一到集团公司“六大战略”和“三化目标”上来，进一步提高领导班子的凝聚力和战斗力。加强干部人才队伍建设，坚持公开公平公正的选人方法。加强干部培训培养力度，不断提高干部队伍水平。妥善处理好改革、发展、稳定的关系，有计划有步骤地推进各项改革。

刘伯根表示，拥护并支持组织决定，并向张纪臣、林键、林佳红履任新职务表示热烈祝贺，向吴杰对中国图书进出口（集团）总公司和出版业做出的重要贡献表示敬意和感谢。他衷心感谢王涛代表集团公司对他兼任中国图书进出口（集团）总公司总经理期间工作的肯定，感谢大家两年多来的支持和帮助。他强调，中国图书进出口（集团）总公司有辉煌的历史、独特的文化，在集团公司和中国出版业的地位举足轻重，相信在张纪臣为首的领导班子带领下，中国图书进出口（集团）总公司一定能够继续推进改革，实现持续发展。

张纪臣作了表态发言。他首先感谢组织和干部员工的信任和支持。他表示，能够担任中国图书进出口（集团）总公司总经理，深感责任重大，使命光荣，任务艰巨，将克尽厥职，以身作则，不辜负组织上和全体干部员工的信任和重托。他表示，在集团公司的坚强领导和支持下，将紧密团结领导班子，带领全体干部员工，凝心聚力，攻坚克难，继续贯彻好“三六构想”，加强落实好“56119”改革发展思路，坚持社会效益为首位，坚持挺拔主业不放松，以全面深化机制改革为基础，大力推进数字化转型、国际化拓展和市场化创新，不断增强核心业务的竞争力，扩大国际传播的影响力，提升多元发展的开拓力，大力增强中国图书进出口（集团）总公司的国际经营能力，为实现集团公司“三化目标”，实现“中图梦”做出应有的贡献。（朱宝元）

人民音乐出版社进行部分中层岗位竞聘

2014 年 7 月 14 日，人民音乐出版社召开全社动员大会，精心部署中层岗位竞聘工作。副社长杨伯勋主持会议，党委副书记郭文山宣讲《人民音乐出版社部分中层岗位竞聘实施方案（试行）》，社长莫蕴慧做动员讲话。7 月 19 日举行公开演讲答辩与民主测评后，出版社对从 10 名竞聘者中脱颖而出的 5 名竞聘者进行了组织考察，最后经过对 3 名竞聘者的公示、谈话等环节正式聘任为中层岗位。（郭娱鸽）

新华书店总店内退职工申请增长工资座谈会举行

2014 年 7 月 30 日，新华书店总店（简称“总店”）内退职工申请增长工资工作小组就内退职工申请增长工资事宜举行了座谈会。内退职工代表马林根、肖军华等 7 名同志代表内退职工反映申请增长工资的诉求。新华书店总店总经理茅院生等参加了会议。

总经理茅院生认真听取了职工代表们的诉求，并表示总店上下非常重视内退职工代表的诉求，两次召开专题会议充分研究并做了相关安排。（张　倩）

中国出版传媒商报社完成人事制度改革

2014 年 7 月，中国出版传媒商报社新的领导班子就位以后，人事改革进入实质性阶段。首先成立人事分配改革领导小组，强化领导与落实推进。参照《中国出版集团公司推动所属企业人事、分配制度改革 30 条》，出台《中国出版传媒商报社人事分配制度改革方案》。在全社范围内开展中层干部先全员下岗再全社竞聘；以及普通员工晋阶制度相结合的人事分配改革，同时出台了新的岗位绩效激励政策。推行各中心综合运营机制，强化专业咨询服务和内容资源深度开发，普遍推行商报各部门各板块绩效与团队个体绩效捆绑综合考评制度。结合拟成立的商学院以及已经成立的“文创产业规划设计研究院”，进行商学院对外专家顾问团队，以及对内研究员、副研究员等内部职称的聘任试点。眼光向外，开放合作，积极物色和引进特殊人才、关键岗位骨干人才。扩大职工福利享受途径，在稳妥解决社保问题的同时，稳步推进企业年金制度。

经过报名、考核、答辩、评议、审批程序，报社最终产生要闻采编统合中心、分销营销数据中心、出版情咨集成中心、文创版权印业中心、传媒移动互联中心、阅读公共文化中心、营销中心等部门负责人，全体员工按照新岗位、新职位一一到任。人事制度改革初步探索解决了业绩评估、绩效考核系统化、日常化、规范化、公开化问题；初步探索了重要岗位、新拓领域、未来板块的特殊人才、特殊激励问题；探索了管理责任主体下移、全员责任主体担当，责、权、利统筹平衡问题；探索了个体能力绩效与集体板块贡献同步提高内部共享问题；探索了采编、广告、公共服务三大部门有分有合、绩效分类考核与全社一体问题；初步探索了报社全媒体转型发展、规模化发展过程中，职工福利同步稳妥推进问题。

（郭是海）

中国美术出版总社举办新员工入职教育培训

2014年8月4～8日，中国美术出版总社为本年度新入职7名员工安排了为期6天的入职教育培训，总社领导班子和人力资源部主任参加了第一堂入职教育培训课，与新员工正式见面。社长汪家明在讲话中向新员工提出了：引领美术专业书的出版方向、提升普通读者的艺术素养和勇于创新的三个工作方向。希望大家发扬“老人美”的优良传统，以认真做事、勤于动脑、养成良好的工作习惯的高标准来要求自己。总编辑林阳以《做一个有理想的编辑》为题目进行了讲话。此外，人力资源部和校对部还分别从总社历史、业务范围；总社组织机构和各项规章制度；编辑出版业务基础知识等方面对新入职员工进行了课程讲解，使新入职员工对总社历史、组织结构、规章制度、企业文化、业务范围和流程等有了一个全面的了解，增强了新员工的归属感，提高了对本社的认同度。

（郝　赫）

中国大百科全书出版社举办2014年新员工岗前培训活动

2014年8月11～15日，中国大百科全书出版社进行了为期一周的2014年新员工岗前培训，共有38名百科新人参加了此次培训。

本次培训内容丰富，形式创新，采用教学式培训、交流式培训和体验式培训相结合的方式进行。首先为新员工安排了涉及社情社史、企业文化、百科全书及其创新、编辑部工作流程、编辑修养、出版法律法规、图书市场演变等多项内容讲座。邀请了中青年骨干员工与新员工交流研讨，答疑解惑，将自己在百科的成长故事与新员工们分享。其次组织新员工到华联印刷厂进行参观，从印前制版到印后加工，让他们亲身感受书籍的印制过程，了解一本书的印制过程。最后进行了为期一天的拓展训练，大家互帮互助，圆满完成全部任务，团队精神在这一刻得到升华，潜能也从中得到激发。

新员工们表示，一定以最好的状态和最大的热情投入新环境新工作中，为百科全书事业贡献出自己的一份力量，成为一名优秀的百科人。

（尹添铭）

中国出版传媒股份有限公司2014年第二期财务培训举行

2014年8月29日～9月1日，中国出版传媒股份有限公司财务部举办第二期培训班，此次培训嵌入中国会计学会新闻出版分会第六期高级研讨会，股份公司所属单位财务负责人及业务骨干参加。主要内容包括：新形势下出版传媒企业的资本运作；出版集团对所属经营单位实行年度目标责任考核探析；国家新闻出版广电总局、中国会计学会有关领导介绍行业经济政策及会计改革情况和股改上市工作中共同关心的话题。

（湖泊潇）

商务印书馆开展新员工培训

2014年8月～2015年2月，商务印书馆以“人才强企战略”和集团公司深化人事和分配制度改革工作会的会议精神为指导思想，重新制定《新员工培训制度》并全面实施。全年共计5名新进馆员工参加培训，他们分别来自5个用人部门。培训内容分为出版校对实习4个月和营销实习2个月，该培训于2015年2月结束并组织完成考试。

（张　琳）

生活·读书·新知三联书店举办“编辑业务培训月”

2014年9月5～23日，生活·读书·新知三联书店共组织4次讲座，7个专题，举办了“编辑业务培训月”。中宣部出版局副局长刘建生、集团公司副总裁李岩、生活·读书·新知三联书店总编辑翟德芳、副总编辑舒炜、副总编辑郑勇、审读室副主任李阳、人民文学出版社总编室副主任甘慧分别为大家讲课，全店60余名编辑、校对、美编及相关人员参加了培训。

培训的内容主要涉及出版导向、编校质量等方面，刘建生以“抓好导向——新时期编辑出版工作应当把握些什么”为题，提醒大家要有“红线、高压线、底线”意识。李岩以“担当编辑使命，持续创造价值”为题，探讨了出版的本质。翟德芳以“出版导向的8个维度”为题，结合实际案例讲解了导向问题；舒炜以“责任编辑工作中的注意事项”为题，探讨编辑如何在三审三校环节中做到齐清定。郑勇以“竭诚为作者服务”为题，探讨了为作者服务的重要性和怎样更好地为作者服务；李阳以“图书出版中的编校质量问题”为题，列举了三联版图书和书稿中存在的编校质量问题；甘慧则专题介绍了文学社ERP出版系统的应用，为三联书店下一步云因系统升级提供了一定的借鉴和参考作用。（阎　琦）

人民文学出版社邀请京东有关人员到社交流

2014年9月17日，为加强与电商的联系，提高人民文学出版社网络营销水平，人民文学出版社邀请了京东图书采购主管吴克、文学类图书采购主管赵明宇、信息维护组主管史梦雨、手机客户端推广主管费宁宁和众筹主管边茉茉等到社交流。副社长李春凯和部分员工参加了活动。

京东人员就京东图书销售页面信息页、检索关键词、京东促销活动形式、众筹出版等进行了详细介绍，并就人民文学出版社图书在京东的销售情况进行了分析。此次活动进一步加强了人民文学出版社编辑人员对网络销售的了解，为进一步加强交流，提高人民文学出版社在京东的销售能力打下了基础。（王芸菲）

人民文学出版社举办新员工培训

2014年9月18～24日，人民文学出版社对2014年新入社的应届毕业生、社会招聘人员及转业军人共10人进行了入职培训。人民文学出版社社长管士光，党委书记、副社长刘国辉，副社长李春凯和副总编辑周绚隆亲自为新员工授课。

管士光和刘国辉向新员工讲述了人民文学出版社经过60多年积淀下来的历史文化及优良传统；李春凯通过统计数据为大家讲解了人民文学出版社的生产经营情况、营销模式以及出版行业的发展趋势等问题；周绚隆结合编辑出版工作的实际情况，为新员工讲解了编辑的责任、选题的把握、组稿加工以及生产流程四个编辑工作至关重要的问题。

刘国辉向新员工总结性地介绍了出版社整体状况。希望新员工脚踏实地、打好基础，尽快适应新职业、新岗位的要求，在工作中不断进步。

除上述培训外，人民文学出版社还为新入社的编辑人员在校对科安排了为期半年的专业培训，为他们做好编辑工作打好牢固基础。（王芸菲）

人民文学出版社邀请北京开卷信息技术有限公司有关人员到社交流

2014年9月25日，人民文学出版社邀请北京开卷信息技术有限公司客户经理黄经到社交流。社长管士光，副社长李春凯和部分员工参加了活动。

北京开卷信息技术有限公司图书零售市场监控数据已成为人民文学出版社选题决策、市场判断的重要依据。人民文学出版社已将“开卷实体书店数据查询分析系统”升级为“开卷全渠道数据查询分析系统”，增添了许多新的功能，可供查询的数据也更加全面。此次交流以“哈利·波特”系列、《西游记》《妈阁是座城》为例，讲解了新系统各种功能的基本操作和市场分析方法。

10月15日，再次邀请北京开卷信息技术有限公司来社交流，对新系统的操作使用进行培训，社务会要求未参加第一次培训的编辑部、策划部、发行部员工安排好时间，尽量参加活动。

（王芸菲）

东方出版中心2014年度新员工培训班举办

2014年9月，东方出版中心举办了为期3天的新进员工培训班，东方出版中心总经理、党委副书记李智平出席开班仪式并做动员讲话，东方出版中心党委书记、纪委书记、副总经理董玲主持开班典礼，出席结业典礼做总结讲话。来自各部门的18名新进员工参加了培训。

开班仪式上，李智平为学员们做动员报告。董玲就学员们充分利用好培训平台提出要求。培训班为学员们安排了丰富的课程内容，既有课堂授课，也有实地参观。学员们认真学习蔚然成风，互帮互学共同成长，学习培训成效显著。在总结交流会上，3位学员代表分别结合自身实际，从不同角度谈了参加培训学习的体会感悟，互动气氛热烈。董玲在总结会讲话中，就新员工如何做到立足本职、建功立业、岗位奉献提出几点希望。

（金洁蓉）

新华书店总店“一纲九方案”座谈会召开

2014年9月，新华书店总店（简称“总店”）连续召开了有关部门和单位行政领导、党支部书记、人事干部、工会干部、职代会代表、团支部书记、青年代表、民主党派代表等参加的座谈会，听取大家对“一纲九方案”征求意见稿的意见和建议。

深化人事和分配制度改革，制定“一纲九方案”既是总店改革发展的需要，也是贯彻“集团深化人事和分配制度改革工作会”精神的结果。总店总经理茅院生要求要以集团深化人事和分配制度工作会精神为契机，结合总店实际，积极推进总店的人事分配制度改革，成立了总店深化改革小组，他亲自挂帅并提出了制定和实施“一纲九方案”的工作要求。经过半年的不懈努力，工作小组起草完成了“一纲九方案”的讨论稿。

大家在座谈中一致认为，总店现有的人事和分配制度是几十年前的，与现代企业制度建设要求和企业发展需求不相适应，确实需要制定一套完整的人力资源管理体系，“一纲九方案”应运而生，非常及时；总店过去没有一个科学系统的人力资源管理体系，随意性较大，此次人力资源管理体系的建立意义重大；“一纲九方案”的制定和实施，将为人才成长提供一个市场化的舞台，为总店盘活资产、转型发展提供思想、制度和人才保障。

（张　倩）

世界图书出版上海有限公司举办图书编校质量培训

2014年10月20～21日，世界图书出版上海有限公司举办图书编校质量培训。公司各部门负责人、编辑、编务、版权贸易、市场营销、数字出版岗位的员工及相关人员均参加了此次培训。与会人员首先观看了商务印书馆高小坤老师关于图书质检的培训视频。而后，原上海科普出版社编审陈英黔老师做了题为《编辑工作的规范化与标准化》的授课，从图书编校质量的重要性和实际工作中的常见问题等方面进行了讲解和梳理。在授课中，大家结合本部门产品线做了现场发言和交流。总经理兼总编辑陆琦在培训总结中表示，图书质量是产品的生命线，今后将不定期举办各种专题的培训讲座，公司内部还要对图书质量进行不定期抽查，并对优秀者进行奖励，鼓励大家成为一名优秀编辑。

（王　纯）

人民文学出版社全体员工竞聘上岗工作动员大会召开

2014年10月29日，人民文学出版社在后三楼会议室召开了全社员工竞聘工作动员大会，人民文学出版社全体员工均参加了此次会议。会议由党委书记、副社长刘国辉主持。

会上，社长管士光结合人民文学出版社总体

经营思路就进行新一轮全员竞聘工作的基本思路、指导方针做了说明，并对以往三次岗位竞聘的经验进行了总结。他指出，这次竞聘工作的基本思路是“创新、调整、完善”，要做到全员竞聘、定岗定编、双向选择。此次竞聘工作以人文社产品线为中心，对部门设置进行了适当调整，重点对教材出版中心进行了改革，将《帅作文》《学语文之友》《诵读》工作室并入教材出版中心，之后还将设置若干编辑部；同时将《新文学史料》与现代文学编辑室合并，将文化编辑室单列；将青少年读物编辑室改称青年文学编辑室，以使工作目标更加明确。随后，社长管士光就此次全员竞聘的工作安排向大家做了详细介绍。

（王芸菲）

天天出版社全体员工竞聘上岗工作动员大会召开

2014 年 10 月 29 日，天天出版社召开全员竞聘上岗动员大会。会议由人民文学出版社党委书记、副社长、天天出版社社长刘国辉主持。人民文学出版社社长管士光、人事教育部主任徐怡明出席会议。

会议就天天出版社第一次“中层领导干部竞聘上岗”工作进行了动员。刘国辉对此次竞聘工作的重要意义、方式方法以及时间进度进行了阐述、安排和布置，同时传达了中国出版集团公司关于深化人事制度改革、收入制度改革等方面精神的文件。并就竞聘工作中可能出现的问题及大家普遍关心的问题进行了说明。

管士光发表讲话，他对人民文学出版社全员竞聘上岗工作的安排进行了介绍，结合天天出版社近两年的经营情况对天天出版社领导班子及全体员工取得的业绩给予充分肯定；他希望天天出版社全体员工积极参加此次全员竞聘上岗工作，不断激发活力，把天天出版社发展推上新的台阶。

（王芸菲）

人民文学出版社新一届中层干部会议召开

2014 年 11 月 15 日，人民文学出版社召开中层干部会议，社领导和经过 2014 年竞聘上岗工作产生的新一届中层干部参加了会议。

会上，人民文学出版社社长管士光宣读了新一届中层干部聘任文件，介绍了此次中层干部竞聘工作的详细情况。经过这次竞聘，有 7 位同志因年龄原因不再担任中层干部，社务会对他们在过去三年里为出版社做出的贡献给予充分肯定，并希望他们继续发挥作用，为出版社发展再做出贡献。王一珂、陈旻、丁羽 3 位同志加入中层干部群体，使得干部年轻化程度进一步加大，这对人民文学出版社的长远发展具有重要意义。当代杂志社原主任杨新岚主动提出自己竞聘副主任，由孔令燕竞聘主任，体现出为出版社发展长远考虑的良好精神风貌。管士光和刘国辉分别讲话，他们希望新一届中层干部按照“敬业、专业、自律”的标准严格要求自己，尽快进入工作角色，服从大局，做好竞聘上岗的后续工作，并认真做好 2015 年年度选题论证会、年终奖金分配、2015 北京图书订货会筹备等各项重点工作，聚精会神、团结一心，争取完成中国出版集团公司布置的各项任务指标，并确保 2015 年各项工作顺利开展。

（王芸菲）

中国大百科全书出版社举办百科全书编纂业务讲座

2014 年 11 月 27 日，中国大百科全书出版社邀请本社原副总编辑、第三届全国百佳出版工作者、第八届中国韬奋出版奖获得者吴希曾为编辑进行业务讲座。吴希曾是资深的百科全书专家，他曾编纂《中国大百科全书》第一版，主持编纂《中国大百科全书》（简明版）、《中华百科全书》《中国儿童百科全书》等一大批优秀图书。参加本次培训的有《中国大百科全书》（第三版）相关工作的全体人员、少儿百科分社、教育分社和地图编辑部的编辑。

吴希曾结合他在出版社工作期间编纂百科全书的经历和经验，介绍了百科全书编辑应具备的专业态度和编辑素养，从多方面讲解了编纂百科全书需要了解的知识和注意的问题。他从实际工

作角度出发，将自己多年工作积累的宝贵经验无私地传授给年轻编辑，有助于青年编辑更好地从事百科全书编纂工作。（任其忻）

中国出版集团公司举办2014年新员工座谈会

2014年11月28日，集团公司在北京召开新员工座谈会，集团公司党组书记王涛出席会议并谈话，集团公司56名新员工参加座谈，9名新员工代表在座谈会上发言。

王涛代表出版集团对56名新员工的加入表示热烈欢迎，在同与会人员分享个人职业生涯心得与感想的同时，也对新同志提出两个方面的希望和要求：一、青年员工要有文化担当。中国社会发展至今，文化对外发声对内化人的作用正在彰显。因此，作为出版人，要通过出版物传播真理，弘扬核心价值观，从而净化自己、提升社会。希望每位年轻的出版人有高远的理想，有为国家的发展、为中华民族的伟大复兴竭诚奉献的文化担当。二、青年员工要勤学勤思。年轻人应该虚心向老编辑学习，这些老编辑身上有一种施胜于受的高贵品格，体现了一种甘为他人做嫁衣裳的伟大精神。青年一代编辑应将从前辈身上学到的品质，转化为自己心仪的生活范式。编辑在工作中应善于想问题，并不断提出问题、解决问题。勤学勤思是我们应对人生路上多种繁难问题的唯一法宝。

新员工代表们也代表自己所在企业的新员工，谈了自己对出版行业的认识。他们认为出版人是知识的传播者，要向读者传播正能量。同时，编辑工作并非一份简单、轻松的工作，它肩负着社会发展进步的责任。他们表示一定虚心向老编辑们学习，全身心地投入工作，不辜负领导和前辈们的嘱托和信任。（陈　旸）

中国出版传媒股份有限公司举办2014年第三期财务管理干部培训班培训

2014年12月9～12日，中国出版集团公司、中国出版传媒股份有限公司财务部共同举办2014年第三期财务管理干部培训班。所属企业财务部门负责人及业务骨干参加了会议，主要内容有：1. 学习集团公司、股份公司财务管理及相关制度；2. 讲解新八项会计准则；3. 布置2014年度财务决算及审计工作；4. 布置2015年度财务预算编制工作。（湖泊潇）

人民音乐出版社进行全员述职和推优考核工作

2014年12月20日，人民音乐出版社16个部门集中一周时间分别进行了全员述职和推优考核工作。会议由部门负责人主持，主管社领导、人事和社办负责人及相关人员参加。部门员工述职完毕后，分管领导对部门述职工作进行总结。先进员工以无记名投票形式进行，所投选票由人力资源部当场收回，并将统计结果集中上报社委会。同时，部门负责人根据考核人的述职和年度工作表现，形成部门考核意见，汇总后报人力资源部。出版社考核委员会最终确定“先进员工”与“先进部门”。

（郭娱鸽）

《三联生活周刊》完成新老主编交替工作

2014年12月24日，《三联生活周刊》主编朱伟卸任，以顾问身份指导工作；执行主编李鸿谷全面接手周刊的内容生产和经营管理。下午，生活·读书·新知三联书店总经理路英勇和总编辑翟德芳来到《三联生活周刊》，向大家正式宣布了这一领导机制的变化。路英勇代表领导班子讲了几点意见，要求周刊要坚持正确的出版导向，竭诚为读者服务，锻造一个优秀团队，快速实现传统媒体与新兴媒体的融合，努力把《三联生活周刊》打造成为更有价值、更有趣味、更有实力，拥有强大传播力、影响力的新型媒体，为我国文化大发展大繁荣做出应有的贡献。

（阎　琦）

经营管理

人民文学出版社2013年年终总结大会举行

2014年1月14日，人民文学出版社召开2013年年终总结大会。社领导和全体员工参加了会议。会议由党委书记、副社长刘国辉主持。

社长管士光代表社务会、社党委对2013年人民文学出版社工作情况进行了总结，并部署安排了2014年重点工作。在2013年，人民文学出版社出版了《中国诗歌通史》（11卷），中法对照版《红楼梦》《三国演义》《水浒传》《韦君宜文集》（5卷）以及新版《老舍全集》、新版"茅盾文学奖获奖作品全集"、《蒋子龙文集》等重点丛书套书，并出版了《带灯》《相性》、李洁非"明史系列"、《老梁观世界》《我的生存质量》《心灵之旅》《无愁河的浪荡汉子·朱雀城》《不靠谱的演员都爱说如果》等重点单品种图书，完成了中国出版集团公司布置的各项任务指标，取得了良好的"双效"。在2014年，人民文学出版社重点做好群众路线学习实践活动总结、竞聘上岗、重点图书营销等工作。

总结会上，社领导还分别宣读了《关于评定2013年度单项奖的决定》《关于评定2013年度人民文学出版社有限公司先进部室、先进员工的决定》和《关于表彰2013年度人民文学出版社有限公司先进党支部、优秀党员的决定》三个文件。　（王芸菲）

中华书局2013年度工作总结暨表彰大会召开

2014年1月22日，中华书局召开2013年度工作总结暨表彰大会。大会由中华书局总编辑顾青主持，中华书局总经理徐俊代表局务会做2013年度工作总结，从各项基本数据、改革管理体制和运行机制、书刊出版及营销工作、2013年其他全局性重要工作、2014年工作要点共五方面进行了阐述。中华书局副总经理黄松宣读了关于表彰2013年度中华书局先进集体及先进个人的决定。6个部门荣获2013年度中华书局先进集体称号，16名员工荣获2013年度中华书局先进个人称号。中华书局副总经理余喆宣读了关于对2013年度部门和个人所获其他荣誉的通报表扬。　（梁　彦）

中国对外翻译出版公司首届优秀兼职译员评选活动举行

2014年1月，中国对外翻译出版公司（以下简称"中译公司"）总调度室联合各翻译部开展了首届优秀兼职译员评选活动。

本次评选活动根据合作年限、翻译水准、稿件承接量、项目经验、沟通能力等多项标准，共选出优秀审校6名，资深翻译9名，优秀翻译30名，翻译新秀10名。总调度室在总经理办公室的协助支持下，为工作生活在全国各地以及海外的兼职译员颁发了聘任证书。

此项评选活动虽属首次，但在广大兼职译员队伍中引起了强烈和积极的反响，很多译员分享了他们收到证书时的激动心情，并纷纷表示今后将与中译公司保持更深入、持久的合作关系。通过开展评选活动，进一步做好兼职译者资源的维护和建设，提高中译公司在业内的口碑和影响力。（金文茜）

东方出版中心2014年度工作会议召开

2014年2月25日，东方出版中心召开2014年度工作会议，传达中国出版集团公司总裁谭跃、党组书记王涛、副总裁李岩等领导在集团公司2014年度工作会议上的讲话，就学习贯彻集团公司工作会议精神、切实抓好东方出版中心今年各项工作提出明确要求、做出全面部署。东方出版中心党委书记、总经理宋焕起主持大会并做总结讲话。东方出版中心总编辑李智平，副总编辑祝新刚，党委副书记、纪委书记、副总经理董玲出席会议并做指导讲话。东方出版中心部分部门负责人在会上汇报了2013年工作和2014年工作打算。东方出版中心中层干部及中心工会、团总支负责人30余人参加了会议。

李智平就坚持党的群众路线教育实践活动成果提出几点意见。祝新刚就主业相关部门抓好出版质量提出相关要求。董玲就全体党员干部进一步做到传递、引领、超越提出几点希望。

宋焕起在总结讲话中就各部门、单位如何继续坚定不移地走东方出版中心特色发展道路做出部署。（金洁蓉）

商务印书馆入选《北京市重点总部企业名录》第一批名单

2014年2月，北京市发展总部经济工作部门联席会议办公室公布了《北京市重点总部企业名录》第一批入选名单，商务印书馆入选《北京市重点总部企业名录》。

2013年，商务印书馆向北京市商务委员会提交了北京市重点总部企业申请材料，经北京市发展总部经济工作部门联席会议办公室审核，确认了第一批356家入选企业，商务印书馆成功入选。

商务印书馆已经走过100多年的光辉岁月，在新时期更是进入跨越式发展的新阶段。入选北京市重点总部企业，充分证明了商务印书馆在首都总部经济发展过程中的重要作用。入选后，商务印书馆将会获得北京市各级政府部门提供的各类支持和服务，尤其在进一步优化发展环境，实现产业结构优化升级，实行跨区域、跨国经营等诸多方面获得更为有力的支撑，为商务印书馆不断提升发展能级，壮大经济规模，巩固和稳定品牌地位，促进更好更快发展起到重要作用。

（冯　雪）

中国出版传媒商报社专题发行工作会召开

2014年3月3日，中国出版传媒商报社召开专题发行工作会议。针对新《商报》更名改版以来报纸的发行情况，社长、总编辑孙月沐代表报社对下步工作提出要求：

一是在前段发行工作基础上，进一步做好调研推广。成立一个专题工作小组，收集、梳理、分析征订情况，提出继续做好工作的安排部署。各单位、各部门有针对性地做好方案，提出继续做好工作的方向目标。

二是报社目标是巩固在书业领域的主阵地，确保订数不减，争取有所增加。出版集团，由要闻版负责。摸清缺口，有针对性地努力，目标是每家能有1～2份的增长；发行集团，由分销板块负责。同样摸清情况，找到破解路径，每家不少于1份的增长；出版社，由出版板块负责，这是《商报》广告和征订的大户，要确保存量不减。每社能有1～2份增长。其余四五百家中小出版社是公关重点。可与营销人员对口合作，也可以尝试以资源换订数的方式，细化思路，提出方案；记者站，由营销中心负责。可以河北记者站征订四五百份为例挖掘其他各地记者站潜力，力求人口多、条件好的记者站每家提升几十份、几百份。同时分销板块考虑如何加大对新华书店的报道力度，可以考虑创办出版商周刊那样创办新华书店专刊。同时制订征订发行奖励计划。

三是在巩固上述存量基础上，在其他领域扩大新《商报》影响力。

四是要成立一个技术+内容+传播的小组，着手研究新技术形势下纸质报纸与电子版报纸对发行的影响。

各板块负责人分别介绍了近期以来在报纸征订发行工作方面所做的努力，并就报社要求提出本板块的工作计划。（郭是海）

人民文学出版社领导班子 2013 年度工作述职会议召开

2014 年 3 月 11 日，人民文学出版社召开社领导班子和社领导个人 2013 年度述职会议，职代会代表、中层干部及副高以上职称的员工共 80余人出席了会议。会议由党委书记、副社长刘国辉主持。

社长管士光首先代表社务会做了 2013 年度述职报告，报告分为三个方面：一、齐心协力，真正实现稳中求进的目标；二、挺拔主业，认真做好出版工作；三、风清气正，加强企业文化建设。在报告中，管士光特别说明 2013 年利润有大幅度下滑，其原因是对 2012 年前积累的大量退货图书做了处理，其总量是 2012 年的 4 倍，目的是真正做到轻装上阵、稳健前行。虽然因此加大了成本率，减少了利润总额，但“壮士断腕”，面对日益加大的库存压力，必须有所作为。2014 年人民文学出版社还将有计划、有选择、有节奏地加大处理库存的力度，尽快使人民文学出版社走上更加良性的发展轨道。

之后，7 位社领导分别做了个人的述职报告，与会人员认真填写了评价表格。（王芸菲）

新华书店总店 2014 年度工作会议召开

2014 年 3 月 21 日，新华书店总店（以下简称“总店”）召开了 2014 年度工作会议。中国出版集团公司党组成员、副总裁潘凯雄，新华书店总店总经理茅院生，副总经理王宏经、赖雪梅、张雅珊，党委副书记兼纪委书记柏万良，全体在职员工，总店老领导和离休干部代表，退休党支部书记和委员，内退职工代表等共 300 余人与会。会议由总店副总经理王宏经和张雅山主持。

潘凯雄代表集团公司党组和总裁班子讲话。新华书店总店总经理茅院生做了题为《盘活存量资产，推动产业转型，为把新华书店总店建设成为具有创新能力和可持续发展能力的现代企业而努力奋斗》的工作报告。报告对 2014 年重点工作进行了部署：一是以战略规划为中心推进全面改革，二是以盘活存量资产为中心夯实产业基础，三是以业务模式创新为中心推进产业转型，四是以制度建设为中心加强经营管理，五是以激发内生动力为中心推进人才队伍建设，六是以落实群众路线教育实践活动成果为中心推进企业文化建设。

大会表彰了总店 2013 年先进个人、先进单位、突出贡献奖获得者。同时，茅院生分别与总店物业管理处、信息中心、成都有限公司、书香园宾馆以及新华求索求知公司了签订 2014 年经营责任书。（张　倩）

中国大百科全书出版社制定改进出版工作保障重点项目措施

2014 年 3 月，中国大百科全书出版社为了保障《中印文化交流百科全书》《中国军事百科全书》《台湾百科全书》等重点项目和社其他重点产品的进度和质量，按时高质量出版，打造文化精品，最终取得良好的社会效益和经济效益，从组织形式、人力财物、考核等方面改进出版工作，对重大项目的实施给予保障。采取的主要措施有：(1) 建立重点项目生产经营会的协商、协调机制。确定重大项目牵头人为分管社领导，负责组织编辑部、财务处、市场部、总编室相关人员定期研究，协调解决该项目的进度、质量、装帧设计、材料、资金、营销等事宜。(2) 建立重大项目人员协调机制。一方面由社委会协调给予社内人力支持，另一方面承担项目的编辑部因工作需要，可长期聘请社外人员承担审稿工作。(3) 建立重大项目资金协调机制，可向社委会申请借用资金。(4) 总编室、出版部、市场营销部、财务处与承办编辑部门加强出版信息沟通，做好各项业务服务工作。(5) 加强监控和考核。总编室负责监控进度质量，财务处负责核算经营，人事处负责统筹考核。 (任其忻)

世界图书出版广东有限公司实现低成本短版印刷模式

2014 年 3 月，世界图书出版广东有限公司为了降低印刷成本，提高经济效益，通过与东莞虎彩印刷有限公司的战略合作，合理安排印制批次，依托先进的数字印刷技术，在保证印装质量的前提下，大幅降低了短版图书印刷成本。2014 年共发印 445 批次，12.3 万册，印刷成本从占图书定价 50%以上下降到 30%以下，成功解决了短版印刷成本偏高的难题，大幅提高了公司经济效益。 (卢家彬)

中国出版集团公司非上市企业财务负责人座谈会召开

2014 年 4 月 22 日，中国出版集团公司召开非上市企业财务负责人座谈会。集团公司副总裁王俊国召集集团总部财务部及中国图书进出口(集团) 总公司、新华书店总店、荣宝斋财务部门负责人，就财务工作如何参与品牌经营战略推进，结合企业类型、财务工作特点和实际情况，进行了专题座谈。大家认为，从财务工作角度看，虽然不是直接生产或市场营销部门，但能够最全面地掌握经营状况，在品牌经营战略中能够发挥参谋助手作用，监督保障作用，规范管理作用和资源整合作用。会上还就非上市企业的品牌特点进行了分析，提出了在关注各个独立品牌建设的同时，也要重视集团整体品牌建设。财务部门要在支持业务部门工作、完善经营业绩考核、安排财务预算等环节，促进品牌建设。与会人员建议，设置品牌建设的“引导指标”，引导能够对集团或企业品牌建设产生良好效果的活动。

(凌　燕)

中国出版集团公司、中国出版传媒股份有限公司 2014 年第一季度经营工作会议召开

2014 年 4 月 29 日，中国出版集团公司、中国出版传媒股份有限公司召开 2014 年第一季度经营工作会议。总裁谭跃出席会议并讲话，党组书记王涛主持会议。中国出版集团公司、中国出版传媒股份有限公司领导班子成员出席会议。各所属单位主要负责人、分管财务领导、财务和人事部门负责人，以及集团总部、股份本部各部门负责人参加会议。

谭跃在讲话中肯定了 2013 年所取得经营业绩：中国出版集团公司的经济增长又一次实现了历史性的跨越与突破，即便剔除商务印书馆《新华字典》的因素，营业收入和利润也再次实现了大幅度的增长。

谭跃在讲话中分析了中国经济增长的基本态势、中国出版业的发展态势和中国出版集团公司经济发展的基本态势，指出各级高管“首要的责任就是审时度势，乘势而为”。

谭跃强调，只要发展就会有发展的问题，只要增长就会有增长的隐忧。当前有五组比例关系需要各出版单位予以高度关注并着力解决：一是畅销书与常销书的比例；二是新书与重印书的比例；三是本版书与合作书的比例；四是自费书与市场书的比例；五是发货、回款与库存的比例。

结合目前经营状况，谭跃提出了扎实推进经济增长的五项措施：一是向企业思维要效益要增长。有规模就有风险，但也有成功；无规模看上去无风险，但其实是更大的风险，因为它不会成功。如果确立了创造经济成果这样的企业思维，规模就不是简单的数量，而是市场的份额，是效益的来源，是增长的资源，是质量的前提。一句话，所谓企业思维就是：关键在增长，重点在效益，核心是质量。二是向单品种规模要效益要增

长。要把单品种规模作为内容创新的主要考量指标，着重在单品种效益上扩大经济规模，提高经济效益，提升内容质量，增强品牌影响；要把提高单品种效益规模作为优化结构、优化内容创新的重要抓手。三是向数字出版要效益要增长。必须看到数字化正在成为出版业不可逆转的新业态。积极开拓探索数字出版的突破点和盈利模式，不断向数字出版要增长，向技术进步要效益。四是向深化改革要效益要增长。出台了《中国出版集团公司推动所属企业人事、分配制度改革30条》，各单位要根据自身的实际情况，结合自身的发展特点，胆子要大、步子要稳地推进改革，切实通过新的改革举措，进一步激发发展的动力。五是向品牌经营要效益要增长。中国出版集团公司旗下拥有众多历史品牌，这是一笔巨大的财富，也是核心竞争力之所在。2014年要重点加强10个品牌企业的品牌运营，推出一批品牌产品，进一步做精做优品牌服务，从而为各单位聚合更多发展动能。

副总裁王俊国通报了2013年“双效”业绩考核情况，宣读了《关于中国出版集团公司、中国出版传媒股份有限公司“2013年度经营特别贡献奖”获奖企业表彰决定》。副总裁潘凯雄通报了中国出版集团公司2013年度财务决算情况和2014年第一季度经营和财务状况，分析了存在的问题，从三个方面对2014年的经营和财务管理工作进行了布置。

会上，中国出版集团公司总裁、中国出版传媒股份有限公司董事长谭跃与各所属单位主要负责人签订了2014年度“双效”业绩考核责任书。表彰了14家荣获中国出版集团公司、中国出版传媒股份有限公司2013年度经营特别贡献奖的单位，它们分别是：中国图书进出口（集团）总公司、商务印书馆、荣宝斋、中版教材有限公司、生活·读书·新知三联书店、人民音乐出版社、中国大百科全书出版社、中国民主法制出版社、现代出版社、世界图书出版公司、现代教育出版社、中国出版传媒商报社、中国美术出版总社、东方出版中心。（郑　甜）

人民文学出版社安全工作会召开

2014年5月12日上午，人民文学出版社召开安全工作会，党委书记、副社长刘国辉，副社长李春凯，全体中层干部参加了会议。

刘国辉就提高安全意识、消除安全隐患进行动员，李春凯就具体工作进行了详细部署。社里要求各部门认真清理办公室堆放的杂物，养成安全用电的好习惯，社里近期将对各个办公室进行一次安全检查，进一步消除安全隐患。

（王芸菲）

商务印书馆
开展内部控制体系建设工作

2014年5月，商务印书馆开始着手进行内部控制体系建设工作。工作启动后，商务印书馆成立了内控建设工作小组，针对实际出版和经营工作中的业务和管理流程进行了全面的梳理和整合，期间参加了股份公司及咨询代理公司组织的各次内控会议及培训，馆内自行组织内控工作小组和各责任部门召开了多场内控工作启动会、说明会、协调会、修改会等，经过“摸现状、找问题、画流程、编手册、自评价”等环节，历时8个多月，最终形成了商务印书馆内部控制建设体系。

内部控制体系的最大成果是制作形成了《商务印书馆内部控制手册》。此手册涉及商务印书馆各个工作环节的流程描述，包括绘制的涵盖管理流程、核心流程、支持流程等在内的近20个方面的100余个流程图，涉及全方位的业务及管理工作。此外，为配合上市要求，还修订完善了各项管理制度，新制定了《商务印书馆投资管理办法》《商务印书馆固定资产管理办法》《商务印书馆战略规划制订原则及指导意见》等制度，使各项工作的执行有了更为清晰的依据和标准，为制度建设提供了更为丰富和完善的制度保障。内控工作的成果之三是完成了工作中的缺陷改进和自评价工作。

此次内部控制体系建设工作，通过一系列工作制度和实施流程的制定、修订、整合和完善，使得商务印书馆在内部管控制度和实际操作流程上实现了可视监督型的管控目标，为今后内控管理工作奠定了基础，提供了重要保障。（冯　雪）

商务印书馆获品牌价值评估

2014 年 5 月，商务印书馆参加了国家质量监督检验检疫总局、中国品牌建设促进会等权威机构开展的 2014 年企业（产品）品牌价值评估的申报工作。为了获得更为权威和公正的评估，特派专人参加了中国品牌建设促进会组织举办的“2014 年品牌价值评价工作”座谈会。在申报工作中，共准备了包括获奖情况、质量信用情况、总体创新能力、服务基础设施情况、服务全面响应、主要社会责任、品牌历史、品牌定位、品牌文化等共 40 余项申报材料，比较全面地展示了商务印书馆的品牌力量。

12 月 12 日，上述权威机构在中央电视台举办了“2014 年中国品牌价值评价信息发布”活动，商务印书馆以 757.67 分的品牌强度和 41.92 亿元的品牌价值位居“生物医药与纸业及其他”类前六位，“纸业及其他”类第三位，位居全国出版社之首。（冯　雪）

中国对外翻译出版公司上半年工作总结暨经营工作会议召开

2014 年 7 月 10 日，中国对外翻译出版公司（以下简称“中译公司”）召开 2014 年上半年工作总结暨经营工作会议，总经理林国夫主持会议，副总经理张高里、张晶晶、于洋，副总编辑吴良柱以及各部门负责人 30 余人与会。会上，财务部负责人做财务数据分析，总调度室、翻译市场部、总编室、营销中心负责人分别汇报业务工作情况，张晶晶和张高里分别点评翻译和出版工作，中译公司控股子公司——中译语通科技（北京）有限公司报告经营工作，林国夫做总结讲话并部署下半年工作。

2014 上半年中译公司（不含子公司）收入同比增长 2.1%，完成全年任务指标的 44.22%。其中翻译收入同比减少 15.25%，完成全年任务指标的 35.67%；图书出版收入同比增长 15.7%，完成全年任务指标的 48.28%。

（徐　可）

中国出版传媒商报社年度工作会议召开

2014 年 7 月 17 日，新领导班子就位一星期后，报社组织党员和全体员工赴狼牙山革命圣地，重温抗日战争历史，召开全社员工大会。新任社长伍旭升做题为《承前启后乘风跃进打造新商报改革创新“3.0 版”》的工作报告。他围绕《商报》企业文化“同心同德”的基本要义，阐述了《商报》当前特别需要“固本筑基”的重要性；围绕“专业产业”理念，阐述了专业媒体的理论思维；围绕新一届领导班子战略目标，规划并实现新“三化”战略，即跃进规模化、构建现代化、拓展国际化；确立《商报》制度创新、组织再造、活力释放、资源聚变的四大战略构想；提出战略总抓手为：向上提升、向下下沉、刚的愈刚、柔的愈柔。制定“对外要稳、对内要狠”的战术思想；同时要巩固内容主业，贴身紧逼对手，抢占战略“飞地”，布局跨界河口。

伍旭升还对人事分配制度改革事项、《商报》精神讨论、内容品质强化、品牌营销升级等下半年和今后一段时间工作做了具体部署。

伍旭升特别强调，下一步，《商报》要结合年度工作安排，用三个月时间开展大讨论，汲取经验，反思不足，打牢导向根基、品质根基、价值根基，轻装上阵，重新出发，紧紧围绕集团“三六构想”战略，开辟《商报》特色的规模化、现代化、国际化道路，勇于创新，扎实进取，实现新跃进。（郭是海）

中国对外翻译出版公司参加全国翻译专业学位研究生教育实习基地授牌和兼职教师认证书颁发仪式

2014 年 7 月 19 日，中国对外翻译出版公司

（以下简称“中译公司”）副总经理张晶晶参加了中国翻译协会在北京第二外国语学院举办的全国翻译专业学位研究生教育实习基地授牌和兼职教师认证书颁发仪式。

这是全国翻译专业学位研究生教育指导委员会与中国翻译协会首次对实习基地和兼职教师进行认证，旨在确保校企合作真正有利于培养适合社会需要的高素质、职业化人才，以便在“互惠互利、双向受益”的基础上推动企业和学校之间建立长期、稳定的合作关系。

中译公司获得“全国翻译专业学位研究生教育实习基地”的授牌，张晶晶、罗红燕、蒋宝春和刘四元获得首批 MIT 学位兼职教师资格证书。

（全文茜）

商务印书馆 2014 半年经济分析会召开

2014 年 7 月 21～24 日，商务印书馆在怀柔召开了 2014 上半年经济分析会议。全馆各相关部门、各子公司负责人就上半年工作的情况进行了分析汇报，总经理于殿利进行了总结。全体中层管理人员参加。

2014 年上半年，商务印书馆列选选题 759 种；新书发稿 384 种，出版图书 631 种，其中新书 316 种，重印书 315 种。半年生产码洋 6.04 亿元，发货码洋 4.3 亿元，销售收入 3.14 亿元，实现利润 8 300 万元。

会上，计财处对上半年全馆经济完成情况进行了分析和总结，总编室、营销中心、出版中心、版权与法务部、各编辑室以及子公司分别针对各自的经济情况进行了汇报，并提出了下半年的工作重点和解决方案。同时还召开了“商务印书馆实施 EP 同步出版战略推进会”，针对商务电子书运营现状及存在的问题等情况进行了分析介绍，并集体讨论了 EP 同步相关问题。

于殿利在总结中以单品种销售量少的问题为切入点，重点围绕目前商务印书馆在生产经营各个流程环节上存在的突出问题进行了深入的剖析，并提出了 2015 年工作的重点和方向。他指出，此次经济分析会特点有三：一是真正实现了以经济工作为核心，以财务数据为抓手；二是各部门的汇报更加有针对性，更加直视问题解决问题；三是通过分析积极寻找解决问题的方法和对策。对于以后工作的方向，于殿利提出了多管齐下，综合治理，以“编印发一体化”“版权一体化”“财务一体化”三项管理提升竞争力；以“科学化、精细化、标准化、信息化”的“四化”管理促进效率和效益的“双效”；实施 EP 同步，创新编辑方式、生产方式和营销方式，迎接新商品时代共三项解决方案，并提出领导带头，全馆联动，层层负责，真抓实干的要求，指导全馆上下为商务印书馆发展的既定目标共同努力。

此次经济分析会与此前召开的编辑大会、中层干部培训班上所提出的各项要求相呼应，为进一步指导项目生产和出版状态的调整，促进生产经营等各项经济指标的实现，起到了关键作用。

（冯　雪）

中国出版集团公司 2013 年度财务决算工作获财政部表彰

2014 年 7 月 23 日，财政部发出《财政部关于 2013 年度中央文化企业财务决算工作情况的通报》，对决算综合考核成绩排名前 16 位的企业进行了表扬，中国出版集团公司榜上有名。通报对中国出版集团公司“通过规范决算合并范围，开展全级次决算编制培训，建立决算进度催报制度、内部会审制度和决算报表考评制度，定期召开财务决算碰头会，按时保质完成 136 户子企业决算合并工作”给予高度肯定。（凌　燕）

中国美术出版总社 2014 年半年经济工作会召开

2014 年 7 月 23 日，中国美术出版总社召开 2014 年半年经济工作会，会议由原社长汪家明主持，总编辑林阳，副总编辑欧京海、胡建斌，财务部主任孙文颖及各生产部门负责人、相关部室负责人参加。

会议听取了总社上半年整体经营情况。

2014年上半年总社通过期刊调整、对担任中层管理干部的年龄条件进行限制、施行营销、书籍设计和校对部门的超额奖励办法，继续加大了体制机制的创新力度。通过调整发行思路，改营销中心粗放式发行方式为精细发行方式、建立美术学院书店和网络销售渠道、调整奖励机制等有力地抓好市场营销工作。此外，继续调整选题结构，形成了高、中、低三个出版层次，出版了一批重点图书。《书法》教材的通过送审也为总社带来新的经济增长点。在此基础上，财务部主任孙文颖汇报了上半年营业收入、利润总额、资产总额、库存情况等财务数据。营销中心主任高英杰汇报了上半年出版发行情况。汪家明在听取汇报后，指出总社的经营工作还存在新制度执行难，新书、原创书特别是动漫少儿图书出版乏力，人才战略措施不得力，数字工作尚处被动局面等问题，并提出下半年总社的经营工作重点。下半年总社要进一步落实体制机制创新的各项措施；继续狠抓“营销年”的工作；狠抓原创图书的策划和出版，特别是在少儿图书的开发上要有实际举措；进一步调整和理顺生产流程，提高工作效率；借助国家和集团项目，积极开展数字工作；做好《中国美术全集》普及版的编辑出版和《中国工艺美术全集》的准备工作；做好美术大厦基建项目的完工等工作。（郝　赫）

中国图书进出口（集团）总公司2014年质量体系管理评审会召开

2014年7月23日，中国图书进出口（集团）总公司2014年质量体系管理评审会召开。

会议主要针对上年的质量体系运行情况进行评审，具体内容包括业务中心、部门管理评审报告、职能部门体系运行报告、总公司顾客满意度报告、总公司内审情况报告和总公司体系运行总体情况报告。

管理者代表副总经理朱朝旭就公司质量管理体系日常运行情况、体系运行以来的主要成效、体系运行中存在的问题和解决方法和下一步工作安排进行了报告。

总经理张纪臣对体系运行情况进行了评审。他指出，质量管理体系自2009年以来已运行5年，整体运行良好，证明质量文件和目标设置有效。总公司各中心、部门负责人和内审员均对此项工作高度重视。从公司顾客满意度设置85%，各部门平均满意度已达到94%的汇总数据，可以看出公司服务质量的提升。但也存在部门人员变化导致的衔接执行、审核习惯性地走过场、泛质量化等问题。就进一步完善公司质量管理体系，提出四点要求：第一，重新认识ISO质量管理体系的重要性，重新思考。体系认证是公司品牌建设的需要，也是提高日常管理的需要，各部门要把质量管理体系作为管理工具和措施来使用。第二，贯标办公室要积极加强培训，精简质量管理体系的核心内容，梳理书面材料，对部门负责人进行短期培训。第三，进一步了解质量管理体系的内涵。总公司运行的是服务贸易行业领域的质量体系标准，要明确公司“责任第一、诚信为本、服务一流、行业领先”的质量方针和质量目标，以顾客为中心，提升管理的流程化、文件化、可追溯化，深入了解质量管理体系的内涵，尤其各部门负责人作为管理者要深刻领会理念和标准文件融合的工作实质。第四，部门负责人要把质量管理体系运行与日常管理业务工作相结合，要以各自核心业务为主设置关键点，以点带面，全面提高管理水平，提升服务质量。

（丁　燕）

东方出版中心2014年年中经营工作会议暨2014年“双效”业绩考核责任书签约仪式举行

2014年7月29日，东方出版中心召开2014年年中经营工作会议暨2014年“双效”业绩考核责任书签约仪式。东方出版中心总经理李智平主持会议并做总结讲话。东方出版中心党委书记、纪委书记、副总经理董玲，副总编辑祝新刚出席会议并讲话。中心各部门、单位负责人和工会、团总支负责人共30余人参加了会议。

会上，总编办公室、发行部、新媒体事业部、东昊物业管理有限公司负责人分别做了上半年经营情况交流发言；党政办公室负责人通报了东方出版中心各部门（单位）上半年度工作指标完成情况以及工作任务落实进度情况。还举行了东方出版中心领导与发行部、新媒体事业部、房产经营部、东昊物业管理有限公司四个经营部门、单位2014年“双效”业绩考核责任书签约仪式。

祝新刚就出版主业各相关部门如何更好做好2014年下半年工作提出几点想法。董玲就做好下半年工作提出了几点希望。李智平在总结讲话中对各部门、单位如何进一步盯牢年度目标、提振团队状态、强化推进保障提出几点要求。

（金洁蓉）

生活·读书·新知三联书店“推动上海公司改革发展座谈研讨会”召开

2014年8月初，为贯彻落实《中国出版集团公司推动所属企业人事、分配制度改革30条》文件精神，进一步推动和促进下属公司的规范、健康、可持续性发展，生活·读书·新知三联书店（以下简称“三联书店”）成立了“推动下属公司改革发展领导小组”，下设改革工作办公室。8月15日，在参加上海书展期间，总经理路英勇带领领导小组部分成员和改革工作办公室全体成员，来到三联书店（上海）有限公司召开“推动上海公司改革发展座谈研讨会”，拉开了三联书店推动下属公司改革发展的工作帷幕。一天的时间里，大家听取了上海公司的情况汇报，与公司员工进行了座谈，研究了《推动上海公司改革发展实施意见草案》，围绕公司改革发展问题进行了充分的交流和认真的研讨。本次研讨会后，领导小组和改革发展工作办公室还将继续到生活书店出版有限公司、三联时空国际文化传播（北京）有限公司和北京三联韬奋24小时书店有限公司进行研讨，针对不同情况，一企一策，陆续制定出推动各下属公司改革发展的实施意见，经广泛征求意见后试行。

（潘　健）

《三联经典文库》（第二辑）进行结项验收

2014年8月12日，在国家出版基金办公室李潞主任的带领下，项目验收组一行五人到生活·读书·新知三联书店（以下简称“三联书店”），对《三联经典文库》（第二辑）进行结项验收工作。出版专家李桂福担任验收组组长，财务专家王宁、基金办综合处副处长胡钊、基金办监管处张惠洁女士出席了会议。三联书店总经理路英勇、总编辑翟德芳、副总编辑常绍民、总经理助理兼总编室主任曹永平、专题出版分社社长朱利国、财务部副主任郝大超，以及财务部相关人员和专题出版分社的全体编辑也一同出席了会议。

会议由李桂福主持。李潞对项目验收组成员作了简短介绍后，按照项目验收程序和要求，朱利国对《三联经典文库》（第二辑）的总体情况作了简明扼要的汇报。项目验收组随即开展工作。项目验收组围绕《三联经典文库》（第二辑）的编校印装质量、资金的管理和使用等情况进行了全方位的检查验收，高度评价和肯定了项目所取得的成绩（各个单项打分较高），同时也指出了印装质量方面存在的某些不足。总体上看，项目验收组对项目的执行情况十分满意，并表示择日再来宣布结项结果。

（刘　畅）

东方出版中心干部大会举行

2014年8月20日，东方出版中心干部大会举行，传达贯彻中国出版集团公司2014年年中工作会议精神，就学习贯彻集团公司工作会议精神，切实抓好东方出版中心下半年各项工作作出部署。总经理李智平出席会议并讲话，党委书记、纪委书记、副总经理董玲主持会议。副总编辑祝新刚出席会议。各部门、单位负责人和工会、团总支负责人共30余人参加了会议。

祝新刚传达了中国出版集团公司总裁谭跃在集团公司2014年年中工作会议上的重要讲话精

神。东方出版中心发行部、计划财务部、人力资源部负责人做了交流发言。

李智平就全力推动主业亮旗扭亏，加快建设东方虹桥新园区，积极拓展复合出版新业态，加强干部队伍、人力资源和企业文化建设提出了严格要求。董玲就保持、弘扬和传递正能量提出几点希望，还传达了上级党委有关文件精神，要求各单位、各部门在国庆和中秋期间要严格贯彻中央八项规定、做到“四个严禁”。（金洁蓉）

现代教育出版社成本控制领导工作小组成立

2014年8月，现代教育出版社针对社内重点项目成立了“成本控制领导工作小组”。小组由重点项目所在部门负责人、经营中心、财务中心、分管领导和主管领导组成，主要目的是充分发挥小组成员的专业能力，在成本把控上，包括纸张、印刷等环节提出有建设性的意见并得以实施，为现代教育出版社在成本控制工作上做出贡献。（杨　静）

中版集团数字传媒有限公司制定《中版集团数字传媒有限公司内控手册》

2014年8月，中版集团数字传媒有限公司制定《中版集团数字传媒有限公司内控手册》，手册中包括决策管理、发展战略、经营计划、数字资源、业务运营、资讯业务、技术管理、动漫产品、有声产品、人力资源、财务、项目管理、合同管理、行政综合管理14项业务模块，共70个业务流程。11月，按照集团要求完成公司内控自评价工作。（李　铃）

中版教材有限公司成立六周年座谈会暨2015年营销工作会议举行

2014年9月3～5日，中版教材有限公司召开以“重振精神，谋划未来”为主题的六周年座谈会暨2015年营销工作会议，总结六年的发展经验，规划未来的道路。中国出版集团总裁谭跃做重要讲话、副总裁兼中版教材公司董事长王俊国主持会议。

谭跃在听取了教材公司经营班子成员及部分骨干发言后，认为教材公司给他留下了深刻印象，六年来，初步实现了集团组建教材公司达到完善产业格局、补齐短板、增强经济实力的战略意图。这与教材公司始终注重产品整合与研发，建立了一支有职业精神、讲奉献、能战斗的队伍，建立了一个好的体制和机制，塑造了一个好的企业文化是分不开的。谭跃指出，教材公司六年的发展只是拉开了做开教育出版的序幕，还远没有达到高潮。教材公司完全有能力也有责任承担集团更大的希望，他提出了三点要求：一是反骄破满，增强危机意识；二是自信自强，抓住新的机遇；三是明确使命，演好新的大戏。集团将一如既往关注和支持教材公司发展，也会把教材公司放在更加重要的战略位置来考虑。总经理罗争玉代表公司做了主题发言。（星昕昕）

生活·读书·新知三联书店入选“首都文化企业30佳”

2014年9月5日，在北京市国有文化资产监督管理办公室等单位组织召开的“培育首都文化骨干企业座谈会”上，光明日报社和北京日报社联合发布了首届“首都文化企业30佳”名单，生活·读书·新知三联书店入选首都文化企业30佳。“首都文化企业30佳”的推选是全国首创，着重考察企业的成长性和创新性，注重文化企业在促进产业融合、新业态培育、商业模式创新等方面的探索，推选出“专特精新”的文化企业，这些企业是首都文化产业中活跃的力量，是茁壮成长的新生代。在“首都文化企业30佳”的获奖名单中，仅有两家图书出版单位，三联书店占据一席，既是实至名归又是难得的荣誉。

（刘　畅）

生活·读书·新知三联书店、北京艺丰雕刻时光咖啡有限责任公司、海南万科房地产开发有限公司联合举办战略合作新闻发布会和签约仪式

2014 年 9 月 25 日，北京三联韬奋书店的母公司生活·读书·新知三联书店有限公司和北京艺丰雕刻时光咖啡有限责任公司、海南万科房地产开发有限公司在海南三亚万科湖畔度假公园“茶满了”书馆联合举办项目战略合作新闻发布会，宣布建设三亚市文化精神聚焦点“万科·生图书馆”项目，倡导全民阅读和素质教育提升。海南省委宣传部副部长郭志民、中国出版传媒股份有限公司副总经理樊希安、三亚市委常委、宣传部长孙苏、三亚市副市长邓忠、三亚市教育局局长陈正光、三联书店总经理路英勇、三联书店副总经理兼北京三联韬奋书店总经理张作珍、海南万科房地产开发有限公司总经理王永飚、雕刻时光创始人执行董事长庄崧冽、雕刻时光副总经理赵京乐等出席了战略合作新闻发布会和签约仪式。

北京三联韬奋书店将为该图书馆项目引进科教、文化、历史、学术等各类型书籍及各类文化沙龙活动；雕刻时光咖啡则以其丰富的管理服务经验为图书馆提供更为多元的文化消费体验。项目建成后将由海南万科、三联书店、雕刻时光共同经营，面向三亚市全体市民群众开放，为三亚市增加一个占地约 1500 平方米、藏书量上百万册的省级图书馆项目。（刘　畅）

北京、上海、香港、台湾四地三联书店第五次高层年会暨三联时空国际文化传播（北京）有限公司股东会、董事会召开

2014 年 9 月 26～28 日，北京、上海、香港、台湾四地三联书店第五次高层年会暨三联时空国际文化传播（北京）有限公司股东会、董事会在深圳召开。

2014 年的北京、上海、香港、台湾三联书店第五次高层年会由香港三联书店主办，四地三联书店均派公司高层出席会议，生活·读书·新知三联书店总经理路英勇、总编辑翟德芳、副总编辑舒炜参加了此次会议。年会由香港三联书店总经理李家驹主持，四地三联书店总经理分别介绍了本公司一年来的发展情况及未来合作思路，各参会人员就共同面临的问题研讨应对策略，讨论了大三联业务交流与合作计划。

在北京、上海、香港、台湾四地三联书店高层年会召开之时，三联时空国际文化传播（北京）有限公司召开了股东会。本次股东会由生活·读书·新知三联书店召集并主持，全体股东参加会议，符合《中华人民共和国公司法》及本公司章程有关规定。会议选举了新一届董事，成立了新一届董事会。随后，三联时空国际文化传播（北京）有限公司召开第二届董事会第一次会议，研究三联国际公司改革发展的相关事宜，明确了国际公司下一阶段工作重点。（郝大超）

荣宝斋洛阳分店开业

2014 年 10 月 16 日，荣宝斋国内第八家分店——洛阳分店隆重开业。河南省委常委、洛阳市委书记陈雪枫，中国出版集团公司副总裁刘伯根，荣宝斋总经理马五一，以及艺术家、企业家、媒体代表三百余人出席了开业庆典。

同时，举办了“近现代名家精品展”“荣宝荟萃——荣宝斋当代书画名家邀请展”和国家级非物质文化遗产“荣宝斋木版水印技艺”表演。其中，“近现代名家精品展”展出齐白石、张大千、吴昌硕、李可染、王雪涛、李苦禅等近现代艺术家的 18 件精品；“荣宝荟萃——荣宝斋当代书画名家邀请展”展出黄永玉、范曾、孙其峰、欧阳中石、刘大为、冯远、王明明、杜滋龄、龙瑞、史国良等 115 位当代书画名家的精品力作；高文英等 5 位国家级、北京市级非物质文化遗产代表性传承人，现场表演了荣宝斋木版水印技艺。近千名艺术爱好者前来参观，实现销售收入近千万元。（刘　芳）

生活·读书·新知三联书店接受中直机关文明单位测评

2014年10月28日，中直工委宣传部部长顾祥胜、副部长张丽萍、中直工委宣传部活动协调处处长梁云程一行，在中国出版集团公司党群工作部汪武的陪同下，来到生活·读书·新知三联书店（以下简称“三联书店”），对三联书店申报2012～2014年度中直机关文明单位进行了抽查测评。三联书店总编辑翟德芳、副总经理张作珍、总经理助理曹永平、党办主任白杨、人力资源部主任潘健等十余位同志迎接中直工委领导并在韬奋图书馆举行了座谈会。

在座谈会上，翟德芳首先就三联书店精神文明建设的总体情况作介绍，并重点介绍了2012年三联书店创建80年庆祝大会及其对三联品牌的重要影响。张作珍重点介绍了三联韬奋24小时书店的经营状况。与会其他同志也进行了相关汇报说明。中直工委宣传部部长顾祥胜在听取汇报后表示，三联书店在推进学习型企业与党组织的建设等方面给他留下了很深的印象，希望三联书店能够再接再厉，并对已有经验进行总结。随后中直工委领导一行在翟德芳、张作珍等三联同志的陪同下，对三联韬奋书店、三联职工之家、编辑部等地方进行了考察。（戴云波）

东方出版中心2014年第三季度经营工作会议召开

2014年10月28日，东方出版中心召开2014年第三季度经营工作会议，传达贯彻中国出版集团公司2014年第三季度经营工作座谈会精神，总结部署中心经营工作。总经理李智平出席会议并讲话。党委书记、纪委书记、副总经理董玲主持会议。副总编辑祝新刚出席会议。东方出版中心各部门、单位负责人和工会、团总支负责人共30余人参加了会议。

会上，计划财务部主任陈佐民就前3季度预算完成情况和全面完成今年经营指标作了分析；发行部副主任丁峰、东方维京公司总经理王巍分别代表部门和单位，就全力完成年度经营指标的举措做交流发言。

李智平就共同努力冲刺60天、交好卷、开好局提出了具体要求。董玲就完成集团公司下达的“双十”指标提出了几点希望。（金洁蓉）

中国出版集团公司2013年度国有资产统计工作获得国务院国有资产监督管理委员会表彰

2014年11月5日，中国出版集团公司收到国务院国有资产管理委员会《关于2013年度中央部门管理企业国有资产统计工作有关情况的通报》，通报对2013年度工作组织得力、报表编制规范、统计范围完整、数据质量较高、报告报送及时等方面成绩突出的30个先进单位予以表彰，中国出版集团公司榜上有名。（凌　燕）

中国出版传媒商报社第二届出版传媒集团信息工作会暨全国记者站工作会议召开

2014年11月14～15日，中国出版传媒商报社在杭州召开第二届出版传媒集团信息工作会暨全国记者站工作会议，来自全国三十多家出版、发行集团的六十余位代表，就信息时代出版业所面临的新的发展形势以及如何整合传播信息进行交流探讨。中国出版集团党组成员、中国出版传媒股份有限公司副总经理孙月沐，中国出版传媒商报社党委书记任江哲，浙江出版联合集团总裁童健，浙江省委宣传部副部长鲍洪俊，浙江省新闻出版广电局副局长陈克韶，浙江省新华书店集团公司董事长王忠义出席会议并讲话。

继首届出版传媒集团信息工作会成功举办后，本届工作会由中国出版传媒商报社与浙江出版联合集团共同主办，与会代表对会议给予高度肯定，认为其“成功搭建了各集团（股份公司）信息交流的专属平台”。会上，大家交流了各集团对内对外信息整合、传播的做法，沟通了各集团年度重点工作信息，探讨建立信息交流的保障机制，并向杭州漂流书屋捐赠图书300余册。中国出版传媒商报社各省、自治区、直辖市记者站站长，部分出版、发行集团的商报特约记者，以及来自出版社、新华书店的通讯员、特邀代表参加了全国记者站工作会，会议总结了2013～2014年度记者站工作并表彰优秀记者站站长、优秀特约记者、优秀通讯员，部署了2015年度记者站工作。（郭是海）

生活·读书·新知三联书店荣获“2014年中国版权最具影响力企业”称号

2014年11月15日，第七届中国版权年会暨年度评选颁奖大会在北京举行，这是我国版权界规格最高、规模最大的年度盛会，自2008年以来已举办了六届，来自全国各地版权管理部门、版权企业和相关单位的代表五百余人参加了本届年会。会上，生活·读书·新知三联书店有限公司荣获“2014年中国版权最具影响力企业”称号。（刘　畅）

中版教材有限公司增设营销分公司

2014年11月24日，中版教材有限公司召开了经营班子会。中国出版集团党组成员、中国出版传媒股份有限公司副总经理、中版教材有限公司董事长兼总经理樊希安、教材公司班子成员、经营班子成员近20人参加了会议。

董事长兼总经理樊希安在会上做了重要讲话。他首先宣布了增设3个营销分公司的决定和关于领导班子分工的决定，并对两个决定做出说明。随后总结了11月份的工作，布置了12月主要工作。对经营班子成员提出了明确的具体要求：一是强化对企业的忠诚度；二是树立高度的责任意识；三是树立牢固的大局观念；四是要进一步加强团结；五是严格遵守规章制度，严肃组织纪律；六是加强领导班子建设和队伍建设。（星昕昕）

中国对外翻译出版公司与联合国教科文组织全方位合作

2014年12月5日，中国联合国教科文组织全国委员会第29次会议在北京举行，会议总结中国教科文领域2014年工作，部署2015年重点计划，全委会各委员单位、教科文组织协会、各合作伙伴单位代表参加会议，中国对外翻译出版公司（以下简称“中译公司”）副总经理张晶晶应邀出席。

中译公司除了与巴黎教科文组织之间的紧密合作之外，多年来还承担了中国国内多个教科文组织申请物质文化遗产项目的翻译工作。（徐　可）

文体活动

人民文学出版社离退休老干部新春团拜会举行

2014年1月23日，人民文学出版社举行离退休老干部新春团拜会，社领导班子成员、各部门主任副主任和离退休老干部参加了活动。

社长管士光代表社务会、社党委向离退休老干部拜年，祝福他们身体健康万事如意，并希望他们一如既往地关心和支持出版社的发展，提供宝贵的意见和建议。（王芸菲）

商务印书馆2013年度工作总结表彰大会暨2014年新春团拜会举行

2014年1月23日，商务印书馆2013年工作总结表彰大会暨2014年新春团拜会举行。本部员工、各子公司员工500余人参加了大会。商务印书馆总经理于殿利代表馆务会做了2013年度工作总结。

于殿利在报告中总结了2013年重点工作的完成情况，并对2014年的工作进行了安排部署。他指出，2013年是全面实施“十二·五”规划的推进年，也是商务印书馆深化改革的建设年。在中宣部和中国出版集团的领导下，经过全体同仁的共同努力，全面超额地完成了年初设定的工作目标，取得了令人满意的成绩。

2013年，全年列选选题1 416个，发稿831种，出版图书1 515种，同比增长12.38%，其中，新书737种，重印书778种。2013年生产码洋达26.4亿元，比2012年增长126.05%；发货码洋26.5亿元，比2012年增长202.87%；销售收入14.48亿元，实现利润5亿元。全年共获得全国各类出版奖项88种，其中包括中国出版政府奖6个奖项。

于殿利指出，在党的群众路线教育实践活动中，商务印书馆不仅按要求圆满完成了各项流程，还在完善党风廉政建设、领导班子工作作风建设、制度建设、丰富职工文化生活、提高员工福利、加强员工培训、做好基础设施建设、切实解决职工困难等多个方面取得了工作实效，取得了一系列的成果。商务印书馆坚持先进的文化导向方面表现出了良好的社会责任和担当；编辑出版工作成绩显著，各重大项目稳步顺利推进；《新华字典》文化民生工程顺利完成，创造了出版史上的奇迹；大营销理念初见成效，编辑参与营销工作成效显著，创新活动精彩纷呈；分馆建设取得突出业绩，经济规模进一步增强，不断为商务品牌增光；全媒体出版取得突破性进展，确定了全媒体出版的方式和路径；科学管理服务生产经营不断完善，取得新成绩；关注职工生活，注重企业文化建设。于殿利还部署了2014年的重点工作，要求在实现生产指标增长、把握思想性、实现“十二五”规划目标、实行精细化管理、创新版权管理新模式、继续推进全媒体出版、提高信息化工作效率、完善网站建设等方面不断努力。

在随后召开的表彰大会上，对“从事出版工作三十年”的老员工、优秀中层管理人员和优秀员工进行了表彰。大会上还揭晓了15个商务印书馆年度最佳大奖。

1月23日下午，商务印书馆2014年新春团拜会召开。中国出版集团公司党组书记、副总裁王涛出席了团拜会，并与商务印书馆领导班子成员和全体中层干部合唱了馆歌《千丈之松》。各部门、各子公司还表演了精彩文艺节目。

（冯　雪）

中国出版集团公司青年联合会马年春联展举行

2014年1月24日，出席中国出版集团公司党的群众路线教育实践活动总结大会的中央督导组第21组组长、全国政协外事委员会副主任，安徽省政协原主席杨多良，会前在中央第21督导组副组长乔宗淮，中国出版集团公司总裁谭跃、党组书记王涛陪同下参观了“集团青联马年春联展”并给予了高度评价。陪同参观的还有集团公司副总裁王俊国、刘伯根、潘凯雄及中央21督导组其他同志。参加教育活动总结大会的各单位领导班子和集团总部全体干部职工160余人参观了春联展览。

在集团教育活动总结大会上讲话时，杨多良三次提及春联展，他说：刚才看了集团举办的春联展很激动！一派喜气洋洋的气象。有一副春联写得很有集团特点：“出版有道版版出典范，编辑无暇辑辑编精品。”这副对联写得好。在集团公司党组领导下，把我们集团这个家建设好、管理好、发展好，相信通过教育活动形成的优良作风和优秀品质，把在改革发展中摸索的好经验发扬好，继续把我们这个家建设得更好、更大、更强。希望集团一马当先，马到成功。

谭跃、王涛看了春联后说，集团团委和青联举办的这个春联展，以简朴、传统、活泼、热烈的方式迎接马年春节，既符合中央精神和新春佳节的氛围，也发挥了青年活动优势，进一步凝聚了青年为集团的发展贡献力量。

本次春联展是集团公司团委、青联开展的征集书写春联活动的一部分。展出的41副春联是由集团公司青年书法家集中书写。所书写的春联是从征集到的226副春联中遴选的。这些春联紧紧围绕集团公司“三六构想”和建设国际著名出版集团战略目标，以工整、对仗、简洁、精巧的文字描绘了集团公司改革发展新成就，抒发了对集团公司未来发展的美好愿望，以马年春节欢乐、和谐、奋进的基调，倡导和形成了集团公司青年团结一致、勇于创新、努力拼搏的精神状态，同时也营造了和谐奋进的企业文化和团圆美好的新春氛围。

（温　存）

商务印书馆舞蹈队成立

2014年2月19日，商务印书馆舞蹈队正式成立。总经理于殿利、副总经理王齐出席成立大会并讲话，工会副主席孙晓晖发表祝词，宣读了《商务印书馆舞蹈队章程》，并正式聘请资深舞蹈编导、优秀青年教师黄鹤担任舞蹈队编导。商务印书馆舞蹈队的成立是贯彻商务“构建企业文化，凝聚企业精神，开创商务未来”战略发展方针的重要举措之一，得到了广大员工积极响应。舞蹈队正式成立后，坚持每周活动不少于一次，由成立之初的20余人逐渐扩展至近40人规模。在不到一年的时间里，先后排演了蒙古族舞《呼伦贝尔大草原》、藏族舞《洗衣歌》、鲜族舞《红太阳照边疆》、彝族舞《石榴女人》，以及56个民族普天同庆的《盛世欢歌》等多个民族舞蹈，并在中国出版集团公司召开的全国经销商大会、商务印书馆春节团拜会及老干部茶话会上进行了精彩表演，得到一致好评。

（周　欣）

人民文学出版社女职工座谈会举行

2014年3月6日，在三八国际妇女节到来之际，人民文学出版社举行了女职工座谈会。全体社领导参加座谈会，并与十余位女职工代表进行了对话交流。

女职工代表踊跃发言，从员工生活、业务培训和企业文化建设等方面对出版社的发展提出了建设性的意见和建议。

（王芸菲）

中国出版集团公司所属4家单位联合举办羽毛球比赛

2014年5月9日，中国民主法制出版社、中国美术出版总社、中国对外翻译出版公司、世界图书出版公司4家集团所属单位在北京精图博艺球馆联合举办了羽毛球比赛。各单位职工踊跃报名，经过选拔，约有50名运动员参加了此次比赛。最终，中国对外翻译出版公司和世界图书出版公司分获团体比赛冠、亚军。

此次比赛活动，加强了四家单位的合作与交流，增进了职工之间的了解与友谊。在组织和比赛过程中，大家表现出了团结、包容、信任和支持，体会到了团结协作和奋力拼搏的精神。中国民主法制出版社社长肖启明和工会主席刘海涛主持和参加了比赛活动，并为获奖单位颁奖。

（温　存）

中华书局参加第一届中国出版集团公司所属成员单位篮球邀请赛

2014年5月16、23、30日，第一届中国出版集团公司所属成员单位篮球邀请赛在奥林匹克活动中心举行。中华书局篮球队分别战胜中国图书进出口（集团）总公司、人民文学出版社和商务印书馆篮球队，荣获冠军。此次邀请赛赛况起伏跌宕，吸引了很多员工参赛和观赛，丰富了各单位员工的业余文化生活。全体参赛选手、裁判、工作人员在比赛中体现出了良好的竞赛品格和精神风貌。

（刘　澂）

中国出版集团公司举办第三届职工乒乓球比赛

2014年5月22～23日，中国出版集团公司在北京体育馆举办了第三届职工乒乓球比赛。集团公司党组成员、副总裁刘伯根出席开幕式并为比赛开球，中直机关工会副主席崔钦华出席闭幕式并颁奖。集团直属机关党委常务副书记、纪委书记、集团工会联合会主席、比赛组委会主任王云武致开幕词。集团工会联合会副主席杭连生、崔景园，各单位工会主席、副主席及运动员共180多人参加开幕式和闭幕式。

王云武在开幕式上说，企业文化是决定一个企业兴衰成败的重要因素，文化体育活动是企业文化的重要组成部分。他希望参加本次比赛的运动员发扬“友谊第一、比赛第二”的精神，严格遵守比赛规则，尊重裁判，奋力拼搏，赛出风格、赛出成绩，赛出集团职工的新风采。

集团在北京的14家单位组成17个代表队近150名运动员参加了比赛。本届比赛活动得到了各单位的大力支持。

经过两天激烈的角逐，获得混合男女团体冠军的是中华书局二队，亚军是商务印书馆，第三名是中华书局一队，第四名是人民音乐出版社二队，第五名是生活·读书·新知三联书店一队，第六名是中国图书进出口（集团）总公司一队，第七名是中版数字传媒有限公司，第八名是中国美术出版总社。获得中老年组女子单打冠军的是中华书局的何平，亚军是商务印书馆的王小甦。获得中老年组男子单打冠军的是商务印书馆的马小槐，亚军是中国图书进出口（集团）总公司的李放。参加混合男女团体赛的13个单位获得了精神文明奖。

（温　存）

中华书局参加中国出版集团公司第三届职工乒乓球比赛

2014年5月22～23日，中国出版集团公司第三届职工乒乓球比赛在北京体育馆举行。包括中国出版集团公司总部在内，共有14家单位18个代表队参赛，中华书局二队荣获团体赛冠军，中华书局一队荣获团体赛季军，何平荣获中老年组女子单打冠军。此次乒乓球比赛赛况激烈精彩，吸引了参赛单位的很多员工观赛，丰富了各单位员工的业余文化生活。全体参赛选手秉承“友谊第一，比赛第二”的原则，互相学习，切磋球技，体现出了良好的精神面貌和竞技风范。

（刘　澂）

东方出版中心第二届职工文体竞赛活动周举行

2014年6月，东方出版中心工会和团总支联合举办第二届职工文体竞赛活动周举行。本届职工文体竞赛活动周共设：登高、乒乓球、跳绳、踢毽子、飞镖、乒乓球平衡接力、中国象棋、80分共八项团体、个人竞技项目，共有66名员工（142人次）报名参加。

2014年6月5日，中午12时30分，东方出版中心工会、团总支在第二会议室举行了简短的开幕式。中心党委副书记、工会主席董玲致开幕词后，各项竞技比赛正式展开。往日此时宁静的五楼走廊、阅览室、休闲区、平台、制版楼员工活动室等处顿时沸腾起来，不时传出阵阵加油、鼓励的呐喊声。2014年6月6日下午3时许，大厦五楼两边楼梯口集结20余名登高爱好者，伴随着裁判员的出发口令，运动员们相继出发向着17、21楼层奋勇攀登，随着最后一名运动员抵达目的楼层，本届文体竞赛活动周圆满落幕。

（金洁蓉）

生活·读书·新知三联书店瑜伽课开课

2014年8月7日，生活·读书·新知三联书店瑜伽课开课。课程由中华书局悦读杂志社社长刘彤老师教授。刘老师已有十多年的瑜伽经验，也是中华瑜伽协会的带头人。她认真、细致的教课方式，得到了三联瑜伽课学员的一致好评。每次授课均有十名以上女同事参加。

（张　惟）

中国出版集团公司举办“纪念邓小平同志诞辰110周年暨庆祝新中国成立65周年书法绘画摄影作品展”

2014年8月22日，中国出版集团公司在荣宝斋举办“纪念邓小平同志诞辰110周年暨庆祝新中国成立65周年书法绘画摄影作品展览”开幕式，中共中央直属机关工会常务副主席郭洪美，中国出版集团公司副总裁刘伯根出席会议并讲话。中国出版集团直属机关党委常务副书记王云武主持会议。集团各单位分管领导、党办主任、工会办主任、企业文化办主任、团组织负责人，参展作者和书画摄影爱好者，职工代表及受邀的新闻出版界的书法家等100余人参加会议。

刘伯根在讲话中指出，党的十八大以来，以习近平为总书记的中央领导集体，正在全面推进邓小平同志开创的改革开放的伟大事业。抚今追昔，深切缅怀邓小平同志的丰功伟绩，就是要坚持和完善中国特色社会主义制度，坚定不移地高举中国特色社会主义伟大旗帜，坚定不移地走中国特色社会主义道路，坚定不移地实现中华民族伟大复兴的中国梦。中国出版集团公司坚决贯彻落实中央关于文化体制改革的重大战略部署，继续保持奋发有为的精神状态，继续保持创新进取的良好作风，调动全集团广大职工的积极性和创造性，为建设国际著名出版集团而努力奋斗。

郭洪美说，中国出版集团是出版界的“国家队”，举办本次书画摄影展是对伟人邓小平深切怀念，对改革开放充满信心，对实现民族复兴的中国梦有坚定信念和执着追求。

本次书画摄影展览共征集书法绘画摄影作品550余幅，经过专家评委认真筛选，入选展览作品221幅，其中书法89幅，绘画45幅，摄影87幅。从不同角度反映了我国改革发展的光辉历程，彰显了中国出版集团成立12年来的重大成果，反映了广大职工的工作状态和生活情趣，展现了广大职工不懈努力、追求卓越的良好精神风貌。

（温　存）

中国大百科全书出版社参加中国出版集团公司举办的“纪念邓小平同志诞辰110周年暨庆祝新中国成立65周年书法绘画摄影作品展”

2014年8月22日，中国出版集团公司在荣宝斋举办“纪念邓小平同志诞辰110周年暨庆祝新中国成立65周年书法绘画摄影作品展”，表达对伟人邓小平的怀念，歌颂中华人民共和国成立65周年特别是改革开放以来取得的伟大成果。

中共中央直属机关工作委员会常务副主席、中共中央直属机关工作委员会群工部部长郭洪美，中国出版集团公司党组成员、副总裁刘伯根出席会议并讲话。集团各单位分管领导、党办主任、工会办主任、企业文化办主任、团组织负责人，参展作者和书画摄影爱好者，职工代表及受邀的新闻出版界的书法家等100余人参加会议。中国大百科全书出版社4名职工的作品参加了此次展览并获得荣誉。其中陈义望获得作品一等奖，陈旸获得摄影作品一等奖，高原获得绘画作品二等奖，杨小凯获得摄影作品三等奖。

（尹添铭）

东方出版中心“燃烧青春激情，诵读东方经典”读书朗诵活动举办

2014年10月，东方出版中心工会、团总支举行了“燃烧青春激情，诵读东方经典”读书朗诵活动。东方出版中心党委书记、纪委书记、副总经理、工会主席董玲出席朗诵活动并致辞，东方出版中心副总经理祝新刚出席了朗诵活动。来自各部门的20余名员工参加朗诵活动。

此次读书朗诵活动以主题诵读的形式呈现，朗读内容以东方出版中心出版图书中的经典篇章或片段为主，旨在传承东方传统文化和弘扬东方优秀图书。朗读要求主题鲜明突出，内容健康向上，形式灵活多样。本次朗读活动特邀了来自各部门的员工代表担任评委。

参加朗读的同志们带着敬仰、感恩，声情并茂地朗读了自己出版的图书中的经典篇章，把大家带回了对东方出版中心曾经辉煌的追忆中，也把大家带入了对东方出版中心未来辉煌的憧憬中，产生了强烈的感染力和感召力，引起了现场观众和评委们的情感共鸣和掌声阵阵。

经过评委们认真公正的评判，来自新媒体事业部的林倩以恬淡自然的真情朗读，获得了“最佳明星奖”；来自总编办公室的张弛和王丽莉以生动活泼的方言朗读，获得了“最佳创意奖”；来自发行部的吴荣科、姜小明、赵妍以昂扬高亢的激情朗读获得了“最佳搭档奖”。

（金洁蓉）

公益活动

中国大百科全书出版社向北京市安民小学赠送《儿童安全大百科》

2014 年 1 月 8 日，中国文化扶贫委员会和中国大百科全书出版社向已有 10 年历史、面向来京务工人员随迁子女的北京市安民小学赠送了 1000册《儿童安全大百科》。中国文化扶贫委员会主任徐惟诚、中国大百科全书出版社副总编辑马汝军出席赠书仪式。徐惟诚向北京市安民小学的孩子们讲述了自己的童年经历，并告诉孩子们不管来自哪里，出身于什么家庭，都要自立自强，学好本领，才能从接受别人帮助中成长起来，逐渐转变为能帮助别人，而且对社会有用的人。他还告诉孩子们要学会分享，要把自己学会的知识告诉身边的人，让更多的人有安全意识，用知识帮助更多的人。安民小学师生们对于本次赠书表示衷心的感谢，郑重承诺认真学习安全知识，不仅要做安全知识的学习者，更要成为安全知识的传播者，在努力学习安全知识、掌握应急本领的同时，积极向身边的人宣传安全知识。

（尹添铭）

商务印书馆举行“暖冬”公益行活动

2014 年 1 月 11 日，商务印书馆为甘肃省地震灾区岷县禾驮乡石门小学的 175 名小学生送去了棉衣、帽子、围巾、手套等御寒套装。本次捐赠是继 2013 年 7 月商务印书馆向甘肃省定西市和天水市部分灾区捐赠价值近 40 万元的《新华字典》和《现代汉语学习词典》之后的又一次公益捐赠。本次甘肃地震灾区“暖冬”公益行是“小乡村，大课堂”系列公益活动的一部分。商务印书馆长期开展送书下乡、公益教育培训、阅读推广等活动，受益群体包括城市打工子弟、农村留守儿童、城市低收入家庭的孩子等。《兰州晚报》《中国教育报》等媒体对此次活动进行了报道。

（刘瑞龙）

中国大百科全书出版社开展“学雷锋——文明乘车志愿者服务活动”

2014 年 2 月 28 日，中国大百科全书出版社举行了“学雷锋——文明乘车志愿者服务活动”启动仪式。文明乘车志愿者服务活动是中国大百科全书出版社坚持 12 年的社会公益活动。在毛泽东题词“向雷锋同志学习”51 周年纪念日之际，出版社共组织 21 名志愿者参加本次活动，他们都是近一年来入职的新员工。3 月 3 日起，在两周的时间里，他们在阜成门公交汽车站台值班站岗，协助专业人员维持站台秩序。

这次学雷锋志愿者服务活动将雷锋精神与工作理念相结合，新员工们践行了雷锋精神，得到了充分锻炼，拉近了彼此的距离，培养了团队互助的能力，体会到帮助别人带来的快乐。出版社将继续发扬雷锋精神，以传承社会优秀文化，弘扬社会正气为己任，为推动我国的文化发展繁荣做出自己的努力和贡献。

（尹添铭）

商务印书馆、江西新华发行集团、中国文学艺术基金会联合举办爱心词典捐赠仪式

2014年3月29日，“商务印书馆、江西新华发行集团、中国文学艺术基金会携手艺术家爱心词典捐赠仪式”在江西省鹰潭市龙虎山逸夫小学举行。中国文学艺术基金会秘书长姜昆，著名主持人鞠萍、周炜，以及奇志、张伟、戴志诚、韩延文、刘全和、刘全利等十余位来自全国文艺界的艺术家参加了捐赠活动，并为该校师生表演了精彩的节目。姜昆等艺术家亲手将《商务馆小学生词典》和《商务馆小学生成语词典》送到孩子们手中，收到词典的孩子们个个面露喜悦。本活动是商务印书馆爱心公益活动的继续，在此之前商务印书馆曾多次携手中国文学艺术基金会等公益机构，组织了多场公益捐赠活动，多次向全国中小学生捐赠《新华字典》《现代汉语词典》等图书，在一定程度上缓解了部分地区工具书缺乏问题。（刘瑞龙）

世界图书出版上海有限公司参加“便民大篷车·走进社区、关爱老人”公益咨询服务活动

2014年4月11日，世界图书出版上海有限公司在静安公园参加了“便民大篷车·走进社区、关爱老人”公益咨询服务活动。现场向老年读者介绍了各类健康图书，解答读者疑问，充分体现了“公益服务，奉献社会”的精神，为广大市民提供公益性咨询服务。（王　纯）

商务印书馆与中央电视台新闻中心播音部共同主办“‘放飞梦想的翅膀’秦巴山区公益行动”

2014年4月16日，在第19个世界读书日之际，由中央电视台新闻中心播音部和商务印书馆主办、陕西学前师范学院协办的“‘放飞梦想的翅膀’秦巴山区公益行动”在陕西洋县华阳希望小学启动。李瑞英、李修平、贺红梅、长啸、郭志坚、章伟秋、胡蝶等12位中央电视台的著名主播分别给华阳镇希望小学上了语言文字规范课、朗诵课等；商务印书馆等单位捐赠了《新华字典》《文化战略》《商务馆小学生词典》《如何阅读一本书》等价值8.6万余元的精品图书，给山区的孩子、老师及公务员带来了精神食粮。

同时，商务印书馆在黑龙江、安徽等地区举办了多次“放飞梦想的翅膀”公益活动，并先后为甘肃、四川、江西、贵州等地区的师生捐赠了多种精品图书。系列活动受到了当地师生的欢迎，多家主流媒体对公益活动进行报道。

（刘瑞龙）

人民音乐出版社为“暖流计划”捐助衣物

2014年4月，人民音乐出版社部分员工自发参与“暖流计划”，募集衣物10余包，统一进行捐助，献出爱心。

“暖流计划”由公益人邓飞先生与物资小组志愿者们共同发起，中国社会福利基金会独立的公益项目，致力于为贫困地区的学童募集生活、学习用的物资及资金，让贫困地区的学童健康、快乐、有自信、有尊严地成长。（孙　昆）

商务印书馆协办“北京市直属机关青年公务员读书大讲堂”启动

2014年5月24日，由中共北京市委市直属机关工作委员会和北京市新闻出版广电局联合主办、商务印书馆协办的“北京市直属机关青年公务员读书大讲堂”正式启动。北京市直属机关工作委员会副书记王玉忠、北京市新闻出版广电局副巡视员张苏、北京市直属机关团工委书记林艳坤、北京市新闻出版广电局机关党委专职副书记贾丁丁、北京市新闻出版广电局出版物发行管理处处长王亦君、商务印书馆营销中心主任何光宇等出席了启动仪式。

国务院发展研究中心信息中心副主任赵树凯为北京市直属机关近70个单位的200余名青年公务员做了题为“国家治理与基层政治”的第一期讲座，来自北京市直属机关约150名青年公务员参加活动，并获得《农民的新命》一书。此后，6月20日，首都博物馆馆长、教授郭小凌主讲“以历史为镜，解析西方民主”，来自北京市直属机关的约120名青年公务员参加活动，并获得《政治学》一书。7月16日，商务印书馆总经理于殿利主讲“文化自觉与国际竞争力”，来自北京市直机关的约120名青年公务员参加活动，并获得商务出版的《主流：谁将打赢全球文化战争》一书。8月29日，北京社会科学院研究员、北京满学会会长阎崇年主讲“清朝开国历史的当代启示”，来自北京市直机关的约150名青年公务员参加活动，并获得《康熙大帝》一书。11月28日，中国明史学会会长、博士生导师商传主讲“走进晚明——曾经被误读的历史”，来自北京市直机关的约150名青年公务员参加活动，并获得《走进晚明》一书。（刘瑞龙）

生活·读书·新知三联书店参加“百社千校　书香童年”活动

2014年5月，生活·读书·新知三联书店（以下简称“三联书店”）参加了国家新闻出版广电总局开展的“百社千校　书香童年”阅读活动。三联书店专门组建活动办公室，在全国选出12所小学，包括新疆维吾尔自治区塔县1所、云南省彝良2所、江西省余江2所、湖南省永兴7所。根据少年儿童的阅读心理和阅读规律，用心选出价值20余万元的集思想性、知识性、艺术性、趣味性于一身的图书，这些图书有的来自三联书店员工的捐赠，有的是三联书店出版的新书，还有的是集团公司所属单位出版的图书。在6月20日前，这些图书已全部运抵12所学校。

9月22日，三联书店总编辑翟德芳携军史作家、军营文化天地杂志社主编余戈和儿童文学作家、北京广播电台主持人小雨姐姐赴湖南省永兴，对“百社千校　书香童年”活动进行回访，并对小学生和阅读辅导员进行阅读知识培训交流，以提高师生的阅读能力。在永兴县一中的体艺馆里，800名小学生和部分阅读辅导员参加了两位作家的授课培训。当天下午，翟德芳对永兴县城郊学校和碧水小学进行现场调研，了解三联书店为两个学校“三联韬奋读书吧”捐送图书的情况，并与学校老师、书吧管理员进行交流。

（白　杨）

中国大百科全书出版社向贵州省平塘县中小学生捐赠图书

2014年6月26日，中国文化扶贫委员会、中国大百科全书出版社在贵州省平塘县平湖第三小学举行捐赠图书活动，向平塘县中小学生捐赠价值85万元的5000套《中国儿童百科全书》。贵州省省委宣传部、贵州省文明办、贵州省新闻出版广电局、黔南州和平塘县有关负责人出席了捐赠活动。中宣部原常务副部长、中国文化扶贫委员会主任徐惟诚在讲话中指出，多年来，中国文化扶贫委员会大力支持和帮助贵州省文化、教育工作，有力推动了贵州省农村地区、贫困地区、边远地区文化事业发展，得到了广大群众的真心拥护和赞誉。徐惟诚希望获得赠书的中小学生们多读书、会读书、喜欢读书、一辈子读书，运用好手中的《中国儿童百科全书》，踊跃参与读书活动、交流读书体会，为实现中国梦好好学习，努力奋斗。（尹添铭）

中国美术出版总社向延安东关小学捐赠图书

2014年7月1日，中国共产党建党93周年之际，革命老区延安东关小学的师生开心地收到了来自中国出版集团公司所属单位人民美术出版社捐赠的图书。这批图书及电子音像出版物共460套，总价值50万元。其中包括人民美术出版社出版的《百种红色经典连环画》230套。

中国出版集团公司总裁谭跃，副总裁王俊国、李岩，陕西省新闻出版广电局副局长陆柯仑，陕西新华出版传媒集团副总经理盛义军，人民美术出版社社长汪家明，人民音乐出版社党委副书记周群及陕西省、西安市、延安市有关部门领导，陕西人民教育出版社、陕西人民美术出版社等单位领导出席捐书活动。

《百种红色经典连环画》是人民美术出版社为纪念中国共产党成立 90 周年推出的一套思想性、艺术性、可读性俱佳，全面反映中华民族百年奋斗历史和中国共产党 90 年辉煌历程的精品力作，是一套进行革命传统教育的优秀连环画，以读图的形式再一次表明中国共产党的发展历史是中华民族复兴的历史，是无数中华民族优秀人物为民族解放事业前赴后继、英勇奋斗的英雄史，对于培养学生品德修养、提高学生综合素质、积极引导孩子培育和践行社会主义核心价值观具有极大的推动作用。（郝　赫）

寻找最美阅读少年暨曹文轩儿童文学艺术中心阅读推广公益活动启动

2014 年 8 月 2 日，在贵阳市举办的第 24 届全国图书交易博览会上，“寻找最美阅读少年暨曹文轩儿童文学艺术中心阅读推广公益活动”正式启动。人民文学出版社党委书记、副社长兼天天出版社社长刘国辉出席并主持了会议。中国出版集团公司副总裁李岩、贵州省教育厅党组成员赵廷昌到会并发表讲话。

著名作家曹文轩现场深情发言并为评选出的“最美阅读少年”赠书赠言。黄果树洒把小学校长马德渊介绍了当地学生的阅读现状同时接受了“曹文轩儿童文学艺术中心”现场捐赠的一千册爱心图书。甲秀小学的小读者齐声诵读曹文轩为“阅读推广公益活动”创作的主题诗歌——最美的阅读，把场面气氛推向了高潮。（王芸菲）

《杜甫全集校注》手稿捐赠仪式举行

2014 年 10 月 15 日，国家图书馆举行了《杜甫全集校注》手稿捐赠仪式，人民文学出版社副总编周绚隆陪同山东大学教授张忠纲先生将《杜甫全集校注》的全部手稿捐献给了国家图书馆，并代表出版社介绍了《杜甫全集校注》的成书过程和出版情况，强调我们对待这些作者手稿的基本态度是文化应服务于大众，但文物应归国家保存。国家图书馆副馆长张志清代表国家图书馆接受捐赠并向张忠纲先生颁发捐赠证书。

《杜甫全集校注》古籍整理项目酝酿于 1976 年，由人民文学出版社承担出版，并约请山东大学萧涤非教授担任主编。萧涤非于 1978 年召集廖仲安、张忠纲、郑庆笃和焦玉银等人组建《杜甫全集校注》小组。1991 年萧涤非先生去世后，编纂工作一度停滞。2009 年，山东大学重新启动《杜甫全集校注》项目。2012 年，《杜甫全集校注》获得国家出版基金的支持。2014 年，三代学人历经 36 年磨砺而成的《杜甫全集校注》终于由人民文学出版社出版面世。（王芸菲）

中国美术出版总社开展“消化库存书、推动全民阅读”捐书活动

2014 年 11 月 22～26 日，中国美术出版总社向韬奋基金会和光华基金会捐赠一批图书，积极支持韬奋基金会组织的“推动全民阅读图书捐赠工程”。通过捐书，中国美术出版总社为继承和弘扬韬奋精神，开拓资助社会文化公益性视野，推动全民阅读活动深入、广泛、持久地开展，提高我国的国民素质和建设社会主义文化强国做出了贡献。另一方面，根据优化库存结构、尽快消减占库滞销库存的原则，中国美术出版总社在本次捐书活动中，以将部分库存图书向韬奋基金会和光华基金会捐赠的方式予以处理。活动总计捐赠品种684 种，总册数 458 574 册，总码洋 12 259 531.50 元。（郝　赫）

生活·读书·新知三联书店捐建韬奋祖居落成典礼仪式举行

2014 年 12 月 25 日，由生活·读书·新知三联书店员工捐建韬奋祖居举行了落成典礼，并开始对外开放。韬奋祖居坐落于江西余江县

沙塘村，历时近两年建成，占地3 000余平方米，邹家华亲笔题写的“韬奋祖居”悬挂于主建筑正前。祖居建筑面积300平方米，设有多个展厅，分别陈列了邹韬奋先生的铜像和生平介绍、毛泽东等几代党和国家领导人给韬奋先生的题词、邹氏宗谱、生活书店和三联书店史料，并设有图书室和村民活动室，藏有三联书店捐献的数千册图书。韬奋祖居建成投入使用后，弘扬韬奋精神又多了一个现实载体和教育基地，同时也丰富和活跃了沙塘村村民的文化生活。三联书店总经理樊希安、韬奋基金会副秘书长张增顺、余江县县委书记刘诚、县委常委宣传部长桂峰和沙塘村村民一起参加了落成典礼仪式。

（刘　畅）

党群工作

人民音乐出版社学习贯彻十八届三中全会精神专题座谈会举行

2014年1月13日，人民音乐出版社举行学习贯彻十八届三中全会精神座谈会。莫蕴慧、郭文山、杜晓十、杨伯勋以及全体中层干部、骨干编辑参加会议。郭文山主持座谈会。

会上，教材中心、期刊中心、音像中心、图书编辑部的10位同志分别在座谈会上发言。大家一致对全会精神中关于“建设社会主义文化强国，增强国家文化软实力”的相关论述给予了高度的关注，并结合本部门工作、结合编辑工作的体会，对如何做好编辑工作、如何在出版主业上更有作为等话题进行了积极的探讨。大家一致认为，编辑人员应该紧紧抓住舆论导向、市场定位、读者意识三个核心，牢牢记住大局意识、责任意识和出版使命，放眼未来，善于创新，为中国文化的传播和发展做出自己应有的贡献。

郭文山、杜晓十、杨伯勋分别讲话，莫蕴慧做了总结讲话。她要求在今后的工作中，人民音乐出版社要将这种形式的学习座谈常态化、制度化，在全社范围内形成爱学习、善学习、比学习的好风气。她指出，十八届三中全会发出了全面深化改革开放的宣言书、动员令，为包括出版行业在内的文化产业创造了无限的机遇，人民音乐出版社要抓住机遇、提前谋划，积极参与、深化改革，为音乐出版事业的繁荣创新做出更大的贡献。

（胡　健）

中国出版集团公司党组传达习近平总书记在党的群众路线教育实践活动第一批总结暨第二批部署会上的重要讲话会议召开

2014年1月20日，中国出版集团公司党组召开会议，传达习近平总书记在党的群众路线教育实践活动第一批总结暨第二批部署会上的重要讲话，同时传达了习近平总书记在中纪委十八届三次全会上的重要讲话。参加会议的有：集团公司党组成员、各单位领导班子成员、集团总部处以上党员干部。大会之后，立即召开集团公司党组理论中心组学习讨论会，结合工作实际，对学习贯彻习近平总书记两个重要讲话进行了深入讨论。党组书记王涛主持会议，他对集团公司如何贯彻落实习总书记重要讲话精神提出了明确要求。

党组同志一致认为，习近平总书记站在总揽全局的高度，对党的群众路线教育实践活动进行了全面深刻的总结，朴实但很深刻，思想性强，针对性强，特别是五个方面宝贵经验的论述，是加强和改进党的建设、推进中国特色社会主义伟大事业不断前进的精神动力和行动指南。大家一致表示，集团公司作为第一批教育实践活动的单位，虽然教育实践活动现在基本结束，但是贯彻群众路线是一项长期的任务，特别是能否把整改任务落到实处，是检验教育是否扎实有效的关键，因此，我们要按照习近平总书记在讲话中提出的要求，按照领导班子成员的分工，一步一个脚印地按照集团公司的整改方案抓好整改任务的落实，特别是要抓好精品内容和产业规模化发展的问题，确保教育实践活动不虚、不空、不走过场，取得推动集团公司又好又快发展的实际效果。

商务印书馆总经理、党委书记于殿利，生活·读书·新知三联书店总经理、党委书记樊希安，中国美术出版总社社长、党委书记汪家明，中国对外翻译出版公司总经理、党委书记林国夫，中国出版传媒商报社社长、党委书记孙月沐结合工作实际谈了学习体会。

王涛强调，习近平总书记的讲话非常重要，体现了党中央驾驭全局、高瞻远瞩的领导能力，体现了新一届中央领导集体抓铁有痕、踏石留印的工作作风，体现了党中央抓工作抓具体和具体抓的务实作风，对我们自身参加到具有许多新的历史特点的伟大斗争作了思想上组织上作风上的重要准备。集团公司教育实践活动即将召开总结大会，但是整改工作将是长期的，我们一定要按照中央要求抓紧抓实，各单位要组织党员干部认真学习贯彻习总书记的重要讲话，结合 2014 年工作部署进一步抓好整改落实工作，切实解决突出问题，确保教育实践活动取得扎实成效。

（温　存）

中国出版集团公司党的群众路线教育实践活动总结大会召开

2014 年 1 月 24 日，中国出版集团公司召开党的群众路线教育实践活动总结大会。中央第 21 督导组组长杨多良做重要讲话。集团公司教育实践活动领导小组组长、总裁谭跃做总结报告，副组长、党组书记王涛主持会议。中央第 21 督导组成员，集团公司领导班子成员，集团党的十八大代表和全国政协委员，各单位领导班子成员，集团公司总部和股份公司本部全体党员干部共 160 多人参加会议。

杨多良对集团公司半年多来开展教育实践活动取得的成绩给予了充分肯定。他指出，中国出版集团公司教育实践活动既贯彻了中央精神，又体现了集团公司特色，取得了重要阶段性成果和群众满意的成效，积累了作风建设一些好的做法和经验。一是政治意识强，精神状态好；二是整改见实效，让广大职工群众看到了整改的实际效果；三是统筹兼顾相互促进，做到了教育实践活动与中心工作“两手抓、两不误、两促进”。

杨多良就学习贯彻习近平总书记重要讲话精神，进一步巩固教育实践活动成果，提出五点要求：一是切实加强思想政治建设，着力在精神上“补钙”。要自觉与以习近平同志为总书记的党中央在思想上、政治上、行动上保持高度统一；要认真贯彻习近平总书记“8·19”重要讲话精神，确保出版导向正确，确保国家文化安全。二是切实加强党风廉政建设，营造良好的政治生态。要认真执行党风廉政建设责任制，要认真履行“一岗双责”，做到“守土有责”；要严格执行中央八项规定，坚决反对“四风”；要抓好廉政文化建设。三要继续用好批评与自我批评有力武器，进一步贯彻执行好民主集中制。要按照习近平总书记的要求，把批评与自我批评作为防身治病的有力武器，提高党组整体合力和解决问题的能力。四要高度重视建章立制和整改整治各项任务的落实。要把建章立制作为一项重要工作，要提高制度执行力，使制度成为党员干部联系和服务群众的长期刚性约束，使贯彻党的群众路线成为党员干部长期的自觉行动。五是抓好班子建设，努力打造一支高素质的出版工作者队伍。要强化党的意识和组织意识，要建好班子，带好队伍，要努力建设一支信念坚定、政治坚强、作风优良、纪律严明、精神高尚、业务精通、干事创业的能够承担出版事业改革发展重任的高素质出版工作者队伍，要增强文化自觉和自信。

谭跃代表集团公司领导班子做教育实践活动总结报告。他说，2013 年 7 月份以来，按照中央统一部署，在中央第 21 督导组的正确指导下，集团公司开展了以“为民务实清廉”为主要内容的党的群众路线教育实践活动，主要有八个主要特点和五个主要收获。八个主要特点：一是领导高度重视，发挥带头示范作用；二是学习认真扎实，提高了思想认识；三是调查研究深入，征求意见广泛；四是对照检查深刻，聚焦“四风”问题；五是专题民主生活会作风实、质量高；六是整改工作贯穿活动始终；七是制度建设工作动手早、重实效；八是从严从实督导，活动健康有序推进。五个主要收获：一是进一步提高了对党的群众路线教育实践活动的认识；二是进一步提高了对“四风”危害性的认识；三是进一步提高了运用批评与自我批评这一有力武器的自觉性；四是进一步加强了领导干部联系群众、服务群众的作风建设；五是进一步加强了科学合理、健全完善的制度体系建设。

谭跃谈了开展教育实践活动的五个方面的体会：一是领导干部发挥带头表率作用，是教育实践活动取得实效的重要前提；二是抓住关键环节精心组织实施，是教育实践活动取得实效的重要保证；三是切实解决“四风”突出问题，是教育实践活动取得实效的关键所在；四是坚持开门搞活动，是教育实践活动取得实效的重要动力；五是坚持“两手抓、两不误、两促进”，是教育实践活动取得实效的有效途径。

关于进一步巩固教育实践活动成果，谭跃强调，一是进一步深化学习，不断增强用党的群众观点、群众路线指导实践、推动改革的思想共识。二是进一步落实整改方案，确保教育实践活动成为群众满意工程。三是进一步加大制度执行力度，为改革发展提供健全完善的制度保障。四是进一步加强各级领导班子建设，不断提高领导改革发展的能力和水平。五是进一步贯彻落实中央八项规定，切实加强党风廉政建设。六是进一步深化改革、加快发展，努力实现国际著名出版集团的战略目标。

王涛在主持会议时强调，中央第21督导组对集团公司开展教育实践活动给予了充分的肯定，对进一步巩固教育实践活动提出了要求，具有很强的指导性。谭跃代表集团公司党组对开展党的群众路线教育实践活动进行了全面总结，对进一步巩固教育实践活动成果做出了安排部署。各单位要认真学习贯彻，切实把整改工作落到实处，确保教育实践活动善始善终、善作善成，以作风建设的新成效推进改革发展取得新的更大成绩。

（温　存）

中国出版集团公司各所属单位党的群众路线教育实践活动总结大会召开

2014年1月26日～2月13日，中国出版集团公司所属22家单位相继召开党的群众路线教育实践活动总结大会。集团公司领导班子成员到各自联系点参加会议并讲话，集团公司3个督导组分别到督导单位指导工作。

自2013年7月初以来，按照集团公司统一部署，各单位开展了以“为民务实清廉”为主要内容的党的群众路线教育实践活动，在“学习教育、听取意见”、“查摆问题、开展批评”、“整改落实、建章立制”三个主要环节狠抓落实，取得了重要的阶段性成果。从各单位对领导班子的民主测评情况看，群众的满意率达到95%以上，一些单位达到100%。

在对人民文学出版社、商务印书馆调研时，集团公司总裁谭跃强调，各级领导班子要将教育实践活动的成果转化为把握导向、引导各类读者的成果；转化为记录当代、推动社会进步的成果；转化为造就企业、造就人才的成果；转化为造福社会、造福员工的成果；转化为既要继承传统又能影响后世来者的图书精品。

在对中华书局、中国大百科全书出版社调研时，集团公司党组书记王涛强调，要不断增强党员干部贯彻群众路线的政治自觉、思想自觉和行动自觉；要认真贯彻落实中央八项规定精神，用作风建设的新成果推进企业的改革发展；要深化改革，建立与企业发展相适应的体制机制，不断激发出巨大的文化创造力；要积极回应群众呼声，尽快整改落实，务必取得群众满意的实效。

在对荣宝斋调研时，集团公司党组成员、副总裁王俊国指出，要把教育实践活动的成果进一步发扬光大，牢固树立群众观念，做到领导心里有群众，群众工作有热情，齐心协力促进企业发展。

在对中国图书进出口（集团）总公司调研时，集团公司党组成员、副总裁刘伯根强调，贯彻群众路线是一项长期的任务，要一步一个脚印地抓好整改任务的落实，抓好作风建设的常态化长效化，解决好改革发展中的突出问题，用教育实践活动的成果促进企业更好更快地发展。

在对人民音乐出版社、生活·读书·新知三联书店调研时，集团公司党组成员、副总裁李岩指出，要进一步巩固教育实践活动成果，充分运用教育实践活动积累的宝贵经验，保障和促进企业改革发展的全面深化，在2015年取得的良好业绩上再上一层楼。

在对中国对外翻译出版公司、东方出版中心调研时，集团公司党组成员、副总裁潘凯雄指出，要将教育实践活动成效落实到各项事业的全面发展和推进中，以事业发展检验教育实践活动成果，以活动成效进一步推动各项事业迈向新的高度。

集团公司教育实践活动督导组对督导单位教育实践活动取得的成绩给予了充分肯定，同时就进一步巩固教育实践活动成果提出了要求。一是要加强班子领导建设，二是要让教育实践活动成为群众满意的工程。三是要贯彻落实中央八项规定，切实加强党风廉政建设，四是要以作风建设的新成果推动企业的改革发展，把群众路线成果转化为促进改革发展的强大动力。（温　存）

中国大百科全书出版社党的群众路线教育实践活动总结大会召开

2014年1月26日，中国大百科全书出版社召开党的群众路线教育实践活动总结大会。中国出版集团公司党组书记、副总裁王涛，第一督导组组长宋晓红做重要讲话，中国大百科全书教育实践活动领导小组组长、社长龚莉做总结报告，副组长、副社长刘晓东主持会议。社领导班子全体成员、全体党员、中层干部共80余人参加会议。

王涛在会上肯定了大百科出版社半年多来开展教育实践活动取得的成绩。他指出，党的群众路线教育实践活动自2013年7月启动以来，出版社全面贯彻落实中央和集团要求，结合改革发展实际，积极开展学习教育活动，强化整改落实，全面建章立制，收获颇丰。对于进一步巩固教育实践活动成果，他提出四点要求：一是要继续深入理解群众路线的重要意义。二是要坚持正确的导向，做好《中国大百科全书》（第三版）的工作。三是要深化改革，继续将百科做大做强。四是要积极回应群众呼声，尽快整改落实。宋晓红对出版社的教育实践活动做了细致的点评。同时对下一步的工作提出几点要求：一是要加强班子建设，提升水平；二是要加强制度的执行力度；三是要坚持密切联系群众；四是要巩固活动成果，将成果转化为促进工作的动力。

龚莉代表出版社领导班子做教育实践活动总结报告，同时对下一阶段工作进行了部署。出版社将认真学习贯彻习近平总书记的重要讲话精神，进一步加大整改落实工作力度，以作风建设的新成效，保障和促进全面深化改革。将按照集团统一部署，全面深化体制机制创新，努力实现各项工作的新突破，推动百科事业再上新台阶，为早日实现集团公司“三六构想”做出更大的贡献。（任其忻）

人民音乐出版社党的群众路线教育实践活动总结大会召开

2014年1月26日，根据中央部署和集团公司的要求，人民音乐出版社召开党的群众路线教育实践活动总结大会。集团公司教育实践活动领导小组成员、党组成员、副总裁李岩出席会议并讲话，集团公司教育实践活动第二督导组组长孟传良、督导组成员田红兵到会指导，社领导班子莫蕴慧、郭文山、杜晓十、杨伯勋以及全社中层干部和全体党员参加会议。

莫蕴慧回顾了人民音乐出版社教育实践活动各阶段工作，总结指出教育实践活动进一步促进了人音社党员干部的作风转变，进一步促进了班子的高效团结，进一步促进了企业的创新力与战斗力。她强调，社党委班子将继续保持立行立改的作风，深入推进党员干部学习教育的常态化，推进各项工作整改提高的实效性，巩固和提高教育实践活动的成果。

孟传良点评指出，人民音乐出版社的教育实践活动工作总结到位，取得实效，这得益于领导班子发挥了带头示范作用，能够聚焦四风、深入查摆，专题民主生活会作风实、质量高。他希望人民音乐出版社进一步落实整改工作，推动改革发展。

李岩在讲话中指出，人民音乐出版社领导班子对这次教育实践活动高度重视，整个活动开展得扎实，整改工作落实得有成效，体现出领导班子改革的勇气和良好的决策机制。在活动的过程中，包括选题论证程序、薪酬考核管理、资金预算管理等在内的整改工作都得到了有效的推动，增加了民众参与的权重。同时，他还建议和希望人民音乐出版社将 60 周年社庆纪念活动作为 2014 年度工作重点，借机全面提升人民音乐出版社的影响力，在确保国内领先的基础上进一步在国际上扩大品牌影响。（胡　健）

新华联合发行有限公司党的群众路线教育实践活动总结大会召开

2014 年 1 月 26 日，新华联合发行有限公司召开党的群众路线教育实践活动总结大会。中国出版集团公司第三督导组组长戴作福做重要讲话，公司教育实践活动领导小组组长、总经理沈致金作总结报告，副组长、党支部书记叶冰主持会议。中国出版集团公司第三督导组成员裴京平，公司中层干部和全体党员参加会议。

会上，沈致金代表新华联合发行有限公司领导班子做教育实践活动总结报告。新华联合党支部开展了以“为民务实清廉”为主要内容的党的群众路线教育实践活动。按照“照镜子、正衣冠、洗洗澡、治治病”的总要求，紧紧抓住“学习教育、听取意见”、“查摆问题、开展批评”、“整改落实、建章立制”三个主要环节，在征求群众意见、查摆“四风”问题、撰写对照检查材料、开展谈心活动等关键节点上狠抓落实，坚持教育实践活动与推进改革发展“两手抓、两不误、两促进”，取得了重要阶段性成果。

戴作福对新华联合党支部开展教育实践活动取得的成绩给予了充分肯定。他指出，新华联合党支部开展教育实践活动具有四个特点：一是领导班子高度重视，发挥带头作用；二是查摆问题深入，符合实际；三是按照中央要求，将整改贯穿始终；四是坚持“两手抓、两不误”。

沈致金指出，公司将进一步加强和巩固教育实践活动成果，把整改工作落到实处，以作风建设的新成效推进改革发展取得新成绩。（魏　宁）

中国对外翻译出版公司党的群众路线教育实践活动总结大会召开

2014 年 1 月 27 日，中国对外翻译出版公司（以下简称“中译公司”）召开党的群众路线教育实践活动总结大会。集团公司党组成员、副总裁、教育实践活动领导小组成员潘凯雄，集团公司原党组成员、副总裁、教育实践活动第一督导组组长宋晓红到会并做重要讲话。中译公司党委书记、总经理、教育实践活动领导小组组长林国夫做总结报告，党委副书记、副总经理、教育实践活动领导小组副组长陈炳发主持会议。中译公司中层以上干部、党委纪委委员、各党支部委员会委员参加会议。

潘凯雄完全赞成林国夫代表中译公司领导班子做的总结报告及宋晓红代表督导组做的点评。

宋晓红最后通报了对中译公司教育实践活动情况的民主测评结果。员工对领导班子的总体测评满意度达到 100%；对领导班子成员总体测评满意度平均值达到 97%以上。

林国夫在讲话中指出，这次教育实践活动，加强了中译公司领导班子的党风廉政建设，对促进公司日后的发展具有重要意义。集团公司和中译公司改革发展的形势催人奋进，我们一定要认真学习好、贯彻好党的十八届三中全会精神，坚定地走中译特色的创新发展道路（科技与语言服务融合），努力建设风清气正、坚强有力的领导集体，带领广大员工，为建设中译美好家园而不

懈努力！（王祺昊）

中国图书进出口（集团）总公司党的群众路线教育实践活动总结大会召开

2014年1月27日，中国图书进出口（集团）总公司召开党的群众路线教育实践活动总结大会。中国图书进出口（集团）总公司教育实践活动领导小组组长、总经理刘伯根做总结报告，中国出版集团公司第二督导组组长孟传良做重要讲话，中国图书进出口（集团）总公司教育实践活动领导小组副组长、党委书记吴伟主持会议。中国图书进出口（集团）总公司领导班子成员、总公司各部门和各分支机构领导班子成员、总公司全体党员干部共200多人参加会议。

刘伯根代表中国图书进出口（集团）总公司领导班子做教育实践活动总结报告。他说，按照中央的统一部署，根据《中国出版集团公司党组关于开展党的群众路线教育实践活动实施方案》的要求，中国图书进出口（集团）总公司从7月起认真开展了党的群众路线教育实践活动的各项工作，领导班子严格按照要求圆满完成了所有规定动作并且取得了实实在在的效果，有力促进了干部作风的转变，推动加快了公司整体改革发展的步伐，有效提升了干部职工凝聚力，让广大员工对企业发展增强了信心。这次会议是对中国图书进出口（集团）总公司深入开展党的群众路线教育实践活动进行总结，同时为今后常态化、长效化继续开展各方面工作做好思想动员。

刘伯根总结了中国图书进出口（集团）总公司开展教育实践活动的基本情况，概括了教育实践活动各环节开展工作的具体做法和取得的成效，对下一步工作提出了要求。

孟传良在讲话中对中国图书进出口（集团）总公司开展教育实践活动取得的成绩给予了充分肯定，高度评价了公司在教育实践活动中领导班子高度重视，紧扣四风解决作风问题，召开作风实、质量高的民主生活会，将整改工作作为活动重点的四个亮点。（李　红）

现代教育出版社党的群众路线教育实践活动总结大会召开

2014年1月27日，现代教育出版社召开党的群众路线教育实践活动总结大会。中国出版集团公司党的群众路线教育实践活动第二督导组组长孟传良、成员田红兵，现代教育出版社全体党员参加了会议。会上，现代教育出版社党委书记宋一夫总结了本单位开展教育实践活动的基本情况。

第二督导组组长孟传良对现代教育出版社教育实践活动取得的成绩给予了充分肯定，同时就进一步巩固教育实践活动成果提出了要求。一是要加强班子领导建设，用马列主义的“三观”严格要求自己，建设一个风清气正、廉洁正派、开拓创新的领导班子。二是要让教育实践活动成为群众满意的工程，要进一步完善整改措施。三是要贯彻落实中央八项规定，切实加强党风廉政建设。四是要以作风建设的新成果推动企业的改革发展，把群众路线成果转化为促进改革发展的强大动力。（杨　静）

人民文学出版社党的群众路线教育实践活动总结大会召开

2014年2月10日，人民文学出版社召开党的群众路线教育实践活动总结大会。中国出版集团公司总裁、集团公司党的群众路线教育实践活动领导小组组长谭跃，集团公司督导组第二组组长孟传良，集团人力资源部主任周伟，活动协调联络组组长张雁，督导组成员田红兵，文件简报宣传组成员李培芝等参加了会议。人民文学出版社社领导班子成员、全体在职党员、部分离退休党员代表、全体中层干部参加了会议。会议由党委书记、副社长刘国辉主持。

社长管士光代表社务会、社党委对人民文学出版社群众路线教育实践活动进行了总结。他指出，人民文学出版社认真贯彻落实习近平总书记系列重要讲话精神，紧紧围绕“为民、务实、清廉”主题，按照“照镜子、正衣冠、洗洗澡、治治病”的总要求，坚持以整风精神、从严要求和务实作风，积极推进各项工作，整个活动取得了转变作风、教育干部、凝聚民心的较为显著的成效。他指出，要在2014年工作中全面落实群众路线教育实践活动成果，在体制机制改革方面要有新动作、新探索，提高整体管理水平。同时要以产品线建好为抓手，整体布局力求合理清晰，抓好《地狱》《布谷鸟的呼唤》《妈阁是座城》《九州缥缈录》等一批畅销图书的出版营销工作；另一方面用力完成出版基金项目、集团重点项目和社重点项目的出版宣传工作，如《杜甫全集》《巴金全集》修订版等。督导组第二组组长孟传良对人民文学出版社群众路线教育实践活动给予积极评价，要求人民文学出版社要认真落实整改措施，巩固活动成果。

谭跃发表讲话，他通过切身体会分析了坚持群众路线的重要意义，并就如何将群众路线落实到出版行业的工作中提出了几点要求。他指出，要把群众路线教育的成果转化为把握导向、引导各类读者的成果，转化为记录当代、推动社会进步的成果；转化为造就企业、造就人才的成果；转化为造福社会、造福员工的成果；转化为既要继承传统又要创造出影响后世来者的文学精品的成果，出版一批精品力作。（王芸菲）

中国出版集团公司开展青年“创新·圆梦”活动

2014年3月3日，中国出版集团公司下发了开展青年“创新·圆梦”活动通知，各单位团组织和青联委员结合各单位改革发展要求和自身实际工作，组建了40余个青年创新团队，邀请有关领导、业务精英及出版文化领域的专家学者担任青年创新导师。项目中有的是围绕出版内容形式创新，产品宣传推广，数字传媒业态研究与开发，国际贸易和艺术品经营拓展，资源利用与管理科学提升，品牌营销做大做强等方面展开；有的是根据目前集团和各单位经营管理现状展开调研，从推动深化改革加快发展的方式方法上，提出可资借鉴的方案。

集团各单位共推荐上报了44个青年创新项目，经过认真严格评审，评出立项项目15个。经集团公司领导批准，用集团青年创新专项资金给每个项目资助1万元。为了推进项目执行和加强资金监管，4月16日，集团团委、青联与项目负责人签订了目标责任书，做到全程管理。

青年“创新·圆梦”活动作为集团公司2014年工作的重要组成部分，得到了集团公司领导、各单位党政领导及所在部门的高度关注和大力支持，初步统计44个项目总预算资金达到600多万元，集团资助的15个项目各单位给予的配套资金也达到了200余万元，并给予必要的办公设施、工作时间等方面的支持。（温　存）

东方出版中心职工代表大会第一届十三次会议召开

2014年3月6日，东方出版中心职工代表大会一届十三次会议召开。党委副书记、纪委书记、副总经理、工会主席董玲主持会议。会议应到职工代表23人，实到职工代表21人，列席代表3人。

与会职工代表认真听取了党委书记、总经理宋焕起所做的关于2013年东方出版中心财务决算和2014年东方出版中心财务预算报告、2013年东方出版中心业务招待费使用情况报告和2013年东方出版中心职工收入情况报告。

工会主席董玲向职工代表报告了2013年东方出版中心“四金”缴纳情况及2013年中心工会经费收支情况。（金洁蓉）

中国出版集团公司2014年党的工作和纪检工作会议召开

2014年3月7日，中国出版集团公司召开了2014年党的工作、纪检工作会议，传达了中直机关2014年党的工作、纪检工作会议精神，总结了集团公司2013年党的工作和纪检工作，对2014年工作做了安排部署。集团公司副总裁刘伯根出席会议并讲话，集团直属机关党委常务副书记、纪委书记、集团工会联合会主席王云武主持会议，并分别做了2014年党的工作报告和纪检工作报告。各单位党委书记、副书记，纪委书记、副书记，党办主任，集团“十佳创新人物”共60多人参加了会议。

刘伯根在讲话中指出，抓好党的工作，一是要把干部职工的思想和行动统一到党的十八届三中全会精神上来，统一到中央重大决策部署上来；二是要确保教育实践活动取得群众满意成效；三是要贯彻落实中央八项规定精神，切实加强和改进作风建设；四是要严明党的政治纪律，确保正确政治方向和出版导向。

刘伯根强调，要围绕集团公司中心工作，以改革创新精神加强党的建设。一是要以创建“学习型、服务型、创新型、廉洁型”党组织为抓手，切实加强基层党组织建设；二是要以贯彻落实《建立健全惩治和预防腐败体系2013～2017年工作规划》为重点，切实加强党风廉政建设。三是要以维护职工合法权益为根本，切实加强群众工作。四是要以培养青年、服务青年为抓手，切实加强青年工作。

王云武总结了集团2013年党的工作和纪检工作，对直属机关纪委2014年的工作进行了部署。柏万良宣读了《关于表彰集团公司“十佳创新人物”的通报》，刘伯根、王云武和柏万良为“十佳创新人物”颁奖。（温　存）

东方出版中心工会组织女职工参加义务植树活动

2014年3月7日，东方出版中心工会组织女职工赴上海海湾国家森林公园参加由上海市绿化委员会办公室和上海新民晚报社联合主办，海湾国家森林公园承办的“3.12植树活动暨十年植树回访系列活动”。30余位女职工结伴而行，沐浴着明媚的阳光，在旷阔的田野里放飞心情，以富有意义的方式欢度自己的节日。

在本次活动中，工会共认建认养了6株树苗。携手种下了一株株孕育着绿色环保希望的小树苗。种植完毕后，大家将写满祝福的认养铭牌挂在树枝上，共同祝愿树苗茁壮成长，早日成材。喜悦、关爱之情溢于言表。通过本次活动，不仅使来自不同部门、不同岗位的女职工加强了沟通，加深了了解，增进了友谊，更为增强员工凝聚力、促进团队协作、传递正能量起到了积极的促进作用。（金洁蓉）

世界图书出版上海有限公司举行党总支委员会选举工作

2014年3月7日，世界图书出版上海有限公司党总支召开全体党员大会，进行总支选举工作。大会采取无记名的投票方式、差额选举的办法，选举产生了新一届委员会委员3名，书记1名。会议选举施维同志为世界图书出版上海有限公总支书记；沈建荣、施维、章怡3名同志为总支委员。

2014年3月11日，世界图书出版上海有限公司党总支委员会召开了第一次全体会议。经讨论，新一届党总支委员会分工如下：施维同志任党总支书记，兼任组织委员；章怡同志任党总支宣传委员；沈建荣同志任党总支纪检委员。

（王　纯）

中国出版集团公司2014年工会、共青团、青联、女工工作会议召开

2014年3月13～14日，中国出版集团公司召开了2014年工会、共青团、青联、女工工作会议。集团直属机关党委常务副书记、纪委书记，集团工会联合会主席王云武出席会议并讲话，集团工会副主席柏万良、杭连生，集团团委书记、青联主席温存，集团女工委副主任权舆出席会议。各单位工会主席、副主席、工会办主任、团组织负责人、女工委负责人和集团公司青联常委，集团总部、本部工会小组长90人参加会议。

杭连生首先传达了中直机关工会2014年工作部署，集团公司2014年工作会议精神及集团

公司 2014 年党的工作和纪检工作会议精神。

王云武受集团工会联合会委托向大会做了工作报告，关于 2014 年集团工会工作任务，一是贯彻落实党的十八届三中全会精神和中国工会十六大精神。二是进一步规范职代会工作，努力推进企业民主管理建设。三是开展职工之家创建活动，推进为职工群众服务工作。四是切实维护职工合法权益，努力提高职工幸福指数。五是推进企业文化、职工文化建设，增强企业凝聚力、向心力。六是加强女工工作和侨联工作，维护女职工和归侨侨眷的合法权益。七是加强工会组织自身建设，提高工会工作科学化水平。

本次会议同时召开了团委青联工作会和女工委工作会。温存传达了中直团工委 2014 年工作会议精神，对集团团委、青联 2013 年的工作进行了总结，对 2014 年工作进行了安排部署。权舆对集团女工 2013 年工作进行了总结，并部署 2014 年工作。柏万良做会议小结。（温　存）

东方出版中心党委 2014 年度全体党员大会召开

2014 年 3 月 13 日，东方出版中心党委召开 2014 年度全体党员大会，总结 2013 年党建工作，部署 2014 年党建工作。东方出版中心党委书记、总经理宋焕起出席大会并讲话。党委副书记、纪委书记、副总经理董玲出席大会。总编辑李智平主持会议。

会上，董玲代表党委总结 2013 年党建工作，并部署 2014 年党建工作。她从五个方面，全面回顾总结了 2013 年度东方出版中心党建工作。宋焕起在讲话中强调，党员应在推进“两个建设”的工作、推进“出版主业”创新发展、在完成年度各项经营指标、推进企业文化建设和党风廉政建设中发挥先锋模范作用，明纪律、强自律、严要求，以良好的精神风貌、饱满的工作激情、务实的工作作风投身于各项工作中，为早日实现“振兴东方，打造一流”目标而努力奋斗！

董玲传达了《中国出版集团公司关于对巡视反馈意见整改情况的通报》，并通报了 2013 年度东方出版中心党费收支、结存情况。（金洁蓉）

中国出版传媒商报社党委组织全体党员到西柏坡接受红色教育

2014 年 3 月 14 日，中国出版传媒商报社（以下简称《商报》）党委组织全体党员到西柏坡，重温党的历史，接受革命洗礼。本次活动也是落实党的群众路线教育实践活动改革方案的一个重要举措。

西柏坡在河北省平山县境内，是解放战争后期中国共产党中央和中国人民解放军总部所在地，是解放全中国的最后一个农村指挥所。《商报》全体党员和要求入党的积极分子，一行 24 人，以深厚的感情、深切的敬意参观了西柏坡中共中央旧址和西柏坡纪念馆。在中国共产党七届二中全会会场，党委书记孙月沐给大家上了一堂生动的党课。他说，1948 年，毛泽东在党的七届二中全会上告诫全党务必保持谦虚、谨慎、不骄、不躁的作风，务必保持艰苦奋斗的作风。当前我们面临的改革任务、特别是迈向新《商报》新征程时，每个共产党员都应牢记毛主席“两个务必”教诲，按照党中央和国务院的部署，把文化领域改革深入进行到底。在顺利实现以图书出版报道为主要报道方向的旧商报向以阅读产业、创意产业、传媒产业为主要报道方向的新《商报》的转型中，发挥共产党员先锋模范作用，艰苦朴素，谦虚谨慎，身先士卒，再立新功。

在七届二中全会会场门前，在庄严的党旗下，全体党员举行了新党员入党宣誓、老党员重温入党誓词活动。大家心潮澎湃，深感使命光荣，责任重大。

之后，还到了河北冉庄。冉庄位于河北清苑县西南方向，距县城 15 千米，是我党领导下的华北抗日斗争中一处重要战争遗址。大家在高家庄地道遗址，亲身穿行了一千米长的地道，参观了多家农民地道现场，聆听高家庄后人讲述父辈们同敌人浴血奋战的生动故事，深受感动，深受教育。（郭是海）

中国出版集团公司举办学习习近平总书记讲话精神培训班

2014年3月17～28日，中国出版集团公司再次与中央党校联合举办两期培训班，系统学习习近平总书记系列重要讲话精神。中国出版集团公司所属单位领导班子成员、总部本部部门负责人及处以上干部共90余人参加了培训。这是继2013年12月举办的新任职领导干部培训班之后的第二、第三期培训班。至此，中国出版集团公司党组管理的领导干部共138人全部参加了学习贯彻习近平总书记系列重要讲话精神培训班，实现了学习培训全覆盖。

中国出版集团公司领导对这次培训班高度重视，总裁谭跃、党组书记王涛同志亲自审定培训方案，并提出了具体意见。本期培训班课程设置科学合理，日程安排紧凑高效，内容丰富，针对性强。培训班共安排了8次讲座，分为基本理论、企业管理与领导素养、出版工作三个单元，其中，基本理论单元共安排了4次讲座，对十八届三中全会和习近平总书记系讲话精神进行了多角度、全方位的阐述。授课教员以中央党校的资深教授为主，还邀请到了中央组织部全国组织干部学院、北京师范大学的知名专家。精彩纷呈的课堂讲授之外，还组织了一次分组讨论，安排了一次集团领导与学员的座谈交流，进一步增强了培训效果。参加培训的学员都能充分珍惜和利用这次难得的培训机会，大家都能够沉下心来，认真学习，积极思考，深入研讨。

中国出版集团公司副总裁刘伯根、李岩、潘凯雄分别代表中国出版集团公司领导出席开班式、结业式并与学员座谈。李岩做了题为“坚持正确的出版导向”的授课，传达了总裁谭跃在3月3日召开的导向管理工作专题会议上的讲话精神，从思想建设、制度建设、作风建设、队伍建设四个方面对当前形势下如何加强出版导向管理进行了论述，强调指出，作为出版“国家队”，对出版导向问题必须常抓不懈，加强导向管理必须从严，必须真正做到谭跃要求的“政治上不糊涂，品质上不马虎”。刘伯根、潘凯雄从不同角度对如何更好地学习领会讲话精神的基本内涵，把握讲话贯穿的核心精神作了深入浅出的论述，要求大家坚持理论联系实际，努力做到知行合一、学以致用，更好地用讲话精神武装头脑、指导工作。刘伯根、潘凯雄还与大家分享了自己在工作中的一些思考和体会，他们的讲话各有侧重，但是都着重强调了坚持正确出版导向的极端重要性，正确的导向是出版工作的生命线，越是深化改革，加快发展，越要加强管理。要正确处理社会效益与经济效益的关系，始终把社会效益放在首位，始终牢牢把握正确出版导向，切实维护好我们的品牌，切实承担起历史赋予我们的责任和使命。

从学员们交流讨论的情况看，本期培训班主要有三个方面的收获：一是增强了党性修养。通过学习，大家对十八届三中全会和习近平总书记系列讲话精神有了更加深入的认识，对讲话精神的基本内涵、核心精神有了比较全面、准确地把握，提升了理论素养，增强了党性修养。二是增强了做好出版工作的使命意识和责任感。党中央对文化工作的高度重视，有关专家对文化强国战略的深度解读，使大家对自己作为一名出版人应尽的责任和应有的文化追求有了更加清醒的认识。三是增强了坚持正确出版导向的信心。通过学习，大家的导向意识进一步增强，大家一致表示，导向金不换，任何时候任何情况下，都要旗帜鲜明地坚持党性原则，坚持正确的出版导向。四是增强了加快改革、创新发展的紧迫感。大家纷纷表示，胸怀大势才能乘势而为，对世界发展大势的了解，对党和国家工作大局的把握，使自己对工作的紧迫感和责任感进一步增强，必须以只争朝夕的精神投入工作，求真务实、勇于创新，积极推动本单位的改革发展，唯有如此，才能无愧于自己，无愧于党的出版事业，无愧于这个伟大的变革时代。

（郑　甜）

新华书店总店学习贯彻习近平总书记系列讲话精神培训班开班仪式举行

2014年4月2日，新华书店总店（简称

"总店"）党委举行学习贯彻习近平总书记系列讲话精神培训班开班仪式。也是第一次集体学习。总店总经理、党委副书记茅院生做开班动员，党委副书记柏万良做学习专题辅导，副总经理、党委委员王宏经同志主持了会议。总店党委成员和处级干部近 30 人参加开班仪式和第一次集体学习。

茅院生在动员讲话中指出，学习好、把握好、贯彻好习近平总书记一系列重要讲话精神，切实把思想和行动统一到讲话精神上来，是全党的重要政治任务。总店党委按照集团公司党组的要求，结合工作实际，决定把 4 月初～5 月初定为学习培训月，举办处级干部、党支部书记学习贯彻习近平总书记系列讲话精神培训班。为使培训更有效果，不流于形式，党委制定了详细的学习计划和要求。

柏万良在学习专题辅导中，深入讲解了如何学习和把握习近平总书记系列讲话精神实质和内涵，以及学习习近平总书记系列讲话精神的体会。 （张　倩）

中国出版集团公司举办工会干部培训班

2014 年 4 月 14～16 日、4 月 28～30 日，中国出版集团公司工会在北京市工会干部学院举办了两期工会干部培训班。集团直属机关党委常务副书记、纪委书记、集团工会联合会主席王云武做开班动员和总结讲话。集团工会联合会副主席杭连生、北京市工会干部学院副院长梁秀梅出席开班动员和结业典礼。集团各单位工会主席、副主席、工会委员、办公室主任、工会小组长共 160 多人参加培训。

此次培训采取与北京市工会干部学院合办的形式，委托北京市工会干部学院进行封闭式教学管理。鉴于学员以兼职工作的工会小组长为主，培训的内容主要是：工会的基本理论和基本业务，包括中国工会十六大精神、工会基层组织建设、企业民主管理、职工之家建设、工会经费的使用与管理以及开展企业工会工作的方法，基本涵括了工会工作的方方面面。

王云武在结业典礼时就如何运用学习成果进一步做好工会工作提出了四点要求。一是坚持工会工作正确政治方向，创新新形势下的群众工作。二是认真履行工会职能，切实维护职工合法权益。三是加强企业文化建设，凝聚推进改革发展的共识和力量。四是加强工会自身建设，提高工会工作整体水平。

培训期间，集团工会根据学员的考试成绩和考勤情况，评选表彰了一批优秀学员。（温　存）

东方出版中心 2014 年度党风廉政建设大会召开

2014 年 4 月 15 日，东方出版中心党委召开 2014 年党风廉政建设大会，总结东方出版中心 2013 年党风廉政建设工作，部署 2014 年党风廉政建设工作。东方出版中心党委书记、总经理宋焕起出席大会并讲话。东方出版中心副总编辑祝新刚参加会议。东方出版中心党委副书记、纪委书记、副总经理董玲主持会议。东方出版中心各部门、单位负责人、助理，各党支部委员，工会、团总支负责人 30 余人参加了会议。

董玲代表东方出版中心纪委总结了 2013 年东方出版中心党风廉政建设工作，并部署 2014 年东方出版中心党风廉政建设工作。宋焕起就全体党员干部进一步推进党风廉政建设工作，在平凡岗位上干出成绩提出具体要求。董玲就全体党员干部带领广大员工勇挑东方出版中心"两个文明建设"重担，推进各项事业健康有序发展提出相关要求。会上举行了 2014 年党风廉政建设责任书签约仪式，领导班子成员分别与分管部门、单位的主要负责人签订了《2014 年度党风廉政建设责任书》。还观看了电视教育片《"四风"之害》。 （金洁蓉）

中华书局举办中层干部学习习近平系列讲话精神第一次专题培训

2014 年 4 月 25 日，中华书局举办中层干部学习习近平系列讲话精神第一次专题培训。中共中央宣传部出版局副局长刘建生、中共中央党校国际战略研究所研究员赵磊分别做了理论学习和提升文化强国战略与软实力方面的讲座。中华书局总经理徐俊、总编辑顾青、副总经理余喆出席，中华书局40余名中层干部和中国大百科全书出版社部分中层干部参加了培训。

（梁　彦）

中国出版传媒商报社党委理论中心组专题会议召开

2014年4月28日，中国出版传媒商报社党委召开党委委员和党支部书记理论中心组专题会议，传达中共中央政治局常委、中央纪委书记王岐山同志4月11日和14日在中央直属机关工委、中央国家机关工委调研时的讲话精神，传达中直纪工委关于“五一”期间狠刹不正之风严格贯彻中央八项规定的通知精神。对“五一”期间严格落实八项规定提出具体要求。

在中心组专题会议上，报社社长、总编辑、党委书记孙月沐强调，党风廉政建设主体责任和监督责任是党章赋予的重要职责，落实主体责任是深入推进党风廉政建设和反腐败斗争的关键所在。党风廉政建设和反腐败工作是党委的分内之事，职责所在，是党要管党、从严治党的重要体现。推进党风廉政建设的关键在落实责任，根本在敢于担当。孙月沐还特别强调“五一”前后，所有党员干部和党员，务必做到“四个安全”：第一是政治安全。党员干部和党员不参加来路不明、或明知有风险因素的任何聚会。严格遵守互联网条约规定，谨慎使用博客、微博、微信等个人信息平台；第二是礼节安全。要节俭过节，反对大吃大喝，绝不在节日期间铺张浪费，更不在节日期间举办和参加收礼、送礼的礼节活动；第三是与自己相关的财产安全。不受骗，不上当，不丢失财物，不被网络黑客试行金钱诈骗；第四是人身安全。即节日期间出行起居力避危险，确保自己和家人平安。节烟节酒，不暴食暴饮，确保饮食安全。

（郭是海）

东方出版中心团组织主题日活动举行

2014年4月，东方出版中心团总支举行了团组织主题日活动，组织团员青年前往沙家浜爱国主义教育示范基地参观学习。

在沙家浜革命历史纪念馆内，团员青年们认真听着讲解员讲述当年沙家浜人民浴血奋战，抗击日本侵略者的光荣历史，仔细观看一幅幅珍贵的历史照片和一件件历史文物，从中感受当年沙家浜抗日军民鱼水情深，同仇敌忾共同抗敌的感人事迹。

参观过后，团总支召开了座谈会，团总支书记毛伟传达了中国出版集团公司总裁谭跃在集团公司深化人事和分配制度改革工作会上的讲话精神。党政办公室副主任周幼芒转达了东方出版中心党委对团员青年的节日祝贺，并提出几点希望。

团员青年通过参观学习，回顾历史，缅怀先烈，再一次感受到五四的“爱国、进步、民主、科学”的伟大精神，进一步增强了自己的责任感、使命感。大家纷纷表示，要坚定信念，胸怀大志，努力学习，勤奋工作，积极奉献，为国家的繁荣强大，为东方出版中心的振兴发展，做出自己的一份贡献。

（金洁蓉）

现代教育出版社成立十周年系列活动举行

2014年4月，现代教育出版社党委、工会、共青团联合举行庆祝现代教育出版社成立十周年系列活动。系列活动主要有“庆祝出版社成立十周年征文活动”、“爱生活 爱集体摄影比赛活动”。此次活动开展得有声有色，员工踊跃参加，不仅增强了企业凝聚力，还活跃了员工的文化生活。

（杨　静）

中国图书进出口（集团）总公司举办文化室参观及企业文化知识竞答活动

2014年5月4日，中国图书进出口（集团）

总公司团委组织公司35岁以下团员青年开展了以“荣耀传承·中图梦”为主题的中图文化室参观学习及企业文化知识竞答活动。

总公司团委在中国图书进出口（集团）总公司青年QQ群中开展了中国图书进出口（集团）总公司企业文化在线知识抢答活动。“56119改革发展战略”、“三重三队”、“七大业务板块”等42道题目在QQ群中逐一发布，近60名青年同志热情参与抢答。

本次活动在公司团员青年中产生了积极而热烈的反响。通过本次活动，总公司团委带领广大青年员工普及了中国图书进出口（集团）总公司60余年的光辉历程和企业当前的改革发展战略布局，并在共同感受公司企业文化深厚底蕴的同时，增强了作为一名中国图书进出口（集团）总公司员工的集体荣誉感和职业生涯归属感。

本次活动首次采用实时在线抢答的方式，参与者不需离开工位，较大程度上减少了活动对岗位工作的影响，也是团委在探索切合青年人特点和习惯，改进工作方法上的一次积极而有益的尝试。（李　红）

中国出版集团公司举办2014年团干部和青联委员学习习近平总书记系列重要讲话精神培训班

2014年5月8～9日，中国出版集团公司团委和青年联合会举办了2014年团干部和青联委员学习习近平总书记系列重要讲话精神培训班。集团直属机关党委常务副书记、纪委书记、集团工会联合会主席王云武出席开班式和结业式并讲话，集团团委书记、青联主席温存，集团团委副书记刘波、青联副主席宋志军、何光宇等100多名青年骨干参加培训。培训班的主题是按照集团公司2014年工作部署，进一步加强集团公司团干部和青联委员的工作能力建设，加快推进青年工作创新，发挥好团结引领团员青年为集团改革发展服务的积极作用。

开班式上，王云武指出，这次青年骨干培训是集团公司2014年工作的重要组成部分，也是集团青年工作的重要内容，得到了各单位的大力支持。希望参加培训学员：一要学有所获。二要学有所思。三要学有所成。在结业式上，王云武总结了本次培训班特点和效果：一是发挥了示范作用，进行了广泛交流，达到了预期目的。二是进行了分组研究青联工作，贡献了青年智慧。三是突出了青年特点。就培训效果而言，一是对习近平总书记关于中国梦的论述加深了认识。二是对党的群众路线有了深入的理解。三是对青联如何做好工作有了深入思考。四是对青年工作模式创新进行了广泛交流。

王云武强调，青年作为集团改革发展、实现“三六构想”的生力军，要做好人，要做好事。做好人就是做正直善良的人，敢于担当的人。做好事就是要想做事，会做事，做成事。做成事，就要多谋划，要勇于克服困难。

中央党校教授王巍做了《中国梦与中国特色社会主义——学习习近平总书记关于中国梦的重要论述》讲课。中央党史研究室宣教局副局长薛庆超做了《群众路线是党的根本工作路线》的讲课。

集团公司温存、中华书局宋志军、中国大百科全书出版社陈义望、人民文学出版社宋强、中国民主法制出版社石松、中国出版传媒商报社田丽丽进行了大会交流发言。（温　存）

中直机关工委调研组到中国出版集团公司调研

2014年5月13日，中直机关工委副书记李勇到中国出版集团公司调研党的建设情况，调研组成员还有中直机关工委委员、中直机关工委党校常务副校长周维现，中直机关工委组织部副部长罗建辉等5人。参加调研座谈会的有集团公司总裁、党组副书记谭跃，党组成员、副总裁刘伯根，直属机关党委常务副书记、纪委书记、工会主席王云武，直属机关纪委副书记柏万良以及4名基层党组织负责人。

刘伯根首先代表集团公司党组向调研组汇报了集团公司近几年来党的建设的基本情况和经验

体会，学习贯彻习近平总书记系列重要讲话，切实做到“三个表率”的情况；贯彻落实十八届三中全会精神，落实“两个责任”的情况；遵守党的政治纪律和组织纪律的情况；党风廉政建设和反腐败工作情况。

李勇强调，集团公司党组要在党风廉政建设方面充分发挥主体作用，认真履行主体责任，主要领导是第一责任人，党组成员每位同志都应做到“一岗双责”，既要负责业务工作，又要抓好分管领域的党风廉政工作。纪委要切实负起监督责任，要配齐人员，提高纪检业务能力。

谭跃说，李勇对我们集团公司党的建设各项工作给予了充分肯定，说明对我们很信任，同时也给我们提出了进一步做好工作的要求。由于党组书记王涛在中央党校学习，我代表集团公司党组表个态：一是我们集团公司党组清醒地认识到，党的基层组织是党的政治优势，也是经济发展的优势，我们要善于发挥这一优势，推动集团公司又好又快发展；二是党组织建设要进一步加强，要适应新形势和新情况，创新党的建设各项工作；三是党的干部讲规矩、有理想、有干劲、善协调，既要选好党务干部，又要用好党务干部。企业发展关键在人，市场竞争关键在人。党组织在提高人的综合素质方面有不可替代的重要作用。

对如何贯彻落实座谈会精神，按照中央要求抓好集团公司党的建设，谭跃表示，一是要抓好政治建设，政治上必须与党中央保持高度一致。二是要加强思想建设。三是要加强组织纪律建设。四是加强组织建设。五是加强廉洁从业建设。（温　存）

中华书局举办中层干部学习习近平总书记系列讲话精神第二次专题培训

2014年5月13日，中华书局举办中层干部学习习近平总书记系列讲话精神第二次专题培训。中国出版集团公司副总裁李岩、国家新闻出版广电总局出版管理司副司长王然分别做了理论学习和严格把握图书出版导向方面的讲座。中华书局总经理徐俊、总编辑顾青、副总经理宋志军、副总编辑尹涛出席，中华书局40余名中层干部参加了培训。（梁　彦）

中国出版集团公司党组中心组集体学习会议召开

2014年5月21日，中国出版集团公司召开党组中心组集体学习会议，认真传达、学习、贯彻《中共中央办公厅印发〈关于当前意识形态领域情况的通报〉的通知》（中办发〔2014〕30号）精神。

谭跃指出，学习贯彻中办发30号文件要从六个方面加大工作力度：一是要形成做强企业首先要做强政治思想建设的意识；二是要形成践行正确出版导向的思想文化氛围；三是要形成导向奖惩的有效机制；四是要形成主题出版图书板块；五是要形成主题图书产品集群；六是要形成主题出版人才队伍。

王涛指出，既要看到我们党对新闻出版文化领域的高度重视，也要看到我们肩上的责任和义务，要坚决贯彻落实中办发30号文件，特别是党员领导干部必须旗帜鲜明，立场坚定。要有思想意识形态工作长期斗争的准备，从抓实、抓细、抓小上体现责任意识和工作成效，坚决杜绝“跑、冒、滴、漏”的问题，始终抓住政治导向不放松。

与会人员联系工作实际进行了讨论，形成了五条学习共识：一是要充分认识中办发30号文件的重要性。中办发30号文件中所列出的十个方面问题和要求，看得清，抓得准，措施及时，应对有力，具有很强的指导性和针对性。二是从讲政治高度认识意识形态领域存在的问题。作为出版“国家队”，我们必须强化道路自信、理论自信、制度自信和文化自信，必须有坚定政治立场，坚持社会主义核心价值观，坚持党对新闻出版的绝对领导。三是领导干部要带头贯彻落实中办发30号文件。集团公司及各单位领导干部，特别是主要领导同志要高度重视，牢牢把握出版工作的领导权和主动权。各级党员和干部要时刻关注敏感话题、敏感人物、敏感平台、敏感时期，坚决杜绝涉及错误思潮的出版物。四是要切实做到守土有责，确保出版安全。集团公司作为出版“国家队”，第一是政治组织，第二是文化组织，第三是企业组织，要始终坚持党对新闻出版绝对领导，始终坚持出版服从服务于改革发展大局，始终坚持社会效益第一，始终坚持正确的出版导向。五是要切实加强出版阵地管理和人员培训工作。在讲政治方面要切实做到重点部位要强化，其他部位不泛化，加强对重点岗位、重点编辑和青年编辑的政治导向培训。要运用奖励和惩戒两种手段引导编辑出版人员坚持正确的出版导向，真正做到守土有责。

会议提出了三条具体落实措施。一是把中央办公厅下发30号文件精神传达到各单位领导班子成员，组织好集体学习讨论，引导大家树立“政治导向第一，社会责任第一”的意识。二是用抓好对关键岗位、重要编辑和中青年编辑的培训。办好“三个一百”人才培训班，请专家讲好正确导向课，要使所有编辑人员不但有坚守政治导向的意识，而且要有把好政治导向关的能力。三是把中办中央办公厅下发30号文件精神贯彻到日常管理之中去。要特别关注敏感岗位和敏感报刊的动态，发挥审稿环节的控制作用，要严把政治导向关。准备召开一次各单位编审、骨干责编和重大选题编辑座谈会，进一步统一思想，确保集团内所有的出版物都合法合规，确保不出政治安全事故，更好地为全党和全国工作大局服务。（何　奎）

商务印书馆举办中层干部学习习近平总书记系列讲话精神培训班

2014年5月～6月，商务印书馆举办中层干部学习习近平总书记系列讲话精神培训班，分两期进行。第一期（5月8～16日）联合中国对外翻译出版公司、中国美术出版总社和人民音乐出版社三家兄弟单位，邀请中共中央党校党史教研部副主任罗平汉，中共中央党校国际战略研究所教授、国际关系与台港澳研究室副主任赵磊，中共中央党校中共党史教研部主任谢春涛分别做专题讲座。第二期集中培训（6月3～5日）举办中层干部培训班，学习习近平总书记系列重要讲话精神。培训班邀请中国出版集团公司党组书记、副总裁王涛做了《坚定中国特色社会主义理想信念》的讲座。随后，结合理论学习，全体与会人员围绕生产结构调整、书稿三审制、元数据的采集及平台建设、新员工培训制度及新员工导师制度建设四个改革项目进行了主题讨论。于殿利强调，下一阶段要以更加自觉的态度、更加有力的措施，推动学习贯彻讲话精神向广度和深度拓展，推动党建工作和各项工作迈上新台阶。

（张　琳）

中国图书进出口（集团）总公司2014年团员大会暨公司领导与团员青年座谈会召开

2014年6月5日，中国图书进出口（集团）总公司召开2014年团员大会暨公司领导与团员青年座谈会。党委书记吴伟、常务副总经理张纪臣、副总经理朱朝旭、党群工作部主任李红出席会议并讲话，公司55名团员青年参加了此次会议。

团委书记刘洋代表第十三届团委做年度工作汇报。公司领导与青年团员就公司发展和青年人的成长成才进行了座谈。来自六个支部九个部门的十位青年代表结合各自工作岗位，为公司可持续健康发展建言献策，就个人发展、薪资福利、团委活动等与公司领导进行了交流。

大会还对2014年公司评选出的12名优秀共青团员、3名优秀共青团干部和“五四”企业文化有奖竞答活动的获奖人员进行了表彰。

此次会议的成功举办，对引导公司广大青年员工增强责任意识，转变思路观念，立足岗位做贡献，为实现公司新的发展战略目标而共同努力具有重要意义。（丁　燕）

人民文学出版社职工代表会议召开

2014年6月6日，人民文学出版社根据

《工会基层组织选举工作暂行条例》和《人民文学出版社工会选举办法》的规定和中国出版集团工会《关于人民文学出版社补选工会委员、主席的批复》，召开了工会第四届第二次会员代表大会，以无记名投票的方式等额补选刘国辉、舒朝云、廉萍三位同志为工会委员，选举刘国辉同志为工会主席，舒朝云同志为经审委主任。

社党委召开专门会议，同意选举结果，并要求工会报集团公司工会予以审批。（王芸菲）

世界图书出版上海有限公司全体党员参观“党的好干部——焦裕禄事迹图片展”

2014年6月10日，世界图书出版上海有限公司全体党员到上海市工人文化宫三楼参观“党的好干部——焦裕禄事迹图片展”。该展览通过大量图片以及相关文献资料、视频、实物等形式，生动再现了焦裕禄当年访贫问苦、带领兰考人民治理“三害”的动人场景，展示了他全心全意为人民服务、一心为公、鞠躬尽瘁、死而后已，平凡而伟大的一生。全体党员通过参观学习，再次感受焦裕禄“亲民爱民、艰苦奋斗、科学求实、迎难而上、无私奉献”的崇高品质，并表示要在实际工作中以他为榜样，努力做好自己的工作。（王　纯）

中版教材有限公司组织全体党员赴狼牙山、西柏坡参观学习

2014年6月26～27日，中版教材有限公司党总支组织全体党员、预备党员、入党积极分子和骨干员工赴狼牙山、西柏坡革命圣地，重温革命历史，感受革命精神，接受革命精神再教育。全体与会人员参观了狼牙山五勇士陈列馆，西柏坡领导人故居和西柏坡纪念馆。通过参观学习，认真回顾了我们党带领人民进行抗日战争和伟大革命斗争的历史，重温了毛泽东在党的七届二中全会上的重要讲话和“两个务必”精神，结合习近平总书记系列讲话精神，结合“八项规定”，更加深刻地认识到，在新的历史条件下，仍然需要大力发扬艰苦奋斗的作风，强化进取意识，才能实现全体中国共产党人的崇高理想，才能实现“中国梦”。（星昕昕）

中国对外翻译出版公司党委开展迎“七一”党员系列活动

2014年6月27日，为迎接党的93岁生日，中国对外翻译出版公司党委举办迎“七一”党员系列活动。总经理、党委书记林国夫出席活动并做专题讲座，副总经理、党委委员张晶晶主持，各党支部书记、委员，2011～2014年新发展党员、入党积极分子参加系列活动。

林国夫以《中国青年当正视自己的祖国》为题做专题讲座。希望对青年员工在牢固树立正确的世界观、人生观和价值观上给予启迪。讲座后进行了新党员入党宣誓。下午组织参观了《复兴之路》大型主题展览。（王祺昊）

新华书店总店党委理论学习中心组学习交流会举行

2014年6月27日，新华书店总店（简称“总店”）党委理论学习中心组召开习近平总书记系列讲话精神学习交流会，党委理论学习中心组成员和各部门、各单位主要领导参加了会议并分别就学习习近平总书记系列讲话精神进行了交流发言。此次会议交流研讨的主题是如何以习近平总书记系列讲话精神为指导，进一步统一思想，转变观念，更好地促进总店的改革发展。

总店总经理、党委副书记茅院生在认真听取发言后，充分肯定了大家的学习成果，并与大家交流了学习习近平总书记系列讲话精神的学习心得：唯改革才进步，唯改革才发展；唯学习不止才改革不止，唯学习不止才创新不止；唯坚持方成功，唯勇于攻坚克难方有成效；唯功成不必在我才可牺牲小我，唯牺牲小我才能成就大我。全体同志都要有牺牲小我的意识，转变观念，为大

局着想，共同努力实现我们的战略目标。我们要通过学习统一改革的思想，转变发展的观念，努力做到知行合一、言行合一，从小事做起、从自我做起。（张　倩）

人民音乐出版社举行新党员入党宣誓仪式

2014年6月30日，人民音乐出版社在建党93周年之际举行新党员入党宣誓仪式。社党委、社委会领导莫蕴慧、郭文山、杜晓十、杨伯勋、周群出席会议，全社在职党员和部分入党积极分子参加会议。会议由周群主持。

在入党介绍人为新发展党员佩戴了党徽后，总编室李向颖、教材中心孙昆、发行二部刘和平、办公室朱彤、期刊中心李华盛5名新发展党员在党旗下进行了庄严宣誓，党委办公室主任胡健领誓。预备党员代表孙昆、党员代表高俊卿、积极分子代表赵雨童分别发言。他们表示，在建党93周年之际参加入党宣誓仪式有着十分重要的意义，新发展党员进一步明确了今后的努力目标，党员重温了入党誓词，入党积极分子进一步加深了对党组织的认识；无论新老党员，都是在党组织和同志们的教育帮助下实现人生的志向和追求，党旗下的庄严宣誓值得他们终生铭记。

郭文山指出，入党宣誓仪式既是一次生动的党日活动，更是一次深刻的党课教育，希望5名新预备党员不断地坚持学习、提高修养、多做贡献。

莫蕴慧对5名新预备党员表达了衷心的祝贺。她强调，从西柏坡到井冈山，从红旗渠到延安，从嘉兴南湖到白洋淀，人民音乐出版社陆续组织了多次宣誓仪式，都是新的洗礼和学习。对于新时代的党员来讲，革命前辈的形象是光辉、高大的，他们对待入党时的誓言是严肃、认真的。她希望新老党员都能够学习前辈的精神，谦虚谨慎、戒骄戒躁，毫不懈怠、做好工作，在本职岗位上发挥应有的更大的作用。（胡　健）

东方出版中心党委“七一”党课报告会举行

2014年6月30日，东方出版中心党委举行“七一”党课报告会，总编辑李智平做了题为《努力做一名合格的共产党员》的党课报告。党委书记、总经理宋焕起，副总编辑祝新刚出席。党委副书记、纪委书记、副总经理董玲主持报告会。全体党员和入党积极分子近60人参加了会议。

李智平以党的历史进程和当今社会发展为背景，联系自身家庭情况、成长经历和工作实践，以坦诚朴实的话语、鲜活生动的事例，分别阐述了自己对和平年代如何做一名合格共产党员以及对如何做一名上海的合格共产党员的认识，并阐释了自己以“努力做一名合格的共产党员”作为党课报告命题的重要原因。

李智平在报告中结合当前上海的发展形势，着重谈了自己对习近平总书记前不久在上海考察调研时重要讲话精神的认识和体会。他希望东方出版中心党员以习近平总书记的重要讲话精神为指导，始终坚持理想信念，始终保持共产党员先进性，始终严守党的各项纪律，时刻保持自省、自警、自律、自觉，不忘宗旨，力戒浮躁，开阔视野，创新开拓，努力做一名合格的共产党员。

董玲在总结时说，李智平的党课报告思想深刻、观点鲜明、内涵丰富、论述透彻，对东方出版中心党员保持党的先进性，发挥先锋模范作用具有很好的教育意义。并就党员更好发挥表率作用提出了要求。（金洁蓉）

中国图书进出口（集团）总公司纪念建党93周年暨“双优一先”表彰大会举行

2014年7月1日，中国图书进出口（集团）总公司党委在公司十楼多功能厅召开纪念建党93周年暨“双优一先”表彰大会。党委书记吴伟，党委委员、常务副总经理张纪臣，党委委员、副总经理梁建瑞，副总经理吴杰、朱朝旭出席大会。大会由党委书记吴伟主持。

会上，党委委员、副总经理梁建瑞宣读总公司党委《关于表彰先进基层党组织、优秀共产党员和优秀党务工作者的通报》的决定。对宋刚等27名优秀共产党员和7名优秀党务工作者、报刊进口中心等5个先进基层党支部进行表彰，梁建瑞代表公司党委向受到表彰的先进基层党支部和获得光荣称号的优秀共产党员和党务工作者表示祝贺，希望受到表彰的先进基层党支部和党员戒骄戒躁，再接再厉，更好地发挥支部战斗堡垒作用和党员先锋模范作用，为公司的改革发展做出新贡献。同时，号召各支部和广大党员，向先进基层党支部、优秀共产党员和优秀党务工作者学习，自觉加强党性修养，为加快公司的改革发展努力奋斗。获得2013年度优秀党员光荣称号的宋刚和获得2013年度先进基层党支部的许建平分别代表个人和党支部做了发言。

总公司党委委员、常务副总经理张纪臣带领12名新党员面向党旗进行了庄严宣誓。

（李　红）

中国出版集团公司遵守党的纪律学习研讨班举行

2014年7月3～4日，中国出版集团直属机关党委和纪委举办了“遵守党的纪律学习研讨班”，各单位领导班子成员及党委委员、纪委委员，共计96人参加学习。集团公司党组成员、副总裁潘凯雄代表集团公司党组做总结讲话。

潘凯雄指出，遵守党的纪律，首先要深刻学习和领会习近平总书记关于党的纪律的重要论述，提高对新形势下遵守党的纪律重要性的认识。各级领导干部都应当自觉遵守党的政治纪律、组织纪律、财经纪律、工作纪律和生活纪律，切实加强对党员干部的教育和管理，增强党员干部的组织观念和纪律观念，营造弘扬正气、干事创业的良好氛围。

潘凯雄强调，要把学习纪律、遵守纪律当作一项经常性的工作来抓。一是要把学习党的纪律同加强党风教育，提高党性修养结合起来；二是要把学习党的纪律同贯彻落实党的民主集中制结合起来，建设团结进取的领导班子；三是要把学习贯彻党的纪律同加强党内外监督结合起来，营造人人自觉遵守党纪的良好氛围。

王云武代表集团直属机关党委做培训小结。本次研讨班上，中央党校党建教研部张晓燕教授围绕《党章》与党的政治纪律、组织纪律进行了讲解。国家行政学院法学部的任进教授就反腐倡廉与国企领导人廉洁从业进行了讲解。中央党校党建教研部张希贤教授就党性党风党纪与提高党的执政能力的问题进行了论述。（温　存）

中国出版集团公司举办党办主任和党支部书记培训班

2014年7月10～11日，中国出版集团直属机关党委举办党办主任和党支部书记培训班，各单位党办主任和党支部书记80余人参加。7月10日下午，中直工委组织部副部长罗建辉做了《深入贯彻学习习近平总书记系列讲话精神，进一步做好新形势下的基层党建工作》首场报告。中国出版集团直属机关党委常务副书记、纪委书记、工会联合会主席王云武做开班动员。

罗建辉从党的十八大后的新形势、新形势下基层党建工作的基本遵循和当前基层党建工作的问题三个方面阐述了如何做好新形势下的基层党建工作。指出了新形势下的基层党建工作要坚持七个遵循，一要坚持从严管党治党的遵循；二要坚持守土有责负责尽责的遵循；三要坚持以解决问题为方向的遵循；四要坚持大力推进党建工作创新的遵循；五要坚持着力抓基层打基础的遵循；六要坚持用“钉钉子”精神抓工作落实的遵循；七要坚持打铁还要自身硬的遵循。他说，做好基层党建工作应注意九个问题：一要注意基层党组织领导班子建设；二要注重如何切实做到“三个表率”；三要紧抓落实党风廉政建设“两个责任”；四要严明党的政治纪律、组织纪律；五要加强基层服务型党组织建设；六要做好发展党员和党员管理；七要围绕中心任务创新党建工作；八要运用网络拓展党建工作空间；九要建立完善有效的工作制度机制。

罗建辉最后强调，在新形势下，党务工作者要围绕中心任务创新党建工作，要从理念思路，创新载体，方式方法上创新党建工作。要把党建工作与行政业务工作有机地结合起来，协调推进，相互促进，相得益彰。把支部的教育、管理和监督等基本职责，融入行政业务工作的方方面面，使各项任务的完成都有党员的身影和奉献。把支部工作贯穿于部门行政业务工作的全过程，使工作取得的每一项进展都凝聚着党支部的支持和努力。

王云武在开班动员时说，举办这次培训班有三个目的，一是贯彻落实中组部近期制定颁发的《中国共产党发展党员实施细则》的需要。二是加强集团党的基层组织建设的需要。三是提高党务干部素质能力的需要。

王云武强调，一要做到学以致用，把学习到的理论知识和工作实践结合起来，用理论指导解决工作中遇到的问题，共同推动集团党的建设创新发展。二要掌握学习方法，做到融会贯通。对于做党务工作的同志，无论是有经验的老同志还是刚从事工作的新手，都要认真学习总结党务工作规律，提高党务工作水平。（温　存）

东方出版中心党委开展党的群众路线教育实践活动“回头看”活动

2014年7月17日，东方出版中心党委安排各党支部召开专题组织生活会，开展党的群众路线教育实践活动“回头看”活动。

为组织好专题会并取得成效，各党支部按照党委要求，认真做好会前准备工作，组织党员在内网上认真阅读东方出版中心教育实践活动整改落实工作“两方案一计划”，进一步了解东方出版中心教育实践活动整改落实工作的主要任务和措施。同时，各党支部还印发了讨论题，要求党员聚焦主题，积极思考，做好准备。

专题组织生活会上，党员们围绕教育实践活动整改落实工作“两方案一计划”，从领导班子整改落实情况、领导干部作风建设情况、加强和改进党的建设情况、教育实践活动促进改革发展情况四方面进行“回头看”。党员们对领导班子认真扎实抓好教育实践活动整改落实工作普遍表示满意。大家一致认为，东方出版中心教育实践活动结束后，领导班子始终以高度重视的态度、认真负责的精神、扎实深入的工作，全面落实整改落实工作各项内容任务，在努力形成巩固教育实践活动成果的长效机制方面做了大量实际工作，取得了较好成效。同时，领导班子在抓好整改落实工作中，注意结合年度工作要求，围绕“改革·品牌·竞争力”主题，积极抓好年度各项工作任务落实，东方出版中心事业发展取得了新进展。领导班子还注意发挥职工代表大会、工会、团组织的桥梁纽带作用和内网、QQ群的交流渠道作用，进一步加强与员工联系和互动，促进了领导班子和领导干部作风建设，促进了党群关系、干群关系的和谐。党员们还就东方出版中心如何深化整改落实工作，巩固和扩大教育实践活动成果，促进事业更快更好发展积极建言献策。

东方出版中心领导班子成员以普通党员身份，带头参加学习活动，带头畅谈认识体会，带头检查落实情况，带头提出完善意见，发挥了很好的引领作用。（金洁蓉）

中国出版集团公司到中国对外翻译出版公司检查党委理论学习中心组学习情况

2014年7月24日，中国出版集团公司直属机关党委常务副书记、纪委书记、工会联合会主席王云武，团委书记、青联主席温存到中国对外翻译出版公司（以下简称“中译公司”），检查党委理论学习中心组学习情况。中译公司党委书记、理论学习中心组组长林国夫就2013～2014上半年中译公司党委理论学习中心组学习、运用学习成果推动改革发展、2014年下半年学习计划三个方面做了交流汇报。党委委员张晶晶、崔立与部分党支部书记、中心组学习秘书和总调度室、总编室主任参加汇报会和座谈。

王云武肯定了中译公司党委理论中心组的学习成果。他认为中译公司中心组学习“有计划、有检查、有落实、有特色”。同时提出两点建议，一是建议扩大党委理论学习中心组的成员，除原领导班子成员，还应扩大到各部门负责人，这样有利于交流，有利于转化学习成果，有利于达到统一思想的目的。二是建议定期在学习基础上，开展学习研讨、思想交流，理论联系实际，将学习成果转化为改革动力。

林国夫指出，提高领导班子成员的思想政治素质是第一步，要抓好班子自身建设，更好地贯彻群众路线；要坚持政治理论学习与实际工作有机结合，要加强制度建设，以有效的机制保障学习工作两促进。他表示，公司将严格按照上级要求认真搞好党委理论中心组学习，为推动公司各项事业发展奠定坚实的思想政治基础。（王祺昊）

中国出版集团公司到新华书店总店检查党委理论学习中心组学习情况

2014年7月24日，中国出版集团公司直属机关常务副书记、纪委书记、工会主席王云武和团委书记温存到新华书店总店（简称“总店”）检查党委理论学习中心组学习情况。总店总经理、党委副书记茅院生，党委副书记柏万良，党办主任蔡小为，人事处处长、党支部书记张京义，物业处处长、党支部书记孙向东，学习秘书周颖参加了会议。会上，茅院生对总店半年来的工作做了简单汇报，柏万良代表总店党委汇报了党委理论中心组的学习情况。

王云武在听取总店关于党委理论中心组学习情况后做了点评讲话，充分肯定了新班子上任后总店发生了可喜的变化。他用“四个一”肯定了总店党委理论学习中心组的学习成果：正式成立了党委理论学习中心组；制订了一个学习计划；建立了一个学习制度；成功进行了一次集体学习讨论，材料扎实充分。王云武还提出三点建议：扩大党委理论学习中心组的范围；丰富学习内容；进一步探索学习方式，提高学习效果。

（张　倩）

中国美术出版总社开展党的群众路线教育实践活动“回头看”活动

2014年7月，中国美术出版总社开展了党的群众路线教育实践“回头看”活动。为了征求干部职工对领导班子成员在“四风”方面存在问题和整改的意见和建议，总社党委分别召开了离休干部、退休干部、在职中层干部和职工代表座谈会。成立《员工手册》编纂工作小组，着手展开制度的“废、改、立”工作，制订了各项制度建设计划。工作效率不断提高，解决了共享总社效益成果的问题，先后3次上调岗位工资，提高了职工的待遇，建立了干部选拔任用机制，等等。达到了预期目的，得到了较好评价。

（冉　博）

中国出版传媒商报社党委加强“四型”党组织建设

2014年7月，中国出版传媒商报社（以下简称《商报》）调整领导班子，党政工作分开，不再实行原来党政合一的领导方式。如何适应新的形势变化，按照中国出版集团关于努力建设“四型”党组织要求，把基层党组织建设搞好，是《商报》新的党委领导班子面临的新形势，新任务。

从新的党委班子产生开始，《商报》党委书记任江哲用一个多月时间深入党支部和党员群众开展调研，结合党员收看电视专题片《国魂》，对党员进行社会主义核心价值观教育，任江哲分别参加了三个党支部会议，广泛听取群众意见，逐步明晰建设“四型”党组织的路径和原则。

大家在讨论中认识到，党的基层组织是党在社会基层组织中的战斗堡垒，是党联系群众的桥梁和纽带。基层党组织建设搞得好不好，直接关系到党的路线、方针、政策能否贯彻落实。社长、党委副书记伍旭升，党委委员、副社长李际平，党委委员、总编室主任郭是海，三个党支部书记尚英林、金霞、郭虹，一致认为，中国出版传媒商报社能在近几年取得采编、经营双丰收，连续多年完成集团下达的“双10%”的增长业绩，与充分发挥党组织战斗堡垒作用分不开。“能吃亏，能吃苦，能打硬仗”是全体党员的共识。现在领导班子实行党政分开，更有利于领导班子廉政建设，但也带来管理工作的新形势和新变化。这就需要党委班子适应新变化，认真学习党的组织建设知识，包括向集团兄弟单位党组织学习和借鉴先进经验，努力使《商报》党的建设工作再上新台阶。

综合党员群众的意见和认识，任江哲总结时强调，党委班子必须按照党的十八大精神要求自己，按照围绕中心、服务大局、拓宽领域、强化功能的原则，以保持党的先进性为主题，以建立社会主义市场经济条件下基层党组织为目标，从明确工作职责、改进工作方式、加强自身建设、改善工作条件等方面推进组织创新，增强党组织的影响力、凝聚力和战斗力，使《商报》党组织真正达到“学习型、服务型、创新性、廉洁型”的“四型”要求。

结合党员群众的建议，在建立会议制度、学习制度、工作制度、考评制度、评优制度等方面，任江哲做了梳理，要求有关方面尽快抓紧落实。（郭是海）

中国出版传媒商报社党的群众路线教育实践活动“回头看”总结会议召开

2014年7月，中国出版传媒商报社（以下简称《商报》）召开了党的群众路线教育实践活动“回头看”总结会。会上总结了中国出版传媒商报由中国图书商报更名改版后，在集团公司正确领导下，报社采编、营销、服务、管理等各项工作稳步有序，扎实推进，在2013年营收、创利达到新的高点的前提下，2014年仍然顺利实现双十增长目标，并为实现未来三年签约目标奠定良好基础。

2014年上半年，以孙月沐为首的党政领导班子为报社确定的年度主题是“乘风鼓劲　创新跃进”。依据中国出版集团“三六构想”战略目标，结合报社实际，着力在模仿式创新、整合式创新和颠覆式创新上努力突破。突出在内容生产上，首先是做好改版后的新《商报》，提供创新内容，拓展子刊，整合资源，扩大影响，提升品牌；同时在营销、财务、人事管理、企业文化、党建群团等领域全面创新跃进，以社会效益和经济效益双丰收业绩，迎接《商报》前身中国图书商报创建20年和图书发行报创建60年。

2014年7月，中国出版集团调整了《商报》领导班子，孙月沐不再担任商报社长、总编辑、党委书记，调任中版集团党组成员、中版传媒股份有限公司副总经理；《商报》常务副总编辑、党委副书记伍旭升担任社长，副社长、党委委员任江哲担任党委书记。

新的领导班子认真梳理了孙月沐担任《商报》主要负责人以来近十年的工作业绩以及支撑商报高速度发展的战略目标和企业文化精神；根据当前国内外书业发展趋势以及中国出版集团要求，适时提出“承前启后　乘风跃进”的战略目标。从战略高度实现商报跃进规模化、构建现代化、拓展国际化的“三化”目标；总的途径是制度创新、组织再造、活力释放，资源聚变；总的抓手是向上提升，向低下沉。当前目标锁定“六大路向”，即新品质、强渠道、推品牌、兴项目、拓文创、开家教。在强化渠道、拓展资源方面，全力以赴向渠道巩固创新转型，全力挖掘和重塑新华、商超、图书馆等卖场乃至电商渠道价值，扩大网络虚拟渠道通路，打造社会化资源集聚平台，创建大数据时代新媒体新传播资源聚变效应。同时，强化政府渠道、业外渠道、海外渠道的客户资源积累。

因为上述战略目标既有继承性，又有新发展；既有宏观规划，又有具体抓手，具有前瞻性和可操作性，所以《商报》更换新领导班子半年以来，过渡顺利，队伍稳定，目标明确，各项工作扎实推进。

总结一年工作，特别是新领导班子成立以来

的下半年工作，也存在明显不足。一是新领导班子初创，千头万绪的事情排在一起，对长远发展和眼前要务规划不尽合理。二是领导班子虽然议事制度健全，日常工作进展顺利，但是在具体工作中，相互间的思想沟通不够、相互间的批评和自我批评不够。三是《商报》在发展过程中，努力突破瓶颈的空间很大，任务很重，我们已经想到的事情，规划好的事情，有些当机立断，很快见到了成果；但也有一些发展机遇在犹豫不决中失去了机会，或拖延了进程。四是鉴于全国上上下下对“八条规定”以来遇到的作风廉政和职工福利间的平衡关系没有妥善解决，《商报》也遇到同样的问题，长时间以来员工们的正当利益诉求没有完全办好、办实。

上述存在的问题，党政领导班子将抓紧时间尽快研究，拿出切实可行的解决方案。也充分利用党的群众路线教育实践活动“回头看”的机会，进一步广泛征求全体员工意见，接受群众的批评和监督，总结教训，深挖根源，把《商报》的各项工作做好，不辜负党政领导班子的使命，不辜负上级领导的期待，不辜负广大员工的信赖。（郭是海）

人民文学出版社组织复员军人进行国防教育

2014 年 8 月 6 日，在中国人民解放军建军 87 周年之际，人民文学出版社工会组织社里的复员军人赴北方射击场进行打靶活动。活动之后，社党委书记、副社长刘国辉与参加活动人员进行了座谈，勉励他们立足工作岗位，不忘军人本色，严格执行各项规章制度，高效率地完成各项工作任务，为出版社的发展贡献最大的力量。

（王芸菲）

东方出版中心党支部委员、部分青年党员座谈会举行

2014 年 8 月 7～8 日，东方出版中心分别召开各党支部委员、部分青年党员座谈会，就“如何进一步加强东方出版中心党的建设”听取大家意见和建议。党委书记、纪委书记、副总经理董玲出席会议并讲话。

与会同志紧紧围绕“进一步加强东方出版中心党的建设”主题，结合“加强基层党支部建设的认识”、“共产党员如何在本职岗位上发挥和体现先进性的认识”等专题，从企业党建实际出发，踊跃发言，就进一步加强东方出版中心党的建设工作积极建言献策。

座谈会上，董玲就支部委员如何在基层党支部建设中发挥作用，带领党员立足本岗、建功立业、服务群众、努力奉献，青年党员如何在本职岗位上发挥共产党员先进性提出了具体要求。

（金洁蓉）

生活·读书·新知三联书店党委理论学习中心组扩大会议举行

2014 年 8 月 25 日，生活·读书·新知三联书店（以下简称“三联书店”）在四楼会议室召开了党委理论学习中心组扩大会议，专议导向问题。店党委理论学习中心组成员、中层干部共三十余人参加了会议。会议由总经理、党委副书记路英勇主持。

会上，由总编辑翟德芳传达了总裁谭跃在 2014 年集团年中总结会上的讲话精神，以及 8 月 21 日集团加强导向管理工作会议上谭跃的讲话精神。与会的分管领导及部分部门负责人在会上发言，谈了自己的想法和建议。

总经理路英勇在会议总结时指出，要坚持正确的出版导向，就要做到“四结合”：把抓好导向与优化选题相结合；把抓好导向与培育增长动力相结合；把抓好导向与人才队伍建设相结合；把抓好导向与建章立制相结合。相信只要在思想上重视起来，加强领导，又切实落实了集团关于保证出版导向的十二项机制，三联书店就一定能够切实发挥出版“国家队”的作用，既保持正确的出版导向，又实现出版繁荣，把出版事业推向新的高峰。（刘　畅）

东方出版中心党委召开民主党派成员、党外高级知识分子座谈会

2014年9月19日，东方出版中心党委召开民主党派成员、党外高级知识分子座谈会，就“如何进一步加强东方出版中心党的建设和干部队伍建设”，听取大家意见和建议。党委书记、纪委书记、副总经理董玲主持会议并讲话。民主党派成员以及部分党外知识分子参加了座谈会。

与会同志围绕“加强东方出版中心党的组织、思想、作风建设”和“东方出版中心干部队伍建设”以及“党建工作和干部人才队伍建设在东方出版中心事业发展中如何发挥更大作用”等主题，发表了很好的意见。大家对党委这些来在推进党建工作、干部人才队伍建设方面取得的成效予以积极评价，并分别从搞好基层党组织建设、干部队伍建设、青年人才教育培养、人才激励机制、统战工作、企业文化建设等方面积极建言献策。

座谈会上，董玲对民主党派和党外知识分子始终如一关心和支持党建工作表示衷心感谢，就各位民主党派成员、党外知识分子如何进一步发挥“主人翁”精神，更好履行参政议政职能，在事业发展中发挥更大作用提出几点希望和要求。

（金洁蓉）

东方出版中心党委开展党员主题教育活动

2014年9月25日，东方出版中心党委组织全体党、团员和入党积极分子前往上海龙华烈士陵园，开展“缅怀革命先烈、继承光荣传统、共创美好未来”主题教育活动。

在烈士陵园革命烈士纪念碑广场，举行了向烈士敬献花篮仪式和党员集体宣誓仪式。

在讲解员的引导下，同志们参观了革命烈士纪念馆。此次进一步激励全体党、团员和入党积极分子继承光荣革命传统，积聚正能量，增强使命感、责任感，积极投身本职工作，为东方出版中心事业发展贡献自己力量的信心和决心。

（金洁蓉）

中国美术出版总社组织开展“四型”党组织建设系列活动

2014年9月，中国美术出版总社组织开展了“四型”党组织建设系列活动。为更好地贯彻落实党的十八大精神，扎实推进“学习型、创新型、服务型、廉洁型”党组织建设，中国美术出版总社成立了由党委书记汪家明为组长的“四型”党组织建设领导小组，制订了相应的活动计划，推动各项工作的落实开展，使“四型”党组织建设工作取得一定进展。为建设学习型党组织，强化理论建设，总社党委理论中心组坚持领导先行，带头学习习近平同志系列讲话，并在中层干部中开展“社会公德、职业道德、家庭美德、个人品德”的教育活动，在党员中开展“共铸诚信”的主题活动，组织由全体党员和积极分子参加的学习习近平同志讲话精神答卷活动。为创建创新型党组织，推进事业发展，总社党委响应集团提出的创新战略，在工作思路上创新、观念上创新、机制上创新。为创建服务型党组织，为人民服务，为职工谋福利，总社工会牵头创立了“中国美术出版总社工会会员帮扶基金会”。为创建廉洁型党组织，营造和谐氛围，根据集团要求制定《中国美术出版总社关于贯彻落实〈建立健全惩治和预防腐败体系2013～2017年工作规划〉的实施办案》。

（冉　博）

中国出版集团公司到人民文学出版社检查党委“四型”党组织建设情况

2014年10月13日，中国出版集团工会联合会主席，集团直属党委常务副书记、纪委书记王云武、徐静到人民文学出版社就“四型”党组织建设情况进行检查，党委书记、副社长刘国辉等参加了汇报。

刘国辉就集团党委要求的“学习型、服务型、创新型、廉洁型”党组织建设做了汇报。在

汇报过程中，与会人员还就一些问题进行了深入探讨。王云武对人民文学出版社充分利用新媒体技术手段，大力做好微博、微信的宣传推广工作进行了详细了解并给予充分肯定，他还就人民文学出版社今后将党建工作与生产经营紧密结合谈了自己的看法。会上，人民文学出版社部分党员填写了调查问卷。（王芸菲）

中国出版集团公司到中国对外翻译出版公司检查党委“四型”党组织建设情况

2014年10月14日上午，集团公司直属机关党委常务副书记、纪委书记、工会联合会主席王云武到中国对外翻译出版公司（以下简称“中译公司”），检查党委“四型”党组织建设情况。党办主任夏建军就基本情况、建设情况、问题不足、工作思考4个方面做了交流汇报。党委委员崔立与部分支部委员参会。

针对中译公司基层党组织工作中遇到的各种问题，王云武给予了切合实际的指导和帮助。他指出，离退休党员如自觉提出将关系转到社区，支部需积极配合办理，如不提出则关系依然留在所在支部；关于上海党支部的管理问题，可实行“双重管理”，即“以属地管理为主，总部管理为辅”，这样才是党员管理务实的有效办法。

王云武对中译公司党委“四型”党组织建设成果提出了四点肯定。一是肯定了中译公司在工作中规范化、制度化、经常化，赞扬中译公司在工作中的创新是继承基础的创新；二是认为中译公司在组织建设与工作相结合上很有经验，把支部建设在生产第一线，并由部门主要领导担任支部书记，更好地务实，实现“两手抓、两手硬”；三是肯定了评选先进党群组织的创建活动，认为这是一种创新学习的多样化，对于紧密结合工作学习是个很好的办法；四是表扬了中译公司党委在监督问题和从严治党方面提出的诸多设想。他指出，中译公司在这方面有两个办法，一是加强警示教育，二是强化风险防范管理。像“一岗双责”这种在中央都很强调的事情，中译公司依然能够非常关注并认真落实，是非常有意义的；五是肯定了党务文件的归档和管理工作。（王祺昊）

中国出版集团公司举办青年学习贯彻十八届四中全会精神暨学习贯彻习近平总书记“五个坚持”培训班

2014年10月29日，中国出版集团团委、青年联合会在集团公司总部11楼多功能厅举办了集团公司青年学习贯彻党的十八届四中全会精神暨学习贯彻习近平总书记“五个坚持”重要讲话精神培训班。中国出版传媒股份公司副总经理樊希安应邀做了《如何做到坚持正确出版导向》的专题讲座。集团团委书记、青联主席温存主持会议，集团公司青联副主席、中华书局副总经理宋志军、集团团委副书记刘波、集团公司青联副主席牛怿及各单位团组织书记、副书记和集团公司青联委员共90人参加了培训班。

樊希安总结了坚持正确出版导向要遵循的基本原则：一是必须坚持中国共产党领导，二是必须坚持中国特色社会主义制度，三是必须坚持社会主义核心价值观，四是必须坚持弘扬真善美，抵制假恶丑。结合当前一段时期的新形势新精神，坚持正确出版导向要处理好几种关系：一是要处理好坚持党性和人民性二者之间的关系，二是要处理好坚持优秀出版传统和推进社会进步的关系，三是要处理好社会效益和经济效益两个效益的关系，四是要处理好树立导向意识和坚守出版规律的关系。对如何做到坚持正确出版导向，提出如下要求，一是在思想上引起高度重视，二是在行动上高度自觉，三是必须树立大局意识，四是严格执行三审制，于细微处之见精神。

中央党校副教授王巍做了学习贯彻党的十八届四中全会精神辅导报告。中国电子科技集团公司团委书记、青联副主席兼任党群部副主任苏俊做了《汇聚青春力量 奏响时代强音》青年工作经验交流。（温　存）

中国图书进出口（集团）总公司组织开展“我和国旗合个影”主题活动

2014年10月，中国图书进出口（集团）总公司组织团员青年开展了“我和国旗合个影”主题活动，总公司80余名青年员工在公司正门举行了庄严隆重的升旗仪式。“我和国旗合个影”主题活动得到了广大青年员工的积极响应和广泛参与，共收集到各种形式的与国旗合影照片150余张。经评选，图书部孙可等提供的10张国旗合影照片被评为本次活动“十佳合影”，在公司公告栏张贴。本次活动全部精彩照片被编辑印制成活动相册，由公司团委留存。（李　红）

东方出版中心纪委开展党员干部集中警示主题教育活动

2014年11月2日，东方出版中心纪委在全体党员、干部中开展了“讲党性、重品行、作表率”集中警示主题教育活动，激励广大党员、干部发扬优良作风，保持清廉本色，以高度的责任感和使命感积极投身本职工作，在推进中心事业发展中发挥表率作用，团结带领全体员工为实现“振兴东方、争创一流”发展目标努力奋斗。

学习文件精神，弘扬清正廉洁主旋律。2014年11月初，党委组织全体党员、干部认真学习《习近平总书记系列重要讲话读本》、习近平总书记在党的群众路线教育实践活动总结大会及习近平同志在文艺座谈会上重要讲话，引导党员、干部把思想统一到习近平同志系列重要讲话精神上来，把行动落实到中央反腐倡廉部署上来。

纪委结合东方出版中心实际，以党支部为单位，在全体党员中开展了反腐倡廉警句警言征集活动，领导班子成员以普通党员身份，带头撰写警句警言，发挥了很好的引领作用；各党支部认真组织，广泛发动；全体党员积极响应，踊跃投稿。征集活动共收到105条反腐倡廉警句警言。这些警言警句言简意赅，发人深省，催人警醒。

教育活动期间，纪委还组织党员、干部在内网浏览《党风廉政漫画展》。在领导班子带领下，党员、干部纷纷利用工余时间，认真观看《党风廉政漫画展》，从中受到了教育，得到了启示。

另外，还举行了反腐倡廉专题讲座，邀请上海市委党校教授肖昌进做专题报告。党委书记、纪委书记、副总经理董玲主持报告会。总经理李智平出席报告会。肖昌进教授对十八大以来反腐倡廉的新进展，当前反腐倡廉存在的主要问题，十八大以来反腐倡廉的新思路、新举措做了详尽介绍。对深刻领会习近平、王岐山同志重要讲话精神、全面把握反腐倡廉的重要意义作了深入阐述。

董玲在总结讲话中指出，作风建设永远在路上，没有休止符，必须以“踏石留印、抓铁有痕”的精神一抓到底、常抓不懈。她要求全体党员、干部从自身做起，进一步坚定理想信念，扎紧作风“篱笆”，绷紧防腐之弦；正确行使手中权力，忠实履行职责承诺，真正做到让群众满意、让组织放心；时刻注重德行修炼，挡得住诱惑，耐得住寂寞，在本职岗位上扎实工作、做好服务，不断推进东方出版中心事业良性、可持续发展。全体党员、干部纷纷表示，要发挥“一个党员一面旗帜”的作用，勤学为修身，严于律己，带头传递反腐倡廉强音符，立足本职岗位，争创一流业绩，以自己的实际行动为东方出版中心事业的发展添砖加瓦。（金洁蓉）

中国出版集团公司二级企业新任纪委书记座谈会举行

2014年11月4日，中国出版集团公司举行了二级企业新任纪委书记座谈会，集团公司党组书记王涛出席会议并讲话。各二级企业新任的纪委书记李平、顾青、胡建斌、周群、张作珍、林佳红、唐辉参加了座谈会。集团直属机关党委常务副书记、纪委书记王云武主持会议。新任纪委书记结合学习中纪委十八届四次全会精神，畅谈对纪检工作的认识及如何抓好本单位纪检工作的思路。

王涛强调，各位新任纪委书记，责任重大。一是要认真学习党章和党的十八届三中全会精神。我们要紧跟中央的步伐，严肃认真地抓好纪检工作。二是要全面了解纪委的工作职责。严格按照组织程序开展纪检工作。三是要认真学习贯彻中纪委十八届四次全会精神，加强党内法规制度建设。

关于近期纪委工作，王涛强调，第一，纪委要协助党委建立健全党风廉政建设责任制。第二，纪委要参与本单位“三重一大”的具体决策，尤其是重大工程采购、招投标等，纪委要全程参与。第三，加强党风廉政教育，营造风清气正的廉政环境。第四，加强纪检干部队伍建设。纪委委员要尽快到位。第五，新任纪委书记要尽快进入情况，履行职责，不断提高自己的工作能力。

新任纪委书记在座谈中认为，作为新任纪委书记，充分认识纪委工作的重要性，加强党章党纪学习，贯彻中纪委四次全会精神，组织党员进行学习培训，妥善解决群众来访等问题。

（温　存）

中国出版集团公司举办工会、女工工作会议

2014年11月19～21日，中国出版集团公司举办工会、女工工作会议。集团直属机关党委常务副书记、纪委书记、集团工会联合会主席王云武做总结讲话。集团工会联合会副主席杭连生、柏万良，集团女工委副主任权舆，集团各单位工会主席、副主席、办公室主任、女工负责人近60人参加了会议。

此次会议旨在学习贯彻党的十八届四中全会精神和习近平总书记关于加强基层工会建设的重要批示精神，以及全总关于加强基层工会建设的意见和五年工作规划，提高工会依法治会、依法建家的能力和水平。中国劳动关系学院教授冯同庆结合贯彻落实党的十八届四中全会精神，讲解了工会组织和工会干部如何在法律法规框架内做好工会工作，提高工会组织依法治会水平和工会干部依法办事能力。全总基层组织建设部副部长张晓辉结合学习贯彻习总书记重要批示，讲解了如何贯彻落实全总《中华全国总工会关于新形势下加强基层工会建设的意见》和《中华全国总工会基层组织建设工作规划（2014～2018年）》，加强基层工会建设特别是职工之家建设，实现“两个信赖”。

王云武在讲话时提出五点要求。一是学习贯彻习近平总书记重要批示精神，增强做好工会工作的责任感和使命感。二是贯彻落实全总关于加强基层工会建设的意见和工作规划，做好打基础、抓长远的工作。三是加强制度建设，提高工会工作的法制化、规范化水平。四是抓好基层干部队伍建设，提高专兼职工会干部素质和能力。五是加强职工之家建设，提高建家水平。

会上，各单位工会交流了2014年工作总结和2015年工作计划，进行了分组讨论。集团女工委表彰了优秀女工集体和个人，并颁发了奖牌和荣誉证书。

（温　存）

中国出版集团公司学习贯彻党的十八届四中全会精神报告会举行

2014年11月20日，中国出版集团公司在11楼会议室举行了学习贯彻党的十八届四中全会精神报告会，中央党校科研部洪向华教授为大家讲解了党的十八届四中全会精神。报告会由集团党组书记王涛主持。集团公司领导班子成员及处以上干部、各单位领导班子成员共100多人参加了报告会。

洪向华教授首先解读了为什么要全面推进依法治国，怎样全面推进依法治国。重点讲解了党的十八届四中全会决定中影响和改变党员干部群众工作生活的50项新思想、新论断、新举措。大家清晰地认识到，中央将更加注重发挥法治在国家治理和社会管理中的重要作用，这对于高扬人民民主的光辉旗帜，坚持和发展中国特色社会主义政治发展道路，全面建设小康社会具有直接的重要意义。

王涛强调，党的十八届四中全会明确提出了全面推进依法治国的指导思想、总体目标、基本原则，提出了关于依法治国的一系列新观点、新举措，回答了党的领导和依法治国关系等一系列重大理论和实践问题，是加快建设社会主义法治国家的纲领性文件。集团公司全体党员干部要把学习贯彻全会精神作为重大政治任务，切实把思想和行动统一到全会精神上来，开拓创新、扎实工作，为建设社会主义法治国家做出贡献，为实现建设国际著名出版集团的目标努力奋斗。

（温　存）

中国出版集团公司举办第一期纪检干部培训班

2014 年 11 月 25～12 月 26 日，中国出版集团公司直属机关纪委举办了第一期纪检干部培训班。直属机关党委常务副书记、纪委书记王云武做总结讲话。集团公司各单位纪委书记、纪委委员、各党支部纪检委员 40 人参加了培训。

此次培训旨在学习贯彻党的十八届四中全会和中纪委十八届四次全会精神，用两次全会的精神指导集团的纪检工作，提高集团纪检工作水平，为深入推进集团公司党风廉政建设和反腐败斗争做出新的更大贡献。中央党校张希贤教授结合贯彻两次全会精神，从历史的角度讲解了在法治中国建设中如何落实从严治党。中央党校任铁缨教授从现实的角度梳理了党的十八大以来有关党风廉政建设的精神，讲解了如何落实十八届四中全会精神，深入开展党风廉政建设，提出了相应对策。

王云武在总结讲话时就进一步贯彻落实党的十八届四中全会和中纪委十八届四次全会精神，加强集团纪检工作提出了五点要求。一是继续深入学习两次全会精神。二是进一步建立健全党的各级纪检组织。三是严格执行党的纪律，特别是党的政治纪律和组织纪律。四是要按照中央的总要求建立符合实际的规章制度。五是落实两个责任。

培训班上，各单位纪检干部交流了学习心得体会，就如何结合集团公司实际，贯彻中纪委四次全会精神抓好纪检工作进行了分组讨论。大家一致认为，收获很大。一是培训特点明显。二是培训重点突出。三是培训收获颇多。　（温　存）

中国图书进出口（集团）总公司（本部）第十一届二次职工代表大会召开

2014 年 11 月 26～27 日，中国图书进出口（集团）总公司（本部）十一届二次职工代表大会召开。本次大会正式代表 77 名，根据会议需要，未当选代表的部门党政负责人共计 11 人以列席代表的身份参加本次会议。会议实到正式代表 62 名。全体职工代表围绕“改革创新，融合发展”的大会主题，认真履行职责，听取审议报告，深入讨论，建言献策，圆满完成了大会任务。

11 月 26 日下午，中国图书进出口（集团）总公司（本部）十一届二次职工代表大会预备会召开。会议听取了工会副主席任长江做的《关于本次大会筹备情况和上次职代会提案处理情况的报告》、工会经费审查委员会委员靳跃亮做的《2013 年工会经费审查报告》，表决通过了本届职代会主席团成员名单以及大会议程和日程安排。大会主席团推选副总经理、纪委书记林佳红为大会执行主席。

11 月 27 日上午，中国图书进出口（集团）总公司（本部）十一届二次职工代表大会正式开幕。会议听取了总经理张纪臣做的题为《改革创新 融合发展 构建数字时代大中盘》的工作报告。

会议还听取了计划财务部经理张明霞做的《中国图书进出口（集团）总公司 2013 年财务决算及 2014 年财务预算的报告》、听取并举手表决通过了行政部经理杜树江做的《中国图书进出口（集团）总公司 2013 年福利费使用情况及 2014 年职工福利报告》。

会议期间与会代表还围绕“改革创新，融合发展”的大会主题进行了分组讨论。代表们对加快公司改革、推进战略转型，提出了有益的意见

和建议。大会共收到代表各类提案 21 件，有效提案 21 件。（李　红）

中国出版集团公司举办第二期纪检干部培训班

2014 年 12 月 2～3 日，中国出版集团公司直属机关纪委举办了第二期纪检干部培训班。集团公司及各单位纪委书记、纪委委员、各党支部纪检委员 50 人参加了培训。集团公司党组书记王涛做总结讲话。

王涛说，学习贯彻中纪委四次全会精神，必须牢牢把握几个要点。一是学习贯彻中纪委四次全会精神，必须与党的十八届四中全会精神相结合；二是学习贯彻中纪委四次全会精神，必须坚持从严治党，切实担负起管党治党的政治责任；三是学习贯彻中纪委四次全会精神，必须坚定不移地推进党风廉政建设和反腐败斗争。

关于如何紧密结合集团公司实际，用中纪委四次全会精神指导党风廉政建设和反腐败斗争，王涛强调了以下五点：一是要坚持依法执纪，依规管党治党建设党。二是要严格落实党风廉政建设党委主体责任和纪委监督责任。三是要以完善惩治和预防腐败体系为重点。四是要加大惩治腐败的力度，对腐败现象零容忍。五是要加强集团公司纪检干部队伍建设。

集团直属机关党委常务副书记、纪委书记王云武做开班动员。中国纪检监察报社社长、中央纪委宣教室主任李本刚讲解了如何认真贯彻落实中纪委四次全会精神，结合实际工作把从严治党的要求落到实处。中央党校任铁缨教授从现实的角度梳理了党的十八大以来有关党风廉政建设的精神，就如何落实十八届四中全会精神，深入开展党风廉政建设，提出了相应对策。培训班上还组织大家观看了廉政教育录像片《腐蚀与反腐蚀》。就如何结合集团公司实际，贯彻中纪委四次全会精神抓好纪检工作进行了分组讨论。

（温　存）

重大项目

ZHONGDAXIANGMU

国家级重大项目

《中国近代小说编年史》（6卷）

“十二五”国家重点图书出版物出版规划项目；2012年度国家出版基金项目。2014年1月人民文学出版社出版。

《中国近代小说编年史》是一部将1840年至1911年间有关小说发表、出版、评论、作者、期刊、社会关系等史料，按照时间顺序，综合编排在一起的著作。记载了从道光二十年（1840）至宣统三年（1911）72年中国小说的写作过程、出版状况、研究观点、作家活动，等等。本项目共6卷（册），3 000千字。采用介于年谱与文学史之间的一种史料编排体例，按时序汇总各种资料。介入的层面较多，如新作品问世、已有作品再版、作家概况、重要理论观点、清政府及租界关于小说的政策、出版小说的书局与期刊、创作地域分布等，显示出规模上的系统性与时间上的连贯性，从而提供了一个较开阔的、读者可各取所需的史料空间。

本书体例的创新，其资料搜集的完备性、规模上的系统性、时间上的连贯性、梳理作品的细致性、使用时的方便性，给近代小说的进一步研究提供了许多资料与便利，因此本书也是一本较实用的工具书，迄今为止，国内外尚未见与本书相类似的研究。

作者陈大康，华东师范大学教授，博士生导师，国务院学位委员会委员，国家社科基金评审委员会委员。曾出版过《通俗小说的历史轨迹》《明代小说史》等专著，整理过《今世说》《张文虎日记》等，发表学术论文百余篇。（甘　慧）

《杜甫全集校注》（12卷）

“十二五”国家重点图书出版物出版规划项目；2012年度国家出版基金项目。2014年1月人民文学出版社出版。

收录杜甫的全部作品（二十卷诗、二卷文赋），每首诗（文）又分题解、注释、集评、备考、校记。以《宋本杜工部集》为底本，校以十四种宋元刻本及明抄本《新定杜工部古诗近体诗先后并解》，又以《太平御览》等参校。附年谱简编、传记序跋选录、诸家咏杜、诸家论杜、重要杜集评注本简介。全书共12卷（册），6 800千字。

该书力求编写出一部编录谨严、校勘审慎，注释详明、评论得当的带有集注集评性质的新校注本，既要集大成，又要成一家言，把集众说与树己见很好地统一起来。

主编萧涤非（已故），山东大学教授，著有《汉魏六朝乐府文学史》等。执行主编张忠纲，山东大学教授，博导。主编过《全唐诗大辞典》、《杜甫大辞典》等，整理有《杜甫诗话六种校注》等，主要研究唐代文学。现为唐代文学研究会副会长。副主编廖仲安，首都师大教授。唐代文学研究专家，著有《杜诗学》等。副主编郑庆笃，山东大学教授。唐代文学研究专家，整理有《皮子文薮》，与冯建国合编有《杜集书目提要》等。副主编冯建国，山东大学教授，唐代文学研究者。（甘　慧）

“汉译传记丛书”

“十二五”国家重点图书出版物出版规划项目。人民文学出版社于“十二五”期间相继出版了24种汉译传记图书，2014年出版了6种图书。

“汉译传记丛书”聚焦优秀外国传记文学作品，传主多为对人类发展影响深远的历史人物。大卫·阿佐等作者大多是优秀传记文学作家，李玉民等译者多为优秀文学翻译。

传记文学，在中外都有着悠久的历史，也是广大读者所喜闻乐见的文学体裁。为满足广大读者的需求，“汉译传记丛书”拟收入对世界历史文化名人的优秀传记。所收传主，多为在人类历史发展中或起过重大作用或发生重大影响的人物，包括思想家、政治家、科学家、文学家、艺术家、实业家等。整体项目拟推出百余种，分辑出版，每辑十种。先推出前两辑，第一辑收入：丘吉尔传、安德鲁·卡内基自传、梵高传、肖洛霍夫传、汉姆生传、陀思妥耶夫斯基传、爱因斯坦传、麦克尔·杰克逊传、泰戈尔传、哥伦布传；第二辑：切·格瓦拉传、希特勒传、托洛茨基自传、弗洛伊德传、帕斯捷尔纳克传、索尔仁尼琴传、约翰·列侬传、萨特传、拿破仑传、罗伯斯庇尔传。（甘　慧）

《王蒙文集》（45卷）

2014年国家出版基金项目。人民文学出版社2014年1月出版。

《王蒙文集》是中国当代重要作家王蒙60余年来文学创作的全部总结及展示，共45卷（册），16 000千字。

1至8卷为长篇小说，9至15卷为中短篇小说，16至18卷为散文随笔，19卷为诗歌，20卷为专栏文章，21至23卷为文学创作论，24至28卷为演讲录、谈话录，29至34卷为《红楼梦》研究系列，35至39卷为老庄研究系列，40至43卷为自传系列，44、45卷为代言、建言及附录。其创作以小说为主，兼及古典文学、社会历史、思想文化。

王蒙，中国当代重要作家，1953年开始创作并发表作品，因短篇小说《组织部来了个年轻人》而成名。其代表作有长篇小说《青春万岁》《活动变人形》《青狐》、“季节”系列长篇小说等，中短篇小说集《深的湖》等，散文随笔集《德美两国纪行》《靛蓝的耶稣》等，诗集《旋转的秋千》，评论集《漫话小说创作》，古典文学研究专著《红楼启示录》等，演讲集《王蒙说》等。作品被译成英、法、德、意、日、俄等二十多种文字，在国外出版发行。（甘　慧）

《冯雪峰全集》（12卷）

2014年国家出版基金项目。人民文学出版社编辑出版。

收入冯雪峰一生创作的诗歌、寓言、散文、杂文等文学作品和文艺理论研究、鲁迅研究等专著、论文以及30年代大量翻译介绍的苏联文艺理论著作和文学作品；另外收入他的书信、日记、为外调而写回忆材料等文字。很多都是第一次披露。本项目共12卷（册），约5 000千字。

冯雪峰（1903～1976），诗人、作家、翻译家、文艺理论家、出版家。是中国现代左翼文学运动最杰出的领导者之一。曾任左联党团书记，中共江苏省委宣传部长，江西中央苏区苏维埃政府候补委员，中央苏区党校教务长，副校长。参加二万五千里长征。在政界、军界、文艺界从事革命活动。共和国成立后曾任上海市文联副主席，人民文学出版社社长兼总编、《文艺报》主编、中国作协副主席、党组书记。著作《湖畔》《真实之歌》，翻作《新俄文学的曙光期》《新俄文艺政策》等多部。（甘　慧）

《20世纪中国新诗理论史》（2卷）

2014年国家出版基金项目。人民文学出版社编辑出版。

《20世纪中国新诗理论史》是第一部完整描

述20世纪中国新诗理论发展全过程的著作。参照历时态的传统文学理论与共时态的当代文学理论的诸种观点和模式，并从人文科学、自然科学等多种学科中汲取新的观念，对百年中的诸种诗学现象予以了多维度、多侧面、多层次的梳理和探究。作为国家社科基金项目的最终成果，该书是对20世纪中国新诗理论形态及其发展历程的系统总结，凝聚了当代诗歌理论工作者对于近百年的中国新诗理论的思考。本项目分为上下两卷，共计894千字。

作者吴思敬，诗歌评论家。现任首都师范大学文学院教授、博士生导师，《诗探索》主编，中国当代文学研究会副会长，中国诗歌学会副会长。长期从事诗歌理论研究和中国当代诗歌批评工作。主要学术著作有：《诗歌基本原理》《诗歌鉴赏心理》等。多部著作获得学术界优秀成果奖。

（甘　慧）

《新时代汉英大词典》（第2版）

国家“十二五”重点图书出版规划项目。2005年立项，2014年1月商务印书馆出版。

大型综合性汉英双语工具书。词典在许多方面体现了“求新”“求确”“求实”的原则，大量增补新词、新义、新例，着力反映新世纪涌现的鲜活语言；改变字头的排列，同一音节的字由原先按起笔笔形排列先后，改为按笔画多少排列顺序；吸取汉语学术界最新成果，给汉语字词标注词类，区分词与非词，尽量兼顾词义及英语用法，并坚持英语释义在词性上与之一致。同时，进一步改进释义和例证，引导读者更好地理解和使用语言；考虑到当前英语词典的趋势和中国读者使用上的方便，在应该使用冠词的地方一律加上冠词a、an或the，在英语动词原形前加to。为方便读者并与国际同类辞书接轨，本次修订使用了大量插图和表格；为方便某些不懂汉语拼音的老年读者和海外华人读者，在汉字字头音节划分处和天眉上都使用了汉语传统注音字母。词典总字数约1 200万，收录条目约15万，其中包括2万余条科技术语和专名，另有插图200余幅。本词典由知名学者、第1版定稿人之一潘绍中教授主持修订，40多位英语、汉语和科技专家共同完成。是广大英语学习者、尤其是汉英翻译工作者不可或缺的案头工具书。

（张显奎）

《新时代俄汉详解大词典》

国家出版基金项目。中国出版集团公司重点出版项目，商务印书馆“十二五”规划重点出版项目，2004年7月立项。商务印书馆2014年12月编辑出版。

大型综合性俄汉双语工具书。该词典是在《俄汉详解大词典》（黑龙江人民出版社，1998年版）的基础上，由李锡胤、郑述谱、潘国民等53位俄语权威专家学者组成的超强团队历时10余载倾力打造、编纂而成。本词典的特点是：1. 收词300 000余条（其中包括体现俄语近20年变化的新词达54 000余条），内容涵盖面广；2. 释义手段丰富，解释详尽细致，包含译解、详解、派生关系、同义词、反义词、拉丁文学名、使用范围、修辞特征、专业属性等；3. 词义划分严谨，区分意义、意味和特用三个层次；4. 例证丰富贴切，大量援引书证；5. 适量收录专业术语，从多学科、多视角展示俄语的现状，针对中国读者实际需要提供百科性释疑；6. 附有《名词变格表》《动词变位表》等实用附录22种。全书共分四卷，约2 950万字。可供俄语教师、学生、翻译工作者及各学科领域的俄语工作者使用。

《新时代俄汉详解大词典》首次尝试采取独特的审读、编辑加工、校对、设计、排版、分期分批滚动交叉进行的方式，实现了编辑流程的无缝对接，以缩短出版周期，提升产品质量。

（王立新）

涵芬楼连锁书店体系与“价值阅读”品牌示范店体系建设项目

财政部文化产业发展专项资金资助项目，2014年立项，商务印书馆承担实施。

根据《财政部关于追加2014年文化产业发展专项资金的通知》（财文资〔2014〕22号），中国出版集团公司拨付商务印书馆有限公司文化产业发展专项资金“中国出版集团公司系列特色实体书店项目”经费，用于涵芬楼连锁书店体系与“价值阅读”品牌示范店体系建设。商务印书馆将拨付经费重点用于涵芬楼连锁书店总店和阅读体验中心的升级，还包括与优质资源合作，开办新的连锁店，以及在全国建设1 000家价值阅读品牌示范店。2014年，举办了“重读经典·倡行价值阅读”研讨会暨“经典名著·大家名作（译）”丛书出版座谈会、商务印书馆（南宁）阅读体验店暨价值阅读品牌示范店揭牌仪式等活动。（兰　月）

点校本“二十四史”及《清史稿》修订工程

国家“十一五”重点图书出版规划项目。国家古籍整理出版“十一五”重点规划项目。中华书局编辑出版。

针对中华书局1959～1977年间出版的点校本“二十四史”及《清史稿》而开展的一项修订工程。由中华书局立项并组织全国十余所高校和研究机构的三百余位学者进行修订。

自1959年《史记》出版，到1977年《宋史》面世，点校本“二十四史”及《清史稿》全部出齐，至今已有30多年。由于当时政治、经济、意识形态等客观条件的制约，整体学术水平的限制，各史均存在不同程度的缺点和遗憾。为适应新时代学术发展和读者使用的需求，亟须全面修订。2005年初，中华书局开始着手点校本“二十四史”及《清史稿》修订的前期调研工作，引起史学界、文献学界的广泛而积极的响应。党和政府对修订工作十分重视和支持。2005年11月，国务院总理温家宝和国务委员陈至立分别对修订工作做出重要批示，要求重视和支持古籍整理出版事业，解决资金和人力问题。2006年4月，“二十四史”及《清史稿》点校本修订工程正式启动，并获得国家专项资金支持。

2014年，《史记》（修订平装本）顺利出版；《新五代史》《旧五代史》已交稿，进入校对环节。此外，点校本“二十四史”及《清史稿》修订工程其他各史继续稳步推进，坚持抓好进度管理、资金管理、信息交流、资料积累各项工作，预计2015年出版《新五代史》《旧五代史》等。

（梁　彦）

《龙泉司法档案选编》

2011年度国家出版基金项目。中华书局2014年出版《龙泉司法档案选编》（第二辑，一九一二——一九二七）。

本书收入龙泉地区所藏晚清至民国时期司法档案。上自咸丰元年（1851），下至1949年，共计一万七千余卷，多达八十八万页，数量极为庞大，多侧面地折射出清代民国时期地方社会的世相百态，是研究清代特别是民国时期的地方司法、日常生活、社会变迁等诸多侧面的珍贵史料。为方便学者查询利用，浙江大学地方历史文书编纂与研究中心将这批档案重新整理，以案件起始时间为序编排，编写提要，附入档案原件。

这批档案具有资料独占、内容翔实和整理细致三大特点。首先，这批档案是目前所知民国时期保存最完整、数量最大的地方司法档案。其次，这批档案一方面清晰记录了中国法律制度和司法实践，从传统到近代变革的完整过程；另一方面也记录了近代地方社会结构、经济形态、家庭婚姻、民众观念等方面的变迁，实际涉及民众生活所有内容。最后，选编工作依据新编的索引目录，将散布于不同卷宗中同一案件的文书集中起来，按时间顺序重新编排，然后从中选取典型案例，以分辑出版。

预计2017年出版《龙泉司法档案选编》其他各辑。（梁　彦）

《中国地域文化通览》

2011年度国家出版基金项目。中华书局编辑出版。

《中国地域文化通览》于2007年由中央文史研究馆牵头、举全国文史馆之力编撰的一套大型文化丛书，是共和国成立以来组织全国各地专家学者编撰的第一部地域文化丛书。袁行霈担任主编。

该丛书作为分行政区撰绘的“文化地图”，共分34卷，1 800万字，概要展示了中华文化的基本面貌与内涵以及各地域文化的发展脉络和文化特色。该丛书以文为主，适当配图，年代上限自有文字记载开始，下限原则上截至辛亥革命。各卷的编撰工作要求理论性和史料性相结合，文风简约，图文并茂，史笔、议论、才情三者交融，充分体现当前学术研究水平，使之具有涵盖性、学术性、可读性。

该丛书自2007年开始各分卷的编写工作。经过编委会与分卷作者三上三下的反复修改，2010年进入各分卷书稿评审阶段，2011年起陆续出版。2014年，该丛书出版《湖北卷》《河北卷》《黑龙江卷》《山西卷》《贵州卷》《重庆卷》《新疆卷》《广东卷》《河南卷》《天津卷》《台湾卷》。

（梁　彦）

《王力全集》

2012年度国家出版基金项目。中华书局编辑出版。

《王力全集》完整收录王力的学术专著三十余种，包括《汉语史稿》《汉语语音史》《汉语语法史》《汉语词汇史》《中国语言学史》《清代古音学》《中国现代语法》《中国语法理论》《汉语语法纲要》《汉语音韵学》《同源字典》《诗经韵读》《楚辞韵读》《康熙字典音读订误》《博白方音实验录》《汉语音韵》《音韵学初步》《汉语诗律学》《广东人怎样学习普通话》《江浙人怎样学习普通话》《诗词格律》《诗词格律概要》《王力古汉语字典》《词类》《虚词的用法》《有关人物和行为的虚词》《字的写法、读音和意义》《谈谈汉语规范化》《汉字改革》《观念与语言》等以及学术论文200余篇、译文20余种和各类文学创作作品。

王力是我国著名语言学家，其著作涉及汉语研究的多个领域，在汉语发展史、汉语语法学、汉语音韵学、汉语词汇学、古代汉语教学、文字改革、汉语规范化、推广现代汉语普通话和汉语诗律学等领域取得了杰出成就，在诗歌、散文创作和翻译领域也卓有建树。

2014年，《王力全集》第七、十一、十二、十五、二十一卷出版，第九、十七、十八、十九、二十、二十四卷在编辑加工过程中，第二十二、二十三、二十五卷在补充收集资料和编辑审读过程中。

（梁　彦）

《商周金文辞类纂》

2012年度国家出版基金项目。中华书局2014年出版。

《商周金文辞类纂》是商周金文的研究类工具书，充分吸收前贤时哲的金文考释成果，借鉴前人编写甲骨文、金文等古文字类纂以及其他传世文献类纂的经验，汇集2011年之前公布的商周铭文材料，以单字为经，以释文为纬，并配以摹本，穷尽搜集金文单字在铭文当中所有文例的一部著作。全书共分为十六卷，字头以《说文》部首为序排列，摹本与释文则先按义类，后按时代排列，然后辅以多种检索手段，以方便学界查检。

《商周金文辞类纂》汇集了学界考释金文字词的研究成果，在字形释定、词义训诂等方面反映商周金文研究的新进展。同时，作为一项基础性的工作，该书的编写，对于日后金文字典、词典、诂林编写工作的开展必将起到有力的推动作用。

（梁　彦）

《中国南海史料文献集》

2012年度国家出版基金项目。中华书局编辑出版。

《中国南海史料文献集》是包括涉及南海问题的一千八百余份史料、文件、地（舆）图等有关主权属我的证据资料，计六千余幅影印图的史料集成。全书共分为“中国有关南海诸岛主权属我的文献”“外国及国际社会承认南海诸岛主权属我的文献”“中国有关南海诸岛主权属我的地图”和“外国有关南海诸岛主权属我的地图”四部分，按照年代排序。全部资料均采集于方志、文电、地（舆）图、图书、报纸、期刊等多种载体，采用原件影印图形式，以确保其原始面貌，凸显其真实性。每件文献前撰写提要。

2014年，该项目作者方已完成补充编纂交稿，中华书局完成审读加工，进入上报备案阶段。（梁　彦）

《中国钓鱼岛主权文献集》

2012年度国家出版基金项目。中华书局编辑出版。

《中国钓鱼岛主权文献集》系统证明有关我国钓鱼岛主权的文献、舆图等资料的史料集成，共六十余万字，收录二百余幅图片。全书分为“从中日史籍看钓鱼岛主权归属”“钓鱼岛相关地图考释”“钓鱼岛与国际法理”三部分，提供钓鱼岛主权属于我国的历史证据。其出版价值在于对涉及钓鱼岛的资料进行搜集、整理、甄别，资料全面、系统；以高度的权威性有力地证明了钓鱼岛主权属我国所有，具有极强的现实意义；某些史料具有珍贵的学术价值和历史价值，对它们的出版，具有保护作用。

2014年，该项目作者方已完成补充编纂交稿，中华书局完成审读加工，进入上报备案阶段。（梁　彦）

《中国美德读本》

2012年度国家出版基金项目。中华书局2014年出版。

本书可看作著名作家苏叔阳主编的《中国读本》的姊妹篇。作者约请多位作家，结合中国传统美德和当今社会普遍的价值观，用一百多个感人、质朴的故事，生动地展示了道德的魅力、人格的光辉，并配以手绘插图、歌曲、诗词，旨在全方位地打造出一本具有中国特色、反映时代风貌、为“中国梦”提供有力道德支撑的美文读本。本书记述的一个个动人的故事，如同涓涓细流，最终汇聚成中华民族最宝贵的财富和发展不竭的动力。（梁　彦）

《长沙马王堆汉墓简帛集成》

国家古籍整理出版“十二五”重点规划项目。2012年度国家出版基金项目。中华书局2014年出版。

20世纪70年代初，在长沙马王堆汉墓出土大批帛书、帛画、简牍等，震惊世界。马王堆所出有字简帛文献总计达50余种，包括《周易》经传、《老子》甲乙本、《战国纵横家书》、《春秋事语》、《天文气象杂占》、《阴阳五行》、《刑德》、《五星占》、《相马经》、《养生方》、《导引图》、《房内记》、《胎产书》、《太一祝图》、《地形图》、《府宅图》、《居葬图》、《天下至道谈》、《遣册》等。这些文献用篆书、隶书和介于篆隶之间的草隶写成，内容涉及战国至西汉初期政治、经济、哲学、历史、天文、地理、医学、军事、体育、文学、艺术等众多领域。从出土至今，马王堆汉墓帛书简牍的整理已超过40年，经过众多专家的深入研究，取得了丰硕成果，但也有少部分帛书文献或因深奥难懂，或因过于残碎而拼接较为耗时，未能全部完成整理研究工作。因此，由湖南省博物馆、复旦大学出土文献与古文字研究中心和中华书局三方合作的《长沙马王堆汉墓简帛集成》的编纂工作，于2008年9月正式启动。这项工作的目的，是在20世纪70年代以来马王堆汉墓帛书整理小组和湖南省博物馆的帛书整理工作以及马王堆一号墓和二、三号墓的发掘报告对遣册等资料的整理工作的基础上，吸收新出研究成果，全面整理并完整发表马王堆汉墓出土的所有简帛资料。《长沙马王堆汉墓简帛集成》分七册，第一、二册为整理图版，第三至六册为释文注释，第七册为原始图版。（梁　彦）

《中华民国时期外交文献汇编（1911～1949）》

2014年度国家出版基金项目。中华书局编辑出版。

《中华民国时期外交文献汇编（1911～1949）》通过搜集1911～1949年中华民国时期的各类外交文献汇编而成。内容涵盖中华民国各历史时期，突出北京政府、民国政府前期和抗战时期外交，展现我国在困难而错综复杂的国际环境中办理外交的艰苦历程，较大程度地还原了民国时期外交史真相。所收文献主要由三方面构成：一是广泛辑录各类已刊专题档案资料集、政府公报、外交公报、报纸杂志报道、当事人日记、回忆录及未刊档案文献；二是中国第二历史档案馆等集中提供的馆藏民国时期各类外交档案，很多档案系首次公开发表；三是大量翻译各国已刊外交文件集和未刊档案，以及收藏于英国、美国、俄罗斯、日本等国的档案文献。全书共1 000万字，由中国社会科学院近代史研究所所长王建朗担任主编。

2014年，《中华民国时期外交文献汇编（1911～1949）》通过国家出版基金立项，作者方正在汇编稿件。

（梁　彦）

《海外中医善本古籍丛刊》

2014年度国家出版基金项目。中华书局编辑出版。

中国传统医学是具有世界影响力的文化符号，然而大量中医古籍散佚海外，实为憾事。自20世纪90年代以来，郑金生、张志斌、真柳诚等中外学者共同筹划，深入世界各国进行文献调查，复制回归散佚海外的古医籍。本书即是该团队多年工作成果的集中展现。全书门类广泛，内容全备，版本珍善。全书收录散佚海外的珍稀中医古籍427种，全文影印，图22万幅，成书402册。另有提要一册。所收录古医籍含医经医理类20种、伤寒温病类28种、诊法类24种、针灸类10种、本草类30种、医方类93种、临证综合类77种、临证各科类115种、养生类8种、丛书合刊书17种、其他类5种。

2014年，《海外中医善本古籍丛刊》通过国家出版基金立项，作者方正在汇编稿件。

（梁　彦）

《中央档案馆藏日本侵华战犯笔供选编》

2014年度国家出版基金项目。中华书局编辑出版。

以影印的方式对日本侵华战犯的自笔供述作无删节修改的全面呈现。中央档案馆与中华书局合作影印编辑出版。本书拟分两辑出版，共选收800多名日本侵华战犯的笔供，按战犯人名编录，按照档案号（每人一案一号）顺序排列。每位战犯均收录有身份照片。每份笔供档案前都设有中英文提要，提要包括战犯简介（籍贯、年龄、职历、军历、侵华时间、被俘和被俘时间）及重要罪行的条述。笔供内容包括“笔供”及“补充笔供”（其补充、更正、附言等），除个别直接以中文书写外，均包含当时的中文译文及日文原文，另外，还包括档案原有的一些疏误，如个别页码排列等，均保持档案原貌，未作改动或说明。其中绝大部分供述为首次公布，具有极大的历史价值。第一辑拟分为50册，涉及战犯327人，档案超过26 000页。

日本侵华战犯的笔供，是他们在侵略中国战争中所犯罪行的自供状。通过笔供可以看到，日本侵略者侵华期间，肆意屠杀、抓捕、奴役和毒化中国人民，制造和使用细菌武器、化学武器，进行人体活体试验，进行细菌战、毒气战，建立慰安所，强征“慰安妇”——日军性奴隶，强奸妇女，掠夺物资财物，毁灭城镇乡村，驱逐和平居民，犯下了一系列违反国际准则和人道主义原则、超出善良人们想象和人类道德底线的罪行。

2014年，《中央档案馆藏日本侵华战犯笔供选编》通过国家出版基金立项，作者正在汇编稿件。

（梁　彦）

《中印文化交流百科全书》

国家“十二五”出版规划项目，2012年度国家出版基金项目，由中国大百科全书出版社2014年6月出版。

以学术界普遍认可的文化概念为基础，遵循实事求是的原则，以史实为依据，对2 000多年来中印两国的贸易往来、科技交流、佛教交流、哲学交流、语言学交流、文学交流、艺术交流、民俗养生健身交流、交通交流、外交往来、学术交流等方面进行总结与描述。客观准确地反映中印两国在历史上的双向文化交流。全书共设置条目近800条，内含4 000多个知识主题，约110万字，配图1 300多幅。

2010年12月，时任国务院总理温家宝访问印度期间，与时任印度总理辛格共同发表了《中华人民共和国和印度共和国联合公报》，确定编纂出版《中印文化交流百科全书》。

2014年6月，经过中印两国学者和出版人3年多的不懈努力和勤奋工作，《中印文化交流百科全书》中英文版同步出版。2014年6月30日，《中印文化交流百科全书》中英文版出版发布会在北京人民大会堂举行，国家副主席李源潮、印度副总统安萨里出席发布会，并为该书首发揭幕。《中印文化交流百科全书》的出版，是中印两国文化交流与合作的新成果，是中印两国开展重大文化项目合作的成功范例。（尹添铭）

《新闻传播学大辞典》

国家“十二五”出版规划项目，中国大百科全书出版社2014年6月出版。

科学、系统地总结了新闻传播学科的基础理论概念和系统知识体系，涵盖了互联网传播、移动终端传播、公共传播、跨文化传播、媒介化社会等领域的最新研究成果。正文分为13部分，包括新闻学理论、传播学理论、新闻伦理与法、新闻传播业务、传播媒介经济学、广告学与公共关系学、新闻传播媒介、新闻传播事件、新闻传播界人物、新闻传播教育、新闻传播管理机构与组织、新闻传播奖项、网络传播技术。收入词条6 811条，计220万字。辞典整体框架完整，知识体系完备，堪称新闻传播学科的知识宝库。大辞典中对于1993年以来特别是21世纪的新概念、新进展，诸如移动终端、微博、微信等词条也都予以吸收，凸显了新闻传播学科最近20多年的发展新成果。

该书由新闻传播学泰斗甘惜分、方汉奇担任顾问，著名学者童兵、陈绚主编，中国人民大学新闻学院、复旦大学新闻学院、中国传媒大学、中国社会科学院新闻研究所等全国26家高校和研究所的近200名新闻传播学专业人员共同参与撰写。（尹添铭）

《音乐百科全书》

国家“十一五”出版规划项目，2012年度国家出版基金项目。中国大百科全书出版社2014年12月出版。

大型综合性音乐百科全书。全书分上、下两卷，收录条（词）目4 100余条，内容包括音乐学相关学科、中国音乐史、中国传统音乐（汉族）、中国传统音乐（少数民族）、西方音乐史、作曲技术理论、音乐表演艺术、世界民族音乐、乐器九个分支组成。共计约650万字，并附有170余幅彩色插图。

该书由中央音乐学院组织全国专业音乐不同学科领域专家学者近500人编纂。

本书的出版是中国音乐出版业的一件大事，体现出改革开放以来我国音乐学术研究所取得的成就。它不仅将满足广大专业音乐工作者和音乐爱好者的需要，而且向世界提供了一种了解中国音乐的有效途径。（尹添铭）

《〈髹饰录〉与东亚漆艺——传统髹饰工艺体系研究》

2013年国家出版基金项目，中国美术出版总社2014年6月出版。

本书以国际化的高度与视野，用考古资料、传世实物、工坊流程、今人新作、吾国旧籍、异族故书多重证据，详细梳理了以中国八千年髹饰工艺体系为主干的东亚髹饰工艺发生、发展与衍变的脉络，不啻一部活态的东亚漆艺发展史。总论统观东亚髹饰工艺的衍生发展，开篇详细记录《髹饰录》未记的中国古代髹饰工艺，一卷逐条解说《髹饰录》记录的漆器髹饰工艺，二卷补充记录《髹饰录》未记的割漆、选漆、制漆、熬油工艺，三卷记录《髹饰录》问世以后东亚各国漆器髹饰工艺新创，四卷介绍日本莳绘工艺体系，五卷则是对《髹饰录》文本的过细研究，“余声”记录工业社会漆器髹饰工艺的质变。全书 40 余万字附彩图与线图 1 006 幅，大 16 开软精装。解说各时代、各国、各种不同的漆器髹饰工艺及其材料、工具、设备、器用与流程，介绍全世界收藏的东亚漆器经典作品。书末整理出“东亚髹饰工艺成长精进演变之目录树”并附“东亚髹饰工艺名词术语比较与索引”，以利后世完整传承东亚千文万华、臻于极境的漆器髹饰工艺。著者长北，本名张燕，1944 年生，扬州人，东南大学艺术学院教授，中国传统工艺研究会副会长，中国工艺美术学会漆艺专业委员会常务理事，中国民间工艺美术委员会学术委员，中国美术家协会会员。2014 年荣获第 23 届“金牛杯”全国优秀美术图书奖银奖。（赵军平）

《文化名家暨“四个一批”人才作品文库》音像制品

中共中央宣传部干部局委派项目，2008 年立项，人民音乐出版社编辑出版。

《文化名家暨“四个一批”人才作品文库》原名《全国宣传文化系统“四个一批”人才作品文库》，2012 年，中共中央宣传部对文化名家工程与全国宣传文化系统“四个一批”人才培养工程进行调整合并，原全国宣传文化系统“四个一批”人才工程整体转为文化名家暨“四个一批”人才工程。

自 2008 年以来，人民音乐出版社先后出版了山翀、沈铁梅、韩再芬、王晓鹰、刘劲、冯小宁、黄宏、邓敏、吴玉霞、查明哲、茅善玉、于芳的作品专辑。出版专辑版权归属于中共中央宣传部，专辑将赠予各部委、各省市机关、各重点单位以及当年的文化名家暨“四个一批”人才。

2013 年 8 月 1 日，接中共中央宣传部干部局指示，人民音乐出版社着手准备《文化名家暨“四个一批”人才作品文库（文艺界）谭利华作品专辑》《文化名家暨“四个一批”人才作品文库（文艺界）孟冰作品专辑》以及《文化名家暨“四个一批”人才作品文库（文艺界）田沁鑫作品专辑》的出版工作。其中《文化名家暨“四个一批”人才作品文库（文艺界）谭利华作品专辑》包含 8 张 CD 和 2 张 DVD，收录了经典作品 16 首以及 2012 伦敦奥运会庆典音乐会的实况；《文化名家暨“四个一批”人才作品文库（文艺界）孟冰作品专辑》包含 10 张 DVD，收录了 19 部经典获奖的话剧作品；《文化名家暨“四个一批”人才作品文库（文艺界）田沁鑫作品专辑》包含 10 张 DVD，收录了 10 部影响力较大的话剧作品以及获奖的话剧作品。截至 2014 年 12 月 31 日，人民音乐出版社完成了对上述三个专辑内容的收集审核、版权授权、编辑加工、版号申领、装帧设计、三审三校等工作。

（张颖雪）

《马可选集》

2012 年国家“十二五”重点出版项目，中国音乐学院重点项目。2012 年立项，人民音乐出版社编辑出版。

本书是中国著名作曲家、文艺理论家马可先生自 20 世纪 30 年代至 70 年代创作声乐作品选集。约六七百首，其中包括在中国音乐史中占有重要地位的歌剧《白毛女》及管弦乐作品等，也有在音乐理论研究和批评以及戏曲音乐研究等方面的大量论文。他坚持弘扬中国民族音乐并有所创新，在抗日战争时期、解放战争和共和国建立初期为中国近现代音乐的发展做出了突出贡献。该书对中国近代音乐研究、中国民族音乐的继承具有重要的参考价值，是近代音乐史的重要资料。

由于该选集年代跨度大，涉及的内容、体裁多，其中包括歌曲、歌剧、管弦乐、电影音乐、诗文、论文、日记、画册、年谱、音像作品等，本项目自立项以来先后召开了14次编委会，就该选集的编选内容、编辑体例等进行了细致讨论。本项目按时完成主体部分，并于中国音乐学院院庆期间召开了新书发布会，2014年，该项目进入编辑加工。（何艳珊）

《音乐研究》杂志

2014年第二次国家社科基金资助项目。人民音乐出版社编辑出版。

《音乐研究》杂志致力于祖国传统音乐艺术研究，关注国内外音乐学术的最新发展，刊载音乐史学、民族音乐学、音乐教育学、音乐美学、作曲技术理论、表演艺术理论及音乐科技等方面的研究成果，并提供最新音乐学术动态及专业资讯。坚持以“学术质量一流、编校质量一流、印装质量一流、服务质量一流”的办刊标准，稳居中国人文社会科学核心期刊、CSSCI来源期刊、中文核心期刊等评定体系之中，并名列前茅。其中，在2013年12月先后发布的“中国人文社会科学核心期刊（2013版）”和“中文社会科学核心期刊（CSSCI，2014～2015年版）”之中，《音乐研究》继续位列两版评价系统的音乐舞蹈学一级学科和艺术学科门类期刊群的首位。

在基金的资助下，2014年《音乐研究》编辑部在选题策划与栏目建设方面，以原有栏目设置的基础结合编辑部举办的学术活动，策划了“‘跨界’的学术内涵及远瞻”专栏。与中国音乐史学会、文化部文化科技司、徐小平音乐学教育基金、中央音乐学院等机构单位共同主办“第八届全国高校学生中国音乐史论文评选”，第六届“人音社杯”音乐书评征文等活动，以公平、公正的评选结果受到参评者和学术界的一致认可。（李一茜）

《中国音乐百年作品典藏》

2012年国家出版基金项目。2012年立项，人民音乐出版社2014年10月出版。

《中国音乐百年作品典藏》收录了20世纪初至21世纪初华人作曲家创作的音乐作品一千余部（首）。这些作品基本上以体裁分类立卷，包括独唱与齐唱（4卷）、合唱（2卷）、歌剧与音乐剧选曲（3卷）、中国民族乐器独奏曲（3卷）、钢琴曲（2卷）、管弦乐器独奏曲（2卷）、室内乐（2卷）、中国民族乐器协奏曲（3卷）、管弦乐器协奏曲（4卷）、中国民族管弦乐曲（3卷）、管弦乐曲（10卷）、舞剧音乐选曲（2卷）12个门类共计40卷，每卷约三百面乐谱，总计约一万三千面，每卷附一张MP3。在曲目的选择上，注重历史，力求选择最能代表中国民族音乐文化传统、象征中华民族气质风骨、具有历史传承价值的优秀作品；在版本的选择上，尊重作者、多方求索，选择最能体现音乐家创作风格的经典版本；在音响的选择上，突出经典，选择知名音乐家、一流乐团演绎的作品音响。（何艳珊）

《中国音乐词典》（增订版）

2014年度国家出版基金项目。人民音乐出版社编辑出版。

该书是国内唯一一部专门详述中国音乐的中篇幅词典，在1984年版《中国音乐词典》和1992年版《中国音乐词典（续编）》的基础上，大幅度修订、增补、合编而成。主要内容包括中国音乐的乐律学、创作表演术语，历代的乐种、制度、职官、机构、书刊、人物、作品，以及歌曲、歌舞音乐、曲艺音乐、戏曲音乐、器乐等有关名词术语等，随文附有大量谱例、图片。全书共1卷，约2 000千字，660幅插图（含310幅谱例）。所收条目共7 000余条，该书由中国艺术研究院音乐研究所组织全国音乐学科各分支领域260余位著名专家学者共同编撰而成。该项目

计划将于2016年10月完成。 （杨济如）

“中国报告”第一辑（英文版）

2013年国家出版基金项目。中国对外翻译出版公司编辑出版。

中国当代著名报告文学作家创作的优秀报告文学作品，从多个视角反映了中国的发展变化，既有反映中国巨大变化的大事件、大背景、大变迁的题材，也有通过个人投身时代大潮，由个人成长和个人命运的变化来反映时代变迁的精心之作。作品包括：《为了那渴望的目光：希望工程20年记事》《生命的呐喊》《百万大裁军》《用胸膛行走西藏》《国运——南方记事》《根本利益》《新生代农民工》《阿里　阿里》《毛乌素绿色传奇》《寻找巴金的黛莉》《中山路：追寻近代中国的现代化脚印》《国家负荷——国家电网科技创新实录》《东方哈达——中国青藏铁路全景实录》。本项目共13册，总字数约3 980千字，计划2015年4月在英国伦敦出版发行。

（茹　慧　范　伟）

“中国报告”第二辑（英文版）

国务院新闻办公室“中国文化著作翻译出版工程”资助项目。中国对外翻译出版公司编辑出版。

中国当代著名报告文学作家创作的优秀报告文学作品。本项目遴选《精彩吴仁宝》《北京保卫战》《大国长剑——中国战略导弹部队纪实》《浴火重生——东北老工业基地振兴纪实》《永不放弃》《香港启示录》《国家儿子》《和春天一起来到映秀》8部优秀报告文学作品，从多个视角反映了中国的发展变化，将真实鲜活的历史呈现给读者。全书共8册，字数约1 907千字，以海外读者为对象，计划2016年8月出版。

（茹　慧　范　伟）

“阅读中国·藏族青年作家丛书”（英文版）

国务院新闻办公室“中国文化著作翻译出版工程”资助项目。中国对外翻译出版公司编辑出版。

真实地反映了西藏历史和当代发展。作品包括《布隆德誓言》《界》《康巴方式》《康巴：一部藏人的心灵史诗》《拉萨红尘》《紫青稞》《隐蔽的脸》《纸飞机》。本作品翻译成英文发行到海外，将极大地消除西方对西藏的妖魔化宣传，有助于全球人们了解真实的西藏。全书8册，总字数2 790千字，以海外读者为对象，计划2015年8月在英国伦敦出版发行。（茹　慧　范　伟）

“阅读中国·五彩丛书”第一辑（英文版）

国务院新闻办公室“中国文化著作翻译出版工程”资助项目。中国对外翻译出版公司编辑出版。

少数民族女作家的自选集，她们用自己细腻而优美、清新而凝重的笔触反映了变革中的伟大时代多民族人民绚烂多彩的文化与时代变迁中的心灵成长和情感纠葛。作品包括《歌棒》《叙述者说》《僧舞》《远离严寒》《睡前书》。本书的目标群体为汉语学习者和海外华人的后裔。共5本，总字数约600千字，计划2015年8月在英国伦敦出版发行。 （范　伟　茹　慧）

“阅读中国·五彩丛书”第二辑（英文版）

中国作家协会“中国少数民族文学翻译出版工程”资助项目。中国对外翻译出版公司编辑出版。

该项目延续“阅读中国·五彩丛书”第一辑（英文版）的选材标准和思路，每年计划遴选五位不同少数民族的作家作品介绍到海外，让海外读者了解多彩的中国及中国文化。第二辑翻译出版的图书为阿来的《空山：第一部》、丹增的《小沙弥》、吉狄马加《身份》、叶梅的《最后的土司》、次仁罗布的《祭语风中》。全书共5册，以海外读者为对象，计划 2016 年 8 月出版。

（范　伟　茹　慧）

"阅读中国·五彩丛书"第三辑（英文版）

中国作家协会"中国少数民族文学翻译出版工程"资助项目。中国对外翻译出版公司编辑出版。

该项目延续"阅读中国·五彩丛书"第一辑（英文版）的选材标准和思路，每年计划遴选五位不同少数民族的作家作品介绍到海外，让海外读者了解多彩的中国及中国文化。第三辑翻译出版的图书包括阿来《空山：第二部》、胡东林《狐狸的微笑》、鲁若迪基《没有比泪水更干净的水》、叶多多《唐卡之书》、阿拉提·阿斯木《时间悄悄的嘴脸》。全书 5 册，以海外读者为对象，计划 2016 年 8 月出版。（范　伟　茹　慧）

"中国故事·长江书系""中国故事·黄河书系"（英文版）

中国作家协会"当代作品翻译出版工程"资助项目。中国对外翻译出版公司编辑出版。

"中国故事·长江书系""中国故事·黄河书系"是比肩而立的姊妹项目。本项目意在以中华民族的母亲河——黄河为精神纽带，遴选沿黄河流经地域的作家创作的长篇小说来反映中华民族的精神文化传承和现当代特别是改革开放以来中国所发生的翻天覆地的巨大变化，以及中国人民的心路历程和精神追求。首批选入的图书有周大新《湖光山色》、李佩甫《生命册》、李洱《石榴树上结樱桃》、张悦然《誓鸟》、刘醒龙《天行者》。全书 5 册，以海外读者为对象，计划 2016 年 8 月出版。（范　伟　茹　慧）

"中国通史"（六卷本）

国家出版基金项目。2012 年立项，中国对外翻译出版公司 2014 年 12 月出版。

一部全面展示中华民族五千年历史进程的大型丛书。它运用史诗般的宏大叙事手法，再现了中华文明从原始社会到清朝灭亡的发展历程，内容涉及历史、政治、经济、军事、哲学、宗教、文学、艺术、语言、考古、天文、地理、科技、人物、民俗以及中外交流等方面，涵盖了中华民族在各个时期所创造的灿烂辉煌的传统文化，既博大精深又雅俗共赏。全书共分六卷，约 1 800 千字，图 700 余幅。该书由北京师范大学史学理论与史学史研究中心主任、资深教授、博士生导师瞿林东担任主编，对内容的权威性进行把关。为保证翻译质量，起用了四位语言功底深厚、实践经验丰富的著名高校教授和副教授担任译者，并在首译后，由精通汉语的英国译审对译文进行审校，保证译文的准确性及风格的统一。本书于 2013 年底陆续完成翻译，2014 年完成编辑加工。出版后即与英国欧若拉出版公司签订版权输出协议，迄今通过英国欧若拉出版公司已获利 10 000 英镑。本书的阿拉伯文版权已基本确定由埃及希克迈特文化投资（出版）公司代理，法文版权已确定由法国友丰出版公司翻译出版。

（胡晓凯　茹　慧）

《俄罗斯解密档案选编：中苏关系（1945～1991）》

国家"十二五"重点出版规划项目。国家出版基金 2014 年度资助项目。上海市哲学社会科学规划重大项目。2009 年 5 月立项，东方出版中心 2014 年 12 月编辑出版。

本书收入本档案集的《俄罗斯解密档案》共有主文件 2 262 件，包括中苏两党两国高层领导之间会谈的俄方记录，苏方高层领导就中国问题对其内部的指示、批示，苏方各级各部门向其最高层提交的情报、汇报及对策建议、双方的通信、电报及未公开的互换文件等。时间跨度从 1945 年至 1991 年。其中有主编所做的研究性导论和编选者的考据、诠释。列为附件的有 363 件，总计 2 625 件，该书共 7 331 千字，12 卷。主编沈志华，华东师范大学历史系终身教授，国际冷战史中心主任，中国社会科学院亚太研究所兼职研究员、香港中文大学中国当代文化研究中心名誉研究员、北京大学历史系兼职研究员、中国人民大学历史系兼职研究员。该书具有显著的社会效益和较高的文献资料价值，主要供大、中型图书馆藏书，面向专业研究机构、研究人员发行。 （金洁蓉）

《中国书法全集51·陈淳王宠卷》

国家出版基金项目。荣宝斋出版社2014年6月编辑出版。

明代中期，吴门书派中文徵明一门最有成就者是陈淳和王宠。本书结合陈淳不同阶段的代表作品，分析了其书法启蒙、师承、变革、创造的历程，展现出其楷、行、草、隶、篆诸体风格演变的轨迹，肯定了他对于吴门书派和明代书法史做出的贡献。

本书亦在广泛搜集文献与图像资料的基础上，对王宠近20年（1515～1533）的传世作品进行了适当的分期研究，指出他的行草与楷书在每一阶段的主要特征及相互关联，不仅可以帮助我们更深入地理解王宠书风的形成脉络，也为一些无纪年作品的断代提供了参照条件，为理解王宠书法提供了新的视角。 （刘　芳）

《中华人民共和国重要法律知识宣讲系列》

2013年度国家出版基金项目。2013年立项，中国民主法制出版社2014年12月编辑出版。

该系列共计54本图书，主要分为六大系列专题，分别从“权益保护”“损害赔偿”“责任认定”“风险防范”“罪与罚”“用证据说话”等方面对依法执政、公正司法以及公民的法律维权之道逐一破解。结合不断探索宣传实施中国特色法律体系的新途径，该项目紧密结合中国特色社会主义法律体系的结构特征，以宪法为统帅，选取了宪法相关法、民法商法、行政法、经济法、诉讼与非诉讼程序法等50多部重要法律作为法治宣讲点。板块设置主要以“宣讲要点”“典型案例”“专家评析”“法条指引”为形式，紧紧围绕法治建设的重点、群众关注的焦点、社会关注的难点、司法实践的亮点问题，对法律规定、法律原则、法律精神及其应用问题进行了全面阐释。该套系列丛书由原全国人大副委员长王汉斌担任总顾问，最高人民法院常务副院长沈德咏担任总主编。 （邵　力）

《东南亚研究》（第二辑）

2014年度国家出版基金项目。世界图书出版广东有限公司2014年编辑出版。

是一套区域与国别问题研究丛书。丛书内容涵盖经济社会地理、传统民风民俗、语言文化三个方面。从经济视角研究东南亚各国地形地貌、人口与资源分布、产业分布等，形成《东南亚经济社会地理》系列；从民族文化视角研究东南亚各国民族发展、宗教信仰、人文环境、民风民俗等，形成《东南亚文化概论》系列；从语言发展视角研究东南亚各国语言形成、发展变化及由此衍生的语言文化现象，形成《东南亚语言文化》系列。各系列按国别独立成册，共30册。丛书主要由中国东南亚研究会副会长、解放军外国语学院钟智翔教授，云南大学东南亚研究所所长李晨阳教授担任主编。 （卢家彬）

《中国民族百科全书》

新闻出版总署“十二五”少数民族出版物重点出版规划项目、国家出版基金项目。2002年1月正式立项，世界图书出版西安有限公司编辑出版。

我国唯一一部涵盖中国56个民族历史与文化、传承与融合、继承与发展的民族学科巨著。全套书全方位多角度展示了中国各民族的历史风貌和发展情况，是对中国各民族情况记述、研究的一个总汇性成果。

内容包括中国56个民族有史以来在各个领域创建的物质文明和精神文明，是中国各民族形象与内涵全面生动的再现，旨在反映中国各民族的历史、文化、经济诸方面的发展状况，特别是中华人民共和国成立以来在各民族经济、文化诸领域所取得的巨大成就，揭示中国各民族之间不可分割的血肉联系，对弘扬民族文化、促进民族大团结有着重要而深远的意义。全套书共分为15卷，约1 900万字，35 000个条目，7 000多幅彩图（其中包括56张民族分布图）。

2014年重点编辑加工整理了《中国民族百科全书·苗族、瑶族、土家族、畲族、高山族卷》《中国民族百科全书·布依族、侗族、水族、仡佬族卷》《中国民族百科全书·哈萨克族、柯尔克孜族、塔吉克族、塔塔尔族卷》等，对于国内外了解和掌握苗族、瑶族、土家族、畲族、高山族、布依族、侗族、水族、仡佬族、哈萨克族、柯尔克孜族、塔吉克族、塔塔尔族等的历史和文化，了解和掌握党和国家的民族政策，促进各民族和睦相处、和衷共济、和谐发展，具有重要的现实意义，也为2015年《中国民族百科全书》15卷的正式出版奠定了基础。

（任卫军　赵亚强）

《中古文学研究》

“十二五”国家重点图书出版规划项目、国家出版基金项目。世界图书出版西安有限公司2014年6月编辑出版。

该项目是一部中古文学与文化研究的新成果集大成之作。全书汇集了汉末魏晋南北朝及隋唐朝时期的文学、文化、诗词、地理、宗教、艺术、年谱汇考、专题史、家族文学等各方面的研究成果。

内容囊括了中古作家年谱汇考辑要、东晋南朝的谢氏文学集团研究、中古诗歌语言研究、六朝辞赋史、魏晋风度的传神写照——《世说新语》研究、中古佛教文学研究、中古文学地理研究、《文选》诗研究、《文选》版本研究、门阀士族与文学总集诸方面的最新研究成果。全套书共12卷，约7 000千字。

该项目的正式出版，填补了中古文学研究界学术研究成果集于一体的空白，对中古文学界的发展和研究有重要的指导作用，有利于弘扬传统文化，促进学术进步。（任卫军　赵亚强）

《唐诗选：汉俄对照》

国家出版基金项目、大中华文库项目。世界图书出版西安有限公司2014年11月编辑出版。

该项目是一部以汉俄对照形式集唐代各个时期54位优秀诗人代表诗篇的选集。全书精选了唐代各个时期54位优秀诗人代表诗篇，共计150首。选取篇目题材广泛，展现出唐代诗人浓厚的人文情怀、深厚的文化底蕴和精湛的语言艺术。

全书采取汉俄对照形式，译者始终坚持原诗的本义，特别是将诗歌文化内涵的挖掘和译文的准确、规范，作为翻译的重要原则，并且在原诗注释和译释注释中一一体现，对中俄文学的发展和诗歌研究有重要的指导作用，对于后人研究唐代的政治、民情、风俗等都有重要的参考价值。

（任卫军　赵亚强）

《诗经集校集注集评》

2014年度国家出版基金项目。现代出版社编辑出版。

通过汇编、考证、集结成为国内外对与《诗经》相关的文献进行全面研究整理的集成式学术著作。《诗经集校集注集评》以作品文献研究为中心，为将两千余年的《诗经》校、注、评研究作历史性的总结，为促进《诗经》研究的深入发展，尽可能地汇集历代《诗经》文献研究中有价值、有影响的研究资料。全书15 000千字，共15卷。主编鲁洪生，首都师范大学文学院教授，博士生导师，中国诗经学会常务理事。主要从事中国先秦两汉文学、中国古代文学理论的教学与研究。（毛昆仑）

中国数字出版网（大佳网）

国家发改委批准立项的国家信息化试点工

程。中国出版集团公司“十二五”战略规划的重点数字出版项目。中版集团数字传媒有限公司承担。

该项目2009年开始建设，2011年进入原新闻出版总署改革发展项目库。项目借鉴和总结了国内外数字出版产业的发展经验，联合国内外文化出版产业链的合作伙伴，共同打造全媒体数字出版平台——大佳网。

大佳网在2011年全国新闻出版业网站荣誉评选中荣获“新闻出版业网站百强”称号，在2012年全国新闻出版业网站系列荣誉评选中荣获“出版业最具商业价值网站”称号，在2013年获得国家机关团工委和北京市作家协会组织的“2013年首都青少年最喜爱的网络小说评选活动”的最佳组织奖，“2014新闻出版业网站百强”等多个行业奖项。2014年8月20日举行中国数字出版网（大佳网）一期（二阶段）项目终验专家会议，通过终验。截至2014年底，正在改版升级，以更好地助推中国文化出版业的“走出去”战略，促进文化资源增值，推动产业升级，带动全国出版业发展。（李　铃）

“中华字库”工程
第1包工作平台研发项目

国家级“十二五”重点文化类建设项目。中版集团数字传媒有限公司牵头，联合中科院软件所和无锡中科方德软件有限公司联合承担。

该项目从2011年8月启动，旨在为中华字库工程研发技术先进、使用方便、安全可靠的技术支撑环境，以便在工作平台上开展中华字库的各项研发工作。该项目研发的工作平台是一个基于互联网的大型应用系统，为项目管理、资源管理提供软件支持，具有数据分类、汇总、传输、在线修改以及平台维护等功能。同时，为“中华字库”研发的软件工具提供接口。

截至2014年底，该项目已经完成项目需求建设、项目概要设计和详细设计的评审，并在进行项目代码编写和测试工作。预计2018年8月投入使用。（李　铃）

中国出版集团文艺、学术数字
出版平台及应用系统项目

财政部文化产业发展专项资金项目。中版集团数字传媒有限公司承担。

该项目2013年开始建设，以中国出版集团公司内各成员单位的优秀资源建立集团文艺、学术数据出版平台及应用系统；研究现有各种出版资源的特性，形成规模化、自动化的数字资源服务系统。该系统由内容资源存储与运营支撑和数字出版服务组成，包括4个基础平台和9个数据库应用系统的建设。其中内容加工与制作子平台、资源管理与服务子平台、多介质发布管理子平台、运营支撑子平台作为基础设施，统一建设形成支撑。在此基础上，针对文学、学术与动漫的数据库的内容特点打造特色应用，同时在资源和客户管理上形成对应的个性化服务。

截至2014年底，该项目完成了资源库的基础建设，并进行资源的存储和利用，2015年将主要开展运营建设。（李　铃）

中国出版集团公司百年经典
出版资源总库项目

财政部文化产业发展专项资金项目。中版集团数字传媒有限公司承担。

项目资源加工的范围主要有六个部分，一是中国出版集团公司2011年内的全部出版资源；二是中国出版集团公司获奖和双推计划的全部图书；三是大佳网上线后已经整理的集团内出版单位的资源；四是荣宝斋的美术类图书和生活·读书·新知三联书店的学术类图书资源；五是选择一类绝版和公版的资源；六是集团内出版单位已拥有版权的图书。

项目自2012年启动建设，按照中国出版集团公司数字出版战略的实施计划，将多年积累的优质出版资源进行数字化整理，进而形成易存储、便转移、规范化的数字资源。2015年，将运用已整理的数字资源服务于全社会的文化

出版事业。（李　铃）

中央文化企业数字转型升级项目

中央文化企业国有资本经营预算支出项目。中版集团数字传媒有限公司承担。

主要包括加工制作、资源管理、统一服务平台建设等，用于资源的数字化转换和数字产品的生产，通过发布平台可将各类资源实时发布到总库中进行存储和上线运营。整个项目计划在 3 年内完成。2014 年主要进行硬件设备采购和软件系统需求调研。（李　铃）

集团公司重大项目

《清人诗集叙录》

中国出版集团公司出版资金项目。人民文学出版社编辑出版。

《清人诗集叙录》是一部关于清人诗集总目提要性质的工具书。共分 3 卷，字数 2 000 千字。本书是当代学者袁行云先生的代表作。全书收集清代诗人二千五百一十一家，诗集三千一百零六种，于每位诗人均介绍其字号、籍贯、生平、创作特点及成就，诗集刊刻情况及版本特征。是研究清代文学、文献及有关历史的一部大型工具书。

该书缜密细致，实事求是，不仅吸收前辈考据家之长，又能化古求新，网罗清人诸集，爬梳抉剔，注此存彼，纠谬补缺，钩玄提要。既有工具性，又卓有学术识断力，为研究清代文学、历史不可或缺的参考著作。与李灵年、杨忠等合著之《清人别集总目》、柯愈春《清人诗文集总目提要》鼎足而三，各具特色。《清人诗集叙录》所收清人诗集，以内容多涉清代时事与社会生活者为标准，尤以历来不为人所重视之乾嘉诗人居多，间及大量妇女、方外和少数民族诗人诗集。各集题下均系有作者小传，为著者花费大量时间查考结撰而成。《清人诗集叙录》正文以介绍版本、说明内容、考证史事、提供资料为主。凡集中诗作有涉及山川、名胜、政治、经济、学术、文化、民俗等史料线索者，悉举其要，对文献价值较高之诗篇，或录其原作，以供读者参阅。对各集之总体成就、艺术取向、作品特点，往往能概括其大体，切中其要害。故该书除具有工具性之外，还颇具学术深度，是一部极富个性色彩的清人诗集总目提要。

（甘　慧）

《利氏汉法辞典》

中国出版集团公司出版资金项目。2014 年立项，2014 年 8 月商务印书馆编辑出版。

以法国利氏辞典推展协会编写的七卷本《利氏汉法辞典》为蓝本编纂而成的单卷本汉法双语工具书。收词以语文词条为主，兼收百科，共收单字及多字条目 11 万余条，约 700 万字。

2002 年商务印书馆邀请国内法语和汉语专家开始辞典选编工作，主要包括：增加新词 6 000条，以反映现代汉语的变化；保持蓝本收词古雅的特色，选词以常用为主，尽量保留俗语、歇后语、谚语、成语等汉语最具特色的部分；依据现代汉语规范整理所选汉语词条的字形、字音、义项；蓝本的汉语词条采用繁体字，同时异体字、旧字形混用，注音方式采用威妥玛注音，单卷本全部转为规范的简体字和汉语拼音；从蓝本中挑选了有代表性的附录 17 项，包括中国古代的宇宙观、易经、佛教、儒学、古代天文学、中医学、古代数学、古代历法、青铜器、书法、篆刻、中国古代行政制度、中国亲属关系称谓等。

该辞书着力反映汉语文化的深度与广度，可以说是一部兼备汉语词源、释义以及贯通古今的中国历史、文化百科全书。（陈　琪）

“中国古典游记选译”系列

中国出版集团公司出版资金项目。2013年立项，商务印书馆编辑出版。

本系列为汉英对照形式，包括《唐代游记选译》《宋代游记选译》《明代游记选译》《清代游记选译》四个分册，共收录了唐、宋、明、清四代文人的散文名篇90篇，并配以90幅中国古代山水画插图和文人作者的简介，总字数约为60万字，分别由马静、李明媚、吴卫、张丽姝四位译者译为英文，并由中国典籍英译专家、著名学者汪榕培教授审译。

“中国古典游记选译”系列图书，旨在中国文化“走出去”，力图用流畅的现代英语准确地再现中国古代文人游记代表作品，向西方读者介绍中国的历史、文化、文学、山水风景等。为求文字流畅，特请中外专家审稿；为求形象，每一篇文章前都配上一幅与文字内容基本接近的古代山水图；为求译文准确，编辑与译者通力沟通合作，克服了古文翻译的众多理解与表达的难点，经多次修改后方定稿成书。（许晓娟）

《孟二冬学术文集》

中国出版集团公司出版资金项目。2014年立项，中华书局编辑出版。

孟二冬（1957～2006），北京大学中国语言文学系中国古代文学专业教授，博士生导师。热爱教育事业，热爱学生，坚持不懈地教育学生追求真知、树立正确的人生理想，成为学生健康成长的良师、高尚人格的楷模。2004年主动参加北京大学对口支援石河子大学教学的工作，在剧烈的咳嗽中坚持讲完最后一节课，倒在讲台上。经医院诊断，已患食管恶性肿瘤。2006年4月22日逝世，享年49岁。《孟二冬学术文集》即其著述合集，以《登科记考补正》等著作和《孟二冬文存》所收论文为基础，广事搜集，并增收许多未刊文稿。全书共9种14册，约350万字，分别为《登科记考补正》《中唐诗歌之开拓与新变》《陶渊明集译注》《韩孟诗传》《隋唐五代文选注》《中国诗学通论》《韩愈柳宗元诗选》《文苑英华省试诗补正》《孟二冬古代文学论文集》，是其学术成果的全面体现。（梁　彦）

《赵少咸文集》

中国出版集团公司出版资金项目。2014年立项，中华书局编辑出版。

赵少咸（1884～1966），字世忠，我国杰出的语言学家。其治学勤奋，数十年如一日，《广韵疏证》《经典释文集说附笺》这两部各近300万字的巨著即在其耄耋之年编撰完成。其小学成就举世瞩目，但呈现给世人的研究成果并不多，主要原因在于受战乱、“文化大革命”等影响，很多著述未能面世。“文化大革命”结束后，其部分书籍、手稿得以退还，但皆残破不堪，少有完整者。如《广韵疏证》《经典释文集说附笺》，原为二十八本、三十本，幸存均不及十本。其他如《说文解字集注》、四十卷《校刻荀子附考证》《校刻四声切韵表》等手稿则全部遗失（后二种为自刻本）。经过多方努力寻找、整理，此次中华书局编辑出版《赵少咸文集》共11种，包括《经典释文集说附笺残卷》《诗韵谱》《手批古书疑义举例》《增修互注礼部韵略校记》《唐写本切韵残卷校记》《唐写本王仁昫刊谬补缺切韵校记》《敦煌掇琐本切韵校记》《故宫博物院王仁昫切韵校记》《唐写本唐韵校记》《赵少咸论文集》《古今切语表》。（梁　彦）

《华西边疆研究学会杂志》（整理影印全本）

中国出版集团公司出版资金项目。2014年立项，中华书局编辑出版。

《华西边疆研究学会杂志》（整理影印全本）是中国近代边疆研究论文集类文献，完整收录华西边疆研究学会中外成员叶长青、陶然士、莫尔思、布礼士、葛维汉、戴谦和、方文培、郑德坤、冯汉骥、闻在宥、林耀华等人有关华西人文自然科学的330多篇学术论文。此次整理影印出版，以时间为序，共刊发16卷22册，其中第12卷分A、B编，即人文科学版与自然科学版。此外，亦附有概论和附录等当代研究成果。（梁　彦）

《全唐五代小说》

中国出版集团公司出版资金项目。2014年立项，中华书局编辑出版。

《全唐五代小说》收录全唐五代时期的相关小说作品。唐五代是中国小说史上的重要时期，小说文体在此期间形成，诸如《太平广记》《说郛》等对唐五代小说的基本文献多有保存，近代敦煌遗书等出土文献的发现，也为《全唐五代小说》的编纂丰富了文献来源。本书共360万字，收录作品2 100余篇。全书由李时人编校，何满子审定，詹绪左覆校，编纂有序，分正编、外编两部分，其中正编一百卷，辑录小说作品；外编二十五卷，收录接近小说规制的叙事作品。全书体例规范完备，或数人一卷，或一人一卷，或一人数卷，各人名下列小传，作品依序排列，注重所收作品的作者辨证及文字校勘工作，据可靠底本录存文字，对各篇加以校笺，时或考订作品真伪归属。书后附《作者索引》《篇名索引》，以便查检。

（梁　彦）

《文史》

中国出版集团公司出版资金项目。2014年立项，中华书局编辑出版。

《文史》是由中华书局主办的大型学术季刊，每季第二月第一日出版，繁体横排，大16开，256页，30余万字。以“崇尚实学，去绝浮言”为宗旨，刊发有关中国古代历史、文学、哲学、文献科技方面专业论文。《文史》设有简帛研究、殉制研究、“二十四史”修订研究、读书笔记等栏目。《文史》影响广泛，不仅为大陆学术界研究者所关注，而且香港、台湾地区学人，以及日本、美国、加拿大、澳大利亚和欧洲各国研究中国古代历史、文学、哲学的汉学家也对其十分推崇。（梁　彦）

《清代三山五园史事编年（顺治～乾隆）》

中国出版集团公司出版资金项目。中国大百科全书出版社2014年1月出版。

收录了自顺治到乾隆时期清帝幸园、离园以及在园治园、在园治国、在园育才和在园统驭天下等一系列重要的历史内容。全书以世界历史为背景，以中国多民族统一的历史发展为脉络，充分记录了清代皇家园林三山五园的建设与辉煌，从一个新的角度诠释了康乾盛世的历史风貌。本书由中国人民大学清史研究所与北京市海淀区文化发展促进中心合作，何瑜主编，全书538千字，该书另一卷《清代三山五园史事编年（嘉庆～宣统）》于2015年6月出版。

（尹添铭）

《中国传统绘画发展史纲：画脉文心两征录》

中国出版集团公司出版资金项目。中国美术出版总社编辑出版。

是一部详尽、专门的文人绘画史。“画脉”着眼于中国传统绘画的沿革演变，“文心”则侧重从画家创作心路进行细微的解析。如此，则一外一内，客观、主观，作者从两条并行不悖的线路，交互探寻中国绘画艺术的精髓。

杜哲森，1943年生，原籍天津，1970年毕业于北京师范大学中文系。1980年毕业于中央美术学院美术史系研究生班。留校任职于学报《美术研究》编辑部，兼史论系专业写作及画论教学，历任编审、教授。致力于美术史论研究，兼中国画创作。主要论著有《元代绘画史》，文人画专论及当代艺术评论等。绘画作品出版有《孩提梦》画集。

（赵军平）

“经典连环画原稿原寸”系列——《西厢记》

中国出版集团公司出版资金项目。中国美术

出版总社 2014 年 2 月出版。

“经典连环画原稿原寸”系列的出版尺幅与原稿一样，画面不经修饰，保留画师们的手迹，以最生动、最直接的方式展示已经逝去的画师们的横溢才华和艺术风采，让这些经前辈画家精心绘制的杰作，以其原本如初的面貌呈现给读者。该系列具有较强的收藏价值，每套印数 2 014 套，每套均有编号。

《西厢记》是根据元代剧作家王实甫的戏剧《西厢记》改编。本书通过崔莺莺和张君瑞之间的悲欢离合，鞭笞了封建礼教，表达了封建时代青年男女追求婚姻自由，向往幸福生活的美好愿望。

作者王叔晖是中国现代连环画家、中国画画家、年画家。字郁芬。祖籍浙江省绍兴市，生于天津市。1927 年开始自学绘画，并就学于吴光宇、徐燕孙等画家。中华人民共和国成立后不久，王叔晖进入中央人民政府出版总署的美术科工作、新华书店总管理处美术室图案组组长。1951 年人民美术出版社成立，即转入该社从事美术创作，曾任连环画创作组组长和中国美术家协会理事。王叔晖主要致力于古典题材的连环画创作，间或创作一些现代题材的连环画作品，主要有《木兰从军》《墨子救宋》《梁山伯与祝英台》《孔雀东南飞》《生死牌》《西厢记》《杨门女将》《赵梦桃》等。（赵军平）

《创新音乐研究文丛》（7 册）

中国出版集团公司出版资金项目。2014 年立项，人民音乐出版社编辑出版。

该丛书集结了近年来音乐与研究领域最新的优秀成果，内容涵盖音乐学术多个领域，其中大多是各艺术院校立项的国家级或省部级重点科研项目，也有优秀的博士论文。包括《言说的艺术：音乐叙事理论导论》《内蒙古蒙古、达斡尔、鄂温克、鄂伦春族传统音乐比较研究》《江西客家音乐文化》《我国钢丝录音遗存音乐音响档案样本测试与音频还原》《哈尔滨文化艺术与手风琴教育史研究（1763～2000）》《燕南芝庵〈唱论〉研究》《结构主义视域下的序列主义音乐研究》共 7 册。该丛书在创新性、学术高度和方法论上有突破性成果，达到了国际同类学科先进水平，有较好的应用前景，对推动国内音乐理论研究的发展具有积极而深远的意义。（杨济如）

《音乐曲谱出版规范》

中国出版集团公司出版资金项目。2014 年立项，人民音乐出版社编辑出版。

这是我国第一部以行业技术标准样式编制的规范文本，是音乐曲谱出版研究领域的一项创新成果，更是音乐出版单位实行全面质量管理，加快科学、有效、规范的质量管理体系建设的一项基础工程。

该项目 2008 年启动，经过三年起草、一年试用、社内外公开征求意见、审定委员会审定等程序，进行了反复的调整和修改，继承了人民音乐出版社以往曲谱出版规范的良好传统，吸收了当代国内外曲谱规范发展的最新成果，以音乐记谱实践为基础，从音乐曲谱出版工作的实际需要出发，创造性地对曲谱符号体系进行了合理架构、科学分类和准确定义，对曲谱符号的名称、形式和用法做出了明确规定。

该书的出版将成为音乐曲谱出版质量评价的重要依据，对于促进曲谱出版物的规范化、标准化，提高曲谱出版物的质量，扩大人音社的品牌影响力，都具有重要的作用。（杨济如）

《中国经典艺术歌曲》（上、下册 附 4CD）

中国出版集团公司出版资金项目。2014 年立项，人民音乐出版社编辑出版。

《中国经典艺术歌曲》收录了自艺术歌曲在中国诞生以来至 21 世纪初约百年间最具代表性的艺术歌曲 100 首，具有较高的学术价值。该书分为上下两册：第一册收入 50 首歌曲，时间为 1920～1949 年，即从中国艺术歌曲产生至新中国成立前；第二册收入 50 首歌曲，时间为 1949～2010 年，即共和国成立以后。所有作品均配有录音光盘，歌词配有德语和英语翻译，每首歌曲作曲家的背景材料也都配有中、德、英三种文字。

中国的艺术歌曲自创作伊始便具有既借鉴外国艺术歌曲的表现手法，又注重与我国的民族语言、民族气质和民族情感表达方式相结合的特点，百余年来产生了众多具有较高文学价值、意蕴深远、清新脱俗、在国内外都很有影响的经典艺术歌曲。该书的出版不仅为音乐艺术院校的师生提供了良好的艺术歌曲教材，同时也为演唱家们提供了很好的背景材料，为想要演唱中国艺术歌曲的外国演唱家提供了很好的版本。（杨济如）

《中国音乐教育》（月刊）

中国出版集团公司出版资金项目。2014年立项，人民音乐出版社编辑出版。

《中国音乐教育》1989年由原国家教委委托人民音乐出版社创办，至今已有20多年的历史。杂志创办以来，始终以宣传国家美育和艺术教育方针政策、研讨普通音乐教育理论、展示普通音乐教育实践成果为办刊宗旨，全心全意服务于我国中小学及各类师范院校的音乐教师，在全国音乐教育领域具有很高的影响力和认知度，主编、副主编及编委均是我国音乐教育领域的权威专家和学者，保证了杂志的办刊品质。

在多年办刊基础上，杂志在内容建设、栏目设置和装帧设计上都形成了自己的特色。2011年，杂志被南京大学社会科学研究评价中心评定为“中文社会科学引文索引（CSSCI）扩展来源期刊”。2014年，杂志本着指导性和实用性的原则组编稿件，注重就音乐教育界师生关心的热点、焦点问题进行重点组织和策划，先后策划了“柯达伊音乐教学法理论与实践研讨”“中小学合唱教学”“多媒体音乐课件制作”“新课程标准解读”等系列文章，收到很好的社会反响。

在强调内容建设的同时，杂志还十分注重在各种经营活动中扩大影响，夯实品牌。除连续承办六届的教育部三大赛事——“全国中小学音乐课现场评选活动”“全国音乐教师基本功比赛”“全国音乐教育论文评选”外，每年还主办、承办一些全国性的音乐教育活动，如“全国高中音乐新课程研讨会”“香港国际青少年合唱节”“全国中小学器乐教学研讨会”“音乐教育名师大讲堂”等活动。各种形式和规格的活动，不仅使杂志起到了很好的宣传、推广作用，稳定和扩大了读者、作者队伍，获得了极高的社会效益，经济效益也稳中有升。

（杨济如）

“企鹅人生”丛书（10种）

中国出版集团公司出版资金项目。生活·读书·新知三联书店于2014年编辑出版。

本丛书是三联书店与企鹅集团合作出版的一套经典人物传记。第一批共十种，分别是《佛陀》，凯伦·阿姆斯特朗著、《简·奥斯汀》，凯罗尔·希尔兹著、《普鲁斯特》，埃德蒙·怀特著、《安迪·沃霍尔》，维恩·克斯坦鲍姆著、《猫王》，鲍比·安·梅森著、《莫扎特》，彼得·盖伊著、《达芬奇》，舍温·努兰著、《詹姆斯·乔伊斯》，埃德娜·奥布莱恩著、《圣女贞德》，玛丽·戈登著及《弗吉尼亚·伍尔夫》，奈格尔·尼克森著。

“企鹅人生”传记丛书有以下特点：（1）传主均为人类历史中的知名人物，涉及政治、历史、军事、文学、艺术、宗教、体育、建筑、美食等诸多领域（如奥斯汀、莫扎特、拿破仑、释迦牟尼、猫王、安迪·沃霍尔等）。（2）作品都以翔实的史料为基础，视角新颖，研究价值高；文笔晓畅，叙事性和可读性强；人文色彩浓郁。（3）作者均为一线作家、知名学者或文学奖得主。（4）收入该丛书的传记作品自20世纪90年代陆续出版以来，均为西方世界的知名畅销书。如《释迦牟尼》一书热销300万册。该书作者凯伦·阿姆斯特朗是英国著名宗教学者和作家。

（邵慧敏）

海外东南亚学术译丛（10种）

中国出版集团公司出版资金项目。生活·读书·新知三联书店编辑出版。

关于东南亚地缘政治、经济、军事和文化等综合性的学术译著。本译丛所收录的著作，均为海外东南亚研究著名专家的经典作品；译丛的主编和组织策划者，均为国内外东南亚研究领域的著名专家和学者；译丛的译者，也均为国内外东南亚研究领域的著名专家和学者。贴近现实，接轨世界，选目优秀，翻译精良。是一套值得学术界、政府相关决策部门和关心东南亚区域的读者期待的丛书。（邵慧敏）

“观念读本”书系（10种）

中国出版集团公司出版资金项目。生活·读书·新知三联书店编辑出版。

“观念读本”书系是一种试图从观念回顾历史的尝试。所选取的观念诸如科学、民主、平等、自由……是一些曾经感动或激荡过远远不止一个民族的声音和文字。对于中国来说也许更是如此，它们有些在这片古老的大地上掀起过风暴，有些则是长久以来对人们发生一种“润物细无声”的影响。这些观念的来源虽然可以追溯到久远，但至今依然在人们的生活中起着重要的作用。

本书系第一辑10本所选取的观念，主要是具有现代意义的源自西方的作品，并且西方人对之有过特别的阐释。在每一个观念下，撷取在西方思想中有关键性意义的经典论述，使中国读者对这些观念有历史的和整体的了解，并由对这些观念的了解进而掌握西方思想史和制度史的一条清晰的线索，引发对中国问题的思考。（邵慧敏）

《吴觉农集》（8卷）

中国出版集团公司出版资金项目。生活·读书·新知三联书店编辑出版。

《吴觉农集》是生活·读书·新知三联书店重点推出的一套学术书籍。

吴觉农（1897～1989），是我国著名的农学家、茶叶专家和社会活动家，也是我国现代茶叶事业复兴和发展的奠基人。先后发表茶学论著一百多篇、部，其中包括：关于茶叶的论文和著作，茶学译著，茶业考察报告，茶学教材，与茶有关的工作报告，参与制定的与茶有关的行业规章手册等，与茶有关的书信、日记等。本文集的编者历时多年，广泛搜集资料，从中遴选出具有代表性及时代意义的内容，全书约400多万字，并按类编排，敦请茶界专家、学者及吴觉农先生的后人审定，最终编辑出版。出版《吴觉农集》，旨在重新梳理中国近现代茶业发展的历史，对当下中国茶业发展、中国茶文化发展的走向提供借鉴与思考。（邵慧敏）

“中国报告”第一辑（中文版）

中国出版集团公司出版资金项目。2014年立项。中国对外翻译出版公司编辑出版。

围绕“实现中华民族伟大复兴的中国梦”的主题遴选的作品，既有反映某个领域、地区、企业（家）的奋斗历程的大题材，也包括个人奋斗实现理想为主题的“中国梦”题材，尤其是总结中国社会主义建设和改革开放实践经验的优秀理论普及读物和透彻阐释中国模式、中国道路的读物。

本丛书分辑推出，第一辑共5册，包括《不一样的烟火》（汪洋著）、《有梦就有希望》（汪洋著）、《从黄埔江到莱茵河——中国驻德卢秋田大使传》（汪洋著）、《生命的呐喊》（张雅文著）和《我和祖国的五十年》（周纯著）。

其中，《不一样的烟火》《有梦就有希望》《从黄埔江到莱茵河——中国驻德卢秋田大使传》《生命的呐喊》已于2014年出版。（刘香玲）

《中国文化线路遗产》（上、下）

中国出版集团公司出版资金项目。东方出版中心编辑出版。

以图文并茂的形式向读者呈现了对中国历史发展产生过深远影响的蜀道、丝绸之路、海上丝绸之路、西南丝绸之路、北京中轴线、大运河、茶马古道、川盐古道、武当神道、万里茶道这十条中国文化线路，以及这些线路所承载的文化遗产。该书2014年4月立项。全书348千字，图片245幅。主要作者为丁援、宋奕。2014年进行组稿、三审三校、设计排版、印刷装订。该书内容涉及的线路对我国不同区域间文化的传承、交流和发展有着重要意义。（金洁蓉）

《黄埔军校档案》

中国出版集团公司出版资金项目。华文出版社编辑出版。

展现了黄埔军校的全貌。为历史研究者提供了一个研究黄埔军校及研究中国近现代中国史的理论、史料平台。对于聚合海内外黄埔同学，甚至更广泛的爱国人士都有着重要意义。

全书分为《黄埔军校档案：课程（1924年～1949年）》，约100万字；《黄埔军校档案：大事纪（1924～1949）》，约60万字；《黄埔军校档案：同学名录（1924～1949）》，约30万字。

（李　化）

中国书法教学丛书

中国出版集团公司出版资金项目，同时入选2014年度北京市重点图书选题，华文出版社编辑出版。

项目由中小学《书法》教材主编欧阳中石教授和全国人大常委教科文卫委员会委员、原国家教委副主任柳斌共同担任丛书的顾问，中国书法家协会党组书记、驻会副主席赵长青先生担任主编。

该丛书突出直观性和实用性，旨在将创作实践经验和书法理论更好地传播给大众，搭建书法家和书法理论家交流合作的平台，促进书法艺术的推广和书法教育的普及。

丛书主要包括理论研究性图书9种，分为专项分册和综合分册。专项分册包括《楷书研究》《行书研究》《隶书研究》《草书研究》《篆书研究》《篆刻研究》6种，综合分册包括《书作研究》《书法史论》《书作赏析》3种。（李　化）

地球大视野丛书

中国出版集团公司出版资金项目，华文出版社编辑出版。

该丛书是由著名科普作家陶世龙等专家学者通过地球科学理论研究和生产实践的经验而著述的一套科普读物。该套丛书抓住当前人们认识上的误区，抓住与经济、社会发展以及与人民生活、健康密切相关的热点问题，通过自问自答、讲述引人入胜的典型事例或故事，以及用讨论和思辨的手法，在向人们普及地球科学知识的同时，唤起人们关爱人类生存的环境——地球，并告诉人们如何用科学的思想观察问题，用科学的方法处理问题。丛书内容丰富，科学严谨，反映了地球科学的研究成果，以及21世纪地球科学面临的新课题。具有较强科学性、知识性、趣味性。该丛书共有6册，包括：《谈天说地》《探识地球》《健康寻源》《水的警示》《分享海洋》《珠宝奥秘》。（李　化）

《民国农业调查报告辑刊》（第一辑）

中国出版集团公司出版资金项目。世界图书出版广东有限公司2014年编辑出版。

《民国农业调查报告辑刊》是华南农业大学农业遗产研究室整理、研究民国农业调查报告的成果汇编，内容既包括综合类的农业调查，也包括土壤、植被、农产、果业、蚕业、糖业、畜禽、水产、农村市场、族群等方面的专门调查。该书真实全面地反映了民国农业发展变迁的历史过程。全书共计5册。通过整理和影印出版民国农业调查报告，不仅保存了已刊的版本，也完整地保存了珍贵的手稿本。该书的出版进一步完善和丰富中国近代史研究文献材料的重要学术价值，又有继承前人文化遗产的重大文化传承意义，更有为现代化经济建设服务的现实意义，尤其是对我国制定“三农”政策有着重要的借鉴作用。

（卢家彬）

百种世界医学经典名著译丛

中国出版集团公司2012年学术著作、重点图书专项补贴项目。世界图书出版西安有限公司编辑出版。

该项目是世界医学经典著作的“合集”。丛书包括《临床运动营养学》《检验医学：基础理论与常规检测技术》《腹腔镜外科手术图谱》《血管局部解剖及手术入路》《脊柱外科微创手术精要》《听神经瘤显微外科手术图谱》《颅底副神经节瘤显微外科手术》《机器人泌尿外科手术学》《不孕症诊疗手册》《宫腔内人工授精手册》等近百种。这些著作都是相关领域的权威专著，具有很高的权威性、实用性和指导参考价值，其翻译出版可以更好地指导我国的医学实践，洞悉当前世界相关学科的发展动向，深入了解相关领域的发展。

2014年出版了《脊柱外科微创手术精要》《听神经瘤显微外科手术图谱》《颅底副神经节瘤显微外科手术》《机器人泌尿外科手术学》《不孕症诊疗手册》《宫腔内人工授精手册》等。

（任卫军　赵亚强）

现代口腔诊疗丛书

中国出版集团公司“十二五”规划重点项目。世界图书出版西安有限公司编辑出版。

该项目是中国现代口腔诊疗方面的经典“合集”。内容包括口腔颌面外科学、口腔修复学、口腔正畸学、口腔材料学、口腔种植学、口腔生物学、口腔修复工艺学等方面。全书共10册，约10 000千字，近10 000幅图片。主要介绍了近年来口腔颌面相关学科的最新成果与发展方向。

2014年出版了《口腔正畸学：现代诊断与矫治设计》《颌骨骨质溶解》，对广大口腔医生全面学习口腔诊疗学科和深入了解口腔诊疗技术的发展有重要的指导作用。（任卫军　赵亚强）

《中国秦岭常见药用植物图鉴》上、下册

中国出版集团公司2014年重点图书专项补贴项目。世界图书出版西安有限公司编辑出版。

该项目是秦岭药用植物资源最新研究成果指导用书。全书汇集了近年来在天然药用植物资源研究方面的新成果及新发现，内容涉及秦岭药用植物最新研究成果、天然生物活性成分的发现和优化、传统药物和药用植物化学成分和药理作用的研究成果、生物活性成分研究的新技术与新方法及传统药物和药用植物的资源利用和保护。

《中国秦岭常见药用植物图鉴》项目分为上、下两册，精心选取了我国秦岭500多种常见药用植物，以高等植物的系统位置为编排主线，包括苔藓类、蕨类、裸子植物和被子植物。其中以被子植物中的药用植物为主，并以最新的被子植物APGIII分类系统顺序进行编排，同科的药用植物连续排列。正文后附拉丁学名索引和中文名索引。每种药用植物占用一个页面，配2～3幅高清彩色图片。文字部分包括：中文名，以《中国药典》之名为主；拉丁学名；别名；所载植物地方性名称；所属科属及生长习性；形态特征及药用部位；分布及生境；性味与主治和主要药用成分。

2014年，编辑加工整理了500种常见药用植物的名称、形态特征及药用部位，分布及生境，性味与主治和主要药用成分等，为2015年正式出版奠定了基础。（任卫军　赵亚强）

集团公司所属单位重大项目

《古代汉语词典》（第 2 版）

商务印书馆重点出版项目。商务印书馆 2014 年 3 月出版。

《古代汉语词典》（第 1 版）于 1998 年出版。收单字 10 000 个，复音词 24 000 条。本次修订，在释义和书证以及书写体例等方面做了大量查漏补缺的工作，从实际需要为出发点，收集了古代正统书面语写作中的大量单字与词汇。第 2 版收录单字约 14 200 个（包括繁体字和异体字），复音词约28 000条。

主要修订工作包括：1. 释义和书证是本次修订的重点，释义不妥或有硬伤的改正之，书证有误或年代较晚的更换之。更换书证，其时代按以下分期：先秦、汉代、魏晋南北朝、隋唐宋、元及以下。2. 增加了一些有文献用例的单字，相应删去一些仅见于字书而没有书证的生僻字。复音词也做了某些调整，有所增删。3. 通假音读本字的读音，不单立音项；凡通假字与本字读音不同者，在通某之后，用括号标出所读本字的读音，如锡，通“赐”（cì）。4. 异体字从严掌握，凡音义有别者，不做异体处理，如“修”“脩”，“雕”“琱”“彫”“鵰”等皆单立字头。5. 引书体例略作修改，如《楚辞·离骚》改为屈原《离骚》，不出《楚辞》；《文选·东京赋》改为张衡《东京赋》，不出《文选》。6. 根据《汉字部首表》和《GB13000.1 字符集汉字部首归部规范》，重新编制了《部首检字表》。基本采纳《通用规范汉字表》，表外字不做类推简化。

（宿　娟）

《牛津高阶英汉双解词典》（第 8 版）

商务印书馆重点出版项目。2010 年立项，商务印书馆 2014 年 6 月出版。

《牛津高阶英汉双解词典》由著名词典学家霍恩比专为母语非英语的学习者精心编纂，开创了学习型词典的先河，为世所公认的权威英语学习型词典。

《牛津高阶英汉双解词典》（第 8 版）比上一版内容增加了 20%，增加新词新义 1 000 条，正文修订 5 000 余项，收词总量达到 184 500 个，字数达到 1 400 万。这些新词新义集中反映了近些年英语世界里各个层面发生的新变化、新特点和新趋势。49 页的“牛津写作指南”是该书的一大亮点，涵盖了从 E－mail 到长篇论文等 14 个关于写作的项目，结合范文细致讲解写作技巧，让使用者循序渐进地掌握写作要领。配合正文中的用语库、“同义词辨析”等用法说明，能令文章富于变化，更具表现力。词条中还对 28 个专业的学术词进行了全新标注，方便读者写作学术文章之用。《牛津高阶英汉双解词典》（第 8 版）还附有 78 页的“图解词汇扩充”，分为环境、建筑、体育、服装等 40 余个主题，将相同主题的词汇用彩图的方式直观地呈现出来，便于联想记忆，扩充词汇量。《牛津高阶英汉双解词典》（第 8 版）于 2014 年 6 月出版后，当年发货超过 100 万册，取得了良好的

社会效益和经济效益。（刘　彤）

《普什图语汉语词典》

商务印书馆重点出版项目。2014 年 3 月立项，商务印书馆编辑出版。

我国第一次辞书编纂出版规划项目，现归入“2013～2025 国家辞书编纂出版规划项目”。

该书收词精当，收录常用词目 5 万余条，全书达到 230 余万字。以母语新词代替向波斯语、阿拉伯语等语言的借词；拼写规范，按照阿富汗近年的文字规范进行全面梳理，自创了以拉丁字母为普什图语注音的系统；编排独到，既符合中文从左向右的书写规则，也兼顾了普什图语从右向左的行文习惯；例证丰富，充分反映阿富汗文化，收录大量普什图民族的谚语、俗语和日常生活用例；附录实用，从普什图语亲属关系到阿富汗的阳历与公历对照表，多方位向中国读者介绍阿富汗的文化与习俗。

主编车洪才两度被借调到外交部工作，后执教于中国传媒大学普什图语专业；主编张敏则多年奋战在外交一线，是和共和国共同成长的外交官。两位主编坚守国家任务，不弃不离，历时 36 年最终完成，填补学术领域的空白。

（孙　驰）

大师文集系列

商务印书馆 2014 年度重点出版项目。商务印书馆编辑出版。

旨在对中外学术大师的学术成果进行全面搜集、编校，既可以看作“名著”另一维度的成果结集，又是更高层面的学术总结，既是学术传承的基础，也是对其毕生学术造诣和精神丰碑的最好纪念。

2014 年，该系列《海德格尔文集》（前 5 卷）、《亚当・斯密全集》（全 7 卷）、《斯宾诺莎文集》（全 5 卷）、《黑格尔全集》（第 10、17、27 卷）、《钱锺书手稿集・外文笔记》（第 1 辑）出版。（郑殿华）

《牛津高阶英汉双解词典》（第 7 版）APP 项目

商务印书馆重点出版项目。2013 年立项，商务印书馆 2014 年发布上线。

《牛津高阶英汉双解词典》（第 7 版）APP 在纸质词典的基础上，进行了大量的个性化改进和内容创新，提供多种用户增值服务。如，所有单词均为真人发音，且配有英式和美式两种；对查询词语可以分类加入书签，方便用户的查找；支持通配符等模糊查询，支持在短语、例证中查询；具有点词即时跳转查询功能；特别按照不同考试词汇列表，针对性地组合形成考试词语词典，方便读者识记。此外，这款应用还收录了语法、不规则动词、牛津 3 000 词等参考信息。

词典 APP 自发布以来，销售量约一万个，销售额近百万。（李晓静）

商务印书馆官网改版建设项目

商务印书馆重点项目。2012 年 12 月正式启动，商务印书馆 2014 年 1 月上线。

以“商务印书馆权威的信息发布平台、完善的品牌推广平台、便捷的企业运营与服务平台”为三大定位，2014 年主要完成后期频道改版设计、书目数据库建设、日常新闻资讯采编三大工作，累计发布新闻和图书资讯 1 600 余条，其中独家报道 58 篇 6 万余字，图片 400 余张，编发“《新华字典》与文化民生”“陈翰伯诞辰 100 周年”等 6 个专题；完成录入和审校图书数据 4 100条；完成三个频道以及专题系统共 32 个页面的框架设计、功能设计、页面视觉设计和数据搜集整理和上传工作；累计处理分发售后、投稿等留言 800 余条。（崔　珊）

商务印书馆企业档案信息化项目

商务印书馆重点项目。商务印书馆 2014 年启动。

是应商务印书馆档案管理信息化工作需要而开始建设的项目。2014 年延请了国家级专家、中国人民大学信息资源管理学院教授带领的专业团队，组织了商务印书馆馆内 10 个部门进行调研，编纂完成《商务印书馆有限公司档案工作制度》。制度共 20 章，92 条，涵盖了书稿、合同、经营管理、特殊载体等类别，为出版行业内第一个面向编印发全流程、适应信息化管理特点的全面性、系统性、专业性的综合档案管理制度。其中的《书稿文件归档范围与保管期限表》《电子档案文件管理办法》等首创性规范，将对行业档案建设产生良好的导引和促进作用。（崔　珊）

《想象异域——读李朝朝鲜汉文燕行文献札记》

中华书局 2014 年度重点出版项目。中华书局 2014 年 3 月出版。

在李朝朝鲜的燕行文献里有很多有趣的轶闻和失落的历史，其中不少是在中国史料中难得看到的。作者在阅读这些史料的过程中，受到极大的震撼，因为在燕行文献中，“中国”对于他们来说，既是一个曾经是文明来源的天朝上国，又已经“华夷变态”，是充满“膻腥狐臭”的地方。他们在复杂心态下，近距离观看中国，记录下他们感到不寻常的种种现象，又在想象异域悲情的情感驱使下，李代桃僵地为大明王朝招魂，处处搜寻大清帝国的种种怪现状。这使得作者重新审视近世东亚以及中国，重看东亚与中国的文化史，重新思考亚洲与中国、民族与认同、族群与疆域等等问题，因此形成本书。本书对于有志治学的学者在学术方法上具有重要的借鉴意义。

（梁　彦）

“三松堂全集”（第三版）

中华书局 2014 年度重点出版项目。中华书局 2014 年 7 月出版。

本丛书收录哲学家冯友兰的相关著述，即《中国哲学史》《中国哲学史补》《人生哲学（外二种）》《西洋哲学史　中国哲学小史》《贞元六书》（全二册），以及蔡仲德编撰《冯友兰先生年谱长编》（全二册）。其中，《中国哲学史》是作者的第一部中国哲学史著述，也是现代中国影响最大的哲学史名著之一。《中国哲学史补》是作者 1936 年亲自编定的哲学论文集，集中展现其对中国哲学史的思考与探索。《人生哲学（外二种）》是作者所作博士论文中文改写本，意在探求人生标准与人生理想的确立；同时另收录作者所作博士论文的英文原作及同主题演讲稿。《西洋哲学史　中国哲学小史》是作者早年撰写的带有普及性质的读物，以人代史，深入浅出，可为读者提供了解中西方哲学史的门径。《贞元六书》包括《新理学》《新事论》《新世训》《新原人》《新原道》和《新知言》六部著作，标志着作者“新理学”体系的确立。《冯友兰先生年谱长编》对于研究冯友兰具有重要的文献价值。（梁　彦）

《中国古代物质文化》

中华书局 2014 年度重点出版项目。中华书局 2014 年 8 月出版。

中国古代的物质文化成就，是我国上下五千年辉煌历史中重要的组成部分，是基本国情。作者孙机系著名文物专家、考古学家，以自己的讲座为基础，加以润色丰富，形成此书。内容均为中国古代物质文化的基本知识，涉及农业与膳食、酒茶烟糖、纺织服装、建筑家具、交通工具、冶金、玉漆瓷器、文具乐器、武备以及科学技术十个方面。书中很多内容都经作者起例发凡，对相关领域的学术研究具有重要价值，对于入门者更是浅显易懂。所配上百幅线描图，均为作者亲笔手绘。（梁　彦）

《美国柏克莱加州大学东亚图书馆藏宋元珍本图录》

中华书局 2014 年度重点出版项目。中华书局 2014 年 10 月出版。

本书收录美国柏克莱加州大学东亚图书馆藏

宋元珍善本44种中的41种，每种书前置入提要，其后插入若干书影，少则一幅，多则十一幅，因书而异。柏克莱加州大学（University of California，Berkeley）东亚图书馆自1896年开始收藏中文古籍，迄今历经百年有余，馆藏各种东亚文字书籍超过百万册，系海外收藏东亚文献资料的重镇之一。此书的出版可以使读者大致了解这批宋元珍善本的具体情况，从所选的代表性书影亦可略睹这批宋元珍善本的风神。达到海外汉籍回归并普及的目的。（梁　彦）

《续高僧传》

中华书局2014年度重点出版项目。中华书局2014年10月出版。

本书为“中国佛教典籍选刊”之一种。《续高僧传》，又称《唐高僧传》，三十卷，唐释道宣（596～667）撰。道宣认为慧皎《高僧传》中记载梁代的高僧过少，需要作补辑工作，于是经过多方收集资料，写成《续高僧传》三十卷。内容从梁代初叶开始，到唐贞观十九年（645）止，在这一百四十余年内，共写正传三百三十一人，附传一百六十人。在成书后二十年间，陆续有所增补，又成后集《续高僧传》十卷。此后，后集十卷亦吸收到前集中，不再单行。本书是佛教典籍中的要籍，在佛教史上地位极其重要。此次整理以《碛砂藏》三十一卷本为底本，校以日本兴圣寺抄本、《高丽藏》《赵城金藏》《永乐北藏》《乾隆藏》，辅以《频伽藏》《大正藏》，并利用大量的正史、总集、私家著述、字书等方外典籍予以校勘。（梁　彦）

《DK家庭医生》

中国大百科全书出版社重点出版项目，中国大百科全书出版社2014年8月出版。

是一部从症状入手查找病因、自我诊断、选择治疗方式的家庭必备工具书。该书从英国DK公司引进出版，由英国医学会与百位世界顶级医学专家共同编撰，北京协和医院著名医学专家编译与审定。全书200万字，3 000个专题，2 800幅彩色图片，1 300幅图表。

该书针对现代家庭的生活特点和实际需要，为大众提供了丰富、全面的医学知识，专业、实用的医疗诊治方案，安全、可靠的家庭自我治疗方法，预防保健康复的详细措施，帮助大众了解自己的身体状况，在日常生活中轻松地防病治疗，有效地保持自己和家人的身心健康。全书传递两大现代医学新理念——学会与疾病妥协，尝试与疾病同行；提倡家庭医疗、护理与康复，指导对疾病的自我管理。同时倡导新型就医模式，树立理性就医理念。指导读者在日常生活中形成科学的生活方式，培养健康的行为习惯，为读者提供全新的医疗知识和保健方法。（尹添铭）

《不列颠简明百科全书》（精粹本）

中国大百科全书出版社重点出版项目，中国大百科全书出版社2014年9月出版。

《不列颠简明百科全书》（精粹本）共收条目14 000余条，注重介绍具有普遍性、典型性和高检索率的知识。总字数460余万字，附有图表1 000余幅。条目正文按中文标题汉语拼音顺序，书后设有条目笔画索引和条目外文标题与条目中文标题对照索引。《不列颠简明百科全书》（精粹本）浓缩《不列颠百科全书》的精华，秉承《不列颠百科全书》一贯的翔实可靠、缜密严谨的风格，具备品牌工具书的权威和可信品质。它的出版，不仅丰富了《不列颠百科全书》的产品线，而且扩大了读者受众范围。（尹添铭）

《中国少年儿童百科全书》

中国大百科全书出版社重点出版项目，中国大百科全书出版社2014年10月出版。

是为中国少年儿童打造的一套大型彩色图文百科，它吸收、借鉴国内外先进的少年儿童百科全书的编纂思路和成功经验，沿用《中国儿童百科全书》的编辑理念，采用科学权威的知识体系、严谨生动的文字阐释，并配以生动精美的实景照片以及精心绘制的原理解剖图，内容涵盖人类文明的各个领域，分为“文体与艺术”“人类与社会”“科学与生活”“环境与生命”四卷，涉及 60 多个学科门类，共 5 000 多个条目，近 7 000幅插图，计 300 万字。除精准的知识和精美的插图外，书中还增加了自然之趣、历史之谜、社会之奇等板块，读者可以在独特的“穿越”栏目中，感受五彩缤纷的世界。此外本书还置入了大量的二维码视频，可使读者获得立体式情境阅读的神奇体验。（尹添铭）

“棔柿楼集”系列——《香识》

人民美术出版社重点出版项目。人民美术出版社 2014 年 2 月出版。

《香识》是“棔柿楼集”系列中的第三卷，汇集了作者以“宋代香事”为主题的文章 9 篇，涉及香具、焚香方式、制香、香料来源以及中外交流等诸多方面内容。全书共 9 万字，295 幅彩色图片。

“棔柿楼集”系列共 12 卷，包括著名文化学者扬之水的《诗经名物新证》《唐宋家具寻微》《香识》《宋代花瓶》《从孩儿诗到百子图》《两宋茶事》等著作。作者运用“名物新证”的方法，通过文献记载的典章制度和著名历史人物的活动来讨论宋代贵族和士大夫生活中的具体细节，辅之以当时人的诗词，并用考古资料加以印证，资料十分丰富。文章采用“散文式”写作，兼之作者具有深厚的古诗文功底，使得每篇研究文章都能将烦琐的研究推理过程娓娓交代清楚，又不失行文的优美，既保证了学术研究的精细，又十分贴近读者。

作者扬之水，原名赵丽雅。中国社会科学院文学所研究员，主要致力于先秦文学与古代名物研究，考据精确，言辞优美，造诣深厚，被称为“京城三大才女”之一。著有《诗经名物新证》《先秦诗文史》等。（赵军平）

“棔柿楼集”系列——《宋代花瓶》

人民美术出版社重点出版项目。人民美术出版社 2014 年 2 月出版。

《宋代花瓶》是“棔柿楼集”系列中的第四卷。汇集了作者与宋代文人精致生活有关的文章 11 篇，涉及宋代士大夫居室布置及书房的出现、文房清玩、古代文具、文人郊游所用行具、古代名帖等问题。全书共 9 万余字，配有彩色图片 320 幅。

“棔柿楼集”系列共 12 卷，包括著名文化学者扬之水的《诗经名物新证》《唐宋家具寻微》《香识》《宋代花瓶》《从孩儿诗到百子图》《两宋茶事》等著作。作者运用“名物新证”的方法，通过文献记载的典章制度和著名历史人物的活动来讨论宋代贵族和士大夫生活中的具体细节，辅之以当时人的诗词，并用考古资料加以印证，资料十分丰富。文章采用“散文式”写作，兼之作者具有深厚的古诗文功底，使得每篇研究文章都能将烦琐的研究推理过程娓娓交代清楚，又不失行文的优美，既保证了学术研究的精细，又十分贴近读者。

作者扬之水，原名赵丽雅。中国社会科学院文学所研究员，主要致力于先秦文学与古代名物研究，考据精确，言辞优美，造诣深厚，被称为“京城三大才女”之一。著有《诗经名物新证》《先秦诗文史》等。（赵军平）

《极简中国书法史》

人民美术出版社重点出版项目。人民美术出版社编辑出版。

本书从文字的起源与功能变化、书体的演变发展与兴衰更替、书写主体的变化及书家的风格特点与文脉传承、帝王的喜好风尚及其影响等方面出发，清晰呈现了书法之发展脉络及其实用与艺术并重的双重特点，展现出了承载千年中国文化艺术精神的书法艺术的独特魅力。

作者刘涛，1982 年毕业于武汉大学历史系，留校任教。现任教于中央美术学院中国画学院。长期从事中国书法史、书法技法的教学和研究。主要研究领域为汉魏两晋南北朝书法史、敦煌写经书法、王羲之书法。发表研究论文四十余篇。

著有《中国书法史魏晋南北朝卷》（获第六届国家图书奖）、《书法丛谈》《书法欣赏》《中国书法》等六种。编著《中国书法全集王羲之王献之卷》《四山摩崖刻经》等。此书被中国图书评论学会、中央电视台科教频道评为2014年“中国好书”。

（赵军平）

《艺术影响中国——百年中国油画名作十谈》

人民美术出版社重点出版项目。人民美术出版社2014年3月出版。

《艺术影响中国：百年中国油画名作十谈》选取一个多世纪以来具有重大影响力的油画作品，分十个篇章去回味当时的历史，观照其在历史中发挥的作用。选取的主要原则是因该作品和其创作者在中国的历史上产生了重大的社会影响。中国百年社会变化巨大，油画紧跟时代的主题因而也发展变化巨大。在抗日战争年代产生了徐悲鸿的《放下你的鞭子》这样的作品，作品的主题是抗战，记录的是抗战事件，模特也是抗战义士。到了中华人民共和国成立，面对巨大的社会变化，出现了历史巨作《开国大典》，也出现了表现土地革命的《血衣》。

作者范胜利，2008年毕业于中央美术学院人文学院，获硕士学位，现任职于首都博物馆。研究领域涉及美术史、艺术品鉴赏、艺术评论、书画修复。本书获得第七届中国出版集团出版奖·优秀设计奖。

（赵军平）

中国连环画名家名作系列：《长征·1936——奠基礼：中央红军到陕北》

连环画出版社重点出版项目。连环画出版社2014年2月出版。

《长征·1936——奠基礼：中央红军到陕北》是“长征·1936”系列连环画的第一部，也是《地球的红飘带》的姐妹篇。《长征·1936——奠基礼：中央红军到陕北》主要描写了1935年10月到1936年10月期间的长征史实，力求用多层次、全方位、多角度的绘画手法来展现这一历史画面。《长征·1936——奠基礼：中央红军到陕北》连环画的文本很单纯，就是毛主席讲的，陕北是落脚点、出发点。落脚点指的是中共中央和各路红军经过长征之后来到这里整顿，使之成为中国革命新的大本营；出发点是党领导的人民军队从这里走向各个抗日战场，承担起抗日救国的历史使命。人物方面则突出了毛泽东、周恩来、张闻天、彭德怀、徐海东、刘志丹、张浩和陈云。

作者沈尧伊，1966年毕业于中央美术学院。现任中国人民大学徐悲鸿艺术学院教授、博士生导师，国务院政府特殊津贴专家，中国美术家协会理事、中国美术家协会连环画艺术委员会主任、中国版协连环画艺委会委员，北京美术家协会副主席，第四届、第六届、第七届全国文代会代表，文化部（1992年）优秀专家和国家人事部（1999年）中青年有突出贡献专家。

（赵军平）

《1944：腾冲之围》

生活·读书·新知三联书店重点出版项目。生活·读书·新知三联书店2014年出版。

是一部关于我国抗日战争史上难得的取得全胜的攻坚战的微观战史。本项目共计800千字。作者余戈。全书以海峡两岸和日本、美国等国家的各种战斗详报、地方史志、新闻通讯、战地电文、“三亲者”回忆等材料为基础，相互参证，详加辨析，以逐日甚至逐小时的密度，生动描画出和平时代的人们无法想象的艰辛、繁难、曲折、残酷的战争图景，读者借此可以了解“八年抗战”短短的四个字中所包蕴的一切，重新理解“艰苦卓绝”的血肉意义，明白无数前辈付出了怎样“轻易”而伟大的牺牲，才为中国“博得”大国地位奠定基础。

（邵慧敏）

《吴宓与陈寅恪》（增补本）

生活·读书·新知三联书店重点出版项目。

生活·读书·新知三联书店2014年出版。

本书以吴宓的日记、遗稿为依据，忠实记述了吴宓与陈寅恪二人哈佛同窗、清华共事、燕京授业、直到劳燕分飞、远山隔越、粤蜀相望、鸿雁往还，一对旷世知交长达半个世纪的深情厚谊。本项目共计300千字。作者吴学昭。书中细致入微地叙述了吴宓与陈寅恪的学术思想和社会活动，核心是对中华文化终身抱持极其坚定的信念，并做出了特殊的历史贡献。（邵慧敏）

《西方文明的文化基因》

生活·读书·新知三联书店重点出版项目。生活·读书·新知三联书店2014年出版。

本书是对西方文明发展史的一个大整理，作者梁鹤年希望从这种庞大的系统分析中梳理出西方文明发展的脉络，找出“大国盛衰”的逻辑，通过看清“对手”，为中国的未来找到方向。本项目共计437千字。全书言语通俗，生动流畅，是一本人人都能读懂的西方文明史。（邵慧敏）

《图说中国绘画史》

生活·读书·新知三联书店重点出版项目。生活·读书·新知三联书店2014年出版。

《图说中国绘画史》是高居翰早年的中国绘画通史著作，本项目共计90千字，100幅图。以一个外国人的眼光欣赏中国名画，由一百幅作品串起对画史的解说，图文并茂，是普及大众的艺术读物。高居翰不欲因循守旧套用固有批评语词和批评理论进行写作，而是将绝大部分注意力放在画作上，用敏锐洞悉的眼光、慎重准确的判断、温暖饱满的情感与这些越千百年而来的笔墨坦诚相对，以此为读者勾勒中国绘画的历史。

（邵慧敏）

《王道剑》

生活·读书·新知三联书店重点出版项目。生活·读书·新知三联书店2014年出版。

本书在侠光剑影之外另有一条严格的历史线索，故可称为“历史武侠作品”。本项目共四册，1 044千字，包括《之一乾坤一掷》《之二大战天竺》《之三云锦袈裟》《之四王道无敌》。作者上官鼎。故事从朱元璋铲除曾助他打败蒙元建立明朝的明教开始，设置了两条基本的情节线：一条是庙堂之上朱元璋大杀功臣，继之燕王朱棣发动“靖难之役”，迫使建文帝朱允炆在忠于自己的臣子及不计前嫌的江湖英雄掩护下，落发为僧，历尽艰险终隐居于福建宁德支提寺；另一条为江湖上中土武林各门派抵抗天竺武林霸主的强势来袭。其间穿插了明教的伺机复仇，锦衣卫的助纣为虐，“靖难之役”四年的战争过程，真实历史人物铁铉、方孝孺等的忠贞节操，以及郑和下西洋等故事。（邵慧敏）

《何以中国——公元前2000年的中原图景》

生活·读书·新知三联书店重点出版项目。生活·读书·新知三联书店2014年出版。

本书以考古发现为基本依据，以“考古人说史并转换话语权”的尝试，试图夹叙夹议地勾画出公元前2000年中原文明重要转折点那个时代的轮廓。作者许宏。全书共计73千字，137幅图，从空间时间、区域类型、器物特征几个方面，穿插讲述了从中原到中国诞生的故事。这种写作方式和内容展现的形式以前无人涉及，可以成为一个新的考古人讲述历史的题材。（邵慧敏）

《品读国学经典》

生活·读书·新知三联书店重点出版项目。生活·读书·新知三联书店2014年出版。

是一部品读经典、思考人生的学术随笔集。共计270千字。作者夏海从我国古代文史哲名篇中，选取部分思想深邃、特点鲜明的代表性作品进行解读，在介绍作品内容和文学特色的基础上，通过“知人论史”“知人论世”，对文章涉及的历史背景、人生际遇、哲学思想等方面进行全方位阐释。（邵慧敏）

《一槌定音：我与嘉德二十年》

生活·读书·新知三联书店重点出版项目。生活·读书·新知三联书店2014年出版。

本书为嘉德董事长——陈东升在嘉德成立二十周年之际，首次回顾自己这二十年来创办嘉德并一起成长的风雨历程。全书共计200千字，126幅图。1993年，嘉德国际拍卖有限公司在北京成立，这是中国大陆第一家拍卖行。之后，嘉德在艰难而又健康地成长；嘉德的规范化经营，使它成为这个行业的风向标，陈东升则成为这个行业的领军人物。（邵慧敏）

"沟口雄三著作集"

生活·读书·新知三联书店重点出版项目。生活·读书·新知三联书店2014年出版。

本丛书是一套研究中国思想史的日本汉学著作。包括《中国的历史脉动》《李卓吾·两种阳明学》《中国的思维世界》《中国思想史——宋代至近代》。共计903千字。

作者沟口雄三（1932～2010），生于日本名古屋，东京大学文学部毕业，曾任东京大学文学部助手，中经琦玉大学讲师，东京大学文学部副教授、教授。退休后任教于大东文化大学文学部，为东京大学名誉教授。（邵慧敏）

"长声闲话"

生活·读书·新知三联书店重点出版项目。生活·读书·新知三联书店2014年出版。

本丛书是一套展现日本文化多元面貌的文化随笔集。包括《美在青苔》《阿Q的长凳》《系紧兜裆布》《太宰治的脸》《吃鱼歌》五种。全书共计862千字。

作者李长声，1949年生于长春，曾任日本文学杂志副主编。1988年自费东渡，一度专攻日本出版文化史。20世纪90年代以来，为北京、上海、广东等地的报刊写随笔专栏，结集出版有《日知漫录》《东游西话》等。（邵慧敏）

"国宝书法"系列丛书

现代教育出版社重点出版项目。现代教育出版社2014年9月出版。

该系列图书主要包括"经典碑帖技法精解丛书"和《历代名家碑帖临摹丛帖》，共32册。"国宝书法"系列图书由中国书法家协会主席、全国政协常委、中国当代书法家苏士澍先生，中国当代书法家、教育家、电影艺术家姚俊卿先生，北京大学哲学博士、编审、现代教育出版社社长宋一夫先生共同担任主编。

《经典碑帖技法精解丛书》，共16册，盒装。包括颜真卿《多宝塔碑》《颜勤礼碑》、欧阳询《九成宫碑》、柳公权《玄秘塔碑》共4个经典碑帖作品，涵盖隶、楷、行、草各种书体，从专业的视角讲解不同碑帖的基本笔法、偏旁部首、结构布局与书法艺术，并以古典书法理论为依托，用通俗明了的语言讲解技法，普及书写规律和技巧，帮助学书者掌握较为完备的书法技法知识。

《历代名家碑帖临摹丛帖》，共16册，平装。该书在装帧上，选取了8开的大开本，书写空间舒展开阔，给习字者提供良好的纸张环境和书写体验；采用了蒙纸的形式，临摹过程中不会破坏书册的整洁，临摹过后的用纸脱离书册也不影响全书的完整性，使练习册能成为一本独立的书法学习书籍。可以说，相较于以往已成定式的书法练习册，进行了一次模式上的大胆改变和创新。

（杨　静）

《心理健康》教材

现代教育出版社重点出版项目。现代教育出版社与中版教材有限公司合作，现代教育出版社编辑出版。

该教材涵盖1～9年级、高一（全一册），共10册。本套教材依据教育部最新修订的《中小学心理健康教育指导纲要》，由国内知名心理教育专家、北京师范大学教授林崇德先生和一线教师联袂打造。该教材的主要特点是：根据不同年龄学生的发展特点，针对他们身心易发生的问题，传输心理健康教育方法，知识性和趣味性紧密结合，创设利于学生健康成长的环境，培养孩子积极向上的心理素质，堪称目前国内质量好、水平高的中小学心理健康教育读本之一。2014年，该教材已纳入江苏省教材采购目录。

（杨　静）

CloudBag 云教育平台

世界图书出版上海有限公司重点项目。

CloudBag是世界图书出版上海有限公司经过近两年的探索与实践确定的公司转型发展项目之一。2014年底，该项目已经在青岛落地，相关学校已成为青岛市教育局教育信息化的标杆示范学校，截至2014年年底到示范学校观摩CloudBag云教育平台的学校已经超过150所，初步达成合作意向的学校超过10所。世界图书出版上海有限公司与海尔集团在教育信息化领域的战略合作也在有序推进中。这些都为有效实现公司数字出版经营的规模化发展打下了基础。

（王　纯）

“绿色大业”

世界图书出版上海有限公司重点项目。

“绿色大业”是世界图书出版上海有限公司在与求是杂志社研究所战略合作的基础上，联合全国人大环境与资源保护委员会、中国广播电视协会纪录片工作委员会共同合作项目。也是全媒体项目。该项目是在获悉全国人大环境与资源保护委员会办公室为深入宣传贯彻党的十八大精神、宣传党和国家关于环境与资源的发展战略和政策、宣传全国人大通过的关于环境与资源方面的法律思想、宣传“十二五规划”提出的关于绿色发展的战略任务、总结我国环境资源事业取得的伟大成就和典型经验拟寻找具有同样社会担当和社会责任的企业合作的信息之后，通过求是杂志社研究所引荐，经与全国人大环资委办公室、法案室、研究室主要领导接洽，而最终确定由全国人大环境与资源保护委员会、求是杂志社研究所、中国广播电视协会纪录片工作委员会、世界图书出版上海有限公司共同合作的项目。截至2014年年底电视片已经完成摄制，后期准备出版读本。

（王　纯）

人事任免

RENSHIRENMIAN

中共中央宣传部2014年任免中国出版集团公司干部情况

2014年7月7日，周洪波同志任商务印书馆总编辑。

2014年7月7日，顾青同志任中华书局总编辑。

2014年7月7日，路英勇同志任生活·读书·新知三联书店总经理，翟德芳同志任生活·读书·新知三联书店总编辑。免去樊希安同志生活·读书·新知三联书店总经理职务；免去李昕同志生活·读书·新知三联书店总编辑职务，办理退休。

2014年7月7日，免去樊希安同志生活·读书·新知三联书店党委书记职务。

2014年7月7日，李智平同志任东方出版中心总经理，免去宋焕起同志东方出版中心总经理职务，免去李智平同志东方出版中心总编辑职务。

2014年7月7日，董玲同志任东方出版中心党委书记，免去宋焕起同志东方出版中心党委书记职务。

2014年7月7日，张纪臣同志任中国图书进出口总公司总经理，免去刘伯根同志兼任的中国图书进出口总公司总经理职务。

2014年7月8日，樊希安、孙月沐同志任中国出版传媒股份有限公司副总经理。

2014年11月18日，刘国辉同志任人民文学出版社总编辑。

2014年11月18日，张贤明同志任人民文学出版社党委书记，免去刘国辉同志人民文学出版社党委书记职务。

2014年11月18日，肖启明同志任商务印书馆党委书记。

2014年11月18日，周清华同志任中华书局党委书记。

2014年11月18日，刘晓东同志任中国大百科全书出版社党委书记，免去龚莉同志中国大百科全书出版社党委书记职务。

2014年11月18日，周伟同志任中国美术出版总社党委书记，免去汪家明同志中国美术出版总社党委书记职务。

2014年11月18日，翟德芳同志任生活·读书·新知三联书店党委书记。

2014年11月18日，黄松同志任中国对外翻译出版公司党委书记，免去林国夫同志中国对外翻译出版公司党委书记职务。

2014年11月18日，刘海涛同志任中国民主法制出版社总编辑，免去肖启明同志中国民主法制出版社社长职务。

2014年12月8日，聂静同志任中国出版集团公司人力资源部主任，免去周伟同志中国出版集团公司人力资源部主任职务。

中国出版集团公司2014年任免干部情况

2014年1月8日，免去汪季贤同志中国出版集团公司出版阅评小组副组长职务，办理退休手续。

2014年1月21日，聘王齐、胡中文同志为商务印书馆副总经理，聘期三年。

2014年1月21日，聘宋志军同志为中华书局副总经理，尹涛同志为中华书局副总编辑，聘期三年。

2014年1月21日，臧永清同志任现代出版社社长，免去朱朝旭同志现代出版社社长职务。

2014年1月28日，李红强同志任华文出版社总编辑。

2014年2月19日，周群同志任人民音乐出版社党委副书记。

2014年2月27日，聘任陈琦同志为中国大百科全书出版社副社长，聘期三年。

2014年3月11日，路英勇同志任中国出版传媒股份有限公司办公室主任。张贤明同志任中国出版传媒股份有限公司出版业务部主任。刘禹同志任中国出版传媒股份有限公司证券与法律事务部（审计部）主任。周清华同志任中国出版传媒股份有限公司科技与数字出版部主任。刘忠同志任中国出版传媒股份有限公司国际合作部主任。聂静同志任中国出版传媒股份有限公司人力资源部主任，免去其中国出版集团公司人力资源部副主任职务。

2014年3月12日，聘任赵易山同志为人民音乐出版社副总编辑，聘期三年。

2014年7月7日，免去杜晓十同志人民音乐出版社副总编辑职务，办理退休。

2014年7月7日，路英勇同志任生活·读书·新知三联书店党委副书记，免去李昕同志生活·读书·新知三联书店党委副书记、纪委书记职务。

2014年7月7日，聘任舒炜、郑勇同志为生活·读书·新知三联书店副总编辑，聘期三年。免去李昕同志生活·读书·新知三联书店副总经理职务，免去潘振平同志生活·读书·新知三联书店副总经理、副总编辑职务，办理退休。

2014年7月7日，聘任林键、林佳红同志为中国图书进出口总公司副总经理，聘期三年。免去吴杰同志中国图书进出口总公司副总经理职务，办理退休。

2014年7月7日，伍旭升同志任中国出版传媒商报社社长，免去孙月沐同志中国出版传媒商报社社长、总编辑职务。

2014年7月7日，任江哲同志任中国出版传媒商报社党委书记，免去孙月沐同志中国出版传媒商报社党委书记职务。

2014年7月7日，免去路英勇同志中国出版集团公司办公室主任职务。

2014年7月7日，胡庆艳同志任中国出版传媒股份有限公司办公室主任，李红文同志任中国出版传媒股份有限公司人力资源部副主任（主任级），免去路英勇同志中国出版传媒股份有限公司办公室主任职务。

2014 年 7 月 8 日，李智平同志任东方出版中心党委副书记。

2014 年 7 月 8 日，张纪臣同志任中国图书进出口总公司党委副书记。

2014 年 8 月 5 日，李智平同志任中国出版集团公司驻上海办事处主任，免去宋焕起同志中国出版集团公司驻上海办事处主任职务。

2014 年 8 月 5 日，宋焕起同志任中国出版集团公司出版阅评小组副组长。

2014 年 8 月 13 日，聘任陈晗雨同志为中国民主法制出版社副社长，聘期三年。

2014 年 10 月 9 日，包岩同志任中版文化传播（北京）有限公司总经理、法定代表人。

2014 年 10 月 22 日，李平同志任商务印书馆纪委书记。

2014 年 10 月 22 日，胡建斌同志任中国美术出版总社纪委书记。

2014 年 10 月 22 日，顾青同志任中华书局纪委书记。

2014 年 10 月 22 日，张作珍同志任生活·读书·新知三联书店纪委书记。

2014 年 10 月 22 日，周群同志任人民音乐出版社纪委书记。

2014 年 10 月 22 日，林佳红同志任中国图书进出口总公司纪委书记。

2014 年 10 月 22 日，唐辉同志任荣宝斋纪委书记。免去孔繁勇同志荣宝斋党委副书记、纪委书记职务，办理退休。

2014 年 11 月 3 日，樊希安同志兼任中版教材有限公司董事长、总经理，王俊国同志不再担任中版教材有限公司董事长，免去罗争玉同志中版教材有限公司总经理职务。

2014 年 11 月 3 日，免去罗争玉同志华文出版社社长职务。

2014 年 11 月 18 日，管士光同志任人民文学出版社党委副书记。

2014 年 11 月 18 日，张贤明同志任人民文学出版社副社长，免去刘国辉同志人民文学出版社副社长职务。

2014 年 11 月 18 日，免去曹剑同志人民文学出版社副总编辑职务。

2014 年 11 月 18 日，赖雪梅同志任中国出版传媒股份有限公司科技与数字出版部主任，免去周清华同志中国出版传媒股份有限公司科技与数字出版部主任职务。李红文同志任中国出版传媒股份有限公司人力资源部主任，免去聂静同志中国出版传媒股份有限公司人力资源部主任职务。

2014 年 11 月 18 日，刘祚臣同志任中国出版传媒股份有限公司出版业务部主任，免去张贤明同志中国出版传媒股份有限公司出版业务部主任职务。

2014 年 11 月 18 日，曹剑同志任中国出版集团公司办公室主任。

2014 年 11 月 25 日，万萍同志任中国出版集团公司投资与资产经营部副主任。

2014 年 11 月 25 日，集团工会联合会主席王云武同志明确为集团公司成员单位正职待遇。

（董　易）

规章制度

GUIZHANGZHIDU

集团公司部分重要规章制度

《中国出版集团公司直属机关纪委关于审理查办违纪案件的实施办法（试行）》

中国出版集团公司直属机关纪委 2014 年 4 月 30 日印发。《中国出版集团直属机关纪委关于审理查办违纪案件的实施办法（试行）》（中版直纪字［2014］6 号），共分为三个部分 17 个方面。按照中纪委十八届二次、三次会议关于加大查办案件力度，形成反对腐败的强大震慑力的要求，为了进一步规范纪检工作，根据《党的纪律检查机关案件审理工作条例》（中纪发［1987］12 号）、《中共中央纪律检查委员会关于审理党员违纪案件工作程序的规定》（中纪发［1991］5 号）与《中国共产党纪律检查机关案件检查工作条例》（中纪发［1994］4 号），结合集团公司实际制定了《中国出版集团公司直属机关纪委关于审理查办违纪案件的实施办法》。主要内容有确定了审理查办案件工作应当遵循的基本原则：坚持实事求是的原则、坚持“惩前毖后，治病救人”的原则、坚持党的纪律面前人人平等的原则、坚持民主集中制的原则；审理查办案件工作的任务和范围：审理查办案件工作的任务、审理查办案件工作的职责范围；审理查办案件工作的基本程序：初步调查有关线索、提出处理意见、办理立案手续、确定办案人员、核实事实材料、与被调查人谈话、提交调查报告、集体审议案件、报送审理报告、办理结案手续、及时立卷归档。（温　存）

《中国出版集团公司数字资源库使用管理办法（试行）》

中国出版集团公司自 2014 年 9 月 1 日施行，该办法共 13 章。该办法为加强中国出版集团公司数字资源库的管理，保证入库资源有序、规范、合理、安全、高效的使用，根据中国出版集团公司数字资源管理办法（试行）有关规定制定。中国出版集团公司数字资源库由中国出版集团公司科技与数字出版部负责管理。中版集团数字传媒有限公司受中国出版集团公司科技与数字出版部的委托，负责中国出版集团公司数字资源库的维护。中版集团数字传媒有限公司自有资源，存入中国出版集团公司数字资源库统一维护。（李　铃）

《中国出版集团公司基本建设财务管理办法》

中国出版集团公司 2014 年 9 月 24 日颁布，2014 年 10 月 1 日起执行。为了规范基本建设投资行为，加强基本建设财务管理和监督，提高投资效益，根据财政部《基本建设财务管理规定》（财建［2002］394 号），结合集团公司基本建设投资的实际情况制定。该办法共 36 条，对基本建设财务管理基础工作，资金的筹集、使用和监督，财务核算，竣工财务决算等内容做了明确规定。（凌　燕）

修订《中国出版传媒股份有限公司财务情况说明书》

中国出版传媒股份有限公司 2014 年 4 月修订。自 2013 年 4 月份颁布施行已有 1 年多，在强化财务报告管理、提高会计信息分析质量方面取得了良好的效果。根据股份公司 2014 年度重点工作的要求，需要进一步探索研究适合出版行业的财务分析体系，并逐步建立存货等重点指标预警机制与控制评价体系。根据上述要求我们对原说明书进行了部分修订，以期能够从多方面各角度反映出版企业的财务状况、经营成果、优劣态势及发展趋势等，更好地提供决策参考。（湖泊潇）

集团公司所属单位部分重要规章制度

《商务印书馆新员工导师制度》

商务印书馆2014年4月制定并执行。为积极探索培养青年人才的途径，结合自身实际，延续商务印书馆传统，制定本制度。制度从目的、适用范围、教学安排、新员工职责、导师职责、导师任职条件、导师聘任办法和考核办法八个方面做出规定，包括规定了导师由人力资源部根据本部门人才库确定，与新员工结成“一对一”师徒关系；导师根据“新员工辅导计划”，负责对新员工进行岗位培训，掌握并及时反馈新员工的工作及学习进度和工作绩效，使新员工树立正确的出版导向观及具备相关的编辑技能等。通过导师制度，可以帮助新员工尽快融入商务印书馆文化氛围，熟悉工作环境、工作流程及标准，尽快顺利进入工作角色。（张　琳）

《商务印书馆新员工入职培训制度》

商务印书馆2014年4月制定并全面实施。制度从培训目的、培训对象、培训方式及内容、培训管理要求、培训结果及培训后续管理六大方面做出规定。制度明确，为使新员工在入职前对商务印书馆有全方位的了解，认识并认同商务印书馆的事业及企业文化，坚定自己的职业选择，针对所有新员工，安排其在出版、营销等部门进行多岗位培训，会同出版、营销部门制定具体业务培训、业务实习以及参观实践课程及方案，指定具体负责人负责新员工在培训期间的管理和学习，帮助新员工明确各岗位职责、工作任务和工作目标，掌握工作要领、工作流程和工作方法。

（张　琳）

《商务印书馆有限公司内部控制手册》

商务印书馆2014年8月制定并执行。依据国家相关规定，结合商务印书馆管理现状，系统梳理已有管理经验和内控体系建设成果而编写。

该手册以商务印书馆战略规划、治理结构、管控模式、组织机构与责任划分为基础，以基于风险为导向的内部控制基本框架为指引，以对业务活动及流程的控制要求为手段，以内部控制评价和监督为保障，以期沉淀体系建设成果，固化体系建设内容，形成有效运行和持续提升的内部控制工作机制。手册共分为4章，涉及涵盖管理流程、核心流程、支持流程等在内的近20个方面的100余项工作流程，以流程目标、流程管理部门、流程涉及部门及领导、规章制度及管理标准、流程描述、流程图和风险控制矩阵为主要内容，不仅适用于治理层面的控制，也适用于经营管理层面的控制，具有广泛的约束性和指导性，是商务印书馆实施内部控制工作的准则和指南。

（冯　雪）

《中华书局有限公司国家资本金财务管理办法》

中华书局2014年7月21日颁布并实施。为了加强国家资本金管理、保证国家资本金安全、规范使用、提高使用效益，根据《国务院关于试行国有资本经营预算的意见》（国发〔2007〕26号）和国家预算管理的有关规定制定的财务管理办法。该办法为中华书局全部国家资本金财务管理的基本规定，分为总则、预算管理、资金使用与管理、结项管理4章13条。（梁　彦）

《中华书局有限公司所属企业人力资源管理实施细则》

中华书局2014年8月7日颁布，自2014年9月1日起实施。根据中国出版集团公司和中国出版传媒股份有限公司人力资源管理相关规定，为规范中华书局所属企业人力资源管理，而制定的中华书局所属企业人力资源管理实施细则。所属企业，指具有独立法人资格的、独立核算、自负盈亏的中华书局二级公司。细则主体分为组织人事管理、工资总额预算管理、收入分配制度、绩效管理、劳动关系管理、培训管理六部分内容。（梁　彦）

《中国大百科全书出版社出版作品报酬实行办法的规定（试行）》

中国大百科全书出版社2014年11月颁布执行。此《中国大百科全书出版社出版作品报酬实行办法的规定》是中国大百科全书出版社根据国家版权局、国家发展和改革委员会在2014年9月23日颁布的《使用文字作品支付报酬办法》，结合出版社的实际情况而制定的。该规定包括四个部分27条。第一部分规定了文字作品付酬办法，包括基本稿酬加印数稿酬方式、版税方式、一次性付酬方式及其他规定；第二部分制定了图片、地图付酬标准；第三部分规定了编审校对费标准；第四部分是附则。（任其忻）

《中国美术出版总社校对工作流程（试行）》

中国美术出版总社2014年4月1日施行。根据中国美术出版总社关于生产流程的规定，为了细化工作，提高工作效率，保证书刊生产质量，针对校对工作制定具体管理办法。该流程对送校稿件接收标准、校对工作流程、增加或减少校次的标准、申请退稿、外校费用标准等做出了详细规定，确保了中国美术出版总社校对工作流程的有章可循。（郝　赫）

《中国美术出版总社校对部门绩效考核管理办法（试行）》

中国美术出版总社2014年6月1日施行。根据中国出版集团公司关于《中国出版集团公司推动所属企业人事、分配制度改革30条》文件精神，稳步推进中国美术出版总社人事制度和分配制度机制的改革。通过深入调研，并经社委会充分讨论后，中国美术出版总社决定下发《校对部门绩效考核管理办法》（试行）。该办法对校对部门的岗位设置、考核的字数和质量指标、岗位津贴、奖惩制度和字数统计方法等做出了详细的规定。（郝　赫）

《中国美术出版总社书籍设计室绩效考核管理办法（试行）》

中国美术出版总社2014年6月4日施行。根据中国出版集团公司关于《中国出版集团公司推动所属企业人事、分配制度改革30条》文件精神，中国美术出版总社通过深入调研，并经社委会充分讨论后，决定下发《书籍设计室绩效考核管理办法》（试行）。该办法对书籍设计室的职责、任务、工资、岗位津贴、绩效奖罚等做出了规定，还结合中国美术出版总社的实际情况，附有画册和文字版式设计的工作量换算方法，明确了书籍设计室人员的工作职责，激励了工作热情，提高了工作效率，使总社书籍设计室的工作有章可循。（郝　赫）

《中国美术出版总社图书出版相关奖励规定（试行）》

中国美术出版总社2014年6月4日施行。为鼓励策划出版更多好书，明确奖励的依据、标准和程序，使奖励公开、公平、公正，根据行业有关规定并结合总社实际情况制定。《规定》对获得国家级、省部级、社级、自查书刊编校质量优质、自查书刊编校质量良好、其他奖项以及发表介绍评论总社图书文章等情况做出详细奖励规定，并对奖金分配细则进行了规定。本规定的施行有效发挥了图书奖励的激励作用。（郝　赫）

《中国美术出版总社关于员工参加学习培训的规定（暂行）》

中国美术出版总社2014年9月5日施行。根据中国美术出版总社制度建设以及完善职工权益的需要，为落实中国美术出版总社关于员工教育和人才培养的目标，积极组织员工参加各种学习，对员工进行切实有效的教育，不断提高员工的政治素质、业务素质，结合中国美术出版总社实际情况制定本规定。同时原2008版《总社员工参加学习培训的规定》停止使用。新规定对员工参加何种性质的学习培训，相应享受何种补贴和待遇进行了较为细致的规定。对经单位出资培养的员工所应履行的责任和义务本次也做出了规定。（郝　赫）

《生活·读书·新知三联书店样书管理规定》

生活·读书·新知三联书店2014年2月26日颁布。该规定分5条，分别是日常发放规定，著、译者样书发放规定，店总部赠阅样书规定，分公司领取样书规定，加强对样书的管理。规定的颁布实施旨在为加强样书管理，降低成本。

（刘　畅）

《生活·读书·新知三联书店关于加强图书编校质量管理的补充规定》

生活·读书·新知三联书店（以下简称“三联书店”）2014年5月5日颁布。该规定分两部分，分别是成立审读室和对出现严重编校质量问题的书稿责任人的处罚。该规定是在《三联书店关于加强图书出版质量管理的规定》的基础上，为进一步加强三联书店图书的政治导向、著作质量和编校质量管理制定并颁布的。（刘　畅）

《生活·读书·新知三联书店保密工作管理制度》

生活·读书·新知三联书店2014年9月2日颁布施行。该制度分7条，分别是总则、适用范围、保密范围和密级划分、保密管理、责任与奖惩等。制度的颁布实施旨在为加强企业保密工作的管理，防范和杜绝各种泄密事件的发生，维护企业正常经营管理秩序，保障企业合法权益不受侵犯。（刘　畅）

《生活·读书·新知三联书店关于推动上海公司改革发展实施意见》

生活·读书·新知三联书店2014年10月22日颁布。该意见分7部分，分别是上海公司的定位与发展目标、店总部对上海公司的管理原则、经营业务管理、人力资源管理、财务管理、档案管理及其他。该意见的颁布实施旨在为规范管理模式，形成店总部和上海公司各负其责、协调运转、有效制衡、机制灵活的管理体系，科学、民主的决策程序和有效的激励、监督、约束机制，激发员工工作积极性。（刘　畅）

《生活·读书·新知三联书店有限公司子公司财务管理制度》

生活·读书·新知三联书店（以下简称“三联书店”）2014年10月22日颁布。该制度共分11章、48条，分别从财务管理体制、预算管理、会计核算管理、资产管理等方面对三联书店所有全资、控股子公司的财务制度进行了规范化约束，目的是进一步加强三联书店对子公司的管理和控制，规范三联书店内部运作机制，强化财务核算和财务管理，防范经营风险，促进子公司规范运作和健康发展。（刘　畅）

《中国对外翻译出版公司内部控制手册》

中国对外翻译出版公司（以下简称“中译公司”）2014 年 9 月 15 日颁布执行。该手册依据国家相关规定和中国出版传媒股份有限公司相关要求，结合中译公司管理现状，系统梳理已有管理经验和内控体系建设成果而编制的。该手册明确了公司建立内部控制体系所遵循的标准，规范了各项业务活动及流程的控制要求，制定了动态的管理改进与评价工作机制，融合原则性要求与操作性规范，不仅适用于公司治理层面的控制，也适用于公司经营管理层面的控制，具有广泛的约束性和指导性，是公司实施内部控制工作的准则和指南。（徐　可）

《关于加强东方出版中心图书推广的实施办法（2014 年版）》

东方出版中心 2014 年 5 月颁布执行。该实施办法共由六条组成。其中第一条明确该办法所鼓励推广的图书主要是指出版或重版之日起一年内，由东方出版中心主创，即自主组稿、市场发行的原创、引进及翻译类图书。第二条明确 2014 年东方出版中心主创图书推广要提升品牌影响、追求务实成效。第三条明确要发挥东方出版中心、部门、责任编辑和全员做好主业图书宣传推广的合力。第四条明确东方出版中心 2014 年度计划安排重点图书专项宣传推广预算 17 万元，包括用于上海书展和全国书展的宣传，其中 2 万元用于新媒体的图书推广。第五条明确有关鼓励措施。第六条明确本《办法》自发布之日起实施。东方出版中心总编办公室负责对该项事务的组织、协调和管理。（金洁蓉）

《东方出版中心有限公司关于加强导向管理的实施办法》

东方出版中心 2014 年 6 月颁布执行。该办法共由四部分组成。其中第一部分是确立领导机制、落实引导举措。第二部分是严格三审机制、强化质量管理。第三部分是健全培训机制、加大激励力度。第四部分是强化问责机制、建立应急预案。（金洁蓉）

《东方出版中心有限公司人事和分配制度改革实施方案》

东方出版中心 2014 年 7 月颁布执行。该实施方案共由六个部分组成。其中第一部分是指导思想，明确东方出版中心是以邓小平理论、“三个代表”重要思想为指导，全面贯彻落实科学发展观，进一步解放思想，落实党的十八届三中全会和全国文化体制改革工作会精神，并结合贯彻集团公司“深化人事、分配制度改革工作会”会议精神、《中国出版集团公司推动所属企业人事、分配制度改革 30 条》等文件精神，深化中心人事、分配制度改革。第二部分是目标思路，明确主要目标是通过加强中心人才培养，优化中心资源配置等改革措施，逐步实现中心绩效考核与薪酬体系整改、人才激励机制优化、管理效率提升等改革目标；明确总体思路是严格遵循集团公司改革精神以及《中国出版集团公司推动所属企业人事、分配制度改革 30 条》所提出的改革方向，通过聘请社会企业管理咨询公司，从第三方角度对现行的绩效考核与薪酬体系提供改革调整方案，并结合咨询公司提供的专业化方案，推动人事、分配制度的顺利改革。第三部分是工作机构。第四部分是改革重点，明确完善干部竞聘上岗制度；建立并完善绩效薪酬体系；加强人才培养，完善员工培训制度。第五部分是工作安排。第六部分是注意事项。（金洁蓉）

《新华书店总店财务审批办法（暂行）》

新华书店总店 2014 年 1 月 22 日颁布执行，为了明确新华书店总店的财务审批权限，依法办理各项财务收支，合理控制成本，根据《会计法》《企业国有资本与财务管理暂行办法》《三重一大》等，制定本规定。审批办法共 14 条内容，对总经理办公会审议事项、总经理批准事项、主管财务领导审批决定事项、各职能部门负责经办

的归口分管费用项目及审批流程等进行了规定。 （张　倩）

《新华书店总店专项资金管理办法（暂行）》

新华书店总店2014年5月6日颁布，自2014年起开始试行。为规范使用专项资金，加强专项资金管理，提高专项资金使用效益，根据财政部《关于做好中央文化企业国有资本经营预算支出管理工作的通知》（财文资［2012］9号），《关于加强中央文化企业国有资本经营预算执行管理的通知》（财办文资［2012］10号）和《中国出版集团公司专项资金管理办法》（中版发［2013］20号），结合新华书店总店实际，特制定此办法。管理办法共3章23条内容，对专项资金的申报、专项资金的使用、专项资金的项目验收等进行了规定。 （张　倩）

《新华书店总店长期股权投资管理办法（暂行）》

新华书店总店2014年5月27日颁布，自2014年6月1日执行。为完善新华书店总店的长期股权投资行为，防范投资风险，保障投资安全，提高投资收益，根据《中华人民共和国公司法》，财政部《企业国有资本与财务管理暂行办法》（财企［2001］325号）及《中国出版集团公司投资管理办法》制定本办法。办法共9章33条内容，对长期股权投资范围和方向、长期股权投资管理的组织机构、长期股权投资管理程序、长期股权投资的处置、长期股权投资的人事管理、长期股权投资的财务和审计、重大事项报告及信息披露等进行了规定。 （张　倩）

《新华书店总店"三重一大"决策制度实施办法（试行）》

新华书店总店2014年5月27日颁布执行。为深入贯彻落实中共中央、国务院《关于进一步推进国有企业贯彻落实"三重一大"决策制度的意见》，规范决策行为，提高决策效率、防范决策风险，保障企业科学发展，结合实际，特制定"三重一大"决策制度实施办法。办法共9章31条内容，对"三重一大"事项主要内容、决策主要形式、决策主要程序、决策主要规则、决策实施、监督检查、责任追究等进行了规定。 （张　倩）

《新华书店总店人力资源管理大纲》

新华书店总店2014年10月30日颁布执行。新华书店总店（简称"总店"）人力资源管理大纲（简称"大纲"）是总店人力资源管理纲领性文件。大纲旨在规范总店人力资源政策，促进人才发展环境持续优化，人才发展机制持续创新，统筹推进人才队伍协调发展，大力推进人才职业化、市场化、专业化，建成结构合理、专业精干、务实创新的人才队伍。大纲共10章26条，对总店组织机构、人力资源规划和岗位设置、薪酬、福利、绩效奖惩、竞争上岗、人才选拔与培训、人力资源管理部门等进行了规定。 （张　倩）

《现代教育出版社2014年度改革管理方案》

现代教育出版社2014年1月1日颁布实施。该管理方案共分8部分，其内容主要包括机构设置及主要负责人、各部门主要工作、任务指标、薪酬考核等方面的内容。管理方案中的核心是中心负责人负责制，加大了部门负责人在人权、财权和选题权方面的决定权。 （杨　静）

《现代教育出版社深化人事、分配制度改革的实施方案》

现代教育出版社2014年6月27日职工代表大会通过，2014年7月1日执行。方案共分6部分，为贯彻《中国出版集团公司推动所属企业人事、分配制度改革30条》，规范企业的管理、激发员工的工作积极性、增强企业内部活力，特制定本方案。方案中不仅将行政人员考核细化，对其进行360度全面考核；还更加明确了绩效考核结果与奖罚机制相挂钩，做到奖优罚劣、奖勤罚懒。为保证出版社能正确评价新入职人员在试用期间的工作能力和工作业绩，择优录取优秀人才，现代教育出版社加强了对新员工的考核；另外，由于年轻员工较多，建立导师制，也成为这次改革的重点。（杨　静）

《现代教育出版社过节费发放管理规定》

现代教育出版社2014年12月27日颁布实施。该管理规定共分2部分，规定了过节费的名目、标准、发放时间及不同人员类别发放办法的内容。（杨　静）

《华文出版社考勤及休假管理制度》

2014年12月29日华文出版社颁布实施，2015年1月1日起执行。华文出版社根据《中华人民共和国劳动法》和国家、北京市以及中国出版集团公司的有关规定，结合公司的实际情况，制定并颁布《华文出版社考勤及休假管理制度》。该制度共7节22条，包括考勤规定，国家法定节假日及计划生育假、丧假、探亲假、私事假、公假、年休假等其他假期规定，假期审批及考勤管理等。在假条审批方面，《华文出版社考勤及休假管理制度》规定：普通员工请假2天（含）以下由部门主任批准，2天以上由分管社领导批准；部门主任请假由分管社领导批准；社领导班子成员请假由社长批准；社长、总编辑请假的须报上级主管领导批准。（李　化）

《世界图书出版公司北京公司图书进度管理办法》

世界图书出版公司北京公司2014年5月30日颁布。目的是根据最新的业务需要、上级要求，修订了出版进度管理办法，调整了ERP软件相关的设置。在新的流程管理中，特别加强了导向管理、加强了质量管理、加强了与民营合作的管理。从制度上减少导向及其他业务风险。（杜　辉）

《世界图书出版公司北京公司美术编辑绩效考核标准及奖励制度》

世界图书出版公司北京公司2014年10月27日颁布。在此之前美术编辑的绩效考核只在比较宽泛的层面，不利于促进员工工作的积极性。为此世界图书出版公司北京公司结合市场行情、自身实际情况，建立健全美术编辑的工作量核算体系，设定可以量化的奖励标准及奖励制度。通过奖惩结合，量化工作，提高美术编辑的工作积极性。鼓励按劳取酬，多劳多得。（杜　辉）

《现代出版社制定“三重一大”决策制度实施办法》

现代出版社2014年9月17日颁布。现代出版社社委会上通过了《现代出版社有限公司“三重一大”决策制度实施办法（试行）》。“三重一大”是指企业的重大决策、重要人事任免、重要项目安排和大额度资金的使用。现代出版社“三重一大”事项坚持集体决策原则。通过社长办公会议、党总支会议集体讨论决定“三重一大”事项，坚持科学决策、民主决策、集体决策、依法决策，防止个人或少数人专断。（毛昆仑）

《中版集团数字传媒有限公司Epub格式电子书质量管理办法（试行）》

中版集团数字传媒有限公司2014年10月22日起实施。该办法从适用范围、质量要求、质检流程、记错方法、评定方法、处罚方法7个方面规定电子书质量。该办法为保证出版图书的Epub格式电子书的加工质量符合运营要求特制定。适用于Epub格式电子书加工人员和质检人员。要求加工格式符合《中版集团数字传媒有限公司Epub2.0电子书加工规范》。（李　铃）

《中版教材有限公司综合业务流程管理补充规定》

中版教材有限公司 2014 年 9 月 22 日颁布实施。为进一步提升公司综合业务工作水平，提高工作效率，确保工作时效，确保业务流畅而制定。该规定分别对生产（印制）、销售（发货）和对账（回款）三个部分所涉及的各工作环节和流程进行了详细规定。（武一格）

《中版教材有限公司财务借款、费用报销审批流程管理补充规定》

中版教材有限公司 2014 年 12 月 8 日颁布实施。为加强公司财务管理而制定。该规定进一步规范、明确了财务借款、业务报销审批流程。对分公司（部门）负责人、分管领导、总会计师、总经理的审核签字权限和报销培训业务费用等需附上的有关材料做出了具体规定和说明。（武一格）

媒体关注

MEITIGUANZHU

部分重要媒体对集团公司的报道

中国出版集团公司召开 2014 年经销商大会

2014 年 1 月 9 日《中国新闻出版报》发表的报道。报道称，1 月 8 日下午，中国出版集团公司 2014 年经销商大会在中国国际展览中心（老馆）举行。集团公司总裁谭跃，副总裁王俊国、李岩与来自全国各地的经销商代表、集团所属单位主要负责人等共 300 余人参加大会。长期与集团出版单位合作的苏叔阳、严歌苓、沈尧伊、梁晓声等著名作家也到会助阵。谭跃在致辞中说，过去一年，中国出版集团的出版主业取得优异成绩，在“全国青少年推荐优秀读物”“大众喜爱的 50 种图书”“第四届中华优秀出版物奖”“第三届中国出版政府奖”“农家书屋重点出版物推荐目录”等评选中，入选数量均名列第一；在 2013 年举办的首届经销商大会上推介的图书，如《邓小平时代》《旧制度与大革命》《陈寅恪的最后二十年（修订版）》等都取得了优秀的市场业绩。这与广大经销商朋友的鼎力支持密不可分，集团将努力为经销商伙伴提供更丰富、更优秀的精神文化产品。李岩宣布了 2014 年第一期“中版好书榜”以及“中版好书榜”2013 年度优秀图书两个榜单。“中版好书榜”是集团在 2013 年经销商大会上首创并向社会发布的全新图书宣传营销形式，2014 年第一期“中版好书榜”中精品云集，《毛泽东阅读史》《中国美德读本》《地狱》等 10 种图书上榜。《邓小平时代》《带灯》《史记》（修订本）等 12 种图书入选“中版好书榜”2013 年度优秀图书。

（孙　俊）

中国出版集团公司部署深化人事和分配制度改革工作

2014 年 3 月 31 日《中国新闻出版报》发表的报道。报道称，3 月 28 日，中国出版集团公司召开深化人事和分配制度改革工作会，部署深化人事和分配制度改革工作，由此拉开了集团全面深化改革的序幕。中国出版集团公司总裁谭跃在题为《扎实推进企业内部改革，为集团的现代化、大型化、国际化配强动力机制》的报告中，要求集团所属各企业树立改革的担当精神，明确改革的基本思考，抓住改革的重点环节。据了解，集团的改革包括领导机制、管理机制、经营机制三大部分。人事制度和分配制度作为集团改革的重点环节，要以人才选用、员工管理、结构优化、培养、晋升、考评、调节、激励、成本、福利 10 个机制的创新为基础，以完善竞争上岗制度、完善劳动合同制、完善人才队伍结构、完善分层分类培训、完善四类岗位体系、完善师徒制和首席专家制“六个完善”，加强岗位绩效考核、加强职工收入增长联动、加强重点人才激励、加强特殊人才激励、加强工资总额管理、加强企业福利体系“六个加强”为主要措施，解决好 12 个关键问题。会上印发了《中国出版集团公司推动所属企业人事、分配制度改革 30 条》和《中国出版集团公司所属企业工资总额预算管理办法》。

（孙　俊）

推进“五个落实”盘活品牌资源中国出版集团公司品牌经营战略进入实战阶段

2014年4月14日《中国新闻出版报》发表的报道。报道称，4月9日，时值中国出版集团成立12周年之际，中国出版集团公司召开“品牌经营战略推进研讨会”，以此破题，推进品牌经营战略计划进入实战阶段。中国出版集团公司总裁谭跃表示，要把品牌经营战略落实到一批明星产品上，落实到服务品质和服务水平上，落实到市场表现上，落实到机制、人才、营销等重要环节上，落实到择优扶重的资金投入和政策支持上。品牌研究要做到理论和实践相结合，学习与创新相结合。盘活知名出版品牌资源，不仅是集团改革发展的需要，更是集团必须肩负的使命和责任。中国出版业正面临着分化、重组、整合的历史机遇，品牌建设要抓好品牌与技术、品牌与资本、品牌与文化、品牌与品质、品牌与市场的五大融合。中国出版集团公司党组书记王涛也表示，希望通过品牌经营战略的实施，能够让中国出版集团这个中国最著名的出版品牌的集群熠熠生辉。研讨会后，中国出版集团公司将在充分调研的基础上，制定集团品牌建设规划和实施意见，研究探索不同类型品牌经营的具体路径，出台政策、资金等方面的扶持、考核和激励办法。

（孙　俊）

中国出版集团发力少儿出版

2014年4月15日《中国新闻出版报》报道。报道称，4月10日，中国出版集团公司召开做大少儿出版专题会，进一步明确了集团公司做大少儿出版发展战略，并将通过抓规划、抓项目、机制创新、加大投入等措施进行推进。

据了解，中国出版集团公司在2014年工作报告中提出“做大少儿出版”，明确表示，要制定少儿板块3年发展规划，加大政策和资金扶持力度；相关单位要在切实掌控资源的前提下，以适合自身实际、不拘一格的多种形式，集聚一批少儿名家名作和潜力作家；要培养引进一批少儿编辑人才，提升选题开发水平和市场营销能力，以美育为中心，逐步形成特色鲜明的少儿文学、少儿国学、少儿科普等领域的产品线，真正“做大少儿出版”，提升集团品牌影响力和市场占有率。

专题会上，在认真听取了北京开卷信息技术公司对整个少儿图书市场的分析和集团所属出版企业少儿出版的经验交流后，中国出版集团公司总裁谭跃表示，要按照出版界先辈的教导，慎重地出好孩子的书。他希望，在做大少儿出版上，集团及各出版企业都要抓住一个总体目标，培养若干领军人物，创新体制机制，充分运用新技术确保内容多元。

（郑　甜）

“中国梦”主题出版成体系创规模中国出版集团策划“六大丛书＋1个多媒体项目”

2014年5月15日《中国新闻出版报》发布的报道。报道称，中国出版集团以“六大丛书＋1个多媒体项目”为重点，策划“中国梦”主题出版选题百余种，即中国文化丛书、中国国际战略丛书、中国发展道路丛书、中国复兴之路丛书、中国道路丛书、丝绸之路文化与经济丛书和影像中国多媒体项目。目前，该集团“中国梦”主题出版成体系创规模，发出中国出版“国家队”的嘹亮声音。中国出版集团“中国梦”主题出版特色鲜明。一是策划一批连环画、故事丛书，如，中国美术出版社策划的《最美中国人》，世界图书出版公司《感动中国的时代先锋》科学家传记系列等。二是注重国际视野、大国战略，如，中华书局的“中国国际战略丛书”，中国大百科全书出版社的“中国发展道路丛书”等。三是不忘历史、关注现实，如，中国民主法制出版社的“中国复兴之路丛书”，人民文学出版社的《解放战争》《朝鲜战争》《抗日战争》等。四是面向大众、立足普及，如，中国民主法制出版社的《“中国梦”教学挂图》，人民音乐出版社的《大众合唱——阳光路上》等。五是形式多样，重视外宣，如，商务印书馆的“微观中国系列”“认识中国人”等系列。六是复合出版，跨界传

播，如，东方出版中心承担的“影像中国”数字复合出版项目。（孙　俊）

“中国文化企业30强”出炉 中国出版集团公司入选

2014年5月19日《中国新闻出版报》发表的报道。报道称，5月15日，第十届中国北京国际文化创意产业博览会开幕式当天，由中宣部召开的推动中华文化“走出去”座谈会上，《经济日报》《光明日报》联合发布了第六届“文化企业30强”，其中4家企业初次上榜。30强中，新闻出版广电业占据多席位，江苏凤凰出版传媒集团有限公司、山东出版集团有限公司、湖南出版投资控股集团有限公司、中国出版集团公司、江西省出版集团公司、安徽新华发行（集团）控股有限公司、浙江出版联合集团有限公司、中国教育出版传媒集团有限公司、安徽出版集团有限责任公司、河北出版传媒集团有限责任公司、中国电影股份有限公司、中国国际电视总公司、湖南电广传媒股份有限公司、北京北广传媒集团有限公司、上海电影（集团）有限公司、江苏省广电有线信息网络股份有限公司、浙江华策影视股份有限公司、北京光线传媒股份有限公司等榜上有名。（孙　俊）

中国出版集团公司：做优质内容提供商与服务商

2014年6月8日《经济日报》报道。报道称，中国出版集团作为“国字号”的出版“航母”，通过塑造内容创新与质量控制“双螺旋”结构，成为行业领头羊。

中国出版集团公司总裁谭跃认为，“无论新技术如何影响，持续不断的内容创新才是出版业永恒的主题，真正的出版人永远是优质内容的提供商与服务商。”

为此，中国出版集团公司制定了既抓内容生产，促进出版繁荣，又抓质量控制，强化导向管理的双重管理模式，创造性地提出了促进集团主业发展的“创新十策”，带动了创新力的持续提升。

谭跃提出，文化企业围绕内容做文章，既要立足内容，又要跳出内容。立足内容，就是要立足内容的创意和创新；跳出内容，就是要跳到时代大潮大局之中，促进内容与时代、与市场的融合。为此，中国出版集团既创新选题策划、营销推广，也创新与内容生产相关的各种机制，加快内容传播的数字化、国际化进程，探索内容与相关行业、相关产业的融合。

为保持良好的品牌价值并使之不断提升，中国出版集团一直将出版物的质量管理作为一项重要的工作来抓。近年来，集团不断完善制度建设，陆续出台《出版物质量检查办法》《出版物重大选题备案办法》《出版物审读办法》等，每年开展两次质量大检查，发现问题的根据问题性质和影响程度对相关人员进行处罚。同时，通过完善的激励、培训等机制，使广大编辑人员的政治意识、质量意识得以强化。（郑　甜）

中国出版集团公司打造出版营销合作双向一体平台

2014年7月2日《中国新闻出版报》报道。报道称，6月27日至28日，在中国出版集团公司与广东新华联合举办的2014年社店营销恳谈会上，集团公司与广东、江苏、上海、浙江、福建、安徽、湖北、湖南、山东、江西、青岛、广州、深圳13个省市的新华发行企业签署了战略合作协议，就打造出版营销合作双向一体平台，探索创造一种新的合作模式等方面达成共识，并就建立古籍精品书店、文化创意专营店等达成合作意向。

协议要求双方在原有合作的基础上，更加发挥各自优势，为对方提供更优质更优惠的服务和支撑，提升双方的综合竞争力；以出好书、发好书为共同宗旨，打破出版发行上下游、不同隶属关系、不同地域的诸多限制，谋求更广阔的合作与发展空间；以创新的姿态打造出版营销合作双向一体平台，努力形成从出版运营到营销发行的全方位互动合作链。

恳谈会上，中国出版集团公司党组书记、副

总裁王涛表示，在新的形势下，社店关系已经从让利互惠向共生共荣转型，社店合作要探索全方位、多形态、大纵深的合作模式，不仅在渠道、物流、营销上，还要在内容生产、品牌经营、资本运营上加大合作力度；要探索建立相应的工作机制，实现资源共享，推动挂职锻炼等多种形式的人才交流；还要依托出版产业实践性、专业性、文化性强的特点，切实履行出版发行企业的社会责任，坚持社会效益第一，社会效益与经济效益相统一。（郑　甜）

中国出版集团公司再次入选全球出版业50强

2014年7月4日《中国新闻出版报》发表的报道。报道称，“2014全球出版业50强排行榜”日前发布。中国出版集团公司2014年再度入选，排名由2013年第22位上升至第14位。该排行榜由美国《出版商周刊》、英国《书商》杂志、法国《图书周刊》、德国《图书报道》和巴西《出版新闻》5家国际出版媒体共同发布，是国际出版业针对出版企业进行排名的唯一榜单，已连续发布近10年，主要根据出版主业的收入进行排名。中国出版集团2013年营业总收入达90.87亿元，同比增长32.87%，再创历史新高。在出版主业方面，集团在10个衡量出版业绩的重要指标上位居全国第一。在数字化方面，集团集聚了6万多条有效书目数据、2万种入库电子书、8000种可运营产品。（孙　俊）

中国出版集团公司重组北京新华印刷有限公司

2014年7月31日《中国新闻出版报》发表的报道。报道称，7月30日上午，北京新华印刷有限公司重组签约仪式在北京举行。中国出版集团公司通过产权交易获得北京新华印刷有限公司51%控股权，原股东中国文化产业发展集团公司持股49%。国家新闻出版广电总局副局长阎晓宏出席签约仪式并讲话。阎晓宏在讲话中对中国出版集团和中国文化产业发展集团近年来所取得的成绩给予了充分肯定。他表示，这次两个集团联合重组北京新华印刷有限公司，既是新形势下新闻出版业做强做大的需要，也是进一步深化改革、扩大中国新闻出版业影响力的重要举措。阎晓宏强调，在看到新闻出版业取得很大成绩的同时，也要清醒地看到中国新闻出版业的影响力、传播力和我国的综合实力仍不匹配，与发达国家比较仍有很大差距，改革发展的任务仍然很重。中国出版集团、中国文化产业发展集团作为我国出版业和印刷业的龙头企业，在新形势下要更加坚定、更加自觉地加快改革创新发展的步伐。对重组后的北京新华印刷有限公司，阎晓宏提出三点要求：一是要依托创新，加快升级发展；二是要依托两大集团的资源优势，加快产业链的整合；三是要依托新华品牌，加快企业文化融合。中国出版集团公司总裁谭跃表示，重组后的北京新华印刷有限公司将整合双方各自优势，使其由原来的数量增长转变为质量提高，由粗放经营向效益增长、由依靠资源扩张向依靠科技进步转变，促进印刷业务从传统印刷向信息技术、创意设计、加工服务三位一体的方向扩张，实现从被动加工向主动服务的转变，最终将北京新华印刷有限公司打造成北京地区一流、国内领先的知名印刷复制企业。（孙　俊）

中国出版集团公司举行首届中外出版翻译恳谈会

2014年8月26日新华网发布的报道。报道称，首届中外翻译出版恳谈会24日在青岛举行，会议以“中国文化国际传播”为主题层层开展。中国出版集团公司总裁谭跃在致辞中表示：出版是文化交流的使者，翻译是文化交流不可或缺的桥梁。中国近现代以来涌现大量优秀的文学作品、学术著作、传统经典，但是因为文化功底深、文学修养好、语言能力强的汉学家和翻译家难寻难求，而无法传播到西方主流世界。此次恳谈会的目的，就是努力聚合优秀的国际译者资源，试图逐步解决这个难题，推动中国学术文化走进国家主流社会，不断增强国家文化软实力。“恳谈会”下设四个分论坛，以专题演讲、高端对话、圆桌会议、翻译工作坊、专题研讨会等多种形式展开。大会主抓国际汉学家与翻译专家资源，打破中国文化“走出去”的语言壁垒。恳谈会期间，中国一线作家代表与海外汉学家近距离面对面地开展交流，让汉学家更加直接了解作家创作初衷和艺术表现追求。同时集团与青岛市政府、LID公司签署战略协议，与北京语言大学、英国尹泰乐联合有限公司分别就联合培养翻译人才，版权代理等业务签署战略合作协议，并与著名大学出版机构牵手，联合推进《中国近现代文化经典文库》翻译出版工作。此外，大会还设立翻译工作坊，就中国文化翻译中遇到的问题、难点、解决方案等进行探讨交流。（孙　俊）

中国出版集团公司入选亚洲品牌500强 名列第396位

2014年9月18日《中国新闻出版报》发表的报道。报道称，由亚洲品牌协会（ABA）联合亚洲卫视、《环球时报》《中国经济导报》主办的“第九届亚洲品牌500强排行榜”近日在香港揭晓，中国出版集团公司入选“亚洲品牌500强”，名列第396位，是国内唯一入选的出版企业。据悉，此次入选“亚洲品牌500强”的企业既有包括三星、松下、索尼在内的国际著名品牌，也有中国石油、中国移动、中国银行等国内大型央企，还有阿里巴巴、恒大集团等著名民营企业。“亚洲品牌500强排行榜”由亚洲品牌测评体系专家系统委员会、亚洲品牌研究院根据企业的市场表现、发展潜力、质量水平和经营效益四大维度，以及品牌年龄、国际化程度、品牌创新能力、质量水准、营业收入、净利润等10项指标独立评选。2014年，中国出版集团公司连续第六次入选全国文化企业30强，并由2013年的第八位升至第四位。（孙　俊）

中国出版集团公司入选最具发展潜力企业

2014年11月26日《中国新闻出版报》报道。报道称，日前在北京揭晓的中国经济发展论坛“2014中国经济最具发展潜力企业”中，中国出版集团公司位列入选的22家企业之首。中国出版集团作为历年来首次入选的出版企业，凸显了其行业领军地位及品牌影响力。

中国出版集团公司副总裁刘伯根在颁奖典礼上表示，这次入选是中国出版集团公司“三六构想”战略系统3年创新实现重要突破的结果，将更有力地促进集团品牌战略的推进与实施，更有力地促进集团深化文化体制改革。（郑　甜）

中国出版集团公司重组研究出版社，战略重组迈出新步伐

2014年12月3日《中国新闻出版报》发表的报道。报道称，12月2日，中央政策研究室与中国出版集团公司举行研究出版社重组签约仪式，研究出版社全面改制序幕拉开，中国出版集团公司再添新成员。中宣部副部长孙志军，中宣部副部长、中央政策研究室副主任王晓晖，国家新闻出版广电总局副局长阎晓宏，中央文化企业国有资产监督管理领导小组办公室主任王家新，中宣部改革办公室主任黄志坚，中国出版集团公司总裁谭跃等出席签约仪式并讲话。孙志军指出，研究出版社与中国出版集团的重组是一件“大事”，也是一件“好事”，即“好路径”“好平台”“好资源”“好榜样”。“好路径”是指在市场竞争环境下，兼并重组是出版传媒产业做大做强的重要路径，这次重组正是为了优势互补，促进双方更快更好的发展；“好平台”是指集团实力雄厚、品牌凸显，能够为研究出版社的发展提供更广阔的平台和更开放的眼界；“好资源”是指研究出版社和集团可以共享彼此丰厚的出版资源，共同发展壮大；“好榜样”是指这次重组为全国文化体制改革树立了榜样，对顺应文化产业发展规律、促进文化产业积极发展起到了重要作用。（孙　俊）

中国出版集团主推品牌经营战略

2014年12月3日光明网发表的报道。报道称，在近日召开的中国出版集团公司品牌经营战略推进大会上，集团所属的10家品牌单位、290个品牌产品以及29项品牌技术与服务被正式确

认。品牌单位包括商务印书馆、中华书局、生活·读书·新知三联书店、中国图书进出口（集团）总公司以及荣宝斋等一批文化品牌企业；品牌产品遴选了中华人民共和国成立以来的精品力作和主题出版物，如《中国文库（500种）》《中国大百科全书》《中国美术全集》《点校本“二十四史”及〈清史稿〉》《三联·哈佛燕京学术丛书》《新华字典》及“汉译世界学术名著丛书”“王树增战争系列”“哈利·波特系列”等；品牌技术与服务则指木版水印、装裱修复等传统工艺，读者大会、年度汉语盘点等读书活动，北京国际图书博览会、国际书展中国主宾国等书展服务，以及三联韬奋24小时书店、涵芬楼等特色书店服务等。中国出版集团公司总裁谭跃表示，中国出版集团的品牌经营战略已开始逐步推进，其基本宗旨是：坚持走集团特色发展道路，咬住出版主业，抓住在产品、企业、技术和服务方面的品牌优势，不断增强专业化生产能力和内容创新能力，不断增强出版主业的核心优势和主导地位，努力建设国际著名出版集团。其基本思路是：贯通“六大战略”，促进“五个融合”，在战略中凸显品牌引领，在融合中把品牌工作做实、做深、做开，从而使集团的品牌更响、更强、更优。其中，“五个融合”是指品牌与品质、与内容、与科技、与市场、与资本的融合。

（孙　俊）

部分重要媒体对集团公司所属单位的报道

103岁杨绛续写四万多字《洗澡》

2014年8月1日《人民日报·海外版》报道。报道称，2014年7月17日，备受尊敬的文学家杨绛先生103岁了，而9卷本《杨绛全集》也将于8月由人民文学出版社出版，杨先生以百岁高龄亲自手写完成的几万字《洗澡》续作，此次也将以单行本和收入全集两种形式，首次出版亮相。首次发表的4万多字小说《洗澡之后》是杨绛98岁时开始，为长篇小说《洗澡》所写的续作，《洗澡之后》的写作过程还颇费一番周折。杨先生从2009年开始动笔写，因为总有事情打扰，这部作品一直处于没有最后完成的修订状态中，直到2014年4月才交到责任编辑手中。中间经历了几乎推倒重来，反复写了好几稿。杨先生开始写时，有朋友就劝她说，《洗澡》自20世纪80年代出版后，历经30多年，已经成为经典。如果再续写，万一续写不成功，就会伤害这部经典的作品。于是，杨先生便试着写成另外一个故事。但是她写着写着发现，新写的故事，剧情和人物跟《洗澡》仍然有千丝万缕的联系。索性她还按照原来的思路，就写《洗澡》的续集，取名《洗澡之后》。（宋　强）

《杜甫全集校注》经历36年磨砺出版手稿入藏国图

2014年10月17日人民网报道。报道称，《杜甫全集校注》古籍整理项目酝酿于1976年，由人民文学出版社承担出版，并约请山东大学萧涤非教授担任主编。萧涤非于1978年召集廖仲安、张忠纲、郑庆笃等人组建杜甫全集校注小组。1991年萧涤非教授去世后，编纂工作一度停滞。2009年，山东大学重启“杜甫全集校注”项目，张忠纲担任终审统稿人。2012年，《杜甫全集校注》获得国家出版基金的支持。2014年，三代学人经历36年磨砺而成的《杜甫全集校注》终于由人民文学出版社出版面世。该书编录严谨、校勘审慎、注释详明、评论切当、附录完善、体例完备、规模宏大。《杜甫全集校注》手稿反映了该书编纂出版过程，具有重要的学术和史料价值。山东大学教授张忠纲向国家图书馆捐赠《杜甫全集校注》手稿1种3280面。国家图书馆副馆长张志清代表国图接受捐赠并向张忠纲先生颁发捐赠证书。（宋　强）

小字典，大民生——《新华字典》文化民生工程纪实

2014年3月10日《中国新闻出版报》刊发的报道。报道回顾了《新华字典》成为国家免费提供教科书的过程。

文章称，自2010年12月中央电视台报道广西大石山区的孩子缺乏正版《新华字典》，各种错漏百出的盗版字典充斥校园的消息引起了中央领导的关注之后，时任新闻出版总署副署长蒋建国从一本字典提出了“文化民生”的概念，《新华字典》从此与民生紧密结合在一起。为此，商务印书馆尽快推出了《新华字典》平装本，最大限度降低成本，并以最低折扣尽快销往农村。经过多方共同努力，2012年10月，财政部、教育

部联合下发“财教［2012］334号”文件，将《新华字典》纳入“国家免费提供教科书范畴”，从制度层面解决了农村义务教育阶段学生字典缺乏问题，也使得《新华字典》具有“文化民生”的色彩。一本小小的《新华字典》汇聚了社会各界的大爱，这本与共和国共同成长进步、承载着恢宏大国文化的字典，在新的历史时期，承载了众多中华儿女对民族复兴的期望，汇聚了来自四面八方的文化民生建设的强大合力。为确保文化民生工程落到实处，以“昌明教育，开启民智”为使命的商务印书馆克服生产和发行方面面临的巨大压力，汇集了全馆最精干的力量，争分夺秒、投入高强度的项目工作中。商务印书馆还打破行业惯例，突破“印刷量越大工价越低”的规律，向印厂按照印刷量支付阶梯式上升的工价，以保证工厂生产的积极性。同时为帮助各省尽快启动《新华字典》采购流程，发行部门主动在第一时间联系全国各省的新华书店，授权代理《新华字典》的发行工作。正是在强烈使命感的驱动下，商务印书馆投入大量人力物力，保证了与各个环节的顺畅对接，保证了《新华字典》的按时保质供应。

文章还从社会各界倾力捐赠大批《新华字典》和解决部分地区出现利用文化惠民政策提供盗版《新华字典》问题等各个角度深入报道了《新华字典》文化民生工程的始末。文章最后评价：一本小小的字典，一定会给孩子插上放飞梦想的翅膀，改变他们的一生，也将改变中国的未来。（冯　雪）

《普什图语汉语词典》系列深度报道

2014年7月14～16日中央电视台新闻频道“走基层”栏目连续三天播发的报道。7月14日报道第一期：编词典的老人；7月15日报道第二期：不为人知的国家任务；7月16日报道第三期：退休教师坚持36年完成国家任务。主要介绍了车洪才在30多年前接受国家任务编写《普什图语汉语词典》的始末，深入讲述了车洪才等几位编者筚路蓝缕，克服时代局限和技术困难，以及编者工作关系几经变动词典编撰不得不长期停顿等困难，历时36年以10万余张卡片的积累，成就一部世界上规模最大的普什图语汉语词典的故事。报道说，接到手稿后，商务印书馆决定用一年时间校对、排版、印刷，几乎刷新了词典出版的最快速度。而车老用自己的大半生著述的《普什图语汉语词典》可以供后人学习使用，他认为是非常值得的。（冯　雪）

名著名作家名翻译，商务印书馆再出文学经典名著

2014年10月27日人民网·读书频道刊发的文章。文章以习近平总书记在文艺工作座谈会上提到的阅读书单为切入口，引出阅读经典对文化传承的重要意义，指出商务印书馆与北京智慧熊传媒共同打造的《经典名著·大家名作（译）》丛书，首次提出了价值阅读的理念，使名著阅读回归了其本意。文章说，本次推出的《经典名著·大家名作（译）》力图在名著、名作家、著名翻译家三个方面给读者提供更好的作品，并专门做了“名家导学3－2－1”的体例设计，既能使学生在面对名著时盲目阅读、无从选择等问题得到一定的解决，又能使学生不再畏惧经典阅读，从而提高他们的阅读积极性。文章还评价随着倡导价值阅读活动的深入展开，相信将有更多的倡议者与行动者加入这项“功在当代，利在未来”的行动。（冯　雪）

于殿利：百年商务的守正与出新

2014年12月9日《出版商务周报》刊发的报道。报道主要介绍了商务印书馆总经理于殿利执掌商务印书馆以来所做出的改革和创新。报道称，“学者、出版人、企业家”这是于殿利一直努力的三个方向：作为历史学博士出身的学者，他写过四部研究巴比伦的著作，部部都是中国亚述学方面的扛鼎之作；作为出版人，他秉承着商务印书馆创始人张元济先生所提出的“昌明教育，开启民智”的思想，主张出版就是要最大限度地传播正确的、积极的、符合社会发展规律的共识，用新思想推动社会进步，引导和规范社会

有序发展；作为企业家，他在党的十八大会议上提出，中国出版行业对推动社会进步有着不可替代的作用，出版业要冲出本产业，进入社会，才算是真正地进入文化产业。为此，他在传承优良传统的基础上进行创新，将守正出新中的“新”融进了商务印书馆的各项改革创新中，包括企业文化的再建、品牌图书“厚度”的打造，尤其是经过10年来数字化转型的准备，于2014年与亚马逊纸电同步战略合作暨“汉译世界学术名著”Kindle版上线仪式的举行，标志着商务印书馆正式步入全媒体出版时代。在多元经营方面，他积极推行“五跨”战略；与各种资本合作在全国设立了15家商务印书馆分馆，并与全球很多知名出版机构合作引进输出作品；与山西大学合作成立山西大学阅读体验店，设立南宁阅读体验店，通过搭建体验店平台，进一步提升商务印书馆的品牌形象，打造集读书、生活、休闲等于一体的文化学术中心。文章称，于殿利在头脑中为商务印书馆勾画出的广阔蓝图，让我们对商务印书馆有了更多的期待。（冯　雪）

首届伯鸿书香奖颁奖仪式举行

2014年4月20日《光明日报》发布的报道。报道称，在世界读书日即将到来之际，首届伯鸿书香奖颁奖仪式暨伯鸿书香论坛在中华书局创办人陆费逵（伯鸿）的家乡桐乡市举行。

伯鸿书香奖由光明日报社、中华书局、桐乡市人民政府和中国阅读学研究会共同设立，该奖意在秉承陆费逵先生的精神，评选和奖励在“全民阅读推广”方面做出突出贡献并产生一定影响的民间团体和个人。伯鸿书香奖下设组织奖、个人奖和阅读奖三个奖项。活动自2013年7月13日启动以来，通过光明日报社、中华读书报社，以及光明网、新浪读书频道、大佳网及官方微博等进行征集，共收到组织奖参评材料23份、个人奖参评材料22份、“阅读丰子恺”主题阅读征文208篇。经过评审，《史航说书》主办人史航等获得伯鸿书香个人奖，豆瓣网等获得伯鸿书香组织奖，徐玲芬的《民国廿三年》、杨早的《读丰三题》、李广顺的《一个“丰迷”的独白》等16篇文章获得伯鸿书香阅读奖。

在颁奖仪式上，伯鸿书香奖评委会主任杨牧之、光明日报社总编辑何东平、中华书局总经理徐俊、桐乡市人民政府市长盛勇军等代表主办方发言，豆瓣网阅读主编范超然等代表获奖者发言。著名作家苏叔阳、光明日报社副总编辑李春林、中国出版集团公司副总裁李岩、浙江省委宣传部副部长鲍洪俊、国家新闻出版广电总局出版管理司巡视员袁越伦等也出席并发言。（刘　潋）

中华书局推出大型数据库产品《中华经典古籍库》

2014年6月11日新华社发布的报道。报道称，经过十年的积累和准备，6月10日上午，中华书局自主研发的大型数字出版产品《中华经典古籍库》在国家图书馆古籍馆举行了发布暨研讨会。

国家新闻出版广电总局副局长邬书林，国家新闻出版广电总局出版管理司副司长王然，中国出版集团公司总裁谭跃，中国出版集团公司副总裁李岩，中华书局总经理徐俊，中华书局副总编辑尹涛，全国高校古籍整理研究工作委员会主任、北京大学中文系教授安平秋，国家图书馆副馆长、党委副书记刘惠平以及来自北京大学、清华大学、中国人民大学、中国社会科学院的专家学者和图书馆代表参加研讨会。

研讨会上，中华书局向国家图书馆捐赠了“中华经典古籍库”。双方共同按下数据库开通的按钮，意味着全国十几家图书馆同时向公众开放该数据库。《中华经典古籍库》是中华书局版点校本古籍的首度数字化，收录包括“二十四史”及《清史稿》《资治通鉴》等经典系列在内的权威整理本，一期收录300种，计2亿余字。产品不仅提供了保留全部整理成果的数字文本，更实现了文本与原书图像的一一对照，并能自动生成引用格式，除支持全文检索外，还添加了独具特色的人名异称关联检索，给学者的研究带来极大便利。徐俊表示，以此为契机，中华书局在古籍数字化规划上将更加开阔思路，希望为全国的古籍出版社搭建一个可共同发布、共享利益

的数字平台。（刘 潋）

中华书局评出2014年“双十佳”图书

2014年12月7日《光明日报》发布的报道。报道称，中华书局2014年度双十佳图书评选在京举行。经过专家学者的讨论、投票，入选人文社科类十佳图书的是《中国古代物质文化》《想象异域——读李朝朝鲜汉文燕行文献札记》《商周古文字源流疏证》《织色入史笺——中国历史的色象》《古琴制作法》、“李泽厚对话集”、《建筑的意境》《陈三立年谱长编》《中国香学》《故宫藏美》，入选古籍整理类十佳图书的是《西夏书校补》《史记》（修订平装本）、《长沙马王堆汉墓简帛集成》《花间集校注》《续高僧传》《龙泉司法档案选编》（第二辑，一九一二——一九二七）、《商周金文辞类纂》《康輶紀行》《古吴汪孟舒先生琴学遗著》《北京大学图书馆藏“大仓文库”书志》。

作为古籍整理出版的重镇，中华书局在此次评选中特别设立了古籍整理类十佳图书，入选的图书既有《龙泉司法档案选编》（第二辑，一九一二——一九二七）、《长沙马王堆汉墓简帛集成》、《商周金文辞类纂》等大型出版项目，也有《西夏书校补》《花间集校注》《续高僧传》等古代基本文献典籍的整理本。在人文社科类十佳图书评选中，评委在强调原创性、学术性的同时，还提倡学术图书的普及与推广，入选的《中国古代物质文化》《想象异域——读李朝朝鲜汉文燕行文献札记》《建筑的意境》等书，虽然都是学术著作，但也都适合大众阅读。（刘 潋）

中国大百科全书出版社《汉字应用规范字典》全国首发

2014年5月30日光明网发表的报道。报道称，为了进一步搞好各类汉字知识竞赛，促进广大群众学习规范汉字、提高语文素质，国家语委规范词典编委会为各类汉字知识竞赛编写了一本专用的字典——《汉字应用规范字典》。该字典由中国大百科全书出版社于2014年5月正式出版。5月28日，《汉字应用规范字典》在南京首发，与此同时为期3个月的南京首届“汉字听写公益挑战大会”正式拉开帷幕。该公益挑战大会由南京市少年工作委员会主办，南京新华书店、南京电视台与中国大百科全书出版社联合承办。

此次公益挑战大会的参赛对象为南京市小学高年级少先队员，分为选拔赛、初赛与决赛三个阶段。公益挑战大会的比赛题库由国家语委规范词典编纂专家研制，着重考察汉字的规范应用，考察字的基本义和常用义。既丰富多彩，又具有很高的实用性和规范性，可供不同类型的汉字比赛参考。

《汉字应用规范字典》是中国大百科全书出版社最新出版的“百科版”规范词典系列的重要产品。该字典规范性强、权威性高、实用性强，着力体现汉字形、音、义内容的全面性，可以进一步让汉字知识大赛的节目内容丰富多样，为参试者学习、测试者出题提供了非常有用的参考。

报道认为，在各类汉字知识竞赛方兴未艾之时，这部字典可以作为送给广大参赛者、老师、家长们的一份礼物，让大家在获得好成绩的同时，真正切实地提高书写和应用汉字的能力。

（尹添铭）

李源潮与安萨里为《中印文化交流百科全书》中英文版首发揭幕

2014年7月1日《中国新闻出版报》发表的报道。报道称，6月30日上午，《中印文化交流百科全书》中英文版出版发布会在北京人民大会堂举行，这标志着世界上第一部中印文化交流研究领域兼具查检功能和系统学习功能的大型学术文化工具书正式面世。国家副主席李源潮、印度副总统安萨里出席发布会，并为该书首发揭幕。

国家新闻出版广电总局局长蔡赴朝主持发布会，国家新闻出版广电总局副局长邬书林、外交部副部长刘振民、中国出版集团公司总裁谭跃、印度驻华大使康特出席发布会。

报道称，2010年12月，时任国务院总理温家宝访问印度期间，与时任印度总理辛格共同发表了《中华人民共和国和印度共和国联合公报》，确定编纂出版《中印文化交流百科全书》。为此，经过中印两国学者和出版人3年多的不懈努力和勤奋工作，《中印文化交流百科全书》中英文版终于由中国大百科全书出版社正式出版，其编纂以学术界普遍认可的文化概念为基础，侧重反映中印两国在物质文化和精神文化方面的交流与合作，是对中印文化交流史的全面系统总结，是中印两国文化交流与合作的新成果。

国家新闻出版广电总局进口管理司司长张福海、巡视员陈英明，中国出版集团副总裁李岩，中国大百科全书出版社社长龚莉，《中印文化交流百科全书》联合编审委员会中方委员薛克翘、葛维钧、刘建、姜景奎，以及中国大百科全书出版社有关编辑出版人员代表等参加发布会。

（尹添铭）

蒋建国：以高度使命感责任感编纂出版大百科全书

2014年7月3日《中国新闻出版报》发表的报道。报道称，7月2日下午，国家新闻出版广电总局党组书记、副局长蒋建国到中国大百科全书出版社调研，要求积极推进《中国大百科全书》（第三版）编纂出版工作，为提高国家文化软实力做出贡献。

调研期间，蒋建国一行首先考察了《中国大百科全书》第三版编辑部、中国大百科全书出版社少儿分社、地图编辑室、市场营销部等部门，详细了解《中国大百科全书》（第三版）编纂和出版社图书出版发行情况。

在与中国大百科全书出版社领导班子和中层干部座谈交流时，蒋建国指出，《中国大百科全书》（第三版）不仅是国家重大文化工程，更是国家文化软实力的标志。做好《中国大百科全书》（第三版）编纂出版工作，对增强民族自信心、维护国家文化安全、提升我国国际话语权、推动中华文化走向世界具有重大意义，我们必须站在党和国家事业全局的高度，精益求精、严格规范，切实担当起、完成好这一重任。

中央文资办主任王家新一同调研。在座谈时，他介绍了《中国大百科全书》（第三版）编纂出版经费预算安排情况，并表示财政部将按照国务院的批复要求，认真审定经费预算，落实资金安排，加强财务监管，确保经费使用科学、规范、安全、有效，保障第三版编纂出版工作的顺利进行。

座谈会上，《中国大百科全书》（第三版）执行总主编杨牧之、中国大百科全书出版社社长龚莉分别介绍了工作进展情况。国家新闻出版广电总局出版管理司司长吴尚之、副司长王然，中国出版集团公司有关负责人参加调研。（尹添铭）

《中国大百科全书》将建立数字化编纂平台

2014年9月17日新华网发表的报道。报道称，中国大百科全书出版社和东软集团股份有限公司于当日在北京举行了“《中国大百科全书》数字化编纂平台项目签约仪式”。

报道称，数字出版技术和互联网商业模式的发展，对百科类出版物的制作、发布和应用的要求越来越高，随时随地掌握准确权威的百科类知识服务的需求也日益凸显。同时，日新月异的知识更新速度也对传统百科内容生产和发布模式提出了新的挑战。

此次双方合作的数字化编纂平台，将成为“一次制作、多元发布、多重利用”的全形态数字出版产品发布平台，形成准确权威并有严谨科学知识体系的百科知识库的支撑平台。通过该平台，实现编纂发布和出版《中国大百科全书》网络版和纸质版。（尹添铭）

陈履生：对20世纪主题绘画应有客观评价

2014年7月20日《中国文化报》发表文章。文章称，近日，由陈履生编著、人民美术出版社出版的《红旗飘飘——20世纪主题绘画研究》正式面世。这本历时6年，搜集了1500多位画家的近4000幅不同画种的主题绘画创作的“大部头”，以“民国”“建党”“长征”“抗日”“延安”“文革”等25类题材，第一次将20世纪以来的中国主题绘画创作进行了全面系统的梳理。文章对作者陈履生进行了访谈，在被问及对20世纪主题绘画的看法时，陈履生表示，对20世纪主题绘画创作应该有一个客观公正的评价，不应因为主题绘画曾经与政治联系密切，今天不合时宜了就简单否定它，要通过研究，尽量还原历史的真实。在特定的时代背景下一些作品能够产生，不仅是因为政治，也有其艺术因素，这些都值得全面研究。（黎　琦）

人民美术出版社推出《燎原说画——近看西方现代艺术》

2014年8月7日《北京日报》发表文章。文章称，《燎原说画——近看西方现代艺术》是人民美术出版社大众美术编辑室“人因艺术而美”品牌2014年推出的重点艺术人文图书。与大多数充满学院气息的艺术史类读物不同，它更像是一部充满着“摇滚”气息的艺术游记。从俄罗斯前卫艺术到德国新表现主义，新奇的视角、有趣的经历，昂扬恣意、天马行空的文字流露出作者对艺术独特的理解和思考、体验与热爱。正如作者所说：“这不是一本客观的美术史读物，它完全与我的个人经验有关——观看、阅读、收藏、道听途说，里面还有文学、摇滚、八卦、市场以及非常情绪化的语言，是一个真的热爱艺术的人给真的热爱艺术的人写的书……”（黎　琦）

“《美术向导》十人谈”活动在北京三联韬奋图书中心24小时店举办

2014年8月31日《出版商务周报》发表的文章。文章称，人民美术出版社主办的“《美术向导》十人谈”活动在北京三联韬奋图书中心24小时店成功举办。活动由《美术向导》主编尹吉男主持，出席嘉宾有原三联书店总经理董秀玉、作家李陀、北京大学教授李零、艺术家徐冰、哥伦比亚大学教授刘禾、诗人翟永明、画家朝戈、《美术向导》副主编李军、诗人西川、人民美术出版社原社长汪家明。

知名学者、文化人、出版人围绕着新版《美术向导》和关于图像的自由写作进行了一场精彩的对话。尹吉男阐述了新版《美术向导》“既不追逐当代美术潮流，也不迎合艺术市场，让思想呼吸”的办刊理念和文化理想。汪家明讲述了《美术向导》改版的缘由：“给艺术节带来一些活力；也为艺术界的有识之士提供一个开放又有权威的，有趣又有影响力的舞台。”嘉宾们纷纷肯定新版《美术向导》的突破性，并提出很多建设性意见。（黎　琦）

人民音乐出版社：用音乐记录历史

2014年10月11日中央电视台《新闻联播》报道。报道称，人民音乐出版社成立六十周年暨繁荣中华音乐座谈会今天在北京召开。人民音乐出版社是共和国唯一的国家级音乐专业出版机构，60年来，累计出版各类音乐图书上万种，出版音像、电子出版物800多种，《中国音乐教育》《音乐研究》等期刊影响广泛，每年出版中小学音乐教材近亿册，在抢救民族音乐、普及音乐文化、繁荣音乐创作等方面做出了重要贡献。近年来，人民音乐出版社已有318种图书及音像产品输出到海外数十个国家和地区，众多国外知名乐团、演出机构租赁其出版的乐谱，实现营业收入180%的增长、利润总额188%的增长。（胡　健）

五线谱上的辉煌——写在人民音乐出版社一个甲子

2014年10月11日《光明日报》头版刊发的报道。报道称，60年来，人民音乐出版社累计出版各类图书万余种，出版音像及电子出版物800余种。每年出版中小学教材一亿多册，每月在内地动销图书达1000多种，318种图书及VCD输出到德、美、英、韩、日等国家，《中国音乐教育》《音乐研究》《钢琴艺术》和《歌唱世界》四种学术期刊在全国影响广泛。人民音乐出版社始终将向大众普及音乐文化作为自己的神圣使命，在中华民族音乐宝库中留下当代人的贡献。（胡　健）

人民音乐出版社 60 年来累计出版各类图书万余种

2014 年 10 月 12 日新华社报道。报道称，由中国出版集团公司主办、人民音乐出版社承办的“人民音乐出版社成立六十周年暨繁荣中华音乐”座谈会 10 月 11 日在北京举行。座谈会总结回顾了人民音乐出版社成立 60 年来，尤其是中国出版集团公司成立 12 年来，在促进民族音乐文化传承、繁荣本土音乐创作、推动中国音乐传播普及等方面的贡献和经验，同时研讨了如何进一步促进中国音乐的继承与创新、加强民族音乐的创作与传播等。

与会专家认为，随着我国经济社会发展，音乐出版一方面要紧扣时代发展脉搏，鼓励创作讴歌时代、催人奋进的作品，同时要进一步发挥其“广大群众喜闻乐见”的艺术特点，源源不断地为广大音乐爱好者奉献“贴近实际、贴近生活、贴近群众”的音乐文化精品。与会专家指出，当代音乐出版人也必须行动起来，承担起传播中国音乐文化的重任，进一步拓宽对外合作渠道、创新合作模式，把更多具有中国民族特色、能够体现中国民族精神内涵及中国音乐审美意蕴和境界的高水准音乐作品传播到世界各地。

此外，座谈会现场还举办了“用音乐记录历史，用出版记录音乐”小型展览。（胡　健）

三联韬奋书店试运营 24 小时营业重新调整书店布局

2014 年 4 月 9 日《人民日报》发表的新闻报道。报道称，三联韬奋书店发起了名为“读·一夜——三联韬奋书店深夜书房体验交流”的活动，并宣布自 8 日起将试运营 24 小时营业。报道对三联韬奋书店 24 小时试运营期间夜间的客流情况等进行了记录，并针对三联书店 24 小时营业参访了三联书店总经理樊希安和书店里的部分读者。（刘　畅）

24 小时书店：能走多远

2014 年 4 月 23 日中央电视台《新闻1+1》进行的专题报道。报道中，主持人王宁和评论员白岩松通过播放采访短片等方式，对三联书店创建 24 小时营业的书店这一举动的意义，对阅读带来的影响，并对 24 小时书店经营存在的隐忧和未来的发展进行了探讨。报道称，24 小时不打烊的书店代表了以阅读为中心的一种新的生活方式，是大中城市所需要的，也代表了一座城市对于文化、阅读的态度和追求。三联韬奋书店正是北京这座城市的文化地标，24 小时营业也表明了三联书店对于倡导全民阅读的支持。尽管未来的路充满挑战，但相信在政府及社会各界的带动和努力之下，会有越来越多的人爱上阅读、投身阅读，包括三联韬奋 24 小时书店在内的实体书店也会迎来较好的发展。（刘　畅）

只求学术不追闻达——记“三联·哈佛燕京学术丛书”出版 20 年

2014 年 12 月 12 日《光明日报》发表的新闻报道。报道称，近日“三联·哈佛燕京学术丛书”是生活·读书·新知三联书店与哈佛燕京学社共同策划，以出版国内人文、社科学者原创新著为主的学术丛书。从 1994 年出版第一辑以来，基本每年一辑，每辑 6 至 8 种新书。迄今，已经推出了 15 辑，共计百种之多。丛书专门着眼于中国中青年学者的原创性著作，以推动青年学者成长。值此丛书出版 20 年之际，三联书店推出了“三联·哈佛燕京学术丛书”修订版的出版规划，以精装的方式出版丛书作品的修订版，首批 7 种在 2014 年出齐。（刘　畅）

中国对外翻译出版公司多元打造“走出去”品牌工程

2014 年 3 月 24 日《中国出版传媒商报》发表的报道。报道称，中国对外翻译出版公司（简称“中译公司”）近期与多家国外主流出版公司协商海外版权落地事宜，依托自身翻译、出版两大业务优势，拓展海外市场。中译公司正在通过多个国家级翻译工程项目的运作，翻译出版具有代表性的中国原创作品，利用多元化市场策略推动公司业务的海外拓展。

翻译出版业务结合促成战略拓展。中译公司在出版翻译工程运作上有着得天独厚的优势，拥有中译翻译与中译出版两大核心业务，两者的充分结合帮助中译公司在出版物对外传播上积累了大量经验。为此专门成立了“中国作品对外翻译推广中心”，力求对外翻译出版实现“跨越语言障碍，讲述中国故事”。

原创作品翻译出版形成品牌工程。鉴于一些国外人士对中国存在“误读”，中译公司在出版内容上强调挖掘、开发具有代表性的“中国原创作品”，反映中国现实国情。目前，中译公司运作的“中国报告”系列 13 部作品已列入 2012 年国家出版基金的资助项目，筹划的“中国故事·长江书系”（英文版）和“中国故事·黄河书系”（英文版）项目已经在 2013 年年底申报中宣部“中国当代作品对外翻译工程”。“阅读中国·西藏青年作家丛书”“阅读中国·五彩霓裳”系列和《中国通史》翻译项目，也已经入选了国务院新闻办“中国文化著作翻译出版工程”资助项目。（茹　慧）

《生死楼兰》

2014 年 12 月 19 日《广州日报》发表的报道。报道称，1900 年，一位瑞典探险家斯文·赫定和他的向导罗布人奥尔德克，在因缘际遇中因一把铁铲掀开了楼兰古城的神秘面纱，从此，关于楼兰的各种传闻伴随着出土文物一次次震惊了东西方世界。中译公司出版的《生死楼兰》是由“偏执”女子毕然在继 2011 年出版《楼兰密码》之后，受若羌县宣传部的邀请，与新疆电视台摄制组一同前往楼兰拍摄采访、探访罗布泊、考察楼兰古国之后，用温润悲伤的文字写下的楼兰惊梦。

在作者温情悲伤的笔调下，楼兰活了、罗布泊荒原活了，大片大片的胡杨树、芦苇荡又唱起了古老的歌谣，曾经的惊涛拍岸、渔歌唱晚，曾经的安静祥和又回来了。纸页翻转，时光流逝，曾经左右逢源的楼兰老国王忧心忡忡，分别被汉王朝和匈奴捋走的王子成了他心头的暗伤，转眼之间老国王仙去，一对亲兄弟相见不识，终究在楼兰古城中上演了城头变幻大王旗的戏码，而楼兰城破已经为时不远。在罗布泊的荒原上，上演了太多生与死的故事，一片土地、一片盐海、一座城池、一个部落，甚至是一棵树、一株草，都见证了生死轮回，不及回首一个转身此生便已是前生。

站在时光以外，不难发现古楼兰战事频发的那段时期，也恰是西域气候环境渐次恶化的时期，楼兰的消亡，在于战乱也在于气候。楼兰亡国后，其断壁残垣渐渐被掩埋在了风沙之下，原来河流纵横的丰美土地，在时光中变成了不毛之地。千年胡杨不再抽芽，它们用生的姿态延续死的命运，像极了尸身不朽的楼兰人。（茹　慧）

中图公司总经理谈融合：数字化冲击对出版业是机会

2014 年 8 月 29 日光明网报道。报道称，第 21 届北京国际图书博览会 8 月 27 日开展以来，受到参展商和读者的欢迎。对此，承办方中国图书进出口（集团）总公司总经理张纪臣表示，图博会近年来影响力不断扩大，已成为中国出版“走出去”、宣传中华优秀文化的重要平台。

国际化、专业化、产业化，北京图博会已走过 28 年，举办了 21 届。回顾图博会 28 年的发展轨迹，张纪臣表示，目前国内外参展商赴展北京图博会有 4 个转变：一是由卖实物转变为卖版权，二是由向中国卖版权转变为向中国买版权，三是海外出版人参展的主要目的从与中国出版人交流转变为与全球出版人横向交流，四是参展的话题和关注点由纸质图书向数字出版转变。这些转变都表明了图博会国际影响力在逐步提升和加强。

受金融危机影响和数字出版的冲击，近年来国际大型书展不断缩水，有消息称，法兰克福在 2015 年也会取消 8 号馆。“这些影响有滞后效应，现在已经显现出来，在西方一些主流书展，都受到不同程度的冲击”。张纪臣说。

然而，在这样的大环境下，北京国际图书博览会却是一枝独秀。据张纪臣介绍，本次图博会，参展商特别是海外参展商增长了11%，参展图书增长了16%，参展国家十分踊跃，智利、阿尔巴尼亚等都受邀参展。

“中国经济社会的发展以及出版文化的繁荣，是北京图博会逆势上扬的主要原因。”张纪臣表示，参展商到中国来参加书展，一方面是要了解中国经济社会的发展，寻求跟中国出版人的合作，同时了解世界出版业的发展趋势和动态。

让参展商有收获，让读者满意。张纪臣强调，内容始终是出版的关键，对出版人来说，对内容的生产者来说，都需要平台进行沟通与交流。

近年来，数字出版发展迅速，在本届图博会上，对数字内容的呈现方式，也有了更多的创新。

张纪臣告诉记者，如2014年在数字出版展区，他们打造了一个WIFI全覆盖的区域，使读者能够更为方便地浏览数字内容。同时在西2馆，打造了一个按需印刷展区，对这一概念进行推介。“呈现这些印刷设备不是我们的目的，因为我们不是纯粹的印刷商，我们要形成系统优化和资源的整合。因为随着数字出版的发展，出版内容将十分丰富，读者的需求也是多样化的，通过按需印刷来提供，就能减少物流成本和库存压力，我们就是想提供这样的理念。”张纪臣说。

近年来，国际出版数字化发展迅速，中国图书进出口（集团）总公司作为以传统出版进出口为主的老企业，同样存在战略型问题，张纪臣对此却信心满满。他说：“中图公司这样一个以进口和出口为主的国有文化企业，受到数字化冲击是首当其冲的事，但这种冲击也充满了机会。如果中图公司要转型，不如说我们要升级，在传统业务的基础上进行融合发展，这种融合是不同媒体的融合，不同渠道的融合，不同平台的融合，我们希望通过数字化来实现。”

2013年，中国图书进出口（集团）总公司启动“易阅通”国际数字资源交易与服务平台，聚合了国内外大量优质电子数字资源，“我们想通过这种方式开辟新的市场，对中国图书进出口（集团）总公司升级来说，这是至关重要的事情。”

数字时代，如何真正实现国际化，也是出版界面临的巨大课题。张纪臣表示，中图公司是我国出版业最早国外设立分支机构，开展国际化经营的企业，要通过数字化来实现国际化，“相信随着中国出版业的发展，政府倡导的‘走出去’战略以及中国出版集团的整体设计，促进中国图书走向世界值得期待。”

（朱宝元）

华文出版社、五洲传播出版社携手推《蒙卡达审判》中文版

2014年4月25日《中国出版传媒商报》发表的文章。文章称，华文出版社和五洲传播出版社于近日联合举办《蒙卡达审判》中文版新书发布会。中国出版集团副总裁李岩、五洲传播出版社社长李红杰等出席活动。活动现场，该书的作者、83岁高龄的玛尔塔·哈罗斯和现场人士分享了写作该书、见证古巴革命开端的感悟。该书在古巴和拉美多次再版，是了解古巴革命的重要读物之一。中文版译者徐世澄是中国拉美研究领域的权威专家、中国社会科学院荣誉学部委员。中文版本同时附有卡斯特罗的著名辩护词《历史将宣判我无罪》全文。《蒙卡达审判》是“中古经典互译出版项目”的又一成果，该项目是中国和拉美地区国家签署的首个互译出版项目，双方各推选若干种图书交对方翻译出版。

（李　化）

《甲午战争十二讲》首发

2014年8月16日《人民网》刊发文章。文章称，著名历史学者、中国社会科学院近代史所研究员马勇携其新作《甲午战争十二讲》，在2014上海书展上举办了首发签售会。沪上著名学者陈子善，与马勇针对这场重大历史事件及种种争议，给予了正本清源、独具辨识的解读。《甲午战争十二讲》集中了马勇30年来晚清历史研究的心得，它跨越狭隘的立场，以史学家对历史的温情敬意，从东西文明至19世纪的演进、

传统宗藩与现代国家的体制歧异，资本内在的冲动和抑制，涉入这场战争诸国的政治、民族心理，以及被诸多被忽视的历史细节，重构了甲午战争的现场与幕后，展现出教科书未曾有过的新观点和新理解。（李　化）

美国漫画排行榜畅销书《蝙蝠侠：猫头鹰法庭》引进出版

2014 年 12 月 25 日中国动漫产业网刊发《蝙蝠侠：猫头鹰法庭》报道。报道称，北美漫画排行榜销量常胜冠军《蝙蝠侠：猫头鹰法庭》近日出版。据悉，漫迷广为期待的这本经典之作，是《蝙蝠侠》（Batman）系列第一个事件，也是 DC 漫画公司“新 52”系列重启后最受欢迎漫画之一，登上当年《纽约时报》畅销书榜首。

本次出版的《蝙蝠侠：猫头鹰法庭》是主刊合集的第一卷，收录了“新 52”中《蝙蝠侠》连载第 1 期至第 7 期的内容。故事主要围绕蝙蝠侠在哥谭市猫头鹰法庭的种种传说展开，编剧斯科特·斯奈德将蝙蝠侠神话中最为惊栗的精髓提取出来，再加入该系列巅峰时期险恶漫画的元素，为蝙蝠侠设置了一个待解的诡异谜团，从而令整个故事出现一个惊天动地的回旋。无论是常年追随的漫迷，还是刚接触黑暗骑士的读者，都将会从蝙蝠侠的角度经历整个事件，并为之动容。

本漫画主创团队可圈可点。DC 明星团队编剧斯奈德和画师卡普洛，将这部漫画的制作推向了一个全新境界。斯奈德编排的对话与旁白，配上卡普洛选择的叙事方式，为《蝙蝠侠：猫头鹰法庭》添加了更为丰富的故事层次。最终，这篇神秘惊栗而传奇的英雄史诗制作也没有辜负大家的厚爱，荣登出版当年年度最畅销漫画之列！

（张旭蕾）

《档案学经典著作（丛书）》出版发行

2014 年 4 月，《档案学研究》杂志第 2 期发表的报道。报道称，由《档案学通讯》杂志社编辑、世界图书出版上海有限公司出版的《档案学经典著作（丛书）》第一和第二卷正式面世。其中第一卷收录了《公牍通论》《公牍学史》《公文之简化与管理》和《公文处理法》，第二卷收录了《县政府档案管理法》《档案管理与整理》《档案管理法》《县政府公文处理与档案管理》《公文档案管理法》《档案管理之理论与实际》《档案科学管理法》《档案管理法》和《中国档案管理新论》，即民国时期的“十三本”旧著。该丛书还将陆续出版台湾地区、欧美和中国大陆（当代）各分卷的经典档案学著作。（王　纯）

现代出版社进军非中心城市 让阅读热点燃销售热

2014 年 5 月 5 日《中国新闻出版广电报》发表的新闻报道。报道说，4 月 27 日由辽宁省营口市文广新局主办、中国出版集团所属现代出版社与营口市新华书店共同承办的社店携手共推《中国好文章》阅读活动在营口市新华书店举行。营口市人大常委会主任王恩来，市委常委、宣传部长王辉，副市长高粱，市文广新局局长曲景太等与读者共享精神盛宴。在营口市，邀请著名作家王充闾、祝勇与读者零距离互动尚属首次。

与当地政府、文化企业联手，走进非中心城市推广全民阅读是中国出版集团倡导的。中国出版集团副总裁李岩告诉记者，出版人不能忽略非中心城市的市场。让非中心城市读者在家门口享受到一线城市的文化氛围，是出版人的责任。现代出版社出版的《中国好文章》系列图书，既能满足文学爱好者的阅读需求，也能给予创作者实际指点，是出版人始终不渝倡导全民阅读的具体体现。

在大力提倡全面阅读的同时，出版人要给读者提供好书。据现代出版社总编辑臧永清介绍，该书选题灵感源自火爆节目《中国好声音》，目的是期待能够为中国的文学特别是散文做一些正本清源的工作。在臧永清看来，以天文数字计算体量的庸俗网文正在强势地占据着读者的阅读时间、扼杀着青少年的阅读想象力。在此情形下，做一些好产品、出版一些好文章，是当代出版人、编选者的使命。（毛昆仑）

公司荣誉

GONGSIRONGYU

获奖（荣誉）名单

2014 年度获奖（荣誉）单位

获奖单位	获奖名称	颁奖单位	颁发时间
人民文学出版社	2013 年度中国儿童慈善奖突出贡献奖	中华全国妇女联合会 中国儿童少年基金会	2014 年 3 月
人民文学出版社团支部	中直机关五四红旗团组织	中央直属机关团工委	2014 年 5 月
人民文学出版社	历年中国图书世界影响力出版 TOP 20	中国出版传媒商报 中国文化走出去协同创新中心·中国海外汉学研究中心 中国图书进出口（集团）总公司	2014 年 8 月
人民文学出版社	2013 中国图书世界影响力出版 100 强	中国出版传媒商报 中国文化走出去协同创新中心·中国海外汉学研究中心 中国图书进出口（集团）总公司	2014 年 8 月
商务印书馆	2013 年度经营特别贡献奖	中国出版集团公司、中国出版传媒股份有限公司	2014 年 4 月
商务印书馆	中央直属机关五一劳动奖状	中央直属机关工会联合会	2014 年 5 月
商务印书馆	2013～2014 年度国家文化出口重点企业	商务部、中宣部、财政部、文化部、国家出版广电总局	2014 年 5 月
商务印书馆	北京老字号	北京老字号协会	2014 年 5 月
商务印书馆	2013 年度优秀信息宣传单位	中国出版集团公司	2014 年 5 月
商务印书馆	全国版权示范单位	国家版权局	2014 年 8 月
商务印书馆	2013 中国图书世界影响力出版 100 强	中国出版传媒商报、中国文化走出去协同创新中心·中国海外汉学研究中心、中国图书进出口（集团）总公司	2014 年 8 月
商务印书馆	历年中国图书世界影响力出版 TOP20	中国出版传媒商报、中国文化走出去协同创新中心·中国海外汉学研究中心、中国图书进出口（集团）总公司	2014 年 8 月

续表

获奖单位	获奖名称	颁奖单位	颁发时间
商务印书馆	2014中华老字号时尚创意大赛·中华老字号始创产品时尚创意铜奖	中国商业联合会、中华老字号工作委员会、中华全国商业信息中心	2014年11月
商务印书馆	2014年中国版权最具影响力企业	中国版权协会	2014年11月
商务印书馆	2014中国出版集团十大品牌单位	中国出版集团公司	2014年12月
商务印书馆	2012～2014年度中直机关文明单位	中央直属机关精神文明建设委员会	2014年12月
商务印书馆	2012～2014年度首都文明单位标兵	首都精神文明建设委员会	2014年12月
商务印书馆出版中心	2012～2014年度中国出版集团公司文明单位	中国出版集团公司精神文明委员会	2014年9月
商务印书馆营销中心策划部	2013～2014年度中国出版集团公司青年文明号	中国出版集团公司	2014年12月
中华书局	2013～2014年度国家文化出口重点企业	商务部、宣传部、财政部、文化部、国家新闻出版广电总局	2014年5月
中华书局	2013年度北京市著名商标	中国出版集团公司	2014年5月
中华书局	2014中国出版集团十大品牌单位	北京市工商行政管理局	2014年6月
中华书局	优秀信息宣传单位	中国出版集团公司	2014年12月
中华书局	2012～2014年度中直机关文明单位	中央直属机关精神文明建设委员会	2014年12月
中国大百科全书出版社	2013年度经营特别贡献奖	中国出版集团公司、中国出版传媒股份有限公司	2014年4月
中国大百科全书出版社	2013～2014年度国家文化出口重点企业	商务部、中宣部、财政部、文化部、国家新闻出版广电总局	2014年5月
中国大百科全书出版社美术设计中心工会小组	中直机关模范职工小家	中央直属机关工会联合会	2014年5月
中国大百科全书出版社	2012～2014年度中国出版集团公司文明单位	中国出版集团精神文明建设委员会	2014年9月
中国大百科全书出版社	积极推进绿色印刷工程出版单位	北京印刷学会、天津市印刷技术协会、河北省印刷学会	2014年11月
中国大百科全书出版社	中国出版集团公司十大品牌单位	中国出版集团公司	2014年12月
中国大百科全书出版社	2012～2014年度中直机关文明单位	中央直属机关精神文明建设委员会	2014年12月
中国大百科全书出版社	2012～2014年度首都文明单位	首都精神文明建设委员会	2014年12月
中国美术出版总社	2013年度财务决算和财务快报先进单位	中国出版集团公司	2014年5月

续表

获奖单位	获奖名称	颁奖单位	颁发时间
中国美术出版总社 教材分社工会小组	中直机关模范职工小家	中央直属机关工会联合会	2014 年 5 月
人民美术出版社	2013 中国图书世界 影响力出版 100 强	中国出版传媒商报 中国文化走出去协同创新中心· 中国海外汉学研究中心 中国图书进出口（集团）总公司	2014 年 8 月
中国美术出版总社	2012～2014 年度中直机关文明单位	中央直属机关 精神文明建设委员会	2014 年 12 月
中国美术出版总社	2014 中国出版集团十大品牌单位	中国出版集团公司	2014 年 12 月
人民音乐出版社	2013 年度经营特别贡献奖	中国出版集团公司 中国出版传媒股份有限公司	2014 年 4 月
人民音乐出版社	2012～2014 年度中国出版集团 文明单位	中国出版集团精神文明建设委员会	2014 年 11 月
人民音乐出版社作品编辑部	中国出版集团青年文明号	共青团中国出版集团委员会、 中国出版集团公司青年联合会	2014 年 11 月
人民音乐出版社	2014 中国出版集团十大品牌单位	中国出版集团公司	2014 年 12 月
人民音乐出版社作品编辑部	中直机关青年文明号	中央直属机关团工委	2014 年 12 月
人民音乐出版社	2012～2014 年度中直机关文明单位	中央直属机关 精神文明建设委员会	2014 年 12 月
生活·读书·新知三联书店	中国出版传媒商报社、法兰克福 书展学院联合主办的“首届中国 创意工业创新奖”评选活动中， 大文化品牌营销获评“新营销奖 提名奖”。	中国出版传媒商报社、 法兰克福书展、法兰克福学院、 中国创意工业创新奖组委会	2014 年 1 月
生活·读书·新知 三联书店团支部	中直机关五四红旗团组织	中央直属机关团工委	2014 年 5 月
生活·读书·新知三联书店	2013 中国图书世界影响力 出版 100 强	中国出版传媒商报，中国文化 走出去协同创新中心·中国海外 汉学研究中心，中国图书进出口 （集团）总公司组织认证	2014 年 8 月
生活·读书·新知三联书店	2014 书香中国·第 4 届北京 阅读季优秀合作机构	北京阅读季领导小组	2014 年 9 月
北京三联韬奋书店	2014 书香中国·第 4 届北京 阅读季最美阅读空间·书店	北京阅读季领导小组	2014 年 9 月
生活·读书·新知三联书店	2014 年中国版权最具影响力企业	中国版权协会	2014 年 11 月
生活·读书·新知三联书店	2012～2014 年度中直机关文明单位	中央直属机关 精神文明建设委员会	2014 年 12 月

续表

获奖单位	获奖名称	颁奖单位	颁发时间
中国对外翻译出版公司	2013～2014 年度国家文化出口重点企业	商务部、宣传部、财政部、文化部、国家新闻出版广电总局	2014 年 5 月
中国对外翻译出版公司	2014 中国服务贸易十大杰出单位	2014 中国（国际）服务贸易品牌企业竞争力发展报告课题组	2014 年 5 月
中国对外翻译出版公司	2013 年度“诚信承诺单位”	中国翻译协会	2014 年 5 月
中国对外翻译出版公司	2013 年度“优秀信息宣传单位”	中国出版集团公司	2014 年 5 月
中国对外翻译出版公司	“2014 香山论坛”优秀组织奖	中国出版集团公司	2014 年 8 月
中国对外翻译出版公司	2012～2014 年度文明单位	中国出版集团公司	2014 年 9 月
中译语通科技（北京）有限公司	2012～2014 年度文明单位	中国出版集团公司	2014 年 9 月
中译语通科技（北京）有限公司	“译云”平台在“第二届中国创意工业创新奖”中获“新技术金奖”	中国出版传媒商报社、法兰克福书展、法兰克福书院中国创意工业创新奖组委会	2014 年 1 月
中译语通科技（北京）有限公司	高新技术企业证书	北京市科学技术委员会、北京市财政局、北京市国家税务局、北京市地方税务局	2014 年 12 月
东方出版中心	2013 年度经营特别贡献奖	中国出版集团公司 中国出版传媒股份有限公司	2014 年 4 月
东方出版中心网站	在上海市第六届优秀网站评选活动中荣获“企业诚信创建积极网站”称号	上海市第六届优秀网站评选组委会	2014 年 5 月
东方出版中心网站	在上海市第六届优秀网站评选活动中，荣获“提名网站”称号	上海市第六届优秀网站评选组委会	2014 年 5 月
东方出版中心	中国出版协会第六届理事会会员单位	中国出版协会	2014 年 8 月
东方出版中心工会	上海市宣传系统第一届职工读书节优秀组织奖	上海市委宣传部	2014 年 9 月
上海东昊物业管理有限公司	2013 年治安安全合格单位	上海市公安局治安总队	2014 年 3 月
上海东昊物业管理有限公司东方世纪大厦管理处	2013 年度上海市平安示范单位	上海市社会管理综合治理委员会	2014 年 6 月
上海东昊物业管理有限公司	上海市民低碳活动践行单位	上海市市民低碳行动推进小组；上海市发展和改革委员会	2014 年 9 月
中国图书进出口（集团）总公司全球按需印刷平台	“中国创意工业创新奖”评选活动中全球按需印刷平台获评“新商业模式金奖”	中国出版传媒商报社、法兰克福书展、法兰克福学院联合主办	2014 年 1 月

续表

获奖单位	获奖名称	颁奖单位	颁发时间
中国图书进出口（集团）总公司	2013～2014 年度国家文化出口重点企业	商务部、中宣部、财政部、文化部、国家新闻出版广电总局	2014 年 5 月
中国图书进出口（集团）总公司	北京国际图书博览会（BIBF）（中国图书进出口（集团）总公司“2013～2014 年度国家文化出口重点项目”	商务部、中宣部、财政部、文化部、国家新闻出版广电总局	2014 年 5 月
中国图书进出口上海公司	2013～2014 年度国家文化出口重点企业	商务部、中宣部、财政部、文化部、国家新闻出版广电总局	2014 年 5 月
中国图书进出口广州公司	2013～2014 年度国家文化出口重点企业	商务部、中宣部、财务部、文化部、国家新闻出版广电总局	2014 年 5 月
中国图书进出口（集团）总公司	2014 年度党建协调共建先进单位	呼家楼街道	2014 年 7 月
中国图书进出口（集团）总公司工会	出版集团“纪念邓小平诞辰 110 周年暨建国 65 周年”书画摄影作品展活动组织奖	中国出版集团公司	2014 年 9 月
中国图书进出口上海公司	2014 上海书展组织奖	上海市新闻出版局	2014 年 9 月
中国图书进出口上海公司	五星级诚信创建企业	上海市书刊发行行业协会	2014 年 10 月
中国图书进出口（集团）总公司会展中心	2012～2014 年度中国出版集团文明单位	中国出版集团精神文明建设委员会	2014 年 11 月
中国图书进出口（集团）总公司数字发展中心	中直机关青年文明号	中直机关团工委	2014 年 11 月
中国图书进出口（集团）总公司数字发展中心	出版集团青年文明号	中国出版集团公司	2014 年 11 月
中国图书进出口（集团）总公司数字发展中心团支部	出版集团五四红旗团组织	中国出版集团公司	2014 年 11 月
中国图书进出口（集团）总公司	2014 中国出版集团十大品牌单位	中国出版集团公司	2014 年 12 月
中国图书进出口（集团）总公司	2012～2014 年度中直机关文明单位	中央直属机关精神文明建设委员会	2014 年 12 月
中国图书进出口总公司数字发展中心	中直机关青年文明号	中央直属机关团工委	2014 年 12 月
荣宝斋	2012～2014 年度中直机关文明单位	中央直属机关精神文明建设委员会	2014 年 12 月
荣宝斋	2012～2014 年度首都文明单位	首都精神文明建设委员会	2014 年 12 月
中国出版传媒商报社	2013 年度经营特别贡献奖	中国出版集团公司	2014 年 4 月
中国出版传媒商报社财务部	2013 年度决算先进单位	中国出版集团公司	2014 年 5 月
中国出版传媒商报社营销中心	2012～2014 年度中国出版集团公司文明单位	中国出版集团公司精神文明建设委员会	2014 年 9 月

续表

获奖单位	获奖名称	颁奖单位	颁发时间
中国出版传媒商报社 营销文创印业中心	2013～2014 年度中国出版集团 公司青年文明号	中国出版集团公司	2014 年 12 月
世界图书出版公司北京公司	“2014 北京阅读季 优秀出版机构”称号	北京市新闻出版局	2014 年 12 月
世界图书出版上海有限公司	五星级诚信创业企业	上海市诚信建设活动组委会、 上海市书刊发行行业协会	2014 年 8 月
世界图书出版上海有限公司	公众满意企业	上海城市公众满意度 调查活动办公室	2014 年 10 月
世界图书出版西安有限公司	2013 年度输出版优秀图书奖	中国出版协会国际合作出版工作委员会、中国新闻出版研究院、出版参考杂志社	2014 年 8 月
世界图书出版西安有限公司	2013 年度输出版优秀图书奖	中国出版协会国际合作出版工作委员会、中国新闻出版研究院、出版参考杂志社	2014 年 8 月
中版教材有限公司	《书法》2013 年度出版特别贡献奖	中国出版集团公司	2014 年 2 月
中版教材有限公司	2013 年度经营特别贡献奖	中国出版集团公司 中国出版传媒股份有限公司	2014 年 4 月
中版教材有限公司	2013 年度发展区域经济突出贡献奖	北京市西城区人民政府	2014 年 8 月

2014 年度获奖项目

获奖项目	获奖名称	所属单位	颁奖单位	颁发时间
《带灯》	2013 年度中国影响力图书	人民文学出版社	新华网股份有限公司 中国出版传媒商报社	2014 年 1 月
《相性》	2013 年度中国影响力图书	人民文学出版社	新华网股份有限公司 中国出版传媒商报社	2014 年 1 月
《无愁河的浪荡汉子》	2013 年度“大众喜爱的 50 种图书”	人民文学出版社	全民阅读活动组织协调办公室 国家新闻出版广电总局出版管理司	2014 年 4 月
《晚安玫瑰》	2013 年度“大众喜爱的 50 种图书”	人民文学出版社	全民阅读活动组织协调办公室 国家新闻出版广电总局出版管理司	2014 年 4 月
《苦苓的森林密语》	2013 年度“大众喜爱的 50 种图书”	人民文学出版社	全民阅读活动组织协调办公室 国家新闻出版广电总局出版管理司	2014 年 4 月
《带灯》	2013 年度“大众喜爱的 50 种图书”	人民文学出版社	全民阅读活动组织协调办公室 国家新闻出版广电总局出版管理司	2014 年 4 月
《带灯》	2013 中国好书	人民文学出版社	中国图书评论学会	2014 年 4 月
《女孩范贝西》 《男孩阿不》	第十一届向全国青少年推荐百种优秀图书	人民文学出版社	国家新闻出版广电总局	2014 年 5 月
《回鹿山》	第六届（2010～2013）鲁迅文学奖散文杂文奖	人民文学出版社	中国作家协会	2014 年 8 月
《上海，远在何方?》	第六届（2010～2013）鲁迅文学奖文学翻译奖	人民文学出版社	中国作家协会	2014 年 8 月
《中国新生代农民工》	第六届（2010～2013）鲁迅文学奖报告文学奖	人民文学出版社	中国作家协会	2014 年 8 月
《底色》	第六届（2010～2013）鲁迅文学奖报告文学奖	人民文学出版社	中国作家协会	2014 年 8 月
《隐身衣》	第六届（2010～2013）鲁迅文学奖中篇小说奖	人民文学出版社	中国作家协会	2014 年 8 月

续表

获奖项目	获奖名称	所属单位	颁奖单位	颁发时间
《英格力士》	2013 年度输出版优秀图书奖	人民文学出版社	中国出版协会国际合作出版工作委员会 中国新闻出版研究院 出版参考杂志社	2014 年 8 月
《永远有多远》	2013 年度输出版优秀图书奖	人民文学出版社	中国出版协会国际合作出版工作委员会 中国新闻出版研究院 出版参考杂志社	2014 年 8 月
《迷东：青春的狂欢与炼狱》	2013 中国图书世界影响力图书 50 强	人民文学出版社	中国出版传媒商报社、中国文化“走出去”协同创新中心 中国海外汉学研究中心、中国图书进出口（集团）总公司	2014 年 8 月
《带灯》	2013 中国图书世界影响力图书 50 强	人民文学出版社	中国出版传媒商报社、中国文化“走出去”协同创新中心 中国海外汉学研究中心、中国图书进出口（集团）总公司	2014 年 8 月
《晚安玫瑰》	2013 中国图书世界影响力图书 50 强	人民文学出版社	中国出版传媒商报社、中国文化“走出去”协同创新中心 中国海外汉学研究中心、中国图书进出口（集团）总公司	2014 年 8 月
《当代》	2014 年第 1 期入选 2014 年“中国最美期刊”	人民文学出版社	中国（武汉）期刊交易博览会组委会	2014 年 9 月
《中国诗歌通史》（十一卷本）	北京市第十三届哲学社会科学优秀成果奖特等奖	人民文学出版社	中共北京市委 北京市人民政府	2014 年 12 月
《自知力：建立自我同一性，打造成功通行证》	2014 年第一期中版好书榜	商务印书馆	中国出版集团公司	2014 年 1 月
《国际文化版图研究文库》	2013 年度中国影响力阅读品牌	商务印书馆	新华网、 中国出版传媒商报社	2014 年 1 月
《造假的知识分子》	2013 年度中国影响力图书	商务印书馆	新华网、 中国出版传媒商报社	2014 年 1 月
《新华字典》（第 11 版）	2013 年度出版特别贡献奖	商务印书馆	中国出版集团公司	2014 年 2 月
《现代汉语词典》（115 年纪念版）	2013 年度出版特别贡献奖	商务印书馆	中国出版集团公司	2014 年 2 月

续表

获奖项目	获奖名称	所属单位	颁奖单位	颁发时间
《现代汉语词典》（第6版）	2013年度出版特别贡献奖	商务印书馆	中国出版集团公司	2014年2月
《中国设计全集》（全20卷）	2013年度出版特别贡献奖	商务印书馆	中国出版集团公司	2014年2月
《学生通用规范汉字字典》	2014年第二期中版好书榜	商务印书馆	中国出版集团公司	2014年3月
《纯粹理性批判》讲演录	第九届文津图书奖推荐图书	商务印书馆	国家图书馆	2014年4月
《给年青数学人的信》	第九届文津图书奖推荐图书	商务印书馆	国家图书馆	2014年4月
《洪业传》	“2013中国好书”奖	商务印书馆	中宣部、中国图书评论学会、中央电视台	2014年4月
《汉字英雄》（第1季）	2014年3月大众好书榜	商务印书馆	中国图书评论学会	2014年4月
《数学与人类文明》	第十一届向全国青少年推荐百种优秀图书	商务印书馆	国家新闻出版广电总局	2014年5月
《寻城记·成都》	2014年第三期中版好书榜	商务印书馆	中国出版集团公司	2014年5月
《发展迟缓儿童早期干预教学指导用书》	宋庆龄公益贡献奖	商务印书馆	中国宋庆龄基金会	2014年6月
《古代汉语词典》（第2版）	2014年第四期中版好书榜	商务印书馆	中国出版集团公司	2014年7月
《看不见的森林》	2014年第四期中版好书榜	商务印书馆	中国出版集团公司	2014年7月
《时蔬小话》	2014年6月大众好书榜	商务印书馆	中国图书评论学会	2014年7月
《中国语言生活状况》（英文版）第1卷（2006～2007）	2013年度输出版优秀图书	商务印书馆	中国版协国际合作出版工委会、中国新闻出版研究院、出版参考杂志社	2014年8月
《微观西藏》（汉英版）	2013年度输出版优秀图书	商务印书馆	中国版协国际合作出版工委会、中国新闻出版研究院、出版参考杂志社	2014年8月
《论美国的文化：在本土与全球之间双向运行的文化体制》	2013年度引进版社科类优秀图书	商务印书馆	中国版协国际合作出版工委会、中国新闻出版研究院、出版参考杂志社	2014年8月
《怎样看到鹿》	2014年7月大众好书榜	商务印书馆	中国图书评论学会	2014年8月
《怎样看到鹿》	书香上海·神州书卷	商务印书馆	上海新闻出版局	2014年8月
《一平方英寸的寂静》	书香上海·神州书卷	商务印书馆	上海新闻出版局	2014年8月
《吃货辞典》	2014年第五期中版好书榜	商务印书馆	中国出版集团公司	2014年9月
《帝国权威的档案：帝国、文化与冷战》	2014年第五期中版好书榜	商务印书馆	中国出版集团公司	2014年9月
《经典名著·大家名译》（第1辑）	2014年第五期中版好书榜	商务印书馆	中国出版集团公司	2014年9月

续表

获奖项目	获奖名称	所属单位	颁奖单位	颁发时间
《汉语世界》2013 年第 3 期	2014 年“中国最美期刊”	商务印书馆	中国期刊协会、中国（武汉）期刊交易博览会组委会	2014 年 9 月
《吃货辞典》	2014 年 9 月大众好书榜	商务印书馆	中国图书评论学会	2014 年 10 月
《唐宋词举要》	大众喜爱的好书	商务印书馆	中央电视台	2014 年 10 月
《甲金篆隶字典》	2014 年中华老字号时尚创意大赛辞书类铜奖	商务印书馆	中国商业联合会、中华老字号工作委员会、中华全国商业信息中心	2014 年 11 月
《西部作家精神档案》	第九届“中国文联文艺评论奖”二等奖	商务印书馆	中国文学艺术界联合会	2014 年 11 月
《一平方英寸的寂静》	深圳读书月年度推荐好书	商务印书馆	深圳读书月组委会办公室、深圳报业集团	2014 年 11 月
	深圳读书月年度十大好书	商务印书馆	深圳读书月组委会办公室、深圳报业集团	2014 年 11 月
《唐宋词举要》	2014 年 11 月大众好书榜	商务印书馆	中国图书评论学会	2014 年 12 月
《中国古代的士人生活》	2014 年度“大众喜爱的 50 种图书”	商务印书馆	国家新闻出版广电总局	2014 年 12 月
《一平方英寸的寂静》	2014 年度“大众喜爱的 50 种图书”	商务印书馆	国家新闻出版广电总局	2014 年 12 月
《时蔬小话》	2014 年度“大众喜爱的 50 种图书”	商务印书馆	国家新闻出版广电总局	2014 年 12 月
《人文社科图书整合营销平台》	中国出版集团“优秀青年创新项目”	商务印书馆	中国出版集团公司	2014 年 12 月
《吃货辞典》	2014 年中国影响力图书评选入围图书	商务印书馆	新华网、中国出版传媒商报社	2014 年 12 月
《一平方英寸的寂静》	2014 年中国影响力图书评选入围图书	商务印书馆	新华网、中国出版传媒商报社	2014 年 12 月
《现代汉语词典》（烫金凸凹印）	2014 年度“美国印制大奖赛”封面工艺优异奖	商务印书馆	美国印刷工业协会	2014 年 12 月
《一平方英寸的寂静》	中华读书报 2014 年度十佳好书	商务印书馆	中华读书报社	2014 年 12 月
	中华读书报年度推荐图书	商务印书馆	中华读书报社	2014 年 12 月
《史记》（修订本）	“中版好书榜”2013 年度优秀图书奖	中华书局	中国出版集团公司	2014 年 1 月
《琴曲集成》	2013 年度出版特别贡献奖	中华书局	中国出版集团公司	2014 年 2 月
《中国大同雕塑全集》	2013 年度出版特别贡献奖	中华书局	中国出版集团公司	2014 年 2 月
《中国古籍总目》	2013 年度出版特别贡献奖	中华书局	中国出版集团公司	2014 年 2 月

续表

获奖项目	获奖名称	所属单位	颁奖单位	颁发时间
《奢华之色》	2013 年度出版特别贡献奖	中华书局	中国出版集团公司	2014 年 2 月
《文献通考》	2013 年度出版特别贡献奖	中华书局	中国出版集团公司	2014 年 2 月
《中华民国史》	2013 年度出版特别贡献奖	中华书局	中国出版集团公司	2014 年 2 月
《中国人，你缺了什么》	2013 年度出版特别贡献奖	中华书局	中国出版集团公司	2014 年 2 月
《格萨尔唐卡研究》	2013 年度出版特别贡献奖	中华书局	中国出版集团公司	2014 年 2 月
《元典章》	2013 年度出版特别贡献奖	中华书局	中国出版集团公司	2014 年 2 月
《中华书局藏徐悲鸿书札》	2013 年度出版特别贡献奖	中华书局	中国出版集团公司	2014 年 2 月
《中国美德读本》	第十一届向全国青少年推荐百种优秀图书	中华书局	国家新闻出版广电总局	2014 年 5 月
《想象异域——读李朝朝鲜汉文燕行文献札记》	2014 年度第三届 PAJUBOOKAWARD（坡州出版奖）著作奖	中华书局	东亚出版人协会	2014 年 8 月
《中华文化基础教材》	2013 年度引进版社科类优秀图书奖	中华书局	中国出版工作者协会国际合作出版工作委员会、中国新闻出版研究院、出版参考杂志社	2014 年 8 月
《历代诗话》	2013 年度引进版社科类优秀图书奖	中华书局	中国出版工作者协会国际合作出版工作委员会、中国新闻出版研究院、出版参考杂志社	2014 年 8 月
《文史中国》（10 种）	2013 年度引进版社科类优秀图书奖	中华书局	中国出版工作者协会国际合作出版工作委员会、中国新闻出版研究院、出版参考杂志社	2014 年 8 月
《全元诗》	全国优秀古籍图书奖一等奖	中华书局	中国出版工作者协会古籍出版工作委员会	2014 年 9 月
《柳宗元集校注》	全国优秀古籍图书奖一等奖	中华书局	中国出版工作者协会古籍出版工作委员会	2014 年 9 月
《皇宋十朝纲要校正》	全国优秀古籍图书奖一等奖	中华书局	中国出版工作者协会古籍出版工作委员会	2014 年 9 月
《白雨斋词话全编》	全国优秀古籍图书奖二等奖	中华书局	中国出版工作者协会古籍出版工作委员会	2014 年 9 月
《资治通鉴补》	全国优秀古籍图书奖二等奖	中华书局	中国出版工作者协会古籍出版工作委员会	2014 年 9 月
《说文解字探源》	全国优秀古籍图书奖二等奖	中华书局	中国出版工作者协会古籍出版工作委员会	2014 年 9 月
《宋人文集篇目分类索引》	全国优秀古籍图书奖二等奖	中华书局	中国出版工作者协会古籍出版工作委员会	2014 年 9 月

续表

获奖项目	获奖名称	所属单位	颁奖单位	颁发时间
《全元诗》	2014 年度全国优秀审读报告评比一等奖	中华书局	中国新闻出版研究院	2014 年 12 月
《史记》（修订平装本）	2014 年度全国优秀审读报告评比三等奖	中华书局	中国新闻出版研究院	2014 年 12 月
《中国战略导弹部队百科全书》	2013 年度出版特别贡献奖	中国大百科全书出版社	中国出版集团公司	2014 年 2 月
《小学生规范词典》	2013 年度出版特别贡献奖	中国大百科全书出版社	中国出版集团公司	2014 年 2 月
《学生规范字典（第三版）》	2013 年度出版特别贡献奖	中国大百科全书出版社	中国出版集团公司	2014 年 2 月
《中国大百科全书数据库》	2013 年度出版特别贡献奖	中国大百科全书出版社	中国出版集团公司	2014 年 2 月
《小百科》杂志	2014 年全国优秀少儿报刊推荐名单	中国大百科全书出版社	国家新闻出版广电总局	2014 年 5 月
《儿童安全大百科》	第十一届向全国青少年推荐百种优秀图书	中国大百科全书出版社	国家新闻出版广电总局	2014 年 5 月
《DK 儿童能力培养百科全书——美食出自我的手》	2013 年度引进版社科类优秀图书	中国大百科全书出版社	中国出版协会国际合作出版委员会、中国新闻出版研究院、出版参考杂志社	2014 年 8 月
《宣传：观念、话语及其正当化》	教育部全国高校社科研究优秀成果奖	中国大百科全书出版社	教育部高等学校新闻学科教学指导委员会	2014 年 11 月
《广西西南喀斯特生物多样性》	2014 年全国优秀科普作品	中国大百科全书出版社	科技部	2014 年 12 月
《剪纸的故事》	2013 年度出版特别贡献奖	中国美术出版总社	中国出版集团公司	2014 年 4 月
《荷衣蕙带——中西方内衣文化》	2013 年度出版特别贡献奖	中国美术出版总社	中国出版集团公司	2014 年 4 月
《小艾，爸爸特别特别地想你！》	第九届文津图书奖推荐图书	中国美术出版总社	国家图书馆	2014 年 4 月
《漫画中国历史》（全 48 卷）	2014 年中小学图书馆（室）推荐书目	中国美术出版总社	教育部	2014 年 4 月
《小艾，爸爸特别特别地想你！》	第十一届向全国青少年推荐百种优秀图书	中国美术出版总社	国家新闻出版广电总局	2014 年 5 月
《红旗飘飘——20 世纪主题绘画创作研究》	第 23 届优秀美术图书“金牛奖”金奖	中国美术出版总社	中国编辑学会	2014 年 9 月
《〈髹饰录〉与东亚漆艺：传统髹饰工艺体系研究》	第 23 届优秀美术图书“金牛奖”银奖	中国美术出版总社	中国编辑学会	2014 年 9 月

续表

获奖项目	获奖名称	所属单位	颁奖单位	颁发时间
《中国古陶瓷——龙泉窑》	第 23 届优秀美术图书“金牛奖”银奖	中国美术出版总社	中国编辑学会	2014 年 9 月
《北总布胡同 32 号：人民美术出版社的老艺术家们》	第 23 届优秀美术图书“金牛奖”铜奖	中国美术出版总社	中国编辑学会	2014 年 9 月
《WOW！科学来了》	第 23 届优秀美术图书“金牛奖”铜奖	中国美术出版总社	中国编辑学会	2014 年 9 月
《小艾，爸爸特别特别地想你！》	向全国老年人推荐优秀出版物	中国美术出版总社	国家新闻出版广电总局 全国老龄工作委员会办公室	2014 年 9 月
《〈老年国画大学堂〉丛书》（6 册）	向全国老年人推荐优秀出版物	中国美术出版总社	国家新闻出版广电总局 全国老龄工作委员会办公室	2014 年 9 月
《连环画报》杂志	2014 年“中国最美期刊”	中国美术出版总社	2014 年中国（武汉）期刊交易博览会	2014 年 9 月
《中国美术》杂志	2014 年“中国最美期刊”	中国美术出版总社	2014 年中国（武汉）期刊交易博览会	2014 年 9 月
《中国艺术》杂志	第一批认定学术期刊名单公示	中国美术出版总社	国家新闻出版广电总局	2014 年 11 月
《美术向导》杂志	第一批认定学术期刊名单公示	中国美术出版总社	国家新闻出版广电总局	2014 年 11 月
《中国美术》杂志	第一批认定学术期刊名单公示	中国美术出版总社	国家新闻出版广电总局	2014 年 11 月
《实践当代美术出版的传承与创新》	2014 年度优秀青年创新项目	中国美术出版总社	中国出版集团青联	2014 年 12 月
《漫画中国历史》（48 卷）	中国出版集团首批品牌产品名录	中国美术出版总社	中国出版集团	2014 年 12 月
《儿童漫画》杂志	中国出版集团首批品牌产品名录	中国美术出版总社	中国出版集团	2014 年 12 月
“红蜻蜓”系列丛书	中国出版集团首批品牌产品名录	中国美术出版总社	中国出版集团	2014 年 12 月
《漫画中国历史》（全 48 卷）	新闻出版改革发展项目库	中国美术出版总社	国家新闻出版广电总局	2014 年 12 月
《艺术影响中国——百年中国油画名作十谈》	2014 年 12 月“大众好书榜”	中国美术出版总社	中国图书评论学会	2014 年 12 月
《极简中国书法史》	2014 年 12 月“大众好书榜”	中国美术出版总社	中国图书评论学会	2014 年 12 月

续表

获奖项目	获奖名称	所属单位	颁奖单位	颁发时间
《红旗飘飘——20世纪主题绘画创作研究》	2014年度100本好书	中国美术出版总社	中华读书报社	2014年12月
《和声学》(上、下册)	2013年度引进版社科类优秀图书奖	人民音乐出版社	中国出版协会国际合作出版工作委员会、中国新闻出版研究院和出版参考杂志社	2014年8月
《趣味钢琴曲选——献给老年朋友(一)(附1张MP3)》	向全国老年人推荐百种优秀出版物	人民音乐出版社	国家新闻出版广电总局、全国老龄工作委员会办公室	2014年9月
《京剧知识入门》	向全国老年人推荐百种优秀出版物	人民音乐出版社	国家新闻出版广电总局、全国老龄工作委员会办公室	2014年9月
《互联网思维下的"钢琴之旅"营销》	中国出版集团公司优秀青年创新项目	人民音乐出版社	共青团中国出版集团委员会、中国出版集团公司青年联合会	2014年12月
《重启改革议程》	"中版好书榜"2013年度优秀图书奖	生活·读书·新知三联书店	中国出版集团公司	2014年1月
《邓小平时代》	"中版好书榜"2013年度优秀图书奖	生活·读书·新知三联书店	中国出版集团公司	2014年1月
《邓小平时代》	2013年度十大影响力图书	生活·读书·新知三联书店	作家文摘报社	2014年1月
《王鼎钧回忆录四部曲》	2013年度十大影响力图书	生活·读书·新知三联书店	作家文摘报社	2014年1月
《故国人民有所思》	2013年度十大影响力图书	生活·读书·新知三联书店	作家文摘报社	2014年1月
《邓小平时代》	"2013中国书业年度评选"活动中,荣获"年度传记类图书"	生活·读书·新知三联书店	出版人杂志社	2014年1月
《中国现代国家的起源》	2013年度中国影响力图书	生活·读书·新知三联书店	新华网股份有限公司中国出版传媒商报社	2014年1月
《中国现代国家的起源》	2013凤凰网年度图书的评选中,入选"2013凤凰网年度译著"	生活·读书·新知三联书店	凤凰网读书频道	2014年1月
《王鼎钧回忆录四部曲》	2013凤凰网年度图书的评选中,入选"2013凤凰网年度好书"	生活·读书·新知三联书店	凤凰网读书频道	2014年1月
《邓小平时代》	2013凤凰网年度图书的评选中,入选"2013凤凰网年度好书"	生活·读书·新知三联书店	凤凰网读书频道	2014年1月

续表

获奖项目	获奖名称	所属单位	颁奖单位	颁发时间
《陈寅恪最后二十年》	2013 凤凰网年度图书的评选中，入选“2013 凤凰网年度好书”	生活·读书·新知三联书店	凤凰网读书频道	2014 年 1 月
《邓小平时代》	《经济观察报》2013 年度十大好书	生活·读书·新知三联书店	经济观察报社	2014 年 1 月
《邓小平时代》	中国出版集团公司 2013 年度出版特别贡献奖	生活·读书·新知三联书店	中国出版集团公司	2014 年 2 月
《重启改革议程》	中国出版集团公司 2013 年度出版特别贡献奖	生活·读书·新知三联书店	中国出版集团公司	2014 年 2 月
《陈寅恪最后二十年》	中国出版集团公司 2013 年度出版特别贡献奖	生活·读书·新知三联书店	中国出版集团公司	2014 年 2 月
《金克木集》	中国出版集团公司 2013 年度出版特别贡献奖	生活·读书·新知三联书店	中国出版集团公司	2014 年 2 月
《砚史笺释》	中国出版集团公司 2013 年度出版特别贡献奖	生活·读书·新知三联书店	中国出版集团公司	2014 年 2 月
《王鼎钧回忆录四部曲》	第九届国家图书馆文津图书奖推荐图书	生活·读书·新知三联书店	国家图书馆	2014 年 4 月
《邓小平时代》	第九届国家图书馆文津图书奖推荐图书	生活·读书·新知三联书店	国家图书馆	2014 年 4 月
《剑桥中国文学史》	第九届国家图书馆文津图书奖推荐图书	生活·读书·新知三联书店	国家图书馆	2014 年 4 月
《故国人民有所思》	第九届国家图书馆文津图书奖推荐图书	生活·读书·新知三联书店	国家图书馆	2014 年 4 月
《生命八卦：在万物内部旅行》	第九届国家图书馆文津图书奖推荐图书	生活·读书·新知三联书店	国家图书馆	2014 年 4 月
《邓小平时代》	2013 中国图书世界影响力图书 50 强	生活·读书·新知三联书店	中国出版传媒商报，中国文化走出去协同创新中心·中国海外汉学研究中心，中国图书进出口（集团）总公司组织认证	2014 年 8 月
《剑桥中国文学史》（上下卷）	2013 年度引进版社科类优秀图书奖	生活·读书·新知三联书店	中国出版协会国家合作出版委员会 中国新闻出版研究院 出版参考杂志社	2014 年 8 月
《唯一的规则——〈孙子〉的斗争哲学》	2013 年度输出版优秀图书奖	生活·读书·新知三联书店	中国出版协会国家合作出版委员会 中国新闻出版研究院 出版参考杂志社	2014 年 8 月

续表

获奖项目	获奖名称	所属单位	颁奖单位	颁发时间
《京都历史事件簿》	2014 年度“中国最美的书”	生活·读书·新知三联书店	上海市新闻出版局、“中国最美的书”评委会	2014 年 11 月
《1944：腾冲之围》	2014 深圳读书月“年度十大好书”	生活·读书·新知三联书店	深圳读书月年度十大好书评选活动组委会	2014 年 12 月
《仁学本体论》	2014 十佳图书	生活·读书·新知三联书店	中华读书报社	2014 年 12 月
《1944：腾冲之围》	2014 年度“腾讯·商报华文好书”·原创 10 本好书	生活·读书·新知三联书店	中国出版传媒商报社和腾讯网	2014 年 12 月
《1944：腾冲之围》	2014 年度“腾讯·商报华文好书”50 种社科类	生活·读书·新知三联书店	中国出版传媒商报社和腾讯网	2014 年 12 月
《冥想》	2014 年度“腾讯·商报华文好书”50 种生活类	生活·读书·新知三联书店	中国出版传媒商报社和腾讯网	2014 年 12 月
《如何用你的眼睛》	2014 光明书榜 10 种图书	生活·读书·新知三联书店	光明日报社	2014 年 12 月
《毛乌素绿色传奇》	第六届鲁迅文学奖报告文学奖	中国对外翻译出版公司	第六届鲁迅文学奖评奖办公室	2014 年 8 月
《中国新生代农民工》两部作品	第六届鲁迅文学奖报告文学奖	中国对外翻译出版公司	第六届鲁迅文学奖评奖办公室	2014 年 8 月
《悉尼：帝国的绚烂余晖》	百道网中国好书榜·生活类	东方出版中心有限公司	百道网	2014 年 3 月
《写意——龚静读画》	在中国散文学会第六届冰心散文奖评选中，荣获散文集奖	东方出版中心有限公司	中国散文学会	2014 年 6 月
《华盛顿的起床号（1860～1865）》	百道网中国好书榜·人文类	东方出版中心有限公司	百道网	2014 年 6 月
《孩子与恶——生活在当下的孩子们》	《腾讯·商报》2014 年华文好书奖·生活类	东方出版中心有限公司	百道网 中国出版传媒商报社和腾讯网	2014 年 7 月
《返程年代》	2013 中国图书世界影响力图书 50 强	东方出版中心有限公司	中国出版传媒商报社、中国文化走出去协同创新中心·中国海外汉学研究中心；中国图书进出口（集团）总公司	2014 年 8 月

续表

获奖项目	获奖名称	所属单位	颁奖单位	颁发时间
《欧洲五十年：一卷印象》	2014 年 7 月 百道网中国好书榜·人文类，书香中国第 4 届北京阅读季一好书推荐，花地月度荐书榜	东方出版中心有限公司	百道网等	2014 年 12 月
《父亲：一次发现父爱的旅行》	向全国青少年推荐百种优秀图书	华文出版社	国家新闻出版广电总局	2014 年 5 月
《别样的青春——大学生村官张广秀纪实》	培育和践行社会主义核心价值观主题出版重点选题	华文出版社	国家新闻出版广电总局	2014 年 6 月
《安魂（阿语版）》	中国当代作品翻译工程	华文出版社	国家新闻出版广电总局	2014 年 6 月
《中国书法教学丛书》	2014 年北京市重点图书选题	华文出版社	北京市新闻出版广电局	2014 年 7 月
《老兵口述——小人物的抗战史》	2014 年北京市重点图书选题	华文出版社	北京市新闻出版广电局	2014 年 7 月
《书法》教材西班牙语版	经典中国国际出版工程	华文出版社	国家新闻出版广电总局	2014 年 7 月
《湖光山色（阿语版）》	中国图书对外推广计划	华文出版社	国家新闻出版广电总局	2014 年 7 月
《书法》	2014 年度输出版优秀图书奖	华文出版社	中国出版协会	2014 年 8 月
《讲述西藏》	庆祝新中国成立 65 周年重点优秀出版物	华文出版社	国家新闻出版广电总局	2014 年 9 月
《逆鳞集》	中国好书榜社科类	世界图书出版公司	百道网	2014 年 3 月
《自私的模因》	中国好书榜新知类、2014 年年度好书榜	世界图书出版公司	百道网	2014 年 4 月、12 月
《英语会话专集》	第二届陕西图书奖优秀畅销图书奖	世界图书出版公司	陕西省新闻出版广电局	2014 年 5 月
《当足够好的父母》	第二届陕西图书奖优秀畅销图书奖	世界图书出版公司	陕西省新闻出版广电局	2014 年 5 月
《优雅地老去》	中国好书榜社科类	世界图书出版公司	百道网	2014 年 5 月
《美国为什么完蛋了》	中国好书榜社科类	世界图书出版公司	百道网	2014 年 5 月
《最长的一天》	2014 年第 3 期“中版好书榜”及年度 20 种图书榜	世界图书出版公司	中国出版集团	2014 年 6 月、12 月
《情感依附》 《中西神话》	2014 年度“大众喜爱的 50 种图书”生活类图书候选提名	世界图书出版公司北京公司	图书馆报社	2014 年 6 月
《人类的破坏性剖析》	中国好书榜新知类	世界图书出版公司	百道网	2014 年 7 月
《温斯顿特效》 《观照电影》	上海 2014“书香中国”八月好书大推荐书单	世界图书出版公司	上海书展组委会	2014 年 8 月

续表

获奖项目	获奖名称	所属单位	颁奖单位	颁发时间
《陕西非物质文化遗产名录图典》	2013 年度输出版优秀图书奖	世界图书出版公司	中国出版协会国际合作出版工作委员会	2014 年 8 月
《格林泌尿外科手术学》	2013 年度引进版科技类优秀图书奖	世界图书出版公司	中国出版协会国际合作出版工作委员会	2014 年 8 月
世界图书出版公司北京公司	“2014 北京阅读季优秀出版机构”称号	世界图书出版公司	北京市新闻出版局	2014 年 9 月
《优雅地老去》	2014 年度好书（生活类）	世界图书出版公司	新京报社	2014 年 11 月
《最长的一天》	中国出版集团 2014 年第 3 期“中版好书榜”及 2014 年度 20 种图书榜	世界图书出版公司北京公司	中国出版集团公司	2014 年 12 月
《优雅地老去》	2014 年度“大众喜爱的 50 种图书”生活类图书候选提名	世界图书出版公司北京公司	国家新闻出版广电总局	2014 年 12 月

2014年度获奖（荣誉）人物

获奖个人	获奖名称	所属单位	颁奖单位	颁发时间
汪　武	中直机关优秀工会工作者	中国出版集团公司	中央直属机关工会联合会	2014年5月
罗娴静	第九届中直机关青年岗位能手	中国出版传媒股份有限公司	中央直属机关团工委	2014年12月
廉　萍	中国出版集团工会优秀女工	人民文学出版社	中国出版集团公司	2014年12月
宋　强	2014年度中国出版集团公司青年创新奖章	人民文学出版社	中国出版集团公司	2014年12月
刘　伟	第四届中国出版集团公司青年岗位能手称号	人民文学出版社	中国出版集团公司	2014年12月
朱韵秋	2014年度中国出版集团公司优秀青联委员	人民文学出版社	中国出版集团公司	2014年12月
阮文胜	2014年中国出版集团精神文明建设先进个人	人民文学出版社	中国出版集团公司	2014年12月
宋　鑫	2014年中国出版集团精神文明建设先进个人	人民文学出版社	中国出版集团公司	2014年12月
张　晋	北京市敬老爱老孝星称号	人民文学出版社	中国出版集团公司	2014年12月
刘玥妍	中国出版集团公司2014年“香山论坛”演讲比赛一等奖	商务印书馆	中国出版集团公司	2014年6月
冯　雪	中国出版集团公司2014年“香山论坛”征文比赛一等奖	商务印书馆	中国出版集团公司	2014年6月
高　珊 陈　萌	中国出版集团公司2014年“香山论坛”征文比赛一等奖	商务印书馆	中国出版集团公司	2014年6月
于汝文	2012～2014年度中国出版集团公司精神文明建设先进个人	商务印书馆	集团公司精神文明委员会	2014年9月
郑殿华	2012～2014年度中国出版集团公司精神文明建设先进个人	商务印书馆	集团公司精神文明委员会	2014年9月
乔　永	论文《理想的编辑人生》获第三届韬奋出版人才高端论坛论文优秀奖	商务印书馆	韬奋基金会	2014年11月
刘　波	第九届中直机关青年岗位能手	商务印书馆	中央直属机关团工委	2014年12月
梁　彦	2013年度优秀通讯员	中华书局	中国出版集团公司	2014年5月
王瑞玲	2013年度推动版权输出引进的典型人物	中华书局	中国出版工作者协会国际合作出版工作委员会、中国新闻出版研究院、出版参考杂志社	2014年5月

续表

获奖个人	获奖名称	所属单位	颁奖单位	颁发时间
刘学成	2014年度市级交通安全优秀管理干部	中华书局	北京市交通安全委员会	2014年5月
石　玉	第四届中国出版集团公司青年岗位能手	中华书局	中国出版集团公司	2014年5月
赵妮娜	2014年度中国出版集团公司优秀青联委员	中华书局	中国出版集团公司	2014年5月
张海英	2012～2013年度中国出版集团公司优秀女职工	中华书局	中国出版集团公司	2014年5月
张　露	中直机关优秀共青团员	中华书局	中央直属机关团工委	2014年5月
贾跃荣	第七届中央直属机关文明家庭	中国大百科全书出版社	中央直属机关妇工委	2014年3月
林建敏	中直机关五一劳动奖章	中国大百科全书出版社	中央直属机关工作委员会	2014年5月
马丽娜	2013年度优秀版权经理人奖	中国大百科全书出版社	中国出版协会国际合作出版委员会、中国新闻出版研究院、出版参考杂志社	2014年8月
李默耘	中国出版集团优秀共青团干部	中国大百科全书出版社	中国出版集团公司	2014年8月
刘　哲	中国出版集团优秀共青团员	中国大百科全书出版社	中国出版集团公司	2014年8月
滕振微	2012～2014年度中国出版集团文明单位建设先进个人	中国大百科全书出版社	中国出版集团精神文明建设委员会	2014年9月
姜　燕	2012～2014年度中国出版集团文明单位建设先进个人	中国大百科全书出版社	中国出版集团精神文明建设委员会	2014年9月
龚　莉	第十二届韬奋出版奖	中国大百科全书出版社	中国出版协会、韬奋基金会	2014年10月
李玉莲	中国出版集团2012～2013年度优秀女职工	中国大百科全书出版社	中国出版集团工会联合会	2014年10月
刘小蕊	第四届中国出版集团公司青年岗位能手	中国大百科全书出版社	中国出版集团公司	2014年12月
刘金双	2014年度集团公司优秀青联委员	中国大百科全书出版社	中国出版集团公司	2014年12月
陈义望	2014年度集团公司青年创新奖章	中国大百科全书出版社	中国出版集团公司	2014年12月
沙海龙	中直机关优秀团干部	中国美术出版总社	中央直属机关团工委	2014年5月
孙文颖	2012至2013年度优秀女职工	中国美术出版总社	中国出版集团女工委	2014年12月
管　丹	“香山论坛”征文一等奖	中国美术出版总社	中国出版集团公司	2014年8月
杨会来	第三届优秀美术编辑评奖——美术编辑奖	中国美术出版总社	中国编辑学会	2014年9月
张百军	精神文明建设先进个人	中国美术出版总社	中国出版集团公司	2014年9月

续表

获奖个人	获奖名称	所属单位	颁奖单位	颁发时间
孙建虎家庭	2012 至 2013 年度中直机关文明家庭	中国美术出版总社	中直机关	2014 年 12 月
李　滢	2014 年度中国出版集团公司优秀青联委员	中国美术出版总社	中国出版集团公司	2014 年 12 月
陈明陆	中国出版集团公司 2014 年“香山论坛”征文比赛一等奖	人民音乐出版社	中国出版集团公司	2014 年 6 月
陈明陆	青年创新奖章	人民音乐出版社	共青团中国出版集团委员会、中国出版集团公司青年联合会	2014 年 12 月
樊希安	全国五一劳动奖章	生活·读书·新知三联书店	中华全国总工会	2014 年 5 月
徐国强	2014 凤凰传媒·中国好编辑新知类	生活·读书·新知三联书店	百道网和百道新出版研究院	2014 年 12 月
唐明星	2015 凤凰传媒·中国好编辑人文类	生活·读书·新知三联书店	百道网和百道新出版研究院	2014 年 12 月
李　娟	2016 凤凰传媒·中国好编辑生活类	生活·读书·新知三联书店	百道网和百道新出版研究院	2014 年 12 月
王　喆	中国出版集团公司集团优秀共青团员	中国对外翻译出版公司	中国出版集团公司	2014 年 7 月
张琳洁	中国出版集团公司集团优秀共青团员	中国对外翻译出版公司	中国出版集团公司	2014 年 7 月
郭宇佳	第二届书香三八读书征文二等奖	中国对外翻译出版公司	中央直属机关	2014 年 7 月
柏京津	第二届书香三八读书征文优秀奖	中国对外翻译出版公司	中央直属机关	2014 年 7 月
胡晓凯	第二届书香三八读书征文优秀奖	中国对外翻译出版公司	中央直属机关	2014 年 7 月
郭宇佳	第九届中直机关青年岗位能手	中国对外翻译出版公司	中央直属机关团工委	2014 年 12 月
陆道宏	“爱生活，我行我秀”出版界职工烘焙技艺比赛 烘焙达人奖	东方出版中心	上海市新闻出版工会	2014 年 5 月
何恬溢	“爱生活，我行我秀”出版界职工烘焙技艺比赛 巧手慧生活	东方出版中心	上海市新闻出版工会	2014 年 5 月
张洁民	上海市宣传系统优秀共产党员	东方出版中心	上海市委宣传部	2014 年 7 月
唐丽芳	“出版梦·书香情·诗意美”诗歌散文朗诵大赛“优秀表演”奖	东方出版中心	上海市新闻出版工会	2014 年 7 月
刘　挺	“出版梦·书香情·诗意美”诗歌散文朗诵大赛“优秀朗诵”奖	东方出版中心	上海市新闻出版工会	2014 年 7 月
戎礼平	上海市宣传系统第一届职工读书节“读书达人”	东方出版中心	上海市委宣传部	2014 年 9 月
张之光	“中国梦·出版情·生活美”摄影大赛一等奖	东方出版中心	上海市新闻出版工会	2014 年 11 月

续表

获奖个人	获奖名称	所属单位	颁奖单位	颁发时间
毛　伟	“中国梦·出版情·生活美”摄影大赛二等奖	东方出版中心	上海市新闻出版工会	2014年11月
戎礼平	“第八届上海市民诗歌创作比赛”中获一等奖	东方出版中心	上海新闻出版局、上海作家协会、上海市语言文字工作委员会办公室、上海市教委等部门	2014年11月
毛　伟	安全保卫先进个人	东方出版中心	上海市公安局文化保卫分局	2014年12月
马　凌	中直机关优秀团干部	新华书店总店	中央直属机关团工委	2014年5月
张纪臣	中直机关五一劳动奖章	中国图书进出口（集团）总公司	中央直属机关工作委员会	2014年5月
杨　静	中直机关优秀共青团员	现代教育出版社	中央直属机关团工委	2014年5月
张维特	2012～2014年度精神文明建设先进个人	中国出版传媒商报社	中版集团精神文明建设委员会	2014年9月
金　霞 任志茜	2014上海书展暨“书香中国”上海周宣传报道好新闻奖	中国出版传媒商报社	上海书展组委会	2014年9月
吴静春	2012～2013年度中国出版集团公司优秀女职工	中国出版传媒商报社	中版集团工会联合会女工委员会	2014年10月
郭　虹	中直女职工劳动保护知识竞赛组织奖	中国出版传媒商报社	中央直属机关工委	2014年12月
田丽丽	第九届中央直属机关青年岗位能手	中国出版传媒商报社	中央直属机关工委	2014年12月
刘海颖	第四届中国出版集团公司青年岗位能手	中国出版传媒商报社	中国出版集团公司团委	2014年12月
倪　成	2014年度中国出版集团公司优秀青联委员	中国出版传媒商报社	中国出版集团公司团委	2014年12月
陈　斌	“从事新闻工作满30年”荣誉证书	中国出版传媒商报社	中华全国新闻工作者协会	2014年12月
郭　虹	“从事新闻工作满30年”荣誉证书	中国出版传媒商报社	中华全国新闻工作者协会	2014年12月
蔡　彬	2014年中国出版集团公司优秀共青团员称号	世界图书出版公司北京公司	中国出版集团团委	2014年6年
宋　培	2012～2013年度中国出版集团公司优秀女职工	世界图书出版公司北京公司	中国出版集团工会联合会	2014年10月

续表

获奖个人	获奖名称	所属单位	颁奖单位	颁发时间
世界图书出版公司心理学编辑部	2014年度中国出版集团公司青年号	世界图书出版公司北京公司	中国出版集团公司团委	2014年12月
丁　伟	2014年度亚马逊中国图书优秀发行经理	世界图书出版公司北京公司	亚马逊公司	2014年12月
丁　伟	当当网2014年最佳业务	世界图书出版公司北京公司	当当网	2014年12月
罗争玉	2013年度经营特别贡献奖	中版教材有限公司	中国出版集团公司	2014年4月
郭德生	2013年度经营特别贡献奖	中版教材有限公司	中国出版集团公司	2014年4月
郭德生	2012～2014年度中国出版集团公司精神文明先进个人	中版教材有限公司	中国出版集团公司	2014年9月

部分获奖（荣誉）人物简介

龚　莉（1955～　）女，湖南人。编审。中国大百科全书出版社社长。历任《中国大百科全书》（第一版）经济学卷责任编辑，社科部副主任，百科知识杂志社社长兼总编辑，出版社副总编辑、常务副总编辑、社长等职。2003 年被评为全国三八红旗手，2004 年入选全国首届“四个一批”人才，2009 年被评为新中国 60 年新闻出版系统百名有突出贡献的专业技术人员，2010 年被评为第二届中国出版政府奖优秀出版人物。

2006 年主持全社工作以来，带领班子深入调研，统筹规划，实施品牌战略。坚持内容创新营销创新相结合，打造以中国大百科全书为核心的品牌集群，图书主业成为逐步支撑出版社发展的主要力量。销售收入、利润连年上升，在中国出版集团公司“双效”业绩等级评定中，以良好的成长性和业绩获评最高等级 A 级。中国大百科全书出版社在 2009 年获首届全国百佳图书出版单位称号，2013 年获第三届中国出版政府奖优秀单位称号，2013 年被评为全国首批“数字出版转型示范单位”。2014 年龚莉荣获第 12 届韬奋出版奖。

（尹添铭）

林建敏（1963～　）女，山东人。副编审。九三学社社员。1988 年从北京大学毕业后进入中国大百科全书出版社工作，先后参与了《中国百科大辞典》、《中国大百科全书》（第二版）、《中国大百科全书》（简明版）、《中国大百科全书》（精粹本）、《中国军事百科全书》（第二版）、《中国战略导弹部队百科全书》《中国音乐百科全书》等多项国家级大型文化工程的编纂出版任务，做出了突出贡献。

她参与编辑的《中国百科大辞典》是国家“九五”规划重点图书，1999 年出版后，获“第十二届中国图书奖”。2008 年参加编纂的《中国大百科全书》（第二版）被列入国家“九五”和“十五”规划，2009 年出版后荣获“第二届中国出版政府奖图书奖”，她本人也获得中央宣传部和新闻出版总署颁发的荣誉证书。2011 年开始编纂《中国战略导弹部队百科全书》（上下两卷，约 300 万字），并担任责任编辑，从审稿到设置参见、索引，从核查版式到审查五种索引、附录，从重大选题备案材料的报送到印前的检查，深入参与了成书的每一个环节。该书于 2012 年出版，并荣获“第三届中国出版政府奖图书奖”。2014 年林建敏荣获“中央直属机关五一劳动奖章”。

（尹添铭）

茅院生（1972～　）男，安徽望江人，法学研究员。中国人民大学商学院管理学博士后，西南政法大学法学学士、法学硕士、法学博士。曾任法律出版社学术分社社长，兼任《中国法律》杂志社（香港）总编辑，西南政法大学法学副教授、硕士研究生导师等职。工作以来曾任法律出版社市场销售部主任，北京中天学校校长，中国法律图书公司总经理、董事长，中国出版集团战略发展部主任等职。曾在《中国法学》《法学家》《法律科学》等法学核心期刊及《中国新闻出版广电报》《中国出版传媒商报》等出版业专业报刊发表法学及管理学文章十余篇。现任新华书店总店总经理。

2013年年底就任新华书店总店（以下简称“总店”）总经理以来，结合总店改革发展实际，扎实谋事，攻坚克难，勇于担当，谨慎用权。贯彻落实集团“三六构想”和人事、分配制度改革的发展要求，理清了总店发展思路、制定了战略、规划了项目、调整了结构，不断开拓创新、稳扎稳打、苦干实干，实现了效益；提振了信心，为总店的复兴和发展打下了基础。总店通过各项改革，实现了理念创新、制度创新、组织机构创新、考核分配创新、人才队伍创新及效益创新。2014年经营业绩再创新高，超额完成总店2014年工作报告确定的目标，比中国出版集团公司下达指标增长95%。2014年11月27日，茅院生荣获全国新闻出版行业“经营管理”领军人才称号。（张　倩）

张立民（1960～　）北京人。中共党员。荣宝斋装裱修复中心主任。他在工作中不遗余力，忘我奉献；在家中爱护妻子，孝敬老人，育儿有方；生活中热心公益，和睦邻里。他从1979年至今不间断学习书法、绘画理论和技法，不断提高自身综合素质。他和妻子坚持以科学方法培育儿子，以身作则，言传身教，为其成长营造了良好的家庭氛围。他在繁忙的工作中坚持关心照顾年迈多病的岳父母，陪老人聊天、下棋，关心老人的饮食，定期带老人做健康体检。他在社区里热心帮助邻里解决困难，并时常关怀小区里的空巢老人。他勤俭节约，省下的钱毫不犹豫地捐给各种困难群体。他多次参加“送温暖献爱心”“扶贫救困”“希望工程”等捐款捐物活动。2008年汶川地震发生后，他将自己当月工资奖金全数捐给灾区，并带头交纳特殊党费。2012年，张立民被北京市人民政府授予“北京市万名孝星”荣誉称号。在他的影响带动下，荣宝斋装裱修复中心员工团结一致，业绩突出，在2013年被评为全国“工人先锋号”。2014年其家庭荣获第九届全国“五好文明家庭”称号。（刘　芳）

出版人

CHUBANREN

中国出版集团公司
CHINA PUBLISHING GROUP CORPORATION
CPGC

2014年获得高级职称人员名单

姓名	工作单位	职称类型
丁　波	商务印书馆	编审
徐卫东	中华书局	编审
祝安顺	中华书局	编审
殷红伟	中华书局	编审
周雅娟	中国大百科全书出版社	编审
徐世新	中国大百科全书出版社	编审
张　荷	生活·读书·新知三联书店	编审
王秦伟	生活·读书·新知三联书店	编审
罗洪燕	中国对外翻译出版公司	资深翻译
张爱民	东方出版中心	编审
尹德凤	中国图书进出口（集团）总公司	高级工程师
范存刚	荣宝斋	一级美术师

（董　易）

2014年去世编审简介

孙绳武（1917～2014）　又名孙玮，河南偃师人，编审。中国共产党党员、中国作家协会会员、著名出版家、翻译家、人民文学出版社原副总编辑、专家委员会委员。

1936年参加革命工作，1942年毕业于西北大学商学院，主修俄文，1947年转入苏联驻华大使馆文化处工作，1949年进入时代出版社。1953年调入人民文学出版社，1960年加入中国共产党，历任总编室副主任、外国文学编辑室主任，1978年任副总编辑，1987年4月离休，享受国务院老文艺家津贴和政府津贴。

他生前翻译、与他人合译的作品有《芦笛集》《希克梅特诗集》《吉洪诺夫诗集》《巴努斯诗选》《人》《莱蒙托夫传》《普希金传》《托尔斯泰评传》《高尔基传》《俄国文学史》《谈诗的技巧》等，深受广大读者喜爱。2014年6月9日在北京逝世，享年97岁。　（宋　强）

张祖德（1926～2014）　云南昆明人，编审。中共党员，副局级离休干部。

1947年毕业于北京大学经济系。1953年调到中央军委军校部任译员，1954年先后转到时代出版社、商务印书馆从事编辑工作。其主要编辑、翻译出版了《苏联建军简史》《苏维埃社会的基础与上层建筑》《英汉小词典》《拿破仑》《作为哲学的人道主义》《第二次世界大战回忆录》（第三卷）《世界地名译名手册》《世界民族译名手册》等一批优秀图书。2014年在北京逝世，享年88岁。　（李宝德）

沈　愈（1924～2014）　浙江桐乡人，编审。中共党员，副局级离休干部。曾任商务印书馆历史编辑室主任。

1946年就读于上海大同大学电机系。1949年起先后任中国人民银行华东区行机要秘书、对外文委国际司副组长等职。1972年调入商务印书馆任历史编辑室主任，主持和参加了《论社会主义民主》《日本天皇的阴谋》《史迪威十字军在中国》等一批重点图书的出版和编辑工作，并参与和翻译了《苏联及其东欧盟国的关系》《中国召唤我》等在社会上具有一定影响力的图书。2014年在北京逝世，享年89岁。　（李宝德）

张　烈（1932～2014）　湖南益阳人，原名张岛瀛。编审。1964年8月毕业于北京大学历史系。1964年9月至中华书局工作，在古代史编辑室任编辑。1992年12月退休。对于秦汉史等领域多有研究，发表过《盐铁论会议》等多篇学术论文，担任责任编辑的书籍有《盐铁论简注》等。　（刘　潋）

高林生（1933～2014）　江苏人，编审。

曾就读于唐山交通大学、清华大学，1954年北京钢铁学院研究生毕业。毕业后曾在北京钢铁学院和北京市政三所工作。

1979年调入中国大百科全书出版社工作，1985年加入九三学社。1987年任编审。1984年任《中国大百科全书·建筑园林城市规划卷》责任编辑，负责城市规划部分编辑和审稿，并阅读全卷稿件，解决定稿中的疑难问题，对提高稿件质量和加快编纂工作进度做出巨大贡献。1989年参加了《中国大百科全书·矿冶》卷编纂的全过程。1993年2月退休。

高林生不仅精通英语、俄文，还能阅读日、德文专业文献。为科普出版社审校过俄译中《通俗力学》、英译中《物理学辅导》和《图解物理》。《中国大百科全书·矿冶》卷出版后得到国内外冶金界的好评，并获得了中国科学院科学技术进步奖三等奖。由于高林生工作成绩显著，曾担任中国金属史学会会员。2014年5月因病在北京逝世，享年81岁。（尹添铭）

李文昭（1934～2014）　河北邢台人。编审。1950年11月参加工作至今一直在人民美术出版社工作，历任见习编辑、助理编辑、副编审、编审，编辑室副主任、主任、副总编辑，党支部副书记、党委委员。是人民美术出版社奠基者之一。

他一生勤奋努力，工作认真负责，一丝不苟，甘于奉献，有很强的编辑、设计、审稿能力，有渊博的学识和科学严谨的工作作风。参与策划、编辑、设计了许多经典的人民美术出版社标志性读物如《中国美术全集》《中国历代绘画》《故宫藏画》《中国美术分类全集》《中国之旅》《中国近现代名家画集》等，所获奖项不胜枚举，为人民美术出版社争得了众多荣誉。他曾多次被新闻出版总署和本社评为先进工作者、劳动模范、优秀共产党员。

李文昭退休多年始终没有离开过编辑工作。他主动要求不计报酬地帮助出版社审稿，遇到紧急稿件，经常加班加点，甚至连节假日也不休息，别人不理解地问他为什么这样，他只是笑答："我在出版社干了一辈子，有感情了，愿意发挥点儿余热。希望人民美术出版社多出点儿好书。我虽然已经退休，但我还是人民美术出版社的一员，而且我多活动脑子也有利于自己身心健康。"他这些肺腑之言让人感动，同时也影响并带动了在职人员。他是在用实际行动传承着"老人美"的工作作风。2014年因病在北京逝世，享年80岁。（冯　敏）

高士彦（1927～2014）　江苏江宁人，编审。人民音乐出版社原副总编辑、音乐编辑出版家、翻译家，中国音乐家协会会员，中国翻译工作者协会会员。

1955年5月调入音乐出版社（现人民音乐出版社），任俄文翻译编辑组长职务。1957年，被错划为"右派分子"，职务被撤销，直至1963年3月"右派"帽子被摘掉。1977年9月，重返人民音乐出版社。除担任业务领导工作外，多年来作为责任编辑，还编辑了《音乐美学问题》《音乐语言》《论旋律》《西洋音乐史》《外国音乐名作》《乐器法》《音乐欣赏丛书》等各类书稿80余种。出版音乐译著十余种，如《柴科夫斯基论音乐与音乐家》《柴科夫斯基论音乐创作》《俄罗斯歌剧集》《威尔第书信选》（合译）、《李斯特论肖邦》（合译）、《布莱希特作品集》等；另译有音乐部类文章二十余篇；为《苏联百科辞典》《百科手册》编、译、校订音乐条目千余条。2014年5月24日因病在北京逝世，享年86岁。（郭娱鸽）

黎章民（1923～2014）　广东东莞人，编审。人民音乐出版社原社长兼总编辑、音乐理论编译家、出版家，第四届韬奋出版奖获得者，中国出版集团首批"编辑名家"荣誉称号获得者。

1957年底，调入音乐出版社（现人民音乐出版社），主管外国音乐编辑室。1963年出任副总编。1970年8月上级宣布音乐出版社撤销，调入人民文学出版社任音乐组副组长。1974年音乐出版社恢复建制，任副总编辑主管外国音乐编室。1983年至1989年，出任社长兼总编辑、编审，主持出版社全面工作。1991年享受国务院颁发的政府特殊津贴，1995年荣获第四届中国韬奋出版奖，2012年荣获中国出版集团首批"编辑名家"荣誉称号。

从1957年12月调入音乐出版社以来，他呕心沥血，孜孜不倦地为发展我国的音乐出版专业，为繁荣音乐创作，促进中国音乐文化交流，培养音乐出版人才，夜以继日地工作着。在三十余年职业生涯中，他编审的大小稿件多达数百件。在他主持的外国音乐图书部类中，他策划设计，确立选题，组织译著的有众多的史论著作，如《十九世纪西方音乐文化史》《苏俄音乐与音乐生活》《美国黑人音乐》《朝鲜音乐》《日本音乐》等；撰写音乐学著作，如《论音乐形象》《音乐美学问题》《论音乐的美》等；家评传中，如《肖邦》《西贝柳思》《肖邦塔科维奇》《古今杰出小提琴家》等；同时还有肖邦、威尔第、巴托克、贝多芬的书信选；舒曼、柴科夫斯基的《论音乐与音乐家》，李斯特的《论肖邦》，德彪西的《克罗士先生》等；作曲理论方面，如《当代和声》《对位于赋格教程》《论音乐写法》《交响配器法》等；表演音乐理论，如《论音乐表演艺术》《管弦乐队讲话》《论钢琴表演艺术》等；在外国音乐作品方面，他主持组织编出过一批很有社会影响的品种，包括世界名作曲家的交响乐、协奏曲、钢琴曲集、小提琴曲集、外国歌剧丛书、名音乐家歌曲选集、综合歌集《外国民歌200首》及续编，“文化大革命”后编辑出版了《外国民歌201首》及续编等。在他主持过的中国音乐作品的编辑工作，同样出版了一批重大影响的书谱，如印数高达300万册的《革命歌曲大家唱》（1、2集）、全国征集歌曲集《十月战歌》《我爱你、中国》以及系列性的合唱歌曲选、革命歌曲集等。2014年5月18日因病在北京逝世，享年90岁。

（郭娱鸽）

姚芳藻（1926～2014） 浙江宁波人，编审。中国作协会员、记协会员、民盟成员，东方出版中心享局级离休干部。

青少年时代，她先后就读于上海和安小学、上海储能中学、上海华联中学、上海沪江大学化学系、上海华东大学文学系、上海新闻专科学校研究班；1946年至1977年，分别在上海前线日报报社、联合晚报报社、文汇报报社，先后任实习记者、记者、编辑、校对、资料管理员等职务。1978年12月调入中国大百科全书出版社上海分社，1984年9月任丛书编辑室副主任，1986年12月离休，1987年10月被评定为编审职称。

自幼爱好文学，从1942年开始发表作品，曾被《中国女记者》一书列为中国著名女记者之一。1978年12月，姚芳藻调入中国大百科全书出版社上海分社工作，对初创的《百科知识》刊物发展做过较大的贡献。她参与了《中国大百科全书》（中国文学卷）的编辑工作，为设计框架条目，她采访过许多专家征访意见。1980年，姚芳藻任《中国百科年鉴》文艺部责任编辑。1982年调丛书编辑室任副主任后，姚芳藻从社会需求出发，设计了《实用法律丛书》《青年知识丛书》《中国学术丛书》三套丛书，出版后受到了读者欢迎，成为畅销书籍。由她编辑的《生活的逻辑》被选为上海职工振兴中华读书运动推荐书，《名人演讲录》被上海新书发布会评为该季度最爱读的10本书首位，《明学研究》获1986年上海哲学社会科学著作奖。由于表现突出，1979年被评为出版社先进工作者。离休之后依旧笔耕不辍，先后出版了长篇人物传记《柯灵传》《秦怡：深渊中的明星》。2012年，时年86岁高龄的姚芳藻还出版了《踏上荆棘路》一书。2014年4月20日因病在上海逝世，享年88岁。

（金秋汝）

资料统计

ZILIAOTONGJI

2014 年度图书编辑指标统计表

单位	选题立项(种)			新书发稿(种)			重印书发稿(种)			发稿总字数(千字)	
	2014 年	2013 年	2012 年	2014 年	2013 年	2012 年	2014 年	2013 年	2012 年	2014 年	2013 年
人民文学出版社	189	234	506	385	378	514	1219	985	1406	137062	152295
商务印书馆	1458	1416	1321	892	831	900	0	720	598	345881	324301
中华书局	978	723	595	737	733	644	1072	932	1092	401932	421253
中国大百科全书出版社	594	800	401	719	757	1359	816	1464	926	132073	163905
中国美术出版总社	864	872	969	569	602	634	201	213	352	28450	7960
人民音乐出版社	184	223	211	213	291	281	773	600	918	35395	69962
生活·读书·新知三联书店	462	585	460	437	351	363	290	335	291	93271	70172
中国对外翻译出版公司	270	312	431	279	330	397	112	243	279	61325	92540
东方出版中心	210	206	236	123	94	92	79	64	77	40399	31210
现代教育出版社	971	502	812	734	328	587	237	174	225	261466	230221
中国民主法制出版社	468	171	291	291	271	248	93	51	28	113739	71347
荣宝斋出版社	142	122	142	103	128	100	9	17	14	3676	5118
世界图书出版公司	2203	2329	1792	1546	1395	1331	1521	1535	1488	562224	296719
华文出版社	231	225	218	169	192	279	142	146	113	58966	69286
现代出版社	588	497	351	509	489	343	310	168	196	98805	92110
商务印书馆国际有限公司	155	109	128	78	93	112	6	10	12	69095	76699
天天出版社	187	293	186	115	120	175	187	123	121	23904	25145
生活书店	73	33	0	36	36	0	7	0	0	4906	4860

2014 年度出版总规模统计表

单位		出版总种数(种)			总印制册数(万册)			总印制码洋(万元)			总印张数(千印张)			总用纸量(吨)		
		2014 年	2013 年	2012 年	2014 年	2013 年	2012 年	2014 年	2013 年	2012 年	2014 年	2013 年	2012 年	2014 年	2013 年	2012 年
人民文学出版社	人民文学出版社	874	921	1131	1491.03	1529.61	1937.72	51247.10	49864.17	55962.05	245622.55	250400.17	284533.86	8718.32	8462.25	8925.09
	天天出版社	236	262	231	357.09	316.42	228.12	7480.34	6008.61	3957.74	26263.46	25357.65	16046.32	1236.07	940.45	838.60
商务印书馆		1259	1515	1348	1626.80	10990.30	2894.57	104572.94	264032.26	116802.17	562664.36	1640646.62	659392.59	15296.48	43116.98	18009.41
中华书局		1670	1506	1467	920.50	888.84	902.28	54165.12	48257.69	45084.55	183739.00	212808.15	183780.00	5567.85	6436.94	5743.00
中国大百科全书出版社		1691	2058	1758	2826.73	3320.57	2481.04	90348.13	96988.10	67740.44	298016.21	398878.16	288050.50	9933.88	12000.00	9601.68
中国美术出版总社		820	837	947	806.43	798.88	925.60	31536.77	28678.99	26764.45	61355.07	52168.20	47653.42	3078.29	2819.00	2322.00
人民音乐出版社		929	854	954	2427.34	1940.85	1427.21	35859.65	24661.25	20526.70	148594.60	59002.00	60451.00	1860.00	1612.00	1726.00
生活·读书·新知三联书店		757	736	701	496.90	696.19	543.40	20581.70	33452.50	21129.60	72859.63	140503.50	81529.00	2658.39	4611.11	3649.00
中国对外翻译出版公司		641	667	589	656.57	1074.21	799.81	10394.97	16735.61	12530.22	50402.40	88148.50	40842.33	1782.96	2365.38	2179.48
东方出版中心		174	167	161	124.60	131.71	133.43	4326.00	5677.98	2743.99	12508.00	18554.25	11407.74	505.00	564.00	573.00
现代教育出版社		731	461	812	212.15	1202.77	369.42	6062.50	5738.88	9026.71	22791.33	40735.28	36571.78	6994.80	971.54	730.95
中国民主法制出版社		384	330	276	219.00	169.35	152.81	7402.00	4737.70	5517.34	25925.00	18928.34	20679.45	677.00	570.00	493.50
世界图书出版公司		2953	2606	2544	1151.61	1930.07	1403.16	31924.49	32461.17	37280.89	126657.50	222768.40	178147.80	3809.44	5297.17	5917.00
荣宝斋出版社		114	137	177	23.13	30.34	46.83	2813.66	5010.00	5684.10	3283.81	4963.38	4975.68	309.00	404.50	424.11
现代出版社		683	701	611	354.52	275.82	382.89	10160.71	8020.09	9863.76	34826.08	31302.82	33817.94	1044.78	939.08	1021.30
华文出版社		234	313	319	1133	762.09	1526.51	10660	8529.74	13338.12	70068.70	46226.96	87347.26	2467.61	1771.03	3492.72
商务印书馆国际有限公司		277	278	183	176.39	169.73	171.43	8847.33	7219.11	8256.46	46910.96	38620.86	47750.49	1546.67	1212.35	1501.88
生活书店		49	5	0	48.43	5.10	0.00	1967.87	202.00	0.00	6578.25	832.75	0.00	199.30	18.00	0.00
总计		14476	14354	14209	13919.22	26232.85	16326.23	479691.28	646275.85	449679.07	1999066.91	3290845.99	2082977.16	67685.84	94111.78	67148.72

2014年度新书出版指标统计表

单位		出版总种数(种)			总印制册数(万册)			总印制码洋(万元)			总印张数(千印张)			总用纸量(吨)		
		2014年	2013年	2012年	2014年	2013年	2012年	2014年	2013年	2012年	2014年	2013年	2012年	2014年	2013年	2012年
人民文学出版社	人民文学出版社	362	364	552	313.77	344.91	694.95	13510.29	15582.83	22499.95	45310.88	59212.85	98142.13	2185.68	2877.55	3489.42
	天天出版社	113	155	123	185.54	167.58	136.39	3888.30	3297.40	2250.26	10590.55	13335.16	8704.54	494.43	477.22	469.60
商务印书馆		696	737	690	313.63	292.39	414.71	15213.00	13632.79	17487.37	54353.75	48769.87	59476.00	1300.37	1398.81	1731.00
中华书局		600	564	482	269.49	287.12	286.53	28987.56	21595.86	18771.00	53869.00	58931.00	49660.00	1632.40	1842.00	1552.00
中国大百科全书出版社		781	859	861	853.56	1578.20	1387.31	30652.77	44846.15	37311.29	79552.37	196053.47	171589.67	2651.75	5897.00	5719.66
中国美术出版总社		619	580	630	397.63	440.23	406.71	26319.93	23099.23	20681.15	39802.04	31449.18	23327.59	2020.66	1673.40	729.00
人民音乐出版社		187	180	160	192.46	175.55	90.48	4735.98	3755.89	2944.21	11148.00	13865.00	10484.00	342.00	265.00	116.00
生活·读书·新知三联书店		460	422	391	259.60	301.78	256.70	10635.70	17236.60	10444.20	36086.13	69460.85	36913.00	1152.42	2376.00	1872.00
中国对外翻译出版公司		219	258	298	147.35	184.12	190.10	3225.03	4075.68	4665.18	13124.52	14539.79	26884.14	775.77	859.64	993.30
东方出版中心		95	103	84	29.00	52.43	24.38	1391.00	2863.82	1364.53	3859.00	10372.46	4606.89	185.00	270.00	300.00
现代教育出版社		497	287	587	158.47	723.13	214.64	4461.32	3280.07	4757.70	16665.51	20890.78	19731.07	5380.23	597.32	388.59
中国民主法制出版社		280	259	214	114.00	132.64	87.50	4985.00	3790.95	3883.55	15064.00	15077.91	14123.26	393.00	422.00	340.90
世界图书出版公司		1315	1289	1050	453.41	633.93	582.20	15553.53	11004.51	21319.86	54279.21	81196.65	82184.88	1438.20	1469.09	2603.24
荣宝斋出版社		100	117	147	20.63	26.34	38.91	2679.82	4841.81	5378.50	3071.11	4633.88	4396.42	294.50	382.50	389.30
现代出版社		373	533	340	248.94	206.12	174.36	6832.34	5933.61	5087.35	22695.53	22751.70	18310.99	680.86	682.55	552.99
华文出版社		102	174	224	81.00	135.47	1325.52	2501.91	3997.57	10564.44	10290.94	14952.21	67918.61	332.84	554.85	2786.94
商务印书馆国际有限公司		81	126	92	47.29	75.50	91.08	2231.32	2759.61	4008.95	11089.62	13136.61	21668.92	351.82	412.59	711.47
生活书店		49	5	0	41.55	5.10	0.00	1670.27	202.00	0.00	5055.40	832.75	0.00	153.20	18.00	0.00
总计		6929	7012	6925	4127.32	5762.54	6402.48	179475.07	185796.38	193419.49	485907.56	689462.13	718122.11	21765.13	22475.52	24745.41

2014 年度重印书出版指标统计表

单位		出版总种数(种)			总印制册数(万册)			总印制码洋(万元)			总印张数(千印张)			总用纸量(吨)		
		2014 年	2013 年	2012 年	2014 年	2013 年	2012 年	2014 年	2013 年	2012 年	2014 年	2013 年	2012 年	2014 年	2013 年	2012 年
人民文学出版社	人民文学出版社	512	557	579	1177.26	1184.70	1242.77	37736.81	34281.34	33462.10	200311.67	191187.32	186391.73	6532.64	5584.70	5435.67
	天天出版社	123	107	108	171.55	148.85	91.73	3592.04	2711.21	1707.48	15672.91	12022.49	7341.78	741.64	463.23	369.00
商务印书馆		563	778	658	1313.17	10697.91	2479.86	89359.94	250399.47	99314.80	508310.61	1591876.75	599916.54	13996.11	41718.17	16278.41
中华书局		1037	907	985	592.06	537.76	615.75	24619.67	26067.93	26314.00	125918.00	135385.00	134120.00	3815.70	4231.00	4192.00
中国大百科全书出版社		910	1199	897	1973.17	1742.37	1093.73	59695.36	52141.95	30429.15	218463.84	202824.69	116460.83	7282.13	6103.00	3882.02
中国美术出版总社		201	257	317	408.80	358.65	1369.70	5216.84	5579.75	3565.50	21553.02	20719.02	24326.84	1057.63	1145.60	1093.00
人民音乐出版社		663	586	794	1820.51	1748.66	1336.73	10938.10	20584.90	17582.49	36558.00	43838.78	49967.00	1467.00	1289.00	1610.00
生活·读书·新知三联书店		297	314	310	237.30	394.41	286.70	9946.00	16215.90	10685.40	36773.50	71042.65	44616.00	1505.97	2235.11	1777.00
中国对外翻译出版公司		422	409	275	509.22	890.09	609.71	7169.94	12659.93	7865.04	37277.88	73608.71	13958.19	1007.19	1505.74	1186.18
东方出版中心		79	64	77	95.50	79.28	109.05	2934.00	2814.16	1379.46	8648.00	8181.79	6800.85	320.00	294.00	273.00
现代教育出版社		237	174	225	75.18	479.64	154.78	1602.66	2458.81	4269.01	5939.87	19844.50	16840.71	1614.57	374.22	342.36
中国民主法制出版社		104	71	62	105.00	36.71	65.31	2417.00	946.75	1633.88	10861.00	3850.43	6556.19	284.00	148.00	152.60
世界图书出版公司		1638	1317	1494	698.20	1297.04	820.96	16370.96	21456.66	15961.03	72378.29	141571.75	95962.92	2371.24	3828.08	3313.76
荣宝斋出版社		14	20	30	2.50	4.00	7.92	133.84	168.19	305.60	212.70	329.50	579.26	14.50	22.00	15.00
现代出版社		310	168	271	105.57	69.70	208.53	3328.37	2086.48	4776.41	12130.55	8551.12	15506.95	363.92	256.53	468.31
华文出版社		132	139	95	1052.00	626.62	200.99	8158.09	4532.17	2773.68	59777.76	31274.75	19428.65	2134.77	1216.18	705.78
商务印书馆国际有限公司		196	152	91	129.10	94.23	80.35	6616.01	4459.50	4247.51	35821.34	25484.25	26081.57	1194.85	799.76	790.41
生活书店		7	0	0	6.88	0.00	0.00	297.60	0.00	0.00	1522.85	0.00	0.00	46.10	0.00	0.00
总计		7445	7219	7268	10472.97	20390.62	10774.57	290133.23	459565.10	266272.53	1408131.79	2581593.50	1364856.01	45749.96	71214.32	41884.50

2014 年度报纸出版指标统计表

单位	出版种数(种)			平均期印数(万份)			年总印数(万份)			年总定价(万元)			年总印张(千印张)			年用纸量(吨)		
	2014 年	2013 年	2012 年	2014 年	2013 年	2012 年	2014 年	2013 年	2012 年	2014 年	2013 年	2012 年	2014 年	2013 年	2012 年	2014 年	2013 年	2012 年
人民文学出版社	1	1	1	12.44	10.73	12.67	647.23	558.34	545.15	776.68	699.50	695.48	6472.30	4744.63	4346.45	179.00	155.67	152.00
中国出版传媒商报社	1	1	1	3.22	3.95	4.12	315.26	382.66	404.56	936.14	1147.99	1086.81	12481.90	15306.60	16182.54	289.59	355.11	380.29
新华书目报	3	3	3	1.40	0.50	0.53	67.00	72.24	77.50	134.00	144.48	155.00	2218.90	3063.15	3373.75	68.00	71.08	78.28
总计	5	5	5	—	—	—	1029.49	1013.24	1027.21	1846.82	1991.97	1937.29	21173.10	23114.38	23902.74	536.59	581.86	610.57

2014 年度期刊出版指标统计表

单位	出版种数(种)			平均期印数(万份)			年总印数(万份)			年总定价(万元)			年总印张(千印张)			年用纸量(吨)		
	2014 年	2013 年	2012 年	2014 年	2013 年	2012 年	2014 年	2013 年	2012 年	2014 年	2013 年	2012 年	2014 年	2013 年	2012 年	2014 年	2013 年	2012 年
人民文学出版社	4	4	4	9.81	4.74	3.99	253.71	303.85	255.40	1945.65	2040.75	1764.00	13682.00	15960.50	13921.00	303.62	321.10	250.60
天天出版社	1	1	1	2.23	2.00	0.00	26.80	24.00	0.00	227.80	204.00	0.00	804.00	720.00	0.00	14.47	12.96	0.00
商务印书馆	2	2	2	3.57	3.60	4.45	38.20	40.65	47.62	351.80	352.68	445.04	2643.22	1743.22	2074.38	89.34	59.03	70.24
中华书局	8	35	6	19.57	42.48	5.50	474.01	509.75	549.63	2785.32	2616.52	2773.37	17587.55	18492.15	18647.61	640.75	543.94	590.42
中国大百科全书出版社	4	4	4	15.18	14.72	13.67	442.02	477.26	438.94	2163.35	2174.00	2137.64	17151.61	12448.00	12635.20	598.00	719.00	709.00
中国美术出版总社	10	10	10	1.90	1.90	1.29	176.33	187.10	214.83	1538.20	1812.54	1772.07	6361.34	9329.80	9260.20	235.00	226.00	241.00
人民音乐出版社	4	4	4	0.66	0.73	0.89	27.88	30.81	31.38	363.12	395.51	405.67	1133.95	1465.22	1305.00	51.00	67.00	57.00
生活·读书·新知三联书店	4	4	3	31.86	34.46	34.00	1208.71	1333.51	1399.00	15058.00	16116.30	16455.00	12935.40	13273.40	13972.00	4102.29	4221.85	4429.13
中国对外翻译出版公司	2	3	3	4.00	2.45	2.42	44.20	127.70	172.16	276.25	696.50	1002.60	4668.00	6842.00	27554.70	9.86	59.27	84.62
东方出版中心	2	2	2	6.60	8.96	4.80	79.22	107.51	122.00	2310.00	3041.14	4200.00	8920.00	11890.00	9200.00	176.00	212.00	200.00
世界图书出版公司	2	3	3	0.65	1.10	1.20	7.80	14.04	14.44	585.00	513.60	503.60	930.00	1266.00	1004.00	53.02	90.32	111.70
荣宝斋	2	2	2	1.40	1.43	1.45	16.80	17.10	17.40	470.00	479.00	487.00	1946.00	1954.00	1962.00	124.30	132.10	140.16
现代阅读	1	1	1	1.00	2.00	2.00	12.00	24.00	24.00	72.00	144.00	144.00	892.80	1636.80	1636.80	13.00	16.00	15.00
总计	46	75	45	—	—	—	2807.68	3197.28	3286.80	28146.49	30586.54	32089.99	89655.87	97021.09	113172.89	6410.65	6680.57	6898.87

2014 年度音像制品出版指标统计表

单位	出版种数(种)			数量(万张/盒)			定价总额(万元)		
	2014 年	2013 年	2012 年	2014 年	2013 年	2012 年	2014 年	2013 年	2012 年
商务印书馆	9	2	8	10.54	5.11	9.40	书配盘	0.00	0.00
中华书局	16	16	12	18.41	14.55	4.98	3099.20	15 种书配盘，共 96.00	书配盘
中国大百科全书出版社	31	5	2	27.00	21.00	1.00	1190.00	115.00	0.00
人民音乐电子音像出版社	37	76	79	38.63	134.49	133.53	2095.42	1594.67	1573.65
生活·读书·新知三联书店	3	5	3	2.10	2.30	0.65	书配盘赠送	书配盘赠送	书配盘赠送
中国对外翻译出版有限公司	36	22	34	16.50	4.50	18.40	书配盘	书配盘	书配盘
东方出版中心	68	40	20	459100.00	289300.00	181600.00	1906.00	813.95	70.09
现代教育出版社	10	1	9	96000.00	0.10	0.90	书配盘	书配盘	书配盘
中国民主法制出版社	0	0	12	0.00	0.00	4.80	0.00	0.00	480.00
世界图书出版公司	46	60	91	17.38	21.08	38.00	5.00		/
世图音像电子出版社	81	152	147	39.19	108.90	59.17	书配盘	书配盘	书配盘
中国科学文化音像出版社	553	690	553	1775.87	2533.68	1424.78	15499.15	27733.45	30663.40
总计	890	1069	970	557045.62	292145.71	183162.08	21699.35	30257.07	32787.14

2014 年度电子出版物出版指标统计表

单位	出版种数(种)			数量(万张/盒)			定价总额(万元)		
	2014 年	2013 年	2012 年	2014 年	2013 年	2012 年	2014 年	2013 年	2012 年
商务印书馆	29	33	39	180.84	24.91	29.00	书配盘	0.00	0.00
中国大百科全书出版社	1	0	0	0.20	0.00	0.00	56.00	0.00	0.00
人民音乐电子音像出版社	书配盘	9	5	书配盘	2.81	2.11	书配盘	562.17	148.63
生活·读书·新知三联书店	1	0	0	0.10	0.00	0.00	书配盘赠送	/	/
世界图书出版公司		—	5		—	0.65		—	
世图音像电子出版社	33	20	27	10.57	7.90	9.78	书配盘	书配盘	书配盘
中国科学文化音像出版社	95	94	109	251.35	325.37	144.88	2445.50	3533.90	7775.25
新华书目报		0	0		0.00	0.00		0.00	0.00
荣宝电子	32	67	15	87.00	178.00	20.00			/
金版电子	6	10	14	4.27	5.72	12.00	1.50	2.30	0.10
中国对外翻译出版有限公司	1	0	8	0.50	0.00	4.00	书配盘销售	0.00	书配盘销售
现代教育出版社	4	0	2	79000.00	0.00	104.00	书配盘		/
总计	202	233	224	79534.83	544.71	324.31	2503.00	4098.37	7923.98

2014 年度网络出版物出版指标统计表

单位	出版种数(种)		
	2014 年	2013 年	2012 年
中国大百科全书出版社	2	0	0
荣宝电子	0	0	1
金版电子	0	0	0
商务印书馆	800	2	0
合计	802	2	1

2014 年度图书发行指标统计表一1

单位	入库									发货											
	品种数(种)			册数(万册)			码洋(万元)			品种数(种)			册数(万册)			码洋(万元)			其中网店发货码洋(万元)		
	2014年	2013年	2012年	2014年	2013年	2012年	2014年	2013年	2012年	2014年	2013年	2012年	2014年	2013年	2012年	2014年	2013年	2012年	2014年	2013年	2012年
人民文学出版社	915	1100	1197	1465.53	1476.09	1857.87	49248.52	48519.91	52744.33	3291	3346	3680	1535.92	1568.45	1764.91	50187.25	47470.52	50296.59	17262.29	15428.84	14077.05
天天出版社	218	268	198	366.00	324.94	212.66	7574.00	6013.34	3767.86	700	578	419	423.00	287.86	194.70	8633.00	5098.00	3369.80	3236.00	1975.00	1131.00
商务印书馆	1862	1889	1672	3066.00	10724.00	1918.00	137198.00	269328.00	88185.00	6310	5784	5194	2570.00	10739.87	1881.00	114467.00	265462.27	87649.00	16718.00	14709.00	12210.00
中华书局	1610	1524	1781	837.64	832.43	893.41	49848.50	44270.40	43401.55	5160	4418	4065	780.00	788,10	639.44	38872.00	38182.40	36129.30	14370.00	15586.60	14697.84
中国大百科全书出版社	1323	1745	1403	2831.63	3549.55	2126.96	92958.44	105491.53	68217.60	3240	3250	3165	2862.51	3579.80	2101.58	83913.71	107023.71	64610.49	5587.92	4315.36	4397.20
中国美术出版总社	681	1826	1211	649.60	597.79	694.74	10289.33	11275.05	13714.89	4064	3833	3547	678.38	652.67	713.82	14978.44	12421.86	13511.30	2963.48	1950.62	1549.98
人民音乐出版社	829	1914	1511	971.04	831.96	800.85	23429.52	25487.08	22641.47	2266	3737	2393	984.23	1927.69	1624.00	21291.63	25113.96	20730.81	778.68	2087.39	1686.13
生活·读书·新知三联书店	580	663	660	487.86	586.30	504.70	24448.80	29674.89	20929.95	3139	3103	2739	457.85	627.70	517.87	22063.91	29674.10	21252.28	9640.51	15835.00	9600.00
中国对外翻译出版有限公司	614	636	589	693.90	918.15	741.48	14567.75	14348.70	10158.64	1345	1871	1674	959.92	974.77	1052.47	14371.77	15134.15	10117.23	1289.49	1360.00	1840.00
东方出版中心	183	149	175	146.00	176.00	130.00	5639.50	5198.00	3507.00	836	752	889	144.00	169.00	145.00	5598.50	4827.00	3448.00	517.00	560.00	634.00
现代教育出版社	877	690	516	617.00	379.00	317.00	17365.00	9940.00	8510.00	1074	1012	806	567.00	447.00	336.00	16356.00	12084.00	9768.00	563.00	489.00	537.00
中国民主法制出版社	583	336	276	200.15	146.45	152.03	6686.38	4723.46	4127.19	1032	1019	1012	151.70	102.36	147.23	4382.68	3366.22	3955.74	409.77	530.40	730.17
世界图书出版公司	3191	3253	2041	1797.43	1499.85	1326.10	25111.24	35187.78	30999.96	6406	7166	6734	1843.44	1641.91	1591.28	39622.41	36872.60	33156.63	4852.34	5260.61	4691.29
荣宝斋出版社	114	147	177	23.13	32.34	40.00	2813.00	7515.00	5028.90	980	1001	1543	21.30	31.37	22.12	2066.00	4371.00	1500.00	130.00	100.00	50.00
现代出版社	1083	760	508	387.90	282.59	305.06	11506.60	8929.60	8981.50	18656	2002	1599	401.50	304.60	354.36	12225.31	9520.00	10071.80	2261.52	2247.83	2407.90
华文出版社	102	135	99	55.77	59.10	84.05	1398.92	1721.20	2733.21	1033	550	319	67.95	48.82	62.63	1892.16	1514.63	1920.63	219.74	530.00	567.00
商务印书馆国际有限公司	213	237	189	175.46	176.40	172.83	8401.37	7651.95	8963.73	922	687	809	213.32	203.05	161.15	10091.75	8550.00	7592.44	1699.48	1728.63	1159.35
生活书店	54	5	0	45.63	3.50	0.00	2084.65	141.03	0.00	54	2	0	35.19	2.50	0.00	1678.94	92.25	0.00	957.22	0.00	0.00
总计	15032	17277	14014	14642.21	22596.44	12104.91	482168.15	635416.92	396612.78	60508	44111	39778	14483.89	23309.42	13148.41	452600.71	626778.67	379080.04	83456.44	84694.28	71965.91

2014年度图书发行指标统计表－2

单位	销售									回款						库存									退货		
	动销品种(种)			册数(万册)			销售实洋(万元)			销售总回款(万元)			其中网店销售回款(万元)			品种数(种)			册数(万册)			码洋(万元)			退货率(%)		
	2014年	2013年	2012年	2014年	2013年	2012年	2014年	2013年	2012年	2014年	2013年	2012年	2014年	2013年	2012年	2014年	2013年	2012年	2014年	2013年	2012年	2014年	2013年	2012年	2014年	2013年	2012年
人民文学出版社	5977	4901	4856	1471.17	1347.52	1297.67	24411.00	26614.18	20717.73	22784.00	23164.18	20717.73	7195.00	8001.10	5896.09	3123	2962	2901	911.95	899.21	946.68	31050.26	29005.50	26775.55	14.27	17.59	17.06
天天出版社	699	571	279	315.00	205.00	141.26	3133.00	1849.00	1296.80	3053.00	1847.00	1158.00	1402.00	889.00	336.00	696	571	415	265.90	290.00	227.60	4575.00	5075.00	3731.85	8.77	11.14	26.75
商务印书馆	7713	7021	5646	3243.00	10637.62	1834.00	78967.00	156014.47	48241.00	73471.00	110784.00	48241.00	8188.00	8200.00	7349.00	6224	5404	5842	1149.73	1078.97	654.00	50500.00	41977.35	30287.00	5.16	1.73	5.97
中华书局	5160	4418	3108	780.00	692.26	408.40	23692.70	17138.84	15119.30	19384.50	19663.35	17169.55	8583.70	7614.61	6401.94	4419	3989	2701	634.61	606.29	672.50	50749.30	41781.53	34274.70	8.14	11.76	13.38
中国大百科全书出版社	4656	4835	4158	2854.86	3620.43	1996.67	18700.58	19384.72	15023.81	18691.30	19384.72	15023.80	2519.05	2246.07	1687.99	2057	2841	2126	365.22	391.01	413.09	16464.60	15289.04	16157.92	12.56	15.13	18.70
中国美术出版总社	4654	5130	4178	644.98	676.73	632.30	7736.40	6485.70	5978.91	7600.00	3788.70	3850.28	1272.00	918.66	520.14	3813	4417	5920	398.79	459.89	307.81	18538.30	19457.43	14442.41	13.15	14.00	8.00
人民音乐出版社	3013	3499	3565	990.41	644.09	755.58	12321.50	12597.02	9416.17	11015.76	15469.04	13903.64	777.00	1183.30	894.76	4096	2869	2564	184.19	281.49	289.72	8561.57	9820.95	8688.70	6.00	3.89	4.29
生活·读书·新知三联书店	3139	3209	1800	457.85	522.80	517.87	22063.91	13792.80	12065.30	13470.32	13710.00	11560.00	6294.64	6550.00	5000.00	1923	1699	1885	369.35	399.30	421.67	16240.02	16729.80	16233.74	15.24	11.34	14.23
中国对外翻译出版有限公司	1680	1960	1310	935.01	932.85	819.95	5651.75	5305.43	3935.04	6337.78	4730.00	4095.00	468.83	498.00	586.00	3935	1916	2023	219.98	188.66	194.92	5496.52	4717.61	4583.35	16.00	5.00	5.00
东方出版中心	1160	940	1114	138.00	134.00	136.00	2968.68	2258.00	1762.00	3004.33	2848.00	3047.00	265.00	238.00	352.00	1462	1115	1140	109.00	101.00	86.00	4952.00	4710.00	4038.00	5.62	12.77	9.78
现代教育出版社	1074	1051	814	567.00	432.00	237.00	6117.00	6191.00	2738.00	5165.00	4025.00	3431.00	114.00	135.00	189.00	1540	730	709	167.00	105.00	111.00	4202.00	2622.00	2497.00	0.02	3.34	2.06
中国民主法制出版社	1041	1032	1617	247.00	105.30	140.65	3661.66	2380.00	3937.00	4042.85	1460.40	1824.46	239.33	235.25	283.75	1013	1623	1172	210.54	366.00	337.87	7236.47	9261.00	7984.34	11.09	31.15	35.24
世界图书出版公司	6926	5879	6176	1311.16	1334.20	1253.36	14749.91	15618.84	12590.75	12567.59	15212.00	12898.00	2634.73	2223.95	2018.62	8851	9533	6878	618.01	690.15	655.16	23610.75	25139.98	21315.64	8.03	14.03	13.85
荣宝斋出版社	1980	2139	1300	25.00	27.00	18.00	1400.00	1450.00	1280.00	580.00	570.00	420.00	98.00	30.00	10.00	1500	1633	1230	98.00	99.84	120.00	7000.00	7165.00	4300.00	14.00	15.00	20.00
现代出版社	2893	2120	2254		329.52	314.81	6601.50	5275.32	4722.00	3616.07	3121.38	3044.00	834.68	701.00	764.00	1259	1181	1669	199.30	125.00	207.98	5963.00	3836.71	5231.41	23.30	18.40	25.47
华文出版社	862	1827	543	67.90	56.33	62.63	1892.16	929.45	1196.83	723.54	996.00	905.00	102.00	184.00	194.50	324	230	21	38.89	35.22	21.31	1119.50	1031.18	799.58	10.96	16.30	19.50
商务印书馆国际有限公司	937	687	872	178.59	203.00	157.43	3737.71	4315.86	2819.92	3674.49	3397.92	2740.14	871.21	746.75	278.78	1302	636	947	142.38	153.12	178.37	6526.10	7102.88	7912.97	8.02	6.71	6.73
生活书店	54	5	0	35.19	2.50	0.00	953.67	55.42	0.00	608.93	0.00	0.00	400.50	0.00	0.00	54	5	0	10.44	1.00	0.00	404.68	48.78	0.00	9.67	0.00	0.00
总计		51224	43590	14262.12	21903.15	10723.58	238760.13	297656.05	162840.56	209790.46	244171.68	164028.60	42259.67	40594.69	32762.57	47591	43354	40143	6093.28	6271.15	5845.68	262785.39	244771.74	209254.16	—	—	—

2014年度报纸发行指标统计表

单位	发行册数（万册）			发行码洋（万元）			发行实洋（万元）		
	2014年	2013年	2012年	2014年	2013年	2012年	2014年	2013年	2012年
人民文学出版社	647.23	558.34	666.92	776.67	699.50	800.30	263.98	206.58	375.78
中国出版传媒商报社	312.05	394.45	396.23	961.24	1059.07	1086.81	206.83	203.00	194.70
新华书目报	67.00	50.81	55.43	132.48	101.63	110.86	56.60	60.98	66.52
总计	1026.28	1003.60	1118.58	1870.39	1860.20	1997.97	527.41	470.56	637.00

2014年度期刊发行指标统计表

单位	发行册数（万册）			发行码洋（万元）			发行实洋（万元）		
	2014年	2013年	2012年	2014年	2013年	2012年	2014年	2013年	2012年
人民文学出版社	253.51	252.64	245.96	1942.05	1929.60	1621.80	605.10	655.90	661.80
天天出版社	15.00	12.00	0.00	127.50	102.00	0.00	51.00	42.00	0.00
商务印书馆	38.60	40.50	45.95	358.88	352.70	415.04	202.69	202.90	219.05
中华书局	437.55	491.20	508.18	2509.76	2971.07	2562.81	1231.05	1426.06	1178.36
中国大百科全书出版社	442.02	477.26	438.94	2163.35	2174.00	2137.64	547.60	1456.58	1444.54
中国美术出版总社	101.87	187.13	171.23	807.36	1812.54	1758.07	456.72	915.02	837.99
人民音乐出版社	23.73	26.64	28.60	305.61	320.46	355.73	182.07	192.28	211.90
生活·读书·新知三联书店	1161.83	1283.09	1226.58	14433.50	15484.39	15622.92	7673.15	7780.29	7961.73
中国对外翻译出版有限公司	42.50	113.01	164.70	425.00	696.50	1002.60	297.50	441.74	702.00
东方出版中心	79.22	107.00	122.00	2310.40	3040.00	3800.00	1108.00	1460.00	1400.00
世界图书出版公司	7.74	13.14	11.90	347.10	509.60	426.00	125.97	247.08	179.00
荣宝斋	15.10	14.60	14.50	429.80	425.60	406.00	214.90	169.36	252.00
现代阅读	12.00	24.00	24.00	72.00	144.00	144.00	36.00	72.00	72.00
总计	2630.67	3042.21	3002.54	26160.31	29818.46	30108.61	12695.75	14989.21	15048.37

2014 年度音像制品发行指标统计表

单位	发行数量（万盒/张）			发行码洋（万元）			发行实洋（万元）		
	2014 年	2013 年	2012 年	2014 年	2013 年	2012 年	2014 年	2013 年	2012 年
中华书局	0.34	14.46	4.98	53.93	15 种书配盘，共 9.60	书配盘	35.20	9.60	书配盘
中国大百科全书出版社	27	1.00	6.00	1190.00	0.00	0.00	90.00	0.00	0.00
人民音乐电子音像出版社	126.96	135.67	135.33	2374.26	1429.37	1635.28	1118.22	699.59	797.46
生活·读书·新知三联书店	2.1	2.30	0.65	书配盘	书配盘	书配盘	书配盘	书配盘	书配盘
中国对外翻译出版有限公司	16.50	4.72	18.40	书配盘	书配盘	书配盘	书配盘	书配盘	书配盘
现代教育出版社	0	0.00	0.00	0.00	0.00	书配盘	0.00	0.00	书配盘
东方出版中心	327600	279300.00	181600.00	1525.20	813.95	70.09	915.22	488.37	42.05
中国民主法制出版社	0.00	0.00	4.80	0.00	0.00	192.00	0.00	0.00	96.00
世图音像电子出版社	39.19	108.90	59.17	书配盘	书配盘	书配盘	153.13	书配盘	书配盘
中国科学文化音像出版社	325.73	112.89	188.38	/	/	/	458.90	422.08	622.40
总计	328137.82	279679.94	182017.71	5143.39	2243.32	1897.37	2770.67	1619.64	1557.91

2014 年度电子出版物发行指标统计表

单位	发行数量（万盒/张）			发行码洋（万元）			发行实洋（万元）		
	2014 年	2013 年	2012 年	2014 年	2013 年	2012 年	2014 年	2013 年	2012 年
中国大百科全书出版社	0.2	0.00	0.00	56.00	0.00	0.00	0.00	0.00	0.00
人民音乐电子音像出版社	书配盘	0.26	0.10	书配盘	45.86	32.04	书配盘	30.92	22.60
生活·读书·新知三联书店	0.1	0.00	0.00	书配盘	0.00	0.00	书配盘	0.00	0.00
中国对外翻译出版有限公司	0.5	0.00	4.00	书配盘	书配盘	书配盘	书配盘	书配盘	书配盘
现代教育出版社	0	0	0.00	0.00	0	书配盘	0.00	0	书配盘
世图音像电子出版社	10.57	7.9	9.78	书配盘	1161.1	645.80	66.40	111.17	193.74
中国科学文化音像出版社	35.55	22.42	47.12	/	/	/	72.43	105.52	155.60
新华书目报	0	0	0.00	0.00	0	0.00	0.00	0	0.00
荣宝电子	88	178	20.00	176.00	310	184.00			
金版电子	1.52	2.7	3.30	8.60	11.72	13.00	2.10	3.5	4.50
总计	136.44	211.28	84.299	240.6	1528.68	874.84	140.93	251.11	376.44

财　务

2014 年度财务指标统计表

单位	2014 年资产总计（万元）	比上年增长（%）	2014 年营业总收入（万元）	比上年增长（%）	2014 年营业收入（万元）	比上年增长（%）
中国出版集团公司（合并）	1 509 065.63	22.11	927 227.24	2.04	922 234.39	2.04
中国出版集团公司（总部）	422 829.77	9.72	4 737.96	26.71	4 737.96	26.71
中国出版传媒股份有限公司（合并）	756 675.22	23.04	346 615.85	-10.59	346 615.85	-10.59
中国出版传媒股份有限公司（本部）	519 419.53	118.29	16.04	-92.23	16.04	-92.23
人民文学出版社	32 105.08	-3.02	25 694.51	5.67	25 694.51	5.67
商务印书馆	179 952.08	3.79	73 309.86	-49.37	73 309.86	-49.37
中华书局	75 637.53	26.16	22 857.19	5.73	22 857.19	5.73
中国大百科全书出版社	58 750.82	32.86	21 394.87	5.51	21 394.87	5.51
人民音乐出版社	50 628.30	26.42	22 476.07	14.81	22 476.07	14.81
中国美术出版总社	27 580.20	5.27	18 464.83	10.03	18 464.83	10.03
中国对外翻译出版公司	19 780.03	-4.88	15 773.58	28.53	15 773.58	28.53
生活·读书·新知三联书店	39 229.94	12.37	26 962.45	-0.47	26 962.45	-0.47
东方出版中心	37 360.25	1.58	5 656.05	19.71	5 656.05	19.71
现代教育出版社	4 394.31	24.89	4 323.32	21.13	4 323.32	21.13
中国出版传媒商报社	1 489.45	5.97	2 025.46	7.97	2 025.46	7.97
中国民主法制出版社	5 701.89	1.94	6 043.51	11.24	6 043.51	11.24
华文出版社	3 023.28	-24.03	1 944.04	-62.79	1 944.04	-62.79
现代出版社	8 622.43	0.82	5 371.42	1.07	5 371.42	1.07
世界图书出版公司	38 451.74	-1.27	26 457.89	-14.82	26 457.89	-14.82
北京中版联印刷物资有限公司	15 531.89	2.67	42 115.31	-18.60	42 115.31	-18.60
中版教材有限公司	44 393.90	45.06	42 601.85	19.81	42 601.85	19.81
北京中新联科技股份有限公司	6 209.18	-1.60	4 193.90	-4.05	4 193.90	-4.05

续表

单位	2014年资产总计（万元）	比上年增长（%）	2014年营业总收入（万元）	比上年增长（%）	2014年营业收入（万元）	比上年增长（%）
中版集团数字传媒有限公司	14 386.00	23.23	663.24	32.49	663.24	32.49
新华联合发行有限公司	72 587.80	117.15				
中版国际传媒有限公司	753.50	7.15	290.39	-11.44	290.39	-11.44
北京新华印刷有限公司	35 949.34		20 738.31		20 738.31	
荣宝斋	290 855.72	87.24	124 226.46	17.73	119 233.61	18.43
中国图书进出口（集团）总公司	323 794.02	1.35	431 889.89	10.01	431 889.89	10.01
新华书店总店	60 396.69	0.87	13 294.51	0.49	13 294.51	0.49
中版数字设备有限公司	2 631.92	-3.45	72.13	-65.33	72.13	-65.33
中版（北京）科贸有限公司	773.09	29.34	565.01	-1.28	565.01	-1.28
北京中版置业有限公司	977.85	349.58	1 163.70	869.75	1 163.70	869.75
中华书局古籍印刷厂	12 014.39	7.29	809.20	8.41	809.20	8.41
上海东方维京文化发展有限公司	40 759.59	-4.29	8 033.23	8.03	8 033.23	8.03
上海东昊物业管理有限公司	270.40	-31.13	697.31	1.56	697.31	1.56

著作、论文、书评

2014年个人著作

书名	作（译）者	作者单位	出版单位	出版时间
《先秦诸子传播思想研究》	仝冠军	中国出版集团公司	中国书籍出版社	2014年5月
《涉密采购保密管理制度研究》	白中林（合著）	商务印书馆	中国政法大学出版社	2014年
《西班牙巴洛克绘画的代表：侍女》	秦晓磊	中国美术出版总社	台湾莎士比亚文化事业股份有限公司	2014年2月
《法兰德斯的巴洛克之风：爱的花园》	秦晓磊	中国美术出版总社	台湾莎士比亚文化事业股份有限公司	2014年5月
《素描建筑风景画的技法》	李　乘	中国美术出版总社	上海人民美术出版社	2014年5月
《雷诺阿：煎饼磨坊的舞会》	李　乘	中国美术出版总社	台湾莎士比亚文化事业股份有限公司	2014年8月
《平凡中见伟大的荷兰风俗画：画室中的画家》	秦晓磊	中国美术出版总社	台湾莎士比亚文化事业股份有限公司	2014年9月
《清新自然的英国风景画：干草车》	秦晓磊	中国美术出版总社	台湾莎士比亚文化事业股份有限公司	2014年10月
《难忘的书与人》	汪家明	中国美术出版总社	三联书店	2014年1月
《立尽梧桐影——丰子恺传》	汪家明	中国美术出版总社	中华书局	2014年9月
《难忘的书与插图》	汪家明	中国美术出版总社	香港三联书店	2014年9月
《义务教育教科书·美术》（第1～12册）	邹依庆（编委）	中国美术出版总社	人民美术出版社	2014年
《义务教育教科书·美术教学光盘》（计DVD八张）	邹依庆（主编）	中国美术出版总社	北京荣宝电子出版有限公司	2014年
《第12期全国美术作品展览——曼德拉的斗争与遗产》	邹依庆（绘画）	中国美术出版总社	人民美术出版社	2014年

2014年发表论文

论文名	作者	作者单位	发表刊物	发表时间
《张元济的六个“勿以为”》	仝冠军	中国出版集团公司	《出版广角》	2014年1月
《股权激励与出版活力》	仝冠军	中国出版集团公司	《出版广角》	2014年2月
《盘点2013：迷茫与机遇》	仝冠军	中国出版集团公司	《出版广角》	2014年3月
《落花诗与出版人》	仝冠军	中国出版集团公司	《出版广角》	2014年3月
《从“二马之争”想到出版改革》	仝冠军	中国出版集团公司	《出版广角》	2014年5月
《三中全会，出版改革的外部推动力》	仝冠军	中国出版集团公司	《出版广角》	2014年6月
《日本大众类图书进入西方市场的途径和启示》	仝冠军	中国出版集团公司	《出版广角》	2014年6月
《张元济的晚年信件》	仝冠军	中国出版集团公司	《出版广角》	2014年7月
《战略家与事务主义者》	仝冠军	中国出版集团公司	《出版广角》	2014年9月
《1950年代出版业的三大问题》	仝冠军	中国出版集团公司	《出版广角》	2014年9月
《聂诗胡序》	仝冠军	中国出版集团公司	《出版广角》	2014年9月
《马尔克斯和他的中国学生们》	付如初（付艳霞）	人民文学出版社	《经济观察报》	2014年4月
《“好色”的渡边淳一》	付如初（付艳霞）	人民文学出版社	《经济观察报》	2014年5月
《文学风波里的作家方方》	付如初（付艳霞）	人民文学出版社	《经济观察报》	2014年6月
《你感到自己在读书了吗？》	付如初（付艳霞）	人民文学出版社	《经济观察报》	2014年6月
《孟氏刊五臣注本〈文选〉考论》	葛云波	人民文学出版社	《文选与中国文学传统：第九届文选学国际学术研讨会论文集》	2014年8月
《雪漠长篇小说〈野狐岭〉：灵魂叙写与超越叙事》	陈彦瑾	人民文学出版社	《文艺报》	2014年8月
《顾彬来了》	付如初（付艳霞）	人民文学出版社	《经济观察报》	2014年8月
《如何保住古诗文的美：由小学教材增加古诗文想到的》	葛云波	人民文学出版社	《人民日报》	2014年9月
《当我们谈论韩寒的时候我们在谈论什么》	付如初（付艳霞）	人民文学出版社	《经济观察报》	2014年9月
《书比人长寿——品牌经营断想》	陈彦瑾	人民文学出版社	《出版广角》	2014年12月

续表

论文名	作者	作者单位	发表刊物	发表时间
《创新思考：传统出版的三个思路转换》	陈彦瑾	人民文学出版社	《出版广角》	2014 年
《信仰的诗学与“灯”叙事——解读雪漠“灵魂三部曲”》	陈彦瑾	人民文学出版社	《飞天》	2014 年
《独立苍茫自咏诗——郑珍和他的诗》	廉　萍	人民文学出版社	《文史知识》	2014 年
《列藏本读后漫记》	廉　萍	人民文学出版社	《曹雪芹研究》	2014 年
“红楼”系列	廉　萍	人民文学出版社	《深圳商报》	2014 年
“杂花生树”系列	廉　萍	人民文学出版社	《春城晚报》	2014 年
《西方文明渊源中的意识形态管理》	于殿利	商务印书馆	《人民日报》	2014 年 1 月
《古代美索不达米亚地区的国家意识形态管理》	于殿利	商务印书馆	《光明日报》	2014 年 4 月
《词媒体时代的语言生活和社会真实》	吕海春	商务印书馆	《基于华语教学的语言文字研究》	2014 年 6 月
《反馈模式考论》	白中林	商务印书馆	《神圣的家：在中西文明的比较视野下》	2014 年 7 月
《纸电同步开创出版新时代：“数字出版”常被误读》	于殿利	商务印书馆	《人民日报》	2014 年 11 月
《学术阅读与出版思维》	于殿利	商务印书馆	《光明日报》	2014 年 12 月
《夏瑞芳——中国近现代民族出版第一人》	于殿利	商务印书馆	《中华读书报》	2014 年 12 月
《乡约述略》	白中林	商务印书馆	《涂尔干：社会与国家》	2014 年 12 月
《文化自觉与国际竞争力》	于殿利	商务印书馆	《新华文摘》	2014 年
《亲属法与新社会》	白中林	商务印书馆	《社会学研究》	2014 年
《北京方言中表“害怕”“胆怯”义的 chù 的本字》	金欣欣	商务印书馆	《鲁东大学学报》	2014 年
《诸神之争、法制型支配与正当性》	白中林	商务印书馆	《南京师范大学学报》	2014 年
《明确应用文要求加强基本功训练——谈谈如何写好审稿意见》	吕海春	商务印书馆	《科技与出版》	2014 年
《读图时代文字编辑的角色转换》	陈　光	中国大百科全书出版社	《出版参考》	2014 年 2 月
《执着坚守，开拓创新——为中国孩子编自己的百科全书》	刘金双	中国大百科全书出版社	《中国好编辑》	2014 年 4 月
《浅谈图书连续修订制：从儿童百科全书的修订谈起》	陈　光	中国大百科全书出版社	《出版广角》	2014 年 5 月

续表

论文名	作者	作者单位	发表刊物	发表时间
《少儿经典出版的时间维度》	陈　光	中国大百科全书出版社	《出版广角》	2014 年 11 月
《浅议百科全书多义性条目的妥善处理问题》	林建敏	中国大百科全书出版社	《现代阅读·教育与出版》	2014 年 11 月
《曼德拉的斗争与遗产》	邹依庆	人民美术出版社	《连环画报》	2014 年 1 月
《危险的尝试——现成品以版画方式呈现》	沙海龙	人民美术出版社	《美术向导》	2014 年 1 月
《扫桥爷爷——窦珍》	邹依庆	人民美术出版社	《连环画报》	2014 年 3 月
《焦裕禄》	邹依庆	人民美术出版社	《连环画报》	2014 年 5 月
《简牍文字的字体及书法意义》	张啸东	人民美术出版社	《荣宝斋》	2014 年 5 月
《“大红袍”：让美术名家名作于收藏界焕发新生》	潘彦任	人民美术出版社	《藏书报》	2014 年 6 月
《王雪樵书艺漫谈》	张啸东	人民美术出版社	《中国书画》	2014 年 6 月
《电脑美术——做个动画片》	贾小川	人民美术出版社	北京义务教育教科书《美术》教学参考用书五年级上册	2014 年 7 月
《电脑美术——黏土动起来》	贾小川	人民美术出版社	北京义务教育教科书《美术》教学参考用书六年级上册	2014 年 7 月
《地震中的巾帼英雄》	邹依庆	人民美术出版社	《连环画报》	2014 年 9 月
《“八三”鲁甸地震救援纪实》	邹依庆	人民美术出版社	《连环画报》	2014 年 9 月
《博物馆艺术授权模式剖析——以台北故宫博物院为例》	李　乘	人民美术出版社	《美术研究》	2014 年 11 月
《中国画——树的画法》	教富斌	人民美术出版社	北京义务教育教科书《美术》教学参考用书五年级下册	2014 年 12 月
《花鸟画》（一）	教富斌	人民美术出版社	北京义务教育教科书《美术》教学参考用书五年级下册	2014 年 12 月
《电脑美术——给画新工具》	贾小川	人民美术出版社	北京义务教育教科书《美术》教学参考用书五年级下册	2014 年 12 月
《电脑美术——水墨画》	贾小川	人民美术出版社	北京义务教育教科书《美术》教学参考用书四年级下册	2014 年 12 月
《电脑美术——图像处理》	贾小川	人民美术出版社	北京义务教育教科书《美术》教学参考用书五年级下册	2014 年 12 月
《黄绮书法的线条语言》	潘彦任	人民美术出版社	《大舞台》	2014 年
《茂绪惊霜——吴绪经》	耿　剑	中国美术出版总社连环画编辑室	《连环画报》	2014 年 1 月
《笔自启心——张自启》	耿　剑	中国美术出版总社连环画编辑室	《连环画报》	2014 年 2 月
《嘉行励志——查加伍》	耿　剑	中国美术出版总社连环画编辑室	《连环画报》	2014 年 3 月

续表

论文名	作者	作者单位	发表刊物	发表时间
《连环画快手——徐有武》	耿　剑	中国美术出版总社连环画编辑室	《连环画报》	2014 年 4 月
《“韩檠”舞墨——韩伍》	耿　剑	中国美术出版总社连环画编辑室	《连环画报》	2014 年 5 月
《惟肖明彩——董小明》	耿　剑	中国美术出版总社连环画编辑室	《连环画报》	2014 年 6 月
《丹青不渝——欧治渝》	何玉麟、耿　剑	中国美术出版总社连环画编辑室	《连环画报》	2014 年 7 月
《笔墨淳雄——叶雄》	耿　剑	中国美术出版总社连环画编辑室	《连环画报》	2014 年 8 月
《一线一描间——姚渝水》	耿　剑	中国美术出版总社连环画编辑室	《连环画报》	2014 年 9 月
《一个用心画画的人——侯国良》	耿　剑	中国美术出版总社连环画编辑室	《连环画报》	2014 年 10 月
《写实“魁元”——孟喜元》	耿　剑	中国美术出版总社连环画编辑室	《连环画报》	2014 年 11 月
《笔下生“连”——范生福》	耿　剑	中国美术出版总社连环画编辑室	《连环画报》	2014 年 12 月
《谈书刊设计中美术元素》	徐永林	中国美术出版总社	《中国艺术》	2014 年 3 月
《做强少儿美术品牌，用国际视野多出精品》	李　滢	中国美术出版总社	《新华书目报》	2014 年 4 月
《创新，为了人与书更好地相遇》	李　滢	中国美术出版总社	《中国出版集团骨干编辑和优秀营销人员培训班论文集》	2014 年 4 月
《活跃的文化，行走的经济——关于中版集团品牌战略的一点思考》	李　滢	中国美术出版总社	《中国出版集团“三个一百”人才论文集》	2014 年 5 月
《谁将领跑新的出版时代》	李　滢	中国美术出版总社	《科技与出版》增刊	2014 年 5 月
《数字时代自媒体能否与出版相得益彰》	金萌萌	中国美术出版总社	《科技与出版》增刊	2014 年 5 月
《浅谈中国画的笔墨精神》	徐永林	中国美术出版总社	《中国艺术》	2014 年 9 月
《加速图书国际化进程》	李黎东	人民音乐出版社	《新华书目报》	2014 年 8 月
《出版理性回归转折点即将来临》	杜　辉	世界图书出版公司北京公司	《中国新闻出版报》	2014 年 1 月
《不要把鸡蛋放在一个篮子里》	杜　辉	世界图书出版公司北京公司	《中国新闻出版报》	2014 年 1 月

续表

论文名	作者	作者单位	发表刊物	发表时间
《编辑　发行　营销谁来领导谁》	杜　辉	世界图书出版公司北京公司	《中国新闻出版报》	2014 年 3 月
《中国出版业瓶颈》	郭力	世界图书出版公司北京公司	《世界博览》	2014 年 4 月
《编客怎样估算世纪销量和市场反馈》	杜　辉	世界图书出版公司北京公司	《中国出版传媒商报》	2014 年 4 月
《打好版权引进持久战三步骤》	宋　培	世界图书出版公司北京公司	《出版广角》	2014 年 4 月
《跨界营销关键在掌控》	杜　辉	世界图书出版公司北京公司	《中国新闻出版报》	2014 年 5 月
《创意＋积累＋好产品＝销量　从“那些年，我们一起做过的网络营销”说开去》	侯　静	世界图书出版公司北京公司	《新华书目报》	2014 年 5 月
《出版界慎刮“美女营销”风》	杜　辉	世界图书出版公司北京公司	《新华书目报》	2014 年 5 月
《图书架位不要随意挪动》	杜　辉	世界图书出版公司北京公司	《中国新闻出版报》	2014 年 6 月
《出版不是一个人在战斗》	杜　辉	世界图书出版公司北京公司	《中国新闻出版报》	2014 年 6 月
《第三只眼看报——一个读者眼中的中国新闻出版报》	杜　辉	世界图书出版公司北京公司	《中国新闻出版报》	2014 年 6 月
《应届生求职问题面面上中下》	杜　辉	世界图书出版公司北京公司	《新华书目报》	2014 年 8 月
《打折是经营艺术——实体书店应向商超学习些什么》	杜　辉	世界图书出版公司北京公司	《中国新闻出版报》	2014 年 10 月
《算算办公设备的投资账——给出版企业的一个经营提示》	杜　辉	世界图书出版公司北京公司	《新华书目报》	2014 年 10 月
《爱书的厚道人——李东》	郭　力	世界图书出版公司北京公司	《出版商务周报》	2014 年 10 月
《跟风盛行：做出版不是卖白菜》	杜　辉	世界图书出版公司北京公司	《出版商务周报》	2014 年 11 月
《实体书店从商超可以学到什么——实体书店的另一条救赎之路》	杜　辉	世界图书出版公司北京公司	《中国新闻出版报》	2014 年 12 月
《做出版要听得起批评，受得了质疑》	杜　辉	世界图书出版公司北京公司	《新华书目报》	2014 年 12 月

续表

论文名	作者	作者单位	发表刊物	发表时间
《用好“豆瓣图书”实现精准营销》	侯　静	世界图书出版公司北京公司	《新华书目报》	2014 年 12 月
《对我国合作出版供应链的现状和完善对策的思考》	王　丹	世界图书出版上海有限公司	《中国编辑》	2014 年
《电子书包中的教育大数据及其应用》	章　怡	世界图书出版上海有限公司	《科技与出版》	2014 年

2014 年发表书评

书评名	作者	作者单位	发表刊物	发表时间
《诗满涛笺：读〈倦倚碧罗裙：明清女性词选〉》	吴柯静	人民文学出版社	《中华读书报》	2014 年 1 月
《至德有光，至化无方——评周有光〈静思录〉》	廉　萍	人民文学出版社	《甘肃日报》	2014 年 1 月
《野心家的幸运儿》	赵　萍	人民文学出版社	《北京青年报》	2014 年 2 月
《“北漂”成网络文学标签：开始走“治愈系”路线》	文　珍	人民文学出版社	《每日新报》	2014 年 2 月
《打开梁思成世界的钥匙——读〈梁思成心灵之旅〉》	王一珂	人民文学出版社	《出版广角》	2014 年 5 月
《认一个错儿的路有多长——从〈陆犯焉识〉到〈归来〉》	付如初（付艳霞）	人民文学出版社	《经济观察报》	2014 年 5 月
《从洪业的注杜构想看〈杜甫全集校注〉》	李　俊	人民文学出版社	《中华读书报》	2014 年 6 月
《雪漠笔下的新大漠》	陈彦瑾	人民文学出版社	《中华读书报》	2014 年 7 月
《王小柔：生活远比我们想象得幽默》	陈彦瑾	人民文学出版社	《中国新闻出版报》	2014 年 7 月
《探秘野狐岭》	陈彦瑾	人民文学出版社	《甘肃日报》	2014 年 7 月
《当冯至遇到杜甫》	葛云波	人民文学出版社	《北京青年报》	2014 年 7 月
《战时大学的理想启示》	付如初（付艳霞）	人民文学出版社	《经济观察报》	2014 年 7 月
《一次挑战，一个证明》	陈彦瑾	人民文学出版社	《新商报》	2014 年 8 月
《孟氏刊五臣注本〈文选〉考论》	葛云波	人民文学出版社	《文选与中国文学传统：第九届文选学国际学术研讨会论文集》	2014 年 8 月
《如何建成一所卓越的大学》	陈　旻	人民文学出版社	《光明日报》	2014 年 9 月
《“西部味道与悬疑色彩”》	陈彦瑾	人民文学出版社	《中国新闻出版报》	2014 年 9 月
《历史的眼泪被文学笑出来了》	付如初（付艳霞）	人民文学出版社	《经济观察报》	2014 年 9 月
《〈西长城〉里的新疆故事》	付如初（付艳霞）	人民文学出版社	《经济观察报》	2014 年 10 月
《我将与碧水蓝天永处——从〈漂泊者萧红〉到〈黄金时代〉》	付如初（付艳霞）	人民文学出版社	《经济观察报》	2014 年 10 月
《〈老生〉：为内心的历史画像》	孔令燕	人民文学出版社	《光明日报》	2014 年 11 月

续表

书评名	作者	作者单位	发表刊物	发表时间
《上路不重要，重要的是和谁》	文　珍	人民文学出版社	《做书》	2014 年 11 月
《又是一年高粱红》	付如初（付艳霞）	人民文学出版社	《经济观察报》	2014 年 11 月
《熔古铸今　邃密精深——浅评〈杜甫全集校注〉》	李　俊	人民文学出版社	《人民日报》	2014 年 12 月
《金针相传为杜做嫁：〈杜甫全集校注〉编辑手记》	胡文骏	人民文学出版社	《人民日报》	2014 年 12 月
《两个精彩的姑娘，一段非常的旅行》	周墨西	人民文学出版社	《北京青年报》	2014 年 12 月
《读杜甫：千年不断的传统》	葛云波	人民文学出版社	《博览群书》	2014 年
《从演化论看语言——〈演化语言学论集〉》评介	朱俊玄	商务印书馆	《中国社会科学报》	2014 年 4 月
《法学院里的众生相》	白中林	商务印书馆	《法制日报》	2014 年 4 月
《意义与形式内外结合》	朱俊玄	商务印书馆	《中国出版传媒商报》	2014 年 5 月
《英语语言的小百科》	吴　冰	商务印书馆	《中国出版传媒商报》	2014 年 6 月
《新时期中国辞书发展状况的全面总结——〈中国辞书发展状况报告（1978～2008）〉评介》	朱俊玄	商务印书馆	《中国出版》	2014 年 6 月
《以汉语语法论中国文法》	朱俊玄	商务印书馆	《中国新闻出版报》	2014 年 6 月
《植根本土语言资源　放眼国际学术前沿——〈阿尔泰语言元音和谐研究〉评介》	王丽艳	商务印书馆	《中国社会科学报》	2014 年 7 月
《学术　实用　收藏——评〈续经籍籑诂〉》	包诗林	商务印书馆	《民俗典籍文字研究》	2014 年 7 月
《商务印书馆近五年语言学精品回顾》	王丽艳	商务印书馆	《中国社会科学报》	2014 年 8 月
《数据扎实　理论前沿——〈汉语儿童早期语言的发展〉评介》	王丽艳	商务印书馆	《中国社会科学报》	2014 年 9 月
《精练实用的古汉语工具书》	宿　娟	商务印书馆	《中国社会科学报》	2014 年 10 月
《风景——读〈休闲古文鉴赏辞典〉》	厚艳芬	商务印书馆	《中华读书报》	2014 年 12 月
《品读经典　品味积淀——读〈唐宋词举要〉》	卢　娟	商务印书馆	《大众日报》	2014 年 12 月
《不一样的拉美文学——读〈拉丁美洲文学爆炸后研究〉》	卢　娟	商务印书馆	《中国出版传媒商报》	2014 年 12 月
《中法史与法律的时代精神》	白中林	商务印书馆	《法治周末》	2014 年 12 月
《谁之地方知识》	白中林	商务印书馆	《中国图书评论》	2014 年
《摹传世名画，品大师情怀》	宋正伟	人民美术出版社	《中国美术》	2014 年 1 月
《一岁的小鹿》	汪家明	人民美术出版社	《悦读》	2014 年 3 月

续表

书评名	作者	作者单位	发表刊物	发表时间
《巴黎的忧郁》	汪家明	人民美术出版社	《悦读》	2014 年 4 月
《对精致的毛病与呵护之心——〈楷柿楼集〉编辑琐记》	王铁英	人民美术出版社	《晶报深港书评》	2014 年 4 月
《再现经典——〈经典连环画原稿原寸系列〉策划出版缘起》	耿　剑	人民美术出版社	《中国美术》	2014 年 5 月
《〈张家旧事〉新版小引》	汪家明	人民美术出版社	《三联生活周刊》	2014 年 7 月
《〈吃主儿〉及其他》	卫　纯	生活·读书·新知三联书店	《北京青年报·青阅读》	2014 年 5 月
《海上书展海上风》	卫　纯	生活·读书·新知三联书店	《东方早报·上海书评》	2014 年 8 月
《从你的漫画世界路过——〈有一天，你会长大〉编辑手记》	苏　靖	世界图书出版公司	《做书》	2014 年 2 月
《路上路程义无反顾〈决定日本历史瞬间〉书评》	杜　辉	世界图书出版公司	《新华书目报》	2014 年 3 月

大事记

DASHIJI

中国出版集团公司
CHINA PUBLISHING GROUP CORPORATION
CPGC

2014 大事记

1 月

3 日，东方出版中心李智平、宋伟峰陪同上海市委组织部副部长于明黎前往东方出版中心离休干部胡实声家中慰问。

4 日，北京中新联科技股份有限公司复制的《Photoshop 专业抠图技法》荣获第三届中国出版政府奖印刷复制奖提名奖。

5 日，中国大百科全书出版社召开《学生规范字典》（国标版）出版座谈会。

7 日，中国对外翻译出版公司参加 2014 年度亚马逊经销商大会。

7 日～6 月 26 日，荣宝斋美术馆举办“纪念齐白石诞辰 150 周年——荣宝斋藏齐白石精品展”。

8 日，中国出版传媒商报社联合新华网主办的“2013 年度中国影响力图书”评选揭晓。

8～11 日，人民文学出版社参加北京图书订货会。

8～11 日，商务印书馆参加 2014 北京图书订货会，共展出千余种新书。

8～11 日，中华书局参加 2014 北京图书订货会。

8～11 日，中国美术出版总社所属人民美术出版社、连环画出版社参加 2014 北京图书订货会及相关活动。

8～11 日，人民音乐出版社参加 2014 北京图书订货会。

8～11 日，现代教育出版社参加 2014 北京图书订货会。

9 日，人民文学出版社在 2014 北京图书订货会现场举办《凌汛》新书发布会。

9 日，人民文学出版社在 2014 北京图书订货会现场举办严歌苓新作《妈阁是座城》新书发布会。

9 日，商务印书馆举办《战后美国在日本的软实力——半永久性依存的起源》访谈会。

9 日，东方出版中心祝新刚探望东方出版中心离退休干部乔友农、邓德。

9 日，中国出版传媒商报社与北京图书订货会组委会共同主办以“新形势 · 新变革 · 新融合”为主题的本届图书订货会高层论坛。

9 日，中国出版传媒商报社联合全国发行标准化技术委员会共同主办以“CNONIX 与信息消费”为主题的 2014 中国出版传媒业营销创新论坛。

9 日，李鲆《鲆书 3：名人书浅规则》《新出版 1：编辑是一门正在创新的艺术》新书发布会举行。

10 日，中国出版集团公司副总裁潘凯雄主持召开资金管理委员会专题会议，研究与工商银行签订的委托贷款产品协议及备忘录，通报银行账户开立情况，研究下一步的工作安排。

10 日，“曹文轩儿童文学艺术中心揭幕发布会”在 2014 北京图书订货会中国出版集团公司专区举行。

10 日，人民音乐出版社召开《义务教育教科书　音乐》专家审稿会。

10 日，中国出版传媒商报社、法兰克福书展、法兰克福学院联合主办的“首届中国创意工业创新奖”颁奖礼暨报告发布会举办。

10日，中国出版传媒商报社主办的“第三届中国独立书店高峰论坛——活着并快乐着：中国独立创新经营案例分享会”举行。

11日，《邓小平时代》出版一周年，生活·读书·新知三联书店特邀傅高义与章百家在首都图书馆展开对话“改革年代”。

11日，东方出版中心党委副书记、纪委书记、副总经理董玲看望慰问东方出版中心离休干部肖黎、解树民、鲁传熙。

12日，多看阅读“大佳网专区”上线，可集中运营大佳网签约电子书。

13日，人民音乐出版社召开贯彻十八届三中全会精神专题座谈会。

14日，财政部国库司、北京市国有文化资产监督管理办公室就中国出版集团公司实施资金集中管理涉及的银行账户开立问题，反馈了意见。

14日，人民文学出版社召开2013年年终总结大会。

15日，中国对外翻译出版公司“联合国语言人才认证考试”报名系统正式向考生开放。

15日，现代教育出版社召开全体编辑会议。

15日，中版集团数字传媒有限公司自助研发的《中华动漫》IPAD版客户端上线，标志着数字传媒的动漫产品在移动客户端迈出重要一步。

16日，中国出版集团公司总裁谭跃、副总裁王俊国、刘伯根、潘凯雄听取了总部、本部财务部，投资和资产经营部，证券与法律事务部2014年工作重点的汇报，研究经营管理、品牌经营方面的重点项目和主要措施。

17日，数字出版运营支撑平台项目——大佳移动出版（富媒体）平台项目完成阶段性验收，可以利用平台制作富媒体电子书。

18日，由中国社会科学院语言研究所、北京语言大学、商务印书馆联合主办的“2014中青年语言学者沙龙”在商务印书馆举行，此次沙龙的议题为“双语双言问题与当代中国”。

18日，生活·读书·新知三联书店举办“陈乐民作品系列”新书见面会；次日，邀请冯绍雷在国家图书馆举办题为“当代国际政治的思想回归——陈乐民欧洲研究的启示”的学术讲座。

19日，商务印书馆涵芬楼艺术馆开馆仪式暨范杨·刘文哲中国画展及幸福读书会揭牌仪式举行。

20日，中国出版集团公司公布“三个一百人才”入选人员名单。

21日，中国出版集团公司财务部向总裁办公会议报告资金集中管理账户开立遇到的问题及解决办法。

21日，中国出版传媒股份有限公司财务部与信永中和会计师事务所明确决算问题沟通级次，提出决算问题反馈周报制度。

21日，北京市朝阳区人民法院就马爱农诉新世界出版社有限责任公司、北京当当网信息技术有限公司、北京世纪卓越信息技术有限公司不正当竞争纠纷案进行宣判［民事判决书（2013）朝民初字第28008号］。

22日，中华书局召开2013年度工作总结暨表彰大会。

22日，中国美术出版总社在双井UME影城举行2013年总结表彰大会。

23日，中国出版集团公司总裁谭跃等一行5人到天天出版社调研。

23日，中国出版集团公司副总裁李岩看望中华书局老领导傅璇琮、程毅中。

23日，人民文学出版社召开专家委员会会议。

23日，人民文学出版社组织离退休老干部新春团拜会。

23日，商务印书馆召开2013年工作总结表彰大会暨2014年新春团拜会。

23日，现代教育出版社召开2013年年终总结会。

24日，中国出版传媒股份有限公司财务部前往中国对外翻译有限公司对决算中遇到的问题进行现场指导，并重申对时间进度的明确要求。

24日，商务印书馆召开语言学出版基金2013年度评议会。

24日，中国美术出版总社班子成员参加中国出版集团公司召开的党的群众路线教育实践活动总结大会。

24日，中国翻译协会（以下简称“译协”）召开2013年度工作总结会，译协副会长兼中国对外翻译出版公司原总经理吴希曾、译协理事兼中国对外翻译出版公司副总经理陈炳发与会。

24日，世界图书出版西安有限公司举办“2014年迎春联欢会”。

25日，东方出版中心总编辑李智平陪同上海市委宣传部副部长燕爽看望东方出版中心离退休干部胡实声。

26日，中国出版集团公司财务部就中版泉生合并架构问题，与中国图书进出口（集团）总公司财务部进行了电话沟通。

26日，中国出版集团公司与中国工商银行股份有限公司的委托贷款产品协议签署完成。

26日，中国出版传媒股份有限公司与中国工商银行股份有限公司的委托贷款资金池产品协议签署完成。

26日，中国大百科全书出版社召开党的群众路线教育实践活动总结大会。

26日，中国美术出版总社召开党的群众路线教育实践活动总结大会。

26日，人民音乐出版社召开党的群众路线教育实践活动总结大会。

26日，人民音乐出版社完成2014年度预算工作。

26日，新华联合发行有限公司召开党的群众路线教育实践活动总结大会。

27日，根据国资委预算增资要求和股份公司增资具体安排，中国出版集团公司完成2011年、2012年项目资金的重新拨付和2013年项目的资金拨付。

27日，中国出版集团公司与中国工商银行股份有限公司签署了综合理财协议书。

27日，现代教育出版社召开党的群众路线教育实践活动总结大会，中国出版集团公司第二督导组组长孟传良、成员田红兵，现代教育出版社全体党员参加了会议。

28日，中华人民共和国国家新闻出版广电局公布2014年度国家出版基金项目，现代出版社组织编辑出版的《诗经集校集注集评》入选。

2月

2日，商务印书馆入选《北京市重点总部企业名录》（第一批）名单。

7日，中国美术出版总社召开春节后第一次生产例会。

7日，共青团上海市委印发《关于同意共青团东方出版中心团员大会选举结果的批复》（沪团委发〈2014〉40号），同意胡曦露增选为共青团东方出版中心总支第四届委员会委员。

9日，中国出版传媒商报社召开全社大会，提出“乘风鼓劲创新跃进”年度战略规划。

10日上午，人民文学出版社召开党的群众路线教育实践活动总结大会。

10日，东方出版中心党委书记、总经理宋焕起，总编辑李智平向中国出版传媒股份有限公司副总裁潘凯雄汇报东方出版中心产业园区建设情况。

11日，东方出版中心召开党的群众路线教育实践活动总结大会。

12日，人民音乐出版社召开2013年度领导班子述职会。

12日，东方出版中心社会招聘人员王巍报到，任上海东方维京文化发展有限公司总经理。

12日，上海市长宁区政府副区长解冬、长宁区商务委员会主任龚明、副主任吕苏宁，长宁区商务委服务管理科科长王晓峰，长宁区协作办副主任蒋平平，长宁区虹桥地区、中山公园功能拓展办公室沈建忠、产业发展科科长杨家龙等到东方出版中心商谈推进园区建设有关优惠政策。

13日，中国美术出版总社召开2013年度领导班子述职报告会。

13～23日，中国图书进出口（集团）总公司组团参加第23届古巴哈瓦那国际书展。

13日，“自贸试验区背景下的中国物流业转型升级之道暨《上海物流年鉴》创办三周年高层论坛”在上海市长宁区图书馆多功能厅举行。该书由世界图书出版上海有限公司出版。

14日，中国出版集团公司资金池初步完成搭建，首批实现了对中国图书进出口（集团）总公司、荣宝斋两个账户的资金归集。

14日，中国出版传媒股份有限公司资金池初步完成搭建，首批实现了对商务印书馆、人民音乐出版社、中版教材有限公司三家公司银行账户的资金归集。

17日，中国出版集团公司印发《关于清理银行账户的通知》，要求集团公司所属企业限期上报资金池联动账户、需保留账户、撤销账户情况。账户清理是资金集中管理工作的重要步骤之一。

17日，中国出版集团公司批复中国图书进出口（集团）总公司借款给兴中图有限公司1亿元进行申购新股的申请。此笔借款视同内部拆借资金，按同期人民银行一年期基准贷款利率下浮10%计算收益，并作为已分配资金收益。

17日，中国出版传媒股份有限公司印发《关于清理银行账户的通知》，要求股份公司所属企业限期上报资金池联动账户、需保留账户、撤销账户情况。账户清理是资金集中管理工作的前期基础筹备工作。

17日，中版集团数字传媒有限公司完成新闻出版改革发展项目库项目——“‘幼教魔方’新媒体幼教系列产品”的申报。该产品是基于移动客户端的面向幼教机构和家长儿童的新媒体幼教产品软件包，是数媒公司在幼儿教育模式和教学产品上的积极尝试。

19日，商务印书馆舞蹈队正式成立。

19日，中国美术出版总社召开清理库存图书工作会。

20～21日，中国美术出版总社领导班子参加中国出版集团公司2014年度工作会。

20日，北京中新联科技股份有限公司复制的《Photoshop专业抠图技法》，荣获中国出版集团公司2013年度出版特别贡献奖。

20日，中版教材有限公司和华文出版社组织策划出版的《书法》系列教材，在全国17省市3000万中小学生中广泛使用，产生重大社会影响力，荣获中国出版集团公司颁发的“2013年度出版特别贡献奖”。

21日，东方出版中心园区建设推进办公室召开东方虹数字创意产业园区发展规划研究说明会。上海市人民政府发展研究中心和上海复旦规划建筑设计研究院参加。

23日～3月9日，中版集团数字传媒有限公司承办的中国绘本展2014上海巡展在上海中国福利会少年宫举行。

24日，中国出版集团公司印发《关于所属企业工行账户加入资金池的通知》，要求：除首批加入的中国图书进出口（集团）总公司、荣宝斋两个账户以外，已在中国工商银行开户并确立为联动账户的各所属企业，按规定时间和流程办理加入集团资金池和加入集团公司网银的手续。

24日，中国美术出版总社汪家明参加中国版协2014年度工作座谈会。

25日，中国出版集团公司对中华书局领导班子进行年度考核。

25日，中国出版传媒股份有限公司编制本部2014年度费用预算。

25日，人民文学出版社团支部组织主题为“银行理财与理财市场展望”的第九期青年沙龙。

25日，全球契约中国网络年会暨主席团换届会议在北京举行。中国对外翻译出版公司于2011年加入全球契约组织，现为其成员企业，已提交两份年度进展报告，并按照该组织的十项原则不断提高企业管理水平与社会责任。

26日，中国出版集团公司、中国出版传媒股份有限公司财务部联合召开决算审计协调会。

26日，中国出版传媒股份有限公司财务部同集团财务部召集信永中和会计师事务所及大信会计师事务所召开决算工作协调会。

27日，中国出版集团公司财务部召集中国图书进出口（集团）总公司、荣宝斋、新华书店总店财务部门负责人会议，通报账户开立、清理情况，布置办理中国工商银行账户加入资金池手续。

27日，北京市海淀区人民政府副区长傅首清、北京市海淀区教育委员会主任尹丽君、北京市海淀区教育科学研究所所长吴颖惠一行访问中华书局。

28日，中国出版集团公司财务部会同中国出版传媒股份公司财务部、科数部，与久其公司就财务信息系统的功能细化、模块升级、操作流程调整等事项进行了沟通。

28日，中国出版传媒股份有限公司印发《关于所属企业工行账户加入资金池的通知》，要求除首批加入的商务印书馆、人民音乐出版社、中版教材有限公司三个账户以外，已在中国工商银行开户并确立为联动账户的各所属企业，按规定时间和流程办理加入股份公司资金池的手续。标志着资金池搭建工作正式开展。

28日，中国大百科全书出版社“开展学雷锋——文明乘车志愿者服务活动”。

28日，东方出版中心召开中心《上海市志·新闻出版分志·出版卷（1978～2010）》编纂工作小组会议。

2月，2014年世界图书出版上海有限公司的CloudBag云教育平台项目正式上线，并在青岛二中成功应用。

3月

3日，台湾中华书局张敏君、潘伟祥和中华语文研习所董事局朱婉清访问中华书局。

3日，中国美术出版总社召开2014年中层管理岗位竞聘动员大会。

3日，中国对外翻译出版公司召开2014年目标责任书签约会议。

3日，中国出版传媒商报社召开专题发行工作会议。

4日，中华书局召开中层干部例会暨2014年度营销工作会。

4日，上海市经济信息化委员会主任李耀新一行到东方出版中心调研考察。

5日，人民文学出版社《沉默的火焰》新书发布会在俄罗斯驻华大使馆举行。

5日，东方出版中心召开2013年度局级领导干部述职会。

6日，人民文学出版社召开女职工座谈会。

6日，中国美术出版总社在中国出版集团公司召开《北总布胡同32号：人民美术出版社的老艺术家们》新书研讨会。

7日，世界图书出版上海有限公司党总支召开全体党员大会，进行总支选举，产生了新一届委员会书记和委员。

7日，新华联合发行有限公司在南昌召开2014年第二届董事会第一次会议。

8日，人民文学出版社邀请著名出版人止庵以“谁害怕弗吉尼亚·吴尔夫”为主题开展“朝内166·文学公益讲座”第三讲。

8日，中央政治局委员、国务院副总理马凯对“诗词中国”传统诗词创作大赛做出重要批示。

10日，中华书局召开2014年度书籍设计研讨会。

10日，现代教育出版社召开专题会议，全面传达学习中国出版集团公司关于导向问题的会议精神。

11日，由人民文学出版社引进出版的小说《永远的菲利普》中文版首发式在北京大学举行。

11日上午，人民文学出版社召开社领导班子和社领导个人2013年度述职会议。

12日，北京久其软件股份有限公司集团公司财务信息系统工作技术专项小组到中国出版集团公司现场办公，对双效业绩考核工作任务的具体实施与财务部有关人员进行了详细交流，完成了双效业绩考核工作任务设计的所有基础工作，现已开始进行任务参数的后期编制工作。

12日，由人民文学出版社、天天出版社以及曹文轩儿童文学艺术中心共同举办的首届“青铜葵花儿童小说奖征稿启动会”在中国出版集团公司举行。

13日，中国出版集团公司与北京久其软件股份有限公司共同编制了财政补贴统计网上填报报表任务，在中国出版集团公司财务系统上进行发布，各企业通过系统完成网上填报。

13日，中国出版集团公司、中国出版股份公司财务部与中国工商银行总分支行相关部门人员，就资金归集中遇到的需要银行方面解决的六个问题进行了充分沟通，逐一研究解决方案和时间进度。

13日，中国出版集团公司副总裁王俊国、潘凯雄召集集团公司资金管理委员会全体会议，通报前期资金收支统计、银行账户清理、资金归集户开立及授权等工作进展情况，以及资金归集过程中遇到的需要银行协助解决的问题，对做好下一步工作提出了要求。

13日，上海市委宣传部召开东方出版中心员工养老保险专题协调会。

13日，大佳网作为中国网络作家协会的4家理事单位之一，与盛大文学、中文在线、新浪网共同发起成立中国网络作家协会。

14日，中国出版传媒商报社党委组织全体党员到西柏坡重温党的历史，接受革命洗礼。

15日，东方出版中心一行到中国出版集团公司，协商解决东方出版中心事业法人单位证书年检事宜。

15日，世界图书出版西安有限公司参加了陕西省新闻出版局关于开展2014年“3·15”教材教辅质量监督检测活动。

16～18日，商务印书馆召开第二届编辑大会。

17日，中国出版集团公司、中国出版传媒股份公司财务部会同集团公司投资与资产经营部，联合邀请五大战略合作银行融资主管人员，就中国出版创意中心项目融资需求进行介绍，并要求各银行结合集团公司实际，提出融资方案。

17日，《巴金全集》（修订版）编辑工作会议在上海巴金纪念馆举行。

18日，中版集团数字传媒有限公司与中国作家协会正式签署“中国作家协会2014年度首批网络文学作家视频拍摄服务协议”。

19日，中华书局总经理徐俊拜访光明日报社总编辑何东平、副总编辑陆先高、副总编辑沈卫星等，就双方联合启动第二届“诗词中国”系列活动的整体策划方案及分工构想进行会商。

20日，中国美术出版总社教材分社召开北京市教研员、教师工作交流会。

21～24日，中国图书进出口（集团）总公司承办第34届法国巴黎图书沙龙上海主宾城市活动。

22日，著名作家贾平凹的长篇小说《带灯》获得“花地文学榜年度长篇小说金奖”称号。

24日下午，人民文学出版社、天天出版社所属的曹文轩儿童文学艺术中心在博洛尼亚国际儿童书展中国展区主办了名为“中国种子世界花——曹文轩图画书国际合作项目（意大利站）”活动。

25日，中国出版集团公司印发《中国出版集团公司所属企业工资总额预算管理办法（试行）》。

25日，中版集团数字传媒有限公司向中国移动基地提交原手机报《文学故事报》的改版方案。

27日，中版集团数字传媒有限公司参加淘宝阅读合作伙伴交流会，参与业务探讨、并作为全国唯一一家企业代表分享运营经验。

28日，中国出版集团公司召开深化人事、分配制度改革工作会。

29日，人民文学出版社《妈阁是座城》入选年度文学类10大好书。

29日，“商务印书馆、江西新华发行集团、中国文学艺术基金会携手艺术家爱心词典捐赠仪式”在江西省鹰潭市龙虎山逸夫小学举行。

4月

2日，中国美术出版总社召开人事、分配制度改革座谈会。

3日，人民文学出版社编辑出版的贾平凹的长篇小说《带灯》获得2013“中国好书”称号。

3～10日，中国图书进出口（集团）总公司组团参加第27届伊朗德黑兰国际书展。

4日上午、9日下午和11日上午，人民文学出版社分别召开会议，就集团公司下发的“改革30条”进行研究讨论。

4日，东方出版中心党委书记、总经理宋焕起出席上海东方维京文化发展有限公司2014年董事会。

8～10日，商务印书馆派员参加第43届伦敦书展。

8～10日，中华书局参加第43届伦敦书展。

8～10日，现代教育出版社参加第43届伦敦书展。

8日，现代出版社召开全体职工大会，讨论人事、分配制度改革工作情况。

9日，中国美术出版总社总编辑林阳参加中国出版集团公司召开的品牌战略领导小组会议。

10日，人民文学出版社申报的《况周颐全集》《毕沅文集》《法式善诗文集》《金代诗论辑存注释》《诗薮校注》共5种图书入选2014年度国家古籍整理出版专项经费拟资助项目。

10日，由中华书局和光明日报社共同主办的“中国传统美德与时代精神”研讨会在光明日报社召开。

10日，前联合国维也纳办事处中文科科长刘军凯应邀到访中国对外翻译出版公司，就联合国文件翻译业务与员工互动座谈。

10日，由共青团北京市委员会、北京市新闻出版局等主办，世界图书出版公司北京公司等协办的“北青新讲坛走进高校系列活动之中法交流——法籍华人Yif‘梦幻的星星’专场”活动在北京大学举行。

11日，《纽约变形记》新书发布暨出版研讨会在商务印书馆涵芬楼艺术馆召开。

11日，商务印书馆研究探讨“人事、分配制度改革30条”座谈会举行。

11～21日，朝花书画社代表中国美术出版总社参加在朝阳公园举行的2014年北京书市。

11日，东方出版中心总编辑李智平赴上海长宁区人民政府发展与改革委员会，与上海市发展与改革委员会主任钱雪娃洽谈产业园区建设相关事项。

12日上午，人民文学出版社在王府井书店召开了鲁光《沉浮庄则栋》一书的新书发布会。

12日，中国大百科全书出版社举办“百科规范杯”征文颁奖典礼暨“汉语规范与作文改革”公益讲座。

13日下午，人民文学出版社举办张译新书《不靠谱的演员都爱说如果》签名售书活动。

13日，世界图书出版西安有限公司组织党员、干部学习“习近平同志系列讲话”。

14日，中国辞书学会举办第一期辞书学术讲座，邀请《牛津英语词典》(OED) 主编John A. Simpson讲授“《牛津英语词典》的历史与追求”。

14日，中国对外翻译出版公司召开2014年第一季度经营工作会议。

14日，上海市长宁区发展与改革委员会主任，上海市长宁区虹桥地区、中山公园功能拓展办公室主任钱雪娃、副主任沈建忠，长宁区虹桥地区、中山公园功能拓展产业科科长杨家龙来东方出版中心察看立体机械车库工地。

14日，现代教育出版社召开“人事、分配制度改革”座谈会。

15日，中国出版集团公司2013年度财务决算审计基本完成。相应地，2013年“双效”业绩考核财务指标完成情况确认同时完成。

15日，东方出版中心召开推进品牌战略工作专题会议，确定由东方出版中心资产管理部牵头中心推进品牌战略工作。

16日，中国出版集团公司副总裁潘凯雄与中国出版传媒股份有限公司财务部一同与人民文学出版社、中国美术出版总社、华文出版社、中版联印刷物资有限公司、世界图书出版公司谈定2014年度预算任务。

16日，由中央电视台新闻中心播音部和商务印书馆主办、陕西学前师范学院协办的“‘放飞梦想的翅膀’秦巴山区公益行动”在陕西洋县华阳希望小学启动。

16日，中华书局全体党员到北京市反腐教育基地参观学习。

17日，中国出版集团公司副总裁潘凯雄与中国出版传媒股份有限公司财务部一同与中华书局、北京中新联科技股份有限公司、中国出版传媒商报社、生活·读书·新知三联书店、中国大百科全书出版社、商务印书馆谈定2014年度预算任务。

17日，中国美术出版总社召开参加意大利书展汇报会。

18日，按照财政部部署，中国出版集团公司在门户网公开2014年度部门预算。

18日，中华书局（香港）有限公司总经理赵东晓、总编辑李占领一行访问中华书局。

18日，中华书局在四川省成都市新华文轩主题书店召开《钩沉岁月》《沉醉春风》《往事重思量——杂书过眼录三集》《旧日笺——民国文人书信考》读者见面会。

18日，中版集团数字传媒有限公司完成"十二五"国家重点音像电子出版规划项目"中华动漫史料库"中期验收，初步实现作品库、作者库、图书库的建设。

19～25日，荣宝斋举办"北京与田园——赵准旺画展"。

20日上午，人民文学出版社与山东大学联合举办"《杜甫全集校注》新书发布暨出版座谈会"。

20日上午，湖南美术出版社、人民文学出版社等联合主办"我的文学行当——黄永玉作品展"，在北京798艺术园区的圣之空间艺术中心开展。

21日，中国出版集团公司根据相关部门提供的材料，向北京市国有文化资产监督管理办公室报送"中国出版集团公司有关版权资产管理现状的汇报"。

21日，中国出版传媒股份有限公司统计内部出版企业2009年至2013年度已享受的企业所得税免税、增值税先征后返等税收优惠数据。

21日，中国美术出版总社社长汪家明参加中国出版集团公司关于中国美术出版总社期刊《中国艺术》与民营公司进行合作一事的会议。

22日，中国出版集团公司副总裁王俊国召集中国图书进出口（集团）总公司、新华书店总店、荣宝斋财务部门负责人及集团公司财务部负责人专题会议，座谈财务工作在集团品牌经营战略推进中可以发挥的作用。

22～23日，中国美术出版总社召开2014年度出版工作会。

22日，东方出版中心总编辑李智平与上海市消防局原总工程师沈友弟商谈东方出版中心立体机械车库防火墙问题。

22日，中图外文书店重装开业。

23日，中国出版集团公司2013年度部门决算通过财政部会审。

23日上午，人民文学出版社、中国文字著作权协会在人民文学出版社联合举办研讨会。

23日，"2014校长读书论坛暨《中国教育报》2013年度推动读书十大人物揭晓仪式"在商务印书馆举行。

23日，北京三联韬奋24小时书店正式成立，李克强总理致信书店全体员工。

23日，中国出版传媒商报社创办首届"中国读友读品节"。

23日，新华联合发行有限公司与中国华电集团发电运营有限公司就物流中心屋顶太阳能光伏发电项目正式签署战略合作协议。

24日，中华书局召开庆祝阎崇年八十寿辰暨《正说清朝十二帝》出版十周年茶话会。

25日，中国出版集团公司2013年度财务决算通过财政部审验。

25日，中华书局40余名中层干部参加学习习近平系列讲话精神首次专题培训。

25日，中华书局在北京大学举办《裂国·大王图》专题讲座活动。

25日，中国美术出版总社期刊《艺术沙龙》举办"凤凰汇·艺术沙龙第二季——中国女性画家作品 & 国际香水收藏展"。

26日，中华书局在北京图书大厦举行《裂国·大王图》新书发布暨签售活动。

26日～5月3日，荣宝斋济南分店举办"寸耕心迹——王镛书法近作展"。

26日，世界图书出版公司北京公司在北京师范大学举办朱志平教授《汉语交际黄金句型65》讲座暨签售会。

27日上午，人民文学出版社与中国现代文学馆共同主办“《王蒙文集》出版暨学术研讨会”。

27日，商务印书馆举办主题为“在城市中寻找自然”的“自然文库”读者分享会。

28～29日，中国对外翻译出版公司与国际关系学院就企业与高校、中国译者与外国译者联合翻译中国当代作品的合作模式进行探讨。双方签订翻译项目。

28日～5月2日，荣宝斋举办“叶选宁习字展”。

29日，中国出版集团公司召开2014年第一季度经营工作会议。

29日，中国出版集团公司总裁谭跃、副总裁潘凯雄及证券与法律事务部、集团公司财务部负责人向北京市国有文化资产监督管理办公室介绍国资预算申报项目情况。

29日，东方出版中心获得中国出版集团公司、中国出版传媒股份有限公司颁发的“2013年度经营特别贡献奖”。

30日，中国出版集团公司发布《推动所属企业人事、分配制度改革30条》。

4～8月，人民音乐出版社进行部分中层岗位竞聘。

4月，现代教育出版社成立了“人事、分配制度改革”领导工作小组。

4月，现代出版社《疾风回旋曲》中文版大陆首发式举行。

4月，现代出版社进行法人变更。法人由朱朝旭变更为臧永清。

4～5月中版集团数字传媒有限公司举办了两场绘本进社区活动，先后与搜狐焦点、电影学院合作，完成顶秀美泉小镇、电影学院2场绘本进社区、院校活动，向社区读者直接推荐绘本佳品以及宣传制作的新媒体绘本APP。

5月

1～5日，中国图书进出口（集团）总公司组团参加第28届瑞士日内瓦国际书展。

1～7日，荣宝斋举办第四届“春润京华——马海方古都风情人物画展”。

4日，中华书局组织团员青年赴水关长城开展“绿色北京·美丽中华”五四青年节公益环保活动。

4日，中国美术出版总社团委组织青年职工赴雅昌文化集团参观学习。

5～7日，中国出版集团公司副总裁王俊国、财务部徐凤君参加国家新闻出版广电总局组织的2014年新闻出版改革发展项目库评审。

5～7日，人民音乐出版社在北京市东城区少年宫举办《钢琴之旅——菲伯尔钢琴基础教程》大型师资培训活动，数百名来自全国各地的一线钢琴教师参加。

5日，东方出版中心总编辑李智平赴上海长宁区政府发展和改革委员会商谈立体车库建设整改事项。

6日，东方出版中心召开干部会议，推荐东方出版中心总经理、党委书记人选。

6日，上海市纪律检查委员会驻上海市委宣传部纪检组干部张彩虹、顾恒怡到东方出版中心调研贯彻中央纪律检查委员会十八届三次全会精神情况。东方出版中心党委副书记、纪委书记、副总经理董玲做介绍。

7日，中国出版传媒股份有限公司在总结2013年度决算工作的基础上，确定2013年财务快报、季报和年度决算考评优秀单位。

7日，人民文学出版社与中央广播电视大学出版社在中国现代文学馆联合主办了《再见梅娘》《梅娘怀人与纪事》新书出版座谈会。

7日，中国美术出版总社在中央美术学院举办《心律集》新书发布会。

8日，中国出版集团公司发文，对2013年度财务快报、季报和年度决算考评优秀的单位进行表彰和奖励。

8日、9日，人民文学出版社部分青年员工参加中国出版集团青年委员会培训。

8～9日，中央党校部分教授到中国美术出版总社为全体中层管理人员就“做好处级干部学习贯彻习近平总书记系列讲话精神”进行集中培训。

8～11 日，中国图书进出口（集团）总公司组团参加第 11 届希腊萨洛尼卡国际书展。

9 日，人民文学出版社被中国出版集团公司评为“2013 年度快报先进单位”。

10 日，人民文学出版社在上海组织《随想录》（巴金诞辰 110 周年纪念版）新书品读会。

12 日和 5 月 11 日，人民文学出版社分别在深圳书城中心店和南京凤凰国际书城组织了胡海泉随笔集《问泉》新书签售会。

12 日上午，人民文学出版社召开安全工作会议。

12 日，中国图书进出口（集团）上海公司就反映因资金归集遇到的网点服务及收费、严重影响资金集中管理工作进度的问题，向工商银行总行相关部门负责人（项目实施总协调人）反映，并要求按照招标时确定的不因资金集中影响服务和收费的原则，出台相应的措施，解决上海的问题。

13 日，中国出版集团公司总裁谭跃、副总裁王俊国参加中央文化企业国有资产监督管理领导小组办公室举行的 2013 年中央文化企业负责人述职会。

13 日，中国出版集团公司人力资源部在东方出版中心发布李智平拟任东方出版中心总经理、董玲拟任东方出版中心党委书记任职公示。公示时间至 5 月 22 日。

13 日，中华书局 40 余名中层干部参加学习习近平系列讲话精神第二次专题培训。

13～14 日，中国对外翻译出版公司参加中国（深圳）国际文化产业博览交易会 518 动漫分论坛活动。

15 日，中国出版集团公司财务部、中国出版传媒股份公司科技与数字出版部、商易华公司负责人，就集团公司财务信息系统需求和实施情况，以及与北京久其软件有限公司的合同签订等事项，进行了沟通。

15 日，商务印书馆举办《牛津高阶英汉双解词典》（第 7 版）APP 发布会。

15 日，中华书局在中国紫檀博物馆召开《清朝开国史》出版座谈会。

15～19 日，第十届中国国际文化产业博览交易会在深圳会展中心举行。中国对外翻译出版公司代表参加展会。

16 日，中国出版集团公司财务部徐凤君参加国务院机关事务管理局组织的高级会计师评审会议。

16 日，人民文学出版社现代文学与文化编辑室编审李明生被评为全国自强模范。

16 日，中华书局以诗词中国组委会的名义向中央政治局委员、国务院副总理马凯提交“关于第二届‘诗词中国’系列活动策划方案的专题汇报”。

16～19 日，由文化部对外文化联络局、中国翻译协会主办的中国文化翻译与传播暨国家语言与翻译能力建设高级研修班在北京语言大学举行。中国对外翻译出版公司 5 名中层业务骨干参加了研修班。

17 日，由人民文学出版社、湖南美术出版社、巴金故居共同主办的“《无愁河的浪荡汉子·朱雀城》暨‘黄永玉的文学行当’”专家论坛在 798 圣之空间举办。

18 日，人民文学出版社与中关村四小师生在中关村图书大厦五层多功能厅举办“走进苦苓的魔法森林：少儿科普可以这么读”活动。

19 日，中央政治局委员、国务院副总理马凯对第二届“诗词中国”系列活动做出重要批示。

19 日，中央电视台《焦点访谈》播出“中华文化，走出国门”节目，对人民文学出版社“走出去”工作进行了重点报道。

19 日，中国对外翻译出版公司在北京西单图书大厦举办《马与我》首发座谈签售活动。

19 日，北京中新联科技股份有限公司下属三家子公司：北京新华动力能源科技有限公司、北京双盛科技有限公司、北京中新力科技有限公司完成股权变更工作。

20 日，中国出版集团公司向财政部申报了 2014 年度文化产业发展专项资金预算。

20 日，中国出版集团公司向国资委报送集团公司国有资产统计报表。

20～21日，中国出版集团公司财务部参加国家新闻出版广电总局组织的2014年“经典中国国际出版工程”初评会。

21日，中国出版传媒股份有限公司与江西新华发行集团有限公司、江苏凤凰出版传媒股份有限公司股东完成公司重组后新增资本3.73亿元。

22日，中国出版集团公司根据财政部布置，计算、申报2014年国有资本收益上缴数。

22～23日，中国出版集团公司财务部参加工会财务工作会议。

22～23日，中华书局参加中国出版集团公司第三届职工乒乓球比赛。

23日，中国出版集团公司财务部配合证券与法律事务部向北京市国有文化资产监督管理办公室报送2014年国资预算申报项目进展情况说明。

23日，中国出版集团公司所属单位纳入资金池归集范围的工商银行账户，已有半数以上完成归集，另有部分账户正在办理手续。个别单位情况特殊，尚未完成。

23日，中国出版集团公司财务部编制完成《总部2014年财务预算》（含集团总部承担的项目资金预算），集团公司领导批准后，分别下达给各部门。

23日，中国出版传媒股份公司根据国有资本收益上交要求，测算出利润分配数额。

23日，中国美术出版总社人力资源部组织全社员工进行培训学习。

24日，由中共北京市委市直属机关工作委员会和北京市新闻出版广电局联合主办、商务印书馆协办的“北京市直机关青年公务员读书大讲堂”正式启动。

24日，中国美术出版总社召开1～4月经济工作通气会。

25日，生活·读书·新知三联书店出版了《和王世襄先生在一起的日子》一书，并举办王世襄百年诞辰墨迹展。

25日，中版集团数字传媒有限公司完成2014年度文化产业发展专项资金项目“中版集团特色书店O－TO－O综合运营系统”的申报工作。通过该项目将集团下辖的品牌书店聚合成网络连锁书店，提升实体书店的造血能力与中版集团的品牌影响力，构建中版集团优质图书连锁经营与线上线下互动销售的新模式。

26日，人民文学出版社举办“中德出版对话暨《德国，你如此优雅》版权输出签约仪式”。

27日，由福建师范大学文学院、中国作家协会小说委员会、人民文学出版社共同主办的“陈希我小说《我疼》出版首发式暨创作研讨会”举行。

27日，德国书业代表团到人民文学出版社访问。

27日，生活·读书·新知三联书店举办生活书店版吴敬琏《直面大转型时代》新书发布会。

27～31日，现代教育出版社参加了“2014美国纽约书展”。

28日，北京师范大学教授、《通用规范汉字表》专家委员会副主任委员王宁在中华书局伯鸿讲堂做了题为《出版印刷用字的规范问题》的讲座。

28日，中国大百科全书出版社《汉字应用规范字典》在南京首发，同时与南京新华书店、南京电视台联合承办“汉字听写公益挑战大会”。

28日，法兰克福书展公司总裁博斯，副总裁傅蓝带队8家德国设计、文学、社科类出版社16人代表团到中国美术出版总社进行工作访问。

28日，中版集团数字传媒有限公司获批国务院台湾事务办公室“海峡两岸网络文学大赛”项目。该项目由中国出版集团主办，中版集团数字传媒有限公司与台湾联合线上承办。

29日，商务印书馆与中国社会科学院、清华大学联合主办的“《钱锺书手稿集·外文笔记》（第一辑）新书首发式暨出版座谈会”召开。

30日，由人民文学出版社、北京师范大学教育学部研究生会和巴中书友会共同举办的“走进巴西：激情世界杯与温情治愈小说”研讨会举行。

30日，人民文学出版社举办金宏达散文集《达观》新书出版座谈会。

30日，中华书局举行2014年春季趣味运动会。

31日～6月6日，荣宝斋举办"游于艺——萧平书画新作展"。

5～10月，商务印书馆《英语世界》杂志举办了第五届"《英语世界》杯"翻译大赛。

5～6月，商务印书馆举办"中层干部学习习近平总书记系列讲话精神培训班"。

5月，现代教育出版社组织"现代教育出版社成立十周年征文"活动。

5月，世界图书出版上海有限公司员工张本亮的论文《浅谈出版企业的品牌营销》获得中国出版集团"香山论坛"二等奖。

6月

1日，生活·读书·新知三联书店举行《1944：腾冲之围》新书首发式，该书入选2014年底各类年度图书榜单。

1日，生活·读书·新知三联书店第四届社店战略合作联席会在宜兴召开。

3日，中国出版集团公司总裁谭跃带队调研人民音乐出版社品牌建设工作。

4日上午，中国出版集团公司就品牌经营工作到人民文学出版社调研。

5日，中国出版集团公司财务部向集团领导报送5月份资金归集情况，就集团公司资金池建立的特殊性及存在的问题进行了分析，对归集账户的开立、收益纳入资金池、加挂网银以及资金归集时点数据等情况进行了全面梳理。

5日，根据《中国出版集团公司资产收益管理暂行办法》规定，核定非上市企业2013年度应交资产收益，核定上市企业剥离资产和股权收益应上交集团公司的部分，并要求6月底以前上交集团公司。

5日，中国出版集团公司批复所属企业2014年度财务预算（含车辆等固定资产购置预算）。

5日，中国出版集团公司总裁谭跃到中华书局进行品牌调研。

5～6日，中国对外翻译出版公司作为唯一同声传译服务供应商，为教育部、国家语言文字委、江苏省政府和联合国教科文组织共同主办的"世界语言大会"提供英中、英法、英西多语种同声传译及同传设备服务。

5日，世界图书出版西安有限公司组织开展"陕西省科技系统优秀党员"评选活动。

6日，财政部召开2015年部门预算编制部署动员会议，中国出版集团公司财务部参加。

6日，中国出版集团公司总裁谭跃、副总裁刘伯根率集团品牌战略工作办公室到商务印书馆调研。

6日，人民文学出版社召开了工会第四届第二次会员代表大会，会议主题是改选工会主席。

6～8日，人民文学出版社和美国亚洲文化传媒集团为中国作家冯唐共同举办在美国芝加哥、曼哈顿组织的文化交流活动。

6日，经东方出版中心领导班子研究，中国出版集团公司同意，东方出版中心组织人事部更名为东方出版中心人力资源部。见东出（2014）47号。

7日，人民文学出版社举办"朝内166·文学公益讲座"第四讲，邀请中国俄罗斯文学研究会会长刘文飞教授讲授"不朽的托尔斯泰：解读《战争与和平》《安娜·卡列尼娜》《复活》"。

7日，博雅翻译文化沙龙在南开大学举办第六届中国翻译职业交流大会，大会由中国对外翻译出版公司与南开大学外国语学院联合承办，主题为"全球化语境下的语言服务：理念、技术与创新"。

8～12日，商务印书馆与英国牛津大学出版社在英国牛津共同举办"中英词典编纂研讨会"。

9～12日，财政部在厦门国家会计学院举办2015年部门预算编制培训班，中国出版集团公司财务部参加。

9日与6月12日，人民文学出版社召开选题委员会专题会议，确定申报资助重点项目。

10日，中国出版集团公司党组书记王涛、副总裁刘伯根、出版部主任张贤明、投资与资产经营部主任周锡培和万萍等一行 15 人到中国美术出版总社就品牌经营工作进行调研。

10 日，中华书局在国家图书馆古籍馆举行“中华经典古籍库”捐赠开通仪式暨发布研讨会。

11～27 日，中国大百科全书出版社联合四家出版单位组织策划编辑联合培训班。

12 日，中华书局人文图书编辑室焦雅君赴中华书局（香港）有限公司进行为期三个月的工作交流。

13 日，中国美术出版总社召开职工代表大会。

13～15 日，中国图书进出口（集团）总公司组团参加第 7 届南非开普敦国际书展。

14 日，世界图书出版公司北京公司和雨枫书馆在北京市雨枫书馆举办阿尔茨海默病顶级专家谈暨《优雅地老去》新书分享会。

16 日，中共中央宣传部干部局干部处处长柳杰、张翔到东方出版中心听取李智平、董玲分别提任总经理、党委书记意见。中国出版集团公司人力资源部有关同志陪同。

17 日，中国出版集团公司召开深化人事、分配制度改革交流会。

17 日，中国出版集团公司召开企业年金管理委员会第一次会议。

18 日，中国出版传媒股份有限公司举办 2014 年第一期人事、财务培训。

18 日，中华书局组织召开《中国南海史料文献集》编辑工作会议。

18～22 日，中国图书进出口（集团）总公司组团参加第 20 届韩国首尔国际书展。

19 日，中国美术出版总社召开《中国工艺美术全集》投标准备会。

20 日，中国出版集团公司直属机关党委常务副书记、纪委书记王云武等到东方出版中心听取李智平、董玲分别提任总经理、党委书记意见。

20 日，人民音乐出版社召开《义务教育教科书　音乐》（北京版）教科书与教学参考书编写会。

21 日，中华书局在北京王府井书店举行《都什么时候了》签售活动。

21 日，东方出版中心总编辑李智平参加李希凡先生从事学术研究 60 周年暨《李希凡文集》出版座谈会。

22 日，中华书局在上海图书馆举行《洛书河图——文明的造型探源》讲座。

24 日，中国出版传媒股份有限公司部署关联方内部往来清理工作。

24 日，中国出版传媒商报社举办 2014 年“香山论坛”分论坛。

26 日，人民文学出版社与 21 世纪教育研究院共同举办《大学之道》研讨会。

26 日，中版集团数字传媒有限公司完成与大百科全书出版社的“全媒体少儿图书出版绘本项目”联合申报。

26～27 日，中版教材有限公司党总支组织全体党员、预备党员、入党积极分子和骨干员工赴狼牙山、西柏坡革命圣地，重温革命历史，感受革命精神，加强党性党风党史党情教育，大力发扬艰苦奋斗的作风。

27 日，现代教育出版社召开全社员工大会，会上通过了《现代教育出版社人事、分配制度改革的实施方案》，执行时间自 2014 年 7 月 1 日。

28 日，世界图书出版公司北京公司和雨枫书馆在北京市雨枫书馆崇文馆举办《行尸走肉》影视分享会。

29 日，由人民文学出版社和北京世纪伙伴文化传媒股份有限公司共同举办“藏身与下山：徐皓峰的武侠镜像”新书沙龙。

29 日，《柴德赓点校新五代史》新书发布暨《柴德赓全集》编辑启动仪式举行。

30 日，中国出版传媒股份有限公司收取所属企业 2013 年股利。

30 日，商务印书馆举办中国出版集团公司 2014 年“香山论坛”分论坛暨第三届“我与商务共成长”演讲比赛。

30 日，《中印文化交流百科全书》中英文版出版发布会在人民大会堂举行。国家副主席李源潮、印度副总统安萨里出席。

30 日，人民音乐出版社举行新党员入党宣誓仪式。

6月，按照中国出版集团公司投资与资产经营部下发的《关于股权投资统计清理的通知》，中国出版传媒股份有限公司财务部对所属二级企业上报的长期股权投资进行了全面清理。完成对股份公司本部及所属全资、控股和参股公司对外长期投资的清查和评估，并提出处理意见。

6月，中国出版集团公司财务部将对应纳入集团公司资金集中管理范围企业的资金收支情况、归集情况、收益情况进行统计分析，进一步督促相关企业加快账户清理，控制保留账户的资金余额，提高归集比例和资金收益。

6月，世界图书出版上海有限公司医学图书事业部携麻醉医学专业图书和新书《下肢肌筋膜疼痛和机能障碍——触发点手册》参加了麻醉与围术期医学大会，与该书作者进行了交流沟通。

7月

1日，中国出版集团及所属单位中国美术出版总社、人民音乐出版社等联合在延安东关小学举行图书捐赠活动。

2日，国家新闻出版广电总局党组书记、副局长蒋建国，中央文化企业国有资产监督管理领导小组办公室主任王家新，新闻出版广电总局出版管理司司长吴尚之、出版管理司副司长王然、中国出版集团公司党组书记、副总裁王涛，副总裁李岩等领导到中国大百科全书出版社就《中国大百科全书》（第三版）工作进行专题调研。

3日，《好莱坞——电影与意识形态》访谈会在江苏书展期间举行。

3～15日，人民音乐出版社“快乐阳光第11届中国少年儿童歌曲卡拉OK电视大赛”在大连举办。

4日，中国美术出版总社相关人员参加《中国工艺美术全集》编辑出版服务采购项目招标会。

8日，樊希安、孙月沐就任中国出版传媒股份有限公司副总经理。

8日，中国出版集团公司、中国出版集团公司党组调整中国出版传媒商报社领导班子。伍旭升任社长，任江哲任党委书记。

8日，中国对外翻译出版公司教辅产品研讨会在湖南长沙召开。

9日，中国出版集团公司在东方出版中心召开干部大会，宣布中国出版集团公司关于东方出版中心领导人任免决定。中国出版集团公司党组书记王涛，机关党委副书记、人力资源部干部处处长姜红新等出席。

10日，钱君匋先生625件文物捐赠人民音乐出版社。

10日，中国对外翻译出版公司召开2014年上半年工作总结暨经营工作会议。

10日，现代教育出版社召开2014年上半年经营工作会。

11日，中国出版协会文学艺术出版工作委员会“2014年工作会议”在兰州举行。

11日，路英勇、翟德芳、常绍民、张作珍、舒炜、郑勇6位组成的生活·读书·新知三联书店领导班子履新。

11日，中国对外翻译出版公司部分编辑参加国家海洋局主办的钓鱼岛图片资料展览工作研讨会。

11日，中国图书进出口（集团）总公司召开干部大会任命新的领导班子。宣布张纪臣同志任总经理、党委副书记；林键、林佳红同志任副总经理。

14～18日，中国对外翻译出版公司完成联合国环境规划署工作组会议会期文件翻译任务。

15日下午，人民文学出版社举办“香山论坛”分论坛。

16～18日，“为中国未来而读——2014阅读论坛”在青海西宁召开。

17日，中国出版集团公司到人民文学出版社就内控建设进行调研和交流。

17日，中国出版集团公司证券与法律事务部主任刘禹、第一会达公司项目负责人梁炜到中华书局就内部控制制度建设情况进行调研。

17日，人民文学出版社为迎接杨绛先生103岁生日，推出《洗澡之后》《杨绛全集》。

17日，中国出版传媒商报社新领导班子组织党员和全体员工赴狼牙山革命圣地，重温抗日战争历史，召开全社员工大会。

18日，中国出版集团公司财务部完成2012～2013年资金收支情况统计分析，并提出2014年资金运作方案。

18日，中国出版集团公司副总裁李岩、出版业务部主任张贤明等到现代教育出版社调研。

19日，中国对外翻译出版公司出席中国翻译协会在北京第二外国语学院举办的全国翻译专业学位研究生教育实习基地授牌和兼职教师证书颁发仪式。

20日，台湾商务印书馆股份有限公司副董事长王春申、副总编辑沈昭明、编辑部经理叶幗英访问中华书局。

21～24日，商务印书馆召开2014上半年经济分析会议。

22日，中国美术出版总社参与的《中国工艺美术全集》投标项目获得中标确认。

23日，中国出版集团公司直属机关党委副书记、纪委书记王云武到中华书局检查党委中心组学习情况。

23日，中国美术出版总社召开半年经济工作会。

23日，人民音乐出版社举办《李延亮——此时此刻完整吉他谱与深度解析》首发式及新书签售活动。

24日，中国出版集团公司发出《关于开展中国出版集团公司内部往来专项清理工作的通知》（中版［2014］132号），部署集团公司内部往来全面清理工作。

25日，中国美术出版总社在生活·读书·新知三联书店举办《燎原说画——近看西方现代艺术》新书发布会。

26日，人民文学出版社在三联韬奋图书中心举办“有价值悦读”文学丛书作者、评论家、读者、媒体见面会。

27日，中国社会科学院语言研究所、北京语言大学、中国语言学书院、商务印书馆联合主办“2014海内外中国语言学者联谊会——第五届学术论坛”。

27日，涵芬楼艺术馆举办“水墨禅境——蔡志忠作品展”开幕仪式，以及走进涵芬楼系列讲座之——水墨禅意与现代人文精神暨蔡志忠先生系列图书签售会。

28日，美国加州大学伯克利分校东亚图书馆馆长周欣平访问中华书局。

29日，全国人民代表大会教育科学文化卫生委员会主任委员、中国出版协会理事长柳斌杰题词祝贺人民音乐出版社成立60周年。

29日，中国出版集团公司直属机关党委副书记王云武等到现代教育出版社调研党委中心组学习情况。

29日，人民音乐出版社《中国音乐教育》杂志“第四届奥尔夫音乐艺术教育国际认证师资培训活动”举办。

29日，中国外文局在全国人大会议中心举办“中国文化对外传播与中译外人才培养”高峰论坛暨中国翻译研究院成立仪式。

31日，中国出版集团公司向财政部报送2015年度部门预算（含宣传文化发展专项资金项目预算）。

7月，中国出版传媒股份有限公司配合内控建设结合现行财务工作情况，填制了中国出版传媒股份有限公司内部控制诊断评价问卷、股份财务部业务流程与制度映射清单，对股份公司财务部流程图提出了修改意见及完善建议。具体涉及筹融资管理流程、资金集中管理流程、财务报告流程、预算编制流程等方面的内容。

7月，世界图书出版上海有限公司党总支组织全体党员学习《习近平总书记系列重要讲话读本》，每周组织大家交流学习心得，撰写学习体会。

7月，北京中新联科技股份有限公司研发项目《光盘复制信息安全保护技术的研发应用》入选国家新闻出版广电总局2014年度新闻出版改革发展项目库。

8月

1～4日，人民文学出版社参加第24届全国图书交易博览会。

1～4 日，商务印书馆携 300 种新书参加第 24 届全国图书交易博览会。

1～4 日，中华书局参加第 24 届全国图书交易博览会。

1～4 日，人民音乐出版社参加第 24 届全国图书交易博览会。

1～4 日，现代教育出版社参加第 24 届全国图书交易博览会。

2 日，由人民文学出版社主办的“我的文学生涯——《王蒙文集》暨‘王蒙说古典系列’线装书出版见面会”在第 24 届全国图书交易博览会中国出版集团活动区举行。

2 日，在第 24 届全国图书交易博览会上，“寻找最美阅读少年暨曹文轩儿童文学艺术中心阅读推广公益活动”正式启动。

2 日，中国对外翻译出版公司副总经理张高里与作家汪洋共同做客《大佳面对面》，畅谈汪洋的新书《汪洋传记三部曲》。

2 日，中央人民广播电台《都市之声》栏目推荐《温斯顿特效》和《黑色电影》。

3 日，“崔岱远《吃货辞典》新书首发式暨分享会”举行。

4 日，中国美术出版总社成立《员工手册》编纂小组。

4～8 日，中国美术出版总社人力资源部组织 2014 年新进员工进行入社教育。

5 日，中国出版集团公司印发中版［2014］141 号文，李智平任中国出版集团公司驻上海办事处主任，免去宋焕起驻上海办事处主任职务。

5 日，北京中新联科技股份有限公司完成石景山厂区北厂房门牌确属登记工作。

6 日，由獐子岛集团股份有限公司、大连日报社和人民文学出版社联合举办的“中国著名作家再进獐子岛”活动启动仪式举行。

6 日，在中国人民解放军建军 87 周年之际，人民文学出版社工会组织社里的复员军人赴北方射击场进行打靶活动。

8 日，中国出版集团公司召开年中工作会议。

8 日，中华书局在石家庄图书大厦举行《中华好诗词》新书发布暨签售活动。

8 日，中国美术出版总社《美术向导》杂志在三联韬奋图书中心 24 小时店举办“十人谈”交流会。

11～15 日，中国大百科全书出版社举办 2014 年新员工岗前培训活动。

11～18 日，中国对外翻译出版公司副总经理于洋随中国出版集团公司代表团出访芬兰卓蓝公司（Jolla）和英国出版科技集团，就数字化业务进行洽谈与交流并参加爱丁堡国际图书节。

12 日，中国出版集团公司、中国出版传媒股份公司财务部约请中国工商银行总、分、支行有关部门人员，就上半年资金集中管理情况进行了通报，就存在的 9 个方面的问题进行了研究，落实解决办法和时间表。

12 日，中图数字国际贸易（北京）有限公司成立。

13～15 日，中国出版集团公司财务部组织所属企业高级会计人员参加国务院机关事务管理局举办的继续教育培训。

13～19 日，人民文学出版社参加 2014 年上海书展暨“书香中国・上海周”。

13～19 日，商务印书馆参加 2014 上海书展暨“书香中国・上海周”。

13～19 日，中华书局参加 2014 年上海书展。

13～19 日，人民音乐出版社参加 2014 年上海书展。

13～19 日，东方出版中心参加 2014 年上海书展。

13～19 日，现代教育出版社参加了 2014 年上海书展。

15～17 日，中国辞书学会辞书编辑出版专业委员会第九届学术研讨会在陕西延安召开。

15～21 日，中国图书进出口广州公司承办“2014 南国书香节暨羊城书展主宾馆”。

16 日，在上海书展期间，天天出版社主办的“寻找不一样的自己——辫子姐姐郁雨君‘星座物语’读者见面会”举行。

16～19 日，天天出版社携手曹文轩等作家集体亮相南国书香节。

16 日，商务印书馆版本图书馆开馆仪式在浙江省海盐县张元济图书馆举行。

18～20 日，人民文学出版社在上海为甘肃省作家协会副主席、茅盾文学奖入围作家雪漠的最新长篇小说《野狐岭》举办了三场不同形式的宣传活动。

19～21 日，中华书局参加第三届南方国际文学周国际出版高端论坛。

19 日，生活·读书·新知三联书店连续四年入选 2014 上海书展暨“书香中国·上海周”，“最有号召力的十家出版社”。

20 日，中国出版集团公司印发了《2014 年财务调研巡查提纲》。

20 日，中国出版传媒股份有限公司印发《关于推进资金集中管理工作的通知》，要求所属企业进一步推进开立资金池分支账户及清理冗余账户的工作进程，同时提高已归集账户资金归集比率，并制定定期对所属企业披露资金归集情况的工作机制。

20 日，中国数字出版网（大佳网）终验评审会在云易讯科技公司举行，项目通过终验。

22～27 日，由《中国音乐教育》杂志参与协办的“2014 香港国际青少年舞蹈节”在香港举行。

22～26 日，中国图书进出口（集团）总公司组团参加第 20 届印度德里国际书展。

22～31 日，中国图书进出口（集团）总公司组团参加第 23 届巴西圣保罗国际书展。

23～25 日，中华书局参加首届中外出版翻译恳谈会。

23 日，中央人民广播电台都市之声栏目推荐《关照电影》。

24 日，中华书局参加《中华大藏经续编》编纂工作会议。

25 日，中国出版集团公司财务部印发《中国出版集团公司基本建设财务管理办法》（征求意见稿），向部分单位财务负责人征求意见。

25 日，现代教育出版社成立“重点项目成本管控小组”。

26 日，中国图书进出口（集团）总公司承办 2014 北京国际出版论坛。

27 日，人民文学出版社出版的关仁山最新长篇小说《日头》首发式在北京国际图书博览会河北省展馆举行。

27 日，由人民文学出版社与中国青年出版社、花山文艺出版社合作出版的“红色文学经典丛书”首发式在北京国际图书博览会河北省展馆举行。

27 日，《与沙漠巨猫相遇》的作者伊爱娃（Eva Ekeroth）和绘者熊亮做客光明直播间，接受光明网的访谈。

27 日，《北京人在纽约》《纽约人在北京》出版沙龙暨签售会在京举行。

27 日，商务印书馆在第 21 届北京国际图书博览会上举行《牛津高阶英汉双解词典》（第 8 版）新书发布会。

27 日，商务印书馆与德国施普林格出版社举行战略合作签约仪式。

27 日，中华书局总经理徐俊参加构建中国传统文化内容的国际复合出版服务平台合作启动仪式。

27～31 日，人民文学出版社参加第 21 届北京国际图书博览会。

27～31 日，商务印书馆参加在中国国际展览中心举办的第 21 届北京国际图书博览会。

27～31 日，中华书局参加第 21 届北京国际图书博览会。

27～31 日，中国大百科全书出版社参加第 21 届北京国际图书博览会。

27～31 日，中国美术出版总社参加 2014 第 21 届北京国际图书博览会。

27～31 日，人民音乐出版社参加第 21 届北京国际图书博览会。

27～31 日，中国图书进出口（集团）总公司承办的第 21 届北京国际图书博览会在中国国际展览中心举办。

27～31 日，现代教育出版社参加第 21 届北京国际图书博览会。

27日，中国美术出版总社在中国出版集团公司国际书展活动区举办“中法王叔晖作品出版对话”活动。

27日，人民音乐出版社社长莫蕴慧、副总编辑赵易山做客《大佳面对面》：用音乐记录历史，用出版记录音乐。

27日，人民音乐出版社举办《琴颂诗经》主题访谈与古琴艺术音乐会。

27日，“中国图书全球按需印刷启动仪式”在第21届北京国际图书博览会开展第一天举办，标志着中图全球按需印刷项目全面启动。

28日，人民文学出版社与澳门特别行政区政府文化局在中国国际展览中心北京国际图书博览会携手推出的文学丛书——“镜海译丛”举办新书发布暨主题讨论会。

28日，中华书局参加中国图书世界影响力报告发布会。

28日，人民音乐出版社举行“流行合唱精品”展演活动。

28日，党委书记、纪委书记、副总经理董玲看望东方出版中心离休干部胡实声，祝贺胡实声101岁生日。

28日，东方出版中心成为中国出版协会团体会员单位，见中国出版协会中版协发字［2014］第041号。

28日，由中国图书进出口（集团）公司主办，北京君泰同和文化产业发展中心承办的“全媒体时代版权战略发展论坛”在北京举行。

28日，中国出版传媒商报社在北京国际展览中心新馆举办第三届“中国图书世界影响力评价”发布礼。

28日，中版集团数字传媒有限公司举办《开心球》交互式电子书发布会暨与俄罗斯聪明玛莎出版社、瑞奇中国三方合作签约仪式。

28日，中版集团数字传媒有限公司举办新媒体故事书软件“思耐普”产品发布会暨与美国奥林公司合作签约仪式。中国出版集团公司副总裁潘凯雄出席。

28日，中版教材有限公司被西城区政府授予2013年度为西城区财政做出突出贡献企业。

29日上午，“21世纪年度最佳外国小说”评选冠名仪式暨获奖作品《生命》（Leben）首发式在北京国际图书博览会作家交流区举行。

29日，第13届输出版引进版图书评选暨优秀人物颁奖大会在北京国际展览中心新馆作家交流区举行。

29日，第13届输出版引进版图书评选暨优秀人物颁奖大会举行。天天出版社出版的《根鸟》《杯子的故事》荣获2013年度输出版优秀图书奖。

29日，由商务印书馆、法国驻华使馆、法国利氏辞典推展协会联合主办的《利氏汉法辞典》首发仪式举行。

29日，中华书局（香港）有限公司总经理赵东晓、总编辑李占领一行访问中华书局。

29日，中华书局参加2013年度引进输出版权优秀图书颁奖会。

29日，人民音乐出版社举行“乐亭皮影造型艺术”展演活动。

29日至9月27日，以“三联·哈佛燕京学术丛书”出版20周年为契机，生活·读书·新知三联书店策划“书店里的大学公开课”系列讲座。后于10月20日举办“三联·哈佛燕京学术及出版论坛”。

29日，上海市纪委驻市委宣传部纪检组组长毛云琪、副组长莫剑平到东方出版中心调研纪检工作。

30日～9月1日，中国会计学会出版分会举办第六期新闻出版财务管理高级研讨班，中国出版集团公司部分单位财务负责人参加了培训。

30日，人民文学出版社组织主办了由自传小说《生命》作者大卫·瓦格纳主讲的“朝内166·文学公益讲座”第五讲。

30日，天天出版社在三联韬奋书店举办童书名家对话活动——“无边的绘本”。

31日，中华书局发布《中华书局有限公司所属企业人力资源管理实施细则》。

8月，按照《关于开展集团公司内部往来专项清理工作的通知》要求，中国出版集团公司、中国出版传媒股份公司各所属企业进行内部往来清理。

8月，《商务印书馆内部控制手册》编写完成，正式发布。

9月

1日，《生命》作者大卫·瓦格纳与徐则臣对谈活动在北京三联韬奋书店举行。

2～4日，中国出版集团公司财务部参加北京市国有文化资产监督管理办公室举行的数字化项目评审会议。

2日，现代教育出版社召开专题会，社领导及相关部门负责人集中研究产品建设问题。

3～9日，中国图书进出口（集团）总公司组团参加第27届俄罗斯莫斯科国际书展。

3～5日，中版教材有限公司召开以“重振精神，谋划未来”为主题的六周年座谈会，总结六年的发展经验，规划未来的道路。中国出版集团总裁谭跃、副总裁兼中版教材公司董事长王俊国出席会议并做重要讲话。谭跃以“红烛精神”勉励大家，提出“反骄破满，自信自强，看到危机，拥抱希望，明确使命，追求理想”的希望。

4日，中国出版集团公司财务部参加北京市国有文化资产监督管理办公室召开的《中央文化企业经营业绩评价管理办法》《中央文化企业负责人经营业绩考核管理办法》《中央文化企业负责人薪酬管理办法》三个课题的开题会议。

4日，涵芬楼艺术馆举办海豚出版社第十一期摆渡人·读书文化沙龙——陈子善：打捞“遗珠”与发掘“失踪者”。

5日，生活·读书·新知三联书店入选首届“首都文化企业30佳”名单。

6日，涵芬楼艺术馆举办吴建明作品展“停云”。国家新闻出版广电总局副局长、国家版权局副局长阎晓宏出席。

9日，中国出版集团公司副总裁潘凯雄与集团公司、股份公司财务部研究推进品牌建设资金支持政策。

9日，《杨绛全集》《洗澡之后》媒体见面会在人民文学出版社举行。

10日，中国出版集团公司总裁谭跃率领副总裁王俊国、潘凯雄及两个财务部负责人，赴中国航天科技集团公司，了解资金集中管理及产融业务开展情况。

10～16日，中国图书进出口（集团）总公司组织承办第16届斯里兰卡科伦坡国际书展中国主宾国活动。

10日，中版集团数字传媒有限公司“大佳网书城与移动书城平台互联互通项目”完成最终版测试，进入试运行阶段。

11日，中国出版集团公司财务部研究推进品牌建设考核财务指标。

11日，中国出版集团公司副总裁潘凯雄到中华书局调研财务工作。

11日，中国出版传媒股份有限公司副总经理孙月沐到中华书局调研期刊工作。

11～12日，中国出版集团公司副总裁潘凯雄带队，集团公司、股份公司财务部有关人员参加，对中华书局、人民文学出版社进行财务调研巡查。自9月份开始，中国出版集团公司并购重组的新华印刷有限公司纳入股份公司、集团公司合并报表范围。

11日，商务印书馆举办“编辑沙龙”第六期活动。本期沙龙的主题为“《现代汉语词典》中的科技词语”。

11日，中国美术出版总社召开新办公楼运营保障小组第一次会议。

12日，中国出版集团公司到人民文学出版社进行财务工作调研。

12日，中国工艺美术协会在中国美术出版总社召开《中国工艺美术全集》编委会与人民美术出版社首次联席会议。

13日，布置新华印刷接收后审计、评估工作自9月份开始，中国出版集团公司并购重组的新华印刷有限公司纳入股份公司、集团公司合并报表范围。

13～18日，中国对外翻译出版公司副总经理于洋出席2014年斯里兰卡科伦坡国际书展主宾国活动。

15～25日，中国出版集团公司副总裁潘凯雄带队，集团公司、股份公司财务部有关人员参加，对商务印书馆、生活·读书·新知三联书店、荣宝斋、人民音乐出版社、中国大百科全书出版社进行财务调研巡查。

15 日，中国出版传媒股份有限公司副总经理樊希安到东方出版中心考察产业园建设，听取出版经营工作汇报。

15～18 日，中华书局参加第 29 届全国古籍出版社社长年会暨 2013 年度优秀古籍图书评奖会。

15～16 日，中国对外翻译出版公司副总经理张晶晶参加全国动物园术语标准审定会，将与北京动物园等相关单位共同制定《动物园术语标准》（行业标准）。

15 日，东方出版中心总经理、党委副书记李智平陪同中国出版传媒股份有限公司副总经理樊希安考察上海书城等地。

16～18 日，第 29 届全国古籍出版社社长年会暨 2013 年度优秀古籍图书评奖会在江苏扬州举行，人民文学出版社《侯方域全集校笺》荣获 2013 年度优秀古籍整理奖。

17 日，人民文学出版社邀请了京东有关人员到社交流。

17 日，中国大百科全书出版社与东软集团在北京举行《中国大百科全书》数字化编纂平台项目签约仪式。

17 日，中国美术出版总社召开职工住房补贴小组第一次会议。

18～21 日，中国图书进出口（集团）总公司承办第二届中国（武汉）期刊交易博览会。

18～21 日，第二届中国（武汉）期刊交易博览会在武汉国际会展中心成功举办。《当代》入选“2014 年最美期刊”。

18～24 日，人民文学出版社对 2014 年新入社的应届毕业生、社会招聘人员及转业军人进行了入职培训。

18 日，“众妙之门——李妙染艺术展”开幕仪式在涵芬楼艺术馆举办。

18～19 日，中国对外翻译出版公司参加“2014 年中国翻译服务产业论坛暨全国第九届翻译经营管理工作研讨会”。

19 日，中国美术出版总社与景德镇市委市政府共同创办的“《艺术沙龙》景德镇陶瓷创作基地挂牌仪式暨当代中国陶瓷二十家精品展”启动仪式举行。

20 日，中国大百科全书出版社召开《新闻传播学大辞典》出版座谈会。

20～21 日，《三联生活周刊》社在尤伦斯当代艺术中心举办第二届文化节。

22 日，中国出版集团公司总裁办公会议研究国有资本经营预算资金申报项目。

22 日，中国出版集团公司面向集团公司公开招考美国出版公司高级管理人员。

22 日，中国美术出版总社召开职工住房补贴小组第二次会议。

25 日上午，人民文学出版社邀请北京开卷信息技术有限公司客户经理黄经到社交流。

25 日，《推拿》维权案做出终审判决。

25 日，“书香中国 ·第四届北京阅读季”，生活·读书·新知三联书店获评“优秀合作机构”，北京三联韬奋书店获评“最美阅读空间·书店”。

26 日，中国出版传媒股份集团有限公司到人民文学出版社调研报刊工作。

26 日，中国美术出版总社召开职工代表大会。

27 日，由天天出版社主办，安阳市委宣传部协办的“中国当代获奖儿童文学作家书系”作家群笔会暨促进原创儿童文学繁荣座谈会在河南安阳举行。

27 日，《再见杨德昌：台湾电影人访谈纪事》新书发布会召开。

27 日，中华书局在王府井图书大厦举办《杨晨念〈道德经〉》新书首发式暨签售活动。

27 日，世界图书出版公司北京公司联合北京青青树动漫科技有限公司在王府井书店多功能厅举办《魁拔之书》新书发布会暨主创签售会。

28 日，由中国出版集团公司、光明日报社、中央电视台、中华诗词研究院、中华诗词学会和中华书局主办，中国移动通信集团协办的第二届

“诗词中国”传统诗词创作大赛于西安正式启动

28～29日，中版教材有限公司与高中历史教材编委会、人民出版社、中华书局在陕西宝鸡共同举办全国历史研讨会。

29日，在重阳节来临之际，人民文学出版社专门组织活动，为70岁、80岁和90岁以上的十余位离退休老同志集体祝寿。

30日～10月13日，人民文学出版社组织作家格非、严歌苓和虹影参加了西班牙巴塞罗那书展（10月1～3日）和第66届法兰克福书展。

9月，中华口腔医学会第16次全国口腔医学学术会议（2014年会）暨2014（上海）国际口腔设备器材博览会在上海光大会展中心举行，世界图书出版上海有限公司医学图书事业部携历年出版的口腔医学专业图书参加了此次会议。

9月，世界图书出版上海有限公司党总支全体党员参加由中共上海市委党校讲师团成员张雄教授主讲的“社会主义核心价值观深刻寓意解读”专题报告会。

10月

5日，根据北京市国有文化资产监督管理办公室要求，中国出版集团公司财务部在执行新准则培训班上介绍情况。

8～11日，人民音乐出版社参加2014中国（上海）国际乐器展览会，人民音乐出版社与德国硕特出版公司就《中国音乐百年典藏》系列丛书的版权输出达成协议。

8～12日，商务印书馆参加第66届法兰克福书展。

8～12日，中国对外翻译出版公司参加第66届法兰克福书展，与英国新经典出版社联合举行《中国故事1949～2014》（英文版）首发式。

8～12日，现代教育出版社参加第66届法兰克福书展。

9日，莫迪亚诺荣获2014年诺贝尔文学奖，其两部作品曾在人民文学出版社出版。

10日，中国出版集团公司财务部就集团总部、股份本部承担的专项资金项目预算执行情况进行了分析总结。

10日，中国出版传媒股份有限公司副总经理孙月沐、出版业务部张贤明主任等一行到中国美术出版总社就期刊的发展状况等问题进行调研。

10～12日，中国大百科全书出版社召开2015年度选题工作会议。

11日，人民音乐出版社成立60周年暨繁荣中华音乐座谈会在北京人民大会堂召开。

11日，中宣部副部长黄坤明在人民音乐出版社成立60周年暨繁荣中华音乐座谈会上发表讲话。

11日，国家新闻出版广电总局副局长吴尚之在人民音乐出版社成立60周年暨繁荣中华音乐座谈会上发表讲话。

11日，中国出版集团公司总裁谭跃在人民音乐出版社成立60周年暨繁荣中华音乐座谈会上发表讲话。

11日，东方出版中心总经理、党委副书记李智平向集团公司党组书记王涛汇报上海东方维京文化发展有限公司关于上海建工一建集团有限公司诉东方维京公司拖欠东方维京大厦建造工程款案相关情况。

12日，为纪念邓小平同志诞辰110周年，荣宝斋出版社出版《邓小平书法选》。

13日，中国出版集团公司到人民文学出版社检查“四型”党建工作。

13日，现代教育出版社召开营销工作会。

15日，中国出版集团公司副总裁王俊国、潘凯雄主持召开专题会议，检查专项资金预算执行情况。

15日，《杜甫全集校注》手稿捐赠仪式在国家图书馆举行。

15日，中国美术出版总社召开新办公楼庆典小组与设计小组联席会第二次全体会议。

16日，中国出版集团公司副总裁王俊国召集人力资源、财务部门负责人，传达谭跃总裁关于完善“双效”业绩考核办法的要求，布置开展书面征求意见、召开座谈会等事项。

16日，中国出版集团公司财务部与大信会

计师事务所沟通内部往来清理进展情况，研究后续工作的开展办法。

16日，中国出版集团公司财务部就信贷台账转移、法人透支额度落实等问题，与中国工商银行电信大楼支行进行沟通、督促，要求其尽快完成。

16日，中国出版集团公司直属机关党委副书记、纪委书记王云武赴中华书局调研检查“四型”党委和支部建设情况。

16日，《西长城——新疆兵团一甲子》出版座谈会举行。

16日，中国出版协会、中国出版集团公司、商务印书馆联合主办“陈翰伯诞辰一百周年纪念座谈会”。

16日，商务印书馆举办第2期“品书沙龙”活动，主题为“图书的元数据”。

16日，荣宝斋洛阳分店开业。

16～17日，中国出版传媒商报社在北京台湖主办“首届全媒时代社店营销实务对接会”。

17日，中国对外翻译出版公司召开2014年第三季度经营工作会议。

18日，中央人民广播电台《都市之声》栏目推荐《图书营销7堂课》。

19日，由中国出版集团公司、人民文学出版社、安徽省文联、安徽大学联合主办，由天天出版社、刘先平大自然文学工作室承办的“大自然文学国际研讨会”在合肥举行。

19日上午，雪漠长篇小说《野狐岭》研讨会在中国作家协会举行。

19日，“百年学脉——中华现代学术名著”系列讲座（第二季）第一讲开讲，由郑天挺先生哲嗣、著名明清史专家郑克晟主讲“郑天挺：清史学的开创者”。

20～24日，中国出版集团公司在北京地区4所院校召开2015年度校园招聘宣讲会。

20日，人民文学出版社与中国现代文学馆联合举行香港著名作家梁凤仪博士《我们的故事之乱世佳人：1949～1959年香港故事》中文简体字版新书发布会暨读者见面会。

20～24日，中华书局一行赴台湾地区访问。

20日，中国美术出版总社召开职工住房补贴小组第三次会议。

20～26日，“汝青新暖玉——国家级非物质文化遗产廷怀汝窑作品展”在荣宝斋大厦举办。

21日，中国出版集团公司收到财政部2014年度文化产业发展专项资金预算批复（传真件）。

21日，中国出版集团公司收到财政部收缴国有资本收益的通知。

21日，中国出版集团公司党群工作部主席王云武一行到中国美术出版总社进行关于“四型”党组织建设活动调研。

21日，中国出版集团公司副总裁王俊国到上海，与东方出版中心总经理、党委副书记李智平，党委书记、纪委书记、副总经理董玲商谈工作。

22日，中国出版集团公司副总裁兼新华印刷公司董事长潘凯雄主持召开新华印刷公司董事会扩大会议，宣布了董事会、监事会、高管、党委组成人员名单，布置了年底前需要抓紧抓好的重点工作。

22日，中宣部哲学社会科学规划办公室召开了2014年度“哲学社会科学成果文库”出版工作座谈会。人民文学出版社4种图书入选2014年度“哲学社会科学成果文库”。

24日，涵芬楼艺术馆公益活动“心之门·爱之翼”儿童书画展开幕式举行。

24～26日，商务印书馆参加“2014年中国地理学会学术年会”。

25～26日，由中华书局和北京师范大学人文宗教高等研究院共同主办的纪念方东美115周年诞辰暨方东美哲学思想研讨会举行。

26日，“重读经典·倡行价值阅读研讨会暨《经典名著·大家名作（译）》丛书出版座谈会”在商务印书馆召开。

26～27日，中华书局在江西上饶举办两场讲座及《也说李白与杜甫》新书签售活动。

26日～11月2日，中国图书进出口（集团）总公司组织承办第59届贝尔格莱德国际书展中国主宾国活动。

27日，中国出版集团公司总裁办公会议根

据财政部批复，研究2014年度文化产业发展专项资金的具体安排。

27日，“中国历史的文化记忆——贾平凹长篇新作《老生》读者见面会暨名家论坛”在北京大学举行。

27日，人民文学出版社、天天出版社在第59届贝尔格莱德国际书展举办了“中塞（中国一中东欧）儿童图书合作项目研讨会暨中国种子·世界花——曹文轩图画书国际合作项目”（塞尔维亚站）活动。

27日，人民文学出版社新书《老生》电子书在中国移动阅读基地与纸质书同步首发，创下了中国移动阅读基地新书首发保底及包内经营周期最长的纪录。

27日，世界图书出版公司北京公司在中国电影资料馆举办《盘丝洞1927》新书发布仪式。

28日，中直机关精神文明评审小组一行人等到中国美术出版总社进行工作调研。

28日，北京南北天地科技股份有限公司董事长彭易清一行访问中华书局。

29日，人民文学出版社召开全社全员竞聘工作动员大会。

29日，天天出版社召开全员竞聘上岗动员大会。

29日，中华书局（香港）有限公司张利方到中华书局进行为期三个月的工作交流。

29日，荣宝斋茶文化（北京）有限责任公司成立。

30日，中版集团数字传媒有限公司完成与人民文学出版社共同打造的40部“名著名译有声版”，共计时长50409分钟。

30日，上海市第一中级人民法院院长陈立斌、办公室主任縻世峰、研究室主任刘言浩、政治部主任助理孙衍荣、研究室图书资料科科长李河群、政治部组宣科科长沈强、政治部干部科科长骁克到东方出版中心访问调研。

31日，中国出版集团公司向北京市国有文化资产监督管理办公室报送集团公司2015年国有资本经营预算（4个项目）。

31日，中国对外翻译出版公司副总经理张晶晶应邀赴国际关系学院，为MTI师生做“中国语言服务行业的人才需求”讲座。

31日～11月2日，中国图书进出口上海公司举办2014上海国际音响影音视听展。

31日，北京中新联科技股份有限公司以通信方式召开2014年股东大会，审议和通过更换董事事项，宋焕起不再担任董事，更换李智平担任第四届董事。

11月

1日，“百年学脉——中华现代学术名著”系列讲座（第二季）第二讲开讲，由梁漱溟先生嫡孙梁钦宁主讲“梁漱溟：新文化运动中的特立独行者”。

1日，新华联合发行有限公司荣获“中国出版集团精神文明单位”荣誉称号。

3～6日，中国出版集团公司财务部及大百科全书出版社财务部门相关人员参加财政部在烟台举办的2014年中央部门决算培训会。

3日，中国出版集团公司任命中国出版传媒股份有限公司副总经理樊希安同志兼任中版教材有限公司董事长、总经理。

4日，中国出版集团公司总裁谭跃与国家创新与发展战略研究会会长郑必坚会谈共商《中国国际战略丛书》合作出版计划。副总裁李岩、出版部主任张贤明、中国民主法制出版社社长肖启明、副总编辑刘海涛等一行六人陪同前往。

4日，商务印书馆与亚马逊纸电同步战略合作暨汉译世界学术名著Kindle版上线仪式在商务印书馆举行。

4～9日，荣宝斋书法馆举办“当代十二位书法博士作品展”。

6日，中华书局召开党政联席会。

7日，中国出版传媒股份有限公司印发关于东方出版中心申请办理《中华人民共和国互联网出版许可证》的批复（中版传媒〔2014〕71号），同意东方出版中心申办互联网。

8日，由中华书局、复旦大学出土文献与古文字研究中心、湖南省博物馆联合召开《长沙马王堆汉墓简帛集成》出版座谈会。

10日，由人民文学出版社、巴中书友会、兰州交通大学外语学院共同举办的“《我亲爱的甜橙树》小说与电影欣赏交流会”在兰州交通大学外语学院学术厅举行。

11～17日，中国美术出版总社赴加拿大参加“白求恩逝世75周年大会暨合作项目启动仪式和图片展”活动及多伦多国际书展。

14日，商务印书馆与山西大学战略合作签约仪式在山西大学举行。

14～15日，中国出版传媒商报社在杭州召开全国出版集团信息工作会议。

15日，中国出版集团公司收到北京市国有文化资产监督管理办公室《关于下达2015年中央部门“一下”预算控制数和做好“二上”预算编报工作有关问题的通知》，核定中国出版集团公司宣传文化发展专项资金项目支出情况。

15日，“第七届中国版权年会”在北京举行。中国出版集团公司总裁谭跃、中国对外翻译出版公司总经理林国夫与会。

15日，“百年学脉——中华现代学术名著”系列讲座（第二季）第三讲开讲，由陈岱孙先生弟子、北京大学经济学院前院长晏智杰与陈岱孙家人刘昀主讲“中国经济学一代宗师陈岱孙”。

15日，“商务印书馆2014年度人文社科好书评选”活动在商务印书馆举行。

15日，中国美术出版总社参加“向基础教育倾斜——北京市小学开展连环画阅读活动项目”招标会。

15日，荣宝斋（济南）拍卖有限公司举行首届艺术品拍卖会。总成交额4.3亿元，创造了山东艺术品拍卖市场的新纪录。

17日，2014“中国最美的书”评选结果公布，《第九夜》《湘夫人的情诗》荣获2014“中国最美的书”。

17日，中国美术出版社参加“向基础教育倾斜——北京市小学开展连环画阅读活动项目”获得招标通知。

18日，中华书局在上海图书馆召开“中国近代名人手稿日记丛刊”之《蒋维乔日记》新书发布暨出版座谈会。

18日，中国美术出版总社召开职工住房补贴小组第五次会议。

19日，中国出版集团公司、股份公司财务部和人力资源部约请大信、信永中和会计师事务所，研究《职工薪酬准则》执行问题。

19日，中国美术出版总社召开中层干部大会。

19日，中国美术出版总社上市办公室召开工作会议。

19～21日，北京中版联印刷物资有限公司组织中国出版集团公司所属出版社出版部负责人赴贵阳参加2014年全国纸张订货交易会。

20日，中国出版集团公司总裁谭跃听取集团公司、股份公司财务部汇报专项资金分配和使用、管理情况汇报，对进一步加强专项资金管理提出具体要求。

20日，中国出版集团公司财务部派员参加国资委决算布置会。

20～22日，天天出版社参加了第二届中国上海国际童书展，并在书展期间组织了多场精彩活动。

20日，商务印书馆举办“中国法走出去丛书”《中国专利案例精读》英文本出版座谈会。

20日，中华书局举行《中国石谱》合作出版签字仪式。

20～22日，中国大百科全书出版社参加第二届中国上海国际童书展。

20日，现代教育出版社召开2015年度选题论证会。

21日，中华书局召开2014年度产品运营及产品战略工作会议。

21日，中华书局在江西上饶市新华书店举办《我是人间惆怅客——听杨雨讲纳兰》新书签售活动。

22日，东方出版中心党委书记、纪委书记、副总经理董玲陪同中国出版集团公司副总裁潘凯雄巡查中国出版集团公司校园招聘考试。

23日，中华书局在济南市泉城路新华书店举办《也说李白与杜甫》新书分享暨签售活动。

25日，中国出版集团公司财务部按照部署报送党的群众路线教育实践活动整改情况。

25日，中国出版集团公司副总裁刘伯根、潘凯雄召集PT项目专题会议，研究招标文件，布置招标工作。

25日，中国美术出版总社召开年度任务指标督促会。

26日，中国对外翻译出版公司成为“全国海洋文化产业示范基地”。这是国家海洋局首次将“基地”颁发给出版单位，极具品牌价值。

26～27日，中国图书进出口（集团）总公司（本部）第十一届二次职工代表大会召开。

26～28日，中版教材有限公司联合人民出版社、未来出版社、教材编写组在贵阳市举办了2014年德育学科教学研讨会。

27日，中国出版集团公司、股份公司财务部和科技与数字出版部安排人员赴上海对东方出版中心“影像中国”项目进行评价。

27日，天天出版社召开2015年度选题论证会议。

28日，中国出版集团公司举办2014年新员工座谈会。

28日，中国出版集团品牌战略推进会召开，集团公司领导和部分单位领导班子成员、品牌战略工作小组成员参加了会议。

28日，中国出版传媒股份公司科技与数字出版部、集团公司计划财务部、股份公司计划财务部到东方出版中心了解“美术作品2.0项目”补贴资金使用情况。

28日～12月1日，《音乐研究》杂志参与主办的“两岸音乐学术的现时发展与未来协作高端论坛”在福州福建师范大学举办。

29日，人民文学出版社出版的长篇小说《夏》研讨会在中国现代文学馆举行。

29日，北京大学俄语系教授、博士生导师，中俄比较文学研究会会长李明滨以“永远的肖洛霍夫，静静的美丽顿河”为主题开展“朝内166·文学公益系列讲座”第七讲。

29日，“百年学脉——中华现代学术名著”系列讲座（第二季）第四讲开讲，由沈从文先生助手、著名纺织考古学家、古丝织品和古代服饰保护与修复专家王亚蓉主讲“章服之实——沈从文先生与中国服饰文化”。

29日，由上海市医师协会麻醉科医师分会主办的首届麻醉科医师年会在浦东国际会议中心举行，世界图书出版上海有限公司医学图书事业部携历年出版的麻醉医学专业图书参加了此次年会，并与多位专家作者面谈交流。

30日，中国出版传媒股份有限公司已归集了68家机构的72个账户，机构覆盖率达92%。资金归集时点比率为89%，资金池资金全年净收益同比增长1 783万元，增幅72.05%，超额完成2014年净收益最高目标值。初步实现股份公司资金从分散管理到集中管理的安全、平稳过渡。股份公司资金集中管理取得阶段性成果。

12月

1日，财政部评价中心对东方出版中心“影像中国”项目进行评价。

1～2日，人民文学出版社召开2015年度选题论证会议。

1日，现代教育出版社召开了专题会议，全面传达学习中国出版集团公司品牌推进会精神。

2日，中国美术出版总社召开办公会扩大会议暨中国美术出版总社职工住房补贴小组第六次会议。

2日，中国对外翻译出版公司会见中国标准化协会技术传播研究中心负责人，就技术信息传播领域的合作内容和模式进行探讨。

3日，国家财政部预算中心宋晓梅、财政部国有文化资产监督管理委员会、中国出版传媒股份有限公司科技与数字出版部周辉到东方出版中心检查“美术作品2.0项目”补贴资金使用情况。

4日，日本筑摩书房社长、东亚出版人协会现任会长熊泽敏之一行访问中华书局。

5～6日，中华书局召开2015年度选题工作研讨会。

5日，中国美术出版总社举行李文昭追

思会。

5～9 日，中国对外翻译出版公司派出六位业务骨干参加中国外文局考评中心组织的 2014 年翻译专业资格（水平）考试阅卷工作。

5 日，中国联合国教科文组织全国委员会第 29 次会议在北京举行，总结中国教科文领域 2014 年工作，部署 2015 年重点工作。中国教科文全委会各委员单位、教科文组织协会、合作伙伴单位代表参会，中国对外翻译出版公司副总经理张晶晶应邀出席。

5 日，中版教材有限公司召开新老班子交替后第一次全体员工大会。大会确定了“团结一致向前看，甩开膀子奔市场”的行动指南，确立了再奋斗六年，实现“二次创业”的奋斗目标；

6 日，中国辞书学会举办第二期辞书学术讲座，美国杨百翰大学教授 Mark Davies 讲授“利用大型语料库进行辞书研究与词典生成”。

6～8 日，人民音乐出版社《钢琴艺术》编辑部承办的“2014‘长江’钢琴教师（社区）音乐节”在首都师范大学音乐学院举行。

7 日，《末代皇族的新生》新书发布暨签售会在北京图书大厦举行。

7 日，中华书局 2014 年度双十佳图书评选揭晓。

7～14 日，由中国教育学会音乐教育分会与人民音乐出版社《中国音乐教育》杂志共同主办的“第七届中小学音乐课观摩活动”在深圳举行。

8 日，中国出版集团公司向财政部报送集团公司 2015 年度部门预算（“二上”）及所有项目的绩效目标。

8 日，东方出版中心上市工作办公室召开中国出版传媒集团股份公司开展上市 IPO 尽职调查工作启动会。

9～11 日，中国出版集团公司、股份公司财务部和人力资源部共同举办财务管理干部培训班。

9 日，中国美术出版总社召开职工住房补贴小组第七次会议。

10 日，中国出版集团公司召开 PT 项目评标。

11～18 日，中国图书进出口（集团）总公司组团参加第 15 届台湾祖国大陆图书展。

12 日，中国出版集团公司副总裁潘凯雄主持 PT 项目中介招标价格谈判。

12 日，由人民文学出版社和中国外国文学学会联合举办的“21 世纪年度最佳外国小说（2014）”颁奖典礼举行。

12 日，由国家质量监督检验检疫总局、中国品牌建设促进会、中央电视台联合举办的“2014 年中国品牌价值评价信息发布”活动中，商务印书馆以 757.67 分的品牌强度和 41.92 亿元的品牌价值位居“生物医药与纸业及其他”类前六位，“纸业及其他”类第三位，位居全国出版社之首。

12 日，生活·读书·新知三联书店举办“大时代与思想者——《钱理群作品精编》系列出版座谈会”。

12 日，由国家质量监督检验检疫总局、中国品牌建设促进会、中央电视台联合举办“2014 年中国品牌价值评价信息发布”活动上，中国图书进出口（集团）总公司的企业品牌强度被评定为 669.33 亿元，是唯一上榜的图书进出口企业。

13 日，《你配得起更好》读者见面会活动在北京单向街书店举行。

13 日，中华书局在北京三联韬奋图书中心举行《买书记历——三十九位爱书人的集体回忆》新书雅集。

13～21 日，荣宝斋书法馆举办“丁谦书法作品展”。

15 日，中国出版集团公司总裁办公会议研究集团公司“双效”业绩考核有关事项。

15～16 日，中国美术出版总社召开 2015 年选题研讨会。16 日，中国出版集团公司副总裁李岩、中国出版传媒股份有限公司副总经理孙月沐、中国出版传媒股份有限公司出版部主任刘祚臣、国际部主任刘忠等出席会议。

15 日，人民音乐出版社进行全员述职和推优考核工作。

15～21 日，应美国脸书公司（Facebook）

等著名互联网公司邀请，中国对外翻译出版公司副总经理于洋，中译语通科技（北京）有限公司副总经理吕晶、张晓丹、程国艮访问美国脸书公司（Facebook）、谷歌公司（Google）等机构，参加云计算、大数据和自然语言处理技术系列高端会议，与 LinkedIn 公司研讨译云平台同国际社交平台合作事宜，参观斯坦福大学、普林斯顿大学和蒙特雷高级翻译学院并与创业留学生座谈。

15 日，现代教育出版社召开了专题会议，全面传达学习全国经济工作会精神。

17 日，中宣部干部局、改革办、计财中心有关负责同志研究中国出版集团公司业绩考核办法，提出修改意见，集团公司、股份公司人力资源部、财务部负责人参加。

18 日，中国出版集团公司副总裁潘凯雄主持会议，安排研究出版社重组评估审计事项。

18 日，中国出版集团公司领导研究实体书店拓展项目资金分配方案。

18 日，国务院参事室、中央文史研究馆和中华书局联合召开中国地域文化研讨暨《中国地域文化通览》出版座谈会。

18 日，中国美术出版总社召开总社党委民主生活会的征求意见会。

18 日，东方出版中心主持召开内控及尽职调查专题会议。

18 日，教育部办公厅下发《教育部办公厅关于 2015 年义务教育书法教学用书有关事项的通知》，通知公布《2015 年义务教育书法教学用书目录》，华文版《书法练习指导》三至六年级正式成为国家教材。

19 日，中国出版集团公司副总裁潘凯雄约请普华永道咨询公司负责人，研究英国收购项目相关事项。

19 日，“汉语盘点 2014”揭晓仪式在商务印书馆举行，“法”“反腐”“失”“马航”分列年度国内字、国内词、国际字、国际词第一。

20 日，由西北师范大学文学院、甘肃省当代文学研究会共同主办的“雪漠长篇小说《野狐岭》研讨会”在西北师范大学文学院举行。

20 日，中华书局和浙江大学联合召开《龙泉司法档案选编》（第二辑，一九一二——九二七）出版座谈会。

21 日，《20 世纪中国史学编年》新书发布暨出版座谈会在商务印书馆举行。

21 日，中华书局在北京时尚大厦时尚廊召开“沐浴在热带雨林中”——《海南岛原野生态考察记》新书分享会。

22 日，荣宝斋电商服务平台“荣宝斋在线”（www. rbz1672. com）正式上线试运营。

24 日，中国美术出版总社召开总结工作布置会。

25 日，商务印书馆（南宁）阅读体验店暨价值阅读品牌示范店在南宁揭牌。

26 日，中国出版集团公司总裁谭跃，副总裁刘伯根、潘凯雄，中国出版传媒股份公司副总经理樊希安听取两个财务部、投资与资产经营部、新华联合公司、新华印刷公司、中版联学习中央精神及 2015 年在集团化等方面工作计划的汇报，并做出重要指示。

26 日，北京市丰台区人民政府副区长狄涛一行访问中华书局。

26 日，中国出版传媒商报社领导班子向中版集团公司做专题汇报。

29 日，中国出版集团公司副总裁潘凯雄召集两个财务部和人力资源部负责人研究新三年任期及 2015 年度经营指标。

29 日，荣宝斋青岛分店开业。

30 日，中国出版传媒股份有限公司印发《关于根据资金收益调整 2014 年度业绩考核“完成值”的通知》，以“鼓励收益贡献较大企业，兼顾收益贡献较小企业”为原则计算资金收益贡献额，根据所属企业对资金池总收益的贡献额调整 2014 年度企业“双效”业绩考核“利润总额”指标的完成值及相关比率指标的完成率。

30 日，商务印书馆举办第 3 期“品书沙龙”活动，主题为“价值创造与传播”。

30 日，人民音乐出版社完成《义务教育教科书　音乐》及配套教师用书、音乐、软件等全套教材的编写印制工作。

31日，中国对外翻译出版公司召开2014年总结暨表彰大会。

12月，人民文学出版社组织多次社领导班子征求意见会议。

12月，文津阁《四库全书》数字版、《辞源》数字化全媒体出版项目入选国家新闻出版广电总局新闻改革发展项目库。

12月，《美国国家地理》入选中国出版集团品牌名录。

12月，现代出版社出版的“蔡志忠漫画中国经典文化中英文”系列，共13册，入选中共中央对外宣传办公室回购图书。

12月，北京中新联科技股份有限公司青年创新项目《节能降耗技术改造》荣获中国出版集团公司2014年度集团公司优秀青年创新项目奖。

索　引

SUOYIN

条目汉语音序索引

A

B

C

D

E

é

F

féng

G

gāng

gāo

gōng

gōu

gǔ

guān

guó

H

hǎi

hán

M

N

P

Q

R

rì

róng

rǔ

S

sān

shāng

T

W

Y

Z

字母及数字